Wolfgang Hertle

LARZAC
1971 - 1981

**Der gewaltfreie Widerstand gegen
die Erweiterung eines Truppenübungsplatzes in Süd-Frankreich**

Weber, Zucht & Co.

CIP-Kurztitelaufnahme der Deutschen Bibliothek

Hertle, Wolfgang:
[Larzac neunzehnhunderteinundsiebzig - neunzehnhundert-
einundachtzig]
Larzac 1971 - 1981: d. gewaltfreie Widerstand gegen
d. Erweiterung e. Truppenübungsplatzes in Süd-Frank-
reich / Wolfgang Hertle. — Kassel: Weber, Zucht u.
Co., 1982.
   ISBN 3-88713-001-4

Erste Auflage 1982
© Weber, Zucht & Co., Versandbuchhandlung & Verlag GmbH,
  Steinbruchweg 14, 3500 Kassel-Bettenhausen
Satz: Hollolullu-Satz, Ulla Penselin, Hamburg
Druck: Grafische Werkstatt von 1980, Kassel
Printed in Germany
ISBN 3-88713-001-4

Einführung

"Wir handeln nicht, wir stellen uns nur dem Leben zur Verfügung. Es ist ähnlich wie in der Landwirtschaft: die Gewaltfreiheit hat Gesetzmäßigkeiten des Lebens, die wir nicht vollständig in den Griff bekommen. Die gewaltfreie Aktion ist ein lebendiges Wesen, das sich nach eigenem Rhythmus und eigener Geschwindigkeit entwickelt, und es darf nicht zu schnell gehen.

Wer an einer Blume zieht, um ihr beim Wachsen zu helfen, zerbricht sie. Das geschieht in vielen Kämpfen. Es gibt immer ungeduldige Menschen, aber das Leben ist schwerer auszudrücken als die Mechanik. Die Kämpfe werden im allgemeinen mechanistisch gesehen, als handele es sich um Sachen.

Man kann nicht alles analysieren, wenn eine Pflanze keimt. Man weiß nur, daß man sie mit Wasser begießen muß. Das tun wir und überlassen es den Theoretikern, dies zu erklären."

Roger Moreau, 'Compagnon de l'Arche' und Neu-Bauer auf dem Larzac

EINFÜHRUNG

1. Bedeutung des gewaltfreien Widerstandes gegen den Truppenübungsplatz Larzac für die Friedens- und Ökologiebewegung

" Die Larzac-Affäre ist eines der 'Zeichen der Zeit', sie gehört zu den Ereignissen, die am meisten Zukunft tragen für wahre Politik. Eine Politik, die nicht nur Erwerb oder Aufrechterhaltung einer Parteienkoalition in Nationen ohne Botschaft und Staaten ohne Gesicht ist, sondern Verwirklichung des gemeinsamen Willens eines Volkes für ein großes Vorhaben, das fähig ist, im Inneren Begeisterung zu schaffen und nach außen eine Botschaft zu tragen. Der wertvollste Beitrag der Larzac-Affäre für eine grundsätzliche politische Reflexion ist, aus meiner Sicht, die traditionellen Spielregeln der Politik in Frage gestellt zu haben, anfangs mit einer schrittweisen Bewußtseinsentwicklung, dann in der Aktion und schließlich durch den Sinn, welchen die Aktionen in sich tragen..." (1)

In den letzten Jahren wuchs in Frankreich wie in der Bundesrepublik Deutschland die Zahl der Kritiker an einer Politik, die vorgibt, Arbeitsplätze und Wirtschaftswachstum durch den forcierten Ausbau der Atomenergieerzeugung sowie den Weltfrieden durch vermehrte Rüstung sichern zu können. Die Proteste gipfelten in spektakulären Aktionen gegen einzelne Bauvorhaben, die umfangreiche polizeiliche Maßnahmen, aber auch nachhaltige politische Diskussionen auslösten. Dabei schieden sich die Geister nicht nur an den Inhalten, sondern auch an den Formen des Protestes.

Worin liegt die Legitimation des Widerstandes betroffener Bürger gegen Maßnahmen, die von parlamentarischen Mehrheiten beschlossen und meist von Gerichten zusätzlich bestätigt wurden?

Rechtfertigt die Verhinderung lebensbedrohend erscheinender Industrie- und Militäranlagen im äußersten Fall die Anwendung von Gegengewalt oder gebietet das handlungsleitende Prinzip des Lebensschutzes nicht im Gegenteil die grundsätzliche Beschränkung auf nicht verletzende Methoden?

Beim Vergleich zwischen den Beispielen gewaltlosen Widerstandes in Wyhl und Marckolsheim (2), auf dem Larzac oder in Gorleben (3) und den zeitweise gewalttätigen Auseinandersetzungen um Brokdorf, Grohnde und Malville fällt auf, daß jeweils das aktive Engagement wesentlicher Teile der ortsansässigen Bevölkerung mit Aktionsformen verbunden war, die nicht immer legal waren, aber Gewalt gegen Personen ausschlossen. In diesen Fällen konnten das jeweilige Projekt verhindert oder seine Realisierung verzögert und wesentlich erschwert werden. Bei den genannten gewaltsamen Zusammenstößen versuchten überwiegend von außerhalb kommende junge und linke Demonstranten den zu schwachen oder ganz fehlenden Widerstand der Bevölkerung vor Ort zu ersetzen. (4)

1

Wegen der Übermacht der Staatsgewalt an Waffen und Ausrüstung sind politische Erfolge in diesen Fällen nie auf das unmittelbare Ausmaß der Gegengewalt zurückzuführen, sondern auf deren Signalwirkung auf die öffentliche Meinung und damit auf die Politiker.

Der mehr als zehn Jahre anhaltende Widerstand von rund 100 Bauernfamilien gegen die Erweiterung des Truppenübungsplatzes Larzac in Südfrankreich nimmt unter den zahlreichen außerparlamentarischen Kampagnen der siebziger Jahre zum Schutz von Umwelt und Lebensqualität in mehrfacher Hinsicht eine Sonderstellung ein. An keinem anderen Ort gelang es einer vergleichbar kleinen Gruppe von Bürgern, die Verwirklichung einer Regierungsentscheidung über einen so langen Zeitraum zu verhindern, um schließlich durch eine der ersten Entscheidungen des neuen Staatspräsidenten Genugtuung zu erhalten.

Trotz des ununterbrochenen und vielfältigen Drucks von Regierung und Verwaltung, von Armee und Justiz, blieb die Mehrheit der Landwirte auf ihren Höfen. Selbst die zweimal ausgesprochene Enteignung änderte nichts an ihrem Willen, 'im Lande zu leben und zu arbeiten', in den zehn Jahren stieg sogar die Zahl der Betriebe und der landwirtschaftlich genutzten Bodenflächen.

Wodurch läßt es sich erklären, daß sich eine kleine Gruppe traditionell konservativer und unpolitischer Bauern einer erdrückenden Übermacht in den Weg stellte und am Ende ihr Recht gegen die einflußreichsten Kräfte der französischen Gesellschaft behaupten konnte? Das Beispiel Larzac zeigt, daß die Quantität einer Minderheit und ihre unmittelbare politische Kraft den Ausgang eines Konflikts nicht zwingend festlegen. Wesentlicher ist die Motivation der Widerstandleistenden, die Qualität ihrer Aktionen und die Kraft, die ihre Einheit entwickeln kann.

"Eine Minderheit ist machtlos, wenn sie sich der Mehrheit anpaßt; sie ist dann nicht einmal eine Minderheit; unwiderstehlich aber ist sie, wenn sie ihr ganzes Gewicht einsetzt." (5)

Mohandas K. Gandhi nannte das Prinzip des gewaltfreien Widerstandes 'satyagraha', d.h. 'Festhalten an der Wahrheit' (6). Martin Luther King erweiterte die Bezeichnung um die 'Kraft zum Lieben' (7). Das Verdienst der Larzac-Bauern könnte der Hinweis auf eine weitere Dimension sein, auf die 'Kraft der Einheit'.

Seit sie in einem feierlichen Eid die 'Einheit der 103' und damit die Entschlossenheit zu gewaltfreiem Widerstand öffentlich bekundet hatten, verstanden es die Larzac-Bauern, ihre Autonomie gegenüber allen Bündnispartnern, d.h. die letztliche Entscheidungsgewalt über Formen und Ziele ihres Kampfes, zu bewahren.

So konnte der Larzac-Konflikt zu einem der langanhaltendsten sozialen Auseinandersetzungen Frankreichs und zum anschaulichsten Beispiel gewaltfreien Widerstandes in Westeuropa werden.

Auf dem Larzac galt nie das 'St.-Florians-Prinzip'; die existenzielle Bedrohung war zwar der Auslöser, nie aber das alleinige Motiv zum Widerstand. Daher konnten sich die Bauern nicht nur mit etablierten Kräften der Region, sondern auch mit streikenden Arbeitern, Bürgerinitiativen gegen Truppenübungsplätze und Atomkraftwerke usw. verbünden. Über die Larzac-Komitees in vielen Städten kamen sie zudem in Kontakt mit den Strömungen der 'Neuen Linken'. Der Erfahrungsaustausch und die aktive gegenseitige Solidarität mit unterschiedlichen Basisgruppen beschleunigte den Bewußtseinswandel der Larzac-Bauern in bezug auf viele soziale und politische Probleme. Ihre umfassende Politisierung läßt sich an ihren Stellungnahmen und der Öffnung ihrer Zeitschrift wie ihrer Kundgebungen für andere Basisgruppen ablesen.

Das Symbol Larzac schenkte vielen Menschen neue Hoffnung in ihren Anstrengungen für eine dezentrale, abgerüstete und ökologisch eingepaßte Gesellschaft des Selbstverwaltungssozialismus.

2

Über den Symbolwert hinaus zeigte der populäre Widerstand der Larzac-Bauern, wie gesellschaftspolitische Prozesse gestoppt oder zumindest gebremst werden können, die allzuoft als unaufhaltsam angesehen werden. Von daher gewinnt der Verlauf des Larzac-Konflikts eine wesentliche strategische Bedeutung für viele Auseinandersetzungen unserer Zeit, zumal Regierungsvertreter immer wieder darauf hinwiesen, daß ähnliche Projekte an anderer Stelle nicht mehr durchgeführt werden könnten, falls sich im Larzac eine Minderheit erfolgreich durchsetze.

Gewisse Fernwirkungen des Larzac-Widerstandes lassen sich auf bundesdeutsche Bürgerinitiativen feststellen. Bei der Besetzung des Bauplatzes für das geplante Atomkraftwerk Wyhl waren z.B. die Erfahrungen der elsässischen Umweltschützer von maßgeblicher Bedeutung, die sie bei den Widerstandsaktionen gegen das AKW Fessenheim und das Bleichemiewerk Marckolsheim gewonnen hatten, die aber auch auf die intensive Kenntnis des Larzac-Widerstandes zurückgingen.

Der Treck der Gorleben-Bauern und der Bürgerinitiative Lüchow-Dannenberg im März 1979 nach Hannover wurde durch die beiden Langstreckendemonstrationen der Larzac-Bauern angeregt, die im Januar 1973 710 Kilometer nach Paris mit Traktoren und im November 1978 sogar zu Fuß zurückgelegt hatten.

Die 'Bundschuh-Genossenschaft' der Bauern im fränkischen Schwabhausen, die sich gegen die Enteignung von 200 ha landwirtschaftlicher Fläche zugunsten einer Daimler-Benz-Teststrecke wehren, hat viele auswärtige Mitglieder wie die Landerwerbsgesellschaft GFA auf dem Larzac. Schließlich kamen Larzac-Bauern zu Solidaritätsbesuchen nach Schwabhausen, Gorleben und Wyhl.

Obwohl der Larzac-Kampf wichtige Hinweise z.B. für den Widerstand gegen die Stationierung von Mittelstreckenraketen oder gegen den Bau von Atomkraftwerken liefern könnte, wurde er bisher weder von der Friedens- noch von der Ökologiebewegung in der Bundesrepublik ausreichend ausgewertet. Gelegentliche Kurzdarstellungen (8) hatten bestenfalls kurzfristig anspornende Wirkung, zumal die Unterschiede zwischen den jeweiligen Ausgangssituationen jeden mechanischen Übertragungsversuch ausschließen. Erst die Analyse der Entwicklungsgeschichte und der Formenvielfalt des gewaltfreien Widerstandes auf dem Larzac könnte behilflich sein, jeweils angepaßte Strategien und Aktionsformen zu entwickeln.

2. Erkenntnisinteresse der vorliegenden Untersuchung

Die Fallstudie untersucht zunächst die Voraussetzungen im traditionell konservativen Milieu des Larzac, die zusammen mit Anstößen von außen die Entstehung einer einheitlichen Widerstandsgruppe ermöglichten. Dabei gilt das Interesse vor allem den Motivationen der Betroffenen, der Umwandlung ihrer gewohnten Werthierarchie und ihres Politikverständnisses unter dem Einfluß von Philosophie und Praxis der gewaltfreien Aktion. Die Unbeugsamkeit der kleinen Bauerngemeinschaft in zehn Jahren Widerstand bliebe unverständlich ohne eine Analyse der Entstehung ihres Selbstbewußtseins.

Im Blick auf allgemeine Aussagen ist es von entscheidender Bedeutung, ob der Widerstand der Larzac-Bauern eine nur aus den spezifischen Bedingungen erklärbare Ausnahme darstellt oder ein generalisierbares Beispiel. Daraus ergibt sich eine Reihe von Fragen, wie z.B.
— nach den Beweggründen der Larzac-Bauern, sich für ausschließlich gewaltlose Aktionsformen zu entscheiden,

- nach dem Verhältnis der Bauern zur Legalität,
- nach den Voraussetzungen ihrer beeindruckenden Popularität,
- nach der internen Demokratie, dem Willensbildungsprozeß und Strukturen innerhalb der Kerngruppe der '103' Bauernfamilien,
- nach den Abnutzungserscheinungen und den sonstigen Auswirkungen des zehnjährigen Widerstandes auf das soziale Verhalten der Betroffenen.

Die Larzac-Bewegung bezog ihre Kraft auch aus der aktiven Toleranz in der Zusammenarbeit unterschiedlicher politischer Gruppen, die ihre Solidarität im konkreten Konflikt bewiesen. Die Überparteilichkeit von Bürgerinitiativen muß also nicht grundsätzlich defensiv verstanden werden. Wenn die Kerngruppe aus eigener Anstrengung genügend Autorität aufbaut, können die sie unterstützenden Gruppen ihre sonstige Weltanschauung frei ausdrücken, ohne daß die Gefahr von Rivalität oder die Notwendigkeit zu aussageschwachen gemeinsamen Formeln besteht. Ein weiteres Interesse der Untersuchung gilt somit den Bedingungen, unter denen lokal begrenzte 'single-purpose movements' zu Bewegungen mit gesamtgesellschaftlichen Zielsetzungen werden können.

2.1. Probleme der Erfolgsbewertung

Im Frühjahr 1981 befand sich der Larzac-Widerstand in einer kritischen Situation, ein weiterer Wahlsieg von Giscard d'Estaing hätte vermutlich die Zwangsräumung der enteigneten Höfe nach sich gezogen. Eine gewisse Distanz der regionalen Politiker und Bauernverbände zu den Bauern war nicht mehr zu leugnen. Nach der Wahl erklärte François Mitterand, er wolle sein Versprechen einlösen und die Enteignung rückgängig machen. Die Larzac-Bauern mochten sich nie der antiimperialistischen Forderung 'Kein Stein, kein Quadratzentimeter an die Armee!' voll anschließen, zumal der Großteil der Bodenflächen vor dem Erweiterungsprojekt auswärtigen Besitzern gehörte und an die Bauern verpachtet war bzw. als Spekulationsobjekt brachlag. Ein kleiner Teil der ursprünglich 103 Bauern brach den gemeinsamen Eid durch den Verkauf von Land an die Armee. Dieser Verlust hatte weniger materielle als symbolische Bedeutung, da er die Einheit der Bauern gefährdete.

Die Entschlossenheit bei der Durchsetzung eines Projekts von "Öffentlichem Nutzen" gegen die Einwände betroffener Bürger hängt neben politischen Voraussetzungen auch von der ökonomischen Bedeutung des Vorhabens für die Betreiber ab. Es ist nicht zu übersehen, daß z.B. beim Bau von Atomkraftwerken oder Rüstungsfabriken erheblich größere Wirtschaftsinteressen einwirken als beim Ausbau eines Truppenübungsplatzes. Dies könnte einer der Gründe sein, weshalb auf dem Larzac nicht eine ähnliche Polizeigewalt eingesetzt wurde wie z.B. in Malville.

Mit Ausnahme der Proteste gegen das geplante AKW Plogoff hatte sich aber in keinem vergleichbaren Fall ein derart geschlossener und beständiger Widerstand der Bevölkerung gebildet. Die gewaltfreie Vorgehensweise war für die Larzac-Bauern der beste Schutz gegen Repression.

Der Öffentlichkeit wurde nie eine schlüssige militärische Begründung vorgelegt, weshalb die Erweiterung unumgänglich sei und gerade auf dem Larzac vorgenommen werden müsse. Stattdessen drangen des öfteren kritische Äußerungen hoher Offiziere durch den Schleier der militärischen Geheimhaltung, welche die Eignung des Standortes Larzac in Frage stellten. Die Hartnäckigkeit der Betreiber könnte somit nicht zuletzt mit der letzten Eitelkeit von Militärs und Politikern erklärt werden, die keinen Widerspruch dulden wollten.

Parallel zum Larzac-Konflikt wurden rund ein Dutzend anderer Truppenübungsplätze in Frankreich ohne vergleichbar starken Protest der betroffenen Anlieger erweitert. Gelegentlich äußerten Skeptiker den Verdacht, daß der lautstarke Streit um den Larzac der Armee geholfen habe, an anderen Stellen ihre Pläne problemloser zu verwirklichen. Im selben Zeitraum wurden außerdem immer häufiger Manöver außerhalb der bestehenden Truppenübungsplätze abgehalten. Eine solche Entwicklung könnte die Hoffnung mancher Antimilitaristen unterlaufen, durch die Schaffung vieler Larzacs die zunehmende Militarisierung der Landschaft einzudämmen. Gleichzeitig zeigen die hartnäckigen Behinderungsaktionen der Larzac-Bewohner, wie die mißbräuchliche Nutzung von landwirtschaftlichen Flächen und anderem Privatgelände als faktische Truppenübungsplätze verhindert werden könnte.

3. Einordnung der Fallstudie in die Literatur zur gewaltfreien Konfliktaustragung

Aus den Erfahrungen im Widerstand erwarben die Larzac-Bauern die "Fähigkeit, an Nahzielen Geschichte zu machen". (9) Ihr Kampf stellt gleichzeitig "die Abwehr gegen einen 'Eindringling von außen', gegen eine antidemokratische Maßnahme und einen Widerstand zur Erhaltung der Produktionsmittel sowie des Lebensraumes dar. Er verbindet also die Verteidigung eines Territoriums und der Freiheiten mit dem sozialen Kampf." (10)

In der Verteidigung von 14.000 ha Land gegen den Zugriff der Armee sahen viele Franzosen eine Form der Einübung in Soziale Verteidigung (11), wenn auch in stark verkleinertem Maßstab.

Die Beschäftigung mit der "Zivilen und Gewaltfreien Volksverteidigung" ergab sich für die Larzac-Bauern aus den Erfahrungen ihres eigenen Widerstandes und entstand nicht als adäquates Konzept zur Sicherung von Errungenschaften aus einem "gewaltfreien Aufstand". Bevor sie die Theorieansätze kennenlernten, hatten sie bei der Reflexion ihrer eigenen Praxis und in Diskussion mit progressiven Bündnispartnern begonnen, die bestehende Gesellschaftsform zu analysieren und die ersten Elemente ihrer Utopie von einer gewaltlosen Gesellschaft zu entwickeln. Noch ist in Frankreich die Theorie der Sozialen Verteidigung kaum über die Rezeption skandinavischer, angelsächsischer und deutscher Forschung hinaus entwickelt worden. (12) Dagegen ist sie in das Konzept des Selbstverwaltungssozialismus durch gewaltfreie Gesellschaftsveränderung eingebettet (13) und anerkanntes Thema beim Gedankenaustausch zwischen gewaltfreien Gruppierungen und relevanten Teilen der französischen Linken, z.B. in PS oder CFDT.

Viele Menschen in Frankreich sehen den Larzac-Konflikt als Testfeld für denkbare gewaltfreie Kampagnen größeren Maßstabs an, weil er zeigt, welche erstaunlichen Kräfte durch radikal gewaltfreie 'Experimente mit der Wahrheit' in den sich gleichzeitig selbst befreienden Menschen freigesetzt werden können. Die Begrenztheit des Beispiels für weitergehende gesellschaftliche Umwälzungen, die den Namen 'Gewaltfreie Revolution' oder 'Soziale Verteidigung' verdienen würden, kann jedoch nicht übersehen werden. Die Erfahrungen des Larzac-Kampfes geben z.B. keine Antwort über die hierbei notwendige Lähmung bzw. Übernahme von Verwaltungs- und Regierungsfunktionen, über eine alternative Wirtschaftsordnung, über Auswirkungen auf internationale Beziehungen oder die Organisation einer freiwilligen und zuverlässigen Sozialen Verteidigung auf nationaler Ebene. Dennoch verwendet die Larzac-Bewegung den Slogan "Larzac ist überall!" in auffordernder und zukunftsweisender Bedeutung. Kämen überall ähnliche Bewußtseinsprozesse in Gang, entwickelte sich in allen gesellschaftlichen Konflikten ein ähnlich konsequenter Widerstand, dann wäre ein Anfang zur tiefgreifenden gewaltfreien Gesellschaftsveränderung gemacht. Der Widerstand der Larzac-Bauern hat jedenfalls deutliche Legitimationsprobleme parlamentarischer Demokratien (14) am Beispiel der Fünften Französischen Republik offengelegt. (15)

Die Verknüpfung ihres schweren Arbeitsalltages mit den fast täglich notwendigen Widerstandsaktionen war für die Larzac-Bauern in oft kaum noch ertragbarem Maße "Politisierung des Alltags" (16). Das "Lernen im Widerstand" (17) trug für sie aber auch Früchte in neuen Formen der freiwilligen Zusammenarbeit, die über den Widerstand hinaus Bestand haben werden. Wenn die Larzac-Bauern ihre Solidarität z.B. mit den hungernden Landwirten der Sahel-Zone in konstruktive Hilfe münden ließen, war dies ein Erfolg der "Pädagogik der Sensitivierung" (18), ohne daß dafür jemand ein Curriculum schreiben mußte.

Zwar fanden die Auseinandersetzungen um industrielle und militärische Großanlagen in den letzten Jahren überwiegend in ländlichen Regionen statt, die Beziehungen zwischen ländlicher Lebens- und Produktionsweise und sozialem Kampf wurden aber mehrheitlich anhand von Beispielen der Dritten Welt (19) oder in ausgesprochen armen Regionen der westlichen Welt bearbeitet (20).

Neben Untersuchungen über das Wesen und die Methodik gewaltfreier Konfliktaustragung anhand des breiten Spektrums von Aktions- und Organisationsformen und belegt durch eine Reihe historischer Beispiele (21) liegen auch Studien über Widerstandskampagnen und Ideenbewegungen in größerem geographischen Rahmen und Zeitabschnitten (22) vor, selten jedoch Fallstudien längerer Konflikte in regional begrenztem Rahmen (23).

Über das Phänomen der Bürgerinitiativen in der Bundesrepublik Deutschland wurden theoretische und zusammenfassende Untersuchungen (24), Selbstdarstellungen von Bürgergruppen (25), Beobachtungen von Aktionsforschern (26) und eher journalistisch aufgearbeitete Schriften veröffentlicht. Dagegen sind intensive Analysen einzelner Konflikte selten, was insbesondere auf Fälle von Protestaktionen gegen Truppenübungsplätze zutrifft (27). Da in der Bundesrepublik kaum breiter und langanhaltender Widerstand gegen Militäranlagen anzutreffen war, kann hier nicht einmal von Forschungslücken gesprochen werden. Die spektakulärsten Aktionen gegen Zerstörungen durch militärische Übungen richteten sich gegen Bombenabwurfplätze der 'Royal Air Force'. In den ersten Nachkriegsjahren hatte die 'RAF' begonnen, die Insel Helgoland mit gezielten Bombenangriffen zu vernichten. Freiwillige aus der evangelischen und kommunistischen Jugend, Naturschützer und evakuierte Insel-Bewohner retteten die rote Sandsteininsel durch wiederholte gewaltfreie Besetzungsaktionen. Zwanzig Jahre später eskalierten die Proteste gegen den Übungsplatz 'Nordhorn-Range' kurzfristig zu gewaltsamen Auseinandersetzungen zwischen empörten Anwohnern, auswärtigen Unterstützern und der Polizei. (28)

Rege Öffentlichkeitsarbeit entfalteten mit Erfolg die Bürgerinitiativen gegen die Ausweichstandorte Teufelsmoor und Wünschmoor, während die Bemühungen der 'Bürgeraktion Garlstedter Heide' bei Bremen die Anlage eines US-Truppenübungsplatzes nicht verhindern konnte. (29)

Vergleichende Untersuchungen über Bürgerproteste gegen Truppenübungsplätze und Munitionsbunker stehen unter anderem in den Fällen des Amphibien-Übungsplatzes der Bundeswehr-Pioniere an der Mainschleife bei Northeim und des Waffenerprobungsplatzes in der Meldorfer Bucht bei Büsum aus.

4.　　　Methodische Probleme

In Frankreich erschienen zwei umfangreiche Monographien über den Verlauf des Larzac-Konfliktes bis zum Sommer 1974. Über die folgende Zeit gibt es neben zahlreichen Zeitschriftenartikeln und Broschüren keine zusammenhängende und analysierende Darstellung.

Die Journalisten Yves Hardy und Emmanuel Gabey stellten in 'Dossier L . . . comme Larzac' die Ergebnisse ihrer Recherchen vor, die sich aus Interviews mit Bauern, Politikern, Offizieren, Verwaltungsbeamten, Bauernverbandsfunktionären und Bodenspekulanten sowie aus verschiedenen Dokumenten ergeben. (31)

Mit 'Les fous du Larzac' legte Michel le Bris eine eher literarische Arbeit vor. Le Bris gab die persönlichen Erfahrungen der Akteure intensiver wieder als Hardy und Gabey. (32)

Darüberhinaus wurden mehrere Dokumentationen über die Geschichte, die Geographie, die Ökonomie, die Flora und Fauna des Larzac-Plateaus veröffentlicht. (33) Dokumentationen über die Auswirkungen einer etwaigen Erweiterung des Truppenübungsplatzes auf die Entwicklung der Wirtschaft und der Bevölkerungszahlen (34) sollten ebenso als Argumente für die Bauernposition dienen wie Untersuchungen über die vermutlichen Hintergründe der Erweiterungsentscheidung und die Widersprüche in den militärischen Rechtfertigungsversuchen. (35)

Im Laufe des zehnjährigen Konfliktes entstand eine große Zahl von parteiischen Analysen, von Strategiepapieren und Aktionsvorschlägen, von Kommentaren und Darstellungen über Teilbereiche der Affäre. Hier seien vor allem die Broschüren der gewaltfreien Organisationen (z.B. der 'Bewegung für eine gewaltfreie Alternative' oder des französischen Versöhnungsbundes), der Larzac-Komitees und der Larzac-Bauern selbst erwähnt.

Im deutschen Sprachraum sind neben gelegentlichen Zeitungsberichten nur einzelne Aufsätze über den Larzac-Konflikt zu finden. (36)

Dem Verfasser stand folglich sehr wenig analysierende Sekundärliteratur zur Verfügung, von der die ausführlichsten Darstellungen, die Bücher von Le Bris und Hardy/Gabey, nur die ersten vier Jahre des Geschehens berücksichtigten. Primärquellen aus der Sicht der Betreiberseite schienen selbst den französischen Autoren mit besseren Informationsvoraussetzungen nur sehr begrenzt zugänglich zu sein. Der Verfasser selbst hatte keine Gelegenheit, Einsicht in Unterlagen der französischen Armee, der Regierung oder der Verwaltung zu erhalten, die darüber hinausgingen.

Der militärische Geheimnisschutz, aber auch die mangelnde demokratische Übung von Offizieren und Verwaltungsbeamten in der Sachdiskussion mit kritischen Bürgern, verhinderten, daß interne Diskussionsprozesse der Camp-Befürworter in gleicher Weise berücksichtigt werden konnten, wie die der Gegner. Gelegentliche Andeutungen in der Presse über Kontroversen innerhalb des Generalstabes und in den Regierungsparteien über den militärischen Nutzen des Erweiterungsprojektes beleuchteten die innere Verfassung der Betreiberseite.

Die wesentliche Grundlage der Untersuchung war die Auswertung von Flugblättern, Informationsdiensten und anderen Veröffentlichungen der Larzac-Bauern, der Larzac-Komitees, der gewaltfreien und der übrigen politischen Gruppen, die sich für den Erhalt der Landwirtschaft auf dem Larzac einsetzten.

Zur Kennzeichnung typisch erscheinender Meinungsäußerungen, von Situationsbeurteilungen und Stimmungsbildern benutzte der Verfasser bewußt häufig Zitate von Beteiligten, die durch Tonbandprotokolle und andere Primärquellen belegt sind. Als Methode zur Darstellung des Konfliktes erschien die erzählende Beschreibung am ehesten geeignet. Die chronologische Folge wird, wenn immer nötig, durch Analysen, theoretische Überlegungen und die Darstellung wichtiger Hintergründe unterbrochen.

Der Verfasser konnte den langanhaltenden und vielschichtigen Konflikt nicht ständig als teilnehmender Beobachter begleiten, sondern sammelte das Material meist aus der Distanz zwischen Norddeutschland und Südfrankreich. Ihm kam jedoch der glückliche Umstand zu Hilfe, seit 1970, also seit den ersten Anfängen des Konfliktes, von Freunden in französischen gewaltfreien Aktionsgruppen regelmäßig Flugblätter, Zeitungsausschnitte, Situationsschilderungen und Literaturhinweise zugesandt zu bekommen. Bei einigen Aufenthalten in der Larzac-Region, die jeweils einige Tage bis mehrere Wochen dauerten, konnte er in den Jahren 1974, 1976, 1977 und 1978 intensive Gespräche mit einer Reihe von Larzac-Bewohnern und anderen Beteiligten führen und dabei auch verschiedene, meist private Archive einsehen.

Jeder Besuch auf dem Larzac-Plateau, aber auch die Gegenbesuche von Hervé Ott aus dem Zentrum Le Cun du Larzac 1977 in der Garlstedter Heide und 1979 sowie 1981 im Raum Gorleben, verdeutlichten erneut, daß schriftliche Quellen jeweils nur begrenzte Ausschnitte aus der Wirklichkeit wiedergeben und daß dabei die Gefahr besteht, daß insbesondere unbewältigte Probleme ausgeklammert werden.

Das Wagnis, trotz dieser Umstände eine politologische Untersuchung vorzulegen, wird partiell durch den Umstand gerechtfertigt, daß die direkt Betroffenen selten Zeit und Muße finden, ihren Kampf lückenlos darzustellen und zu reflektieren.

"Historisches Erkennen bedeutet selten oder nie eine Evidenz aus streng geschlossener Ursächlichkeit. Es ist immer ein subjektives Verstehen des Zusammenhanges. Dieser Zusammenhang ist stets ein offener. Man erklärt keine historischen Ereignisse so, wie man einen Vorgang in der Natur erklären kann. Ursachen gibt es für die Historiker kaum, günstigstenfalls Bedingungen." (37)

Anmerkungen zur Einführung

(1) GARAUDY, Roger: "Der Larzac-Kampf, ein Zeichen der Zeit", 'Témoignage Chrétien', 12.12.1978.
(2) Vgl. u.a.: NÖSSLER, Bernd / DE WITT, Margret (Hrsg.): WYHL. Kein Kernkraftwerk in Wyhl und auch sonst nirgends. Betroffene Bürger berichten. Freiburg, 1976.
GLADIZ, Nina: Lieber aktiv als radioaktiv. Wyhler Bauern erzählen. Berlin, 1976.
(3) Vgl. u.a.: HALBACH, Dieter / PANZER, Gerd: Zwischen Gorleben und Stadtleben. Erfahrungen aus drei Jahren Widerstand im Wendland und in dezentralen Aktionen. Berlin, 1980.
RUCHT, Dieter: Von Wyhl nach Gorleben. Bürger gegen Atomprogramm und nukleare Entsorgung. München, 1980.
(4) Eine Ausnahme könnte im teilweise gewaltsamen und von der örtlichen Bevölkerung getragenen Widerstand gegen das geplante AKW Plogoff in der Bretagne gesehen werden. Staatspräsident Mitterand sagte zu, daß Plogoff nicht gebaut wird.
(5) THOREAU, Henry David: Über die Pflicht zum Ungehorsam gegen den Staat. Ausgabe Zürich, 1967, S. 51.
(6) GANDHI, Mohandas, Karamchand: Eine Autobiographie. oder: Die Geschichte meiner Experimente mit der Wahrheit. Gladenbach, 1977.
(7) KING, Martin-Luther, Jr.: Strength to Love. New York, 1963.
(8) z.B. in der Besetzerzeitung 'Was wir wollen'. Freiburg, Oktober, 1975.

(9)   BAHR, Hans-Eckehard / SEIPPEL, Albrecht-Siegbert (Hrsg.): Soziales Lernen. Stuttgart, 1975.
(10)   'Le Cun du Larzac', Broschüre, Millau, 1980, S.8.
(11)   Vgl. NIEMANN, Rolf: Bibliographie zur sozialen Verteidigung. In: EBERT, Theodor et al.: Demokratische Sicherheitspolitik. Von der territorialen zur sozialen Verteidigung. München, 1974. EBERT, Theodor: Soziale Verteidigung, Band I: Historische Erfahrungen und Grundzüge der Strategie; Band II: Formen und Bedingungen des zivilen Widerstandes. Waldkirch, 1981.
(12)   'Défense Armée ou Défense Populaire Non-Violente'. In: 'Combat-Non-Violent' (CNV), Nr. 24, 20.4.1973. 'armée ou défense civile non-violente'. Neulise, 1975. 'Pour une autre défense'. Alternatives Non-Violentes' (ANV), Nr. 17, Juni 1976. Die Broschürenreihe 'Monographies de la Défense Civile', in: 'La Défense Civile en Question', 'ANV', Nr. 39, Dezember 1980.
(13)   Vgl.: AUTHIER, Jean: 'Les Travailleurs face a l'armée', Beiheft zu 'Union Pacifiste', Juli 1975. MULLER, Jean-Marie: L'héritage: quelle défense pour quel socialisme?', Beiheft zu 'CNV', Mai 1977. 'Eine gewaltfreie Volksverteidigung'. Kapitel 4, in: HUMBURG, Martin (Hrsg.): Gewaltfreier Kampf und Selbstverwaltung. Ein politisches Konzept. Herford, 1980. 'autogestion, révolution, non-violence', 'ANV', Nr. 12, 1975.
(14)   Vgl. HABERMAS, Jürgen (Hrsg.): Legitimationsprobleme im Spätkapitalismus. Ffm, 1973. JÄNICKE, Martin (Hrsg.): Herrschaft und Krise. Opladen, 1973.
(15)   DUHAMEL, Alain: La république giscardienne. Paris, 1980.
        BELARGOT, G.: Le gouvernement et l'administration en France. Paris, 1976.
        CHARLOT, J.: Les partis politiques. Paris, 1977.
        GOGUEL, François / GROSSER, Alfred: La Politique en France. 8. Auflage, Paris, 1980.
        KEMPF, Udo: Das politische System Frankreichs. 2. erweiterte Auflage, Opladen, 1980.
(16)   Vgl.: BAHR, Hans-Eckehard (Hrsg.): Politisierung des Alltags. Gesellschaftliche Bedingungen des Friedens. Darmstadt und Neuwied, 1972.
        GIESECKE, Hermann u.a.: Politische Aktion und politisches Lernen. München, 1973.
(17)   BEER, Wolfgang: Lernen im Widerstand. Politisches Lernen und politische Sozialisation in Bürgerinitiativen. Hamburg, 1978.
(18)   SEIFFERT, Johannes Ernst: Pädagogik der Sensitivierung. Lampertheim, 1974.
(19)   DESAI, M.: The Story of Bardoli. Ahmedabad, 1929.
        PRASAD, Devi: Gramdan. The land revolution of India. London, o.J.
        KANTOWSKY, Detlef: Sarvodaya. The Other Development. New Dehli, 1980.
        HUIZER, Gerrit: "Land invasion as a nonviolent strategy of peasant rebellion", in: Journal of Peace Research. Oslo, 1972.
        STAVENHAGEN, Rodolfo (ed.): Agrarian Problems and Peasant Movements in Latin America. New York, 1975.
        DUMONT, René: Paysans écrasés, terres massacrées. Paris, 1978.
(20)   u.a. AMMAN, Walter: Danilo Dolci. 20 Jahre Sozialarbeit in Westsizilien. Bern, 1972. "Wirtschaftlicher Boykott als Kampfmittel der amerikanischen Landarbeiterbewegung", 'TeilC', in: HORNUNG, Volker: Wirtschaftlicher Boykott als gewaltfreies Mittel in Bürgerrechts-Bewegungen. Frankfurt/Main, 1979.
        Die Geschichte der französischen Landwirte stellen dar:
        WALTER, Gerard: Histoire des paysans de France. Paris, 1963.
        LE ROY LADURIE, Emmanuel: Les paysans du Languedoc. Paris, 1979.
        Während die aktuelle Situation untersucht wird von:
        KLATZMANN, Joseph: L'agriculture française. Paris, 1978. CHABANOL, Daniel: Le paysans, prolétaire ou P.D.G.? Paris, 1969. FABRE, R.: Paysans sans terre. Paris, 1978.
        LIVET, Roger: Les nouveaux visages de l'agriculture française. Paris, 1980.
        Zum Vergleich sei auf drei Publikationen zu den Lebensverhältnissen deutscher Landwirte verwiesen:
        VINNAI, Gerhard: "Landleben und gesellschaftlicher Fortschritt", in: BROCKMANN, Anna Dorothea (Hrsg.): Landleben. Reinbek, 1977.
        ILIEN, Albert / JEGGLE, Utz: Leben auf dem Dorf. Opladen, 1979.
        POPPINGA, Onno: Produktion und Lebensverhältnisse auf dem Land. Opladen, 1979.
(21)   EBERT, Theodor: Gewaltfreier Aufstand. Alternative zum Bürgerkrieg. Umgearbeitete Neuauflage, Waldkirch, 1978.
        SHARP, Gene: The Politics of Nonviolent Action. An Encyclopedia of Method and Action, Philadelphia, 1970.
        MULLER, Jean Marie: Stratégie de l'action non-violente. Paris, 1972.
        SCHROEREN, Michael: Gewaltfreie direkte Aktion. Eine ausgewählte Bibliographie zur Theorie und Praxis gewaltfreier Konfliktaustragung. Berlin, 1978.
(22)   COONEY / ROBERT / MICHALOWSKI: The Power of the People. Active nonviolence in the United States. Philadelphia, 1977.
        DEGEN, Hans-Jürgen / AHRENS, Helmut: Widerstand in Spanien. Wandlungen in den Aktionsformen. 1931-1975. Wetzlar, 1977.
        DRIVER, Christopher: The Disarmers. A Study in Public Protest. London, 1964.
        JOCHHEIM, Gernot: Antimilitaristische Aktionstheorie. Soziale Revolution und Soziale Verteidigung. Zur Entwicklung der Gewaltfreiheitstheorie in der europäischen antimilitaristischen Bewegung 1890-1940, unter besonderer Berücksichtigung der Niederlande. Frankfurt am Main / Amsterdam, 1977.
        HORNUNG, Volker: Wirtschaftlicher Boykott als gewaltfreies Kampfmittel in Bürgerrechtsbewegungen. Zwei Fallstudien zur amerikanischen Bürgerrechts- und Landarbeiterbewegung. Frankfurt/M., 1979.

MEZ, Lutz: Ziviler Widerstand in Norwegen. Untersuchung zur Organisation und Form der sozialen Bewegung unter besonderer Berücksichtigung von Konzepten Sozialer Verteidigung. Frankfurt am Main, 1976.

(23) BIGELOW, A.: The Voyage of the 'Golden Rule'. New York, 1959.
HALBACH, Dieter / PANZER, Gerd: Zwischen Gorleben und Stadtleben. Berlin, 1980.
SCHOEREN, Michael: Zum Beispiel Kaiseraugst. Der gewaltfreie Widerstand gegen das Kernkraftwerk. Vom legalen Protest zum Zivilen Ungehorsam. Zürich, 1976.
MC TAGGERT, David: Unternehmen Greenpeace. Fahrt in den Atompilz. Frankfurt/Main, Berlin, Wien, 1981.

(24) Auswahl:
Bundesministerium für Forschung und Technologie: Bürgerinitiativen im Bereich von Kernkraftwerken. (Bericht, erarbeitet von Mitarbeitern des Batelle-Institutes in Frankfurt), Bonn, 1975.
RAMMSTEDT, Otthein (wissenschaftl. Red.): Bürgerbeteiligung und Bürgerinitiativen. Band 3 der Reihe 'Argumente in der Energie-Diskussion'. Herausgeber: Hans Matthöfer. Villingen, 1977.
GROSSMANN, Heinz: Bürgerinitiativen — Schritte zur Veränderung. Frankfurt/M., 1971.
KNIRSCH, Hans-Peter / NICKOLMAN, Hans-Peter: Die Chance der Bürgerinitiativen. Wuppertal, 1976.
MAYER-TASCH, Peter Cornelius: Die Bürgerinitiativbewegung. 2. Aufl., Reinbek, 1977.
MEZ, Lutz (Hrsg.): Der Atomkonflikt. Atomindustrie und Anti-Atom-Bewegung im internationalen Vergleich. Berlin, 1979.
RUCHT, Dieter: Von Wyhl nach Gorleben. a.a.O.

(25) NÖSSLER, Bernd / DE WITT, Margret (Hrsg.): Wyhl. a.a.O.
BÜRGERINITIATIVE UMWELTSCHUTZ UNTERELBE: Brokdorf: Der Bauplatz muß wieder zur Wiese werden. Hamburg, 1977.
DREYER, Günter / VINKE, Hans: Absolute Sicherheit oder Verbrannte Erde. Der Kampf gegen das Atommüllzentrum Emsland. Hamburg, 1977.
EBERT, Theodor / STERNSTEIN, Wolfgang / VOGT, Roland: "Okologiebewegung und ziviler Widerstand. Wyhler Erfahrungen". 'Gewaltfreie Aktion', Nr. 33/34, Berlin, 1977.
STERNSTEIN, Wolfgang: Überall ist Wyhl. Frankfurt/Main, 1978.
ECKSTEIN, Sabine: Bürgerinitiativen zwischen Anpassung und Widerstand. Der Kampf gegen den NATO-Truppenübungsplatz Nordhorn-Range. Frankfurt/Main, 1974.
BUSCHE, Ernst u.a.: Rettet die Garlstedter Heide. Fischerhude, 1977.
Siehe auch das Beispiel aus Costa Rica: WALKER, Charles: "Culebra — gewaltfreie Rückeroberung eines Truppenübungsplatzes". 'Gewaltfreie Aktion', Nr. 13/14, 1972.

(28) Vgl. ECKSTEIN, Sabine: Bürgerinitiativen zwischen . . ., a.a.O. und
KNIRSCH / NICKOLMANN: Die Chancen der Bürgerinitiativen, a.a.O., S. 101-111.

(29) BUSCHE u.a.: Rettet die Garlstedter Heide. a.a.O.

(30) FÖRTSCH, Eckart: "Bürger, Bäume, Bunker — Erfahrungen im Widerstand gegen Munitionsbunker im Reichswald", 'Gewaltfreie Aktion', Nr. 41/42, 1979.

(31) Die Autoren legten ihr Buch zur Großdemonstration im August 1974 vor, die Bauern nahmen es ohne Begeisterung auf, da sich einige von ihnen unvorteilhaft dargestellt fühlten. Nachträglich bedauerten Hardy und Gabey, das Buch nicht vor der Veröffentlichung den Bauern vorgelegt zu haben.

(32) Le Bris war bis 1972 Redakteur der Zeitung 'La Cause du Peuple'. Er verfaßte u.a. drei Bücher über Okzitanien: Occitanie. Volem Viure! Paris, 1974; Homme d'Oc. Paris 1975 (zusammen mit dem Sänger Marti) und La révolte du Midi. Paris, 1976. Hier wie in L'homme aux semelles du vent. Paris, 1976, argumentierte er im Sinne eines regionalistischen Libertär-Sozialismus.

(33) DEVELOTTE, C.: Bibliographie sur le causse et avant-causse du Larzac. Montpellier, 1979. (Kollektiv): Larzac — terre inconnue. Paris, 1973.

(34) u.a. ASSOCIATION DE SAUVEGARDE DU LARZAC ET DE SON ENVIRONNEMENT: Les problemes posés par l'extension du camp militaire. Rodez, 1971.

(35) 'Gardons le Larzac', Dossiers 1 und 2, a.a.O.

(36) BAIER, Lothar: "Bericht über den Kampf französischer Bauern gegen den Kolonialismus von innen", 'Ästhetik und Kommunikation', Nr. 17, 1974, S. 5-44.
GOSS-MAYER, Hildegard: Der Mensch vor dem Unrecht. Wien, 1976, S. 101-112.
HERTLE, Wolfgang: "Larzac — Beispielhafte Widerstandsbewegung oder unnachahmbare Ausnahme?", in: ARBEITSGEMEINSCHAFT FÜR FRIEDENS- UND KONFLIKTFORSCHUNG: Jahrbuch für Friedens- und Konfliktforschung. Band VII, Waldkirch, 1979.

(37) HUIZINGA, Johan: Geschichte und Kultur. Stuttgart, 1954, S. XXXI.

Teil I: VORAUSSETZUNGEN DES KONFLIKTES

1. Geographische, historische und ökonomische Gegebenheiten und ihre Auswirkungen auf das Verhalten der Larzac-Bewohner

1.1. Geographische Lage

Die 600 bis 800 Meter über dem Meeresspiegel gelegene Larzac-Hochebene bildet mit einer Fläche von 1000 Quadratkilometern den ausgedehntesten und südlichsten Ausläufer des Zentralmassivs vor dem Mittelmeer.

Die Begrenzungen der Kalkhochebene ergeben sich durch die tief eingefrästen Flußtäler des Tarn im Norden (dort liegt die Stadt Millau), der Dourbie, der Virenque und des Vis im Osten, des Hérault im Süden (mit Lodève im Departement Hérault), des Orb, der Lergue und des Soulzon im Westen (Roquefort). Der größte Teil des Plateaus liegt im Departement Aveyron (Hauptstadt Rodez), ein kleinerer Teil im Süden gehört zu den Departements Hérault (Montpellier) und Gard (Nîmes).

Durch ihre Parallel-Lage zum Mittelmeer sind die 'Causses' (Hochebenen, die durch Kalkablagerung vor 200 Millionen Jahren zwischen den Bergen der Cevennen und der Auvergne entstanden) natürliche Barrieren zwischen dem Zentrum Frankreichs bzw. der Atlantikküste und dem mediterranen Languedoc.

Seit sich Kelten in der frühen Bronzezeit auf dem Larzac niederließen, spielte die Fernstraße quer über das Plateau eine zentrale Rolle, wie heute noch die Nationalstraße 9, die vom ca. 100 km südöstlich liegenden Montpellier ausgeht und über den Larzac, über Rodez und Clermont-Ferrand bis Paris führt.

1.2. Prägung der Menschen durch die natürliche Umwelt

Auf der riesigen Kalkhochebene wächst zwischen den monumentalen Felsen und dem verstreuten Geröll vor allem wertvolles, weil aus vielfältigen Pflanzenarten bestehendes Gras, das sich vorzüglich für die Schafzucht eignet.

Das Klima erscheint auf den ersten Blick eher menschenfeindlich. Rauhe Winter mit eisigen Winden und für Mittelmeernähe ungewöhnlich großen Schneemengen, die oft bis ins späte Frühjahr liegenbleiben, lösen heiße Sommer mit ausgeprägter Trockenheit ab.

"Je trockener der Sommer, je weniger Gras wächst, desto schöner sind die Tiere", behauptet eine Bauernweisheit im Larzac. (1)

Um sich in dieser rauhen Umgebung behaupten zu können, mußten die Larzac-Bewohner seit jeher immense Beharrlichkeit und großen Fleiß aufbringen. Der Sieg über die Natur war nie vollständig, mit jähen Rückschlägen wurde jederzeit gerechnet.

Die umfangreichen Niederschläge versickern sofort durch Felsspalten und im durchlässigen Boden, wodurch sich in zahlreichen unterirdischen Höhlen ein riesiges Trinkwasserreservoir von ca. 150 000 000 Kubikmetern bildet, von dem allerdings allein die Menschen in den Tälern profitieren. Die Larzac-Bewohner konnten nur mit großer Mühe durch den Bau von Zisternen und Viehtränken einen Bruchteil der Niederschläge sammeln. Die wenigen natürlichen Wasserstellen gehören zu den "Geschenken des Himmels".

Im Laufe der Jahrhunderte hat das Gefühl, von der Natur beherrscht zu werden, Spuren im Charakter dieser Menschen hinterlassen. Der Wunsch, in gutem Einvernehmen mit den höheren Mächten zu stehen, die die Natur bestimmen, erklärt zum Teil ihre starke Religiosität und damit auch den Einfluß der katholischen Kirche.

Die Arbeit des Schafzüchters ist bestimmt vom biologischen Zyklus: mit stets neuer Emotion und fast zärtlicher Pflege verfolgt er das Austragen und die Geburt der Lämmer. Gibt es eine bessere Schule für die Ehrfurcht vor dem Leben?

Die langen einsamen Stunden mit den Schafen auf den Weideflächen ('parcours') zwingen die Bauern (nur wenige können sich bezahlte Schäfer leisten) zum Nachdenken, manche sogar zur Meditation. Geduld und Selbstbeherrschung, aber auch Improvisationsfähigkeit sind notwendige Voraussetzungen, um sich in diesem Landstrich zu behaupten.

Früher war Getreideanbau nur in natürlich geschützten Lagen möglich, wenn sich in Bodenvertiefungen eine Schicht fruchtbarer Erde abgelagert hatte. Die Urbarmachung weiterer Flächen scheiterte an der Schwäche der Pflüge und der Zugtiere angesichts der zahllosen Gesteinsbrocken. Ein Satz wie: "Wir lieben den Fleck Erde am meisten, der uns die größte Mühe abverlangt hat" (2), drückt ein Verhältnis der 'Caussenards' (= Bewohner des Causse) zu ihrem Land aus, das über reines Besitzdenken hinausgeht.

"Wir wissen, was eine gelungene Ernte bedeutet, wir wissen, welche Mühe es kostet, eine Parzelle von Steinen zu befreien und bis zur Anbaufähigkeit zu bearbeiten." (3)

Im Zeitalter der Maschinen, die schwere Handarbeit ersetzen, mag eine solche Erdverbundenheit fremd erscheinen, doch gerade auch das Wissen um den vergossenen Schweiß führte zur standhaften Weigerung der Larzac-Bauern, ihr Land an die Armee abzutreten.

"Wir wissen, welche Arbeit nötig ist, um ein Getreidekorn zum Wachsen zu bringen. Wir wissen zu gut, was dies kostet, um alles einfach kaputtmachen zu lassen." (4)

Auch die auffallende Kargheit im bäuerlichen Alltag ist nicht einfach mit Armut und Elend im städtischen Sinne gleichzusetzen. Die jüngere Generation und die Ökologiebewegung, welche die Bauern in ihrem Kampf unterstützen sollten, entdeckten hier vielmehr eine Wertschätzung der Produkte menschlicher Arbeit, wie sie in unserer Wegwerf-Gesellschaft erschreckend selten geworden ist.

Der Umwandlungsprozeß von der autarken Wirtschaft zu 'moderneren' Produktionsweisen begann auf dem Larzac erst nach dem Ersten Weltkrieg. Bis dahin lebten die 'Caussenards' nahezu ausschließlich von ihrer eigenen landwirtschaftlichen Produktion, die sie durch Sammeln von Beeren und Früchten sowie durch Jagd ergänzten. Nur Kleidung, Schuhe, Handwerkszeug, Salz und Streichhölzer wurden gekauft; außer Salz wurde alles von einheimischen Handwerkern hergestellt.

Mit der Gewöhnung, sich den Launen der Natur anzupassen und über Generationen die schweren Lebensbedingungen hinzunehmen, kam ein tiefsitzendes Mißtrauen gegen jede Veränderung, das auch noch nach 1920 Neuerungen behinderte. Unterernährung und mangelnde Pflege der Mutterschafe wirkten sich in langsamerem und komplikationsreicherem Aufwuchs der Lämmer aus. Die Wolle wurde an Händler im Dorf verkauft, die sie an die Tuchfabriken in Lodève und Clermont lieferten. Die Leder- und Handschuhindustrie in Millau war von jeher auf die Schafzucht des Larzac angewiesen, ebenso die Käsereien von Roquefort. Die Händler kauften aber auch den Schafmist auf, mit dem die Weinberge des Languedoc gedüngt wurden — sehr zum Nachteil der Getreideäcker auf dem Larzac, die wegen Wasser- und Düngermangel geringe Erträge brachten.

1.3. Prägung durch die Geschichte

Die traditionellen politischen Verhaltensweisen der Menschen auf dem Larzac-Plateau vor dem Konflikt um den Truppenübungsplatz scheinen von der Jahrhunderte andauernden Beherrschung durch kirchlich-weltliche Autoritäten beeinflußt zu sein, zumindest fallen Unterschiede im Vergleich zu den weniger konservativen Gegenden im Languedoc auf.

Im Streit zwischen den Grafen von Barcelona und den Grafen von Toulouse um die Hegemonie über Südfrankreich (5) übergab Raymond Béranger II, Graf von Barcelona, Vicomte de Millau und König von Aragon, 1159 seinen Anteil an "der Gegend, die Larzac genannt wird", dem soldatisch-religiösen Templerorden und erhoffte von dieser Schenkung einen militärischen Puffer zum Schutz seiner Grafschaft Rouergue gegen Angriffe aus Richtung Avignon und Nîmes.

Die Templer begannen bald, auf dem Plateau die ersten Wehrdörfer zu bauen, deren Architektur stark den Ordensbauten in Palästina ähnelt. Alle heutigen geschlossenen Ortschaften gehen auf die Templer bzw. ihre Nachfolger, die Johanniter (auch 'Hospitaliers' genannt), zurück. Beim Versuch, sich des ganzen Plateaus zu bemächtigen, wandte der Templerorden Methoden an, die von der Überredung über den Kauf bis zur erzwungenen Landabgabe reichten. Das Interesse der Orden am Larzac erklärt sich nicht allein aus ihrer Vorliebe für abgeschiedene Gegenden. Das schwer zugängliche Plateau war mit seinen steilabfallenden Felsenrändern leicht zu verteidigen. Auch nach der zwangsmäßigen Auflösung des Templerordens 1312 (6) und der Übertragung des Larzac an die Johanniter mußten die Larzac-Bewohner weiterhin Steuern und Abgaben (meist in Form von Weizen) bezahlen. Als Gegenleistung nahmen die Ordensbrüder in Kriegszeiten die Landbevölkerung in ihre Wehrdörfer auf (etwa als nach dem Hundertjährigen Krieg Plünderer und entlassene Söldner die Gegend heimsuchten), bei deren systematischem Ausbau die Landbevölkerung mitarbeitete. Mit der bis zur Revolution 1789 andauernden Schutzherrschaft der Ordensritter standen die Larzac-Bewohner einer unüberwindlich erscheinenden Autorität gegenüber, die kirchliche, staatliche und militärische Macht in sich vereinte. Dennoch wurde die Region stark von den Religionskriegen bis zur Niederschlagung des Camisarden-Aufstandes erschüttert.

Die Revolution von 1789 fand im Aveyron wenige überzeugte Anhänger, Umtriebe von Revolutionsfeinden erzeugten große Angst ('la grande peur'), so daß hier weniger die Parolen von "liberté, égalité, fraternité" begeisterten, als eher der Satz des letzten Kommandeurs der Hospitaliter in St. Eulalie, Jean-Antoine-Joseph Elsear de Riquete Mirabeau, die Stimmung auf dem Larzac widergibt, den er seinem Neffen, dem berühmten Redner Mirabeau, schrieb:

> "Merken Sie sich, mein Neffe, daß die Revolutionen stets unheilvoll für diejenigen sind, die sie ausgebrütet haben." (7)

Die enteigneten Güter des Adels und der Kirche wurden von Einheimischen zurückgekauft, meist treuhänderisch im Vertrauen darauf, daß die alten Besitzer bald zurückkehren würden. Davon zeugt die Inschrift auf einem Dorfkreuz in St. Maurice: "Zum Andenken an unsere Rückkehr 16. April 1827."

Als geringe Identifikation mit der neuen, durch Revolution geschaffenen Ordnung mag auch die auffällige Zurückhaltung der jungen Männer im Rowergue gedeutet werden, sich bei der "levée en masse" 1793 zum Armeedienst zu melden.

Der geringe Umfang der abgelieferten Abgaben an die Armee (Getreide, Futter, Pferde) grenzte in den Gemeinden des Rouergue an Nichtzusammenarbeit mit dem Staat. Ein meist indiviueller, aber weit verbreiteter Widerstand gegen die Wehrpflicht läßt sich bis zum Beginn des 20. Jahrhunderts nachweisen. (8)

1.3.1. Einfluß der katholischen Kirche

Die meisten Priester leisteten zwar gezwungenermaßen den Eid auf die Zivilverfassung des Klerus (1790), bestanden aber auf ihrer unverbrüchlichen Bindung an die Weltkirche. Andere verweigerten ihre Ernennung zu konstitutionellen Pfarrern und gingen in den Untergrund.

Die starke Religiosität — mehr als 90% der Menschen im Aveyron bezeichnen sich noch heute als praktizierende Katholiken — prägte das gesamte Milieu, ist zu einer Art "zweiter Natur" geworden. Da die geistliche Führung des Klerus über 600 Jahre eng mit militärischer und politischer Herrschaft verbunden war, äußerten sich die Bauern, falls überhaupt, zu politischen Fragen nie anders als gemäß der Meinung von Kirche und Obrigkeit. Es schien undenkbar, die Autorität des Priesters, des Staatsoberhauptes oder Familienpatriarchen in Frage zu stellen. Bis in die sechziger Jahre des 20. Jahrhunderts blieb der Larzac ein mustergültiges, wenn nicht extremes Beispiel für ein ländlich-konservatives Milieu, was besonders im Vergleich mit den Nachbarregionen auffällt: Die Menschen im nordöstlich gelegenen Cevennengebirge sind seit der Reformation überwiegend protestantisch, ein starker Einfluß der Kommunistischen Partei Frankreichs (PCF) ist dort deutlich erkennbar.

Das südliche Departement Hérault trägt sanftere, mittelmeernahe Züge, hier erzielen traditionell die Sozialisten hohe Stimmenanteile. Gelegentlich entlädt sich das Temperament des Languedoc in Zornesausbrüchen, wie bei Gewalt nicht ausschließenden Revolten der Winzer.

So führte im Larzac eine Reihe natürlicher und historischer Faktoren zur Anerkennung und Bewahrung von Werten, die über Jahrhunderte galten. Die karge Umwelt, die schwere Alltagsarbeit prägten die Eigenschaften der Schafzüchter und Urbarmacher, dazu kommt das Fehlen einer Widerstandserfahrung gegen die übermächtigen gesellschaftlichen Mächte, wodurch die herrschende Ordnung mit ihren "natur"gegebenen Autoritätshierarchien nie ernsthaft in Frage gestellt waren. (9)

Umso erstaunlicher ist die Tatsache, daß sich gerade hier eine radikale Auseinandersetzung mit dem Staat und der Armee entwickelte, die bald zu einem nationalen Symbol für konsequenten gewaltfreien Widerstand gegen alle Leben zerstörenden oder beeinträchtigenden Institutionen der Gesellschaft und zu einem Fanal der Hoffnung, auf der Suche nach einer freien, sich selbst verwaltenden Gesellschaftsordnung werden sollte.

1.3.2. Bedeutung des Eigentums

Über die Jahrhunderte prägten auch die Besitzverhältnisse die Einstellung der Menschen auf dem Plateau. Die mächtigen Grundbesitzer galten den Kleinbauern und Tagelöhnern als Teil der launigen, kaum zu überwindenden Natur. Diese Abhängigkeit bestand seit der römisch-gallischen 'Villa'. Später herrschte der Einfluß des Grundbesitzes durch Kirche und Adel vor. Bis ins 16. Jahrhundert wuchs der Kirchenbesitz auf Kosten des Adels, danach kehrte sich dieser Prozeß um, bis das Bürgertum einen wachsenden Anteil beanspruchte.

Die Französische Revolution änderte wenig an der ökonomischen Grundsituation, viele Adlige der Region blieben ungestört auf ihren Gütern, die meisten kehrten nach einigen Jahren auf ihren Besitz zurück. Lediglich einige wenige Heidestreifen wurden von armen Leuten in Besitz genommen. An das Kircheneigentum wagte sich niemand heran. Im 19. Jahrhundert waren erst 40% der Larzac-Fläche im Eigentum von Kleinbauern, die sich meist nicht allein von der Landwirtschaft ernähren konnten und sich daher als Tagelöhner auf größeren (Pacht-)Höfen oder als Saisonarbeiter, z.B. in den Weinbergen des Languedoc, ihr Zubrot verdienten.

1.3.3. Ein Jahrhundert Landflucht

Noch im April 1975, also nach vier Jahren Widerstand der Larzac-Bauern gegen die Erweiterung des Truppenübungsplatzes, behauptete die Armee anläßlich der gerichtlichen Klärung des "Öffentlichen Nutzens" dieses Projektes, daß der Winter in "dieser Steinwüste" fast das ganze Jahr anhalte und die Bauern froh sein könnten, mit Hilfe der Entschädigungssummen in menschenfreundlichere Gegenden umsiedeln zu können. Diese angesichts der immensen Verbesserungen falsche Einschätzung der Militärs erklärt sich aus früheren Beobachtungen. Dazu Guy Tarlier, Landwirt und "Verteidiger der ersten Stunde": "Die Entscheidung, den Truppenübungsplatz zu erweitern, kam genau zehn Jahre zu spät." (10).

Noch 1963 war die Regierung von acht Larzac-Bauern gebeten worden, ihr Land aufzukaufen, da es als Teil des Truppenübungsplatzes sinnvoller genutzt würde als durch eine aussichtslose, verarmte Landwirtschaft. Zwei der damaligen Bittsteller zählten acht Jahre später zu den entschlossensten Gegnern des Militär-Camps: Elie Jonquet und Auguste Guiraud aus dem Weiler La Blaquière.

Seit dem Ende des 19. Jahrhunderts war das Plateau, wie der größte Teil des Aveyron, in Wellen von einer Landflucht entvölkert worden; da insbesondere die jüngeren Einwohner weggingen, stagnierte die Wirtschaftskraft, sank die Geburtenziffer. So war 1874 der Weinbau im Languedoc durch eine Reblaus-Seuche ruiniert worden, massive Importe amerikanischen Getreides führten zu Preisverfall und einer bedrohlichen Krise in der Landwirtschaft. Die jüngeren Menschen zogen das leichtere Leben in den Städten vor (in Paris leben heute mehr Menschen aus dem Aveyron als im Departement selbst). Als sich der Weinbau zwischen 1885 und 1890 wieder erholte, zog er unwiderstehlich Arbeitskräfte an. Der Exodus war im Süden des Plateaus noch stärker als im Norden, wo die Erwerbsmöglichkeiten in den Lederfabriken Millaus die Menschen näher am Larzac festhielten.

Die Einführung der Wehrpflicht 1872 entfernte die jungen Männer erst fünf, ab 1889 drei Jahre von ihrer Heimat. Nachdem im Ersten Weltkrieg über 6% der Bevölkerung umkamen, verstärkte sich die Emigration nach 1919 noch weiter. 1968 lebten auf dem Larzac nur noch dreißig Prozent der Bewohner im Vergleich zu 1886. Lebten 1951 im Dörfchen L'Hospitalet 960 Einwohner, so waren es 1970 nur noch 218.

Es mangelte an Arbeitskraft und Geld; für ohnehin ungewohnte Neuerungen auch noch Schulden zu machen, galt beinahe als sozialer Makel. Nur die reichsten Landwirte vermochten sich "über Wasser" zu halten, Aveyron war zum "Departement mit dem Schlüssel unter der Fußmatte" (11) geworden.

Die Bilanz ist bitter:

"Vorher kultivierte Flächen liegen brach, der Boden erodiert, verlassene Dörfer zerfallen, in den wenigen noch bewohnten Dörfern findet eine wilde Urbanisierung statt. Das Handwerk ist in Schwierigkeiten, die Industrie in der Krise. Mehr noch als das Aveyron schien der Larzac durch die Versteppung bedroht." (12)

Larzac lag abseits der wirtschaftlichen Kreisläufe und der regionalen Entscheidungszentren, nachdem sich die Verwaltung noch stärker nach Rodez verlagerte.

1.4. Roquefort — Erbe der Feudaltradition

Neben der Kirche und dem Adel besaß traditionell die Roquefort-Industrie einen großen Einfluß, der parteipolitisch der Vorherrschaft der Konservativen und der liberalen Bürgerkräfte entsprach.

Das Städtchen Roquefort, dessen Name durch den gleichnamigen Schimmelkäse aus Schafsmilch weltberühmt ist, liegt im Soulzon-Tal westlich des Larzac-Plateaus und ist weniger mit dem benachbarten Millau als mit den wohlhabenden Städten Cognac (Charente) oder Reims (Champagne) vergleichbar, auch wenn hier der Reichtum weniger protzig, eher untertrieben zur Schau gestellt wird.

Die erste schriftliche Erwähnung aus dem Jahre 1070 — jeder Roquefort-Betrieb hatte pro Jahr ein Kilo Käse an die Abtei Conques abzuliefern — erinnert an eine lange Vergangenheit und an die Art der Beziehungen, welche die "seigneurs de Roquefort" bis heute zu den Bauern des Larzac aufrechterhalten. Der natürliche Ursprung der Symbiose von Milch produzierenden Bauern und Käsefabrikanten liegt in den Eigenschaften des Combalou-Felsens und seiner Höhlungen: "Dieser Felsen, der nur dazu geschaffen zu sein scheint, Raubvogelnester zu beherbergen, wurde für die Region zum Huhn, das goldene Eier legt", schreibt ein Roquefort-Industrieller. (13) Haarfeine Spalten im Gestein ('fleurines') sorgen für die ununterbrochene Zufuhr und Zirkulation von Luft in den Höhlen und führen zusammen mit der hohen Luftfeuchtigkeit zu einem konstanten Mikroklima von 6 bis 8 Grad Celsius, in dem sich der Pilz "Penicillium Roqueforti" entwickelt, der dem "König der Käse" sein unnachahmliches Aroma verleiht. Die Höhlungen im Combalou-Felsen wurden systematisch ausgebaut, so daß die Käseverfeinerung heute in bis zu zwölf übereinanderliegenden Stockwerken erfolgt.

Während früher aufgrund der noch ungenügend ausgebauten Verkehrswege ein großer Teil der Milch auf den Höfen selbst verarbeitet und bei geringer Haltbarkeit in der näheren Umgebung verkauft wurde, begann 1880 mit der Gründung der 'Société des Caves et Producteurs Réunies' eine für die damalige Landwirtschaft Frankreichs einzigartige Zusammenarbeit zwischen Schafzüchtern und Industriellen. Die Qualität der Milch, Produkt der Vielfalt der Gräserarten auf dem Plateau, ist für die Industrie ein ebenso wichtiger Faktor wie die Abnahmegarantie für die Bauern. Die seit 1842 in den "Caves réunies" zusammengeschlossenen Roquefort-Fabrikanten ermöglichten durch ihre Investitionen zahlreiche Verbesserungen in der Produktionsweise mit der Folge starker Ertrags- und Qualitätssteigerungen.

1885 wurden die ersten Gefrierkammern gebaut, welche ermöglichten, die Käseformen zu konservieren, um den Markt kontinuierlich zu beliefern. In den größeren Orten wurden Molkereien installiert, die den Bäuerinnen die schwere Arbeit der Käseherstellung per Hand abnahmen. Die Veredelung der Herden durch Kreuzung der besten Milchschafe aus den einheimischen Herden mit Lacaune-Schafen, die Intensivierung der Futterproduktion auf den Höfen, die Einführung des maschinellen Melkens, günstige Darlehen zur Modernisierung der Betriebe, Beihilfen zur beruflichen Ausbildung der Schafzüchter ergaben eine ökonomische Abhängigkeit der Larzac-Bauern von Roquefort, auch wenn die professionelle Zusammenarbeit Roquefort — Larzac in Frankreich nach 1922 als mustergültig angesehen wurde. Die Phase des Wiederaufbaus nach dem Krieg hatte die wirtschaftliche Symbiose institutionalisiert.

Ein Gesetz aus dem Jahre 1925 begrenzte das Herkunftsgebiet "reiner und ganzer", nicht pasteurisierter Milch zur Herstellung des Roquefortkäse "gemäß lokaler und gesetzeskonformer Gebräuche auf die französischen Regionen, die dieselben Merkmale der Schafzucht, der Grasarten und des Klimas besitzen wie der Larzac". So stammen zwei Drittel der Milch für den Roquefort-Käse aus dem Aveyron, der Rest aus den Departements Tarn, Lozère, Hérault, Gard und Korsika sowie aus den Pyrenäen.

1930 vereinigte sich die FSEB (Fédération Syndicale des Eleveurs de Brebis) mit zwei Verbänden der Roquefort-Fabrikanten (der 'Chambre Syndicale' aus 12 kleinen Familienbetrieben und dem 'Syndicat Aveyronnais', d.h. fünf größeren Aktiengesellschaften) zur 'Confédération Générale des Industriels et des Eleveurs de Brebis', die seither unumstrittener Marktbeherrscher des Roquefort-Einzugsgebietes mit dem Larzac als Stammland blieb.

Diese Confédération erwarb das Markenzeichen Roquefort. Ihre Hausphilosophie ist der Korporativismus. Nach dem Motto: "Wir sitzen alle in einem Boot", soll die Arbeiterin im Keller den guten Ruf und die Wirtschaftskraft des Käse-Imperiums genauso verteidigen wie der Schafzüchter oder der Fabrikant.

Formal sind die Milchproduzenten an der 'Confédération' gleichberechtigt beteiligt, real besteht der Vorstand aus Fabrikanten, Rechtsanwälten und Tierärzten, und selbst der Sekretär der Bauernvertretung arbeitet im Verwaltungsrat der 'Société'. Mit ihren Beiträgen zur 'Confédération' finanzieren die Bauern die Kommerzialisierung des Endproduktes, bis 1970 war ihr Beitrag für die Werbung doppelt so hoch wie der der Fabrikanten. Neue Arbeiter und Arbeiterinnen in den Roquefort-Kellern werden noch immer nur auf Empfehlung eingestellt. Bauern werden von den Fabrikanten durch Kredite, Verleihen von Rassewiddern und anderen Vergünstigungen an die Roquefort-Familie gebunden.

Die Ertragssteigerungen in der Milchproduktion verdrängte die zuvor ebenso rentable Fleischproduktion. Wachsende Spezialisierung und das Monopol Roqueforts als Milchabnehmer festigte eine Abhängigkeit, die nur aufzuheben wäre, wenn sich die Bauern mit den Arbeitnehmern der Käsefabriken zu selbstverwalteten Betrieben und Genossenschaften zusammenschließen würden. Die Bauern erhalten Roquefort-Käse, der der Menge von drei Prozent der gelieferten Milch entspricht, wenn sich im Juli aufgrund der natürlicherweise geringen Milchproduktion die kommerzielle Produktion des Käses nicht mehr lohnt.

Wenn aber Bauern zu Verbrauchern eines Luxuskäses werden, stärkt dies die Illusion, Mitglied der großen "Roquefort-Familie" zu sein.

1.5. Siebzig Jahre Nachbarschaft von Armee und Landwirtschaft

Als die französische Armee 1970 durchsickern ließ, daß der Truppenübungsplatz Larzac um 14 000 Hektar erweitert werden sollte, hatte sie wenig Grund zur Annahme, daß dies bei der ortsansässigen Bevölkerung auf Widerstand stoßen würde.

Bei der Einrichtung des 'camp militaire' im Jahre 1899 bewarben sich mehrere Gemeinden als Standort, bis schließlich La Cavalerie und Les Liquisses den Vorzug erhielten, kostenlos 3 000 ha Gemeindeland an die Armee abzutreten. Damals war es für eine Gemeinde eine nationale Ehre, als Garnisonsort dienen zu dürfen, zudem konnte mit wirtschaftlichen Vorteilen gerechnet werden. Noch heute lebt eine ganze Berufsgruppe in La Cavalerie von der Anwesenheit der Soldaten: Besitzer und Angestellte von Bars und Hotels, Händler, Handwerker und eine kleine Verwaltungsbürokratie. Solange die übenden Soldaten vor allem Reservisten waren, also Männer, die bereits im Beruf standen und in ihrer Freizeit mehr ausgeben konnten, schlug ihr Beitrag zur örtlichen Wirtschaft mehr zu Buche als später der kurze Aufenthalt überwiegend jüngerer Wehrpflichtiger auf dem Plateau.

Bei maximal 50 Übungstagen der Artillerie im Jahr blieb die landwirtschaftliche Nutzung des Geländes lange Zeit relativ wenig behindert. 1927 erlaubten die Bürgermeister des Plateaus, die Manöver auf weitere 30 000 ha, also auf private landwirtschaftliche Flächen, auszudehnen. 1940 wurde das Larzac-Camp zum Entmobilisierungszentrum für das von den Deutschen nicht besetzte Südfrankreich, und nachdem die Wehrmacht im November 1942 die "Freie Zone" besetzte, nutzte sie den Platz ihrerseits zu militärischen Übungszwecken. Von der "Libération" bis 1949 diente das Camp als Lager für deutsche Kriegsgefangene. Nur zehn Jahre später wurden Gefangene eines neuen Krieges auf dem Larzac bewacht. Zwischen April 1959 und Mai 1962 internierte das Pariser Innenministerium hier 35 000 "verdächtige" Algerier aufgrund von Verwaltungsbeschlüssen (assignation à résidence surveillée). Gegner des Algerienkrieges bezeichneten das Internierungslager als KZ, da den Betroffenen meist nicht mehr nachgewiesen werden konnte, als ihre nordafrikanische Herkunft. Gegen diese Willkür führte die "Gemeinschaft der Arche" vor dem Lager eine gewaltfreie Protestaktion durch, die damals von der einheimischen Bevölkerung eher mit Unverständnis aufgenommen wurde. (14)

Erstmals tauchten 1951 Erweiterungspläne auf, die der Generalstab jedoch verwarf, und 1954 war sogar von einer Schließung des Camps zugunsten des Truppenübungsplatzes Caylus die Rede. Dagegen wehrte sich eine Lobby von Bürgermeistern und Kleinhändlern, die statt dessen eine ganzjährige Nutzung und die Ausweitung auf brachliegendes oder wenig ertragreiches Bauernland forderten. Ab 1955 sank die Zahl der übenden Soldaten und damit auch der Verdienst der Marketender, gleichwohl wuchsen die Manöverschäden. Anstelle der 'harmloseren' Infanteristen übten nun Panzerverbände, die den Humus von den Felsen rissen, so daß buchstäblich "kein Gras mehr wächst", wo Panzerketten über die Weiden fuhren. Hubschrauber flogen dicht über die Schafherden und verursachten immer wieder Totgeburten. Das Larzac-Plateau wurde zur Zielscheibe für Ferngeschosse, die von den umliegenden 'causses' abgefeuert wurden, die Schäden durch Fehltreffer gingen auf Kosten der Bauern.

1963 und 1965 reichten Bauern beim Armeeministerium Bittschriften ein, daß Brachland aufgekauft und der Truppenübungsplatz erweitert würde. Die ärmlichen Verhältnisse und die zunehmende Belästigung durch die Truppen brachten einige der Alteingesessenen zum Wunsch, die Landwirtschaft aufzugeben oder in einer anderen Region neu zu beginnen. Auf den gleichzeitigen Neubeginn einer anderen Bauerngruppe sei hier nur der Vollständigkeit halber hingewiesen, er wird an anderer Stelle beschrieben. (15)

1.6.　　Arbeitsplätze als Wahlkampfversprechen

Aufgrund der unterschiedlichen Bevölkerungsdichte hat das Wahlverhalten der Städter in Millau ausschlaggebende Folgen auch für die ländliche Bevölkerung im Rest des Wahlkreises. So war der Abgeordnete in der Nationalversammlung für das südliche Aveyron, der gaullistische Politiker Louis-Alexis Delmas (UDR), ein entschiedener Betreiber der Camp-Erweiterung. Delmas war als 'charge de mission' im Kabinett des Premierministers Michel Debré zwischen 1959 und 1962 ein einflußreicher Berater des Armeeministers, welcher 1971 das Erweiterungsprojekt entscheiden sollte.

Bei den Parlamentswahlen 1967 konnte Delmas 65% der Stimmen in dem konservativen Wahlkreis gewinnen, in Millau sogar 73%. Damit endete die Vorherrschaft des "Unabhängigen Zentrums" in der Region, nicht zuletzt aufgrund von Streitereien innerhalb des zentristischen Clans.

Trotz dieses hohen Sieges mußte Delmas über die dramatische Verschlechterung der Arbeitsplatzsituation alarmiert sein. Seit dem mit sechs Monaten Dauer für Frankreich bis dahin längsten Streik, 1935 in Millau, der mit der Besetzung einer Handschuhfabrik durch "Gardes mobiles" brutal zerschlagen wurde, war es in der Region zu keinem größeren Arbeitskampf mehr gekommen. Der Wille zum Kampf gegen schlechte Bezahlung und Arbeitslosigkeit schien durch diese Niederlage völlig gebrochen zu sein.

Die Gerberei- und Handschuhfabrikation, seit 800 Jahren ökonomisches Rückgrat und Haupterwerbszweig der Kleinstadt im Norden des Larzac-Plateaus, nahm zwischen 1954 und 1963 einen gewissen Aufschwung, um dann ab Herbst 1963 in eine schwere Krise zu geraten. Legen wir zu Vergleichszwecken für 1958 einen Produktionsindex von 100 fest, so stieg dieser bis 1962 auf 124, bis 1972 sank er jedoch auf den Tiefpunkt von 42. Innerhalb von 10 Jahren war der Export um 70% zurückgegangen.

Billig-Importe aus der Dritten Welt, eine Überschwemmung des Marktes mit Polyvinyl-Handschuhen und die Verteuerung des Rohstoffes Leder erlaubten es der Jahrhundert alten Industrie nicht, ihre überholte Produktionsausstattung rasch genug zu erneuern. Viele Betriebe mußten aufgeben. 1960 gab es noch 90 Betriebe, von denen vier mehr als 600 Personen beschäftigten, 1973 nur noch 22 Betriebe mit mehr als 10 und sechs mit mehr als 50 Angestellten. Ständig mehr Menschen verloren ihre Arbeitsplätze ohne eine Chance, in der Region Ersatz zu finden. Jährlich verließen etwa 200 Jugendliche aus diesem Grunde Millau und das Departement.

L.A. Delmas war gezwungen, etwas zu unternehmen, da die angespannte soziale Situation den Erfolg seiner Partei bei den Kommunalwahlen im März 1971 zu gefährden drohte. Parteifreunde vor Ort rieten ihm, das Versprechen von 2000 neuen Arbeitsplätzen aufgrund der Erweiterung des Truppenübungsplatzes zum Hauptwahlschlager zu machen. Bei vielen der 80 000 Einwohnern Millaus schien dies gut anzukommen. Im Januar 1971 jedenfalls demonstrierten 5 000 Menschen gegen die Arbeitslosigkeit und nicht gegen die Militärpläne. Den Gewerkschaften und Linksparteien erschien die Existenzsicherung der Landwirtschaft weniger wichtig oder zumindest leichter lösbar als die Krise in der Industrie Millaus.

Als die Handschuhfabrik Jonquet am 4. März 1971 Konkurs anmeldete, deren 500 Arbeitsplätze (300 Voll- und 200 Teilzeitarbeiter) ein Viertel der Beschäftigten in der Handschuhfabrikation Millaus ausmachten, erklärte Delmas: "Für Millau, das Schwierigkeiten hat zu überleben, ist die Erweiterung des Militärlagers mit Sicherheit die letzte Chance." (16)

Jonquets Ausverkauf war nicht nur wegen der Größenordnung ein alarmierendes Zeichen, die Firma galt in der Branche als "Frankreichs Haus Nr. Eins", und ihr Chef war Präsident der 'Internationalen Föderation der Handschuhfabrikanten'! "Mit dem Verschwinden von 'Gant Jonquet' entsteht nicht einfach ein Reibungsverlust, ein tragender Balken bricht zusammen", beschreibt 'Midi Libre' die allgemeine Stimmung.

Endlich erwachte Millau, der Wahlkampf wurde hitziger. Noch im Februar 1971 hatte eine Befragung der sozialistischen Monatszeitschrift RADAL zum Thema Arbeitsmarkt in der Bevölkerung eine durchgehende Tendenz zur Mutlosigkeit aufgezeigt. Nun tauchte Larzac in der Diskussion um den Erhalt der Arbeitsplätze in Millau immer häufiger auf.

Im ersten Wahlgang, am 14. März 1971, erzielte die UDR-Liste 650 Stimmen mehr als die Vereinigte Linke, die Zentristen wurden endgültig geschlagen. Schon am folgenden Tag riefen die lokalen Gewerkschaftssektionen für den 17. März zum Generalstreik auf. 5 000 Menschen zogen durch die "tote Stadt": Arbeiter, Handwerker, Kaufleute, Lehrer, Schüler. . . Es handelte sich aber weniger um das Startzeichen für einen breit unterstützten sozialen Kampf als um einen Trauerzug.

Wut erzeugte die Art und Weise, mit der Industrielle und Politiker sich gegenseitig die Schuld zuschoben. Marcel Jonquet äußerte gegenüber der Presse, daß nur noch die 'Öffentliche Hand' das Schlimmste verhindern könne, der Bürgermeister von Millau beklagte sich, daß er von der Fabrikschließung erst erfahren habe, als es bereits zu spät war. Die Gewerkschaften konnten nicht verhindern, daß die wichtigste Fabrik der Stadt innerhalb von 14 Tagen liquidiert wurde, die Linksparteien hatten nicht mehr anzubieten, als den Machtwechsel bei den nächsten nationalen Wahlen vorzuschlagen. . .

Am 21. März brachte der zweite Wahlgang der UDR noch mehr Wählerstimmen, als Sieger stellte sie sowohl in Millau wie auch in La Cavalerie die Bürgermeister. Die Bauern mußten sich noch isolierter von den Städtern fühlen als zuvor. Wenn es den Gaullisten gelungen war, mit dem Argument "Neue Arbeitsplätze!" die Wahl zu gewinnen, dann konnte dies nur bedeuten, daß viele Arbeiter ihre Interessen im Widerspruch zu denen der Landwirte sahen. Allerdings gaben manche selbstkritische Bauern zu, sich vorher wenig Gedanken um die Lage der Fabrikarbeiter gemacht zu haben. Verbale Solidaritätsbezeugungen mancher Linker erschienen den Bauern nunmehr fragwürdig, das politische Gewicht der zentristischen Notablen, auf das sich die Mehrheit der Landwirte verlassen hatte, war bis zur Bedeutungslosigkeit weggeschmolzen, die Situation noch blockierter und aussichtsloser geworden.

Kurz nach den Wahlen konnten die Gaullisten es sich sogar erlauben, ihr Wahlversprechen fallen zu lassen. Von nun an war nur noch von 50 oder höchstens 80 Arbeitsplätzen die Rede, die durch das Erweiterungsprojekt neu entstehen würden!

Die Jonquet-Fabrik blieb endgültig geschlossen, weil sich der Staat weigerte, die Arbeitsplätze durch Subventionen zu retten. Die Konkurrenz innerhalb der EWG verlangte die Konzentration auf die bestehenden industriellen Ballungszentren — zum Nachteil schwächer entwickelter Regionen.

L.-A. Delmas starb einen Monat vor den Parlamentswahlen im März 1973, sein Nachfolger Gabriac (UDR) verlor ihm gegenüber 8.000 Stimmen.

2. Militärische Rechtfertigung des Erweiterungsprojekts

Offizielle Begründungen für die Notwendigkeit der Erweiterung wurden nur spärlich gegeben. Hinter der Fassade des militärischen Geheimnisgebotes lassen sich aus gelegentlichen Äußerungen politische und strategische Meinungsverschiedenheiten zwischen den Regierungsparteien und innerhalb des Generalstabes vermuten. Michel Debré beteuerte:

"Im Gegensatz zu dem, was geschrieben wurde, erfolgte die Auswahl dieser Region nicht zufällig. Zahlreiche Studien wurden durchgeführt, um die Einrichtung des zweiten nationalen Truppenübungsplatzes zu bestimmen." (17)

Dennoch wurden die Ergebnisse dieser Untersuchungen nie der Öffentlichkeit zugänglich gemacht.

Am 9. Oktober 1970 verabschiedete die 'Assemblée Nationale', das französische Parlament, das dritte Militärprogramm für die Jahre 1971 bis 1975, in dem unter anderem die Erweiterung von Truppenübungsplätzen erwähnt wird:

"... Das Heer richtet seine Anstrengungen vor allem auf die taktische Atombewaffnung, entwickelt (insbesondere gepanzerte) Mittel, um ihren Einsatz vorzubereiten und ihre optimale Wirkung zu erreichen. ... Neben den Unterhaltungsarbeiten in den bestehenden Einrichtungen beinhaltet das Infrastrukturprogramm den Bau neuer Kasernen, die Verwirklichung des Komplexes Canjuers-Draguignan sowie die Erweiterung eines weiteren Truppenübungsplatzes." (18)

Obwohl nicht einmal der Name Larzac genannt wird, diente dieser Gesetzestext der Armee als Beweisgrundlage, als das Verwaltungsgericht Toulouse im November 1973 über den "Öffentlichen Nutzen" des Vorhabens entscheiden sollte. Nur vier Tage nach Verabschiedung, aber noch vor der öffentlichen Bekanntmachung des Gesetzes (31.10.1970), bestätigte der Staatssekretär im Armeeministerium, Fanton, am 12. Oktober anläßlich des regionalen Parteitages der Gaullisten in La Cavalerie, daß die von einigen örtlichen Notablen geforderte Erweiterung in Kürze durchgeführt werden würde.

2.1. Strategische Hintergründe

Die Strategie der Rundumverteidigung, die von den Gaullisten nach Ende des Algerienkrieges entwickelt worden war, bedingte ein komplettes Umrüstungsprogramm.

Auf der Basis der Abschreckung wollten sich die französischen Militärstrategen auf alle denkbaren Kriegsformen vorbereiten, dazu mußte ein gutbestücktes Arsenal offensiver wie defensiver Waffensysteme eingerichtet werden.

Die Atomstreitmacht "force de frappe", in der IV. Republik aus finanziellen Gründen gebremst und später unter de Gaulle beschleunigt ausgebaut, weckte bald auch innerhalb der Armee Zweifel, ob sie als die kriegsverhütende Waffe schlechthin gelten könne. Nach Meinung des General Beaufre beseitigt "das Phänomen der nuklearen Abschreckung, auf das manche große Hoffnungen gesetzt haben, um den Krieg abzuschaffen ... den Krieg nicht mehr als Anti-Biotika die Krankheit beseitigen". (19)

Die Notwendigkeit konventioneller Waffen wird seit der Existenz der Atomstreitmacht eher stärker denn weniger betont. Anstatt mögliche Angreifer abzuschrecken, schreckt sie Befürworter von Rüstungsbegrenzungen davon ab, das System im einzelnen zu kritisieren, da jeder einzelne Bestandteil echten Verteidigungswert nur im Zusammenwirken mit den anderen erhält. Anstatt die Gefahr konventioneller Kriege auszuschalten, bedingt die 'force de frappe' die gleichmäßige Verteilung von Mannschaften und Gerät über das ganze Land. (20) Wegen der zahlenmäßigen Übermacht der Warschauer-Pakt-Truppen soll die Abschreckung durch die Ausrüstung der "Manövertruppen" mit taktischen Atomgranaten und Raketen gewährleistet werden, die auf Ladungen von Hekto- bis Kilotonnen verkleinert und damit durch Mörser und 155er Kanonen abgeschossen werden können. Zur Einübung der "flexiblen Antwort" mit den "handlicheren" Atomwaffen, insbesondere den Boden-Boden-Raketen kürzerer Reichweite des Pluton-Systems, benötigt die Armee größere Übungsgelände. Die in fünf Divisionen aufgeteilten "Forces de Manoevre" benötigen mehr Raum aufgrund der Erhöhung der Anzahl ihrer mechanisierten Einheiten, der Steigerung ihrer Mobilität und der Reichweite ihrer Waffen. (21)

Der Generalstab denkt im Maßstab eines "Krieges der Brigaden", damit wird die Koordination der Panzer, der Artillerie und der logistischen Unterstützung zur wichtigsten Aufgabe der Manöver. Nur wenn die Einheiten gemeinsam im selben Gelände üben, kann z.B. verhindert werden, daß Panzer ins Schußfeld der eigenen Artillerie geraten. Vor der Untersuchungskommission über den "Öffentlichen Nutzen" des Standortes Larzac führte General Philibert am 9. November 1972 aus:

> "Der Aufenthalt im Truppenübungsplatz ist die Gelegenheit, die Zusammenarbeit der Truppen zu sichern, im Manöver wird das sinnvolle Zusammenwirken der verschiedenen Waffen innerhalb der Brigade verwirklicht. Dies erst verleiht den großen Einheiten die Kampfkraft, welche die Regierung von ihnen verlangt." (22)

Aus ähnlichen Gründen wurden auch in den USA Riesen-Truppenübungsplätze eingerichtet wie Fort Bragg, Carolina, mit 200 000 ha und Fort Hood, Texas, mit 86 000 ha. (23)

Bei näherer Betrachtung der geographischen Verteilung der Militärgelände in Südfrankreich und bei Hinzurechnung der Naturparks (Landes et Gascogne, Pyrenäen, Haut-Languedoc, Cevennen, Camargue, Vercors, Luberon, Ecrius, Port-Cros, Queyras) ergibt sich eine nahezu ununterbrochene Linie von Bordeaux bis nach Valence, auf der die Truppenübungsplätze aufgereiht wie in einer Kette liegen. Diese Verteidigungslinie endet auch nicht an den Grenzen, sondern verlängert sich nach

Spanien, wo u.a. bei Saragossa 66 000 ha Land für einen Truppenübungsplatz enteignet wurden, oder entlang der italienischen Küste und auf Sardinien, wo amerikanische Militärbasen installiert sind.

Diese moderne Maginot-Linie entlang der Mittelmeerküste — militärstrategisch eine der verwundbarsten Regionen des Westens — bindet Frankreich faktisch in das Atlantische Bündnis, auch wenn es offiziell nicht der NATO angehört. (24)

Englische Truppen hielten im Larzac Manöver ab, Deutsche, Holländer und Spanier üben regelmäßig in anderen französischen Camps. Zweifellos gehören diese Übungen ebenso zu einer Abwehrstrategie des Westens gegen die massive Anwesenheit der sowjetischen Flotte im Mittelmeer wie die im spanischen Hafen Rota stationierten Polaris-Raketen (25), der Luftwaffenstützpunkt Sanjurjo und viele andere NATO-Einrichtungen im westlichen Mittelmeerraum.

"Die Regierung versucht derzeit, die Aufgaben der traditionellen Ost-West-Strategie mit den Notwendigkeiten einer neueren Nord-Süd-Strategie zu verbinden, wodurch heute die Heeresorganisation und insbesondere die geographische Verteilung der Streitkräfte mehr nach Süden gerichtet sind als in der Vergangenheit." (26)

Es bleibt die Frage, weshalb von einer solchen Umorientierung in Richtung Mittelmeer nicht vielmehr Luftwaffe und Marine als das Heer betroffen sein müßte. . .

2.2. Militärpolitische Differenzen im Generalstab

Gibt es eine gemeinsame Mittelmeerstrategie Frankreichs und der NATO oder überwiegt die Tendenz, Frankreichs Unabhängigkeit zu betonen, sich aus eigenen Mitteln zu verteidigen und daher auf die Abschreckung durch "force de frappe" und taktische Atomwaffen zu konzentrieren?

Der Konflikt zwischen den Anhängern der Unabhängigkeit Frankreichs auch auf dem Verteidigungssektor und den "Atlantisten" hält weiter an. Innerhalb des Generalstabes errangen die Verfechter der Unabhängigkeit durch deren gaullistischen Spitzenpolitiker Michel Debré die Übermacht, wodurch die engere Zusammenarbeit mit dem US-Pentagon zumindest behindert wurde.

Andererseits hatte schon die Einführung der französischen Atomstreitmacht heftige Auseinandersetzungen zwischen den Erneuerern und den Traditionalisten ausgelöst, die sich mit korporatistischen Argumenten gegen die "force de frappe" wehrten. Sie sei zu teuer und schränke dadurch die Entwicklung der übrigen Waffengattungen ein. Insbesondere das Heer schnitt im Vergleich zu den atomar bestückten Mirage-Bombern der Luftwaffe und den Atom-Unterseebooten der Marine schlechter ab. Als Ausgleich forderten die Heeresoffiziere mehr Ausrüstung und die Verbesserung der Infrastruktur, bei der Truppenübungsplätze eine wesentliche Rolle spielen. Michel Debré war daran interessiert, u.a. den Generalstabschef de Boissieu zu besänftigen, der sich als Schwiegersohn de Gaulles nach dessen Tod als Hüter der gaullistischen Orthodoxie ansah und die Politik des früheren de Gaulle-Intimus Michel Debré mit Mißtrauen beobachtete und mit gelegentlichen Intrigen begleitete.

Der Ordenskanzler der Ehrenlegion de Boissieu entwickelte seine eigenen Ansichten über einen möglichen Angriff der Warschauer-Pakt-Staaten. Er hält eine frontale Invasion vom Mittelmeer her für weniger wahrscheinlich als Fallschirmjäger-Einsätze und eine Vernichtung der Raketenbasen auf dem Plateau d'Albion sowie der Mirage-Flugplätze. In dieser Angriffskonstellation verlief das große Manöver 'MANAT 73'. In jedem Fall wäre der Larzac ein wichtiger Stützpunkt an der Südflanke des Zentralmassivs.

Die Erweiterung von Truppenübungsplätzen wurde darüber hinaus mit der Überlegung begründet, daß eines Tages die 60 000 in der Bundesrepublik stationierten französischen Soldaten zurückgeholt werden könnten. Je früher dafür Land aufgekauft würde, desto weniger wäre der Steuerzahler belastet.

2.3. Die Armee als "Hektarfresser"

Neben der staatlichen Eisenbahngesellschaft SNCF ist die 'Défense Nationale' der größte Grundbesitzer Frankreichs. Mit ca. 248 000 ha Land verfügt sie über eine Fläche, die 0,5% des nationalen Territoriums und damit ungefähr dem Gebiet des Departements Yvelines entspricht.

Die 14 Truppenübungsplätze verteilten sich 1976 auf den Osten: Sissonne (6000 ha), Mailly (12 000 ha), Mourmelon (11 700 ha), Suippes (14 800 ha), Bitche (3 400 ha), Le Valdahon (3 600 ha), den Westen: Coetquidan (5 400 ha), Fontevraud (3 100 ha), und den Süden: La Courtine (6.200 ha), Caylus (5 500 ha), Les Garrigues-Nîmes (5 000 ha), Canjuers (34 600 ha), Albion (35 000 ha) und Larzac (3 080 ha), zu denen weitere 14 000 ha kommen sollen. (27)

Zusammen mit den zuletzt erfolgten Ausweitungen von Fontevraud, Canjuers und Albion ergäbe der Zuwachs im Larzac eine Verdreifachung des Landbesitzes des Heeres innerhalb weniger Jahre, demgegenüber die Flächen der Luftwaffe (83 Flugplätze auf 25 000 ha) und der Marine (6 000 ha) weit zurückfallen.

Während der Amtszeit Pierre Mesmers als Verteidigungsminister war beschlossen worden, nach einer Bestandsaufnahme alle Ländereien und Bauwerke an die Gemeinden zurückzugeben, die von der Armee nicht unbedingt gebraucht würden. Im Zuge dieser Maßnahme trennte sich die Armee zwischen 1965 und 1971 von 7 000 ha, dieser Prozeß wurde jedoch sehr bald nach Michel Debrés Amtsantritt gestoppt. Der Minister befürchtete, daß die "Güter der Nation" an kapitalkräftige Privatleute im Ausland verschleudert werden könnten. Statt dessen leitete er eine Politik der Grundstücksreserven ein, innerhalb derer neben den Militärgeländen auch die National- und Regionalparks eine zusätzliche Funktion erhielten.

Aus dieser Sicht wird auch verständlicher, weshalb die Armee so großen Wert auf den Besitz des Geländes im Larzac legt, für dessen Kauf sie 1972 eine Summe von 55 Millionen Francs eingeplant hatte, während sie doch schon zuvor die Möglichkeit besaß, auf 100 000 ha zu üben, und in den Jahren 1968 bis 1971 nur jeweils 54 500, 28.300, 53 000 und 3 500 Francs als Entschädigung für Manöverschaden außerhalb des alten Camps bezahlt wurden. (28)

Der Fachjournalist für Militärfragen, J. Isnard, stellt die Hauptargumentation der Erweiterungsbefürworter in Frage, Frankreich sei im Vergleich zu anderen Staaten benachteiligt, setze man die Fläche der nationalen Territorien in Relation zu den militärischen Übungsflächen.

In Frankreich stellten die Militärcamps 0,21% des Territoriums dar, in Ungarn 1,9%, in der DDR 1,85%, in der CSSR 1,3%, in der BRD 0,7% und in Großbritannien 9,58%. Dabei bleibt jedoch der wichtigste Vergleichsfaktor, die Anzahl der Panzer pro Fläche, unberücksichtigt. In Frankreich kämen auf 114 000 ha 950 AMX-30 Panzer sowie 1 100 leichte, über 20 Jahre alte AMX-13 Panzer. In Ungarn sind es 1 500 Panzer auf 169 000 ha, in der DDR 2 000 Panzer auf 200 000 ha, in der CSSR 3 100 Panzer auf 172 000 ha, der BRD 3 700 Panzer auf 180 000 ha und in

England 1.100 Panzer auf 142.000 ha.

In der Bundesrepublik kommen dazu die Panzer der NATO-Alliierten und Frankreichs, in den Warschauer-Pakt-Staaten die sowjetischen Waffen.

In der Zeitschrift der "Linksgaullisten" schrieb dazu der Colonel J.P. Bissey:

> "Es muß angemerkt werden, daß der militärische Grundbesitz Frankreichs von einer stattlichen Größe ist. Dies kann umso mehr gesagt werden, als Frankreich einige seiner Truppenübungsplätze mehrere Wochen im Jahr an ausländische Truppen ausleiht." (29)

Doch die militärisch Verantwortlichen beharren auf dem angeblichen Mangel an Übungsfläche, so noch am 7.12.1978 der Minister Y. Bourges im Fernsehen als Erwiderung auf den Bauernmarsch nach Paris. Generalstabschef de Boissieu verwies bei dieser Gelegenheit auf die Norm der Alliierten. Ein Panzerregiment benötige pro Woche Übung 3 000 ha, daraus ergibt sich die Recheneinheit R/W. Bei einer durchschnittlichen Aufenthaltsdauer von zwei bis drei Wochen pro Regiment und Camp und der maximalen Nutzungsdauer von 46 Wochen pro Jahr sieht der französische Generalstab eine Mindestkapazität von 2 200 R/W als notwendig an.

Die Erweiterung des Truppenübungsplatzes Larzac würde das bestehende Defizit von 900 R/W um 230 R/W verringern.

2.4. Eignung des Standortes Larzac

Erweiterungen von Manövergeländen sind heute nur in einer begrenzten Anzahl von Gegenden denkbar, in denen eine geringe Bevölkerungsdichte, nicht allzu große Bodenunebenheiten und möglichst ein hoher Anteil an staatlichem und kommunalem Grundbesitz gegeben sind, wie es häufig auf Zonen extensiver Viehzucht zutrifft.

Die Militarisierung beinahe wüstenartiger Gebiete hätte den weiteren Vorteil, für den "maquis" (Untergrundkampf) geeignete Gebiete zu kontrollieren bzw. bei konventionellen Kriegen als Rückzugsbasis zu dienen.

Die genannten Bedingungen treffen beim Larzac vorzüglich zu, eine geographisch-ökonomische Studie des 'Centre d'études pour la recherche et l'aménagement des Campagnes' aus dem Jahre 1967 wies Larzac als besonders ärmliche Zone auf dem Weg der Versteppung aus, und die Armee hatte Larzac seit langem in ihre Strategie einbezogen, verlassene Landstriche zu besetzen und militärisch zu nutzen. Die Studie empfahl der Armee besonders den Norden des Plateaus, da hier auf besonders trockenem Boden nur weit verstreute Höfe und Weiler existierten, die sich in den Krisenjahren 1955 bis 1960 fast ganz geleert hatten. Aufgrund überholter und parteiisch ausgewerteter Zahlen führten die Camp-Befürworter Rechtfertigungsgründe an, die zum Zeitpunkt ihrer Veröffentlichung längst überholt, ja falsch waren. (30) Aufgrund von Planungen aus den fünfziger Jahren tauchte 1969 ein fertiger Plan des Generalstabs im Verteidigungsministerium auf.

> "Der ehemalige Generalstabschef des Heeres, General Cantarel, (im Amt zwischen 1965 und 1971) hatte die Larzac-Akte bereits dem Minister vorgelegt. Als General de Boissieu von ihm die Spitze des Generalstabs übernahm, tat er dasselbe bei Michel Debré. Das Heer hatte also Zeit genug, das Problem zu studieren. . .",

bestätigt der ehemalige Verantwortliche für Grundstücksfragen im Armeeministerium, Alain Grellety-Bosviel. (31)

Der Plan war innerhalb des Generalstabs umstritten, doch zuletzt "fiel die Entscheidung auf höchster Ebene, als Michel Debré zu diesem Thema den damaligen

Premierminister Jacques Chaban-Delmas und den Präsidenten der Republik, Georges Pompidou, befragte". (32)

Beim Vergleich verschiedener Stellungnahmen des Generalstabschefs de Boissieu im Laufe der Jahre fallen starke Widersprüche auf: Bei der Pressekonferenz am 8.2.1972 sagte er in Anwesenheit des Ministers:

"Truppenübungsplätze werden 46 Wochen im Jahr genutzt, das zeigt Ihnen, daß wir sie auch im Winter nutzen, auf die Gefahr hin, den Boden zu runieren. Dies gilt insbesondere für die Camps in der Champagne, die im Winter, insbesondere bei Tauwetter, fürchterlich leiden. Sie kennen vielleicht die Wirkung kreidehaltigen Bodens unter dem Druck der Panzerketten. ... Deshalb suchen wir Camps mit Felsenboden, und das trifft auf den Truppenübungsplatz Larzac zu." (33)

Nur zwei Jahre später schrieb derselbe de Boissieu in der offiziellen Revue 'Défense Nationale': "Wir haben die Erweiterung des Truppenübungsplatzes Larzac untersucht. Die Fachleute waren nicht sehr begeistert, denn die Gegend ist sehr uneben, felsig und schwer zu befahren" (34), um den Larzac anschließend der Luftwaffe für Schießübungen vorzuschlagen.

Im Larzac würden Panzer sicher nicht im Schlamm steckenbleiben, doch der poröse Vulkanuntergrund mit der rissigen Kalkschicht darüber, die zahllosen Felsbrokken und Spalten eignen sich wenig für Panzerübungen.

"Umweltschützer haben wenig Grund, sich zu beunruhigen. Ich glaube nicht, daß die ständige Anwesenheit von zwei oder drei Regimentern das Gelände sehr schädigen würde. Bei den Panzerfahrten kann man mehr für die Panzer fürchten als für das Gelände",

meint Grellety-Bosviel. (35)

Die Beschaffenheit des Untergrundes — mit zahllosen Höhlen ein Paradies für Speläologen (Höhlenforscher) — gab Anlaß zu Spekulationen über andere, offiziell nicht genannte Verwendungszwecke. Anfang 1972 führte die Armee Untersuchungen des Untergrundes und der Radioaktivität des Bodens durch, insbesondere sollten Infrarotaufnahmen aus der Luft die Höhlungen katalogisieren.

Debré dementierte 1972 im Senat, "daß irgendein Plan atomarer Art für das Larzac-Camp existiert". (36) (1973 entbrannte eine internationale Kontroverse über die französischen Atomtests im Pazifik, die mit der Verlagerung der Tests aus der Atmosphäre in den Untergrund besänftigt wurden.)

Während der Ölkrise 1973 dachten Energiefachleute laut darüber nach, die natürlichen Speicher Südfrankreichs in 300 bis 1 500 Meter Tiefe für riesige Erdöl- und Erdgaslager mit einer Gesamtkapazität von drei Millionen Kubikmeter zu nutzen.

Der Regierungsbeauftragte Tournier empfahl 1973 sechs verschiedene Lösungsmöglichkeiten für den Konflikt um den Larzac, von denen die extremsten lauteten:
— Aufrechterhaltung des ursprünglichen Projektes.
Diese Lösung sah Tournier als die schwierigste an, da die militärische Rechtfertigung im Vergleich zu den zivilen wirtschaftlichen Schäden zu stark umstritten sei.
— Verzicht auf den Plan.
Den Widerstand dagegen sah Tournier weniger sachlich begründet, als vielmehr aus der Angst der Armee, "das Gesicht zu verlieren". (37)
Tournier berichtet, daß Debré im April 1973 kurz davor gewesen sei, das Projekt aufzugeben. Unmittelbar danach mußte er sein Ministeramt niederlegen. (36)

1977 hielt sich zehn Tage lang ein Kommandant im Larzac auf, um erneut den Nutzen des Projektes zu überprüfen. Der 'Canard Enchaîné' behauptete (38), daß sein 450seitiger Bericht, der auf die Nutzlosigkeit des Vorhabens hinauslaufe, zwar beim auftraggebenden Armeeministerium abgegeben worden sei, aber aufgrund des Einspruchs des Kommandanten der IV. Militärregion Bordeaux, General Quatrebarbes, nicht an die Öffentlichkeit gelange. Damit scheint dem Bericht ein ähnliches

Schicksal beschieden gewesen zu sein, wie der "mehr als reservierten Stellungnahme" einer von Colonel Bissey erwähnten Studiengruppe. (39)

Anmerkungen zu Teil I

(1)   F. BEL / J. BELIN / F. KOCKMANN: Les paysans du Larzac et la non-violence. 'Combat Non-Violent' Nr. 49-51, Neulise, 1974.
(2)   ebd.
(3)   ebd.
(4)   ebd.
(5)   Die aus diesem Machtstreit folgende soziale, politische und wirtschaftliche Unsicherheit führte zu den Kreuzzügen gegen die Katharer (auch Ketzer oder Albigenser genannt), (Vgl. SEDE, Gérard de: Le Sang des cathares. Paris, 1976; NIEL, François: Albigois et cathares. Paris, 1958), die es den fränkischen Königen aus dem Norden erlaubten, mit dem Segen der römischen Kirche den gesamten Süden zu unterwerfen.
(6)   "... Der Orden war seit 1139 nur dem Papst unterstellt, von allen Zehnten und Zöllen befreit und nahezu unabhängig und besonders in Frankreich begütert. Seit er seine Aufgabe im Hl. Land nach dem Fall von Akka 1291 verlor, wurde er bald mißliebig und verdächtig. Der französ. König Philipp IV. ließ ihn ketzerischer Geheimlehren und unsittl. Bräuche bezichtigen ... alle Templer in Frankreich wurden verhaftet, viele verbrannt. Papst Klemens V. mußte auf dem Vienner Konzil 1312 den Orden wegen Ketzerei und Nutzlosigkeit verurteilen und auflösen. Sein reiches Vermögen beschlagnahmte in Frankreich größtenteils die Krone ...". Brockhaus Enzyklopädie, Wiesbaden, 1973.
(7)   MILHAU, Georgette: L'histoire du Larzac de la fin des Templiers aux maquisards. In: Larzac — terre méconnue. Paris, 1973, S. 208.
(8)   BETEILLE, R.: Paysans du Rouergue avant 1914. Paris, 1973.
(9)   Zur Geschichte des Larzac vgl.: VIRANQUE, Jean: En parcourant le Larzac sur les chemins de l'histoire. und: Larzac. Terre Inconnue. Paris, 1973. Fünf Aufsätze von der Vorgeschichte bis zur Résistance.
(10)   LE BRIS, Michel: Les fous du Larzac. Paris, 1974, S. 106.
(11)   Association de sauvegarde du Larzac et de son environnement: Les problèmes posés par l'extension du camp militaire. Rodez, Mai 1971.
(12)   ebd., S. 11.
(13)   LAUR, Francis: Le plateau du Larzac. Paris, 1929.
(14)   LANZA DEL VASTO: Technique de la non-violence. Paris, 1973, S. 121 ff. (Dokumentation im Anhang).
(15)   Vgl. Teil II.
(16)   'Le Monde', 6. März 1971.
(17)   'Combat', 21. Juni 1972. Für Debré war Larzac nach Canjuers "das zweite Camp".
(18)   Protokoll der Assemblée Nationale Nr. 1361: Projet de loi de programme relative aux équipements militaires de la période 1971 - 1975, S. 4.
(19)   General Beaufre: Stratégie pour demain. Paris, 1972, S. 167.
(20)   Vgl. GLUCKSMAN, André: Le Discours de la Guerre. Paris, 1979.
(21)   Eine Division besteht aus 15 000 Mann, die in drei Brigaden aufgeteilt sind, von denen zwei mechanisiert und eine motorisiert sind. Jede mechanisierte Brigade besteht aus vier Regimentern: einem Panzerregiment (AMX-30-Panzer), zwei mechanisierten Regimentern mit leichten AMX-13 und AMX-20-Panzern sowie einem Artillerieregiment.
(22)   HARDY / GABEY: Dossier L — ... comme Larzac, S. 41.
(23)   'Le Monde', 9. April 1975.
(24)   Vgl. SIRJAQUES, François: Frankreich und die NATO. Frankfurt, 1977. An dieser Stelle wird der Nachweis erbracht, daß spätestens seit der Präsidentschaftswahl 1974 eine informelle, aber praktisch sehr wirksame Eingliederung Frankreichs in die NATO erfolgte.
(25)   'Politique-hebdo', 7. Juni 1973.
(26)   'Le Monde', 8. November 1978.
(27)   'Armées d'aujourd'hui', April 1976.
(28)   HARDY / GABEY: Dossier L . . ., S. 36.
(29)   'Le sursaut populaire', 2. November 1973.
(30)   MPOL: Larzac en question. Millau, 1972.
(31)   HARDY / GABEY: Dossier L . . ., S. 285.
(32)   ebd., S. 53.
(33)   ebd., S. 49.
(34)   General de BOISSIEU, In: 'Revue de la défense Nationale', Oktober 1974, S. 73.
(35)   HARDY / GABEY: Dossier L . . ., S. 49.
(36)   'Le Monde', 6.12.1972.

(37)   Vgl. HARDY/GABEY: Dossier L . . ., S.58.
(38)   'Le Canard Enchaine', 15. Juni 1977.
(39)   'Le Sursaut Populaire', 2. November 1972.

Teil II: ENTWICKLUNG DER BÄUERLICHEN EINHEIT UND DES WILLENS ZUM WIDERSTAND

1.1. Bestätigung der Pläne auf einem Gaullisten-Parteitag

Im Herbst 1970 verdichteten sich die Gerüchte über eine bevorstehende Erweiterung des Truppenübungsplatzes auf etwa 20.000 bis 25.000 Hektar. Die linkssozialistische Partei PSU verteilte im September in Millau Flugblätter mit der Überschrift: "Es geht das Gerücht um, daß der Larzac an die Armee fallen soll. Erkundigen wir uns!". PSU-Mitglieder besuchten Bauern auf dem Plateau, doch die zu verschiedenen Weltanschauungen behinderten eine Verständigung der beiden Gruppen. Noch im selben Monat wiesen Vogelschützer ebenfalls auf die drohende Gefahr hin. Da viele PSU-Mitglieder auch in der Atomwaffengegner-Organisation 'Mouvement contre l'armement atomique' (MCAA) aktiv waren, engagierten sich also von der ersten Stunde an, und noch vor den Bauern selbst, die Gruppierungen, die später wesentliche Teile der Unterstützerbewegung ausmachen sollten: Linkssozialisten, Umweltschützer und Kriegsgegner.

Zur selben Zeit besuchten Gendarmen die Höfe auf dem Larzac und erkundigten sich nach der Situation der Familien, der Zahl der Landarbeiter, dem Wert der Herden und den Erträgen der Getreideernte. Da sich Bauern und Polizisten kannten, erweckten die Fragen kaum Argwohn.

Anfang Oktober griff die Regionalpresse erstmals das Thema Camp-Erweiterung auf:

"Wir nehmen an, daß die Anwesenheit des Staatssekretärs im Verteidigungsministerium, Herrn Fanton, beim Departements-Parteitag der UDR am kommenden Sonntag in La Cavalerie dazu beitragen wird, Klarheit über diese wichtige Entscheidung zu gewinnen." (1)

Das Versprechen, mit der Erweiterung des Camps neue Arbeitsplätze zu schaffen, erschien den Gaullisten der Region als geeigneter Wahlkampfschlager für die bevorstehenden Kommunalwahlen im März sowie die Senatswahlen im November 1971. (2) Die Einladung an den Staatssekretär sollte die Glaubwürdigkeit des Versprechens verstärken.

Zwei Männern gelang es nach langen Verhandlungen, als Zuhörer am Parteitag teilzunehmen, obwohl sie weder UDR-Mitglieder noch gar Delegierte waren: dem Roquefort-Fabrikanten Pierre Laur und dem Großbauern Guy Tarlier. Sie waren nicht länger bereit, sich durch Gerüchte verunsichern zu lassen, und wollten sich nun selbst Klarheit verschaffen.

Eine Szene verdient festgehalten zu werden:
Das Mitglied im UDR-Zentralkomitee Jacques Godfrain, späterer Abgeordneter für Süd-Aveyron in der National-Versammlung, verbreitete sich gerade in pathetischen,

schwammigen Worten über die "Wasserzukunft des Plateaus", als ihn Tarlier mit der Bitte um Präzisierung unterbrach. Da sprang der Abgeordnete Louis-Alexis Delmas wütend ans Mikrophon und brüllte:

> "Ich habe den Sinn Ihrer Unterstellungen genau verstanden. Ja, es gibt einen Plan, dem Plateau Wasser zuzuführen! Ja, dies wird möglich sein dank der Erweiterung des Truppenübungsplatzes!" (3)

So rutschte ungewollt, in der Wut darüber, daß ein Betroffener es wagte, sich nach seiner Zukunft zu erkundigen, heraus, was die Regierung mit dem Larzac vorhatte.

1.2.   Aktivitäten von Neusiedlern und Honoratioren vor dem Handeln aller betroffenen Landwirte

Es sollte etwa ein Jahr dauern, bis sich die betroffenen Landwirte gemeinsam äußerten, noch fehlten die Grundlagen für selbständiges und solidarisches Vertreten ihrer Interessen gegenüber der drohenden Existenzvernichtung.

Mit einem zivilcouragierten Schreiben an die lokale Presse löste am 12. November 1971 der Konservator für Altertumsdenkmäler, Louis Balsan, eine erste öffentliche Diskussion über die Schäden durch die Camp-Erweiterung aus. Während Balsan durch sein Engagement sein öffentliches Amt verlieren sollte (4), beteiligte sich keiner der Landwirte an dem Leserbrief-Streit.

Am 30. November 1970 erkundigte sich der Fremdenverkehrsverein Millau brieflich bei Armeeminister Debré über Ausmaß und Charakter der vorgesehenen Veränderungen, die Landwirtschaftskammer veröffentlichte "unter Vorbehalt zusätzlicher Informationen" eine ablehnende Stellungnahme.

Besonders intensiv war der Schlagabtausch zwischen den Kleinhändlern aus La Cavalerie und der "Roquefort-Lobby". Die Aufregung rührte nicht nur aus der faktischen Seite der Regierungsentscheidung, sondern auch aus der undemokratischen Art, diese den Betroffenen nicht oder erst nach vollendeten Tatsachen mitzuteilen.

An eine gemeinsame Erklärung aller betroffenen Landwirte oder zumindest an eine Vollversammlung zur internen Meinungsbildung war aber in den ersten Monaten nicht zu denken. Da sich meist nur die allernächsten Nachbarn persönlich kannten, deutete die Häufung von gegenseitigen Besuchen der Bauernfamilien bereits auf eine ungewohnte Unruhe hin. Zögernd begann man über die Angelegenheit zu sprechen. Noch hemmten Vermutungen das Gespräch, daß die Nachbarn vielleicht schon zum Verkauf bereit sein könnten und die Gegnerschaft nur spielten, um höhere Entschädigungen zu erzielen. Das Ausmaß des Mißtrauens stand in direktem Verhältnis zu bestehenden sozialen Unterschieden. Die ärmeren Bauern im Süden zögerten stärker, öffentlich gegen die Regierungspläne aufzutreten, als die reicheren "Pioniere" im Norden, die sich erst in den sechziger Jahren auf größeren Höfen niedergelassen hatten.

Die Wiederbelebung im Norden des Plateaus hatte noch während der Landflucht-Phase begonnen, als 1952 Léon Burguière, aus Espalion kommend, den 1.000 ha großen Hof Hôpital pachtete, die halbverfallenen Gebäude zusammen mit seinen heranwachsenden Söhnen Jean-Marie und Pierre in Stand setzte und begann, die riesige Bodenfläche anfangs mit Ochsengespannen von Steinen zu befreien, zum ungläubigen Staunen der alteingesessenen Bauern, die ihre Betriebe zum Sterben verurteilt sahen.

Als Pächter, der Hof gehört seit Jahrhunderten dem Hospiz von Millau, brauchte Burguière sein Kapital nicht zum Landerwerb, sondern konnte es für Maschinen investieren. Starke Mechanisierung erlaubte, bereits aufgegebenen Boden neu in Wert zu setzen und bisher völlig unbearbeitetes Land für Getreideanbau aufzubreiten. Zwanzig Jahre nach ihrer Ankunft war die Familie Burguière zum sprichwörtlichen Maßstab für Wohlhabenheit geworden ("reich wie ein Burguière"), Erfolg und Unternehmungslust verschufen ihr Ansehen und respektiertes Gehör bei den Berufsorganisationen des Aveyron.

Um 1963 kauften Jean-Claude Galtier und Philippe Fauchot nach ihrem Studium an der nationalen Schäferschule von Rambouillet den Hof Les Baumes und schlossen sich bald mit dem Hof des ehemaligen Geschichtsstudenten Michel Courtin im benachbarten Pierrefiche zu einer Genossenschaft zusammen.

Bald folgte der Bauer Auguste Jammes mit seinen Söhnen Christian, Robert und André, die das Gut Combet erwarben.

Schließlich ließ sich 1966 im Norden auch noch Guy Tarlier nieder, der die Höfe Devez-Nouvel, Bel Air und Boissans mit insgesamt 1.019 ha Land kaufte bzw. pachtete.

In den ersten Jahren stießen die fremden Neusiedler bei den Einheimischen wegen ihrer Kapitalkraft und fast amerikanisch-modernen Landwirtschaftsmethoden und -betriebsführung auf Neid und Mißtrauen. Diese Abneigung gegen die "Besserwisser" verschwand in dem Maße, als das bäuerliche Selbstbewußtsein wuchs. Bauer zu sein, konnte nicht ganz so rückständig sein, wenn nun sogar Menschen aus der Stadt damit anfingen. . .

Parallel zur Reaktivierung der Landwirtschaft im Norden wirkte sich bei der jüngeren Generation der Einheimischen langsam die konstruktive Aufklärungsarbeit der christlichen Landvolkbewegung aus, die den Bauern nach und nach das Gefühl persönlicher Würde und den Sinn ihres Berufes wiedergab. In einem langen Prozeß sozialen Lernens trat Zusammenarbeit an die Stelle des gewohnten Überlebenskampfes jedes gegen jeden. Sogar die Landflucht konnte zurückgedrängt und schließlich gestoppt werden. Immer weniger Bauernsöhne ließen ihr Erbe im Stich und andere, wie Leon Maillé, die es bereits in die Städte getrieben hatte, kehrten zurück. Maillé übernahm mit seiner aus der Stadt stammenden Frau Osla den väterlichen Hof Potensac.

Der traditionelle Einfluß der katholischen Kirche auf die Gestaltung des Alltags in dieser stark religiösen Region und die Schwächung der Patriarchenrolle in den bäuerlichen Familien begünstigten die Bewußtseinsarbeit in CMR ('Chrétiens au Milieu Rural') und JAC ('Jeunesse Agricole Chrétienne').

Die Auswirkungen waren zuerst in La Cavalerie zu spüren, da in einem Dorf Gespräch und gegenseitige Beeinflussung leichter sind als in verstreuten Einzelhöfen. Die Jungbauern aus alteingesessenen Familien, Robert Gastal, Louis Massebiau und Roger Roquefeuil, schlossen sich zur Genossenschaft GAEC du Clot zusammen – eine beachtliche Überwindung der eingewurzelten Besitzvorstellungen. Nur gemeinsam konnten sie das Risiko der Verschuldung aufnehmen, um ihre Anwesen zu modernisieren. Als die Militärpläne bekannt wurden, hatten sie gerade einen ultramodernen Schafstall für 250 000 Francs fertiggestellt, für dessen Abzahlung in Raten mindestens 15 Jahre vorgesehen waren.

Dennoch verharrte ein Großteil der alteingesessenen Landwirte in den herkömmlichen Gewohnheiten, die Kommunikation war stark von Konkurrenz und Handel geprägt.

Nach dem Grundsatz "Jeder für sich!" schwiegen sich die Bauern lieber aus, z.B. über Verkaufspreise für Milch und Schaffleisch, um sich nicht um vermeintliche

Vorteile zu bringen — eine günstige Voraussetzung für Kaufleute, die Bauern gegeneinander auszuspielen.

All dies verhinderte eine sofortige, einheitliche und gemeinsame Reaktion der Betroffenen auf die Ankündigung der Camp-Erweiterung, obwohl dies drohende Räumung ihrer Höfe zugunsten des Truppenübungsplatzes bedeutete.

Als einer der ersten ergriff Guy Tarlier die Initiative, der sich selbst mehr als Landwirt, denn als Bauer verstand, sofern mit diesem Begriff eine Hierarchie kultureller Werte verbunden wird. Journalisten fiel auf, daß Tarlier lange Zeit von "ihnen" und nicht von "wir" sprach, wenn er die Larzac-Bauern meinte. Er hatte völlig andere Erfahrungen mit der Armee und den Behörden gemacht als die "caussenards". Als Berufssoldat arbeitete er bis 1953 in Zentralafrika, wo er anschließend eine Kaffeeplantage betrieb, bis er 1965 auf dem Larzac eine neue Existenz als Landwirt aufbaute. Da er die Armee von innen kannte, war ihm die gehörsame bis fatalistische Haltung vieler Bauern gegenüber der autoritären Institution fremd. Als er begriff, daß die angegebenen Gründe für die Erweiterung aus militärischen Notwendigkeiten nicht haltbar waren, betrachtete er schon von daher die Entscheidung nicht als unumstößlich. Vor allem begriff Tarlier, daß seine Gesprächspartner in Armee und Politik sehr unzulängliche Informationen über die tatsächliche Lage der Landwirtschaft auf dem Larzac besaßen.

Als geschickter Stratege begann Tarlier, diesen Mangel durch Aufklärungsarbeit zu beheben und möglichst viele einflußreiche Kräfte der Region zu gewinnen, die gemeinsam zu einem von der Regierung anerkannten Gesprächspartner werden könnten.

Tarlier erkannte auch, daß eine reine Honoratiorenvereinigung ohne maßgebliche Beteiligung der Bauern nicht genügend Druck entwickeln würde. Nach dem UDR-Parteitag besuchte er zunächst seine allernächsten Nachbarn, die Burguières, Maillé, Galtiers, Allas, Jammes — sie alle hatten bereits zuviel Schweiß und Geld investiert, um ihr Land kampflos an den Staat abzutreten. Tarlier gelang es, ihr Vertrauen rasch zu gewinnen, da allgemein bekannt war, daß er früher selbst Capitaine gewesen war, und er vermutlich über gute Beziehungen verfügte.

Léon Burguière erwies sich als wirksamer Multiplikator, da er nach der Übergabe des Hofes an seine Söhne die freigewordene Zeit als Kassenverwalter beim 'Crédit Agricole' und als Richter beim paritätisch besetzten Landpachtgericht genutzt, dabei viele neue Kontakte geknüpft und sich ein hohes Ansehen bei den Bauern erworben hatte.

Danach wandten sich Tarlier und Burguière an die Jungbauern in La Cavalerie und gewannen u.a. mit dem Kantonalvertreter des größten Bauernverbandes FNSEA, Louis Massebiau, weitere einflußreiche Mitstreiter. Bald trafen sich "Pioniere" und Jungbauern zu gemeinsamen Gesprächen, um sich kennenzulernen, sich gegenseitig zu informieren, Vertrauen zu entwickeln und langsam einen gemeinsamen Standpunkt zu erarbeiten.

Neben den "lokalen Persönlichkeiten" trauten sich allmählich auch Bauern zu kommen, die zuvor höchstens mit dem Pfarrer oder dem Bürgermeister, kaum aber mit ihresgleichen über ihre Probleme und Ängste gesprochen hatten.

Viele blieben aber noch unentschlossen, fragten sich nach den Hintergedanken der anderen: Versuchten die eventuell bereits zum Verkauf Entschlossenen, die Preise hochzudrücken? Es konnte in jedem Fall wenig schaden, die Nachbarn aus vorsichtiger Distanz zu beobachten und mit ihnen über möglichen Widerstand zu reden.

"Man darf nicht vergessen, daß wir keine politische Gruppe sind, die sich über ein gemeinsames Programm gefunden hat. Es ist die Gegend, es ist Debré, die unsere Gemeinschaft zusammengebracht haben." (5)

1.3.   Informationsarbeit der ersten Bürger-Initiative

Ein erstes nach außen gerichtetes Ergebnis der von Tarlier organisierten Gesprächs-kreise war Ende 1970 die Veröffentlichung einer schmalen Broschüre mit dem Titel "Einige Bauern des Larzac", in der am Beispiel des nördlichen Larzac die landwirt-schaftliche Erneuerung anhand der Verdoppelung der anbaufähigen Flächen und der Schafmilchproduktion dargestellt wurde. Der Text schließt mit der verbitterten Bemerkung:

"Vielleicht war es unser Fehler, aus eigenen Mitteln und ohne öffentlichen Wirbel eine 'schweigende Revolution' vollzogen zu haben." (6)

Die Aufklärungsarbeit über die für vergleichbare Landregionen sensationellen Umwandlungserfolge war auch die wesentliche Aufgabe der ersten Bürger-Initiative, die "Association pour la Sauvegarde du Larzac et de son environnement" (in der Folge mit 'Association' abgekürzt). Diese Interessengruppe war weniger eine Bürger-initiative, weil sie sich mehrheitlich nicht aus direkt Betroffenen zusammensetzte, sondern aus Honoratioren und Vertretern wichtiger gesellschaftlicher Gruppen der Region. Sie bezeichnete es als ihre Aufgabe,

"alle geeigneten Mittel und Maßnahmen in Gang (zu) setzen, um den Schutz der individuel-len und kollektiven Interessen zu gewährleisten, die durch die Planung und etwaige Enteig-nung berührt würden, sowie die Verteidigung ihrer Mitglieder (zu) gewährleisten, indem sie ihnen geeigneten Rat zum Schutz ihrer Rechte gibt und in ihrem Namen gegenüber jeder zu-ständigen Institution interveniert." (7)

Zur Gründungsversammlung der 'Association' am 9. Januar 1971 kamen rund 150 Personen. "Aus Gründen der Information" waren auch bekannte Verfechter der Erweiterungspläne, wie z.B. der UDR-Abgeordnete Delmas, eingeladen.

Auswahl und Zusammensetzung des Vorstandes spiegelten die Kräfteverhältnisse im Verein und seine politische Vorgehensweise wieder. Zunächst war für die Funk-tion des ersten Vorsitzenden der Rechtsanwalt und Bürgermeister von Nant, Roger Julien, vorgesehen. Aufgrund Juliens Kandidatur bei den Parlamentswahlen für die Zentristen bevorzugte die 'Association' den parteipolitisch unabhängigen Henri Ramade, ein pensionierter Lehrer und ehemaliger Bürgermeister von St. Jean-de-Bruel. Die 'Association' bemühte sich, ein von allen zuständigen militärischen, poli-tischen und administrativen Gremien anerkannter Gesprächspartner zu werden.

Aus diesem Grund galt es, Überparteilichkeit und Seriosität zu betonen. Roger Julien wurde die Aufgabe des Vereinssekretärs übertragen. Zum zweiten Vorsitzen-den wurde Léon Burguière gewählt, vermutlich weniger in seiner Eigenschaft als troffener Landwirt, als vielmehr wegen seiner Bekanntheit und seiner Honoratioren-funktion. Schatzmeister der 'Association' wurde schließlich der Roquefort-Indu-strielle Pierre Laur.

In einer Phase, in der noch keine offizielle Bestätigung der Erweiterungspläne durch die Regierung vorlag, sah die 'Association' ihre primäre Aufgabe in der Öf-fentlichkeitsarbeit. Dem Verein traten verschiedene Verbände und Einzelpersonen aus der näheren Umgebung des Larzac bei sowie einzelne Bauernverbandsgruppie-rungen außerhalb des Departements.

Auf seine Initiative wurden in ganz Frankreich über 300 000 Unterschriften ge-gen die Armeepläne gesammelt. Neben zahlreichen Informationsveranstaltungen im ganzen Land beteiligte sich der Verein bis zur Jahresmitte 1973 auch an der Organi-sation verschiedener Demonstrationen. Danach verblaßt das Bild, es finden sich kei-ne Stellungnahmen der 'Association', die ihre veränderte Rolle reflektieren und belegen würden. Dennoch spricht vieles dafür, daß der Honoratiorenverein in dem Maße an Bedeutung verlor, als die Larzac-Bauern ihre Interessen selbst in die Hand nahmen. Spätestens seit 1975 entwickelte die 'Association', ähnlich wie das 'Comité Départementale de Sauvegarde du Larzac', keine eigenen Aktivitäten mehr. Nur die weiterhin eingehenden Spendengelder wurden an die Bauern weitergegeben. Die Öffentlichkeit erfuhr nichts von einer Auflösung des Vereins, nur im Januar 1980 tauchte in der Bilanz des "Vereins zur Förderung der Landwirtschaft auf dem Larzac" (APAL) ein Posten "Liquidation des Guthabens der Association" auf.

Der erste und wohl wichtigste Schritt der 'Association' in der Öffentlichkeit nach ihrer Gründung war die Erweiterung der erwähnten Bauernbroschüre zu einem Weißbuch. In Zusammenarbeit mit Experten der Landwirtschaftskammer im Departement Aveyron wurden der Allgemeinheit bis dahin wenig bekannte, aber eindeutige Fakten zusammengetragen, die nachwiesen, daß die Erweiterung des Truppenübungsplatzes große wirtschaftliche Verluste mit sich bringen würde.

1.3.1.   Das Weißbuch — eine Bestandsaufnahme

Selbst vielen Betroffenen wurde erst durch die Zusammenstellung der Fakten im Weißbuch (8) das Ausmaß der Verluste bewußt, die durch das Erweiterungsprojekt entstehen würden. Nach der Bestandsaufnahme der Landwirtschaftskammer von 1971 waren in der Erweiterungszone von 14 975 ha 98 Höfe in unterschiedlichem Maße betroffen, die zu zwölf verschiedenen Gemeinden gehören, von denen nur zwei (La Cavalerie und L'Hospitalet) ihren Verwaltungssitz auf dem Plateau selbst haben.

Die Zahl der Höfe wird nicht nach Familien oder Betrieben bemessen, sondern an den Eintragungen der Betriebsleiter im Register der 'Mutuelle Agricole'. Die Unterschiede in der folgenden Darstellung ergeben sich aus den Zusammenschlüssen zu Genossenschaften (GAEC) oder aus der Tatsache, daß in Familienbetrieben mehrere Betriebsleiter eingetragen sind.

Das Weißbuch (9) unterscheidet:
58 Höfe mit 66 Betriebsleitern, die auf Grund der Erweiterung ihren Betrieb völlig einstellen müßten. 29 Höfe (29 'chefs d'exploitation') hätten mit größter Wahrscheinlichkeit keine ausreichende Existenzgrundlage mehr, und 11 (elf Betriebsleiter) Höfe könnten eventuell auf ihrem Land außerhalb der Erweiterungszone weiter wirtschaften. Die Bewertungskriterien des Staates sind allerdings weniger realistisch als die der Landwirtschaftskammer. Für die Behörden gehört z.B. der Hof von Guy Tarlier, von dem die Existenzgrundlage von vier Familien abhängt, nicht zu den gefährdeten Höfen — weil das Wohnhaus des Eigentümers außerhalb der Erweiterungszone liegt!

Insgesamt wären also 106 Betriebe und damit 527 Personen betroffen, wozu noch eine größere Anzahl von bedrohten Arbeitsplätzen in Roquefort käme.

1.3.1.a)   Eine junge bäuerliche Bevölkerung

Vergleicht man die Bevölkerungsdichte in der "Region agricole Larzac" von 1886 mit 23 Personen pro Quadratkilometern und 1968 von neun Einwohnern auf derselben Fläche (10), wird deutlich, wie sehr die Landflucht diese Region ausbluten ließ.

Dabei wird das Bild verfremdet, weil in den letzten Jahren des Vergleichszeitraums ein starker Rückwanderungs- und Verjüngungsprozeß die demographische Situation des Larzac verändert hatte.

Das Durchschnittsalter der "chefs d'exploitation" innerhalb des Erweiterungsgebietes lag 1970 mit 37 Jahren deutlich niedriger als das Durchschnittsalter in ganz Frankreich. Waren im Gesamtbereich Larzac zu diesem Zeitpunkt 39,2 % der Betriebsleiter jünger als 50 Jahre, so waren es in der Erweiterungszone 64,2 % und von denjenigen, die ihren Hof völlig aufgeben müßten, sogar 66,7 % (11).

Die jüngeren Bauern beschäftigten auch mehr festangestellte Landarbeiter und Schäfer — ein weiterer Hinweis auf wirtschaftlichen Aufstieg und Unternehmungsgeist. Im Gesamt-Larzac bilden die Landarbeiter 5 % der Bevölkerung, im Erweiterungsgebiet 1970 bereits 8 %.

1.3.1.b) Steigerung der Milchproduktion

Während der ca. sechs Monate Weidezeit geben die Schafe keine Milch, in der Milchperiode bleiben sie im Stall. Nach der Deckung ab Juni werden die Lämmer meist im Dezember geboren. Die maximale Milchmenge geben die Tiere in den Monaten April und Mai.

1922 erbrachte ein Mutterschaf im Larzac durchschnittlich 50 Liter Milch pro Milchperiode, 1970 waren es im Gesamt-Larzac 90 Liter, in der Erweiterungszone 110 bis zum Extrem von 350 Litern. Die Milchproduktion war zwischen 1966 und 1970 um 220 % gestiegen und für den Larzac bei 1 300 000 Litern angelangt. Die beiden als erste von Enteignung betroffenen Gemeinden La Cavalerie und La Rocque - Ste. Marguerite steigerten zwischen 1970 und 1977 die Kopfzahl der Milchschafe um 25,8 %, die Milcherträge sogar um 42,3 %.

Der Vergleich der mittleren Herdengröße spricht für sich: 1963 besaß ein Schafzüchter im Aveyron im Durchschnitt 80 Tiere, 1970 waren es im Roquefort-Einzugsbereich 93, im Gesamt-Larzac 131, im Erweiterungsgebiet 162 Schafe. Die Gesamtzahl der Schafe im Erweiterungsgebiet lag 1970 bei 22 000 (davon waren 16 500 Milchschafe), d.h. 63 % der Mutterschafe des Gesamt-Larzac grasten in der Erweiterungszone.

Die Landwirtschaft des Larzac wird vor allem durch den ausreichenden Raum begünstigt, für ein Schaf wird etwa ein Hektar Land benötigt. Die extensive Bewirtschaftung des Weidelands wird mit intensiver Haltung in modernen Großställen verbunden. In weniger als zehn Jahren erarbeiteten sich die Larzac-Bauern eine Spitzenstellung als Milchproduzenten mit Betriebsformen, die wegweisend für die Modernisierung der Schafzucht wurden.

Beispielsweise war früher das Melken im Handbetrieb eines der größten Hindernisse für eine Herdenvergößerung. Ein guter Melker schaffte ca. 25 Schafe pro Stunde. Melkmaschinen herkömmlicher Art leisteten das Vierfache. 1971 war der "Rotolactor", eine fast vollautomatische, karusselartige Melkanlage, der Prototyp in Europa, den zuerst Guy Tarlier und dann die Burguières erstanden. 1973 erhielt er eine Auszeichnung beim Internationalen Salon für landwirtschaftliche Maschinen. Der Rotolactor vermochte eine Herde von 640 Schafen im Hof L'Hôpital 1971 beim Einsatz von nur zwei Personen in eineinhalb Stunden zu melken. Neben der Modernisierung der Schafställe gehen die Ertragssteigerungen der Milchproduktion auf die Selektion der Herden, künstliche Besamung und Einsparungen bei den Futtermitteln zurück.

1.3.1.c) Rationelle Nutzung der Bodenflächen

Die Schafzucht ist die für den Larzac geeignetste landwirtschaftliche Produktion, zumal mit dem Abnehmer Roquefort ein stark ausdehnbarer Markt vorhanden ist. Als ökonomisch vorteilhaft erwies sich die Eigenproduktion der Futtermittel sowie zusätzlicher Getreideanbau auf geeigneten Böden.

Dies ist vor allem in tiefgründigen Ton-Kalkböden möglich, die 1970 im Gesamt-Larzac 23,5%, im Erweiterungsgebiet 34,6% der Fläche ausmachten. Damals konnten auf ca. 43% des gesamten Ackerlandes, d.h. auf 2 231 ha des Erweiterungsgebietes, Getreide angebaut und insgesamt 60 000 Zentner geerntet werden. Futterpflanzen wurden auf insgesamt 10 528 ha angebaut, und allein auf den 2 959 ha der Erweiterungszone konnten 14 800 Tonnen geerntet, in neugebauten Silos gelagert und während der Milchperiode verfüttert werden.

Die weniger tiefgründigen Böden, die zum Teil bewaldet oder mit Büschen durchsetzt sind, werden als Weiden genutzt. Die besseren von ihnen werden zunehmend mit Spezialpflügen in Ackerland umgewandelt. Die "Pioniere" führten die in Algerien zur Nutzbarmachung von großen Flächen entwickelten "chisels" ein, die große Steine aus der Erde heben, ohne daran zu zerbrechen. Auf diese Weise erweiterte sich das bebaubare Land im Erweiterungsgebiet bis 1970 um 829 ha und in den folgenden sieben Jahren allein in den beiden genannten Gemeinden um 142 ha.

> "Im Laufe der letzten Zeit hat der Ackerbau rasch zugenommen, sei es durch Beseitigung der Steine oder durch Wiederaufnahme von Flächen, die in der letzten Phase der Landflucht aufgegeben worden waren. Ihre Fläche hat sich seit 1960 in den Betrieben des nordwestlichen Plateaus verdoppelt. Nicht selten entdeckt man heute frische Spuren der Beseitigung von Steinen, und neu angelegte Steinmauern zeugen von einer lokalen Wiedereroberungsbewegung, die in den letzten Jahrhunderten ihresgleichen sucht." (12)

1.3.1.d) Drohende wirtschaftliche Verluste

Neben den Milchschafen besitzen auch die Schlachtschafe eine ökonomische Bedeutung; im Gesamt-Larzac sind es 45%, in der Erweiterungszone 17% der Herden. Dazu kommt die Wollproduktion von 24,6 Tonnen, die auch wegfiele, wenn der Truppenübungsplatz in der geplanten Größe verwirklicht würde. Die Händler würden den Verlust der Kaufkraft der dort lebenden Menschen mit mindestens 720.000 FF für Sämereien, Viehfutter, Veterinärpflege und Dienstleistungen aller Art ebenso spüren wie sich das Fehlen der 75 Familien, die allein mindestens 900 000 FF ausgaben, bemerkbar machen würde.

Der Wert der landwirtschaftlichen Produktion in der Erweiterungszone summierte sich 1970 auf 2 Millionen FF für die Schafsmilch, 1 Million für Getreide und Futtermittel, 1,96 Millionen für Schaffleisch, 60 000 FF für anderes Fleisch, 35 670 FF für Schafwolle. Die Roquefort-Fabrikanten errechneten aus den 276 Tonnen Käse aus der Milch der Erweiterungszone einen Umsatz von 5 637 300 FF, die gegenüber den 510 Tonnen aus dem gesamten Larzac mit 10 416 750 FF einen unverzichtbaren Wirtschaftsfaktor ausmachten.

Darüber hinaus würde die militärische Planung auch die Nationalstraße 9 (und vielleicht sogar die Bahnlinie Paris — Béziers) gefährden und mit der wichtigsten Lebensader zwischen dem Aveyron und dem Languedoc nicht nur den Larzac treffen, sondern den Verarmungsprozeß des gesamten Departements beschleunigen.

1.3.2. Strukturveränderungen als Voraussetzung für Fortschritt

Der Verfall der traditionellen Landwirtschaft durch die Landflucht und dem daraus folgenden Arbeitskräftemangel machte strukturelle und technische Anpassung mit erheblichem finanziellen Aufwand unumgänglich, um neue Rentabilität und Lebensfähigkeit der Höfe zu erreichen. Das Beispiel der Neusiedler und der Einfluß des katholischen Landvolks ermöglichten auch alteingesessenen Bauernfamilien im Larzac, ihre Betriebe neu zu organisieren und dabei die staatlichen Förderungsformen zu nutzen.

1946 war in Frankreich die Rechtsform der GAEC-Genossenschaften (Groupement Agricole d'Exploitation en Commun) eingeführt worden, um kleineren Betrieben durch freiwillige Zusammenschlüsse bessere Wirtschaftlichkeit zu ermöglichen.

1971 gab es im Larzac drei GAECs mit zusammen 575 ha Fläche, 1977 bereits neun mit zusammen 3.200 ha. Die Bedeutung der Betriebszusammenschlüsse auf dem Larzac wird aus dem Vergleich mit dem französischen Durchschnitt (jeder sechzigste Hof gehört einer GAEC-Genossenschaft an), dem Durchschnitt im Aveyron (jeder dreißigste) deutlich: Im Larzac ist es bereits jeder vierte Hof. Hinzu kommen Formen juristisch nicht fixierter Zusammenarbeit auf mindestens sieben Höfen.

Die hierfür nötige Überwindung tiefverwurzelter, individualistischer Besitz- und Arbeitsgewohnheiten stellt eine beeindruckende Leistung dar. Diese Hürde war noch am leichtesten bei der Bildung von Maschinenringen, den CUMAs (Cooperative d'Utilisation de Materiel Agricole), zu überwinden.

Nach dem Vorbild der Aufbauleistung von Léon Burguière breitete sich die Modernisierung langsam zur allgemeinen Tendenz auf dem Larzac aus. Die Bildung von CUMAs ab 1965 beschleunigte die Mechanisierung und erleichterte die private Verschuldung zum Ankauf von Land und zur Vergrößerung der Herden. Erstmals wirkte sich die Landflucht für die Zurückgebliebenen positiv aus, da die Flächen neu geordnet und vergrößert wurden. Manche der verlassenen Gebäude ließen sich ohne große Investitionen übernehmen. Die Betriebe waren weiterhin auf die Mitarbeit der ganzen Familie angewiesen, der alte Teufelskreis: Zwang zur Erweiterung – Rentabilität verlor jedoch an Schrecken.

Guy Tarlier nutzte als erster die seit 1966 bestehende gesetzliche Möglichkeit, über eine Landkaufgenossenschaft (Groupement Foncier Agricole, GFA) weiteres Land aufzukaufen. In die GFA bringt der Landwirt einen Teil oder auch die gesamte Betriebsfläche ein, während andere, meist nicht-landwirtschaftliche Teilhaber über Aktienanteile Kapital beitragen. Nach dem Willen der Gesetzgeber soll mit den GFAs die Bodenkonzentration beschleunigt werden, um die Rentabilität der Betriebe zu sichern.

Innerhalb der GFA wird der Landwirt zum Verwalter einer Aktiengesellschaft – eine fortgeschrittene Form der Anpassung der Landwirtschaft an kapitalistische Strukturen. Somit vollzogen die Bauern selbst den radikalen Bruch mit der Idealvorstellung ihrer Ahnen, daß der Boden dem gehören solle, der ihn bearbeitet. Paradoxerweise reduzierte sich durch die GFAs der Boden im Bewußtsein der Landwirte des Larzac nicht zum reinen Produktionsmittel, zum Werkzeug, das beliebig getauscht werden kann. Im Laufe des Widerstandes sollte gerade das Instrument GFA dazu dienen, den Boden in gemeinsamen Besitz der Bauern und ihrer politischen Freunde zu bringen, um ihn so besser gegen den Zugriff der Armee verteidigen zu können.

Die freiwillige Zusammenarbeit war für die Alteingesessenen eine vernünftige Entscheidung, die aufgrund der andersgearteten Tradition jedoch nicht völlig problemlos umgesetzt wurde. Das vorher an die Isolation des Familienbetriebes gebundene Milieu der Viehzüchter erhielt durch die Arbeit in der Gruppe eine neue Mentalität. Die Landwirtschaft blieb nicht länger ein erduldeter Zustand, sondern wurde zum bewußt gewählten Beruf.

Wenn auch die Institutionalisierung gegenseitiger Hilfe nicht unwesentlich zur Einheitsbildung unter den Bauern beitrug, ging die erste Initiative zum Widerstand nicht von den Genossenschaften aus, sondern von einem einzelnen, dem reichsten, aber auch isoliertesten Landwirt, Guy Tarlier. Die Finanzkraft und die Modernisierungen der Neusiedler riefen bei den Einheimischen auch Neid hervor, was die "Colons" (Pioniere) zum Aufbau eines eigenen sozialen Netzes außerhalb der Dorfgemeinschaften zwang.

1.3.3. Verbreitung der Informationen

Es konnte nicht ausreichen, diese überzeugenden Fakten allein über das Weißbuch zu verbreiten. Insbesondere der Roquefort-Fabrikant Pierre Laur drängte darauf, durch Veranstaltungen die "Larzac-Affäre" in ganz Frankreich bekannt zu machen. Zusammen mit Léon Burguière und Henri Ramade reiste er im Laufe des Jahres 1971 durch das Land, um anfangs oft nur ein knappes Dutzend Zuhörer vorzufinden. Bald lernten sie, ihre Kräfte effektiver einzusetzen, und forderten die einladenden Gruppen auf, alle Parteien und Berufsorganisationen anzusprechen und, wenn möglich, Unterstützungskomitees zu gründen. Und tatsächlich fanden sich in der Folge 300 bis 400 Interessierte bei den Informationsabenden ein. So wie der Ertrinkende nicht auf die Farbe des Armes achtet, der ihn rettet, so vermieden die Verteidiger des Larzac, ihrer Kampagne irgendeinen parteipolitischen Anstrich zu geben. Die 'Association' versammelte Royalisten neben Linkssozialisten und befriedigte Anfragen unabhängig davon, ob sie von okzitanischen Autonomisten, Gewerkschaftlern oder Pazifisten ausgingen. Aus jener Anfangszeit stammt die Legende, daß der Kampf um Larzac alle Gegner Michel Debrés zusammenführe.

Die meisten Bauern im Larzac beobachteten wohlwollend die verschiedenen Aktivitäten, registrierten, daß viel von ihnen gesprochen wurde, aber noch handelten und sprachen sie nicht für sich selbst. Wer sie später, nachdem sie bereits Jahre entschieden und geschlossen für ihre Sache kämpften, nach ihrer Rolle während des ersten Jahres fragte, stieß auf merkwürdige kollektive Gedächtnislücken oder nachträgliche Verformungen des Geschehenen.

Sie selbst können sich ebenso schwer vorstellen wie Beobachter von außen, daß damals noch kaum etwas von ihrer späteren Einheit zu spüren war.

1.3.4. Canjuers — ein abschreckendes Beispiel

Die Erweiterung des Camps von Canjuers im Departement Var wurde mit der Einweihung durch Minister Debré am 15.12.1970 abgeschlossen. Die Verwaltung verwies stolz auf den problemlosen Verlauf der Enteignungsprozedur. Nicht zuletzt, weil die vorausgegangenen Versprechungen an die betroffenen Bauern verblüffend denen ähnelten, die auch die Larzac-Bauern besänftigen sollten, wollte sich die

'Association' von deren Einhaltung überzeugen. Eine Delegation besichtigte daher den Truppenübungsplatz und befragte dabei eine Reihe von Nachbarn und ehemaligen Anwohnern.

Nach der Rückkehr berichteten die Delegationsteilnehmer auf einer Veranstaltung in Millau am 18. Februar 1972 sichtlich schockiert von ihren Beobachtungen.

Entgegen der Zusagen fanden die Schießübungen ohne Vorwarnung an weit mehr als nur 60 Tagen im Jahr statt, jeder dritte landwirtschaftliche Betrieb im Umkreis der Erweiterungszone hatte schließen müssen, die Kopfzahl der Schafherden war um die Hälfte gesunken, der Verkehr mußte häufig unterbrochen werden, der Tourismus ging stark zurück.

Tief beeindruckte Léon Burguière die Schilderung eines Bürgermeisters, dessen Dorf entgegen der Versprechungen nicht aus der Übungsfläche ausgespart, sondern völlig von der Landkarte ausradiert wurde:

"Man hat uns zerschlagen. Und warum? Weil wir es nicht verstanden haben, uns zu verteidigen. Als wir die Lage durchschauten, war es zu spät." (13)

Ein Gemeinderat fügte hinzu:

"Unser Fehler wird es für immer bleiben, daß wir nicht ganz am Anfang hart genug zurückgeschlagen haben. Wir ließen uns beruhigen, und jetzt stellen wir fest, daß wir betrogen wurden."

Selbst die Kleinhändler der Umgebung von Canjuers konnten keine nennenswerte Umsatzsteigerung durch die Anwesenheit der Soldaten im Manövergebiet feststellen.

1.3.5.   Roquefort – Finanzier, nicht Planungsstab des Widerstandes

Im Gegensatz zur Mehrheit der betroffenen Landwirte kam der 'Confédération Générale des Industriels et des Eleveurs de Brebis' als dem größten Arbeitgeber der Region ein wesentlicher Anteil an der Gründung des ersten Verteidigungsbündnisses, der 'Association', zu, in deren Vorstand der Roquefort-Industrielle Pierre Laur erheblichen Einfluß besaß. In einem Gespräch mit Y. Hardy und E. Gabey nannte Laur freimütig seine Motive zur Abwehr der Armeepläne:

"Wenn ich mich am Kampf beteilige, dann verteidige ich meine Interessen ebenso wie die der Bauern. Sie wissen, daß die 'Confédération' von Roquefort die Sammelzonen der Schafmilch unter den verschiedenen Fabrikanten aufgeteilt hat. Nun ergab es sich, daß die meisten der von der Erweiterung betroffenen Bauern in meinem Einzugsbereich liegen. Die 'Société' ist wenig betroffen. Für mich jedoch würde die endgültige Durchführung des Militärprojekts einen knallharten Verlust von 33% meines Umsatzes bedeuten. . ." (14)

Pierre Laur war "ein gebranntes Kind", da er bereits durch die Erweiterung des Truppenübungsplatzes Canjuers eine Molkerei verloren hatte.

Roquefort beherrscht zwar als Monopol die Region, stellt jedoch kein einheitliches Imperium dar. Neben den beiden Riesen, der 'Société anonyme des caves et des producteurs réunies', kurz 'La Société' genannt, die mit ihren Filialen 67% des Marktes beherrscht, und der 'Agricole-Maria-Grimal' mit 15% verteilen sich die übrigen Anteile auf zwölf alteingesessene Familienbetriebe. Doch wenn Pierre Laurs Firma nur 3% des Gesamtumsatzes repräsentierte, verhinderte das nicht seine Rolle als Sprecher der Roquefort-Industriellen in der Auseinandersetzung um Larzac, zumindest während der ersten vier Jahre. Sein Bruder, Jean Laur, ist Direktor der 'Société', und alle Beteiligten wissen, daß Pierre Laur seine eventuell zu verlierenden

Anteile an der Milchproduktion nur auf Kosten der anderen Firmen neu beschaffen könnte.

Zweifellos erwies sich die Larzac-Affäre als eine Reklame-Idee, wie es sich Werbe-Strategen nicht hätten besser ausdenken können.

"Durch den Plan des Verteidigungsministeriums ist auch das Markenzeichen Roquefort bedroht. Unsere Werbung beruht auf den 'jasses' (Schafställe mit den für Larzac typischen Steingewölben) und 'lavognes' (ausgemauerte Tränkstellen, um für die Schafe das Regenwasser zu sammeln), wie man sie auf dem Larzac-Plateau findet. Die Erweiterung würde einen fatalen Schlag gegen dieses Image führen. Alles müßte neu aufgebaut werden. . ." (15)

1975 verzeichnete Roquefort einen Rekordumsatz von 15 000 Tonnen Käse, der allein der 'Société' einen Gewinn von 1,6 Millionen Francs einbrachte. Gleichzeitig konnten 800.000 Francs im Werbeetat eingespart werden. (16) Eine Werbekampagne mit soviel Raum in den Medien, wie ihn die Bauernaktion der Schafe unter dem Eiffelturm einbrachte, hätte wahrscheinlich Millionen gekostet. Selbst die Wochenzeitung des Bauernverbandes FDSEA 'La Volonté Paysanne' (17) schrieb: "Larzac retten, bedeutet Roquefort retten!". Weshalb sollten dann die Roquefort-Barone die Chance nicht nützen?

Anstatt wie früher den Werbeakzent auf die Noblesse des "Königs unter den Käsearten" zu legen, beherrschten nun die Schafe und die landschaftliche Schönheit des Larzac die Reklame auf Plakaten und Bildschirmen.

Wer weiß schon, daß selbst eines der bekanntesten Symbole aus den ersten Jahren des Larzac-Widerstandes, ein Schaf mit einem Zweig quer im Maul, direkt aus einer Roquefort-Werbebroschüre stammt? (18) Dem Autor erklärte im Sommer 1976 ein Larzac-Bauer, daß dies eine Parallele zur Friedenstaube mit dem Ölzweig im Schnabel sei. . .

Viele Franzosen kaufen heute im Supermarkt nicht nur ein Stück Roquefort-Käse, sondern auch ein Stück Larzac-Solidarität. Ähnliche Werbeerfolge aufgrund politischer Ereignisse (d.h. des Widerstandes ihrer Erzeuger gegen die Bedrohung ihrer ländlichen Existenzgrundlage) gab es nach den Bauplatzbesetzungen in Wyhl und Brokdorf auch für den Kaiserstühler Wein und den Wilstermarsch-Käse.

Als die Larzac-Bauern 1973 den Arbeitern von LIP, die ihre Fabrik besetzt hatten, als Ausdruck ihrer Solidarität 50 kg Roquefort-Käse schicken wollten, zögerten die Käse-Barone wegen des für sie beunruhigenden Selbstverwaltungsslogans "Wir produzieren, wir verkaufen, wir bezahlen uns selber". Wenige Wochen nach der Ankunft des Geschenks bewies eine Umsatzsteigerung des Roquefort in der Gegend um Besançon, daß sich auch diese Art von Werbung bezahlt macht, was Pierre Laur unumwunden zugibt bzw. als für Larzac günstig darstellte:

"Ich sehe da kein Problem, wenn die LIP-Arbeiter auf den Larzac kommen. Das bringt Werbung, Lärm, also sprechen die Menschen auch darüber. Als Verteidiger des Larzac sehe ich in erster Linie den Werbeeffekt, und von daher gesehen finde ich das sehr positiv. Was die Übernahme der Ideen von LIP angeht, das, das steht auf einem anderen Blatt. . ." (19)

Die Steigerung der Käseproduktion von 9 000 Tonnen im Jahre 1931 auf 15 000 Tonnen 1973 erhöhte vor allem die Gewinne von Roquefort, da die Fabrikanten die Preise festlegten.

Ohne die Bedrohung der Existenzgrundlage durch die Armee wäre die reibungslose Zusammenarbeit zwischen Bauern und Industriellen, "ein Mythos, der zur Institution erhoben wurde" (20), sicher längst durch soziale Konflikte erschüttert worden.

Bei Protestaktionen im Januar 1971 und Dezember 1973, bei denen Schafzüchter aus verschiedenen Kantonen von Roquefort Erhöhungen des Milchpreises forderten, nahmen Larzac-Bauern lediglich als beobachtende Vertreter ihrer Berufsorganisationen teil, nicht sichtbar als Partei in einem Konflikt.

Pierre Burguière erklärt das folgendermaßen:

"Die Erhöhung des Milchpreises ist keine vorrangige Forderung. Diejenigen unter uns, die sich mit Roquefort herumschlagen wollen, sollten mit derselben Energie gegen den Truppenübungsplatz kämpfen. Was nützt es, die Einkünfte zu verbessern, wenn wir kein Land mehr haben, auf dem wir unsere Schafe weiden lassen können?" (21)

Solange die Larzac-Bauern nicht gelernt hatten, sich selbst zu vertreten, duldeten sie den Roquefort-Paternalismus. Aus eigenen Mitteln hätten sie auch keine ganzseitige Anzeige in 'Le Monde' aufgeben können. Doch zu keinem Zeitpunkt war Roquefort der "Generalstab des Widerstandes" (22). Noch 1974 fragten sich manche Freunde des Larzac besorgt, was geschähe, wenn Roquefort die Bauern fallenließe. Mit der Schaffung der Einheit und dem tatkräftigen Willen zum — notfalls auch illegalen — Widerstand lösten die Landwirte sich aus dieser Abhängigkeit. Seither ist aus Roquefort auffallend wenig zum Thema Larzac zu hören. Die Industriellen unterließen sogar die ihnen finanziell leicht mögliche Unterstützung durch den Kauf von GFA-Anteilen.

2.1. Unerwartete "Rote Hilfe"

Seit Februar 1971 machte sich in Millau eine spontan entstandene außerparlamentarische Gruppierung durch rege Agitation zum Thema Arbeitsplätze bemerkbar. Der 'Secours Rouge' (Rote Hilfe), von aus Millau stammenden Studenten gegründet und von der Maoisten"szene" in Toulouse und Montpellier unterstützt, zog rasch arbeitslose, politisch nicht organisierte Jugendliche, aber auch manche Mitglieder der sozialistischen Parteien PS und PSU sowie der CFDT-Gewerkschaft an.

Die offensichtliche Niederlage und die fehlende Perspektive der 'Union de la Gauche' zur Lösung der regionalen Probleme verschaffte der 'Roten Hilfe' mehr Gehör bei ihrem Versuch, "in Millau die Möglichkeit einer Neuen Linken und der Sammlung der verstreuten Kräfte aufzuzeigen" (23). "Mit drei Jahren Verspätung kommt so, via Montpellier, das erste Echo des Pariser Mai" (24) bis in das Departement Aveyron.

Bis in den Mai hinein verbreiteten die Aktivisten der 'Roten Hilfe' zahlreiche Flugblätter mit typischen Schlagzeilen wie "Organisieren wir uns für die Jagd auf die Notablen!" oder "Organisieren wir ein Volkstribunal, um die Verantwortlichen anzuklagen, zu verurteilen und zurückzudrängen". (25)

Die intensive politische Werbung mit Hausbesuchen und anderen Mitteln direkter Information verschaffte der 'Roten Hilfe' einen gewissen Einfluß in Millau, mit dem sich die traditionelle Linke beschäftigen mußte.

2.2. Erste Demonstration — ohne Bauernbeteiligung

In diesem Aufbruchklima riefen die Atomwaffengegnerorganisation MDPL und die mit ihr personell verbundene PSU-Millau für den 9. Mai zu einem friedlichen Marsch auf das Larzac-Plateau auf. Da im Laufe des Monats Debrés Entscheidung über die Erweiterung des Truppenübungsplatzes erwartet wurde, sollte gezeigt werden, daß trotz der Wahlergebnisse in Millau viele Gegner der Armeepläne lebten und aktiv würden.

Außer dem Landwirt Jean-Marie Cassan, den sie als überzeugten Sozialisten kannten, fehlte den jungen Linken jeder Kontakt zu den Larzac-Bauern, so daß es auch zu keiner Absprache über eine gemeinsame Demonstration kam. Für die Organisatoren standen der Wunsch, "revolutionäre" Bauern an der Demonstrationsspitze zu sehen, und die gleichzeitige Einschätzung dieser Bauern als Konservative lähmend gegeneinander.

Es galt als sicher, daß die bürgerliche 'Association' sich ebenso weigern würde, mit den 'Gauchisten' gemeinsam zu demonstrieren, wie die KP. Daher zählten die Organisatoren in PSU, 'Secours Rouge' und MDPL vor allem auf die Teilnehmer aus den Universitätsstädten.

Tatsächlich fehlten, bis auf wenige Ausnahmen, die Bauern, für die demonstriert wurde, als am 9. Mai etwa 1.500 Menschen zehn Kilometer von Millau bis La Cavalerie marschierten. Die Notabeln in der 'Association' hatten den Bauern dringend geraten, nicht teilzunehmen, da Gewalt und Chaos zu befürchten seien und damit auch die Erfolge der Öffentlichkeitsarbeit zunichte gemacht werden könnten. Stärker als in anderen Bevölkerungsschichten wirkte bei den abgeschiedenen Bauern das Zerrbild von den langhaarigen, zerstörerischen und alles negierenden Politrockern, das die Massenmedien seit dem Mai 1968 gezeichnet hatten. Das Fehlen von Begegnungsmöglichkeiten mit Studenten und politisch aktiven Jugendlichen konservierte ein Vorurteil, in dessen Licht die rebellische Jugend das Gegenteil ihrer eigenen positiven Wertvorstellungen darstellte, alles, was sie nicht wollten: das Fremde, das Andere, das Draußen.

Die Teilnehmer waren selbst überrascht über die große Zahl und die Unterschiedlichkeit der politischen Motivationen der Demonstranten. Die "Information" von Maoisten auf Tage zuvor gedruckten Flugblättern, daß in La Cavalerie 3.000 schwer bewaffnete CRS-Polizisten den Zug erwarteten, ließen z.B. die mitmarschierenden "Arche"-Mitglieder um den gewaltfreien Charakter der als friedlich angekündigten Demonstration fürchten. Es kam aber weder zu einer Schlacht noch zum versprochenen "ländlich-revolutionären Volksfest". Die Polizei war ebenso wenig zu sehen wie die bäuerliche Bevölkerung. Die Enttäuschung entlud sich in einem lautstarken Streit zwischen verschiedenen Demonstrantengruppen.

Noch predigten die Pazifisten auf dem Larzac "in der Wüste". Falls überhaupt, wollten die Bauern ihr Land verteidigen, aber keineswegs die Armee in Frage stellen.

Noch galten im Larzac selbst Sozialdemokraten als radikale Linke, Argumente der außerparlamentarischen Linken wirkten hier bizarr und fremdartig.

Wenn am 9. Mai 1971 erstmals okzitanische Fahnen auf dem Causse wehten, stieß dies bei der Landbevölkerung eher auf Gleichgültigkeit und Unverständnis. Noch war sie stärker von Symbolen des 'Fortschritts' angezogen als von der Wertschätzung der eigenen kulturellen Tradition, die eher als Hinweis auf die eigene Unterentwicklung begriffen wurde.

Noch war die Angst vor gewaltbereiten Auswärtigen stärker als die Bereitschaft, die politischen Hintergründe des Konfliktes zu verstehen.

Bemerkenswert bleibt die Tatsache, daß diese allererste Demonstration Vertreter nahezu aller weltanschaulichen Strömungen zusammenführte, die später den Bewußtseinsprozeß der Larzac-Bauern beeinflussen sollten und die umgekehrt durch den bäuerlichen Widerstand neue Impulse bekamen: Politische Ökologisten und Landkommunarden, Pazifisten und Gewaltfreie aller Schattierungen, Okzitanisten und Linkssozialisten etc. . . . .

2.3. Aktivierende Befragung

Die offensichtliche Abwesenheit der betroffenen Landbevölkerung bei der ersten Straßendemonstration führte die Maoisten aus dem 'Secours Rouge' und ihre Freunde aus den Universitätsstädten nicht zur Resignation. Sie beschlossen, ihre vorgefaßten Ansichten zur Bauernfrage beiseite zu schieben und sich vor Ort ein eigenes Bild zu verschaffen. Aufgeteilt in kleine Gruppen führten sie an drei Wochenenden im Mai bei den Bauern und in Millau systematisch eine 'aktivierende Befragung' durch. (26) Dabei bemühten sie sich insbesondere um die ärmeren Bauern, die durch das 'offizielle' Weißbuch wenig berücksichtigt waren und die sich fragten, ob ihre Vertreibung legitimer sein könne, nur weil sie nicht am wirtschaftlichen Aufschwung teilnahmen. Diese Bauern nahmen seltener an Versammlungen teil, so daß die Artikulation ihrer Meinung in der kleinen Broschüre "Le Larzac aux paysans, les paysans veulent vivre" eine Korrektur und Ergänzung des kurz zuvor veröffentlichten Weißbuches darstellte.

Die Broschüre gibt im wesentlichen die Ergebnisse der Umfrage durch Zitate der Betroffenen wieder, wobei tendenziell Unruhe und gesteigerte Aktivität unter den Bauern festgestellt wird. Dies scheint unter anderem auch auf den Marsch zurückzugehen, zumindest nach Aussagen wie:

"Die Bauern hier und besonders in La Cavalerie sind überrascht, daß es keine Krawalle gegeben hat. Respekt, da habt Ihr einen Punkt gewonnen. Wir nahmen an, daß die Demonstranten zur Kaserne gingen und Tränengasgranaten an den Kopf geworfen bekämen, und auch, daß sie sich mit den Polizisten prügelten. Ich glaube, das war insgesamt positiv: Man erwartete ein Spektakel und dann gab es keins. Und die Leute fragten sich, weshalb da junge Leute, die keine eigenen Interessen in der Angelegenheit haben, herkommen, um ihnen zu helfen. Also das, das geht über ihre Vorstellung hinaus." (27)

Als zum Ende der Befragung sieben Landwirte zu einem Gespräch mit den Maoisten bereit waren, stellte dies bereits einen beachtlichen Erfolg dar, beweist zumindest eine deutliche Neugier der Landwirte, die sich mit den Linksradikalen trafen. Die Bedeutung der Umfrage lag vor allem in der Dokumentation des Willens vieler Betroffener, sich zu wehren. Die Bauern, die sich noch immer sehr wenig kannten, erfuhren durch die Hilfe Außenstehender mehr über Gefühle und Meinungen ihrer Nachbarn. Die Umfrage leistete ihren Teil, damit die Zahnräder des Widerstandes sich einander näherten, bevor sie sich endgültig ineinandergreifen konnten.

Aktiviert wurde vor allem das Gespräch über die eigene Situation, wobei erstmals Zweifel an der Vorgehensweise der 'Association' auftauchten. Weshalb wurden die ärmeren Bauern nicht mehr einbezogen, deren Widerstandswille nun so überraschte? Aus welchen Motiven verteufelten die Notablen die linken Sympathisanten aus den Städten? Konnte die bisher angenommene Isolation nicht durch gezielte Anstrengungen durchbrochen werden, wenn sich schon unaufgefordert so viele Menschen von außerhalb engagierten?

Die Larzac-Bauern fühlten sich besonders von dem Brief ihres Kollegen Cassan am Ende der Broschüre angesprochen, der in Stil und Argumentation ihrer Denkart am ehesten nahekam:

"... Was ist der Nutzen dieses Truppenübungsplatzes? Nützt er den Menschen in der Region? Frankreich? Der Welt? Soll noch mehr Land "eingefroren" werden, um mehr Platz für Kanonen zu machen? Wir sagen Nein zur Armee. Man muß schon tief gefallen sein, um wirtschaftliche Probleme durch den Bau von Todesmaschinen zu lösen! ... Wieviel ist ein Mensch wert? Männer, Frauen, Jugendliche des Larzac, wir leben von den Produkten unseres Bodens. Wir wissen, daß wir mit dem Wetter, den Jahreszeiten, unserer Arbeit rechnen müssen. Wir wissen, daß Weizen nicht dadurch wächst, daß wir an den Halmen ziehen ... Wir sind keine Märtyrer, wir wollen nicht bedauert werden, sondern verlangen nur das Recht, auch etwas zu gelten. In der Larzac-Affäre spricht man wenig von uns, man hört nur hie und da: Sie brauchen sich nicht zu beschweren, sie werden gut bezahlt werden ... Wieviel kostet ein Mensch? Ein Mensch ist nicht zu verkaufen ... An dem Tag, an dem wir begriffen haben, daß wir zusammen kämpfen müssen, werden wir gewonnen haben. Die UDR hat die Bauern verkauft, ohne sie um ihre Meinung zu fragen, so wie früher Sklavenhändler ihre Neger verkauft haben. Wir lassen das nicht mit uns machen. . ." (28)

Hier wird erstmals nicht in der Sprache der Honoratioren oder der Neusiedler argumentiert, sondern moralisch, philosophisch und politisch. Besonders die Frage: "Wieviel ist ein Mensch wert?" wird von nun an oft von Bauern wiederholt werden, gedruckt wurde sie erstmals in einer schmalen maoistischen Broschüre.

2.4.   Der 'Lange Marsch' über das Plateau

Seit der Mairevolte 1968 bemühten sich viele 'Gauchisten', d.h. die Kulturrevolutionäre links der PCF, Lebensumstände und Meinungen der Bevölkerungsmehrheit aus eigener Anschauung kennenzulernen, um so treffender für ihre politischen Ziele agitieren zu können. Zu den zahlreichen Bemühungen um und an der Basis gehörten die 'Langen Märsche', längere Arbeitsaufenthalte bei Bauern oder in Fabriken. Besonders maoistische Gruppen wie die 'Gauche Prolétarienne', deren Zeitschrift 'La Cause du Peuple' durch die Schirmherrschaft Jean-Paul Sartres bekannt wurde, versuchten so,

"die Mythen und Lügen zu zerschlagen, daß Studenten zu nichts nütze seien, daß Revolutionäre lediglich Lust an der Zerstörung hätten". Dies sollte erreicht werden, "indem wir auf dem Feld und auf dem Hof körperlich arbeiten, die Lebensbedingungen und ihre Freizeit zu teilen." (29)

Nach den Erfolgen der 'Langen Märsche' in den Sommermonaten der vorausgegangenen Jahre in der Bretagne beschloß die Pariser Führung der 'Proletarischen Linken', sich 1971 auf den Larzac zu konzentrieren. Im Juni trafen sich ca. 80 'Kandidaten' beim Bauern J.M. Cassan, wegen der großen Zahl teilten sie sich in zwei Gruppen auf, die, in einem großen Militärzelt untergebracht, im Juli und im August arbeiten und agitieren wollten.

Sehr bald nahmen die internen Probleme der sehr heterogenen Gruppen überhand (30), zumal nur sehr wenige Larzac-Bauern Arbeit angeboten hatten. Der Landwirt Massebiau hatte versprochen, bei seinen Kollegen um Arbeitsmöglichkeiten für die linken Gäste zu werben, sein widersprüchliches Verhalten verstärkte jedoch noch bestehende und vorhersehbare Spannungen. Den Fremden wollte er beweisen, wie fortschrittlich er war, und sagte mehr zu, als er einhalten konnte. Da er andererseits um seinen Einfluß als Vertrauensmann des regionalen Bauernverbandes FDSEA fürchtete, falls es zu gewalttätigen Zwischenfällen kommen sollte, wagte er oft nicht, die Bauern in seiner Nachbarschaft nach Arbeitsmöglichkeiten für die jungen Freiwilligen zu fragen. Diese waren sehr über ihre Erfolge erstaunt, als sie begannen, auf eigene Faust zu suchen.

Manchen der Teilnehmer am 'Langen Marsch' fehlte völlig die nötige Fähigkeit, sich "wie Fische im Wasser" zu bewegen, ihr Hang zu konspirativem Verhalten lief der selbstverständlichen Gewohnheit der Landwirte entgegen, offen über Namen, Beruf und Familienverhältnisse zu sprechen. Nächtliche Marathonsitzungen politischer Diskussion vertrugen sich nicht mit dem selbstgestellten Anspruch, tagsüber dieselbe Arbeit leisten zu wollen wie die Bauern. Die Ansichten über Kleidung oder sexuelle Freiheit standen extrem gegeneinander.

Ende August atmeten die Larzac-Bewohner auf, als die letzten 'Maos' das Plateau verlassen hatten. Die Belastung war zu groß gewesen, zumal britische Truppen in diesem Sommer besonders rücksichtslos Manöver abgehalten hatten und die Polizei jedes Mittel versuchte, die Bauern einzuschüchtern und zur Distanzierung von ihren linksradikalen Bundesgenossen zu bewegen.

J.M. Cassan versuchte, die linken Freiwilligen vor dem Abschied zu trösten: "Seid nicht niedergeschlagen. Dieser Lange Marsch war sehr nützlich. Viel nützlicher als Ihr Euch vorstellen könnt." (31)

Sicher ist, daß die gauchistischen Freiwilligen bei den Bauern Ideen in Umlauf brachten, die oft erst viel später in der Form "originärer Ideen der Bauern" wieder auftauchen sollten.

3. Ansätze bäuerlichen Widerstandes

Die Gaullisten bemühten sich, die gauchistischen Umtriebe anzuprangern, um damit leichter über die Argumente der 'Association' hinweggehen zu können. Wie sicher sie sich ihrer Macht waren, zeigte der öffentliche Widerruf ihres Wahlkampfversprechens. UDR-Generalsekretär Tomasini erklärte am 10. Juni 1971 in der Departements-Hauptstadt Rodez:

> "Durch das Erweiterungsprojekt sind sicher keine wirtschaftlichen Vorteile für die Region zu erwarten. In diesem Punkt widerspreche ich Herrn Delmas, was wohl beweist, daß die UDR keine monolithische Partei ist." (32)

Die Bauern empfanden diese Feststellung als weitere Demütigung, nachdem sie niemals zu den Plänen befragt oder über sie direkt informiert worden waren und Michel Debré auf Anfragen des Fremdenverkehrsvereins und der Landwirtschaftskammer ausweichend geantwortet hatte: die Pläne würden weiter geprüft, vor dem Monat Mai sei keine Entscheidung zu erwarten, da zuvor die Stellungnahmen des Heeres und des Präfekten von Aveyron abgewartet werden müßten.

Präfekt Cazejust beteuerte gegenüber der Presse, seinerseits keine Anfrage oder Erläuterung aus Paris erhalten zu haben. Anfang November 1970 hatte er versichert:

> "Die Begrenzung der möglichen Camp-Erweiterung wird die Existenz der Betriebe nicht gefährden, deren Rentabilität zufriedenstellend ist. Nichts wird geschehen, ohne daß ich vorher meine Meinung dazu gesagt habe." (33)

Tatsächlich wurden weder die Betroffenen noch deren Berufsvertreter vor der Bekanntgabe der Entscheidung durch Michel Debré informiert. Cazejust wurde wenige Tage vor dieser "Urteilsverkündung" nach Paris versetzt.

Gegen Ende des Sommers 1971 wuchs der Wille der Bauern, für sich selbst zu handeln und die Verteidigung ihrer Interessen nicht mehr allein der bürgerlichen 'Association' oder den jungen Linksradikalen zu überlassen.

3.1.   Erste selbständige Bauerndemonstration

Der Vorschlag von Louis Massebiau, am 23. September zu demonstrieren, stieß bei den Bauern auf allgemeine Zustimmung. Am Morgen dieses Tages sammelten sich ca. 30 Traktoren in La Cavalerie, einige von ihnen mit einer Ladung Steinen auf den Anhängern. Nach mehreren Runden durch das Dorf kippten die Bauern eineinhalb Tonnen Steine vor den Kaserneneingang und das Haus des UDR-Bürgermeisters Lapeyre, einem der eifrigsten Befürworter des Regierungsprojekts. (34)

Auf den mitgeführten Spruchbändern und noch mehr in der Ansprache von Louis Massebiau fanden sich erstaunlich verbale Gewaltdrohungen — erstaunlich im Vergleich zum späteren Entschluß zu konsequenter Gewaltfreiheit:

> "... Diese Aktionsform wird sich in den nächsten Wochen verstärken und hat zum Ziel, den Planern des Larzac-Camps eine deutliche Warnung auszusprechen ...
> ... Sollten die Bauern weiterhin mißbraucht werden, zögern wir keinen Augenblick, die Präfektur in Rodez kurz und klein zu schlagen ...
> ... Wer uns den Weg des Exodus verspricht, sollte sich auf eine Eskalation der Gewalt gefaßt machen, der Prozeß ist nicht mehr rückgängig zu machen,. Ein für alle mal soll die Bevölkerung des Aveyron wissen, daß die Bauern von Larzac nicht kapitulieren und bereit sind, für ihr Recht zu leben, die Mistgabeln hervorzuholen, falls diese ernste Warnung die Betreiber dieses widerwärtigen Planes nicht zur Vernunft bringen sollte. Niemand zweifelt daran, daß der Herbst auf dem Larzac heiß, sehr heiß werden wird ..." (35)

Einige der benutzten Ausdrücke stammen wörtlich aus linksradikalen Schriften, der Lange Marsch hat also Spuren hinterlassen, wenn auch auf paradoxe Weise, so "als ob die Bauern und insbesondere Massebiau sich von der physischen Gegenwart der Gauchisten befreien, sie fast von sich abstoßen mußten, um anschließend einige ihrer Ideen zu übernehmen. . ." (36)

Diese Sprache löste bei den "ehrenwerten Bürgern" der 'Association' und den Funktionären des Bauernverbandes FDSEA Entsetzen aus. In der FDSEA-Zeitschrift 'La Volonté Paysanne' erschien Massebiaus Rede in 'gesäuberter' Form (die Redaktion setzte z.B. "Eskalation von Reaktionen" anstelle von "Eskalation der Gewalt") mit dem Zusatz:

> "Wenn solche Worte im Feuer der Aktion ausgesprochen wurden, so sind wir autorisiert zu sagen, daß dies in Wirklichkeit nicht dem Denken und den Absichten des Autors entspricht. (37)

Um die Initiative zu übernehmen, bevor die Kontrolle völlig entglitt, rief die FDSEA zu einer Demonstration am 6. November in Millau auf — die erste Initiative des Bauernverbandes auf Departementsebene.

3.2.   Erste Reaktion auf die offizielle Entscheidung

Aus dem Munde Debrés in einer Fernsehsendung am 28. Oktober 1971 erfuhren die Larzac-Bauern, daß die Erweiterung des Camps von der Regierung endgültig beschlossen wurde. "Es war wie vor Gericht", beschrieb Marie-Rose Guiraud aus La Blaquière ihre spontane Empfindung,

> "... ich war Zuschauer, und plötzlich fühlte ich mich wie ein Angeklagter. Debré sprach von Hektarzahlen, Straßen, Wasser, dem Flugplatz. Er hatte keine Worte für die Alten, die Schäfer, die Kinder. Menschen scheinen für ihn nicht zu zählen." (38)

Debrés Untertreibung bei der Darstellung der Folgen für die Betroffenen steigerte deren Wut. Debré sprach von 43 Höfen und 140 Bewohnern, die wegziehen müßten. 28 Betriebe würden nur geringfügig berührt, Touristenattraktionen wie La Courvertoirade ganz ausgespart. Die Schafe könnten auf dem Gelände sechs bis zehn Tage im Monat weiden, am Wochenende dürften Spaziergänger das nicht eingezäunte Terrain betreten. Als Entschädigung würden u.a. der Flugplatz von Millau sowie die Wasser- und Elektrizitätsversorgung ausgebaut werden.

Der Einblick in die bald in den Rathäusern ausliegenden, ziemlich ungenauen Pläne brachte vielen Betroffenen das ganze Ausmaß der Auswirkungen erstmals voll zu Bewußtsein. Manche Familien sollten ihre Wohnhäuser behalten könne, doch der Verlust von Weideflächen und Äckern würde das landwirtschaftliche Leben am Rande des Truppenübungsplatzes unmöglich machen. Angesichts solcher Feststellungen fragten sich manche Bauern, ob die Planer entweder völlig inkompetent wären oder ob sie sich makabre Scherze auf Kosten der Betroffenen erlaubten.

Elie Jonquet, der Senior im Weiler La Blaquière, war überzeugt, mit zwei Jahren Kriegsdienst und fünf Jahren Kriegsgefangenschaft genügend für das Wohl der Nation geleistet zu haben, und erklärte nun mit ruhiger Entschlossenheit:

"Ich bleibe hier, man wird mich hier höchstens mit den Beinen voran, zwischen vier Brettern, hinaustragen." (39)

Die 'Association' brachte ihre Öffentlichkeitsarbeit erneut auf Hochtouren, Roquefort-Industrielle bezahlten großflächige Anzeigen, wie z.B. am 5. November 1971 in 'Le Monde' mit der Überschrift: "Helfen Sie mit, den Süd-Aveyron zu retten!"

3.2.1.   Verhandlungen über Prinzip oder Detailkorrekturen

Mehr denn je versuchten die Notablen, ihre Beziehungen bis hinein in Regierungskreise spielen zu lassen. Dem Bauernverbandspräsidenten Marcel Bruel, selbst Gaullist, gelang es, ein Gespräch zwischen dem Armeeminister und Bauernvertretern zu vereinbaren, das am 10. November stattfinden sollte. Inzwischen hatten sich dem Demonstrationsaufruf für den 6. November neben verschiedenen Bauernverbänden auch nahezu alle linken Parteien und Organisationen angeschlossen. Debré drohte, das Gespräch abzusagen, falls die Demonstration stattfände oder nicht zumindest deren Ablauf und Aussage stark gemäßigt werden könne.

Die aufrufenden Verbände bemühten sich spürbar, die Erregung zu dämpfen, wobei auch das Gerücht, 700 Maoisten rüsteten sich zu Krawallen, genutzt wurde, um den seit 1968 bekannten "Gesetz- und Ordnungs-Effekt" zu erreichen. Auch die Sozialistische Partei rief alle Demonstranten auf, sich genau an die Anweisungen der FDSEA zu halten, während diese im voraus jede Verantwortung für eventuelle Zwischenfälle ablehnte.

Befürchtungen, daß die erste Larzac-Demonstration "seriöser" Organisationen in Millau entgleisen könnte, speisten sich auch aus beachtlichen Erfolgen maoistischer Betriebsgruppen, wie sie sich die Gewerkschaften selbst nicht zugetraut hatten. Dazu zählte nicht zuletzt der soeben begonnene Streik in der Henfer-Fabrik in Millau. Eine starke Abordnung der streikenden Arbeiter nahm an der Demonstration teil.

Viele der 6 000 Demonstranten reagierten mit Unmut, als FNSEA-Vertreter

Marcel Bruel in seiner Rede davon sprach, daß

> "wir (...) entschlossen (sind), die Grenzen der Legalität nicht zu überschreiten. Auch wenn wir unsere Soldaten mögen (Pfiffe aus der Menge), die Söhne unseres Volkes, so denken wir doch, daß die Armee der Region nicht unbedingt Reichtum bringt und die Dörfer nicht immer vor Irrtümern bei Schießübungen geschützt sind." (40)

Als Bruel die Kundgebung mit einer Versöhnungsgeste gegenüber Debré abschließen wollte, der keine Scham empfände, auch Fehler einzugestehen, daß die Bauern immer zu Gesprächen bereit seien, "weil sie Vertrauen in die menschlichen Qualitäten des Michel Debré haben" (41), erntete er Sprechchöre wie "Bauernverräter" und ähnliches.

Die auffällige Eile, mit der die Demonstration von den Veranstaltern aufgelöst wurde, begünstigte die Gauchisten. Ihrer Aufforderung, die Demonstration fortzusetzen, schlossen sich 1 500 Menschen an, darunter ein gutes Dutzend Larzac-Bauern. Nach einer dreiviertel Stunde traf der Umzug wieder am Kundgebungsort ein, wo viele andere Bauern und Arbeiter noch immer über die Haltung ihrer Berufsorganisationen diskutierten.

Die Darstellung der Demonstration durch die Maoisten als "Volkseinheit", "gemeinsamer Kampf der Bauern und Arbeiter" oder "Unterstützung der Bauernsache durch die ganze Stadt" mag übertrieben sein, offenbar wurde jedoch, daß die Beziehungen der Bauern zu ihren Repräsentanten nicht länger ungetrübt waren.

Am Gespräch im Armeeministerium vier Tage später nahm jedoch kein einziger der direkt betroffenen Landwirte teil; noch galten die Spielregeln der Stellvertreterpolitik. (42)

Die Bauernvertreter scheiterten kläglich am Eisberg der ministeriellen Macht und Arroganz. Gleich zu Beginn stellte Debré klar, daß seine Entscheidung unwiderruflich sei und er lediglich gestatte, daß die Honoratioren ihre Standpunkte vortrügen. Einzig greifbares Ergebnis blieb die Bildung einer 'Commission de Concertation', deren Aufgaben eine Woche später vom neuen Präfekten in Rodez, Badault, der den Ausschuß leitete, definiert wurden, "um das unglaubliche Blühen von Falschmeldungen einzudämmen" (43): die definitive Grenzlinie des Erweiterungsgeländes festzulegen und als Gegenleistung Strukturverbesserungen für die Gemeinden der Region auszuhandeln.

Die Teilnehmer an der Audienz versuchten krampfhaft, im nachhinein einen Erfolg herbeizureden, doch die Widersprüche in den Darstellungen waren allzu offensichtlich. Die Bauern konnten nur erraten, welche der angebotenen Versionen am ehesten der Wirklichkeit entsprach: Kompromisse in Detailfragen, Anerkennung der Staatsraison oder vorläufiger Verzicht der Armee auf die Erweiterung. Eine Pressemitteilung des Armeeministeriums schuf dann unzweideutig Klarheit über die Machtverhältnisse: Die Bauern hätten grundsätzlich Verständnis für die militärischen Notwendigkeiten gezeigt, und die Kommission würde im wesentlichen über die Art der Entschädigung verhandeln.

Erneut wuchs auf dem Larzac die Skepsis über die Vertrauenswürdigkeit der Notablen, wenn nicht einmal im Grundsatz eindeutige Einheit bestünde. Es verbreiteten sich Zweifel, ob sie fähig seien, die Interessen der Bauern konsequent zu vertreten.

Eindeutig illustrierte dagegen Minister Debré am 18. November die Lage in einem Interview des Regionalfernsehens:

> "Die Grundsatzentscheidung ist gefallen, es ist klar, daß die Diskussion eröffnet ist."

Tags darauf bei der ersten Ausschußsitzung in Rodez konnten erstmals Larzac-Bauern (Léon Burguière und Louis Massebiau) mitreden. Zugang fanden sie allerdings auch nur durch ihre Funktionen als Vizepräsident der 'Association' bzw. Kantonal-Verantwortlicher der FDSEA.

Dabei gab es von vornherein keinen wirklichen Verhandlungsspielraum, die Starr-heit der Regierungsseite ließ Meinungsunterschiede zwischen den Bauernvertretern nur noch deutlicher zum Vorschein kommen. Die Landwirtschaftskammer wollte sich nicht an Diskussionen über die Begrenzungslinien beteiligen. Innerhalb der FNSEA gab es harte Auseinandersetzungen zwischen den Funktionären auf nationa-ler und departementaler Ebene und den kantonalen Basisvertretern, wie Michel Le Bris (44) bei seinen Recherchen anhand von Protokollen des Bauernverbandes fest-stellen konnte. Die Widerstandsbereitschaft war geringer, je höher die Diskussions-teilnehmer in der Hierarchie des Verbandes angesiedelt waren.

Massebiau und Burguière mußten immer wieder betonen, daß es nicht um das Feilschen um höhere Entschädigungssummen ging, sondern um die grundsätzliche Ablehnung der Vertreibung. Nach den ersten Sitzungen boykottierten sie die Schein-verhandlungen eines Ausschusses ohne jegliche Kompetenz. Im Januar 1972 kehr-ten sie allerdings in einer Situation an den Verhandlungstisch zurück, die zwischen-zeitlich wesentlich ungünstiger für die Bauern geworden war.

3.2.2.   Intervention der Larzac-Bauern bei ihren gewählten Vertretern

Die zweite eigenständige Initiative der Larzac-Bauern bestand im Versuch, allen ent-scheidenden Gremien im Departement ihre Meinung klar zu zeigen.

Zur Vollversammlung der Industrie- und Handelskammer der Region Midi-Pyré-nées am 26.11.1971 erschienen uneingeladen etwa 100 Bauern, und, obwohl das Thema Larzac nicht auf der Tagesordnung stand, ergriff Léon Burguière das Wort und beantragte erfolgreich die Verabschiedung einer Resolution, die eine bedin-gungslose Aufgabe des Erweiterungsprojektes verlangte.

Die Szene wiederholte sich bei den Sitzungen des Gemeinderats von Millau, der Landwirtschaftskammer und der FDSEA. Am 6. Dezember 1971 kam der General-rat von Aveyron an die Reihe, der Zuschauerraum des Tagungssaales in der Präfek-tur von Rodez war dicht mit Bauernfamilien besetzt. Wieder stimmte ein Gremium einstimmig für die Resolution, d.h. einschließlich der Vertreter der Gaullisten und der "Unabhängigen Republikaner". Erst später merkten die Bauern, daß sie noch zuwenig Erfahrung mit parlamentarischer Praxis und deren zweideutigen Ausdrucks-möglichkeiten hatten. Der Generalrat verlangte nämlich in seiner Resolution nur die vorübergehende Suspendierung des Projekts, "damit die Kommission unabhängig und ohne Hintergedanken" arbeiten könne. Dennoch ist die Bilanz beachtlich. Durch entschlossenes Auftreten hatten die Bauern innerhalb von 10 Tagen alle maß-geblichen Instanzen des Departements gezwungen, Stellung zu beziehen.

Die Gegenseite ließ sich davon jedoch nicht beeindrucken. Am 8. Februar 1972 stellte der Präfekt sichtlich zufrieden der Öffentlichkeit das Zwischenergebnis der Konzertationsverhandlungen vor. Noch am selben Abend erläuterte Minister Debré bei einer Pressekonferenz in Paris sein "großzügiges Entgegenkommen", den geplan-ten Platz etwas nach Süden zu verschieben, um die großen Betriebe im Norden zu schonen — womit erneut diejenigen Notablen bloßgestellt wurden, die bereit gewe-sen waren, im Detail statt im Prinzip zu verhandeln.

Da das Dossier sehr gut sei, rechtfertigte sich, nach Debrés Meinung, weitere Kritik nur noch auf politischer Ebene, anders gesagt, jeder weitere Widerstand würde als grundsätzliche Opposition zu Regierung und Staat aufgefaßt und dementsprechend behandelt.

Wie zum Hohn wurden die Worte des Ministers im Fernsehen durch Bilder einer Steinwüste untermalt, in der nur noch Greise in halbverfallenen Höfen dahinvegetieren ... (45)

Nun zeigten sich deutlich die negativen Folgen des Taktierens der Honoratioren. Die ärmeren Bauern im Süden wehrten sich dagegen, daß eine 'Sankt-Florians-Politik' auf ihre Kosten ausgetragen werden solle. Sie vermuteten, von den einflußreicheren Bauern im Norden verraten zu werden. Diese Zweifel tauchten in jeder kommenden schwierigen Phase neu auf – eine offenbare Schwäche der überwiegend ökonomischen Argumentation. Was als selbstbewußte Replik gegen Zerrbilder der Gegenseite entstanden war, drohte im Zusammenhang mit Verhandlungen den Egoismus der einzelnen zu stark hervorzukehren und damit die Einheit zu gefährden. Wo eben noch neuer Schwung zu spüren war, lähmten nun gegenseitige Verdächtigungen und Resignation. Möglicherweise spürten das die Camp-Befürworter, als sie genau zu dieser Zeit ein Komitee für den Truppenübungsplatz (MPOL) gründeten.

3.2.3. Ablehnung "unterstützender" Gewaltaktionen

Nach dem chaotischen Abbruch des 'Langen Marsches' hatte der erfolgreich beendete Streik in der Textilfabrik Henfer den Maoisten in Millau kurzfristig Ansehen verschafft. Durch eine aufdringliche Agitation verspielten sie jedoch bald das Wohlwollen gemäßigterer Linker in der Stadt, bis nur noch die "Randgruppenstrategie" übrigblieb, d.h. die Konzentration auf die vielen arbeitslosen Jugendlichen. Auf dem Plateau versuchten sie, die Spannungen zwischen den reicheren "kapitalistischen" Groß-Bauern und den am Rande des Existenzminimums lebenden Kleinbauern zu verstärken.

War es schon ein schwer zu realisierender Vorsatz, die Kluft zwischen Arbeitern und Bauern zu überwinden, so zeugte der Versuch, die als 'voyous' (Streuner, Gauner) abgestempelten Jugendlichen in eine Front mit den Bauern zu bringen, von völliger Unkenntnis ländlicher Wertvorstellungen. "Bürgerwehren", wie das "Komitee zur Verteidigung der Republik" (CDR), schürten eine Hysterie gegen Linke und Jugendliche, so daß die Bauern sich noch weniger zu den abenteuerlichen Aktionen hinreißen ließen, die ihnen die Maoisten vorschlugen.

Als eines Nachts Häuser von Camp-Befürwortern in La Cavalerie mit drohenden und schmähenden Parolen bemalt wurden, fiel die Repression auf die Bauern zurück. Verhöre, häufige Ausweiskontrollen selbst auf den Feldern schüchterten sie ein.

In der maoistischen 'La Cause du Peuple' läßt sich die fatale Fehleinschätzung der Situation nachlesen:

> "Wenn die Regierung nicht nachgibt, ist es möglich, heute in Millau die beiden Kampftraditionen des okzitanischen Landes zu verbinden: Volkseinheit und militärische Organisation. Jetzt ist der Moment zum Handeln. Es gilt, schnell zu schlagen, hart und alle gemeinsam." (46)

Unbekannte schlugen in nächtlichen Kommandoaktionen zu, wohl in der Hoffnung, in der Bevölkerung zahlreiche Nachahmer zu finden.

Am 19. Dezember 1971 zerfetzte ein Sprengsatz den Hubschrauber, der die Kaserneneinfahrt in La Cavalerie zierte; im Februar 1972 verwüsteten Molotow-Cocktails die Büros der UDR und der CGT-Gewerkschaft in Millau; im Juli richtete sich ein Anschlag gegen die Präfektur in Rodez.

Die 'Association' distanzierte sich umgehend in energischer Form von den Vorfällen und forderte von der Polizei gründliche Aufklärung. Aber auch die Bauern reagierten völlig anders, als es sich die Protagonisten der "revolutionären Massenlinie" ausgemalt hatten, nämlich mit Panik und Empörung.

Als im Verlauf einer Protestaktion gegen die Rallye Monte Carlo am 23. Januar 1972 der Landwirt Cadet in den Verdacht geriet, an der Sprengung des Hubschraubers beteiligt gewesen zu sein (die Polizei hatte einen Brief Cadets an einen Maoisten gefunden, der auf detaillierte Kenntnisse schließen ließ), war keiner seiner Kollegen bereit, sich mit ihm zu solidarisieren.

Die überwiegende Mehrheit der Landwirte lehnte derartige Aktionsformen ab, und die wenigen Befürworter "harter Aktionen" waren sich bewußt, daß diese ohne eine geschlossene Unterstützung undurchführbar waren.

Wenn schon das stellvertretende Handeln anerkannter Persönlichkeiten aus Wirtschaft und Kommunalpolitik Mißtrauen geweckt hatte, so handelten die Gauchisten völlig ohne Auftrag der Bauern und ohne das zumindest relative Ansehen, das sich die 'Association' erworben hatte.

Auf keinen Fall wollten sich die Bauern gegen ihren Willen in Isolation und Kriminalisierung hineinziehen lassen.

4. Christliche Ermutigung zur Selbstbehauptung

Angesichts der äußeren Existenzbedrohung wäre das Entstehen der bäuerlichen Einheit und der Widerstandsbereitschaft schwer denkbar, ohne eine bestimmte geistige Verbindung, die stark genug war, um das gegenseitige Mißtrauen und die Stufe der rein materiellen Betroffenheit zu überwinden. Diese einigende Kraft liegt nicht zuletzt in der Religiosität der Larzac-Bauern und ihrer Verbundenheit mit der katholischen Kirche.

"Eine der Besonderheiten in dieser Affäre", erläuterte Bischof Menard von Rodez, "ist, daß wir in einer Diözese leben, in der noch eine starke christliche Basis vorhanden ist. Und diese Menschen, die noch heute dem Klerus und sogar ihrem Bischof nahe sind, kommen spontan zu uns, um unsere Meinung zu weltlichen Fragen zu holen, die sie betreffen. Das erlaubt, menschliche Situationen aus der Sicht der Moral des Evangeliums zu beleuchten." (47)

Seit Mitte der sechziger Jahre hatte das christliche Landvolk CMR (48) sowie ihre Jugendorganisation JAC, bzw. später MRJC, nach regelmäßigen Abendgottesdiensten auf den Höfen Gesprächsrunden organisiert, bei denen die Situation der Landwirtschaft (Modernisierung, Mechanisierung, Bodenbesitz, Landflucht), aber auch Themen wie Waffenexporte und die Lage der Dritten Welt besprochen wurden. Die Erfolge der Pädagogik dieser Laien-Organisationen zur Hebung des Selbstbewußtseins der Bauern, der Stärkung gegenseitiger Hilfe und der Verbesserung der wirtschaftlichen Situation auf dem Plateau wurden an anderer Stelle beschrieben. (49)

"Man darf nicht vergessen, daß 99% der Bauern im Larzac überzeugte und praktizierende Katholiken sind. Daraus ergibt sich eine ständige Rückkoppelung ihrer Aktionen auf die Kirche ... Deren Unterstützung stellt für uns eine enorme moralische Kraft dar ..." (50)

4.1. Rechtfertigung des Widerstands durch einen Hirtenbrief

Nach Debrés Bestätigung der Erweiterungspläne am 28.10.1971 trafen sich bei Bischof Ménard vierzig Priester aus der Region Millau, um die Frage zu diskutieren: "Was verlangt der Glaube und das Evangelium von uns angesichts dieser Entscheidung?" Das Ergebnis war eine gemeinsame Stellungnahme, die am 7. November in vielen Kirchen des Aveyron anstelle der Predigt verlesen wurde. (51)

In einem kollektiven Hirtenbrief äußerten die Priester ihre Bestürzung über die autoritäre Art der Entscheidung, die sie als gefährliche Mißachtung der Menschenwürde betrachteten, zumal die Betroffenen vorher nie befragt oder informiert worden waren. Die Gefahr der Entwurzelung durch den Verlust der Arbeitsplätze im gewohnten Lebensraum verlange die eindeutige Solidarisierung mit den Schwächeren. Spätestens nach dem Zweiten Vatikanischen Konzil sei es fraglich, ob Aufrüstung, ja sogar Verteidigungskriege mit dem christlichen Gewissen vereinbar seien. Im Widerstand gegen die Rüstungsspirale läge dagegen die Hoffnung auf eine Umkehr zu menschlicherem Verhalten.

Der Landvolk-Geistliche Pierre Bonnefous erinnert sich an die Wirkung der Predigt auf die Gemeinde:

"Die Gemeindemitglieder hörten dem Text aufmerksam zu ... In einer der Kirchen, in denen ich gewöhnlich Messe halte, saß auch eine schwerhörige Frau. Sie konnte also den Text nicht verstehen, den ich vorlas. Aber an diesem Tag spitzten die Leute so auffällig die Ohren, die Atmosphäre war so anders, daß sie ihren Nachbarn fragte, was denn passiert sei! Als die Leute den Hirtenbrief gehört hatten, gingen sie wirklich zufrieden nach Hause, ganz aufrecht, und sagten sich: 'Dann ist ja alles gut, wir haben die Pfarrer auf unserer Seite. Na dann ... dann ist alles gut'." (52)

Die Predigt belegt die Rückbesinnung zumindest eines Teils des Klerus auf die urchristliche Tradition vor der "konstantinischen Wende". Gilt die Bergpredigt als Aufforderung und Richtschnur zur Lebensgestaltung, kann das Prinzip, Gott mehr zu gehorchen als den Menschen, zum bewußten Übertreten ungerechter Gesetze und Anordnungen führen, wenn diese als Widerspruch zum Gebot der Nächsten- und Feindesliebe angesehen werden. (53)

Es "muß betont werden, daß der Klerus von Millau sich besonders stark engagiert und nicht als repräsentativ für die gesamte katholische Kirche Frankreichs angesehen werden kann ..." (54)

Dennoch stand hinter dem Hirtenbrief nicht irgendeine unbedeutende Oppositionsminderheit, sondern wichtige Vertreter der Amtskirche brachten ihr politisches und moralisches Gewicht in die Auseinandersetzung ein. Dies läßt sich nicht zuletzt an den wütenden Reaktionen von Gaullisten und anderen Hütern der etablierten Ordnung ablesen. Michel Debré schrieb einen persönlichen Brief an Bischof Ménard und bezog sich auch in seiner Rede am 2. Mai 1972 vor der Nationalversammlung auf die Larzac-Predigt, als er sich über die "Schamlosigkeit gewisser Prälaten" beklagte, die soweit gingen, sich die Frage zu stellen, "ob ein Krieg – und sei es ein Verteidigungskrieg – legitim sein könne." (55)

In der Weihnachtsansprache 1971 berichtete Bischof Ménard von Vorwürfen gegen ihn, er "bereite Kommunisten und Maoisten das Bett" (56), der UDR-Spitzenpolitiker Sanguinetti riet dem Bischof am 6. Juni 1972, nach China zu gehen, falls er Lust habe, Märtyrer zu spielen. (57)

Der Ausbruch des Bangla-Desh-Krieges am 4. Dezember 1971 führte den Larzac-Bauern die weltpolitische Tragweite der Auseinandersetzung um Waffenexporte und Truppenübungsplätze überdeutlich vor Augen. Frankreich hatte sowohl an Indien wie an Pakistan Waffen geliefert. Die sensibilisierten Landwirte reagierten empört, als zu Spendensammlungen für die Kriegsopfer aufgerufen wurde. Sie empfanden es als Zynismus, daß der Staat die "marchands de canons" bei ihren weltweiten Geschäften unterstützte, die Folgen dieser Waffenverkäufe aber von den einfachen Menschen getragen werden sollten.

Derselbe Michel Debré, der ihre eigene Vertreibung organisierte, rechtfertigte den zwingenden Zusammenhang zwischen der inneren Aufrüstung und den Waffenexporten:

> "Eine große Rüstungsindustrie ist heutzutage nur unter der Voraussetzung von Exportmöglichkeiten vorstellbar. Diese Erscheinung mag bedauerlich sein, aber es ist offensichtlich so." (58)

Teilweise noch bevor sie die gesellschaftlichen Auswirkungen der Militarisierung im eigenen Land entdeckten, bezeugten die Larzac-Bauern bereits die Solidarität mit den Völkern der Dritten Welt.

Aus der Predigt vom 7. November 1971 können spätere Leitmotive abgeleitet werden, z.B.: "Die Würde des Menschen liegt im Widerstand"; ebenso aus dem Motto des Erntefestes für die Dritte Welt im Sommer 1974: "Waffen bringen Tod, Getreide schafft Leben."

> "Das Erntefest stand sicher in einem katholischen Rahmen ... ich glaube, daß alles aus wäre, wenn die Bauern einmal völlig vom Klerus abgeschnitten wären. Da würde nichts mehr zusammenhalten." (59)

Die Bedeutung der kirchlichen Unterstützung wird in Gesprächen mit Bauern oft unterstrichen:

> "... Sie stärkt uns in unserer Überzeugung. Wenn wir sagen können, der Bischof und die Pfarrer sind mit uns, dann haben wir das Recht auf unserer Seite, dann handeln wir im Einklang mit dem Evangelium. Wären die Pfarrer gegen uns gewesen, hätten viele von uns gesagt: 'Wir sind nicht auf dem rechten Weg!' oder andere: 'Es ist Gottes Wille, wir müssen das Opfer bringen und verschwinden'. Aber so gab es uns einen zusätzlichen Schutz. . ." (60)

Die Priester ermutigten die Bauern, indem sie aufzeigten, daß Widerstand mit der christlichen Wertordnung vereinbar ist, ja von ihr abgeleitet werden kann. Neben der Bejahung des Widerstandsrechtes und der Ablehnung von Gewalt fehlte aber jeglicher Handlungsvorschlag und noch mehr eine Strategie für aktiven gewaltfreien Widerstand. Die moralische Hilfe aus der Kirche sollte sich erst politisch auswirken und in Aktionen umsetzen, als kirchennahe Teile der 'gewaltfreien Bewegung' den Bauern den Erfahrungsschatz gewaltfreier Aktionen näherbrachten. (61)

4.2. Exkurs: Zur Rolle der Christen im Laufe des Larzac-Konfliktes

Die Unterstützung aus dem Klerus setzte sich konsequent bis zum Ende des beobachteten Zeitraums fort. So begleiteten drei Priester die Larzac-Bauern auf ihrem Traktorenmarsch nach Paris im Januar 1973, der Treck wurde von den Bischöfen in Rodez und Orléans empfangen, oft dienten Priesterseminare an den Etappenzielen als Unterkünfte.

Nach dem Tod des Bischof Ménard (62) forderte auch dessen Nachfolger Bourrat mehrmals zu intensivem Nachdenken über Rüstung, Waffenhandel und Friedensschaffung auf und verteidigte unter anderem zehn Priester seiner Diözese, die wegen

Wehrpaßverweigerung vor Gericht gestellt waren. Ende September 1978 empfing er die Delegation der Larzac-Bauern, die in der Kathedrale von Rodez wegen der beginnenden Enteignungen fasteten.

Zwei Kirchenmänner siedelten sich sogar auf dem Plateau an, um im Zusammenleben ihre praktische Solidarität zu zeigen. Der Franziskanerpater und ehemalige Arbeiterpriester Robert Pirault leitete verschiedene Baustellen, wie z.B. für den illegalen Riesen-Schafstall von La Blaquière, und wurde Geschäftsführer der Landkaufgenossenschaft GFA (63). Hervé Ott, Pastor der Reformierten Kirche, leistete auf dem Larzac seinen selbstgewählten Zivildienst und baute das Friedenszentrum Le Cun auf. (64)

Aus der Liste der Mitarbeiter an einer programmatischen Broschüre über die spezielle Rolle der Christen im Larzac-Konflikt "Larzac, die Armee, die Gewalt und die Christen" ist das breite Spektrum christlicher Organisationen ersichtlich, in denen Larzac-Bewohner engagiert sind, und die sich ihrerseits mit den Larzac-Bauern solidarisieren. (65)

"Die meisten von uns schöpfen die Kraft zum Kämpfen und Weitermachen aus einem christlichen Glauben, der insbesondere vom Konzil erneuert und durch unseren Kampf selbst sowie eine gemeinsame Reflexion vertieft wurde. Auch hierin erscheint uns die gewaltfreie Aktion als Hoffnungszeichen für alle Christen. Die Gewaltfreiheit erlaubt erneut, wie in den ersten Jahrhunderten, den persönlichen Glauben des einzelnen mit den Forderungen des Evangeliums zu vereinbaren, für Gerechtigkeit und Frieden zu kämpfen." (66)

Die kontinuierlichste Unterstützung leistete neben dem Klerus des Aveyron vor allem die Kirchenpresse, sowohl die der Amtskirche (z.B. La Croix) als auch linker Laiengruppen (z.B. Témoignage Chrétien).

Daß sich die Larzac-Bauern am 24. Oktober 1978, zwei Tage vor dem Besuch Staatspräsidents Giscard d'Estaing beim neuen Papst mit einem Offenen Brief an Johannes Paul II. wandten, mag als weiterer Hinweis der Verbundenheit der Larzac-Bauern mit der Kirche angesehen werden.

Der Vorsitzende der französischen Bischofskonferenz, Kardinal Marty, bestätigte den Larzac-Bauern: "Ihre Aktion entspricht dem Geiste des Konzils und dem Sinn der Erklärung der französischen Bischöfe über den Waffenhandel. . ." (67)

In dieser Erklärung vom 13. April 1973, die gemeinsam mit dem Rat der 'Fédération Protestante de France' abgegeben wurde und in der der Waffenhandel als "Teufelskreis" und "kollektive Wunde" angeprangert wurde, hieß es u.a.:

"Angesichts des Platzes, den die Rüstungsindustrie im wirtschaftlichen Leben Frankreichs einnimmt, würden alle diejenigen, die die Botschaft der Hoffnung hören, die Jesus Christus an sie richtet, und die die Verantwortung haben, sie den anderen Menschen zu verkünden, ein starkes Gefühl der Inkonsequenz empfinden, wenn sie nicht Alarm schreien würden. . ." (68)

Trotz zahlreicher Erklärungen gegen Rüstung und soziale Ungerechtigkeit sowie für eine gewaltlose Einstellung, sehen sich Vertreter der 'gewaltfreien Bewegung' auch auf dem Larzac zu skeptischer Beurteilung des kirchlichen Engagements veranlaßt. So fragte z.B. Jean-Marie Muller sieben Jahre nach der Erklärung gegen den Waffenhandel, wie laut der Alarmruf gewesen und wo Aktionen als Konsequenz geblieben seien, wenn sich der Waffenhandel in der Zwischenzeit unter der Protektion der Regierung noch weiter ausbreiten konnte. (69)

Solange den Plädoyers gegen Gewalt keine gewaltfreien Taten folgen, steht der offizielle Gewaltfreiheitsbegriff der Kirche im Gegensatz zum praktizierten Verständnis der Larzac-Bewohner.

"In Frankreich ist heute die Gewaltfreiheit zur offiziellen Ideologie der katholischen und der reformierten Kirche geworden. Mit diesem Begriff versuchen Klerusangehörige den Eindruck zu vermitteln, daß sie politisch handeln, ohne dabei die harten Gesetze der Politik zu akzeptieren. . . " (Jean Chardard, Pastor in Millau)

"Diese Reden gehen eigentlich gar nicht in Richtung Gewaltfreiheit, sie bedeuten vor allem die Ablehnung der Gewalt. ... es gibt nichts, was mehr mit Legalismus verbunden ist, als die offizielle Kirchenorganisation. Sie weiß genau, daß durch den Zivilen Ungehorsam indirekt auch ihre Macht in Frage gestellt wird. . ." (Hervé Ott) (70)

Diese Kritik ist in ihrer Pauschalität gegenüber vielen Vertretern des Klerus ungerecht, so wurde z.B. Guy Riobé, Bischof von Orléans (71), Zielscheibe massiver Kritik aus Armee- und Regierungskreisen, als er sich gegen die französischen Atomversuche im Südpazifik wandte (72) und zum bekanntesten Befürworter der Aufkündigung der Jahrhunderte alten "Allianz zwischen Krummstab und Schwert" wurde.

"Die Komplizenschaft der Christen mit der Gewalt hat am meisten zum Verlust der Spannkraft der christlichen Hoffnung beigetragen. Eine der zentralen Botschaften der christlichen Hoffnung ist, daß Gewalt kein schicksalgegebenes Phänomen ist und daher die Geschichte gewaltfrei werden kann. Die Theologie der Hoffnung kann nur eine Theologie der Gewaltfreiheit sein. . ." (73)

Der französische Katholizismus zeichnet sich durch eine starke Polarisierung aus, deren politisches Spektrum von der Sympathie mit dem traditionalistischen, seines Amtes enthobenen Erzbischofs Lefebvre über eine breite konservative bzw. indifferente Mitte bis zu einem beachtlichen linkssozialistischen Flügel reicht.

Der französische Linkskatholizismus engagiert sich z.T. innerhalb der sozialistischen Partei (74), der CFDT-Gewerkschaft (75), aber auch in Gruppierungen der Neuen Linken. Aus ihrer Presse sind vor allem die Monatszeitschriften 'Esprit' (76) und die Wochenzeitung 'Témoignage Chrétien' (77) zu nennen.

Freiheitliche Strömungen der französischen Linken wie der 'socialisme autogestionaire' (78) und deren Auswirkung auf populäre soziale Konflikte, wie um die Uhrenfabrik LIP in Besançon (79), wären ohne den Einfluß des Linkskatholizismus schwerlich denkbar.

Die zahlreichen Äußerungen aus dem französischen Episkopat zu Fragen der Abrüstung, der Rechte der Gastarbeiter, der Dritten Welt, der Arbeitsplatzsituation usw. müssen im Zusammenhang mit der inneren Verfassung der Linken in der französischen Politik gesehen werden, wodurch sich auch ein gewisser Rückzug des Klerus von linken Positionen seit 1974 erklären würde. (80)

Viele Christen sehen in Konflikten wie Larzac Keime der Erneuerung der Kirche, so auch Robert Pirault:

"Ich weiß, daß ich von den Autoritäten gerade noch geduldet werde. Aber für mich sind die Schlüssel für eine neue Kirche hier, in der Brüderlichkeit, in der Verweigerung des blinden Gehorsams, im Versuch, anders zu leben. Dürfen wir uns damit abfinden, daß all dies neue Leben der Institution entgeht? Wenn ich resigniert bin, tröste ich mich damit, daß es der Heilige Franziskus und der Heilige Benedikt waren, die die Kirche vorangebracht haben, und nicht die Hierarchie." (81)

5.   Suche nach originellen Aktionsformen

Die Verhandlungen der 'commission de concertation' hatten Mißtrauen und Zwietracht unter den Bauern gesät, die doch gerade erste Schritte zu gemeinsamen, selbständigem Handeln gegangen waren. Die Erklärungen Debrés und des Präfekten vom 8. Februar 1972 erinnerten an die gemeinsame Bedrohung und wirkten als heilsamer Schock, der die Landwirte wieder zusammenführte.

Die Empörung richtete sich gegen die Denkart ihres Hauptwidersachers Debré, die er in einem programmatischen Buch aufschlußreich dargestellt hatte:

"Die Eigenschaft des Individuums ist es, sich in erster Linie um sein Alltagsleben zu kümmern, die eigenen Sorgen und die seiner Familie nehmen ihn voll in Anspruch. Die Zahl der Staatsbürger, die sich um öffentliche Angelegenheiten kümmern, mit dem Wunsch sich daran zu beteiligen, ist gering, glücklicherweise ist das so.
Die Stadt, die Nation, in der eine große Anzahl von Bürgern täglich über Politik diskutieren würde, wäre dem Zusammenbruch nahe. Demokratie ist etwas anderes, als das ständige Einfließen von Leidenschaften und Gefühlen des Volkes auf die Diskussion der Probleme des Staates.
Der einfache Staatsbürger ist dann ein echter Demokrat, wenn er sich stillschweigend ein Urteil über die Regierung seines Landes macht und wenn er regelmäßig, z.B. bei der Abgeordnetenwahl, seine Zustimmung oder Ablehnung ausdrückt.
Danach kehrt er, wie es üblich und gesund ist, zu seinen persönlichen Hauptbeschäftigungen, die ihre eigene Größe haben, zurück, allein schon deshalb, weil sie nicht nur für den einzelnen, sondern auch für die Gesellschaft notwendig sind." (82)

Die Loslösung der Bauern von fatalistischem und unkritischem Gehorsam gegenüber den Maßnahmen der Obrigkeit war durch die Bedrohung ihrer Existenzgrundlagen schmerzlich eingeleitet worden. Nun erkannten sie, daß es nicht der Zufall war, der von ihnen Opfer für die Allgemeinheit verlangte, daß dies auch keine besondere Willkür darstellte, sondern Ausdruck der verächtlichen Geisteshaltung der Regierenden war. Es schien, als wolle Debré die Ermutigung aus dem Klerus bestätigen, daß Widerstand im Namen des Friedens und der Gerechtigkeit nötig und geboten sei.

Die Bauern spürten die Gewißheit, im Recht zu sein, als neue Kraft; ihre Sicherheit, gewinnen zu können, bezogen sie aus der Erfahrung, sich selbst, d.h. den Egoismus der Konkurrenz, besiegt zu haben, zu dem sie durch die Verhandlungen mit der Betreiberseite verleitet worden waren. Debrés Philosophie beruht auf dem bewußtlosen Funktionieren und der Beschränkung auf die engsten privaten Interessen. Genau an dieser entscheidenden Stelle hatten die Bauern sich selbst überwunden.

"Unsere Interessen!", beschrieb Auguste Guiraud seine Wut, wenn Menschen von außerhalb kamen und erklärten, mit den Interessen der Bauern solidarisch zu sein.

"Ich erkläre den Leuten immer: Aber wir verteidigen nicht unsere Interessen, sonst wäre alles längst vorbei! Es ist merkwürdig, sie müssen das falsch verstanden haben, reagierten, als ob wir verrückt seien oder lügen. Ja, das war es vielleicht, diese kleine Veränderung. Die Bauern dachten weniger an ihre eigenen Interessen als vorher." (83)

Die Versammlungen der Bauern nach dem 8.2.1972 zeigten in den Grundsatzdiskussionen eine ganz neue Qualität. Dabei fehlte noch jede Spur von Strategie sowie eine feste Struktur des Widerstandsbündnisses.

Bei den ersten Treffen ging es vor allem darum, möglichst spektakuläre Aktionsformen zu entwickeln, um Debrés Offensive entgegenzutreten.

Erstmals bemühten sich die Landwirte um aktive Unterstützung in Millau, bei vollem Bewußtsein der Schwierigkeiten durch uralte und tief verwurzelte Vorurteile zwischen Stadt- und Landbevölkerung. Aber nur durch deren Überwindung könnte die Rechnung Debrés und Delmas durchkreuzt werden.

Als erstes bereiteten die 'caussenards' mit Hilfe von Freunden in der Stadt die Aktion 'son et lumière' (84) vor: Am Abend des 12. Februars brannten auf den Felsen hoch über der Stadt 16 riesige Feuerzeichen "Gardarem Lo Larzac" (Okzitanisch: 'Wir werden Larzac beschützen / behalten'). Die Lichtzeichen wurden gleichzeitig in Millau durch Flugblätter mit der Überschrift "Wir Bauern werden niemals weichen" erklärt.

Als die Polizei und Feuerwehr endlich oben ankamen, wo sie die vermutlich dahintersteckenden Gauchisten aufzugreifen hofften, heulten im Tal Alarm- und Fabriksirenen auf, die von Sympathisanten in der Stadt ausgelöst wurden, um dem Spektakel den noch fehlenden Ton zu verleihen.

In der folgenden Zeit erfuhren die Landwirte eine unerwartet gute Resonanz aus Millau und der Region. Die Unterstützung ging weit über die 'Association' hinaus. Der Erfolg bewies, daß weiterhin Aktionsformen nötig waren, die sich von den gewohnten Polit-Riten der Notablen, aber auch von den "Himmelfahrtskommandos" der Gauchisten unterschieden. Die Bauern begriffen, daß es weit mehr wert ist, die Lacher auf der eigenen Seite zu haben, als sich auf andere zu verlassen oder davon zu phantasieren, das Gewehr aus dem Schrank zu holen . . .

5.1. Exkurs:
Die gewaltfreie Gemeinschaft "Die Arche"

Eine halbe Autostunde vom Larzac entfernt lebt im Bergdorf La Borie Noble die gewaltfreie "Gemeinschaft der Arche" (85), die einen wesentlichen Einfluß auf die Entscheidung der Larzac-Bauern für ihren konsequent gewaltlosen Widerstand haben sollte. Diese ordensähnliche Landkommune geht auf den Philosophen und Schriftsteller Lanza del Vasto zurück (86), der nach dem Vorbild gandhianischer Ashrams 1948 in Südfrankreich (87) die erste der patriarchalisch geleiteten Dorfgemeinschaften gründete. Die Arche versucht, modellartig die Gedanken zu verwirklichen, die Lanza del Vasto durch Schriften und Vortragsreisen verbreitete.

Die gelebte Synthese von Spiritualität, Bevorzugung der manuellen Arbeit (88), autarker Versorgung und gewaltfreier Aktion in der Lebensgemeinschaft erscheint den 'Compagnons de l'Arche' wesentlicher als die theoretische Ausarbeitung einer Strategie gewaltfreier Gesellschaftsveränderung.

"Ich halte die marxistische Analyse in der Tat für falsch" (89), schrieb Lanza del Vasto, um damit auszudrücken, daß die Arche den Klassenkampf zur Umwälzung der bürgerlichen Ordnung ablehnt. Dies bedeutet keinen Anti-Sozialismus, sondern in erster Linie Mißtrauen gegenüber jeder Machtausübung. Die Arche versteht sich selbst als politisch im Sinne der Sorge um das Allgemeinwohl, nicht jedoch in der Bedeutung von Machterwerb oder dem Glauben, Glück, Friede, Gerechtigkeit könnten durch Wahlerfolge oder Gesetzesveränderungen erreicht werden.

"Machtergreifung, was heißt das? Die Armee und die Polizei befehligen? ... Es gibt Regime, die wir mehr verabscheuen als andere. Mißtrauisch sind wir gegenüber allen. . ." (90)

Die Arche will nicht nur für "Proletarier", sondern für alle "freien Menschen" Partei ergreifen. Im Gegensatz zu vielen Sozialisten lehnt sie z.B. die Lohnarbeit nicht erst für die zukünftige Gesellschaft ab, sondern bereits im hier und heute, und versucht selbst die Konsequenz daraus zu ziehen.

"Lohnarbeit ist eine Form der Sklaverei." (91)

In die Sympathie der Arche-Mitglieder für die Hoffnungen der Linkssozialisten, zu denen sich in Frankreich viele "politische Gewaltfreie" zählen, mischt sich Skepsis:

"Wie könnte Selbstverwaltung im mechanisierten System verwirklicht werden? ... Ich glaube nicht, daß die Industriewelt Selbstverwaltung erlaubt ... Jedoch, solange es keine Selbstverwaltung gibt, bleibt die Sklaverei. . ." (92)

Zur Vision der Arche gehört statt dessen

"eine auf das Maximum vereinfachte Wirtschaft ... die auf der Handarbeit aller basiert ..., ökonomische Unabhängigkeit kleinstmöglicher Gruppen für die wesentlichen Dinge, von denen das Leben abhängt, Nahrung, Haus, Erziehung. . . (93)

eine "patriarchalische, arbeitsame, hauptsächlich landwirtschaftliche Gesellschaft, in der Geldgeschäfte auf das Minimum reduziert sind, wo das Leben sehr vereinfacht und der Gebrauch von Maschinen stark eingeschränkt, wenn nicht abgeschafft wäre ... In diesem Sinne sind wir 'a-politisch'." (94)

Neben der Tatsache, ein Vorläufer der Landkommunenbewegung in Frankreich zu sein, beansprucht die Arche für sich, die Ziele der demokratischen wie der sozialistischen Revolution anzustreben und im Gemeinschaftsleben ansatzweise zu verwirklichen.

"Gewaltfreiheit hat natürlich eine technische Seite, eine Art, sich in die Praxis umzusetzen. Aber es ist eine Handlungsweise, die von einer Seinsart herkommt, und wesentlich dabei ist der Versuch, gewaltfrei zu sein. Niemand wird gewaltfrei geboren ... Diese Dinge entstehen durch bewußte Entscheidung (conversion). Die erste Pflicht der gewaltfreien Gemeinschaft ist es, ihren Mitgliedern dabei zu helfen, an sich selbst zu arbeiten. Die Gemeinschaft liefert ein System von Regeln und Lebensweisen, die das Individuum zur Veränderung zwingen." (95)

Bemerkenswert ist, daß diese spirituelle Lebensgemeinschaft häufig aktiv in aktuelle politische Auseinandersetzungen eingegriffen hat und diesen Aktionen zeitweilig den Vorrang vor dem beschaulichen Ordensleben gab. So fastete eine Arche-Gruppe im April 1957 zwanzig Tage in einem nordafrikanischen Elendsviertel von Clichy aus Protest gegen die Folter im Algerienkrieg, weitere Fastenaktionen in Marcoule und Genf im Sommer 1958 richteten sich gegen die französische Atomstreitmacht. 1959 und 1960 protestierten Arche-Compagnons gegen die Internierungslager für "verdächtige" Nordafrikaner u.a. auf dem Larzac. Bei den Kampagnen für ein Gesetz zur Anerkennung von Kriegsdienstverweigerung und gegen den Algerienkrieg bildete die Arche das Rückgrat der Organisation 'Action Civique Non-Violente'. Die Gemeinschaft war an allen wichtigen Aktionen des Larzac-Kampfes beteiligt, zwei ihrer Familien besetzten 1974 den ersten der Höfe in Armeebesitz. (96) In La Borie Noble wurde sogar eine Gruppe von Amnesty International gegründet.

5.2. Exkurs: Sonstige gewaltfreie Gruppierungen in Frankreich

Trotz des wachsenden Einflußes der gewaltfreien Bewegung in der Ökologie- und Friedensbewegung, aber auch unter den freiheitlichen Sozialisten, liegt weder eine Gesamtdarstellung ihrer Strömungen und Praxisfelder noch eine historische Studie über sie vor.

Innerhalb des französischen Pazifismus begann die Beschäftigung mit Mitteln und Zielen der gewaltfreien Aktion mit der Gandhi-Rezeption des Schriftstellers Romain Rolland. (97) Später verbreitete vor allem die 'Arche' das Gedankengut des 'satyagraha' (98). Der französische Zweig des Internationalen Versöhnungsbundes (MIR) trug die Theologie der Gewaltfreiheit in die Kirchen. Durch persönliche Kontakte zu einer Reihe von Bischöfen, mehr aber noch durch Breitenarbeit in der christlichen Basis erzielte der Verband eine angesichts der niedrigen Mitgliedszahlen erstaunliche Wirkung.

Da der Gewaltfreiheit in Frankreich lange Zeit "der Geruch von Heiligkeit und

Mystizismus anhing" (99), d.h. sie von der Öffentlichkeit nur in Verbindung mit christlichen Begründungen wahrgenommen wurde, verstärkten sich in den sechziger Jahren die Bemühungen, die Erscheinungsweise der Bewegung zu laiisieren und ihr statt dessen stärker politische Inhalte zu geben.

Nach der Auflösung der 'Action Civique Non-Violente', einem Zweckbündnis Gewaltfreier verschiedener Herkunft gegen den Algerienkrieg und die Repression gegen Kriegsdienstverweigerer, bildeten sich ab 1965 zahlreiche autonome gewaltfreie Aktionsgruppen auf lokaler Basis (100) und Theoriezirkel wie z.B. um die Zeitschrift 'Anarchisme et non-violence'.

Während die unterschiedlichen Strömungen in der konkreten Praxis, aktuellen Kampagnen und direkten Aktionen problemlos zusammenarbeiteten, scheiterten im Laufe der Jahre mehrere Versuche, ihre politischen Grundpositionen zu vereinheitlichen und die verschiedenen Aktivitäten durch eine überregionale Organisationsform zu bündeln. Unzufrieden über die Unverbindlichkeit der überregionalen Zusammenarbeit trotz aller Koordinierungsversuche und frustriert über die mühselige Organisationsdebatte wollte ein größerer Teil der gewaltfreien Aktionsgruppen nicht länger auf die Vereinigung aller Tendenzen warten und gründete auf Betreiben der Orléaner Gruppe um Jean-Marie Muller 1974 die Föderation 'Mouvement pour une Alternative Non-Violente' (MAN, Bewegung für eine gewaltfreie Alternative).

Die MAN fordert eine "politische Gewaltfreiheit", weil sie im Gegensatz zur 'Arche' nicht auf die Bekehrung des politischen Gegners vertraut, sondern mehr von der Notwendigkeit des Zwanges, d.h. der politischen Machtentwicklung durch gewaltfreie Methoden ausgeht, um eine Gesellschaftsform mit gewaltlosen oder zumindest gewaltärmeren Strukturen aufzubauen. Die MAN sieht im Selbstverwaltungssozialismus am ehesten ihre Zielvorstellung verwirklicht, die gewaltfreien Mitteln entspricht. Im Orientierungstext der MAN heißt es dazu:

"Die Gewaltfreiheit führt uns durch ihren Geist und ihre Methoden konsequenterweise dazu, die Analyse und das Bemühen um den Selbstverwaltungssozialismus zu teilen. Mit ihm klagen wir die Unfähigkeit des Kapitalismus und des Staatssozialismus an, die Gesellschaft gleichermaßen nach den Forderungen der Gerechtigkeit und der Freiheit zu organisieren. . ." (101)

Aus dieser politischen Zielentscheidung folgert für die MAN-Gruppen eine aktive Bündnispolitik mit Befürwortern des Selbstverwaltungssozialismus innerhalb anderer linker Organisationen. Die MAN empfiehlt ihren Mitgliedern Doppelmitgliedschaft z.B. in der CFDT, der PS oder der PSU und beteiligte sich bei den Parlamentswahlen 1978 zusammen mit der PSU, Ökologie-, Frauen- und anderen Gruppen am Wahlbündnis 'Front Autogestionnaire' (102).

1980 bestand die MAN aus vierzig örtlichen Gruppen mit zusammen etwa 700 Mitgliedern.

Der Erfolg der MAN als bekannteste der gewaltfreien Gruppierungen geht unter anderem (neben der effektiven Organisation und der klaren politischen Analyse) auf die Mitarbeit zahlreicher Persönlichkeiten der mittleren Generation zurück, die von anderen politischen Gruppen als seriöse Partner und von der Öffentlichkeit auf Grund ihrer Lebens- und Leidenserfahrung ernstgenommen werden.

Darüber hinaus ist die gewaltfreie Bewegung Frankreichs sehr unübersichtlich und ideologisch schwer in genauere gemeinsame Begriffe einzuordnen. Die 'Union Pacifiste' z.B. unterscheidet sich in ihrem "integralen Pazifismus" theoretisch und teilweise praktisch von den meisten gewaltfreien Aktionsgruppen.

Zum Spektrum der Gewaltfreien kann ebenfalls der größte Teil der Kommunen-, Alternativ- und Ökologiebewegung gerechnet werden. Dazu zählen u.a. die von Roger Garaudy angeregten "réseaux-éspérance"-Gruppen, die Ökologie-Bürgerinitiativen, spirituelle Gemeinschaften und Selbstverwaltungssozialisten vereinen. Zur

gewaltfreien Bewegung gehören nicht zuletzt auch die Tausende von Zivildienstverweigerern, Wehrpaßrücksendern und Steuerverweigerern.

Das Ansehen der Gewaltfreien Aktion hat sich in Frankreich im Laufe der siebziger Jahre unstrittig stark verbessert. War sie zuvor meist verlacht und ignoriert
worden, bildete sie nun zumindestens ein ernstzunehmendes Diskussionsthema. In
vielen populären Kämpfen benutzten auch extrem linke Gruppierungen gewaltlose
Methoden, ohne daß sie immer so genannt werden oder daß jedesmal die Überzeugung von der gewaltfreien Aktion als 'ultima ratio' dahintersteckt. (Z.B. bei den
LIP-Arbeitern, bei Mietstreiks, dem Stromzahlungsboykott, bei von der Verbrau-
cherorganisation UFC organisierten Boykottaktionen usw.)

> "Aber die Aktion, die in den letzten Jahren die Gewaltfreiheit am meisten bekannt gemacht
> hat, ist sicher die der Larzac-Bauern. Es ist gleichermaßen eine wegweisende Kampagne, ein
> Übungsfeld und ein Lautsprecher für die gewaltfreie Aktion, den mehrere aufeinanderfolgen-
> de Regierungen nicht zu ersticken vermochten. . ." (103)

5.3.   Informationsphase über gewaltfreien Widerstand

Die Arche-Gemeinschaft empfand die Unterstützung der Larzac-Bauern "als Pflicht
guter Nachbarschaft" (104), von Anfang des Konflikts an waren Arche-Kompagnons
immer wieder auf das Plateau gekommen, so auch am 8. Mai 1971.

Bei einer ersten Zusammenkunft mit ca. 40 Bauern im Wohnzimmer von Louis
Massebiau Anfang 1972 schlug Lanza del Vasto vor, durch eine Fastenaktion die
nationale Aufmerksamkeit auf den Larzac zu lenken.

> "Zuerst waren wir alle sehr überrascht. Niemand war es gewohnt, auf dieser Wellenlänge zu
> denken. Aber irgendwie traf es doch auf Dinge in uns, die wir schon kannten. Er drängte
> sich nicht auf, er bot sich an. ... Er sprach von Gewaltfreiheit in seinem Sinne und im Sinne
> des Evangeliums, diese Dinge erschienen bei ihm so normal, so natürlich. . ." (105)

beschreibt Léon Maillé die Reaktion der Bauern nach der ersten Begegnung.

Im Gegensatz zum Verhalten der Honoratioren und der Maoisten war den Bauern
Lanza's Behutsamkeit und Einfühlungsbereitschaft sympathisch. Die Priester und
Laien hatten den Boden vorbereitet, auf dem Lanza die Verbindung zwischen den
Prinzipien der Bergpredigt und der aktuellen Situation der Bauern umso wirksamer
herstellen konnte, als er darüber hinaus Handlungsformen anbot, die sich in eine
gewaltfreie Strategie einbetten ließen.

Zunächst beteiligten sich die Bauern noch mehr aus Neugier, denn aus Überzeugung an der Organisation eines Vortragsabends von Lanza del Vasto in Millau über
"Gewaltfreiheit und Nationale Verteidigung".

In den folgenden Wochen holten Arche-Compagnons jeweils mehrere Bauernfamilien zu Gesprächsrunden zusammen, in denen, wie sich Léon Maillé ausdrückt,
"unheimlich philosophische Dinger diskutiert" wurden:

> "Gandhi, Martin-Luther King, die Atombombe, lauter Sachen in der Art. Es war sehr inter-
> essant. . ." (106)

> "Die ganze heutige Gesellschaft beruht auf dem militärischen Geist, aber es gibt auch eine
> gegenläufige Bewegung, z.B. wenn man Gemeinschaften sieht, wie die Arche ..., das sind
> Leute, die völlig umkehren. Sie lösen bei den anderen Menschen Denkprozesse aus, so auch
> bei uns ... Die Leute reden über das, was die von der Arche tun, und sagen sich: 'Vielleicht
> haben die recht' . . .
> Wenn jemand kommt und einen Vortrag hält, dann bleibt da weniger hängen, aber wenn
> man die Leute konkret sieht, wenn man mit ihnen lebt ..., dann geht es viel schneller vorwärts.

So fingen wir an, über Gewaltfreiheit zu reden, also über den Weltfrieden. Gerechtigkeit und Frieden waren die Hauptthemen und natürlich auch Freiheit, die hängt damit zusammen..." (107)

Die von nun an ununterbrochene Anwesenheit, das Mit-Leben und Mit-Kämpfen, das bescheiden gelebte Vorbild der Arche-Mitglieder auf dem Larzac prägte wesentlich das Verständnis von Gewaltfreiheit unter den Bauern. Alle drei Ebenen, die die Archegemeinschaft betont, flossen in die Kampfgemeinschaft der Larzac-Bauern mit ein: die persönlich-spirituelle Dimension, die zwischenmenschliche (gegenseitige Hilfe statt Konkurrenz) sowie die soziale und politische Dimension in der Weltgesellschaft.

Parallel zur Informations- und Aufklärungsarbeit der Arche erreichte die Kampagne des Christlichen Landvolkes (CMR) und der Katholischen Aktion ihren Höhepunkt. Zum Abschluß sollte der katholische Priester Jean Toulat, ein prominenter Gegner der französischen Atomstreitmacht, in Millau sprechen. Toulats Vortrag am 9. März zum Thema "Larzac und der Frieden" (108) gab in Kurzform die Thesen seines Buches "La Bombe ou la Vie" (109) wieder, entsprach aber dennoch seiner Vorbedingung, Ergebnis kollektiver Reflexion zu sein. Den Redetext verfaßte er nach einem ausführlichen Briefwechsel mit der CMR-Gruppe und einer persönlichen Diskussion mit einigen Bauern. Erst nachdem diese die ihnen wichtigen Anmerkungen formuliert hatten, schrieb Toulat den endgültigen Text, mit dem Erfolg, daß unter den 1.500 Zuhörern auch der Großteil der Bauern dem Vortrag zuhörte.

Nach einer Kritik der nuklearen Abschreckungspolitik aus humanitärer und christlicher Sicht klagte Toulat die Regierung wegen ihrer Waffenexporte und mangelnden Information der Bevölkerung an, stellte das "Gleichgewicht des Schreckens" den Forderungen des Evangeliums entgegen. Da die Regierungen keine wirksamen Abrüstungsschritte machten, sei es Aufgabe der Völker, gegen die Militarisierungspolitik ihrer eigenen Regierungen vorzugehen. Larzac sei ein solcher Fall, in dem sich die gewaltfreie Aktion bewähren könne.

Großen Beifall lösten Toulats Schlußworte aus:

"... Eure Sache ist gerecht. Ihr verteidigt das Land Eurer Vorfahren gegen eine Invasion, gegen eine Entweihung. Denn das Land wurde von Gott zum Wohle der Menschen geschaffen und nicht dazu, daß auf ihm Menschen lernen, andere Menschen zu töten. ... Ihr seid nicht allein. ... Also habt Mut, von Eurem Boden ausgehend sollte sich eine heilsame Gegenbewegung über das ganze Land ausbreiten!" (110)

Der engagierte regionale Klerus, Lanza del Vasto und Jean Toulat führten die Bauern zu einer grundsätzlicheren Sicht ihrer Lage, als es die 'Association' mit rein ökonomischen Argumenten vermocht hatte, welche vermied, die Armee grundsätzlich in Frage zu stellen. Antimilitaristische Kritik wurde eher aus dem Munde von Priestern und Patriarchen angenommen als von Pazifisten und Gauchisten. Vertieft wurde dieser Denkanstoß in den folgenden Monaten durch Vorträge von Jean-Marie Muller, Jean Goss und General de la Bollardière.

5.3.1.   Erste bewußte gewaltfreie Aktion der Bauern

Schon zwei Tage nach Toulats Vortrag führten Larzac-Bewohner die erste bewußte gewaltfreie Aktion durch. Achtzig Personen — neben Bauern auch Freunde aus Millau und ein Winzer aus dem Nachbardepartement Hérault — ketteten sich aneinander und demonstrierten anläßlich des jährlichen Offiziersballs vor dem Casino in La

Cavalerie. Angesichts der entschlossenen, fast stoischen Ruhe der Protestierenden gaben die herbeigerufenen Polizisten schließlich ihren Versuch auf, die Mahnwache abzudrängen. Ein Polizeifahrzeug war zuvor in die Menschenkette hineingefahren, streifte einen älteren Mann, warf ein Mädchen zu Boden, und ein weiterer Demonstrant konnte sich nur durch einen Sprung auf die Kühlerhaube retten. Erst als der Landwirt Jo Artiè sich vor dem Wagen auf die Fahrbahn legte, hielt die Polizei an.

Der Bauer Gérard Paloc schilderte die ungewohnten Erfahrungen mit der "neuen Waffe":

"Na sowas! Jetzt habe ich begriffen, was Gewaltfreiheit heißt! Das ist ja unwahrscheinlich! Sieh mal, als da einer von den Offizieren auf unsere Jungs zufuhr, da packte mich eine unheimliche Wut. Meine Hand war an der Kette, ich hob den Arm, um ihn mit aller Kraft gegen die Windschutzscheibe zu schlagen. Und dann, ich weiß nicht, wie ich es Dir sagen soll, blitzartig begriff ich: wenn ich das täte, wäre es aus. Eine allgemeine Schlägerei. Und in den Zeitungen am nächsten Tag: Terror und so weiter. . . Eine Niederlage. Ich brachte eine furchtbare Anstrengung auf, um mich zu überwinden. Im letzten Moment gelang es mir, mich zu stoppen. Das heißt es also, wenn man sagt, "sein eigenes Gewissen bearbeiten, um das Gewissen des Gegners in Gang zu setzen". Hast Du den Kommandanten gesehen, wie der zusammenschmolz? Er wußte nicht mehr, wie er sich verhalten sollte." (111)

Eine vorausgehende Aktion zum selben Offiziersball zeigt, daß die Festlegung auf absolute Gewaltlosigkeit noch nicht abgeschlossen war. Bauern hatten in ein Paket für das kalte Büffet einen Bienenschwarm geschmuggelt, der sich beim Auspacken im Casino auf die Gäste stürzte. Außerdem kündigte ein anonymer Anrufer die Explosion einer Bombe im Casino an.

5.3.2.   Lanza del Vastos Fastenaktion

Auch wenn es sich eher um einen längeren Prozeß des Umdenkens handelte, bezeichnen die Larzac-Bauern im Nachhinein Lanza del Vastos vierzehntägiges Fasten als den entscheidenden Zeitpunkt ihrer Einigung und der endgültigen Grundsatzentscheidung für Gewaltfreiheit.

"Ich glaube, daß der Augenblick, in dem die Larzac-Geschichte tatsächlich begonnen hat — und das erkennen auch alle an — das Fasten von Lanza war. Da kam jemand, der sagte im richtigen Moment: 'Ihr habt nicht nur ein Recht, sondern Ihr müßt Euch auflehnen! Und das könnt Ihr völlig innerhalb Eures moralischen Rahmens tun. Ihr könnt weiterhin zur Messe gehen, mit den Pfarrern sprechen — nun, der ganze vererbte Rahmen der Bauern. Mit Hilfe der gewaltfreien Aktion könnt Ihr innerhalb dieses Rahmens bleiben. Und von dem Augenblick ging es los. Das schuf die Einheit zwischen allen. Wir konnten uns in vielen Formen wehren, aber nur mit dieser Methode. ... Wenn dagegen am Anfang eine kleine Gruppe von Bauern mit Bomben agiert hätte, wäre alles auseinandergefallen. . ." (112)

Lanza fastete in La Cavalerie während der letzten Phase der katholischen Fastenzeit bis Ostern, d.h. vom 19. März bis 1. April 1972. Ihm schlossen sich, meist für 24 Stunden, insgesamt 40 Bauern und 15 Einwohner von Millau an. Vor allem die allabendlichen 'causeries', philosophisch-religiöse Gespräche um das politische Rahmenthema "Widerstand gegen den Truppenübungsplatz" boten Gelegenheit, den neuen Geist zu vertiefen und sich näher kennenzulernen.

Jeanne Jonquet, in der ersten authentischen Chronik der Bauern, über das Fasten:

"Ziel des Fastens war es natürlich, die Regierung zu beeinflussen. Doch das erzielte Ergebnis war, daß dieses Fasten uns gelehrt hat, uns näher kennenzulernen und uns gegenseitig mehr zu schätzen. Das Fasten hat die Bande zwischen uns fester geknüpft. ... Dieses Fasten hat uns sehr geprägt, wir begannen, über uns selbst nachzudenken, und wurden toleranter. ...

Heute nach Jahren des Kampfes akzeptieren wir die Unterschiede besser oder auch Lebens-weisen, die nicht die unseren sind. ... Es müßten überall Larzacs sein, damit sich die Menschen vorwärts entwickeln." (113)

Louis Massebiau und Pierre Burguière schilderten in ähnlicher Weise die Wirkung des Fastens auf die Bauern:

"Der Larzac ist weitläufig, die Landwirtschaft verstreut uns über eine große Fläche. Dazu kam noch, daß seit mehreren Wochen viele Bauern an Versammlungen und kleinen Aktionen teilnahmen. ... Um mehr Menschen gegen das Erweiterungsprojekt zu vereinen, mußten wir immer weiter ausschwärmen. Das war ein höllisches Leben. Für mich war da das Fasten nach der Zerstreuung ein wenig die Rückkehr zu uns selbst, um uns wieder über die Lage klar zu werden." (114)

"So zahlreich waren wir noch nie zusammengekommen. Und dann ist bei so einem Fasten eine ganz eigene Stimmung. Fasten, das ist ein Akt des Glaubens, eine großzügige Geste, das schafft eine andere Einstellung, eine Verbindung zwischen den Menschen. Wir sprachen frei-mütiger, verstanden uns besser. Vorher hätte ich nie gewagt zu sagen: 'Guten Abend Elie, guten Abend Auguste.' Ich sagte, 'Guten Abend, Herr Jonquet, guten Abend, Herr Guiraud.' Aber hier kam das von allein, es erschien natürlich. Es war in diesem Moment, daß wir uns wirklich als die "103" fühlten." (115)

Emmanuel Gabey und Yves Hardy, die das Fasten als Reporter von 'Politique Hebdo' bzw. 'Témoignage Chrétien' beobachtet hatten, kritisieren Lanza, den "Mann der Vorsehung", dessen Rolle im Larzac mit der General de Gaulles für das Frankreich von 1958 verglichen werden könne (116), den "Moses der Neuzeit" mit der "äußeren Erscheinungsform einer biblischen Persönlichkeit", "frisch aus dem Alten Testament entsprungen", als "Inkarnation des Patriarchen", der am besten das soziale Modell repräsentiere, dem die Bauern anhingen. Sie unterstellen ihm die berechnende Absicht, sich theatralisch in Szene gesetzt zu haben: "Ein wunderbares Bild, diese Jünger kreisen um den 'Sonnenkönig' ". Schließlich geben sie "allen fal-schen Propheten, die Schwierigkeiten haben, Gottheiten zu werden", den Rat: "Seid obskur, das wird als ein Zeichen von Übernatürlichkeit angesehen werden." (117)

Mit dem Vorwurf, Lanza habe die Bauern manipuliert, mokierten sich die linken Kritiker, unabhängig von der Richtigkeit des Vorwurfs, über die Bauern, die sich von so "reaktionären" Vorstellungen wie der patriarchalisch geordneten Arche oder der religiösen Grundhaltung 'ködern' ließen. Selbst die psychoanalytische 'Deutung' "In der besten Freudschen Tradition hat der Vater die Familie vereinigt, um den Stamm der '103' zu begründen", läßt Gabey und Hardy nicht übersehen, "daß es nicht sein (Lanzas) geringstes Verdienst war, Zement für die Einheit gewesen zu sein, die noch zu schaffen war". (118)

Dabei idealisieren die Bauern keineswegs eine Vaterfigur:

"Er hat keine praktische Erfahrung und war bald überholt. ... Wir stehen fester auf dem Bo-den der Tatsachen als er." (119)

Während sich im Laufe der Jahre verschiedene politische Organisationen, darun-ter die Sozialistische Partei durch mehrmalige Interventionen von François Mitterand, vergeblich bemühten, den Larzac-Widerstand zu vereinnahmen, konnte es sich Lanza del Vasto leisten, nach Ostern 1972 wieder in den Hintergrund zu treten. Er hatte dazu beigetragen, daß die Bauern aus ihrer neugewonnenen Geschlossenheit eine politische Mündigkeit und ein starkes Selbstbewußtsein speisten, die ihre Auto-nomie gegenüber der heterogenen Unterstützerbewegung gewährleisteten.

5.4. Die Verschwörung der "103"

Wenige Tage vor Abschluß der Fastenaktion trat am 28.3.1972 erstmals die Gruppe der "103" (103 der 107 betroffenen Bauernfamilien) mit einer feierlichen Verpflichtung an die Öffentlichkeit, daß keiner von ihnen freiwillig dem Truppenübungsplatz weichen würde:

> "Wir Unterzeichner, deren Betriebe gänzlich oder teilweise von der Erweiterung des Truppenübungsplatzes betroffen sind , bekräftigen öffentlich unsere Gegnerschaft zum Erweiterungsprojekt, um so allen Lügen und Unterstellungen ein Ende zu bereiten, die zum Ziel haben, die öffentliche Meinung über unsere tatsächliche Einstellung zu täuschen. Unseres guten Rechtes sicher, bemühen wir uns solidarisch, jeglichen Versuch der Verführung oder Einschüchterung, jedes Kaufangebot von seiten der Armee sowie jegliche Entschädigung zurückzuweisen."

Diese erste gemeinsame Antwort der überwiegenden Mehrheit der Betroffenen fast eineinhalb Jahre nach der "Kriegserklärung" bedeutet alles andere als ein verbales Bekenntnis. Außer einer entschiedenen Absichtserklärung, die an die Öffentlichkeit gerichtet ist, signalisiert sie einen entscheidenden qualitativen Sprung von einer zufälligen Interessengemeinschaft zu einer bewußten Gemeinschaft.

Ohne eine bestehende Gruppe gibt es keine gemeinsamen Aktionen, und durch Aktionen wächst die Qualität einer Gemeinschaft. Die Trägheit und die divergierenden Interessen, welche in "Friedenszeiten" die Bildung eines Gemeinschaftsgeistes verhindern, verschwinden nicht schlagartig durch eine äußere Bedrohung. Sie muß erkämpft und erlitten werden, um als Kraft zum Gegenangriff fähig zu sein. Die Entstehung der Gruppe während des Fastens und der damit verbundenen Reflexionen erlaubte die Hoffnung, daß sie sich nicht in blindem Aktionismus verlieren würde.

Der Eid der "103" sollte eine gegenseitige Verpflichtung zum Erhalt der Kampfgemeinschaft sein, aber auch eine Absicherung der einzelnen gegen die individuelle Trägheit, eine Überwindung des egoistischen Verhaltens. Dies schwingt in der Erläuterung Léon Burguières zur Bedeutung des Eides mit: "Wir können, wir wollen nicht mehr so leben wie zuvor." (120)

Die verschworene Gemeinschaft schuf günstige Voraussetzungen für kollektive Entscheidungen und Bewußtseinsprozesse, garantierte die Anwesenheit der verschiedenen Schichten bei den nun regelmäßig stattfindenden Treffen, das soziale Netz wurde über die Schwerpunkte im Norden und in La Cavalerie hinaus dichter. Die größere Bewegungsfreiheit der dynamischeren und wohlhabenderen Höfe (die Frauen sind dort von der Arbeit auf dem Hof befreit, da mehr Personal zur Verfügung steht) half, die Verbindungen zu den abgelegeneren Bauernfamilien zu verstärken und zu sichern, aber auch die ärmeren entwickelten ein stärkeres Engagement, gerade die Frauen wurden zu besonders entschlossenen Kämpferinnen.

Die Sitzungen der "103", ob als Vollversammlung oder im "quartier", wurden zu Schulen der Entkrampfung und der Entdeckung der schlummernden Kreativität. Die außerhalb bekannteren Bauern gaben nun oft Einladungen an weniger publikumsgewohnte Kollegen ab.

5.4.1.   Die Organisationsform der "103"

Die erste Sitzung des "Büros der 103" fand am 15. April 1972 statt. Seither trafen sich Delegierte der sechs "Quartiere" (Süden: La Blaquérerie, L'Hospitalet; La Cavalerie; Osten: St. Sauveur, Homs, Montredon, Les Liquisses; Nordost: Pierrefiche, Les Marres, La Resse, Caviliès; Norden-Mitte: La Blaquière, St. Martin, Potensac, Truels, Jassenove usw. und Nord-West: L'Hôpital, Devez-Nouvel, St. Michel) regelmäßig, wobei der Versammlungsort jeweils wechselte, um niemanden zu benachteiligen.

Der intensivere Teil der Willensbildung und Diskussionen lag in den häufigeren Nachbarschaftsversammlungen der 'quartiers', wo die räumlichere Nähe und die intensivere Bekanntschaft das freie Sprechen leichter machte. Bei Büro-Sitzungen und Vollversammlungen artikulieren sich längst nicht alle anwesenden Landwirte, meist werden hier nur vorbereitete Entscheidungen abgesegnet.

Guy Tarlier übergeht seine eigene faktische Führerrolle zumindest in den ersten Jahren, wenn er die Arbeitsweise des Büros beschreibt:

> "Für uns gibt es eine generelle und absolute Regel: Es gibt keinen Vorsitzenden, keinen Sekretär, keine festen Delegierten, und ich glaube, daß sich dies von Anfang an bewährt hat. Alle sollen sich beteiligen, so gut jeder kann, aber ohne Vorrecht von irgendjemand über die anderen. Es gibt so etwas wie eine – na ja, nicht gerade natürliche – Auslese, jedenfalls unterschiedliche Talente. Die einen gehen lieber zu Veranstaltungen, die anderen haben mehr Ideen für Aktionen usw.. Jeder hat seinen Platz auf eine nicht vorgeschriebene Weise gefunden ... jeder kann sich stets voll mitverantwortlich fühlen, das ist eines der Geheimnisse zur Bewahrung der Einheit, ohne die es keinen Sieg geben kann ..." (121)

Mit der Einführung von Arbeitsgruppen ab Anfang 1974 (zu Themen wie Aktionen, Pressearbeit, Rechtshilfe, Finanzen, Öffentlichkeitsarbeit, GFA, Feste, Baustellen usw.) nach dem Vorbild der "commissions" der LIP-Arbeiter wurde ein bewußter Versuch unternommen, die Arbeit auf eine breitere Basis zu stellen, sie weiter zu demokratisieren.

Die Beauftragung des Arche-Mitgliedes Roger Moreau (der zu diesem Zweck nach La Cavalerie zog) als Sekretär des "Büros" muß als Vertrauensbeweis für die gewaltfreie Gemeinschaft angesehen werden, da diese Aufgabe neben der mühseligen Verwaltungsarbeit auch einen gewissen Freiraum zu politischen Stellungnahmen und Initiativen erlaubt.

Der Eid hätte trotz seiner eminenten Bedeutung für die Bauern selbst nicht genügt, das auffällige Schweigen der Medien seit dem 8. Februar zu durchbrechen. (Zur Pressekonferenz, die Lanza am 23. März abhielt, war z.B. allein ein Vertreter der katholischen Tageszeitung 'La Croix' erschienen.) Ein neues Intersesse der Presse für den Larzac erreichte die Solidarisierung der Bischöfe von Rodez, Montpellier und Toulouse, die sich am letzten Tag dem Fasten symbolisch anschlossen und zum Abschluß eine gemeinsame Messe feierten. (122) Allgemein wurde stark beachtet, daß sich erstmals französische Bischöfe an einem öffentlichen Protestfasten beteiligten, nicht zuletzt auch die Ansprache von Msgr. Ménard:

> "... Haben wir Christen nicht ernsthafte Gründe, uns Gedanken zu machen über den schwerwiegenden Mißerfolg, nach neunzehn Jahrhunderten Verkündung des Evangeliums der Liebe, Frieden herrschen zu lassen?" Nachdem er daran erinnert hatte, welche Katastrophe heute der Ausbruch eines Krieges darstellen würde, der die Menschheit ins Nichts stürzen ließe, sagte Menard: "Würde es sich nicht lohnen, ein für alle mal den Geist Christi triumphieren zu lassen und alle Menschen in einem Klima der Verantwortung und universeller Nächstenliebe zu vereinen, denen das Reich Gottes versprochen wurde?" (123)

In seiner Osterpredigt ging Bischof Ménard noch einmal auf die "unbestrittene Reinheit" der Methoden Lanza del Vastos ein, von denen das Fasten "die glühendste

Antwort auf die beängstigenden Ermahnungen Papst Paul VI. (sei), die von der Jugend so tief nachempfunden wurden: Nie wieder Krieg! Das Fasten stellt sich hier als Akt der Gewaltfreiheit innerhalb eines menschlichen Rahmens dar, der geeignet wäre, Gewalt hervorzurufen. Ein persönlicher Akt, beschwerlich für den, der ihn auf sich nimmt ..., eine Demonstration, die niemanden verletzen kann und die Gedankenfreiheit jedes einzelnen respektiert. . ." (124)

Das Engagement der kirchlichen 'Hirten' wirkte vor allem auf die Bauern zurück, Lanza hatte das Recht und die Möglichkeit zum Widerstand aufgezeigt, nun erschien dieser beinahe als christliche Pflicht.

Anmerkungen zu Teil II

(1) Midi Libre, 9. Oktober 1970.
(2) Vgl. Teil I., Kapitel 1.6.
(3) Nach LE BRIS: Les fous du Larzac, a.a.O., S. 73.
      Noch stärker als in 'Dossier L ... Comme Larzac' fehlen bei Le Bris Belege für Zitate.
(4) Am 24. Januar 1973 entband der Minister für kulturelle Angelegenheiten, Jacques Duhamel, den Konservator Balsan seiner Amtsfunktion, die er seit 1945 innegehabt hatte. Offenbar geschah dies auf Wunsch von Armeeminister Debré, der der Meinung war, Balsan habe "auf schwerwiegende Weise seine Pflicht zu Zurückhaltung verletzt". (Le Monde 31.1.1973)
      Louis Balsan kommentierte: "Wäre ich ein beamteter Lehrer und Mitglied einer linksextremen Partei oder gewerkschaftlich organisiert, hätte die Verwaltung zweifellos die Augen geschlossen." (ebd.)
      Da es sich aber um einen politisch nicht gebundenen Mann mit einem regionalen Renommee handelte, "mußte ein Exempel für die Allmacht der 'nationalen Verteidigung' statuiert werden." (ebd.) Balsans 'Verfehlung' bestand aus mehrmaligen Stellungnahmen gegen den Truppenübungsplatz, durch den einzigartige Natur- und Kunstmonumente zerstört bzw. gefährdet würden. Hierbei war Balsan auf die Bemerkung Debrés eingegangen, der vor dem Parlament von den antimilitaristischen Umtrieben des Klerus im Süd-Aveyron gesprochen hatte. Balsan wehrte sich gegen die Bezeichnung der Camp-Gegner als Anti-Militaristen. "Nein, gewiß nicht antimilitaristisch, aber Anti-Debré, gegen den unheilvollsten Mann der fünften Republik. Und dies aus der Vernunft heraus, mit unserer ganzen Kraft, mit ganzem Herzen. . ." (Le Monde, 31.1.1973).
(5) TARLIER, Guy im Tonbandinterview mit dem Verfasser, 24. Juli 1974
(6) 'Quelques paysans du Larzac'. Millau, 1970, S. 28.
(7) 'Le Journal de Millau', 22. Dezember 1972.
(8) Association de Sauvegarde du Larzac et de son environnement: Les problèmes posés par l'extension du camp militaire. Rodez, Mai 1971.
(9) Um Wiederholungen zu vermeiden, werden hier die Angaben des Weißbuches vom Mai 1971 mit den Ergebnissen einer Studie von Geographen der Universität Vincennes 1978 verbunden, die anläßlich der Enteignungsvorbereitungen der Dörfer La Cavalerie und La Roque-Sainte Marguerite von den Bauern dargestellt wurde in: Gardons le Larzac, Nr. 1, Millau, Oktober 1978.
(10) Vgl. BOUSQUET, M. / KELLER, C.: La Vie agricole actuelle. In: Larzac — Terre méconnue. Paris, 1973, S. 127.
(11) ebd.
(12) PILLEBOUX / PECHOUX / ROUX: Le Nord du Causse du Larzac: une renaissance rurale menacée. In: Revue Géographique des Pyrénées et du Sud-Ouest, Paris, 1972, S. 3.
(13) HARDY / GABEY: Dossier L . . ., a.a.O., S. 121.
(14) ebd., S. 198.
(15) ebd., S. 199.
(16) ebd., S. 203.
(17) 'La Volonté Paysanne', 13. November 1971.
(18) Confédération (Hrsg.): Le Roquefort — Une Industrie Pastorale. Millau, 1965, S. 16.
(19) HARDY / GABEY: Dossier L . . ., S. 204.
(20) ebd., S. 206.
(21) ebd., S. 218.
(22) ebd., S. 195.
(23) LE BRIS: Les Fous . . ., a.a.O., S. 136.
(24) ebd., S. 138.
(25) Flugblätter im Archiv der Union Local CFDT in Millau.

(26) Die drei Fragen lauteten:
Was denken Sie über den Marsch? Wollen sie die Gegend verlassen? Wie verhält sich die Armee gegenüber den Landwirten, werden die Manöverschäden ersetzt?
(27) Ein Landwirt und Mitglied der Katholischen Aktion in: Le Larzac aux paysans, les paysans veulent vivre. Toulouse, Juni 1971.
(28) Cassan. ebd., S. 24.
(29) Kollektiv: Le mouvement de la jeunesse et les paysans de l'ouest. Paris, 1970, S. 7.
(30) Trotz der Initiative der 'Gauche Prolétarienne' und obwohl die Bauern nur von den 'Maos' sprachen, handelte es sich real um eine explosive Mischung von Maoisten, Trotzkisten, Anarchisten und Hedonisten vor allem aus der Splittergruppe 'Vive la Révolution!'.
(31) LE BRIS: Les fous du Larzac, a.a.O., S. 166.
(32) ebd., S. 169.
(33) 'Midi Libre', 3. November 1970.
(34) Über ihn schrieb Debrés Beauftragter Tournier in einem Bericht am 4. Mai 1972 an den Kabinettsdirektor im Armeeministerium:
"Als Verwalter des Camps seit vielen Jahren wurde Lapeyre Zielscheibe zahlreicher Anschuldigungen in Bezug auf die Korrektheit seiner Verwaltungstätigkeit. ... Es ist allgemein bekannt, daß Materialien aus dem Camp vor Wahlen willkürlich an Zivilisten ausgeliehen und zu Wahlkampfzwecken benutzt wurden. All diese schmuddeligen Machenschaften, verbunden mit pariserischen Intrigen, machen diese Person extrem unangenehm, selbst für Freunde der Regierungsmehrheit." Zitiert nach 'Gardons Le Larzac, Nr. 2, Dezember 1978, Millau, S. 9.
(35) Zitiert nach 'Gardarem Lo Larzac', Nr. 1, Millau, Juni 1975.
(36) LE BRIS: Les fous . . ., a.a.O., S. 173.
(37) 'La Volonté paysanne', Rodez, 2. Oktober 1971.
(38) Zitiert nach GLL 1, Juni 1975.
(39) LE BRIS: Les fous . . ., a.a.O., S. 183.
(40) La Depêche du Midi, 7. November 1971.
(41) LE BRIS: Les fous . . ., a.a.O., S. 206.
(42) Auf der Bauernseite nahmen teil: der Vorsitzende und der stellvertretende Vorsitzende der FNSEA, Michel Debatisse und Marcel Bruel, beide den Gaullisten nahestehend; FDSEA-Vorsitzender im Aveyron, Raymond Lacombe; Vorsitzender des Schafzüchterverbandes, Henri Lacombe, und als Vertreter der Roquefort-Industrie Jean Pinchon, ehemaliger Kabinettschef unter Edgar Faur und Giscard d'Estaing, seit dem 30. September 1971 Vertreter des Perrier-Konzerns im Verwaltungsrat der 'Caves réunies de Roquefort'.
(43) Midi Libre, 7. Dezember 1971.
Seit Napoleon leiten Präfekten als Vertreter der Pariser Zentralmacht die 99 Departements. Dem Innenminister direkt unterstellt und von ihm ernannt, beaufsichtigen die Präfekten die gesamte öffentliche Verwaltung und die Polizei. Gleichzeitig sind sie oberste Instanz der departementalen "Selbstverwaltung", leiten die Sitzungen der gewählten Generalräte.
(44) Autor des zweiten Larzac-Buches: Les fous du Larzac. Paris, 1975. Nach HARDY / GABEY: Dossier L . . . Comme Larzac. Paris, 1973.
Le Bris war ein führender Vertreter der "maos" und Mitarbeiter von 'La Cause du peuple'. "Les fous du Larzac", seine drei Bücher über Okzitanien: Occitanie: Volem Viure! Paris 1974; Homme d'Oc, Paris, 1975; La révolte du Midi, 1976; aber vor allem sein autobiographisch-philosophisches Werk: L'homme aux semelles de vent. Paris, 1977, zeigen eine Wandlung, deren vorläufiger Endpunkt am ehesten als libertär-marxistisch mit gewissen Sympathien für Gewaltfreiheit beschrieben werden kann.
(45) Mitglieder des katholischen Landvolkes CMR protestierten in einem Offenen Brief gegen diese demagogische Berichterstattung: "Es gibt eine für den Geist bedrohlichere Waffe als den Kugelregen, nämlich ein mißbrauchtes Teleobjektiv. ... Wir sahen nur Bilder von Steinen, ein altes Wagenrad an einer halbverfallenen Hauswand und einige Gesichter meist von alten Frauen.
Wenn man dies gesehen hat, kann man sich leicht die innere Reaktion der französischen Fernsehzuschauer vorstellen: Wenn das der Larzac ist! Da lohnt es sich nicht, soviel Lärm zu schlagen! Die Wahrheit aber ist, daß es auch anderes gibt, das andere Gesicht des Larzac, das aber nicht gezeigt wird. Wenn viele Fernsehberichte mit derselben Objektivität gemacht werden, muß man sich über den Gebrauch eines so gefährlichen Instrumentes Gedanken machen, traurig werden über die Verheerungen einer Waffe, die ein ganzes Volk verdummen kann, das sich selbst frei glaubt."
(46) 'La Cause du peuple', Dezember 1971.
(47) 'Témoignage Chrétien', 16. November 1972.
(48) Diese pädagogischen Grundsätze hat das katholische Landvolk gemeinsam mit den übrigen Organisationen der Katholischen Aktion nach dem Vorbild der Christlichen Arbeiterjugend JOC. Als die JAC und die CMR entstanden, gab es noch keine anderen Bauernverbände, ehemalige JAC-isten waren am Aufbau der überkonfessionellen Verbände FNSEA und CNJA maßgeblich beteiligt.
(49) siehe Kapitel II, 1.3.2.
(50) TARLIER, Guy: am 24. Juli 1976, Tonbandprotokoll des Verfassers.
(51) Predigttext im Anhang dokumentiert.
(52) Zitiert nach: GABEY, E. / HARDY, Y.: Dossier L . . ., a.a.O., S. 86.

(53) Vgl. die Reflexionen über das Alte Testament, die Propheten, über Jesus Christus als "Friedensfürst", die Urkirche und die über tausendjährige Allianz der Christen mit der bewaffneten Supermacht in: Le Larzac, l'armée, la violence . . . et les chrétiens. Millau, 1978.

(54) Guy Tarlier, 24. Juli 1976, Tonbandprotokoll.
So geriet der Pfarrer von La Cavalerie in einen Loyalitätskonflikt, weil er gleichzeitig Ortspfarrer und Militärgeistlicher des Camps war. Seine Gemeinde war in zwei verfeindete Lager gespalten. Als er den Bauern mehrmals von der Kanzel herab mitteilte, es sei "zum Wohl der Nation", wenn sie dem Truppenübungsplatz wichen, beschlossen sie, die Gottesdienste in La Cavalerie zu boykottieren — damit auch die Kollekte, auf die eine Kirche ohne Konkordat und Kirchensteuer angewiesen ist. (Témoignage Chrétien, 22. Juni 1972: Der 'Krieg' der Opfergroschen).

(55) Le Monde, 3. Mai 1972.
(56) La Semaine Religieuse, Rodez, 26. Dezember 1971.
(57) HARDY / GABEY: Dossier L . . ., a.a.O., S. 83.
(58) La Vie Catholique, 5. Februar 1972 im Dossier über Waffenhandel.
(59) Guy Tarlier, 24. Juli 1976, Tonbandprotokoll.
(60) Léon Maillé, 23. Juli 1976, Tonbandprotokoll.
(61) Vgl. Kapitel II., 4. bis 4.4.
(62) Ménard galt ansonsten eher als konservativ. Er war u.a. Beichtvater der Bourbonenfamilie des Grafen von Paris.
(63) GFA, vgl. Kapitel IV., 1.3.1.
(64) Le Cun, vgl. Kapitel IV.
(65) Kollektiv: Le Larzac, l'armée . . ., a.a.O.
Christliches Landvolk (CMR), Katholische Arbeiterbewegung (ACO), Allgemeine Katholische Frauenaktion (ACGF), Katholische Studentengemeinde, Pax Christi, Unabhängige Katholische Aktion, Vie Nouvelle, Franziskaner und Sozialismus, Christen für den Sozialismus, Freunde von Témoignage Chrétien — Atomwaffengegner MDPL, Versöhnungsbund (MIR), Freunde der Arche, Bewegung für eine gewaltfreie Alternative (MAN) usw..
(66) Kollektiv: Le Larzac, l'armée . . ., a.a.O.
(67) Des évêques face au problème des armes. Dossier présenté par Pierre Toulat. Paris, 1973.
(68) ebd.
(69) MULLER, Jean-Marie im Themenheft Christentum und Gewalt. Alternatives Non-Violentes, Nr. 36, Januar 1980.
(70) CHARDARD, Jean, Pastor in Millau, Mitglied der CFDT / OTT, Hervé, Pastor, Le Cun du Larzac. 'table ronde' zum Thema: Welche Gewaltfreiheit auf dem Larzac? In: Alternatives Non-Violentes, Nr. 27, Febr.-April 1978.
(71) RIOBE, Guy-Marie: La passion de l'évangile. Zwei Bände, Paris, 1978.
ders. Projet d'Eglise — une église libre et qui ose. Paris, 1979.
(72) "Frankreich wäre groß, wenn es gegenüber der Weltöffentlichkeit bekräftigen würde: 'Ich habe die Macht, Nuklearversuche durchzuführen und die Atombombe zu besitzen. Ich verzichte darauf zum Wohle des Friedens'. Jeder Franzose, der sich um eine friedliche Zukunft sorgt, muß auf wirksame Weise seine energischste Ablehnung jeglicher Politik atomarer Eskalation darstellen. .... Man muß an die moralischen Werte glauben, an die Kraft der Gewaltfreiheit. . ."
'Le Monde', 12. Juli 1973.
(73) RIOBE, Guy: La Liberté du Christ. Paris, 1974, S. 41.
(74) Vgl. PORTELLI, Hugues: Au rendez-vous du parti socialiste. In: Esprit, Nr. 4-5, 1977. Themenheft: Les militants d'origine chrétienne. S. 178 - 184.
(75) "Die 1919 gegründete christliche Gewerkschaft CFTC wurde 1964 mit der Umwandlung in CFDT säkularisiert, womit auch der ausdrückliche Bezug auf die katholische Soziallehre wegfiel. Doch nach wie vor besteht das Führungspersonal dieser zweitgrößten Gewerkschaft des Landes zum größten Teil aus aktiven Katholiken."
(Klaus-Peter Schmid: 'Segen für den Klassenkampf'. In: DIE ZEIT, Nr. 18, 27. April 1979).
Vgl. die persönlich-politische Programmschrift eines Gewerkschaftsführers: KRUMNOW, Frédo: Der Glaube oder das Feuer des Lebens. Kaiserslautern, 1978. Ders.: CFDT au coer, Paris, 1976.
DESCAMPS, Eugène (ed.): La CFDT. Paris, 1971.
DETRAZ, A. / MAIRE, E. / KRUMNOW, F.: La CFDT et l'autogestion. Paris, 1973.
(76) WINOCK, Michel: Histoire politique de la revue 'Esprit'. Paris, 1977.
(77) Vgl.: MONTARON, George: Quoi qu'il en coute!, Paris, 1975.
GAULT, Claude: Poings d'exclamation — Le Combat des chrétiens de gauche. Paris, 1977.
Montaron ist Direktor, Gault war lange Zeit Chefredakteur von 'TC'.
(78) L'autogestion, l'état, et la révolution. NOIR ET ROUGE, Nr. 40, Paris, Mai 1968.
CHAUVEY, D.: Autogestion. Paris, 1970.
BANCAL, Jean: Proudhon, Pluralisme et Autogestion. Paris, 1975.
ROSANVALLON, Pierre: L'âge de l'autogestion. Paris, 1976.
MAIRE, Edmond / PERRINGNON, Claude: Demain l'autogestion. Paris, 1977.
(79) Vgl.: CLAVEL, Maurice: La paroisse de Palente. Paris, 1973.
AHLHEIM, Klaus: LIP: Das Beispiel eines selbstverständlichen Bündnisses — Zur Bedeutung einer linkskatholischen Tradition in der französischen Arbeiterbewegung. In: 'Theologica Practica', IX. Jg., Heft 1, Januar 1976.

68

(80)   LUEKEN, I. / CARFANTAN, J.-Y.: Die katholische Kirche und die politische Linke Frankreichs. In: 'Junge Kirche', Nr. 1, 1978.
(81)   'Informations Catholiques Internationales', Nr. 523, 15.2.1978, S. 33.
(82)   DEBRE, Michel: Les princes qui nous gouvernent. Paris, 1957, 2. erweiterte Auflage 1975, zitiert nach 'Combat Non-Violent', 20.1.1973.
(83)   LE BRIS, Michel: Les fous du Larzac. Paris, 1975, S. 273 und 274.
(84)   "Ton und Licht". Bezeichnung sommerlicher Abendveranstaltungen in französischen Touristenorten, bei denen die Sehenswürdigkeit durch farbige Scheinwerfer beleuchtet werden und dazu feierliche Musik abgespielt wird.
(85)   Vgl. SCHMELZER, Albert: Die Arche – Experiment einer Gesellschaft ohne Gewalt. Pädagogische Informationen. Monographien 4, Waldkirch, 1974.
(86)   Lanza del Vasto, Schriftsteller und Philosoph (1902 - 1981). Unzufrieden mit seinen philosophischen Studien in Pisa und der Praxis des Christentums pilgerte er nach Palästina und 1936 nach Indien "auf der Suche nach den Quellen". Bei der Begegnung mit Mahatma Gandhi im Ashram Wardha gab ihm dieser den Ehrennahmen "Shantidas" und ermutigte ihn, in Europa gewaltfreie Gemeinschaften zu gründen. (Shantidas = Friedensdiener).
       Vgl.: VARENNE, Jean Michel: Lanza del Vasto, le précurseur. Paris, 1976.
       DOUMERC, René: Dialogues avec Lanza del Vasto. Paris, 1981.
       VASTO, Lanza del: Le pélérinage aux sources. Paris, 1943.
       ders.: Vinoba ou le nouveau pélérinage. Paris, 1956.
       ders.: Techniques de la non-violence. Paris, 1973.
       ders.: L'arche avait pour voile une vigne. Paris, 1978.
(87)   Die überkonfessionelle religiöse Gemeinschaft zählte 1980 in ihrer Urzelle in La Borie Noble 150 Mitglieder, die sich in vier Gruppen aufteilte. Die wirtschaftliche Basis besteht vor allem im Ertrag der 420 ha Land (40 davon Acker) mit Getreideanbau, Gartenbau und Viehzucht. Außerdem finden sich in der Gemeinschaft verschiedene Handwerksberufe: Bäckerei, Käserei, Schreinerei, Weberei, Töpferei, Druckerei, Bienenzucht und Maurer. Die Arche hat auch eine eigene Schule. Außerhalb Südfrankreichs existieren zahlreiche Gruppen "Freunde der Arche", aber auch weitere Landkommunen in Spanien, Belgien, der Schweiz, Italien, Portugal, Kanada, USA und Argentinien. Die Arche unterstützt durch eigene "Entwicklungshelfer" Projekte in Marokko und Südindien.
       La Borie Noble wird pro Jahr von 2 000 bis 3 000 Menschen besucht.
(88)   Das Motiv der Ablehnung der Technik als Motor der zerstörerischen Zivilisation bzw. die Bejahung der Handarbeit findet sich auch bei Gandhi und Tolstoi.
       Vgl. u.a. SEMONOFF, Marc: Tolstoi und Gandhi. Paris, 1958.
(89)   VASTO, Lanza del: Die Arche und das Streben nach Sozialismus. In: 'Alternatives Nonviolentes', Nr. 8, 1975, S. 36.
(90)   ebd., S. 35.
(91)   PARODI, Pierre, ebd., S. 37.
(92)   VASTO, Lanza del, ebd., S. 38.
(93)   PARODI, Pierre, ebd., S. 39.
(94)   VASTO, Lanza del, ebd., S. 34/35.
(95)   ebd.
(96)   siehe Teil IV: Ziviler Ungehorsam und konstruktive Alternativen. 1.3.5. Hausbesetzungen.
(97)   Vgl. ROLLAND, Romain: Mahatma Gandhi. Zürich-Leipzig, 1923.
(98)   Lanza del Vasto gab u.a. im Pariser Verlag Denoel eine Reihe 'Pensée gandhienne' heraus: SEMONOFF, Marc: Tolstoi et Gandhi. Paris, 1958.
       MASHROUWALA, Krishorial: Gandhi et Marx. Paris, 1957.
       PRIVAT, Edmond: Aux Indes avec Gandhi. Paris, 1960.
       DREVET, Camille: Gandhi et les femmes. Paris, 1960.
       GANDHI, M.K.: Leur civilsation et notre délivrance. Paris, 1957.
       PANTER-BRICK, S.: Gandhi contre Machiavel. Paris, 1963.
(99) SEMELIN, Jacques: Die Kraft der Gewaltfreiheit. Témoignage Chrétien, 25.2.1980.
(100) Nur wenige Gruppen, wie z.B. in Toulon (CLICAN) und Orléans (heute MAN), existierten dank der kontinuierlichen Arbeit einzelner noch 1981 weiter.
(101) Mouvement pour une Alternative Non-Violente: Pour le socialisme autogestionnaire: une non-violence politique. Texte d'orientation politique. Montargis, 1976.
(102) Im zweiten Wahlgang empfahl die MAN trotz starker Kritik die Wahl der Linksunion, da sie mit den Larzac-Bauern glaubten, "daß mit der Linken noch nichts gesichert, mit der Rechten aber alles verloren ist".
       'Informations Catholiques Internationales', Nr. 523, Febr. 1978, S. 33.
(103) SEMELIN, Jacques: Témoignage Chrétien', 25.2.1980.
(104) VASTO, Lanza del: L'arche avait comme voilure une vigne. Paris, 1978, S. 72.
(105) Léon Maillé im Gespräch mit dem Verfasser am 23.7.1976, Tonbandabschrift.
(106) ebd.
(107) ebd.
(108) TOULAT, Jean: Le Larzac et la paix. Sondernummer von 'Carillons de Millau', Millau, April 1972.
(109) TOULAT, Jean: La Bombe ou la Vie. Paris, 1969.
(110) TOULAT, Jean: Le Larzac et la Paix. a.a.O.
(111) PALOC, Gerard, zitiert nach Michel le Bris: Les fous du Larzac. a.a.O., S. 300.
(112) Guy Tarlier im Gespräch mit dem Verfasser am 25.7.1976, Tonbandabschrift.

(113) Jeanne Jonquet, in: 'Gardarem Lo Larzac', Nr. 1, Juni 1975.
(114) MASSEBIAU, Louis, zitiert nach Hardy, Y., Gabey, E.: Dossier L . . . comme Larzac. a.a.O., S. 330.
(115) Pierre Burguière, zitiert nach Hardy, Y., Gabey, E.: Dossier L . . ., a.a.O., S. 331.
(116) HARDY, Yves / GABEY, Emmanuel: Dossier L . . . comme Larzac, a.a.O., S. 75.
       Die Reportagen in 'Politique Hebdo', einer linken Wochenzeitschrift am Rande der Sozialistischen Partei, und 'Témoignage Chrétien', ebenfalls Wochenzeitung, Sprachrohr des Linkskatholizismus, waren Grundstock für das erste Buch über den Larzac-Konflikt.
(117) HARDY, Y. / GABEY, E.: Dossier L . . ., a.a.O., S. 75.
(118) ebd., S. 82.
(119) BELIN / BEL / KOCKMAN: Les paysans du Larzac et la non-violence. Sondernummer 49-51 von Combat Non-Violent, Neulise, 1974, S. 24.
(120) Zitiert nach M. Le Bris: Les fous du Larzac. a.a.O., S. 336.
(121) Guy Tarlier, Tonbandinterview, a.a.O.
(122) Der Erzbischof von Toulouse war aus Gesundheitsgründen verhindert. An der Messe nahmen 500 Personen des Plateaus und aus Millau teil.
(123) Midi Libre, 29.3.1972.
(124) 'La Semaine réligieuse', Rodez, Ostern 1972.

Teil III: Politische Radikalisierung der Larzac-Bauern bei ihrem Versuch, neue Verbündete zu gewinnen

1. Eroberung der Sympathien in Departement und Nation

Mit dem Selbstbewußtsein der neugewonnenen Einheit und der Überzeugungskraft einer Mission zogen die Bauern nun hinaus, um nacheinander die Sympathien in der Region und im ganzen Land zu gewinnen. Gleichermaßen lernten sie dabei, sich selbst auszudrücken und die Probleme der Menschen besser zu verstehen, denen sie begegneten.

1.1. Aktion "Offene Höfe"

Aus der Empörung über die verzerrte Fernsehdarstellung, die Minister Debrés "Verurteilung" vom 8. Februar 1972 begleitete, erwuchs bei den Bauern die Entschlossenheit, ihr Ansehen durch Gegeninformation zu verbessern. Da sie nicht über die Verbreitungskapazitäten der staatlichen Rundfunkanstalten verfügten, begann die Suche nach machbaren Aufklärungsmitteln. Um den Menschen in der Region und den vielen Touristen, die sich meist beeilten, die "Steinwüste" auf der Nationalstraße 9 zu durchqueren, Gelegenheit zu geben, sich selbst ein Bild über das Leben auf dem Plateau zu machen, wurden die Ostertage 1972 zu "Tagen der Offenen Höfe" bestimmt. Zur Beendigung der Fastenaktion sollte außerdem eine Fest-Demonstration der Larzac-Sympathisanten stattfinden, die in Sternmärschen auf den 'causse' kamen.

Nach der gelungenen Zusammenkunft von mehr als 3000 Menschen schrieb Lanza del Vasto in einem Offenen Brief an Debré:

"... Am Tag der Konfrontation — falls Sie es dazu kommen lassen — werden die Bauern von zahlreichen Nicht-Bauern unterstützt, aus Beweggründen, die nichts mit ihren persönlichen Vorteilen zu tun haben. Die Zuschauer werden nicht neutral sein. Jeder Schlag, den Ihre Justizvertreter gegen aufrechte Menschen ausführen, die sich anketten, um den Weg auf ihr angestammtes Land zu versperren, wird auf Sie zurückfallen. Aus einem Sieg der Gewalt werden Sie mit Schmach und Hohn bedeckt hervorgehen...
Darüber hinaus sollten Sie nicht die Spannung übersehen, die seit dem Ende des Algerienkrieges, als der Bürgerkrieg gerade noch vermieden werden konnte, zwischen der Nation und der Armee herrscht. Zerren Sie nicht an dieser Wunde, wenn Ihnen die Einheit des Landes am Herzen liegt..." (1)

Damit erinnerte Lanza daran, daß Gruppen wie die Arche und die (von ihr initiierte) 'Action Civique Non-Violente' im Widerstand gegen den Algerienkrieg Kriegsdienstverweigerung und gewaltfreie Aktion in größerem Umfang in Frankreich praktiziert und bekanntgemacht hatten. (2)

Kaum zehn Jahre danach wurde der Larzac "zum Hauptquartier der Gewaltfreien" (3) und verdeutlichte das Anwachsen von Einfluß und Mobilisierungsfähigkeit der gewaltfreien und antimilitaristischen Bewegung.

Das Osterwochenende 1972 wurde neben einer Sympathiewerbung für Außenstehende zu einer Miniaturausgabe der Großkundgebungen der Sommer 1973, 1974, 1977 — auch in seiner bunten Zusammensetzung von undogmatisch linken, religiösen, ökologischen, pazifistischen Gruppen, von Bauern und Arbeitern. Neben der Demonstration des breitgestreuten Widerstandspotentials sollten diese Treffen in den ersten Jahren Armee und Regierung als Warnung und Generalprobe dienen, daß Hunderttausende von Freunden im Ernstfall auf das Plateau kommen und zusammen mit den Bauern versuchen würden, die Vertreibung zu verhindern.

Die Notwendigkeit der persönlichen Anwesenheit der Unterstützerbewegung auf dem Larzac minderte sich in dem Maße, als die Bauern die nationale Aufmerksamkeit gewannen, Formen dezentralen Widerstandes gefunden wurden und die Bauern vor Ort durch direkte Aktionen bewiesen, daß sie im Schutz ihrer Bekanntheit auch in geringerer Zahl wirksame direkte Aktionen durchzuführen in der Lage waren.

1.2.   Neues Selbstbewußtsein und Artikulationsfähigkeit

Das neu entstandene Selbstbewußtsein der Larzac-Bauern zeigte sich nicht zuletzt durch ihre überraschende Bereitschaft und Fähigkeit, in der Öffentlichkeit aufzutreten und zu vielen, ihnen fremden Menschen zu sprechen. Die bis dahin in Abgeschiedenheit lebenden Bauern, die sich auch wegen ihres Akzentes als ungebildet und minderwertig gefühlt hatten, erlebten dieses Sich-nach-Außen-Wenden als persönliche Revolution.

"Am Anfang unseres Weges zur Gewaltfreiheit hatten wir noch kein Vertrauen zu uns selbst. Der größte bisherige Sieg des Larzac besteht darin, daß unser Vorgehen uns enormes Selbstvertrauen gegeben hat. Jetzt sind wir bereit, Reden zu halten, egal vor welchem Publikum, egal wo. Wir werden uns so ausdrücken, wie wir es vermögen, aber wir werden sagen, was wir denken." (4)

Der Zusammenschluß zur Gruppe der "103" erfolgte im selben Moment, in dem sich die Bauern aktiv der Außenwelt zuwandten. Nun genügte es ihnen nicht mehr, Solidaritätsadressen anzunehmen oder ihre Honoratioren für sich sprechen zu lassen. Die einzelnen entdeckten ihre eigenen Fähigkeiten, gingen dabei weiter, als sie sich selbst zugetraut hatten.

"Ich bin es noch immer nicht gewohnt, öffentlich zu reden. Aber was ich meine, das sage ich so, wie wir jetzt auch untereinander sprechen. Mit einem kleinen Notizzettel schafft man es immer, es lief ganz natürlich ab. Den Text bereitete ich mit anderen Bauern vor. Ich las ihn ein-, zwei-, dreimal, und dann ging ich vors Mikrophon und habe gesprochen. Was ich sagte, war etwas Erlebtes, keine Rolle von Molière, die man auswendig lernt."

So beschreibt Robert Gastal seine Stimmung vor seiner ersten öffentlichen Rede am 14. Juli 1972 vor 15 000 Menschen in Rodez. In dieser ursprünglichen Art begann dann auch seine Ansprache:

"Seit meinem zehnten Lebensjahr hütete ich Schafe, mein Berufsleben hat sich seither nicht geändert. Ich bin es nicht gewohnt, Reden zu halten. Heute morgen molk ich, wie die anderen Bauern auch, meine Schafe. Wenn wir anschließend auf dem Traktor hierher gekommen sind, dann sicher nicht aus Übermut. . ." (5)

Auch wenn die Bauern noch manchmal fast kokettierend vorausschickten:

"Die Bauern wollen, daß ich in ihrem Namen spreche. Ich sage Euch ehrlich, daß mich das mehr Überwindung kostet, als mit dem Traktor nach Paris zu fahren..." (6) oder
"Ich würde mich jetzt bei meinen Schafen wohler fühlen als vor dem Mikrofon..." (7),

wuchsen die Fähigkeit und das Bedürfnis der Bäuerinnen und Bauern, sich anderen Menschen mitzuteilen, so auffällig, als sei "ein Damm gebrochen". Dadurch wurde es möglich, die Reise- und Vortragstätigkeit in ganz Frankreich, die zuvor wenigen "Pionieren" und Honoratioren vorbehalten war, zu einer wirksamen Waffe der Sympathiewerbung zu machen.

1.3. Beginn der Zusammenarbeit von Bauern und Arbeitern

Einen wesentlichen Bestandteil des Bewußtseinswandels und der Öffnung der Larzac-Bauern zur Außenwelt bildete die Änderung ihrer Einstellung zu den Städtern und insbesondere zu den Fabrikarbeitern.

Léon Maillé erläuterte gegenüber dem Verfasser die frühere Einstellung der Bauern zu den Arbeitern:

"Zunächst haben die Bauern nicht viel für die Arbeiter übrig, der durchschnittliche Bauer in Frankreich beneidet den Arbeiter. Er sieht einen Monat bezahlten Urlaub im Jahr und ärgert sich schon deshalb über die vorbeifahrenden Touristen. Die Arbeiter haben im Gegensatz zur Landbevölkerung auch noch sonnabends frei. Und dann geht er uns auf die Nerven, weil er sich immer beklagt. Die Kommunisten zetteln ständig Streiks an usw. ...." (8)

Der sozialistische Generalrat Gérard Deruy aus Millau erläuterte:

"In den Augen der Arbeiterbevölkerung sind die Bauern schlechtgekleidete Leute, die Geld besitzen, aber so tun, als hätten sie keins..." (9)

Vom Erfolg des Arbeitskampfes in der Henfer-Fabrik im November 1971 beeinflußt, traten am 24. März 1972 die etwa 100 Arbeiterinnen der Hosenfabrik SAMEX in Millau in den Streik, um gegen niedrige Löhne und die Erhöhung der Fließbandgeschwindigkeit zu protestieren – dies war einer der ersten, nur von Frauen durchgeführten Arbeitskämpfe in Frankreich. Erst nach Ostern, am 5. April 1972, fand eine Handvoll Larzac-Bauern Zeit zu einem Besuch in der bestreikten Fabrik. Ihre Absicht dabei war weniger, die schlechten Bedingungen am Arbeitsplatz kennenzulernen, als vielmehr für ihre eigene Sache zu werben und sich für die Mithilfe einiger Arbeiterinnen beim "Tag der Offenen Höfe" zu bedanken.

Als die Akkordarbeiterinnen ein Fließband in Gang setzten, um die Hintergründe ihres Streiks zu verdeutlichen, wurde dies, insbesondere für die Bäuerinnen, zur Offenbarung. Sie hatten sich zuvor keine Vorstellung von der zermürbenden Eintönigkeit und Hetze der Fließbandarbeit machen können.

"Das ist doch nicht möglich, das ist ja schlimmer als Sklaverei! Wir könnten so nicht leben! Niemand hat das Recht, menschliche Wesen auf diese Weise zu behandeln. Das würden wir nie aushalten." (10)

Die tägliche Arbeit auf den Höfen ist ebenfalls schwer, im Gegensatz zur Fabrikarbeit ist sie jedoch nicht fremdbestimmt, in ihr entwürdigt keine krasse Form von Arbeitsteilung die Menschen. Arbeitszeit und Arbeitsmenge können flexibler eingeteilt werden.

Diese erste Begegnung mit der Realität der Fabrikarbeit hinterließ bei den Bauern eine tiefe, fast schockartige Wirkung.

Noch in der Nacht sammelten sie auf dem Plateau Lebensmittel für die streikenden Arbeiterinnen, die bereits vierzehn Tage ohne Lohn geblieben waren. Léon Burguière sammelte bei einer Sitzung des 'Crédit Agricole' 4000 Francs Spenden.

Als eine Delegation am nächsten Morgen die Solidaritätsgaben überbrachte, hatten die Arbeiterinnen gerade ihre Fabrik besetzt — ihre Antwort auf Entlassungsdrohungen. Schon einen Tag später sah sich der Arbeitgeber zum Nachgeben gezwungen, sämtliche Streikforderungen wurden erfüllt. Als Symbol der neugewonnenen Verbundenheit fuhren mehrere Traktoren vom Plateau an der Spitze der Demonstration, mit der die Arbeiterinnen ihren Sieg feierten.

Den Bauern war bewußt geworden, daß die Frage der Arbeitsplätze ein schweres Hindernis für die Solidarisierung der Einwohner von Millau mit dem Larzac-Kampf darstellte. Ihre Geste der Streikunterstützung half, alte Spannungen zu überwinden. Früher konkurrierten z.B. Larzac-Bäuerinnen mit den Arbeitern in Millau um Aufträge der Handschuhfabrikanten, indem sie zu Billiglöhnen Heimarbeit annahmen. In den Schwarzmarktzeiten gaben die Bauern Lebensmittel oft nur zu Wucherpreisen ab — vielleicht, um sich so für die Geringschätzigkeit zu rächen, mit der sie oft von den Städtern behandelt wurden. Die schwere Hypothek, die auf den Beziehungen lastete, konnte nur durch großzügige Gesten gegenseitiger Hilfe abgebaut werden.

Louis Massebiau verdeutlichte die Auswirkung der 'Offenbarung von SAMEX':

"Vorher hätte uns ein Streik, wie der bei SAMEX, nicht betroffen gemacht. Jetzt, da wir die Arbeitsbedingungen kennengelernt haben, können wir nicht mehr einfach so weiter leben wie zuvor. Wir sind solidarisch!" (11)

Dieses Bewußtsein der Zusammengehörigkeit drückte sich z.B. durch die Beteiligung von ca. 100 Larzac-Bauern bei der Maikundgebung 1972 aus.

Die Verteidigung ihres Bodens als Produktionsmittel ließ die Bauern Gemeinsamkeiten mit dem Kampf der Arbeiter um ihre Arbeitsplätze erkennen. Das Bündnis zwischen Larzac-Bauern und Fabrikarbeitern wurde oft bestätigt und erneuert, ab 1976 stellten die Bauern streikenden und arbeitslosen Arbeitern in Millau den Erlös ihrer Ernten auf Armeeland zur Verfügung.

2.1.   Organisation der Unterstützerbewegung

Nach der offiziellen Bestätigung der Erweiterungspläne durch Debré bemühten sich die verschiedenen Unterstützergruppen um bessere Zusammenarbeit, um effektiver gegen die Armeepläne vorgehen zu können. Am 15. Dezember 1971 wurde bei einer Pressekonferenz in Paris ein "Koordinationsausschuß für die Rettung des Larzac" vorgestellt, ein Zweckbündnis von ca. 250 Gruppen und Organisationen. Besonders die linken Gruppen bildeten im ganzen Land Larzac-Komitees nach dem Vorbild des Komitees in Rodez und des 'Comité de Soutien au Larzac' (meist auch 'Comité Millavois' genannt), das seit Mitte Januar 1972 arbeitete.

Teilweise sammelten sich gemäßigtere Kräfte in eigenen Initiativen, da die Komitees als linksradikal galten. So wurde nach dem Muster der 'Association' am 5. Februar 1972 das 'Comité Départementale de Sauvegarde du Larzac' (12) gegründet, dessen Vorsitz der Präsident des Generalrates von Aveyron, Bonnefous, einnahm, der in der IV. Republik wie Michel Debré Senator gewesen war.

Das 'Comité Départementale' vereinigte Vertreter nahezu aller gesellschaftlich relevanten Gruppen des Aveyron, außer den offenen Befürwortern des Truppenübungsplatzes. Fast die gesamte Region stand hinter den Bauern, vom Bischofspalais bis zu den Gewerkschaftsbüros, von der Landwirtschaftskammer bis zu den Natur-schützern — in einer Einhelligkeit, die wohl nur ein Politiker wie Debré zustande bringen kann, dem selbst sein politischer Verbündeter Michel Poniatowski "eine ein-zigartige Berufung zum Irrtum" bescheinigte. (13)

Nach der Mehrheit des Generalrates wandte sich am 18. März auch die Vollver-sammlung der Bürgermeister von Aveyron gegen die Regierungspläne, auch wenn sie "einige Verlegenheit zeigte, bei ihrem Willen zu politischer Neutralität ... Stellung zu beziehen!" (14)

Schließlich fühlte sich auch die nationale Leitung des Bauernverbandes FNSEA verpflichtet, sich der gegnerischen Haltung ihrer departementalen Untergliederung FDSEA anzuschließen.

Eine nationale Unterschriftensammlung begann im Frühjahr 1972 und erreichte bis zum Februar 1973 über 350 000 Unterzeichner.

Bei der Senatssitzung am 17. Mai 1972 warnte der Bürgermeister von Rodez und Senator der Giscardianer, Boscary-Monsservin: "Man kann keine Entscheidung ge-gen den Willen der öffentlichen Meinung durchsetzen." (15)

Mitte April 1972 weigerten sich die Bauernverbände und die 'Association' auf Wunsch der Larzac-Bauern, weiter an den Konzertationsverhandlungen teilzuneh-men. Die letzten gemeinsamen Sitzungen waren gekennzeichnet von stets neuen Angriffen der Bauernseite gegen die Rechtfertigung der Betreiber. Auch dieser Schlagabtausch verdeutlichte die regionale Solidarität und die Stärke des Bündnisses.

2.2.   Balance der heterogenen Bündnisse

Entlang des gesamten Larzac-Konflikts beobachten wir stets nebeneinander die Zu-sammenarbeit der Bauern mit linken Minderheitsgruppen auf gesamtfranzösischer Ebene und die Sorge um den Erhalt eines "regionalen Schildes", den politisch wirk-samen Schutz durch Honoratioren und Mittelstand.

Der Kampf für den Erhalt des Larzac hatte eine regionalistische Front entstehen lassen, die jedoch wenig mit den sozialistischen Vorstellungen der okzitanischen Regionalisten gemein hatte, sondern eher korporatistische Züge trug. Die Pariser Politik der industriellen Dezentralisierung war offensichtlich gescheitert, darin wa-ren sich die mittelständischen Unternehmer mit den Arbeitslosen einig. Die Ent-wicklung der Region war von der Regierung nicht nur vernachlässigt worden, son-dern durch Pläne wie für den Larzac akut bedroht. Handel und Dienstleistungssek-tor durften nicht weiter zurückgehen (viele Ämter, Schulen und Eisenbahnlinien waren bereits stillgelegt). Die Existenzschwierigkeiten traditioneller und junger so-zialer Schichten machten viele Menschen für regionalistische Thesen zugänglich, die Überlebenschancen zu versprechen schienen.

Damit eröffnete sich eine Chance, alle Bevölkerungsschichten unter dem Schutz-mantel von dynamischen Unternehmern und einflußreichen Notablen zu vereinen, um mehr regionale Macht zu entwickeln. Dieser Regionalismus zentristischer und reformistischer Couleur benötigte eine gewisse Mobilisierung, um mit dem Staat über andere Zukunftsformen der Region als die militärische zu verhandeln, z.B. über die Förderung des Handwerks, des "grünen Tourismus" oder anderer Erwerbszweige, die sich mit einer Qualitäts-Landwirtschaft vereinbaren lassen.

Das Verhältnis der Larzac-Bauern zu den Verantwortlichen in der Politik und den Berufsverbänden der Region ist von gegenseitiger Abhängigkeit gekennzeichnet. Die wenigsten der Honoratioren dürften dafür prädestiniert sein, sich jahrelang einer Regierungsentscheidung zu widersetzen. Seit die Bauern durch selbstständiges Handeln große Teile der Öffentlichkeit für sich gewannen, konnten sich die Notablen nicht mehr offen gegen die Bauern stellen, ohne ihren eigenen Einfluß und ihre Stellung in den verschiedenen Gremien zu gefährden.

Umgekehrt sind die Bauern auf den unersetzlichen Schutzschild der etablierten Repräsentanten angewiesen und mußten bei jedem Konflikt den völligen Bruch mit den Notablen vermeiden.

Wollte die Regierung ihre Machtmittel voll entfalten, um z.B. auf eine illegale Bauern aktion zu reagieren, riskierte sie, umgehend einer geschlossenen Front der Mehrheit der politisch und gewerkschaftlich relevanten Kräfte des Departements gegenüberzustehen. Versuchte sie jedoch, mit den Notablen gefährliche Kompromisse auszuhandeln, mobilisierten die Bauern selbst und setzten dem Versuch mit ihrer symbolstarken, direkten und gewaltfreien Aktion, aber auch mit Hilfe der linken Unterstützerbewegung im ganzen Lande deutliche Grenzen.

Damit wird auf ungewöhnliche und wirksame Weise das Prinzip "Teile und herrsche" gegen die Mächtigen umgekehrt. Es wird in den folgenden Jahren immer wieder gelingen, z.B. lokale oder regionale Autoritäten gegen die zentrale Staatsgewalt, den regionalen Schild gegen linke Unterwanderung (und umgekehrt) auszuspielen. Die Geschicklichkeit in diesem Kräftespiel, das fast immer dem Bauerninteresse nützt, wuchs gleichzeitig mit der Fähigkeit zu kollektivem Handeln und der Bereitschaft, gemeinsam umzudenken; diese Entwicklung konnte erst nach den ersten eineinhalb Jahren einsetzen, als die Einheit und der Wille zum Widerstand gefunden waren.

Der für die Bauern günstige "rapport de forces" (Kräfteverhältnis) stand jedoch nie endgültig fest, sondern mußte stets neu errungen und gesichert werden. Nicht nur die Unterstützerbewegung war in sich heterogen, sondern auch die Meinungen und die Kampfentschlossenheit unter den "103" blieben unterschiedlich. Nach wie vor gab es bei den Bauern neben der konsequenten Gruppe von 40 bis 60 Personen, die immer darauf drängten, jeden Vorstoß der Regierung mit einer spektakulären Aktion zu beantworten, auch Zögerer, die von Mal zu Mal schwankten, und solche, die lieber bei den gewohnten Ausdrucksformen bleiben wollten.

Guy Tarlier wies darauf hin:

"daß wir sehr verschiedene politische Standpunkte haben, das ist nun mal eine Tatsache. Jedes Mal, wenn wir gezwungen werden, klare politische Stellungnahmen abzugeben, werden das zwar einige tun, aber das schadet der Wirksamkeit des Kampfes, d.h., wir sind untereinander uneins. Das war schon immer das Problem. Und das merken wir besonders stark, wenn wir gegenüber der Regierung in einer schwächeren Position bzw. einer stärkeren Repression ausgesetzt sind. Deshalb kritisieren uns manche Leute, wenn wir uns bemühen, 'die Waggons näher aneinander zu binden', das heißt, Bauernorganisation zu bleiben. Wir wissen aber, daß dies unsere Einheit verstärkt. Manche können das schwer begreifen, mir ist es auch klar, daß die FDSEA ein 'verkaufter Verband' ist, aber so leid es mir tut, die meisten Bauern sind dort Mitglied. Wenn es eines Tages zum Bruch kommen sollte, wird ein Teil der Bauern völlig marginalisiert sein – und das bedeutet ein Gemetzel, und dann wird das Ende rasch da sein." (16)

3.   Ein Regierungsbeauftragter in besonderer Mission

Seit im Laufe der vierten "Konzertations"-Sitzung am 14. Februar 1972 vom Präfekten der Pariser Beamte Henri Tournier als Wirtschaftsfachmann vorgestellt worden war, der im Auftrage der Verwaltung ein Entwicklungsprogramm für das südliche Aveyron entwerfen sollte, entfaltete dieser eine rege Aktivität mit Gesprächen und Untersuchungen in der Region. Bald fanden die Landwirte heraus, daß Tournier auf Initiative des Kabinettsdirektors im Armeeministerium, Paul Masson, (17) nicht nur vom Landwirtschaftsministerium, sondern auch von Minister Debré den Auftrag erhalten hatte, Wege zu einer "gütlichen Einigung" zu suchen, um über Entschädigungsangebote die Bauern zum freiwilligen Verlassen der Erweiterungszone zu bewegen. Vor allem bei Gemeinderatssitzungen versprach der mit großzügigen Vollmachten ausgestattete Regierungsbeauftragte sowohl den potentiellen Umsiedlern als auch den "nicht direkt betroffenen" Nachbarn finanzielle Hilfen und Staatssubventionen für den Fall einer Erweiterung des Truppenübungsplatzes auf "freiwilliger Basis".

Tournier vermied den Kontakt mit den direkt betroffenen Bauern, da dies "als Versuch der Einmischung in die einigende Energie interpretiert würde, die alle Gegner vereint, seien die persönlichen Motive noch so verschieden oder fragwürdig". (18) Die Landwirte beobachteten Tourniers Wirken mit Argwohn:

"Er verspricht jedem das Blaue vom Himmel und glaubt, damit die Pille weniger bitter machen zu können. Wir wollen sein Geld nicht, das sind Judas-Silberlinge. Wir sind keine Sklaven, die verkauft werden können. Ich habe ihm gesagt: 'Wenn Sie wiederkommen, werden Sie nur den Haß der Besiegten vorfinden'." (19)

Hardy und Gabey berichten sogar von Überlegungen der Bauern, den "Dackel Debrés" als Geisel zu nehmen; sicher war es die Absicht der Bauern, seine Spaltungsversuche zu behindern, als sie am 18. Juli 1972 einen laut knatternden Motorpflug vor dem Fenster des Rathauses von L'Hospitalet aufstellten, hinter dem sich Tournier ein weiteres Mal bemühte, die Kommunalpolitiker zu beeinflussen. Damit dieser sich einem Gespräch mit den wütenden Bauern nicht entziehen konnte, ließen sie die Luft aus seinen Autoreifen. Später füllten sie sie wieder, indem sie aus einem Traktorenreifen Luft abließen.

Tourniers Mission fand im April 1973 ein abruptes Ende, als ein anonymes Kommando "Résistance Action Larzac" (20) Tourniers Büro in der Unterpräfektur in Millau in Brand steckte, nachdem es zuvor einen Teil seiner Akten entwendet hatte. Einige aufschlußreiche Unterlagen, meist Berichte an die Auftraggeber Tourniers, wurden später in linken Zeitschriften wie dem 'Nouvel Observateur' veröffentlicht. Tournier berichtete z.B. am 22. März 1972 von seinen Kontakten zu "spezialisierten Organismen", die unentbehrlich seien, um eine "konstruktive Lösung" der schwierigsten Umwandlungsprobleme vorzubereiten.

"Eine kräftige und laute Offensive würde nur mein 'Markenzeichen' abwerten, auf das ich bei ernsthaften Gesprächen nicht verzichten kann, sobald ein weniger leidenschaftliches Klima eingetreten sein wird, dessen Voraussetzungen uns derzeit noch nicht bekannt sind. Als Beweis nenne ich nur den seltsamen Ökumenismus, der die Bischöfe der Region dazu brachte, mit den "Jüngern der Arche" eine heilige Allianz einzugehen, um das Fasten ihres Mitbruders Lanza del Vasto zu unterstützen. ... Eine Stimmung konstruktiver Arbeit muß natürlich früher oder später die gegenwärtige Agitation ablösen." (21)

Tourniers zählte sechs verschiedene Möglichkeiten der Entwicklung des Erweiterungsprojektes auf. Unbrauchbar seien die Extreme der völligen Aufrechterhaltung und des totalen Verzichts auf das Projekt. Der Verzicht auf den westlichen Teil des

Gebietes oder eine Verlegung der Fläche nach Süden ergäben nach Tournier ebenso viele Nachteile wie Vorteile. Seine Präferenz galt den letzten beiden Möglichkeiten:

a) eine radikale Umorientierung des Projektes.

"Diese Formel erscheint mir als einzige geeignet, den Abszeß endgültig zu zerschneiden und die militärischen Anforderungen mit den regionalen Wünschen zu versöhnen." (22)

Diese neue Erweiterung würde den Westen aussparen, sich auf den Norden, den Nord-Westen und eine sehr viel kleinere Zone im Süden des bestehenden Camps reduzieren.

"Ich denke, daß, wenn der Westen nicht unbedingt lebensnotwendig für den erweiterten Camp ist, es ausgezeichnet wäre, auf ihn zu verzichten ..." (23) Damit wäre mit dem Hof Tarliers einer der aktivsten Gegner ausgespart, Tourniers Vorschläge gingen offenbar vom Weg des geringsten Widerstandes aus. Er unterschied zwischen der großen Mehrheit traditioneller, "kaum haltbarer" Betriebe, deren Besitzer ohne größere Probleme zum Verkauf oder Tausch von ca. 80% der gewünschten Ländereien bewegt werden könnten — und einer "winzigen Minderheit vor kurzem stark modernisierter Betriebe, die von jungen und dynamischen Landwirten mittels Schulden aufgebaut wurden, und daher sehr stark mit den unternommenen Anstrengungen verbunden sind." Diese könnten unmittelbar Schwierigkeiten machen,

"aber eine Lösung kann innerhalb der 5 bis 6 Jahre gefunden werden, die verbleiben, bis das Camp genutzt werden kann. Diese Lösung auf Freiwilligkeitsbasis wäre nicht belastender und ersparte eine Agitation, die sehr leicht auf die nationale Ebene überschwappen kann. Natürlich handelt es sich um eine wichtige Regierungsentscheidung. Ich bleibe davon überzeugt, daß auf einem so unpopulären Gebiet aufgrund des touristischen und Umweltschutz-Aspektes diese Affäre, die allen möglichen Tendenzen als ideales Vehikel dient, Konzessionen der Regierung nicht negativ oder als Nachgeben aus Schwäche angerechnet und zu noch härteren politischen Angriffen reizen würden." (24)

b) neue militärische Aufgaben für den Larzac.

"Die ideale Formel für die Region ..., um die Tendenz radikal umzudrehen und aus dem heißen Streitpunkt einen Punkt der Begegnung zu machen" (25),

wäre für Tournier eine symbolische Erweiterung, um die Verkaufswilligen zu entschädigen, und statt des vorgesehenen Truppenübungsplatzes ein nationales oder gar europäisches Studien- und Begegnungszentrum aufzubauen, um die Beziehungen zwischen Armee und Jugend zu verbessern. Die nächste Regierung solle

"ihren Willen zur Offenheit, zur Veränderung und zum Dialog beweisen, indem sie den Larzac als Vorwand nimmt, um ständige Beziehungen zu den Jugendlichen einzurichten, ein 'Schaufenster' der Militäraktivitäten, das die Armee der Bevölkerung näherbringt ... Was die Armee an Manöverkapazität verlöre, würde sie hundertfach als Fähigkeit des Austausches, des Dialogs und des Verständnisses für eine bessere Integration der Armee in die Nation gewinnen. . ." (26)

Auf die Möglichkeit eines ganz neuen Standortes für das Camp ging Tournier nicht näher ein.

Das plötzliche Ende der Mission Tourniers erhielte eine tragikkomische Note, falls seine eigene Interpretation zutreffen sollte, die er ein Jahr später Y. Hardy und E. Gabey lieferte. Vor Ort und durch Gespräche mit Offizieren habe er zu begonnen, am Sinn des Erweiterungsprojektes zu zweifeln. Seine Sorge sei die beste Lösung für die Region gewesen, und in einer Art inner-institutioneller Untergrundtätigkeit habe er das Seine getan, um den Plan zu verhindern. Beinahe hätte er selbst Debré umgestimmt, als die unbekannten Freunde der Bauern mit ihrer Sabotageaktion sein sorgfältig zusammengebasteltes Spiel vom Tisch gewischt und sein Unternehmen beendet hätten.

Der "Falke" Debré schien jedenfalls wenig von Tourniers Abwiegelversuchen beeindruckt worden zu sein. In einem Brief vom 31. März 1973 an den damaligen Landwirtschaftsminister Jacques Chirac sprach Debré von der Umsiedlung "mehrerer Landwirte". Für sie habe er eine ehemalige Priorei mit 1 800 ha Land im Departement Hérault gefunden, deren Betriebsbedingungen sehr ähnlich denen des Larzac seien. Die SAFER (27) solle Land aufkaufen,

> "um eine gewisse Anzahl Larzac-Bauern neu anzusiedeln. Es kommt in der Tat sehr darauf an, sehr rasch lebensfähige Höfe zu gründen, die wirklich modern und modellhaft sind. Das wäre eines der sichersten Mittel, um die Geister zu beruhigen. Jedoch die Verwirklichung dieser Pläne bleibt den finanziellen Mitteln der SAFER untergeordnet." (!) (28)

4.1. Konvoi der revoltierenden Bauern nach Rodez

Als Minister Debré am 26. Mai 1972 persönlich die Eröffnung des amtlichen Prüfungsverfahrens über den "Öffentlichen Nutzen" des Erweiterungsprojektes ankündigte, bewies er seinen Willen, dem lauter werdenden Protest nicht nachzugeben. Die gesetzlich vorgeschriebene Prozedur bis zur "Déclaration d'Utilité Publique" bietet zwar die Möglichkeit für die Betroffenen, ihre Meinung auszudrücken, beinhaltet aber keinerlei wirksames Mitspracherecht. Die 'DUP' ist eine der Voraussetzungen für eventuelle Enteignungen bei umstrittenen militärischen oder industriellen Großprojekten. Seine Einstellung zur Partizipation Betroffener formulierte der Vorsitzende des Verteidigungsausschusses in der Nationalversammlung bei einer UDR-Veranstaltung am 6. Juni 1972 in der Drohung an die Larzac-Verteidiger:

> "Hinter alledem steckt nur der Linksradikalismus. ... Wenn nötig, werden wir die Räumung mit Gewalt durchführen!" (29)

Das Larzac-Komitee Rodez hatte zusammen mit 274 weiteren Gruppen in ganz Frankreich zu einer Demonstration am 14. Juli 1972, dem französischen Nationalfeiertag, in die Hauptstadt des Aveyron eingeladen.

Trotz des Widerstandes mancher Honoratioren und den Zweifeln der Bauern an der Durchführbarkeit dieses "Abenteuers" beschlossen die "103", die 70 Kilometer zur Demonstration mit ihren Traktoren zurückzulegen. Dem 'harten Kern' erschien es als Farce, morgens wie an jedem anderen Tag zu arbeiten und nach dem Mittagessen, fast wie zu einem Ausflug, nach Rodez zu fahren. Tarlier erklärte wütend bei einer Sitzung: "Entweder ich fahre mit dem Traktor nach Rodez, oder ich bleibe am 14. Juli ganz zuhause und hüte meine Schafe!" (30)

Obwohl im allgemeinen Bauern lange zögern, bevor sie ihr wichtigstes und teueres 'Werkzeug', den Schlepper, für politische Zwecke einsetzen, wuchs bald die Zahl der Freiwilligen, ein weiterer Schritt zur Behauptung gegenüber den bisher beachteten Autoritäten und Gewohnheiten. Elie Jonquet, der Senior der Bauerngemeinschaft, wiederholte jedem Journalisten:

> "Wenn es sein muß, werde ich mit meinem Traktor bis ans Ende der Erde fahren." (31)

Vor der Abfahrt in Millau drehten die 77 Traktoren am Morgen des 14. Juli eine Runde um das Haus von Michel Tournier. Der vorderste Traktor trug die Aufschrift: "Außergewöhnlicher Konvoi der wütenden Larzac-Bauern", andere führten Plakate mit den Slogans mit: "Schafe statt Kanonen" oder "Debré will auf unserem Land jungen Menschen beibringen, ihre Brüder zu töten!". Die Okzitanisten berichten stolz von Plakaten wie "L'armada defora!", "Volem Viure al pais" und "Ni Camp d'armada, ni pomada turistica – de trabalh al pais!" (Armee raus! Wir wollen in der Heimat leben. Kein Armeecamp, keine Touristenpomade – Arbeit hier in der Region!) Erstmals ertönte der Sprechchor "Gardarem Lo Larzac" bei einer großen Demonstration. (32)

Die 15 000 Demonstrationsteilnehmer aus allen Teilen Frankreichs spürten die von der politischen Rechten geschürte Spannung in der Stadt, die noch durch den Sprengstoffanschlag auf die Präfektur einige Tage zuvor verstärkt wurde. Läden und Gaststätten blieben aus Angst vor Ausschreitungen geschlossen. Der Präfekt unterbrach wegen der Demonstration seinen Urlaub in der Bretagne.

> "Diese Affäre ist eine Plage, sie beansprucht mich jeden Tag, wo es doch so viele andere wichtige Dinge zu tun gäbe. ... Es läuft momentan sehr schlecht, da ist eine Handvoll wütender Bauern, da läßt es sich nicht mehr diskutieren. Vor ein paar Monaten hätte es noch zu einem Kompromiß kommen können. ... Jetzt ist es zu spät. . ." (33)

In dieser Atmosphäre setzten sich die Honoratioren gegenüber der linken Unterstützerbewegung durch; während sich auf der Tribüne ein Querschnitt des regionalen Establishments niederließ (ein Vertreter des Bischofs, ein Senator, zahlreiche Bürgermeister und Bauernverbandsfunktionäre), erhielt das Aktionskomitee, welches die Hauptvorbereitungen für die Demonstration geleistet hatte, kein Rederecht. Dennoch behandelten die sechs Ansprachen der zweistündigen Kundgebung u.a. kritisch den Waffenhandel, die Kolonisierung Okzitaniens und den Pariser Zentralismus.

Als Sprecher der "103" erhielt Robert Gastal besonders lebhaften Beifall, als er erklärte:

> "Ich war 28 Monate (als Soldat, d. Verf.) in Algerien, nicht, damit die nun heute ankommen, um uns fortzujagen. Uns, unsere Familien und unsere Kinder, in der vollen Kraft unseres Alters und in einem Augenblick, wo unsere Arbeit anfängt, Früchte zu tragen. . ."

Erst später wurde er sich der vollen Tragweite seiner nun folgenden Ankündigung bewußt:

> "Der Skandal um den Larzac hat uns gelehrt, uns kennen und schätzen zu lernen. Das war schon sehr viel. Aber wenn es sein muß, fahren wir auch ... mit dem Traktor nach Paris!" (34)

Trotz detaillierter Verhaltenshinweise an die Demonstranten und eines umfangreichen Ordnungsdienstes, der sich um die Wahrung des gewaltfreien Demonstrationscharakters bemühte (35), kam es zu einem kleineren Zwischenfall am Rande, als Unbekannte die Trikolore vom Kriegerdenkmal entfernten und verbrannten. Dieser untypische Vorfall einer friedlichen Demonstration am Nationalfeiertag diente den staatlichen Rundfunk- und Fernsehanstalten als Vorwand, ein negatives Echo zu verbreiten. Den Bauern kamen Tränen der Wut, als sie auf der Heimfahrt im Radio hörten: "Schwere Zusammenstöße haben die Demonstration von 5 000 Personen beeinträchtigt. Der Ordnerdienst ging mit Faustschlägen gegen die Gauchisten vor. ... Es gab 16 Verletzte." (36)

Generalrats-Präsident Raymond Bonnefous versuchte mit seiner Deutung: "In Wirklichkeit fand in Rodez am 14. Juli zum ersten Mal in Frankreich eine große Kundgebung für den Umweltschutz statt. Herr Robert Poujade (Umweltminister, d. Verf.) kann zufrieden sein." (37), sowohl die Zwischenfälle als auch die antimilitaristische Stimmung vieler Demonstranten herunterzuspielen. Michel Debré dürfte sicher nicht zufrieden gewesen sein.

Den Teilnehmern und insbesondere den Larzac-Bauern blieb der positive Eindruck, sowohl das "Departement gewonnen" als auch eine deutliche Warnung an die Pariser Technokraten abgegeben zu haben.

Nach der Rückkehr heulten in Millau erneut die Feuerwehr-Sirenen auf, und auf den Felsen über der Stadt brannten zwanzig Meter hohe Buchstaben "SOS − LARZAC" ab.

In der ersten Hälfte des Jahres 1972 hatten sich die Larzac-Bauern nicht gegen offene Repression der Regierung, wohl aber gegen verschiedenste andere Belastungen zu wehren. Neben der "weichen Welle" des Beauftragten Tourniers versuchten die Betreiber vor allem die Unterstützerbewegung durch Diffamierung ihres linken Flügels zu schwächen.

Millau glich einer von Polizei besetzten Stadt, Verhaftungen und Verhöre von 'Gauchisten' häuften sich. Daneben wirkte die anonyme "Bewegung für Frieden und Ordnung auf dem Larzac", eine Gruppe von Händlern, Gaststättenbesitzern und Angestellte des Camps in La Cavalerie, auf ihre Weise. Auf nächtlich geklebten Hetzplakaten hieß es:

> "Eine Unverschämtheit! Die Hippies werden von gewissen Roquefort-Gesellschaften bezahlt und vergiften unsere Region.
> − Nein zur Roten Fahne über Nant und St. Martin!
> − Nein zur freien Liebe in Kirchen und Friedhöfen!
> − Raus mit den Nichtstuern! Raus aus dem Larzac!
> − Verschwindet mit Euren Drogen und Eurem Dreck! . . ." (38)

Daneben provozierte die Armee durch Übergriffe bei Manövern, indem häufig Hubschrauber im Tiefflug über die Schafherden jagten. Zur Rede gestellt, meinte dazu der Kommandant des Camps:

> "Diese Geschichten von Fehlgeburten bei den Schafen, das ist doch viel 'Lärm um Nichts'. ... Das ist so, wie wenn Sie Kinder haben und streng sind, aber ein oder zwei Kinder weiter ungehorsam sind. Ich verbiete den Soldaten, sich mit den Herden zu amüsieren. Aber wenn es dem einen oder anderen Spaß macht, was soll ich da machen? Außerdem werden die Bauern doch von uns entschädigt." (39)

Die tägliche schwere Arbeit und dazu die abendlichen Sitzungen und politischen Aktionen belasteten die Menschen auf dem Plateau stark. Es soll sogar zu "nervösen Depressionen in drei Fällen − eine für die Bauern sonst unbekannte Krankheit" (40) − und zu einem Selbstmordversuch gekommen sein.

In den Sommermonaten 1972 fand die "Operation Lächeln", eine modifizierte Form der "Tage der Offenen Höfe", als weitere Sympathiewerbung statt. SAMEX-Arbeiterinnen revanchierten sich für die Streikunterstützung der Bauern, indem sie während ihres Urlaubs halfen, Touristen über den Konflikt zu informieren. Allein 10.000 Menschen besuchten das Informationszentrum, das in einem Roquefort-Lagerraum in La Cavalerie eingerichtet wurde.

4.2. Voruntersuchung nach endgültiger Entscheidung

Am 11. Oktober 1972 setzte der Präfekt des Aveyron, Badault, mit dem "Erlaß zur Einleitung der Voruntersuchung über den Öffentlichen Nutzen" Debrés Ankündigung vom Mai des Jahres in die Tat um. Vom 16. bis 29. Oktober lag im Rathaus von La Cavalerie ein Register aus, in das die Betroffenen und darüber hinaus auch alle Franzosen ihre Meinung zum Erweiterungsprojekt eintragen konnten. Damit war das absolute, gesetzlich vorgeschriebene Minimum an Mitspracherecht eingeräumt (nur 14 Tage und nur ein Register für 11 betroffene Gemeinden!). Das umfangreiche Polizeiaufgebot vor dem Rathaus ließ Zweifel offen, ob es sich um einen

Einschüchterungsversuch handelte oder ob tatsächlich Ausschreitungen befürchtet wurden. Längst nicht alle Plateaubewohner hatten ihren Glauben in den Rechtsstaat verloren. Viele weigerten sich zu glauben, daß es sich bei der Untersuchung um eine Formalie handelte, deren Ergebnis von der Regierung bereits vorher festgelegt worden war.

Die Gruppe der "103" hingegen mochte sich nicht auf die "demokratischen Spielregeln" allein verlassen und begleitete daher die Untersuchung auf ihre originell-friedliche Weise. Am ersten Tag erschien kein Landwirt im Rathaus, statt dessen wurden 2.000 Schafe aus 12 verschiedenen Herden auf den Vorplatz getrieben, so daß jegliches Betreten des Amtsgebäudes verhindert wurde.

Zwei Tage später kamen die Bauern gemeinsam und trugen neben individuellen Bemerkungen diesen Satz in das Register ein:

"Ich meine, daß diese Erweiterung eine Katastrophe für die Region wie für alle Menschen darstellt. Ich werde niemals weichen, welcher Art auch die Mittel sein mögen, um uns zu verjagen."

Die Berufsorganisationen schickten umfangreiche Stellungnahmen, der Bischof von Rodez trug sich persönlich in das Register ein, und Tausende von Unterstützern schickten Solidaritätsbriefe.

Während der "enquête" am 25. Oktober führte eine kleine Gruppe von Bauern im 800 km entfernten Paris eine der publikumswirksamen Aktionen des an Ereignissen reichen Larzac-Widerstandes durch. 60 unter dem Eiffelturm weidende Schafe brachten den Konflikt endgültig in die nationale und internationale Presse. Kein Werbefachmann hätte einen derart durchschlagenden Effekt erreichen können, zumal die vielen Fotos kostenlos erschienen.

Ein Beteiligter schilderte die Aktion:

"Es war vorbereitet wie eine Kommandoaktion. Wir haben es aufgeschrieben wie eine Partitur. Wir arbeiteten mit dem Stadtplan von Paris, wie wenn man einen Banküberfall organisiert. Hier wußten die Bauern davon, in Paris nicht mehr als 10 Personen. Wir fuhren mit den Schafen in einem getarnten Lastwagen los. Ungefähr um drei Uhr kamen wir in Paris an einem vorher ausgemachten Boulevard an. In jedem Café war ein Freund, der auf uns wartete, um dann die Zeitungen, das Radio oder das Fernsehen anzurufen. Punkt drei Uhr fahren wir auf den Gehsteig des Marsfeldes. Wir öffnen die Türen, und ein paar Minuten später sind alle Schafe kooperationsbereit ausgestiegen und verteilen sich auf dem Rasen unter dem Eiffelturm, wo sie in aller Ruhe zu grasen beginnen. Der Lastwagen stellt sich zwei Kilometer weiter weg. So sausen die Polizisten zwei Stunden herum, um den Lastwagen in dem Viertel zu suchen. Aber gefunden haben sie ihn nicht!
Während die Schafe sich vollschlagen, kommen die ersten Parkwächter an und schimpfen und wollen uns wegjagen. Wir sagen ihnen, daß wir gekommen sind, um einen Werbefilm zu machen, und daß der Produzent sicher bald kommen würde. 'Wir sind für die Schafe verantwortlich, wenn Ihr uns wegjagt, nehmt Ihr uns die Verantwortung ab. . .'
Wenn man zu den Leuten von Verantwortung spricht, dann kannst Du machen, was Du willst. Wir verteilen gutes Korn, das wir mitgebracht haben.
Die Wächter wollen die Kinder wegjagen, die gekommen sind, um die Schafe zu streicheln, manche haben noch nie in ihrem Leben ein Schaf gesehen. Ein Kind fragt: 'Mama, sind das Kamele?' Wir fragen, ob wir einen Zaun aufstellen können. Die Wärter sind einverstanden: lieber sehen sie, wie die Schafe das Gras auffressen, als daß Kinder darauf herumlaufen. . .
Ein Wärter bringt frisches Wasser. . . Es war doch zu seltsam anzusehen, wie die Schafe durstig heranrennen und sich nach dem ersten Schluck weigern weiterzutrinken. Ja, der Pariser sollen es ruhig wissen, daß unsere Schafe sich geweigert haben, ihr Wasser zu trinken!
Ein paar Minuten nach unserer Ankunft kommt auch die Polizei an: ein Polizeiauto in Zivil. 'Wo ist der Verantwortliche?', fragt einer Tarlier. '1, 2, 3, 4, 5, 6, wir sind alle verantwortlich. . .' 'Das geht nicht. Sie sind der größte, Sie sind der Verantwortliche. Sie werden jetzt sofort verschwinden!' 'Unmöglich, unser Lastwagen ist weg. Er kommt erst wieder um 5 Uhr. Außer, Sie besorgen uns einen anderen Lastwagen.'
Vier weitere Polizeiautos kommen an. Lustig anzusehen, wie die jeweils neu Angekommenen ehrfürchtig begrüßt werden. Am Schluß kommt sogar einer und sagt, er wäre der Polizeipräfekt von Paris."

Um 4 Uhr ist endlich das Fernsehen und der Rundfunk da. Immer mehr Leute versammeln sich um uns. Interviews. Wir verteilen Flugblätter, um unsere Aktion zu erklären. Da kommen Polizisten an mit gezogenen Pistolen. Aber da kommt auch unser Lastwagen, genau zur richtigen Zeit.
'Kommen Sie mit zum Kommissariat zur Überprüfung der Personalien.'
'Und der Lastwagen?' – 'Wir haben keinen Parkplatz für ihn.' – 'Dazu braucht Ihr dann auch keine Polizisten sein, wenn Ihr nicht mal einen Platz zum Parken finden könnt!'
Aber wir haben sie schon zu sehr geärgert. Sie sagen, wir sollen abhauen. Wir fahren los, umrahmt von Gendarmerie bis zur südlichen Autobahn. Und dann noch eine Nacht lang auf der Straße. . ." (41)

Am selben Tag demonstrierten in den Straßen von Millau 17 Schafe mit der Aufschrift "SOS Larzac" als Symbol für die 17.000 ha des geplanten Truppenübungsplatzes. Drei Tage später pflanzten die "103" in Anwesenheit von 3 000 Menschen am Rande der Nationalstraße Nr. 9 103 Bäume und stellten dazu einen Findlingsstein auf. Die Bäume sollten Leben, Verwurzelung und Dauer, der Stein Festigkeit und Entschlossenheit symbolisieren.

Aus den Unterlagen des Registers erstellten die drei Kommissionsmitglieder ein Gutachten, das sie bereits am 10. November ihren Auftraggebern vorlegten. Der Präfekt wartete für die Bekanntgabe des Ergebnisses einen Zeitpunkt ab, von dem er annahm, daß er die wenigsten Möglichkeiten zum Protest bieten würde. In den Wochen nach Weihnachten können die Bauern wegen der Schafgeburten sehr schwer ihre Höfe verlassen. Die Kommission beschloß, den 'Öffentlichen Nutzen' einstimmig und ohne jegliche Einschränkung zu bejahen (42), worauf der Präfekt am 26.12. 1972 diesen 'Öffentlichen Nutzen' der Aneignung des Landes durch den Staat, notfalls durch Enteignung, amtlich verkündete.

Die Formel "ohne jede Einschränkung" zeigte, daß keiner der insgesamt 10 000 Einwände berücksichtigt wurde. Erst später erfuhren die empörten Bauern, daß die Kommission, vom Gesetz gedeckt, ausschließlich Einwände aus militärischer Sicht geprüft hatte.

4.3.   Der Treck nach Paris

Bereits im Sommer 1972 überlegten die Larzac-Bauern, ob sie die Ankündigung von Robert Gastal vom 14. Juli in Rodez wahrmachen sollten, mit Traktoren nach Paris zu fahren, um in der Hauptstadt zu demonstrieren. Zunächst wurde der 11. November (43) anvisiert, doch dann sollte das Ergebnis der 'DUP' abgewartet werden. Ende November trafen sich die Bauernverbandsvertreter Marcel Bruel (FNSEA) und Raymond Lacombe sowie die Larzac-Bauern Guy Tarlier, Robert Gastal und Philippe Fauchot mit dem Kabinettsdirektor Debrés, Paul Masson, zu geheimgehaltenen Gesprächen in Paris. Die Verhandlungen führten jedoch zu keiner Einigung.

Die Bauern hatten die Untersuchung als Farce empfunden, die Erklärung des 'Öffentlichen Nutzens' war nun für sie Anlaß, sich wütend, wenn auch schweren Herzens zum Treck in die Metropole zu entscheiden.

Ziel der "neuen Art einer Tour de France" war es, möglichst viele Bürger direkt anzusprechen und am Ende der großangelegten Aktion von Öffentlichkeitsarbeit Premierminister Messmer eine Resolution zu übergeben.

Innerhalb von nur zehn Tagen waren riesige organisatorische Aufgaben zu bewältigen. Bevor sich 60 Personen mit 26 Traktoren auf den Weg machen konnten, mußten Treibstoff, ein Lautsprecherwagen, ein Krankenwagen sowie Unterkünfte auf der Wegstrecke beschafft werden. Die Traktoren wurden gegen die eisige Kälte des Januars mit Kabinen ausgerüstet, nur so konnten die demonstrierenden Bauern sechs Tage Fahrt bei einer Geschwindigkeit von 20 km pro Stunde auf den Landstraßen durchhalten.

Der Treck wurde durch den Verkauf von Bezingutscheinen à 5 Francs finanziert. Etwa die Hälfte der 40 000 Francs wurde allein in Millau aufgebracht. Entlang der Strecke klebten Larzac-Komitees Plakate und verteilten dabei 150 000 Flugblätter, um den Sinn der Demonstration zu erklären.

Jeder Traktor trug vorne rechts eine Mistgabel, deren nach oben gereckte Zacken mit Stacheldraht umwickelt waren, sowie links ein Verkehrszeichen "Durchfahrt verboten" mit dem Aufdruck Larzac. (44) Der Inhalt weiterer Plakate und Spruchbänder blieb der Phantasie der einzelnen überlassen, z.B.: "Die Würde liegt nur im Widerstand", "Europa in Grün oder in Khaki?" oder "Défense Nationale – Dépense – Démence!" (45)

Drei Priester aus dem Aveyron begleiteten die Bauern auf ihrem Weg, Kirche und Bauernverband teilten sich die Rolle der Gastgeber auf den Etappen.

Die "Kreuzfahrer der Neuzeit" (46) wurden bei ihrem Start am 7. Januar 1973 von 1000 Freunden in Millau verabschiedet. Auf der ersten Etappe begleiteten sie hundert weitere Bauern der Region, und in vielen Dörfern warteten am Ortseingang Traktoren, um sich als "Ehrengeleit" für ein Stück Weg anzuschließen.

Der älteste Teilnehmer, Elie Jonquet, berichtete dem Journalisten von 'Midi Libre' auf seinem 'Massey-Ferguson 135', wie er den Marsch erlebte:

"Die freundlichen Reaktionen haben mich aufgewärmt. Z.B. grüßen uns Lastwagenfahrer, obwohl wir sie im Verkehr störten. Das ist eine tolle Sache und beweist, daß unsere Sache als gerecht angesehen wird. ... Wissen Sie, ich bin 1913 geboren. . . Diese Kampagne hat mich wieder jünger gemacht. Ich konnte seit ein paar Jahren nicht mehr richtig laufen, und jetzt spür ich kaum noch Müdigkeit." (47)

Und Pierre Burguière:

"Wenn uns jemand vor zwei Jahren gesagt hätte, daß wir so kämpfen müßten, wie wir jetzt tun, immer neue Phantasie entwickeln, um neue Ideen zur Popularisierung unseres Kampfes zu finden, wenn man uns gesagt hätte, daß wir mehr als 80 Wegstunden auf dem Traktor bis nach Paris auf uns nehmen müßten, dann hätten wir Debré den Larzac überlassen! Aber in zwei Jahren ist viel in unseren Köpfen geschehen. Jetzt ist es keine Frage mehr, daß wir eventuell unseren 'causse' aufgeben könnten." (48)

In Rodez angelangt, schloß sich der Traktorenkarawane ein langer Demonstrationszug an. Vor der Kathedrale sprach Bischof Ménard Mut zu für "die Straße der Ehre":

"Das Land soll denen gehören, die es bebauen, und niemand hat das Recht, es ihnen wegzunehmen. Die seit Generationen auf dem Larzac ansässigen Bauern werden niemals dem Zwang aus Gründen der Nationalen Verteidigung weichen. Der Kampf, den ihr führt, wird in ganz Frankreich einen Denkprozeß auslösen." (49)

4.3.1. Neue Bundesgenossen

Bald häuften sich Reibereien und Konflikte mit der FNSEA und deren Untergliederungen in einigen der durchquerten Departements, die den Treck von Anfang an nur halbherzig unterstützt hatten. Mehrmals sahen sich die Marschierer zu Distanzierungen vom eigenen Bundesverband gezwungen, wenn dieser sie z.B. gegen konkurrierende Gruppen ausspielen wollte.

"... Die Bauern des Larzac wollen sich zu keinem Versuch hergeben, politisch mißbraucht zu
werden. Sie zählen mehr auf die Handelnden als auf diejenigen, die nur Reden halten..." (50)

Die FNSEA versuchte bei mehreren Gelegenheiten, den Verlauf des Trecks zu
beeinflussen bzw. seine Bedeutung herunterzuspielen, indem etwa Stadtrundfahrten
eigenmächtig abgesagt oder das Durchqueren von Arbeitervierteln verhindert wurden. Die wachsende Spannung läßt sich an einer kleinen Episode gut ablesen: Michel
Debatisse, FNSEA-Vorsitzender, hielt es für eine ausreichende Unterstützung, eine
Delegation zwischen zwei Zügen auf dem Bahnhof von Nevers zu empfangen. Er
konnte sich aber schwer dagegen wehren, mit sanfter Gewalt zu einer der öffentlichen Veranstaltungen abgeholt zu werden, die allabendlich die Etappe abschlossen.
Es war ihm sichtlich unangenehm, auf diese Weise zu einer Stellungnahme gezwun-
gen zu werden, er faßte sich daher sehr kurz und sagte im wesentlichen nur: "Hütet
Euch, für irgendeine andere Sache benutzt zu werden außer der Verteidigung Eurer
Interessen." (51) Die Larzac-Bauern waren zutiefst empört, wehrten sie sich doch
selbst meisterhaft gegen alle Versuche politischen Mißbrauchs – auch gegenüber der
FNSEA –, betonten sie doch seit langem, "nicht käuflich" zu sein.

Debatisse's häufige Aufgabe, in Enteignungsfällen maximale Entschädigungen zu
erstreiten, mag ihm den Blick verstellt haben, daß es den Larzac-Bauern um weit
mehr als nur um ihre materiellen Interessen ging.

Bei der abendlichen Veranstaltung des fünften Trecktages begrüßten im Sportpa-
last von Orléans die 4.000 Teilnehmer auch Bauern aus Fontevraud, die sich ebenfalls gegen einen Truppenübungsplatz wehrten und sich mit fünf Traktoren dem Zug
nach Paris anschließen wollten. Doch dann traf die Nachricht ein, daß die Weiter-
fahrt und die Abschlußkundgebung in Paris, angeblich wegen des Staatsbesuches
von Golda Meir, verboten worden waren.

Die FNSEA, die bis dahin "vergewaltigt worden war, den Marsch zu unterstützen" (52), lehnte weitere Hilfe ab, falls der Marsch trotz des Verbotes fortgesetzt
würde.

"Wie bereits vor der Abfahrt angekündigt, läßt uns die FNSEA fallen. Kein Wunder! Bisher
hat uns die Föderation getragen wie der Strick den Gehängten. Nie war die bedingungslose
und totale Unterstützung des traditionellen Syndikalismus, 'der keine Politik betreibt', zu erwarten, weil dieser die Politik der kapitalistischen Herrschenden teilt und so Komplize der
Bauernliquidierung wird." (53)

So hart urteilte die einzige weibliche Marschteilnehmerin, Simone Evesque, in der
Chronik der Larzac-Bauern.

In dieser Situation erwies es sich als günstiger Zufall, daß der 12. Januar als Etap-
pe und Ruhetag in Orléans eingeplant worden war. Ursprünglich wollten sich die
Bauern an einem nationalen Aktionstag der FNSEA beteiligen. Die "Gewaltfreie
Kommune von Orléans" (54) diente an diesem Tag als 'Hauptquartier', wo in Marathonsitzungen über die Reaktion auf das Demonstrationsverbot diskutiert wurde.
Während die Zusammenarbeit mit den 'non-violents' spätestens seit Lanza del
Vastos Fasten natürlich gewachsen war, erstaunt das nun folgende Bündnis der Larzac-Bauern mit einer linksradikalen Splittergruppe, die in Konkurrenz zu den eta-
blierten Bauernverbänden stand.

Dabei war der Führer der 'paysans-travailleurs', Bernard Lambert, der mit 200
Anhängern nach Orléans gekommen war, am Abend zuvor ein Redebeitrag verwehrt
worden. Diese Organisation von Nebenerwerbs-Landwirten strebt ein sozialistisches
Bündnis von Bauern und Arbeitern an. Lambert, selbst Landwirt im Departement
Loire-Atlantique, beeinflußte wesentlich die politische Linie und den Aufbau der

Organisation, deren Kern aus FNSEA-Dissidenten bestand. (55) Die Strategie der 'paysans-travailleurs', eine Verbindung von Massendemonstrationen und direkter Aktion kleinerer Kommandogruppen (z.B. Überfälle auf Milchtankwagen beim "Milchkrieg" 1972 in der Bretagne), fand viele Befürworter unter den ärmeren Bauern vor allem im Nordwesten Frankreichs. (56)

Weil die Larzac-Bauern wußten, daß die 'paysans-travailleurs' bei Aktionen Gewalt nicht grundsätzlich ausschlossen, sprach Lambert diese Frage direkt an, als er in Orléans den Bauern nochmals die Hilfe anbot:

> "Ich versichere Euch, daß kein Polizist Euch ein Haar krümmen wird. Für einen geschlagenen Larzac-Bauern verliert die Regierung so kurz vor der Wahl 500.000 Stimmen. ... Wenn Ihr verhaftet werdet — Ihr seid gewaltfrei, wir sind es nicht, aber wenn wir mit Euch zusammenarbeiten, dann werden wir ganz wild entschlossen gewaltfrei sein —, also dann werfen wir uns auf die Erde. Die werden es nicht wagen, Euch anzufassen. ... Ihr bittet alle Leute, dorthin zu kommen, wo Ihr angehalten werdet. Ich garantiere Euch, daß in der darauffolgenden Woche Hunderte von Bauern zu Eurem Camping an der Nationalstraße kommen werden. ... Kurz vor den Wahlen wird das die Herrschenden sehr stören. Ich denke, daß sie Euch in Wirklichkeit durchlassen werden, wenn Ihr hier rausgeht und den Marsch fortsetzt." (57)

Die 26 Traktoren waren die ganze Nacht über von Polizei bewacht worden, ein Landwirt schilderte die Situation:

> "Sehr rasch beschließen wir, zu Fuß weiter zu gehen. Bevor wir weiter über Organisationsfragen beraten, gehen wir, die 26 Motoren abzustellen, die seit drei Stunden vor der Polizei dröhnten. Die fragten sich wohl, was nun auf sie zukommen mag. Wrumm, wrumm. . .! Ein letzter fester Druck aufs Gaspedal und dann nichts mehr. So, nun braucht ihr keine Angst mehr zu haben! Die Armen hatten sich schon eingehakt, um wer weiß welchen Stoß abzufangen. Aber wenn wir euch doch sagen, daß wir nicht bösartig sind!" (58)

Lambert war es gelungen, ca. 20 Bauern aus der Umgebung von Orléans zu finden, die ihre Traktoren zur Verfügung stellten und somit die Polizeianordnung umgingen. (59)

Am Morgen des 13. Januar 1973 setzten die Larzac-Bauern unter Augen von 400 'gardes mobiles' ihren Weg nach Paris zu Fuß fort, die 20 einheimischen Traktoren schlossen sich ihnen an der Stadtgrenze an.

Erstmals auf dem Marsch, nach 600 km zurückgelegten Weges, bildete sich ein Verkehrsstau von über 10 km hinter dem auf 600 Personen angewachsenen Demonstrationszug.

Der Fußmarsch sollte solange andauern, bis eine Delegation von 10 Bauern, die mit Autos nach Paris vorausfuhr, bei der trotz des Verbotes in der 'Bourse de Travail' stattfindenden Demonstration (60) angekommen war. In diesem Augenblick hielten Landwirte auf der Landstraße eine Pressekonferenz ab, bevor sie ebenfalls nach Paris weiterfuhren. Nach der Kundgebung mit 5.000 Teilnehmern gab die Delegation im 'Hotel Matignon' ein Protestschreiben ab, in dem der Premierminister aufgefordert wurde, unter anderem über Sätze nachzudenken wie:

> "Sklaven zu halten, ist schlimm genug. Unerträglich wird es jedoch, Sklaven zu halten und sie Staatsbürger zu nennen!" oder
> "Wenn Völker die Achtung vor ihren Regierungen verlieren, beginnen sie, den Gehorsam aufzukündigen." (61)

Außerdem übergaben die Bauern 210.000 Unterschriften gegen das Erweiterungsprojekt, die im ganzen Land gesammelt worden waren.

Am Abend feierten die Bauern mit ihren Unterstützern in der Universität von Jussieu ihre gelungene Aktion. Auf dem Campus thronte symbolisch ein Traktor, den 'paysans-travailleurs' als Zeichen des Sieges auf einem Lastwagen herangeschafft hatten. Trotz aller Widerstände war es allen Bauern gelungen, nach Paris zu kommen.

Das Ziel, sich der französischen Öffentlichkeit bekannt zu machen, war erreicht. Den Bauern erschien es im Rückblick als besonders wichtig, unterwegs auch die Probleme der sie unterstützenden Menschen kennengelernt und neue Verbündete gefunden zu haben. Da angesichts der unbeugsamen Haltung der Betreiberseite und der Unzuverlässigkeit der Standesvertreter die Strategie direkter Aktionen und des Zivilen Ungehorsams noch dringlicher wurde, arbeiteten die Landwirte gezielter als vorher mit dem linken Flügel der Unterstützerbewegung und Minderheitsgruppen wie den 'paysans-travailleurs' zusammen. Die Bauern hatten zwar ihre 'Beschützer' überholt, vermieden dennoch weiterhin den Bruch mit den Notablen.

5.1. Wahlverhalten und politische Bewußtseinsbildung

"Die Larzac-Bauern haben keine gemeinsame Position zu dem einen oder anderen Kandidaten, aber die '103' müssen den Kandidaten der Unabhängigen Republikaner ausschließen, der gegen den Larzac arbeitet." (62)

Mit dieser Erklärung von Léon Burguière bei einer Veranstaltung am 16. Februar 1973 wurde die Unfähigkeit der Larzac-Bauern offensichtlich, sich für einen der beiden mit ihnen sympathisierenden Kandidaten, Gerard Deruy für die Linksunion oder den Zentristen Roger Julien, bei den Parlamentswahlen im März 1973 zu entscheiden.

Beim zweiten Wahlgang ging dann auch der UDR-Kandidat Marcel Gabriac knapp als Sieger hervor, was von der Regierung als Votum für die Camp-Erweiterung ausgelegt wurde. Kurz zuvor hatte es noch zwei unterschiedliche Wahlempfehlungen gegeben. Während der Norden des Plateaus für Deruy warb, setzten sich die Bauern im Süden für Julien ein. Die sozialen Unterschiede drückten sich also auch im Wahlverhalten aus, seit die Initiative des Widerstandes im vorangegangenen Jahr noch stärker an den Norden übergegangen war und damit der Kontrolle der Notablen entzogen wurde. Die Öffnung der 'Pioniere' um Tarlier gegenüber der Linken und der Protestjugend verstärkte den Rückzug der alteingesessenen Familien um den FDSEA-Vertreter Massebiau im Süden auf abwartende und korporatistische Positionen.

Viele Freunde des Larzac in Millau waren sehr unzufrieden über den Wahlausgang und das uneinige Verhalten der Bauern, da sie ihre Unterstützung durch Stimmabgabe für Deruy ausdrücken wollten.

Die "103" sahen sich gezwungen, in einer Pressekonferenz darauf hinzuweisen, daß die UDR im Aveyron immerhin 24% ihrer Stimmen (über 8.000 gegenüber 1967, 13.000 gegenüber der "Angstwahl" von 1968) verloren hatte, was im nationalen Vergleich einen Rekord darstellte. Von den drei Kandidaten beim zweiten Wahlgang erhielt Gabriac 22.717, d.h. 41,15% der 65.744 Stimmen, Deruy 20.075 (36,36%) und Julien (Centre Democrate) 12.415 Stimmen, d.h. 22,49%. In Millau selbst erhielt Gabriac, obwohl Bürgermeister der Stadt, nur 30,82% der Wählerstimmen. (63)

Außerdem wiesen die Bauern auf den für sie ungünstigen geographischen Schnitt des Wahlkreises Aveyron-Süd hin, der sich bis kurz vor Rodez hinzieht. Viele Kleinbauern in den Tälern verstanden den Kampf um Larzac noch unzureichend, sahen in ihm eine Taktik, die Bodenpreise in die Höhe zu treiben, oder eine für sie undurchsichtige politische Angelegenheit, in die sie sich nicht einmischen wollten.

Die internen Spannungen unter den Larzac-Bauern hielten auch nach diesen

Wahlen an, bis die Erkenntnis der gewachsenen Gefahr durch die Bestätigung des Mehrheitskandidaten die Energien neu einte. Illegale Aktionsformen nach den Parlamentswahlen sollten die bisherige Beschränkung auf legalen Widerstand beenden.

Wenige Monate später, bei den Kantonalwahlen im September 1973, bemühten sich die "103", aus den Fehlern der Uneinigkeit zu lernen. Im Wahlbezirk Nant setzte sich Julien als neuer Generalrat eindeutig gegen den Bürgermeister Lapeyre (UDR) aus La Cavalerie durch, in Millau-Ost besiegte Deruy Bürgermeister Gabriac, und in Millau-West wurde der Jungbauer und Sozialist Jean-Louis Coulon anstelle des stellvertretenden Bürgermeisters Esperce neuer Generalrat.

Doch schon bei den Präsidentschaftswahlen im Mai 1974 sollte erneut eine Dreierkonstellation Schwierigkeiten bereiten. Sehr schnell sprach sich die Mehrheit der Larzac-Bauern gegen den UDR-Kandidaten Chaban-Delmas aus, der zur Zeit der Erweiterungsentscheidung Premierminister gewesen war. Da Valérie Giscard d'Estaing keine grundsätzlich andere Militärpolitik anstrebte, empfahlen die Bauern nach einer Abstimmung ihrer Vollversammlung Ende April 1974 öffentlich die Wahl von François Mitterand. Der Sekretär der PS hatte sich für die Beendigung der Atombombentests und gegen die Erweiterung des Larzac-Camps ausgesprochen. Die Parteinahme für die 'Linksunion' verlief nicht ohne gewisse Spannungen zwischen den Camp-Gegnern, da z.B. Raymond Bonnefous sich klar für Giscard d'Estaing aussprach.

Das Wahlergebnis zeigte im Aveyron mit 56,6% für Giscard d'Estaing im Durchschnitt und der höheren Stimmenzahl für Mitterand in den fünf Städten erneut die unterschiedlichen Einstellungen zwischen Stadt und Land. In den 14 betroffenen Gemeinden in und um das Plateau jedoch erreichte die 'Linksunion' 52% der Stimmen (im Vergleich zu 43,4% im Aveyron).

5.2. Exkurs: Larzac und die Wahlen bis 1981

Die ergänzenden Kantonalwahlen vom März 1976 waren von der Frage begleitet, ob mit der Regierung über eine "Miniatur-Erweiterung" verhandelt werden solle. Die PS-Ortsgruppe Millau sprach sich grundsätzlich dagegen aus, während einige ihrer amtierenden Parlamentarier sich aus solchen Verhandlungen Vorteile für die Kommunalwahlen im März 1977 erhofften, falls sie sich dabei als Sprecher der Bauerninteressen profilieren könnten.

Grundsätzlich sah die Sozialistische Partei im Departement Aveyron die Notwendigkeit ein, die Bauern in der direkten Auseinandersetzung zu unterstützen, und war daher bereit, von Fall zu Fall auch mit Gruppierungen außerhalb der Linksunion zusammenzuarbeiten. Dies fiel ihr umso leichter, als die PCF in der Region seit 1973 gegenüber der PS an Einfluß und Wählerstimmen verloren hatte. Als Mehrheitsfraktion innerhalb der 'Union de la Gauche' brauchte die PS keine gauchistische Unterwanderung zu befürchten. Doch gerade dieser unbefangene Umgang mit der Bündnispolitik erweckte bei den Kommunisten den Verratsverdacht. Die PCF betrachtete weiterhin das umstrittene Larzac-Camp als nationales Problem, das allein durch einen Regierungswechsel auf nationaler Ebene zu lösen wäre.

Bei den Kantonalwahlen unterstützten die Bauern im Wahlkreis Millau-Ost erneut den Larzac-Gegner der ersten Stunde, J.L. Coulon, der im zweiten Wahlgang sein Wahlamt als Generalrat klar behaupten konnte.

Eine weitere Einzelheit dieser Wahl kennzeichnete die veränderte politische Situation in der Region: Der Präsident der Landwirtschaftskammer, Henri Jaudon, setzte sich im Wahlkreis Cassagnes-Bégonhes durch, obwohl sein Gegenkandidat von der UDR ein Foto Jaudons veröffentlicht hatte, das zeigte, wie er beim "Grabenkrieg" vom 25. Januar 1975 von der Polizei über die Straße geschleppt wurde.
Dies sei eine für einen Volksvertreter unwürdige Haltung. Die Wähler waren offensichtlich anderer Meinung.
Durch den Tod des UDR-Bürgermeisters von Millau, Gabriac, am 20. Oktober 1976 ergab sich die Notwendigkeit, fünf zurückgetretene Gemeinderäte neu zu wählen, um die Bürgermeisternachwahl zu ermöglichen.
Der parteilose Larzac-Bauer Léon Maillé ließ sich auf der PS-Liste aufstellen — um bei der Wahl die höchste Stimmenzahl zu erreichen. Zum ersten Mal war damit einer der "103" in ein politisches Amt gewählt worden, ein deutliches Zeichen für die Veränderung der politischen Landschaft des Süd-Aveyron.

"Vor zwei Jahren hätte ein solches Ereignis auf dem Larzac ein Mordsgezeter hervorgerufen, und heute zögert kaum einer der Landwirte mehr, sich als links zu bezeichnen." (64)

Die Camp-Befürworter versuchten vergeblich, Maillés Wahl wegen seiner Haftstrafe anläßlich der Kommandoaktion vom Juni 1976 für ungültig erklären zu lassen, doch die Berufungsinstanz hatte die bürgerlichen Ehrenrechte, also auch das passive Wahlrecht, für Maillé bestehen lassen.

"Larzac-Bauer, das ist ein Mythos geworden. Manchmal haben wir Angst, daß es uns zu Kopfe steigt", sagte der Neugewählte. "Alles geschah ein wenig gegen meinen Willen. Wegen Debré habe ich mich in die Politik gestürzt. Hätte es den Larzac-Konflikt nicht gegeben, würde ich dort oben in Ruhe meine Schafe hüten. Ich war ein Durchschnittsfranzose, mußte erst alles allmählich entdecken. So wurde ich auch zum Filmemacher, ich habe meine Kamera zu allen Aktionen mitgenommen, was mich nicht am Mitmachen hinderte."
So entstand das 'Ciné-Journal', für das Léon Maillé den Sonderpreis für Dokumentarfilme beim Festival in Thonon-les-Bains erhielt. . .
"Und wenn uns ein Augenblick freie Zeit bleibt, dann spielen wir Bauern." (65)

Der Larzac-Kampf stärkte den Einfluß der PS in Millau; hatte die Ortsgruppe 1971 nur 10 Mitglieder, so waren es 1976 bereits 81. Im Gegensatz dazu isolierte sich die PCF durch ihre Einstellung zum Larzac.
Zu den Kommunalwahlen im März 1977 betonten die Larzac-Bauern: "Wir bleiben wie bisher überzeugt, daß Wahlen als solche kein Problem lösen können." (66)
Dessen ungeachtet ist die Haltung der Gemeinderäte politisch relevant, nicht zuletzt im Blick auf die Nutzung der gemeindeeigenen Flächen auf dem Plateau.
Die Armeegegner profitierten vor allem in La Couvertoirade von den Gemeindewahlen; in Creissels verlor zwar die linke Liste, aber der dortige Gemeinderat hatte bereits zuvor Manöver auf gemeindeeigenen Flächen verboten.
In Millau kandidierten eine in sich uneinige Rechte (RPR-Gaullisten und UDF-Giscardianer), die Linksunion (17 PS-, 9 PCF- und einem PSU-Kandidaten) und ein schillerndes, reformerisches 'Zentrum', angeführt von Manuel Diaz.
Schon im ersten Wahlgang gewann Diaz mit 5.144 Stimmen vor der Linken (4.130 Stimmen) und der Rechten, die mit 15% der Stimmen (1971 noch 53%) eine totale Niederlage einsteckte. Beim zweiten Wahlgang gewann das Zentrum 2.000 Stimmen Vorsprung vor der Linken. Auf dem Plateau wurde dies als Niederlage empfunden, da Diaz' Haltung zum Larzac nicht eindeutig genug erschien — er setze sich für den Larzac ein, solange der Widerstand innerhalb der legalen Grenzen bliebe. Immerhin initiierte Diaz im Stadtrat eine Grundsatzabstimmung, die am 18. März 1977 mit 21 von 27 Stimmen überraschend eindeutig im Sinne der Bauern ausfiel.

Bei den Parlamentswahlen zur 'Assemblée Nationale' im März 1978 setzten die Larzac-Bauern gewissen Hoffnungen auf den Sieg der Linksunion, da der PS-Spitzenkandidat Mitterand in der nahen Stadt St. Affrique erklärt hatte:

"Der Erweiterungsplan ist absurd, gefährlich und unnütz. Wir werden den Bauern das Land zurückgeben. Über die Verwendung des Bodens haben nicht wir, sondern die Menschen der Region zu entscheiden. . ." (67)

Das überraschende Einschwenken der Linksunion während des Wahlkampfes auf die Befürwortung der französischen Atomstreitmacht löste jedoch starke Zweifel und Wut auf dem Plateau aus. Stellvertretend für die "103" unterschrieben Pierre Burguière, Elie Jonquet und Léon Maillé den Offenen Brief "Fragen an die Linke zur Nationalen Verteidigung", neben Persönlichkeiten wie Simone de Beauvoir, Jean Paul Sartre, General de Bollardière, René Dumont, Roger Garaudy und anderen. (68)

Als ihren Beitrag zum Wahlkampf verteilten die Bauern im Departement außerdem 18 000 Exemplare der Nr. 30 der Zeitschrift 'Gardarem Lo Larzac' mit ausführlichen Beschreibungen ihrer verschiedenen außerparlamentarischen Widerstandsformen und Hinweisen auf Möglichkeiten, sie zu unterstützen.

Im ersten Wahlgang stellten sich in Süd-Aveyron acht Kandidaten: Godfrain, RPR = Gaullisten; Dias, MRG; Deruy, PS; Perez, PCF sowie die trotzkistische LCR, die linke Splittergruppe LO, eine nahezu unbekannte Gruppe 'Démocratie Chrétienne' und die rechtsradikale 'Nationale Front', die die Erweiterung des Camps als "Beitrag zum regionalen Wohlstand" forderte.

Godfrain hatte sich von Anfang an für das Armeeprojekt eingesetzt, war er doch schon bei jenem UDR-Parteitag im Oktober 1970 anwesend, auf dem erstmals die Armee-Pläne bestätigt wurden. Der Schüler des Ökonomieprofessors und späteren Premierministers Raymond Barre machte durch Mitarbeit an zentraler Stelle in "Bürgerwehren" wie SAC und CDR von sich reden. (69)

Die Haltung des kommunistischen Kandidaten reduzierte sich auf den Satz "Beim gegenwärtigen Stand der Dinge sind wir gegen das Erweiterungsprojekt." (70)

Der PS-Kandidat Deruy als einziger, dessen Haltung gegen das Camp unzweideutig war, erreichte im zweiten Wahlgang in Millau-Stadt 56,5% der Stimmen; aber auch in einigen Dörfern erzielte er sehr gute Ergebnisse: in Pierrefiche 80% oder in La Courvertoirade 61,2%. Das Ergebnis in La Cavalerie mit 206 Stimmen für die Linke gegen 250 Stimmen für die Rechte ist bemerkenswert, da nur 20% der Wähler in dem Garnisonsort Landwirte sind. Möglicherweise wirkte sich hier der Fanatismus der Camp-Befürworter (MPOL), die Deruy als Fahnenschänder und Paradenstörer beschimpften, abschreckend aus.

Trotz alledem enttäuschte das Endergebnis des gesamten Wahlkreises die Larzac-Verteidiger: Godfrain siegte mit 55,18% gegenüber 44,72% für Deruy (was für diesen eine Steigerung von 8% gegenüber der Wahl vom 1973 darstellte). Die knappe Mehrheit der Linken im ersten Wahlgang ging verloren, weil sich die 'Mitte' im zweiten Wahlgang der Regierungskoalition anschloß.

Nach der Entscheidung wagte Godfrain, seine Absichten eindeutiger auszusprechen:

"Innerhalb der nächsten fünf Jahre werde ich auf dem Larzac Ordnung und Frieden wiederherstellen und danach wird der Truppenübungsplatz geschaffen sein." (71)

Im ersten Wahlgang der Präsidentschaftswahlen von 1981 erzielte der PS-Kandidat Mitterand im Wahlkreis Millau mit 3.564 Stimmen (28,71%) über 500 Stimmen mehr als der amtierende Präsident Giscard d'Estaing (24,66%). Auffällig hoch war bei dieser Abstimmung der Prozentsatz von 14,77% für den PCF-Kandidaten Marchais im Vergleich zum Durchschnitt des Aveyron von 9,63%.

Obwohl das Larzac-Problem bei den Wahlen im Aveyron zu den wichtigsten Themen gehörte, drückten die Wahlergebnisse in sehr unterschiedlicher Weise die mehrheitliche Meinung der Region zu diesem Konflikt aus. Mit der Entfernung der Wohnorte der Wahlberechtigten vom Plateau setzte sich das Trägheitsmoment des "ritualisierten Wahlverhaltens" (72) durch, so wie sich der Widerstand gegen das Erweiterungsprojekt auf kommunaler Ebene stärker auswirkte als bei nationalen Wahlen. Die Volksbefragungen Anfang 1979 in einigen plateau-nahen Kommunen bewiesen eine mehrheitliche und parteienübergreifende Ablehnung des Projektes durch die regionale Bevölkerung. Da bei Parteienwahlen stets über ein Bündel vielfältigster politischer Einstellungen abgestimmt wird, vermögen Wahlergebnisse nur wenig über die Meinung der Bevölkerung zu einzelnen Problemen auszusagen.

6. Das Plateau als internationaler Treffpunkt kämpfender Minderheiten

Seit dem Frühjahr 1973 trafen die ersten ausländischen Gruppen zu Solidaritätsbesuchen auf dem Larzac ein. Nach einem Konzert der "Long Kesh City Ramblers" aus Nordirland kam z.B. eine Delegation nordamerikanischer Indianer, die fünf verschiedene Stämme vertraten. Kurz nach den Ereignissen von Wounded Knee reiste die Indianergruppe zur konstituierenden Sitzung des 'Europäischen Rates Eingeborener Völker' nach Genf. Nach einem Gespräch mit Vertretern der gewaltfreien Gruppe Lyon fuhren die Indianer spontan in den Larzac.

"Wenn dieses Land so schön geblieben ist, fast wie zur Zeit der Schöpfung, dann müssen die hier lebenden Menschen in Harmonie mit der Natur geblieben sein",

beglückwünschte das spirituelle Oberhaupt der Hopis die Larzac-Bauern. (73) Neben den Peuhls in Afrika sind die Hopi-Indianer eines der wenigen Völker der Erde, die nie in ihrer Geschichte Krieg geführt haben. Die Hopis haben ein ausgeprägtes Bewußtsein, ihre ökologische Botschaft weiterzutragen, da für sie die Erde heilig ist.

"Der Unterschied zwischen den Weißen und den wahren Menschen ist, daß die ersteren glauben, die Erde gehört ihnen, während wir glauben, wir gehören zur Erde." (74)

Die internationale Dimension der Begegnung zwischen kämpfenden Minderheiten wurde bei den Großkundgebungen der folgenden Jahre auf dem Larzac beibehalten und weiter vertieft.

6.1. "LIP, Larzac – derselbe Kampf" Großkundgebung im Sommer 1973

Die Landschaft des "Rajal de Guorp" (Rabenschlucht), unweit der Nationalstraße 9 im Zentrum des Plateaus, erinnert an die Wüstenkulisse eines Wildwest-Films. Bizarre Felsen bilden hier ein natürliches Amphitheater, den Schauplatz für das zweitägige Demonstrationsfest, zu dem Ende August 1973 über 60.000 Menschen pilgerten. Vor dem riesigen Podium aus Strohballen hing ein Transparent mit dem Motto der "politischen Kirmes" (75): "Arbeiter, Bauern, alle gemeinsam werden wir Larzac behalten!"

Bernard Lambert, Sprecher der 'paysans-travailleurs', erklärte am Abend des 25. August:

"Eine Bäuerin formulierte vorhin am Wegesrand das Ziel unseres Marsches: Wir gehen zu einer Hochzeit zwischen Bauern und Arbeitern, zur Vermählung von LIP (76) und Larzac. ... Dieser Wunsch zeigt, daß in unserem Lande ein bedeutendes Ereignis stattfindet. ... Bauern sind heute fähig, sich selbst zu organisieren, sich mit dem Kampf der Arbeiter, der Studenten gegen den Kapitalismus, gegen die Arbeitgeber, gegen die Bourgeoisie zu verbünden. . ." (77)

Mit Sicherheit war diese Sprache nicht Ausdruck des gemeinsamen politischen Denkens der Larzac-Bauern. Ihr Anliegen war vor allem, "der Armee zu zeigen, daß Zehntausende von Personen rasch für den Fall der gewaltsamen Vertreibung der Larzac-Bauern mobilisiert werden können". (78) Außerdem wollten sie möglichst vielen Franzosen und insbesondere Landwirten die Lebensfähigkeit ihrer Höfe vorführen, nachdem sie sich selbst zuvor über Rodez und Paris in die Außenwelt begeben hatten. Dies hinderte sie nicht, ihren Konflikt in globalen Zusammenhängen einzuordnen:

"Es ist Wahnsinn, fruchtbares Land zu sterilisieren, wenn zwei Drittel der Erde unterernährt sind. ... Schicken wir lieber Lebensmittel und Maschinen in die unterentwickelten Länder." (79)

Am Ende des Trecks nach Paris hatten sich die 'paysans-travailleurs' angeboten, einen Sternmarsch "aller Bauern" auf das Plateau zu organisieren. Nach einem ersten Treffen am 3. Februar 1973 stimmte die Vollversammlung der "103" am 14. April dem Vorhaben zu, da das frühere Horrorbild von den 'paysans-travailleurs' bei den meisten Larzac-Bewohnern verblaßt oder ganz verschwunden war.

"Zu dieser Zeit staunten wir bereits über die Ernsthaftigkeit der Vorbereitung. Es war deutlich, daß hier organisiert, methodisch vorgegangen wurde. ... Da habe ich mir gesagt, diese 'paysans-travailleurs' machen keinen chaotischen Eindruck, wie wir es zuvor gehört hatten. ... Es gab unter uns viele Diskussionen. ... Die einen sahen keinen Grund zum Zweifel, daß die 'paysans-travailleurs' unsere Linie respektieren, andere, die mehr mit dem offiziellen Berufsverband verbunden waren, sahen Gefahren in diesem "Abenteuer"." (80)

Am 19. Juni veröffentlichte das "Büro der 103" einen Aufruf "Allgemeine Mobilmachung" mit okzitanischen Fahnen anstelle der Trikolore auf offiziellen Plakaten, in dem es zwischen der Haltung der FNSEA und der FDSEA differenzierte:

"... Wir begrüßen die Entscheidung der 'paysans-travailleurs', einen Marsch auf den Larzac zu organisieren, und geben ihm unser volles Einverständnis. ... Im Bewußtsein, vom offiziellen Berufsverband nur in dem Maße unterstützt zu werden, wie wir nicht allzusehr stören und Regierungsentscheidungen nicht wirklich in Frage stellen. Während wir in unserem Kampf von der FDSEA des Aveyron soweit unterstützt werden, als es ihr möglich ist, fühlen wir uns auf nationaler Ebene verraten.
Wir haben im Larzac mehr zu verteidigen als nur den Boden als unser Produktionsmittel. ... Mehr und mehr wird uns bewußt, daß sich unser Kampf mit dem aller arbeitenden Menschen verbindet, die ins Räderwerk eines Systems geraten sind, das allein auf dem Profit basiert:
– Der Bauer, immer stärker von Schulden erdrückt, kann sein Land jederzeit verlieren.
– Der Arbeiter, an ein Unternehmen gekettet, auf dessen Leitung er keinerlei Einfluß hat, und der oft einer inhumanen Arbeitshetze ausgeliefert ist.
Uns ist auch bewußt, daß wir Verteidiger einer gewissen Lebensqualität sind, wenn wir unser Land für das Leben bewahren und nicht für den Tod hergeben.
Einig mit allen arbeitenden Menschen werden wir den Larzac behalten." (81)

Die FNSEA versuchte, sich umgehend durch die Warnung zu rechtfertigen, daß der "rein berufsständige Rahmen überschritten werden könne und die Demonstration der Ideologie einer Minderheitsgruppe als Resonanzboden dienen" könnte. Doch die Larzac-Bauern versicherten, daß sie nicht Zuschauer, sondern Teilnehmer sein würden, nachdem sie sich von der Seriosität der Organisatoren überzeugt hatten und ihre Bedingungen eines gewaltfreien Rahmens akzeptiert wurden.

"Wir haben die Hilfe all derer angenommen, die uns in unserem Kampf helfen wollen. Wir sehen nicht ein, weshalb wir nicht mit besonderer Sympathie die Hilfe von Bauern begrüßen sollten." (82)

Michel Courtin unterstrich noch einmal bei der Veranstaltung:

"Wer uns davor warnt, uns nicht mißbrauchen zu lassen, dem sagen wir: Solange sich jeder auf dem Larzac frei ausdrücken kann, werden wir nicht mißbraucht werden können." (83)

Zwei- bis dreimal soviele Menschen als erwartet fanden sich am 25. August 1973 an den Sammelpunkten Lodève, Nant und Millau ein. Die für 10.000 Fahrzeuge vorgesehenen Parkplätze waren nach kurzer Zeit überfüllt. Als die Veranstaltung bei Anbruch der Dämmerung begann, erinnerte sie äußerlich an ein Pop-Musikfestival: Überall, im Gras und zwischen den Steinen, saßen, standen oder lagen Menschen. Inhaltlich wurde es jedoch ein höchst politisches Ereignis.

Die Medien hoben besonders die Teilnahme einer starken Delegation von Arbeitern der Uhrenfabrik LIP hervor. Erste Kontakte zu den streikenden Arbeitern von Palente hatten Ende 1972 Bauern geknüpft, die in Besançon über den Larzac informierten.

"Ich empfand das LIP-Problem dem von Larzac sehr ähnlich, Menschen sollen aus Profitgründen rausgeworfen werden. Mir gefiel, daß die Leute von LIP nicht um Geld stritten, sondern ganz einfach für das Recht zu leben, ein wenig wie wir auch." (84)

Als die LIP-Fabrik von 'gardes-mobiles' besetzt wurde, behinderten die Larzac-Bauern spontan den Verkehr auf der Nationalstraße 9 mit 10 Traktoren. Ein LIP-Arbeiter schilderte den Einfluß von Larzac auf die Gemeinschaft von Palente:

"... Sie haben uns neue Kampfformen gezeigt, die wir vorher nicht kannten, z.B. die aktive Gewaltfreiheit. Ich muß zugeben, daß ich persönlich auch einen CRS [Polizisten] zusammengeschlagen hätte, wenn es nötig gewesen wäre. Aber seit ich hier bin, habe ich meine Meinung geändert. . ." (85)

Umgekehrt sahen die Bauern auch Parallelen der LIP-Praxis zu ihrem Kampf:

"Wir haben illegal gehandelt, z.B. einen Schafstall ohne Baugenehmigung gebaut. Ihr habt etwas Illegales getan, und es hat den Kapitalismus in Schrecken versetzt, daß Arbeiter sich selbst bezahlen und den Betrieb in Gang halten. Der 14. Juli 1789 war auch ganz und gar illegal und wurde dennoch zu einem nationalen Feiertag. Der Aufruf von General de Gaulle vom 18. Juni 1940 (zum Widerstand gegen die deutsche Besatzung, d. Verf.) war illegal, aber trotzdem ganz normal. . ." (86)

Neben LIP demonstrierten beim 'rassemblement' auch streikende Arbeiterinnen und Arbeiter aus Noguère (Firma Péchiney) und Romans (Salamander), Bauern und Teilzeitbauern aus der Bretagne, dem Loiretal, aus Fontevraud; Autonomisten aus französischen Überseegebieten, Regionalisten aus den Randzonen Frankreichs, Palästinenser und Nordiren, Gymnasiasten und viele andere Vertreter von Initiativ- und Widerstandsgruppen.

"Es war ein Aufmarsch der Freiheit. ... (Hier) trägt jeder dazu bei, die Kämpfe und die Hoffnungen zu verknüpfen. ... Es ist so wie ein bretonischer Bauer gesagt hat ...: 'Das ist der Weg in eine neue Welt, die wir aufbauen wollen.' " (87)

Zur Empörung der Larzac-Bauern gab es vereinzelte Pfiffe, als "der Engel von Mururoa" (88), der zum gewaltfreien Widerstand "konvertierte" ehemalige General Jacques de la Bollardière von der Behinderungsaktion gegen die Atomtests im Pazifik berichtete. Manche jüngere Antimilitaristen mochten nicht an eine radikale Umkehr des Berufssoldaten glauben, der in Indochina und Algerien gekämpft hatte.

Am Sonntag, dem 26. August, zogen nach einer Reihe von Forumsdiskussionen (zu Themen wie Bodenspekulation, Truppenübungsplätze, Armee, "Bauern-Arbeiter", LIP, Chile, Okzitanien usw.) 80.000 Menschen zur Baustelle des "Piraten-Schafstalles" von La Blaquière (89). Unter den vielen Beiträgen zur "Kathedrale des Widerstands", die die Demonstranten mitbrachten, befand sich ein Holzschaf mit einer eingebauten LIP-Wanduhr. Die Bäuerin Guiraud begrüßte die Menge:

> "... Man bietet uns Geld an, Geld, Geld, sie haben immer nur dies eine Wort im Munde. Aber wieviel Geld ist denn eine Larzac-Familie wert? ... Dieser Schafstall gehört allen Menschen überall in der Welt, die ihren Kopf nicht beugen und aufrecht leben wollen. . ." (90)

Trotz der erneut verzerrten Fernsehberichterstattung — es wurde eine Versammlung von Hippies vorgeführt, die von den Einheimischen mißtrauisch beobachtet wurde — war die Bilanz insgesamt positiv, auch wenn einzelne Bauern wie Robert Gastal und noch mehr Louis Massebiau (der sich von nun an weitgehend aus der Gruppe der "103" zurückziehen wird) eine "Überfremdung" und die Nutzung des Larzac-Konfliktes für andere politische Zwecke beklagten.

Die Bauern sahen im 'rassemblement' die erfolgreichste Mobilisierung seit Beginn des Konflikts. Die Zusammenarbeit mit so vielen verschiedenen Gruppen zeigte die Überwindung der Bindung an die Honoratioren, die so eindringlich vor der Gefahr politischer Verführung gewarnt hatten.

Damit hörte Larzac aber auch endgültig auf, allein Sache der einheimischen Bauern zu sein. Das Geflecht von gegenseitig sich verstärkenden Bündnissen, bei dem die Bauern im Zweifelsfall das letzte Wort behielten, beunruhigte die politische Rechte stark, wie z.B. der Leitartikel im 'Figaro' vom 28. August 1973 mit dem Titel "Symbol und Warnsignal" zeigte:

> "Es wäre gefährlich, eine Art 'Gegengesellschaft' entwickeln zu lassen, ein eigenes Land am Rande, sicher mit begrenzten Ausmaßen, wo sich jedoch ein nicht zu vernachlässigender Teil der Jugend zusammenfindet, mehr denn je allem zugeneigt, was lebendig ist, was protestiert." (91)

Die Jugend hatte sich mit Bauern und Arbeitern verbündet, ohne daß es dazu politischer Stars oder Parteizentralen bedurft hätte. Das 'rassemblement' war eine Einheit in der Aktion, verwirklicht von den eigentlichen Trägern sozialer Kämpfe und nicht von politischen oder gewerkschaftlichen Berufsvertretern. Dies führte jedoch auch zu schwindelerregenden Interpretationen mancher Linksradikaler:

> "... das ist alles ganz von allein gelaufen, aus sich selbst heraus. Die Initiativfähigkeit der im Volk verankerten Linken ist schon so weit gereift, daß Zehntausende Menschen aus ganz Frankreich auf einen einfachen Aufruf der 'paysans-travailleurs' zusammenkommen, um sich vor Ort selbst zu organisieren. . .",

mokierte sich die Gruppe 'Pour le Communisme' und lieferte dann ihre eigene Deutung:

> "Wie in den besten Augenblicken des Mai 68 war es ein ungeheuer selbstdiszipliniertes Fest, von jener Disziplin, die weder von der tristen Routine des Alltags noch den übereifrigen Bemühungen eines aktivistischen und ein wenig militaristischen Ordnerdienstes auferlegt wurde, sondern aus einem hohen Bewußtseinsniveau all jener Genossen herrührt, die nicht zum Konsumieren hergekommen waren." (92)

Das Bündnis der Larzac-Bauern mit den abtrünnigen 'paysans-travailleurs' wirkte sich als starke Warnung auf den Bauernverband aus. Nach der erfolgreichen August-demonstration beglückwünschte das FDSEA-Organ 'Volonté Paysanne' die Larzac-Bauern und forderte die Landwirte im Aveyron auf, einen Arbeitstag für den Schafstall von La Blaquière zu opfern. Diese erneuerte FDSEA-Unterstützung kam den Führern der 'Association' sehr gelegen, die sich in den folgenden Monaten sehr bemühten, den Beitrag der Linksradikalen herunterzuspielen.

Noch blieb die Einschätzung Bernard Lamberts zu eindeutig, um allgemein und für immer gültig sein zu können:

"Nie mehr werden die Bauern auf der Seite der Versailler sein [1871 unterstützten Bauern die Niederschlagung der Pariser Kommune], nie mehr werden sie sich gegen diejenigen stellen, die die Gesellschaft verändern wollen." (93)

Anmerkungen zu Teil III

(1)   Text entnommen aus 'Témoignage Chrétien' vom 11. Mai 1972, im Anhang dokumentiert.
(2)   Vgl.: TOULAT, Jean: Les grévistes de la guerre. Paris, 1971, Kapitel 3.
(3)   LE BRIS, Michel: Les fous du Larzac. Paris, 1975, S. 333.
(4)   Selbstdarstellung der Larzac-Bauern in der Sondernummer von 'La Croix' zum fünften Todestag von Martin-Luther King. 4. April 1973.
(5)   In: HARDY, Y. / GABEY, E.: Dossier L . . . comme Larzac. Paris, 1974, S. 157.
(6)   Elie Jonquet vor 2 000 Menschen in La Blaquière, zitiert nach: 'Informations Larzac', Nr. 4, Juni bis August 1973.
(7)   Gerard Paloc am 3. November 1973 in Millau. Zitiert nach 'Informations Larzac', Nr. 6, November-Dezember 1973.
(8)   Léon Maillé im Gespräch mit dem Verfasser am 23. Juli 1976, Tonbandprotokoll.
(9)   HARDY, Y. / GABEY, E.: Dossier L . . ., a.a.O., S. 95.
(10) Zitiert nach Le BRIS: Les fous . . ., a.a.O., S. 340.
(11) Frauen ist es zu verdanken, daß Millau den Kampf wiederentdeckte. 'Témoignage Chrétien, 8. Juni 1972.
(12) 'Comité Départementale de Sauvegarde du Larzac'
      Am 5. Februar 1972 gegründet, Vorsitzender Raymond Bonnefous, Präsident des Generalrates von Aveyron. Setzte sich zusammen aus Vertretern des Generalrates, der Landwirtschafts- und Handelskammer, der FDSEA, CDJA, Schafzüchterverband, CFDT, FEN u.a. sowie dem Vorsitzenden und dem Schatzmeister der 'Association de Sauvegarde du Larzac'.
      War an allen offiziellen Aktionen beteiligt, sicherte in den ersten Jahren Information auf nationaler Ebene, z.B. durch 'Larzac-Informations', Bücher wie Larzac — terre inconnue, Le Larzac veut vivre, Broschüren, Flugblätter, Postkarten, Pressearbeit. — Sammelte zusammit mit der 'Association' Geld und hatte einen großen Verteiler. Das Sekretariat war von der Landwirtschaftskammer gesichert. (Nach 'Larzac-Informations', 6. November 1973).
(13) Michel Poniatowski, damals Sekretär der 'Unabhängigen Republikaner' (Giscardianer) und späterer Innenminister in seinem Buch "Cartes sur table". Zitiert nach 'Témoignage Chrétien', 11.1.1973.
(14) nach 'Midi Libre', 19.3.1972.
(15) 'Le Monde', 19.5.1972.
(16) Guy Tarlier, Tonbandprotokoll, 25.7.1976.
(17) Paul Masson war zuvor Leiter der halboffiziellen Organisation "Büro für die Entwicklung der landwirtschaftlichen Produktion", 'BDPA', und dabei Vorgesetzter Tourniers während dessen Tätigkeit in Zentralafrika, Togo, Kambodscha und Algerien. Unter dem Deckmantel der 'BDPA' sollen auch Agenten der 'SDECE' (französische Gegenspionage) in der Dritten Welt gearbeitet haben (vgl. A. Jaubert: Dossier D . . . comme Drogue. Paris, 1973, S. 208), die auch an Waffenlieferungen, z.B. im Biafra-Krieg, beteiligt gewesen sein sollen. (vgl. 'L'Express', 6. Dezember 1971). Masson war bis 1979 immer wieder offizieller Gesprächspartner der Larzac-Bauern.
(18) Tourniers Bericht an das Landwirtschaftsministerium, dokumentiert in: HARDY, Y. / GABEY, E.: Dossier L . . ., a.a.O., S. 366.
(19) Die Judassilberlinge. 'Le Monde', 15. Juli 1972.
(20) "Die RAL erklärt, daß sie von der Gruppe der 103 Bauern, Association de Sauvegarde und dem Comité Millavois völlig unabhängig ist. Ihr Ziel ist es, mit anderen Mitteln zu verhindern, daß der Larzac an die Armee verkauft wird."
      Zitiert nach 'Le Rouergat' vom 24. Juli 1973.
(21) Nach HARDY, Y. / GABEY, E.: Dossier L . . ., a.a.O., S. 366.
(22) ebd., S. 373.
(23) ebd., S. 370.
(24) ebd., S. 370/371.
(25) ebd., S. 374.
(26) ebd., S. 374.
(27) SAFER: 'Société d'Aménagement Foncier et d'Etablissement Rurale'. Eine paritätisch besetzte Gesellschaft des Öffentlichen Rechts für Flurbereinigung und Verbesserung der Agrarstruktur. In der Gesellschaft hat der Regierungsvertreter Vetorecht, bei allen

Grundstücksverkäufen hat die SAFER zwei Monate Vorkaufsrecht. Für den Larzac zuständig ist die regionale Untergruppe SAFALT, 'Société D'Aménagement Foncier de l' Aveyron, de la Lozère et du Tarn'.

(28) Debrés Brief an Chirac ist dokumentiert in: HARDY, Y. / GABEY, E.: Dossier L . . ., a.a.O., S. 282/283.

(29) Zitiert nach Mabille: Larzac. In: 'La Gueule Ouverte', Nr. 1, November 1972.

(30) Nach HARDY, Y. / GABEY, E.: Dossier L . . ., a.a.O., S. 153.

(31) ebd.

(32) ,Lutte Occitane', Nr. 3, Juli-August 1972.

(33) 'Le Monde', 15. Juli 1972.

(34) Zitiert nach HARDY, Y. / GABEY, E.: Dossier L . . ., a.a.O., S. 157/158.

(35) Im Verhaltensflugblatt für den 8. Mai 1971 hieß es:
"Ruhige Entschlossenheit, ein friedlicher Marsch sollte schweigend stattfinden. ... Wenn die Anordnung gegeben wird, setzen wir uns ruhig auf die Straße und führen die Demonstration in aller Ruhe fort, nicht fliehen, aufsammeln lassen, falls dies die Polizei beschließt. Nicht auf Schläge antworten."
Das Flublatt zum 14. Juli 1972 war inhaltlich sehr ähnlich:
"... Zuerst versuchen, die Provokateure mit Worten zu überzeugen. Wenn das nicht ausreicht, sie neutralisieren und dabei auf jeden Fall Gewalt vermeiden."
"Der unauffällige, aber umfangreiche Ordnerdienst setzte sich aus Mitgliedern von 'CFDT', Umweltschutzgruppen, PSU, 'Lutte Occitane', PS, 'Secours Rouge', MDPL usw. zusammen." 'Dépêche du Midi', 10. Mai 1971.

(36) Im 'ORTF' hieß es um 19 Uhr:
"Schwere Zusammenstöße haben die Demonstration von 5 000 Personen beeinträchtigt. Der Ordnerdienst ging mit Faustschlägen gegen die Gauchisten vor. ... Es gab 16 Verletzte. . .". Nach 'Lutte Occitane', Nr. 3, Juli-August 1972.

(37) 'Larzac-Informations', Nr. 1, Dezember 1972.

(38) Nach Mabille: Larzac. 'La Gueule Ouverte', Nr. 1, November 1972.

(39) "Die Revolte kommt vom Plateau". 'Témoignage Chrétien', 29. Juni 1972.

(40) "Ein Bauer sagte mir: Das ist unser Mai 68". 'Témoignage Chrétien', 29. Juni 1972.

(41) 'Larzac-Informations', Nr. 1, 1972.

(42) In ihrem Bericht schrieben die Kommissare z.B. unter dem Stichwort Tourismus: "Da eine große Anzahl von Franzosen eng mit ihrer Armee verbunden bleibt, könnte die Anwesenheit stärkerer Kontingente ausgestattet mit moderner Bewaffnung durchaus Touristen anziehen." Zitiert nach Dossier L . . ., a.a.O., S. 170.

(43) Der 11. November, Jahrestag des Waffenstillstandes im Ersten Weltkrieg, ist in Frankreich nationaler Feiertag wie der 14. Juli, an ihm werden die Kriegstoten militärisch geehrt.

(44) Das Stoppschild findet sich als Zeichen des Hannover-Trecks der Gorleben-Bauern im März 1979 wieder, so wie der ganze Treck dem langen Marsch des Larzac sechs Jahre zuvor nachempfunden war.

(45) Nationale Verteidigung − Kosten − Wahnsinn.

(46) 'Témoignage Chrétien', 11. Januar 1973.

(47) 'Midi Libre', 13.1.1973.

(48) 'Témoignage Chrétien', 11.1.1973.

(49) 'Larzac-Informations', Nr. 2, Februar 1973.

(50) ebd.

(51) ebd.. Michel Debatisse übernahm 1980 das Amt eines Staatssekretärs im Pariser Landwirtschaftsministerium.

(52) Ein Bauer, nach HARDY, Y. / GABEY, E.: Dossier L . . ., a.a.O., S. 186.

(53) 'Gardarem Lo Larzac', Nr. 1, Juni 1975.

(54) Gegründet von Jean-Marie Muller.

(55) Die meisten Mitglieder der 'paysans travailleurs' waren zuvor Mitglieder der Katholischen Landjugend JAC bzw. des Jung-Landvolkes CNJA/CDJA, der Jugendorganisation der FNSEA/FDSEA. Die Arbeiter-Bauern, zu deutsch Teilzeitbauern, verstehen sich selbst als ausgebeutete Werktätige, für die der Boden ein Produktionsmittel darstellt. Sie erstreben die politische Einheit zwischen armen (und mittleren) Bauern und den Fabrikarbeitern gegen die Großbauern und Grundbesitzer, gegen die Arbeitgeber und den Staat. Die proletarisierten Landwirte sind vor allem in den Regionen mit hohen Anteilen an Milchproduktion von der Agrarindustrie abhängig, die die Preise für Dünger, Futter und Endprodukte bestimmen, so daß den Bauern oft nicht einmal der gesetzliche Mindestlohn bleibt.

(56) Vergleiche die Analyse der bäuerlichen Situation im Kapitalismus bei Bernard Lambert: Les paysans dans la lutte des classes. Paris, 1970, bzw. ders.: Bauern im Klassenkampf. Berlin, 1971.
Lambert arbeitete Anfang der Fünfziger Jahre in der Nationalen Leitung der Katholischen Landjugend JAC, aus der sich viele Hauptamtliche von FNSEA, FDSEA, CNJA und CDJA rekrutieren, welche politisch meist der Regierung nahestehen. Aus dieser Zeit kannte Lambert auch Michel Debatisse und Raymond Lacombe. Während des Algerienkrieges wurde Lambert mit 27 Jahren als Mitglied der katholischen MRP (Volksrepublikanische Partei) zum jüngsten Parlamentsabgeordneten Frankreichs. Danach führte sein Weg zu den Linkssozialisten (PSA, später PSU), bis er die 'paysans-travailleurs' gründete.

Anstatt in parlamentarischer Arbeit sah er sein Talent eher in der Rolle eines 'Volkstribunen'.
(57) HARDY, Y. / GABEY, E.: Dossier L . . ., a.a.O., S. 188/189.
(58) 'Larzac-Informations', Nr. 2, Februar 1973, S. 8.
(59) Im Loiret waren die 'paysans-travailleurs' zwar wenig verankert, Lambert kannte jedoch aktive FDSEA-Mitglieder.
(60) Die Pariser Sektionen von KPF, CGT und PS zogen nach dem Verbot ihre Zusagen zur Teilnahme zurück.
(61) 'La Dépêche du Midi', 15.1.1973.
(62) 'Larzac-Informations', Nr. 3, Februar/Mai 1973, S. 3.
(63) Angaben nach: 'La Dépêche du Midi', 27.3.1973.
(64) Michel Courtin in der PS-Zeitschrift 'L'Unité', Nr. 229, 10.-16. Dezember 1976.
(65) Ein Bauer im Rathaus. 'L'Unité', Nr. 229, 10.-16. Dezember 1976.
(66) 'Gardarem Lo Larzac', Nr. 20, März 1977.
(67) Zitiert nach 'SUD', Nr. 92, 28. November bis 4. Dezember 1977.
(68) 'Questions à la Gauche sur la Défense Nationale', dokumentiert in 'Alternatives Non-Violentes', Nr. 23, 1977.
(69) SAC = Service d'action civique.
CDR = Comité de défense de la république.
Die zwielichtigen Praktiken dieser "Bürgerwehren" werden näher beschrieben bei CLAIROFF, Patrice: B . . . comme Barbouzes, Paris, 1973.
(70) PCF-Erklärung in 'Le Journal de Millau' vom 28.2.1978.
(71) Zitiert nach 'Libération' vom 17./18.6.1978.
(72) RÖNSCH, Horst-Dieter: Reaktionen auf staatliches Handeln am Beispiel des Wahlverhaltens. In: Hans Matthöfer (Hrsg.): Bürgerbeteiligung und Bürgerinitiativen. Reihe Argumente in der Energiediskussion, Villingen, 1977, S. 386.
(73) Zitiert nach 'Combat Non-Violent', Nr. 26, Juni 1973.
(74) Nach: WAGNER, Waltraud: Wem gehört die Erde?. Frauenberg, 1980, S. 110.
(75) 'Le Figaro' vom 27. August 1973.
(76) Uhrenfabrik in Besançon-Palente, die als Abwehr gegen die Schließung von den Arbeitern besetzt wurde, die daraufhin die Produktion in eigener Regie aufnahmen. Vgl.: MORAWE, Bodo: Aktiver Streik in Frankreich oder Klassenkampf bei LIP. Reinbek, 1974.
PITON, Monique: Anders leben. Chronik eines Arbeitskampfes: Lip, Besançon. Frankfurt, 1976.
(77) Lambert zitiert nach HARDY, Y. / GABEY, E.: Dossier L . . ., a.a.O., S. 223.
(78) 'Le Monde', 28.8.1973. Die Artikelüberschrift "La vitrine de la contestation" spielt auf Tourniers Vorschläge an, Larzac zu einem "Schaufenster der Armee" zu machen.
(79) Etienne Paloc, bei der Begrüßung eines der Sternmärsche am 25.8.1973. 'Larzac-Informations', Nr. 5, August-Oktober 1973, S. 6.
(80) Léon Maillé zitiert nach Dossier L . . ., a.a.O., S. 229.
(81) Pressemitteilung im Archiv von Léon Maillé.
(82) ebd.
(83) Michel Courtin nach HARDY, Y. / GABEY, E.: Dossier L . . ., a.a.O., S. 236.
Die Organisationsaufgabe war bald von den 'paysans-travailleurs' allein nicht mehr zu leisten. Neben der inhaltlichen Vorbereitung galt es für die Beleuchtung, Lautsprecheranlagen, Camping, Verpflegung, sanitäre Anlagen, Frischwasser, Parkplätze usw. zu sorgen. Die Bauern konnten während der Erntezeit nur wenig helfen, etwa 10 von ihnen waren ständig anwesend. Daher wurde ein Abkommen mit der linksradikalen "Aufbaupartei" PLC (Pour le Communisme, ein Zusammenschluß der 'Gauche Ouvrière et Paysanne' und der Minderheitsfraktion der 'Gauche Revolutionnaire', beide früher Flügel der PSU) abgeschlossen, die mehrere Dutzend Aktivisten als Kern einer 'antenne technique', einem organisatorischen Hauptquartier, schickten. Die PLC verpflichtete sich, diese technische Hilfe nicht zu politischen Zwecken auszunutzen.
(84) Léon Maillé nach Dossier L . . ., a.a.O., S. 231/232.
(85) nach Dossier L . . ., a.a.O., S. 234.
(86) nach PITON, Monique: Anders Leben, a.a.O., S. 115.
(87) ebd., S. 116/117.
(88) LACOUTURE, Jean: Un sang d'ancre. Paris, 1974.
Vgl. HERTLE, Wolfgang: Die internationale Kampagne gegen die französischen Atombombenversuche. Gewaltfreie Aktion, Nr. 17/18, 3.+4. Quartal 1973.
In einer Pressemitteilung solidarisierten sich die Larzac-Bauern mit dem Friedensbataillon von Mururoa:
"... Die Bombe ist für den einen die absolute, totale Waffe, für den anderen die Waffe der Feigen. Es ist die erste Blume der Apokalypse, die Vollendung aller Formen der Zerstörung, die seit jeher im Menschen sind. ... Wir grüßen die Männer und Frauen, die in diesem Moment in der gefährlichen Testzone im Pazifik kreuzen, auf die Gefahr hin, daß sie atomare Lepra befällt, unsere Freunde der Priester Jean Toulat, der General de Bollardière, Jean-Marie Muller, Pastor Gilbert Nicolas, die Neuseeländer Patchouli Yeates, Graeme Marett, Murray Glue, Paul Rua, Colin Marshal, Alistair Derry, Ted Rutter, die Amerikaner Emma und David Moody". 5. Juli 1973.
(89) Siehe "Illegal und konstruktiv: die Kathedrale des Widerstandes", Kap. IV.

(90)   Zitiert nach 'Centre Presse', 27.8.1973.
(91)   'Le Figaro', 28.8.1973.
       Die Larzac-Bauern hatten sich im Frühjahr 1973 mit der Schülerbewegung gegen das
       "Debré-Gesetz" (Einschränkung der Zurückstellungen, um die Gymnasiasten ohne Unter-
       brechung zur Armee holen zu können) solidarisiert und damit sowohl einen weiteren
       Schritt zur Militarismuskritik als auch zur Versöhnung mit der kritischen Großstadtju-
       gend vollzogen.
(92)   LIP — Larzac. 'Cahiers pour le Communisme', Nr. 1, Paris, 1974, S. 3/4.
(93)   Zitiert nach HARDY, Y. / GABEY, E.: Dossier L . . ., a.a.O., S. 252.
       "Nie mehr werden die Bauern auf der Seite der Versailler stehen" heißt auch die Über-
       schrift eines Aufsatzes von Ulf Baumgärtner in: A.D. Brockmann: Landleben. Reinbek,
       1977.

Teil IV ZIVILER UNGEHORSAM UND KONSTRUKTIVE ALTERNATIVEN

1. Larzac als Brennpunkt landesweiter Kampagnen Zivilen Ungehorsams

Zum Abschluß des Traktoren-Marsches erklärten die Bauern in Paris ihre Entschlossenheit zu weiterem Widerstand:

"... [Nach dem Marsch] ist unser Kampf für Menschenwürde, für Wahrheit, Gerechtigkeit und Frieden keineswegs zu Ende, im Gegenteil, er fängt jetzt erst richtig an. Wir rufen jedermann und insbesondere alle Bauern auf, ab sofort und in den kommenden Wochen und Monaten in ganz Frankreich eine wirksame Solidarität zu organisieren und dies im Rahmen der gewaltfreien Aktion, die unser Gesetz und unsere Stärke ist. Wir sind entschlossen, bis zum Ende zu gehen, beseelt von einem unerschütterlichen Willen, daß unser Glaube und unsere Entschlossenheit all denen Mut wiedergebe, die ihre Rechte verteidigen und in Würde und Frieden leben wollen." (1)

Der Schock durch die "Erklärung des Öffentlichen Nutzens" zerstörte die letzte Hoffnung der Bauern, die Camp-Erweiterung auf legalem Wege verhindern zu können. Für sie war nun endgültig die Zeit reif für Zivilen Ungehorsam, auch wenn sie weiterhin alle juristischen und politischen Einspruchsmöglichkeiten nutzen wollten.

Durch seine Symbolkraft wurde der Larzac für viele Franzosen zu einem zentralen Arbeitsfeld innerhalb ihrer Bemühungen um eine gewaltfreie Gesellschaftsveränderung, für die Aufwertung regionaler Lebenszusammenhänge, für die Erhaltung der natürlichen Umwelt, für den Selbstverwaltungssozialismus und gegen die Militarisierung der Gesellschaft. Larzac bot die Chance, überall verbreitete Probleme stellvertretend an einem besonders beachteten Standort anzupacken, hier bestand Aussicht, punktuell die allgemeine Tendenz zu stoppen und eventuell sogar rückgängig zu machen.

Darüber hinaus konnten die Unterstützer im ganzen Land durch Formen Zivilen Ungehorsams ihre Solidarität auch dann beweisen, falls die beinahe täglichen Auseinandersetzungen auf dem Plateau zu Ermüdungserscheinungen der Betroffenen führen sollten. Da die Regierung auf solche Momente der Resignation setzt und daher versucht, die Zeit für sich arbeiten zu lassen, liegt die besondere Stärke organisierten Zivilen Ungehorsams in langanhaltenden Kampagnen.

1.1. Zum Verständnis des Zivilen Ungehorsams in der gewaltfreien Bewegung Frankreichs

Die Begriffe "objection de conscience" (Verweigerung aus Gewissensgründen) und "désobéissance civile" (Ziviler Ungehorsam) überschneiden sich teilweise. Während der erste im allgemeinen die individuelle Kriegsdienstverweigerung meint — allerdings nicht nur die gesetzlich anerkannte —, bezeichnet der Zivile Ungehorsam zwar ebenfalls eine vom Gewissen abgeleitete Handlung, tendiert jedoch stärker zur politischen und kollektiv durchgeführten Aktionsform.

Im "Discours de la servitude volontaire" hatte der Franzose Etienne de la Boetie 1548 erstmals die Quellen der gesellschaftlichen Macht und damit die potentielle Kraft bewußter Verweigerung durch die "freiwilligen Sklaven" beschrieben.

"Und dabei bräuchte man den Tyrannen nicht einmal mit Gewalt zu bekämpfen, man bräuchte ihn nicht einmal umzubringen, nein, er wäre wie von selbst besiegt — sobald ihm nur seine eigenen Untertanen die Zustimmung zu ihrer Versklavung versagten. Man brauchte ihm gar nichts zu nehmen, man bräuchte ihm nur nichts zu geben. ... Die Völker haben die Wahl, frei zu sein oder Sklaven, aber sie lassen ihre Freiheit fahren, beugen sich unter das Joch und stimmen ihrer eigenen Knechtschaft zu, ja sie jagen ihr geradezu nach. . ." (2)

Nach Ansicht des englischen Staatsphilosophen Thomas Hobbes (1588-1679) hatten

"... Untertanen bei Wegfall des staatlichen Schutzes der körperlichen Integrität das Recht, in den vorstaatlichen Urzustand des Krieges zurückzukehren, d.h. also zu re-bellieren. . ." (3)

Der Begriff "Ziviler Ungehorsam" geht auf den Amerikaner Henry David Thoreau (1817-1862) zurück. Die Bekenntnisschrift "Über die Pflicht zum Ungehorsam gegen den Staat" (4) schrieb er als Begründung seiner individuellen Steuerverweigerung. Thoreaus geistiger Einfluß wird durch die Tatsache deutlich, daß seine Schrift noch 1955 auf Betreiben des Senators McCarthy aus öffentlichen Büchereien der USA entfernt wurde. Der Ungehorsam wird nicht nur im Gegensatz zum militärischen Gehorsam 'zivil' genannt, sondern auch als Tugend bzw. in bestimmten Situationen als Pflicht des Staatsbürgers bezeichnet. (5)

"Zivil ist dieser Ungehorsam nur wirklich, wenn er mit einem politischen Ziel organisiert ist, um die Unangemessenheit eines Gesetzes gegenüber der sozialen Wirklichkeit aufzuzeigen. . ." (6)

Die korrigierende Überschreitung der Legalität durch Zivilen Ungehorsam findet sich in der Geschichte fast aller Staaten wieder. Kaum ein Gesetz wurde jemals spontan der veränderten politischen Bewußtseinslage angepaßt, stets war dazu massiver Druck aus der Bevölkerung notwendig.

Auch in der französischen Arbeiter- und Anti-Kriegsbewegung gab es lange vor dem Auftauchen der Begriffe Gewaltfreiheit und Ziviler Ungehorsam Aktionsformen (wie z.B. den Streik vor seiner Legalisierung durch Arbeits- und Sozialgesetze), die nachträglich unter diese Begriffe eingeordnet werden können. Erst das praktische Beispiel der von M. Gandhi bewußt gewaltfrei organisierten Kampagnen Zivilen Ungehorsams verbreitete diese Begriffe durch die Übereinstimmung von Philosophie und politischer Aktivität. (Gandhi las Thoreaus Aufsatz erst in südafrikanischer Haft, nachdem er die ersten Kampagnen initiiert hatte.)

Nicht alle faktisch gewaltlosen Aktionen werden von den Handelnden bewußt so verstanden und gewaltlos genannt. Umgekehrt findet jedoch auch eine Art Begriffsinflation statt, wenn z.B. häufig die verschiedensten Aktionsformen als Ziviler Ungehorsam bezeichnet werden, deren einzige Gemeinsamkeit darin besteht, daß sie nicht legal sind.

> "Der Erfolg des Ausdrucks 'Ziviler Ungehorsam' in der letzten Zeit bewirkte, daß er zum Teil für jede konzertierte Aktion verwendet wird, die sich gegen den Staat oder die Verwaltung richtet. Es ist kein 'Beharren auf der reinen Lehre', wenn wir fordern, ihn für die Fälle zu reservieren, wo tatsächlich eine überlegte Gesetzesübertretung vorliegt. Es ist einfach eine Frage der Eindeutigkeit unseres Wortschatzes. . ." (8),

forderten die Autoren des Themenheftes "Désobéissance Civile" der Zeitschrift 'Alternatives Non-Violentes'.

Politische und soziale Konflikte finden üblicherweise in genau abgesteckten gesetzlichen Rahmen statt, die von der Gesellschaft akzeptiert werden, weil sie Errungenschaften langer Kämpfe um demokratische Rechte darstellen und nicht nur Ergebnis deren Einschränkung sind. Das bewußte Verlassen dieses Rahmens in gewissenhaft geprüften Fällen durch Zivilen Ungehorsam kann neue Handlungsmöglichkeiten erschließen, wie z.B. der Arbeitskampf bei LIP zeigte:

> "Das Scheitern der legalen Kampfmittel führte bei den LIP-Arbeitern zu einer Suche nach populären, außergesetzlichen Hilfen, die von mehr und mehr Menschen in Frankreich als Infragestellung der Legalität angesehen werden. ... Das Gesetz ist selbst in seinen eigenen Grenzen eingeengt. Außerhalb dieser Grenzen ist die Regierungsmacht wie gelähmt. Die ganze Möglichkeit zur Kraftentwicklung des Zivilen Ungehorsams liegt in seiner Fähigkeit, die Öffentliche Macht außerhalb ihres juristischen Bereiches zu zerren. . ." (9)

1.1.1.   Überzeugungstat und Repression

Im Falle des Konfliktes zwischen Gewissen und Gesetzen benutzt der Staat seinen Gewaltapparat zur Beachtung dieser Gesetze, versucht die individuellen Gewissen zur Übereinstimmung mit dem "kollektiven Gewissen" zu zwingen. Das geltende Recht ist parteiisch und repressiv, da es die bestehende Ordnung schützen soll. Der Zivile Ungehorsam dagegen weist darauf hin, daß zumindest einzelne Gesetze, wenn nicht die gesamte Ordnung, von Teilen der Gesellschaft nicht mehr als gerecht empfunden werden und daß manche Bürger sogar bereit sind, für den demonstrativen Hinweis auf dieses Unrecht Strafen auf sich zu nehmen.

Staatliche Repression wird spätestens dann unwirksam, wenn sie noch häufigere oder gar stärkere Widerstandsaktionen auslöst. Gewinnt der Zivile Ungehorsam langsam im Bewußtsein der öffentlichen Meinung an Legitimität, schadet die Repression den Regierenden, da gleichzeitig die schweigende oder ausgesprochene Legitimation durch das 'Kollektivgewissen' abnimmt. Im Extremfall vermag massiver Ziviler Ungehorsam die herrschende Macht samt ihrer Repressionsmaschinerie auf eine Ebene zu ziehen, wo diese die Folgen ihrer Handlungen nur noch schwer einzuschätzen vermag.

Der Staatsbürger trägt nicht nur Verantwortung für sein eigenes individuelles Verhalten, sondern auch für das Handeln des Staates, das erst durch seine Mitarbeit oder zumindest durch sein Schweigen ermöglicht wird. Der italienische Psychoanalytiker Franco Fornari warnt vor den Folgen einer scheinbar harmlosen "Normalität":

> "Das Wesentliche am Nazismus war weniger sein verbrecherisches Tun als vielmehr die Tatsache, daß dieses verbrecherische Tun als rechtmäßig angesehen wurde, weil es vom Staat angeordnet war." (10)

Auch wenn die Bürger das Gewaltmonopol an den Staat abtreten, behalten sie doch die Verantwortung für die Ausübung der Staatsgewalt.

In fast klassischer Weise bestätigte der französische Staatspräsident Giscard d'Estaing am 1.6.1976 die These, daß verantwortliche Politiker das Fehlen massiver Proteste als Zustimmung der Bevölkerung zu ihrer Politik auffassen. In bezug auf den Anteil der Militärausgaben im Staatshaushalt erklärte er:

> "Die nationale Gemeinschaft hat nicht negativ darauf reagiert, daß ... der einzige Haushalts-
> titel, der spürbar erhöht wird, ... das Budget der nationalen Verteidigung sein wird. . ." (11)

Protest und individuelle Verweigerungsaktionen aus dem Gefühl, im Recht zu sein, vermögen nicht ein neues Kräfteverhältnis zu schaffen, das politische Wirkung zeigt. Ziviler Ungehorsam versucht daher, aus koordinierter Verweigerung Kraft zur Veränderung zu entwickeln.

> "Ein Ungehorsamer ist ein Märtyrer, 100.000 Ungehorsame stellen eine Kraft dar." (12)

Um sich ausweiten und anhaltend wirken zu können, muß der Zivile Ungehorsam organisiert werden. Zu den Bedingungen seines Erfolges gehören vor allem
- die Konzentration auf ein genau umrissenes Ziel, das sowohl erreichbar ist als auch Symbolwert innerhalb eines größeren Zusammenhanges besitzt,
- die unmißverständliche Beziehung zwischen dem gewählten Mittel und dem angestrebten Ziel,
- der öffentlichkeitswirksame Nachweis, daß der bewußte Gesetzesbruch legitim ist,
- das Aufzeigen realisierbarer und qualitativ besserer Alternativen und die Bereitschaft der Demonstranten, sich den juristischen und sonstigen Folgen ihrer Überzeugungstat zu stellen.

Wesentlich ist die realistische Einschätzung, daß Kampagnen Zivilen Ungehorsams allein kaum in der Lage sind, eine entscheidende Wende in so zentralen Problemen wie der bewaffneten Verteidigung oder der Atomenergie-Erzeugung herbeizuführen. Dagegen können solche Kampagnen im Zusammenwirken mit anderen Aktionsformen wichtige Teilerfolge erzielen, wenn sie an besonders verwundbaren Stellen des Systems ansetzen.

So wählte beispielsweise Gandhi im indischen Befreiungskampf aus taktischen Überlegungen das Salzgesetz zum Mittelpunkt einer Kampagne. Das Gesetz, das den Indern verbot, selbständig aus dem Meer Salz zu gewinnen, war nicht verwerflicher als andere Kolonialgesetze. Mit seiner bewußten Übertretung konnte aber exemplarisch das gesamte Herrschaftssystem angeprangert werden, gegen das sich die Gewissensvorbehalte der indischen Freiheitsbewegung richteten. (13)

Der Zivile Ungehorsam lehnt nicht grundsätzlich die Legalität ab, sondern wendet sich gegen illegitime Einzelgesetze, die es gestatten, daß unter staatlichem Schutz Unrecht geschieht oder vorbereitet wird.

Vor allem die "Bewegung für eine gewaltfreie Alternative" warnte vor dem Mißverständnis, daß Freiheit durch die Abschaffung aller Gesetze erreicht werden könne:

> "In der historischen Strömung der gewaltfreien Idee, die nicht in eine unpolitische Haltung
> und in Individualismus zurückfallen will, bedeutet die Forderung nach einem "Recht auf
> Ungehorsam" nicht, daß jede Autorität und jedes Gesetz schlecht sei. Im Gegenteil gründet
> dieses Recht ... auf der Freiheit des einzelnen und impliziert, daß Macht nicht nur zur Orga-
> nisation und zum Zusammenhalt einer menschlichen Gesellschaft notwendig, sondern sogar
> etwas Positives ist, wenn sie relativiert und kontrolliert werden kann. Nur eine Staatsgewalt,
> die stark und unerschütterlich sein will, ist gezwungen, zu ihrer Aufrechterhaltung auf auto-
> ritäre und gewaltsame Mittel zurückzugreifen. Sie mißachtet dann die Macht der Bürger, d.h.
> die eigentliche Macht." (14)

Das von den Überzeugungstätern in Anspruch genommene "Recht auf Ungehorsam" bedeutet folglich die Forderung nach schärferer Kontrolle der Machtausübung durch die Bevölkerung, die die Macht an die Regierenden delegiert hat und sie nötigenfalls zurückfordern kann.

1.1.2.   Vermittlung der Legitimität Zivilen Ungehorsams durch sorgfältige Öffentlichkeitsarbeit

Mit relativem Erfolg bemühen sich Politiker und Technokraten, Grundlagen wie Details der bewaffneten Verteidigung aus der kritischen Diskussion der Öffentlichkeit herauszuhalten, indem sie die Problematik als so kompliziert darstellen, daß Analysen und Entscheidungen nur von Experten verantwortlich durchgeführt werden könnten. Grundsätzliche Kritiker haben gegenüber der Öffentlichkeit die Sach-Autorität der Befürworter zu überwinden, ihre Argumentation muß also bis in Einzelheiten dem komplexen Sachverhalt angemessen und gleichzeit allgemein verständlich sein, um bei der Bevölkerung ausreichend Gehör zu finden. Kritiker der herrschenden Verteidigungspraxis geraten überdies oft rasch in Verdacht, nationale Interessen zu verraten, so daß die Militärpolitik Infragestellungen meist auch dann unbeschadet übersteht, wenn sie in der Bevölkerung nicht gerade beliebt ist.

Entschlossenheit zum Zivilen Ungehorsam muß daher auf einer intelligenten und allgemein verständlichen Argumentation basieren, die realisierbare Alternativen einschließt. Auch beim Widerstand gegen besonders krasse Mißstände ist die Betonung der konstruktiven Zielsetzung notwendig, weil nur so die zur Erreichung der Ziele unverzichtbare Mitwirkung weiter Bevölkerungsteile zu erzielen ist. Die Aufklärung und erst recht die Aufforderung zu Widerstand kann, ja muß schockieren, damit gewohnte Denk- und Verhaltensweisen und Wertordnungen umgewälzt werden können. Ohne konstruktive Alternative wird dieser Schock jedoch kein neues Verständnis von der historischen Wirklichkeit schaffen, sondern eher Zurückweisung provozieren und damit die Menschen letztlich in ihren vorherigen Verhaltensmustern bestätigen.

"Die Weigerung, aus Gewissensgründen die bewaffnete Verteidigung zu unterstützen, kann nur dann vom "Prophetenzeugnis" zum politischen Realismus übergehen, wenn sie von einer echten Anstrengung begleitet wird, Mittel für eine nicht bewaffnete Verteidigung zu finden und mit deren Verwirklichung zu beginnen..." (15)

Wesentlich zum Verständnis ist auch eine klare und einfache Sprache, wobei in Frankreich weniger die Gefahr von "Soziologen-Chinesisch" besteht als vielmehr in der "In-group"-Sprache militanter Zirkel. Wenn sich diese nicht auf negative Kritikformeln beschränkt, besteht sie oft aus vereinfachten Kürzeln und Slogans, die zwar Ergebnisse langer Analyseprozesse sein mögen, aber völlig unvermittelt in der Öffentlichkeit auftauchen. Es zeugt von einer gewissen Gedankenlosigkeit, wenn nicht Überheblichkeit, anzunehmen, diese Formeln könnten von Menschen angenommen und verstanden werden, die sich vorher nie intensiv mit diesen Inhalten beschäftigt haben und somit nicht vorbereitet sind, sie zu verstehen oder gar zu übernehmen.

In manchen linken Gruppen droht der Zivile Ungehorsam zum Wettlauf in die Illegalität abzugleiten, was in der Öffentlichkeit zu Recht als verantwortungslos angesehen wird.

Der bekannte Rechtsanwalt Jean-Jacques de Félice, Verteidiger in vielen politischen Prozessen, warnte vor einer ultraradikalen Haltung, zu der sich häufig gerade jüngere, ökonomisch schwache Menschen am Rande der Gesellschaft entschlössen, die der Repression besonders ausgesetzt seien. Am Beispiel der Larzac-Bewegung zeigte er die Vorteile einer Haltung auf, die sich nicht marginalisieren läßt:

"Was die Bürger bei den Prozessen gegen Wehrpaß-Rücksender besonders berührt, ist gerade, daß es sich im allgemeinen um Erwachsene handelt, die ihren Militärdienst abgeleistet haben, die zum Teil in Algerien gekämpft haben. Die Tatsache, daß sie nach reiflicher Überlegung zur Verweigerung aus Gewissensgründen gekommen sind, beeindruckt die Öffentliche Meinung. . ." (16)

Die Beachtung der Öffentlichkeit für Menschen, die mitten im Berufsleben stehen und nicht verdächtigt werden können, leichtfertig Gesetze zu brechen, fanden gerade auch die Larzac-Bauern selbst. Sie zeigten, daß Ziviler Ungehorsam unter Umständen auch ohne Massenbeteiligung so populär durchgeführt werden kann, daß ein relativer Schutz vor Repression erreicht wird.

Erst durch das Ansehen der Larzac-Bauern gewannen zwei Kampagnen Zivilen Ungehorsams an politischem Gewicht, nachdem sie zuvor höchstens als radikale Protestaktionen winziger Minderheiten wahrgenommen worden waren: die Wehrpaßrücksendung und die Steuerverweigerung.

1.1.3. Persönliche und kollektive Verantwortung für Aktionen Zivilen Ungehorsams

Justiz und Regierung versuchen, das Phänomen organisierten Ungehorsams mit möglichst geringem Aufwand einzudämmen, indem sie in ausgewählten und getrennten Prozessen Exempel statuieren. Somit sind die Ungehorsamen herausgefordert, neben individueller Standhaftigkeit aus Gewissensgründen auch ihre kollektive Kraft gegen die Repression zu beweisen. Werden gemeinschaftlich durchgeführte Aktionen selektiv bestraft, kann diese Willkür dramatisiert werden, indem die geahndete Aktion von noch mehr Menschen wiederholt und weitergeführt wird. Wesentlich für den Zivilen Ungehorsam ist das Bekenntnis zum bewußt vollzogenen Gesetzesbruch, da nur über die öffentliche Erläuterung der Beweggründe für die Öffentlichkeit der Zusammenhang zwischen der illegalen Aktion und dem anzuprangernden Unrecht bzw. dem dieses ermöglichende Gesetz aufgedeckt werden kann. Nur so kann die juristische Ebene als Forum politischer Argumentation genutzt werden.

"... in der Logik der gewaltfreien Aktion gehört die Hinnahme der durch das Delikt provozierten Strafe durch den Angeklagten wesentlich mit zum strategischen Ungehorsam, auch wenn er dadurch momentan zum 'taktischen Gehorsam' umgewandelt zu sein scheint. Die Annahme der Strafsanktion ist keine Unterwerfung unter den Gegner, sondern im Gegenteil die konsequente Auseinandersetzung mit ihm, ohne Angst oder Haß. Sie bedeutet nicht das Eingeständnis der eigenen Schuld noch die Rechtfertigung der Repression, sondern im Gegenteil das Aufzeigen der eigenen Überzeugung bis zur letzten Konsequenz und der Unfähigkeit des Gesetzes, die Gewissen zu knebeln. . ." (17)

Die Hinnahme der Bestrafung hat nichts mit Masochismus oder religiösen Opfervorstellungen gemein, auch hier handelt es sich um wohlüberlegtes taktisches Vorgehen. Ähnlich wie im Schachspiel wird die Strafe in Kauf genommen, so wie eine Schachfigur geopfert wird, um das Spiel zu gewinnen.

Die Annahme der Sanktion unterscheidet den Zivilen Ungehorsam vom kriminellen Gesetzesbruch, nach dem der Täter sich der Strafverfolgung zu entziehen sucht.

Der Kriminelle stört die soziale Ordnung, während der Akteur Zivilen Ungehorsams das soziale Gewissen beunruhigt. Die Störung des sozialen Gewissens wiederum ist durch Repression nicht beizulegen, wenn die Öffentlichkeit motiviert wird, nach den Beweggründen der illegalen Aktion zu fragen.

Richter, die – wie im Beispiel der Wehrpaßrücksendung – in der Mehrzahl der Fälle Minimalstrafen oder gar Freisprüche beschließen, beteiligen sich objektiv an der Abnutzung von Gesetzen, deren Sinn durch die systematische Verletzung weiter abgebaut wird.

2.   Auslösung einer Kampagne von Wehrpaß-Verweigerung durch 60 Larzac-Bauern

Am 28. April 1973 betraten etwa 60 Larzac-Bauern das Postamt von Millau, nachdem ihnen der Zutritt zur Unterpräfektur verwehrt worden war, um per Einschreiben ihre Wehrpässe an das Verteidigungsministerium zu schicken. Neben einer gemeinsamen Begründung des Protestaktes hatte jeder Landwirt einen individuell formulierten Brief beigefügt. Darin betonten sie oft ihre patriotische Grundhaltung und verwiesen auf ihre früheren Dienste für das Vaterland. Aus den Worten des ältesten der Bauerngemeinschaft, Elie Jonquet aus La Blaquière, ist herauszuhören, wie schwer ihnen dieser erste Schritt in die Illegalität fiel:

"Mir wurde in meiner Jugend weder radikaler Zweifel (contestation) noch Ungehorsam beigebracht, im Gegenteil, ... ich habe immer meine Pflicht getan. Das kostete mich fünf Jahre Kriegsgefangenschaft in Deutschland. . .
Ich sehe mich nicht gerade frohen Herzens gezwungen, so zu handeln, doch läßt mir mein Gewissen keine andere Wahl. . ." (18)

Im Pariser Ministerium glaubte man offensichtlich, daß die Bauern manipuliert worden seien und unüberlegt gehandelt hätten. Die Wehrpässe wurden mit dem Hinweis auf mögliche Strafverfolgung zum Larzac zurückgeschickt. Die Bauern ließen ihrerseits die Pässe wieder nach Paris zurückgehen und wiesen in einem kollektiven Brief darauf hin, daß sie die Aktion in vollem Bewußtsein der Tragweite und der möglichen Konsequenzen unternommen hätten. In den folgenden sieben Jahren bemühten sie sich vergeblich um Gleichbehandlung. Im Gegensatz zu den vielen anderen Wehrpaßverweigerern blieben die Larzac-Bauern von Strafverfolgung ausgespart, obwohl der Straftatbestand gerade durch die Weigerung der Zurücknahme erfüllt war.

"Die Rücksendung der Wehrpässe ist eine Idee, die von der "Gewaltfreien Kommune von Orléans' kam" (19), berichtete Elie Jonquet. Im Dezember 1967 hatten drei Reserveoffiziere aus Orléans, Jean-Marie Muller und zwei Priester, ihre Wehrpässe an das Armeeministerium zurückgeschickt, da jede legale Möglichkeit fehlte, als Kriegsdienstverweigerer anerkannt zu werden. (20)

Die Protestaktion erhielt damals starke Öffentlichkeit, als der Bischof von Orléans, Guy Riobé, ein Freund der "gewaltfreien Kommune", während des Prozesses als Zeuge einen engagierten Beitrag für die Wehrpaßrücksendung geleistet hatte. Die Begegnung mit der gewaltfreien Gruppe in Orléans während des Traktorenmarsches und das Wissen um die bischöfliche Unterstützung mag den Larzac-Bauern ihre Entscheidung für die illegale Aktion erleichtert haben.

Bei allen Mobilmachungen zu den Kriegen der Neuzeit verweigerten in Frankreich einzelne Soldaten der Reserve den Kriegsdienst und nahmen dafür zum Teil hohe Gefängnisstrafen auf sich. (21)

Es bedeutete jedoch eine historische Neuheit, daß so viele mobilisierungsfähige junge Männer in Friedenszeiten das gesetzlich verwehrte Recht auf Kriegsdienstverweigerung fordern, wie dies seit 1973, ausgelöst durch das Beispiel der 60 Larzac-Bauern, geschah.

Die Pflicht für (aktive Soldaten und) Reservisten, ihre "militärische Identität" jederzeit durch Vorweisen der Wehrpässe nachweisen zu können, bedeutet eine erzwungene Form der Zusammenarbeit mit der jeweiligen Verteidigungspolitik und der permanenten Organisation der Armee. Die demonstrative Rückgabe der Militärpapiere versinnbildlicht dagegen den Willen, nicht länger der Reservearmee angehören zu wollen, sowie die Forderung, nachträglich als Kriegsdienstverweigerer anerkannt zu werden.

Nach französischem Recht kann ein Antrag auf Anerkennung als Kriegsdienstverweigerer allein innerhalb der ersten zwei Wochen nach dem Erfassungstermin gestellt werden. Die generelle Forderung der Wehrpaßrücksender ist daher die Ausweitung des Statutes auf das Recht, jederzeit einen Antrag stellen zu können: vor, während oder nach Ableistung des Wehrdienstes.

Da es sich bei den Wehrpaßverweigerern um beruflich und politisch erfahrene Menschen handelt, findet sich in den Begründungen eine Vielfalt grundsätzlicher politischer und philosophischer Überlegungen sowie Bezugnahme auf Konflikte, an denen die Betroffenen aktiv teilhaben, z.B. Widerstand gegen Atomkraftwerke, Einsatz von Soldaten als Streikbrecher, Waffenexporte in die Dritte Welt usw..

Die Larzac-Bauern hatten nicht von Anfang an geplant, mit ihrer Aktion eine nationale Kampagne der Wehrpaßverweigerung einzuleiten. Angesichts des auch für sie überraschenden Solidaritätserfolges riefen sie jedoch später bewußt dazu auf, die Unterstützung ihres Widerstandes auch durch diese Form Zivilen Ungehorsams auszudrücken.

Die Intensität der Kampagne hing einerseits vom Stand des Larzac-Konfliktes, andererseits von der Entwicklung in der Strafverfolgung ab. In den Jahren 1973 und 1974 erfuhren die Bauern von jeweils 150 Wehrpaß-Rücksendungen, 1975 waren es nur 120. Doch in diesem Jahr begann verstärkt die Koordination auf nationaler Ebene, zunächst durch den Gründer der Zeitschrift 'Combat Non-Violent', Jean-François Besson, und danach durch Oliver Vial (MAN). Mit Beginn der Prozeßwelle waren die Rücksender bestrebt, jede Bestrafung mit einer Vielzahl neuer Verweigerungen zu beantworten. 1976 waren es 300, 450 Wehrpässe 1977. Nach dem "arrêté de cessibilité" im Herbst 1978 startete eine weitere Mobilisierung, zu den 400 Pässen kamen in den letzten drei Monaten des Jahres weitere 600, die nun nicht mehr direkt an das Ministerium, sondern an die Bauern geschickt wurden, damit diese sie bei geeigneter Gelegenheit gebündelt absenden sollten. (22)

Im November 1980 sprach 'Le Monde' von "etwa 4000 Franzosen, die ihre Wehrpässe zurückgegeben" hatten. (23)

2.1.   Selektive Repression

Der Artikel L 133 des 'Code de Service National' aus dem Jahre 1973 sieht Geldstrafen von 400 bis 10.000 Francs und/oder einen Monat Gefängnisstrafe für diejenigen vor, die sich mutwillig in die Lage versetzen, ihren Wehrpaß bei behördlicher Aufforderung nicht vorweisen zu können bzw. nicht bereit sind, ihn zurückzunehmen. Zusätzlich kann ein mehrjähriger Entzug der bürgerlichen Ehrenrechte ausgesprochen werden.

Die Aufforderung zur Wehrpaßverweigerung kann mit 200 bis 100.000 Francs und/oder einem bis fünf Jahren Gefängnis bestraft werden.

Die Strafverfolgung setzte erst im Oktober 1975 ein, vermutlich weil die Werbung für die Aktion nun stärkere Folgen zeigte.

Die rechtliche Willkür in Strafmaß und Auswahl der Angeklagten läßt sich allein politisch erklären. Jahrelang wurde kein einziger Larzac-Bauer wegen Wehrpaßverweigerung belangt — zumindest solange er auf dem Plateau wohnte. Im März 1979 wurde Michel Courtin in Draguignan vor Gericht zitiert, nachdem er 1977 aus familiären Gründen seinen Hof in Pierrefiche abgegeben hatte. Im März 1981 verantwortete Pierre Burguière als erster der "authentischen" Larzac-Bauern die Rücksendung seines Wehrpasses vor dem Gericht in Millau. Als politische Leumundszeugen, ein in Frankreich mögliches Mittel der Verteidigung vor Gericht, unterstützten P. Burguière u.a. Simone de Bollardière, der Admiral Antoine Sanguinetti und, stellvertretend für den Bischof von Rodez, der Generalvikar Barbe. Schließlich wurde ein Brief des Friedensnobelpreisträgers Adolfo Perez Esquivel zugunsten des Angeklagten verlesen.

Die nichtbäuerlichen Rücksender erfuhren eine höchst unterschiedliche Behandlung. Nie wurden alle Teilnehmer einer gemeinsamen Aktion angeklagt, sondern stets nur einzelne Gruppenmitglieder.

Jean Paul Sartre nannte dieses Vorgehen in einem Brief an das Gericht von Laval, wo einer von 48 Rücksendern vor Gericht gestellt wurde, "Geiselnahme" (24). Bis Januar 1977 waren in 19 Prozessen erst 4% der bis dahin Verweigernden erfaßt, bis Juli 1979 war in 200 Prozessen jeder achte von ihnen vor Gericht, und Anfang 1980 überstieg die Zahl der Prozesse 500.

In vielen Fällen verhängten die Richter die Mindeststrafe von 400 Francs, Gefängnisstrafen blieben äußerst selten und wurden meist zur Bewährung ausgesetzt. Im November 1980 wurden jedoch in Chambéry zwei Priester verhaftet, nachdem sie die Zahlung der Geldstrafe verweigert hatten.

Einzelne Richter kamen den politischen Überzeugungstätern recht weit entgegen, wie dem 38jährigen Jacques Lemesle, der am 7.12.1976 in Béziers freigesprochen wurde. Seine Forderung, nachträglich als Kriegsdienstverweigerer anerkannt zu werden,

"bedeutet nicht mehr als die Grundfreiheit, seine Meinung zu ändern. Diese Freiheit ist durch die europäische Menschenrechtskonvention vom 4.11.1950 geschützt. Der Angeklagte kann nicht allein deshalb bestraft werden, weil die Anwendung dieser Freiheit nicht gesetzlich geregelt ist. . .",

heißt es im Urteil. (25)

In höheren Instanzen wurde dieses Urteil wie sieben weitere Freisprüche zwischen November 1976 und September 1979 aufgehoben, wodurch sich die Erkenntnis des Urteils aus Laval vom 22.6.1979 nicht durchsetzen konnte, in dem es hieß:

"Ähnliche Strafverfolgungen dienten in der Vergangenheit nicht als Exempel, sondern bewegten nur noch weitere Individuen, unmittelbar darauf denselben Verstoß zu begehen. . ." (26)

Schließlich häuften sich die Mehrfachverurteilungen für Verweigerer, die auch nach dem Prozeß ihren Wehrpaß nicht zurücknehmen wollten. Dabei stieg das durchschnittliche Strafmaß. Allein in Grenoble wurden aus diesem Grunde in 12 Fällen die bürgerlichen Ehrenrechte entzogen. Daraus ergab sich in einigen Fällen ein faktisches Berufsverbot, d.h. die Entfernung aus dem Öffentlichen Dienst. J.L. Guénégo, Krankenhauspsychologe in Dijon, wurde im Mai 1979 entlassen, nachdem er als rückfälliger Wehrpaßverweigerer zu 1 000 FF Geldstrafe verurteilt und mit dem einjährigen Verlust der Ehrenrechte bestraft wurde. Nach Artikel 42 des 'Code Pénal'

(Strafgesetzbuch) verbietet der Rechtsentzug neben der Ausübung des aktiven und passiven Wahlrechts, der Tätigkeit als Schöffe oder Vormund auch die Beschäftigung im Öffentlichen Dienst.

Dem Arbeiterpriester und Fahrlehrer G. Denières wurde im Frühjahr 1981 nach dem dritten Prozeß auf dem Verwaltungswege der Führerschein und damit die Existenzgrundlage entzogen. (27)

Die meisten der Wehrpaß-Prozesse wurden von den Larzac-Sympathisanten in publizistisch stark beachtete "Schauprozesse gegen die Verteidigungspolitik" umfunktioniert. Die Zeugenaussagen von Larzac-Bauern, Gewerkschaftlern, Geistlichen und anderen bekannten Persönlichkeiten ermöglichten die öffentliche Einordnung des Larzac-Konfliktes in größere politische Zusammenhänge und die Bezugnahme auf die jeweiligen lokalen Konflikte. Dabei wurden die Angeklagten oft zu Anklägern. Der sonst übliche feierliche und passiv erduldete Prozeßverlauf wurde entmystifiziert und verlor damit seinen beängstigenden Charakter.

Gerade weil die Larzac-Bauern selbst von den Gerichten weitgehend ausgespart blieben, engagierten sie sich intensiv bei den Prozessen im Aveyron, wo auffällig viele katholische Priester die Wehrpaßverweigerung aus Gewissensgründen praktizierten. Des öfteren kamen dabei die Richter in die unangenehme Lage, daß als Zeugen geladene Bauern oder, wie am 21.1.1977 der Verteidiger Roux, vom Gericht Gleichbehandlung forderten bzw. sich selbst, wenn auch vergeblich, wegen der Wehrpaßverweigerung anzeigten.

2.2.   Anklage wegen Anstiftung zur Wehrpaß-Verweigerung

Mehr als sechs Jahre nach Beginn der Kampagne wurde erstmals ein 'Rädelsführer' vor Gericht gestellt, bezeichnenderweise kein Larzac-Bauer, sondern der Koordinator der Kampagne, Olivier Vial. Da nach einer Anzeige des Armeeminsteriums der Generalstaatsanwalt persönlich Anklage erhob, liegt die Vermutung nahe, daß in der Öffentlichkeit der Anschein verstärkt werden sollte, die Aktionen der Larzac-Bauern seien von außen gelenkt.

Vial, der sich seit der Übernahme der Koordinationsstelle im Jahre 1975 durch viele Vortragsreisen und Aufsätze als "Anwalt des Zivilen Ungehorsams als einer seiner besten Theoretiker" (28) profiliert hatte, rechnete seit langem mit juristischen Folgen. Dennoch überraschte auch ihn die Willkür, die bis in die Anklageschrift hineinreichte. Dort hieß es, er habe "vom 15.11. bis 2.12.1978 und insbesondere am 11.11.1978 in Rodez zur illegalen Aktion aufgerufen". (29) Zwischen dem 8.11. und 2.12.1978 hatte der Fußmarsch der Bauern nach Paris stattgefunden, bei dem auch ein Flugblatt mit der Überschrift "Ich vertraue meine Militärpapiere den Larzac-Bauern an" verteilt worden war. Vial bestritt nicht, den fraglichen Text mitausgearbeitet zu haben, in dem er als Kontaktadresse bei Rechtsfragen angegeben war. Er bestritt jedoch, daß das Flugblatt auffordernden Charakter gehabt hätte, da die geschilderten rechtlichen Konsequenzen ebensogut Rücksendewillige von der Aktion hätten abhalten können. Die Hervorhebung des 11.11.1978 erklärt sich aus der Tatsache, daß die marschierenden Bauern an diesem Kriegergedenktag während der Etappe in Rodez Kränze am Denkmal für die gefallenen Soldaten niedergelegt hatten. Vial war an diesem Tag nicht in Rodez...

Am Tag des Prozesses gegen Vial, am 12.10.1979, erklärten sich die 'Larzac-Frauen' zu "Autoren, Ko-Autoren und Komplizen" des Flugblatts bzw. des Angeklagten:

"Wir fordern auch für uns das Recht auf Kriegsdienstverweigerung. Wir fordern heute alle Männer auf, ihre Wehrpässe zurückzugeben". (30) Der Stadtrat von Bonneville (Departement Haute-Savoie), wo der Prozeß stattfand, empfing offiziell eine fünfzigköpfige Delegation des Larzac im Rathaus.

Bei der vierstündigen Gerichtsverhandlung standen erneut die Probleme Larzac, Kriegsdienstverweigerung und gewaltfreie Aktion im Vordergrund. Unter den rund 400 Zuhörern aus gewaltfreien Aktionsgruppen der Schweiz und Frankreichs befanden sich auch ca. 20 an der Materie stark interessierte Rechtsanwälte.

In der Prozeßvorbereitung bemühte sich Vial vor allem, die Rechtsunsicherheit in Frankreich in der Frage der Verweigerung aus Gewissensgründen nachweisen zu lassen. Einer seiner vier Anwälte kam aus Brüssel, um die französische Praxis mit der wesentlich liberaleren Haltung in Belgien zu vergleichen. Mit besonderem Interesse hörten die Richter den Ausführungen des Untersuchungsrichters und Vorsitzenden der Richtergewerkschaft 'syndicat de la magistrature', Patrice de la Charette, zu. Wie die anderen neun politischen Zeugen der Verteidigung argumentierte er aus der Sicht seiner beruflichen Rolle zugunsten des Angeklagten bzw. für die Legitimität dessen Handelns. (31)

Das Gericht sprach Olivier Vial schuldig und verurteilte ihn zu einer Geldstrafe von 4.000 Francs.

2.3. Entwicklung und Perspektiven der Kampagne

Nach mehr als 500 Prozessen innerhalb von vier Jahren problematisierte Olivier Vial die Fortsetzung der Aktion in der gewohnten Form auf juristischer Ebene:

"Die juristischen Reaktionen, die wir provozierten, bewiesen lediglich, was seit langem keines Beweises mehr bedurfte. Die Justiz ist ein Ministerium, ein Dienstleistungsbetrieb der Exekutivmacht, deren gehorsame Funktionäre die Richter sind." (32)

Auch die vereinzelten Freisprüche und milden Urteile wurden nachträglich auf das 'normale' Maß angepaßt. Selbst die politisch nahestehenden Richter vom 'syndicat de la magistrature' seien keine machtvollen Verbündeten, sondern eher selbst Opfer der Verhältnisse.

Dabei vermochte die Repression keineswegs die Kampagne zu schwächen; Vial stellte im Gegenteil fest, daß

"diese Aktion sich so sehr entwickelt, daß es schwer wird, sie zu koordinieren. . ." (33)

Dennoch forderte er die Wehrpaßrücksender auf,

"mit dem juristischen Spiel zu brechen ..., das uns in den Gerichtsgebäuden festhält, unsere politischen Aktionen zu Strafsachen abmindert, die Ausübung eines Grundrechts zu einem gemeinen (nicht politischen, d. Verf.) Vergehen abstempelt und schließlich den repressiven Liberalismus des Staates unterhält." (34)

Das augenzwinkernde Wohlwollen einzelner Richter in der ersten Instanz nütze nichts, wenn sich schließlich doch die Staatsraison durchsetze. Deshalb schlug Vial vor, konsequenterweise die Zahlung der Geldstrafen zu verweigern. Vor allem aber müsse der Konflikt aus den Gerichtssälen herausgeholt und die Kampagne noch stärker politisiert werden. Es sei nun an der Zeit, sich an die Gesetzgeber zu wenden, statt sich mit Richtern auseinanderzusetzen. Anstatt sich in die Marginalisierung drängen zu lassen, gälte es nun, durch neue Formen der Öffentlichkeitsarbeit die Beteiligung von noch mehr Menschen zu erleichtern.

Zum Abschluß des Prozesses stiegen am 12.10.1979 vor dem Rathaus in Bonneville 1000 Luftballons in den Himmel, die 1000 Wehrpässe symbolisierten, welche zur selben Stunde in Genf der Leiterin der Abrüstungsbehörde der Vereinten Nationen, Frau Waldheim, übergeben wurden.

Die Larzac-Bauern hatten diese Pässe, die ihnen seit dem Marsch nach Paris "zur besonderen Verwendung" anvertraut worden waren, nicht an das Armeeministerium geschickt, da die Unterbrechung der Enteignungsprozedur im Mai 1979 von ihnen als Geste guten Willens seitens der Regierung gewertet wurde. Die Aufkündigung des 'Waffenstillstandes' am 11. Oktober jedoch – der Enteignungsrichter kündigte neue Besuche an – ließ diese Zurückhaltung hinfällig werden:

> "Da wir der Meinung sind, nicht mehr diskutieren zu können, wenn man uns das Messer an die Kehle drückt, haben wir mit dem Ministerium kein neues Gespräch vereinbart und schicken ihm via Vereinte Nationen tausend Wehrpässe, ... die uns anvertraut wurden. . ." (35)

Die Larzac-Bauern hatten keine Illusionen über die faktische Machtlosigkeit der UNO, dennoch waren sie enttäuscht, als die einzige Reaktion darin bestand, daß im Dezember 1979 die Wehrpässe in mehreren Paketen an Olivier Vial zurückgeschickt wurden. Selbst der Absender fehlte, doch merkwürdigerweise waren die Pakete in einem Postamt in Paris aufgegeben worden, das in der selben Straße liegt wie das Armeeministerium . . .

Da jeder der 1000 Wehrpässe die Kriegsdienstverweigerungs-Erklärung eines Reservisten ausdrückt, mochten sich die Larzac-Bauern nicht mit solch mißachtendem Umgang abfinden. Am 20.5.1980 legte eine Delegation 1030 Wehrpässe vor das Büro der Präsidentin des Europa-Parlaments in Straßburg, Simone Veil. Frau Veil hatte sich geweigert, die Papiere in Empfang zu nehmen. Mit Hilfe sympathisierender Abgeordneter hofften die Bauern, ihr Schicksal auf die Tagesordnung des europäischen Parlaments bringen zu können. (36)

3. Steuerverweigerung – Umverteilung für den Larzac

Formal gesehen ist für den Staatsbürger parlamentarischer Demokratien der Stimmzettel das wichtigste Mittel, seine politische Meinung auszudrücken. Über ihn bestimmt er in größeren Abständen mit, welche Parteiengruppierung ihn im zentralisierten Machtapparat repräsentiert. Bis zur nächsten Wahl gibt der Bürger auf der Grundlage sehr allgemein gehaltener Programmaussagen seine Stimme ab. Damit fehlt gerade bei Schicksalsfragen, wie der atomaren Rüstung oder der Energieerzeugung, ein Minderheitenschutz, denn die Folgen der jeweiligen Politik haben alle Bürger, im Extrem sogar noch andere Völker und die nachkommenden Generationen zu tragen. Durch das Fehlen der Möglichkeit, über wichtige Einzelfragen abzustimmen, kann sogar eine außerparlamentarische Mehrheit der geschlossenen Front der Parlamentsparteien gegenüberstehen.

Die eigentliche Macht wird der Regierung jedoch nicht durch die Wahlen, sondern durch das widerspruchslose Zahlen von Steuern gegeben. Ohne diese finanziellen Mittel könnte keine Regierung eine Politik betreiben, die von großen Teilen der Bevölkerung als schädlich angesehen wird.

Um eine politische Wirkung zu erreichen, kann es nicht genügen, daß einzelne ihre Steuerverweigerung mit der staatlichen Verwendung von Steuergeldern für den Rüstungshaushalt, oder im Fall Larzac sogar zur Begünstigung von Spekulanten,

110

begründen. Erst das gemeinsame Vorgehen einer größeren Zahl Gleichgesinnter vermag der Öffentlichkeit deutlich zu machen, daß das Bezahlen von Steuern nicht nur eine Verwaltungsformalität darstellt, sondern einen politischen Akt. Über den Protest gegen einen konkreten Mißstand hinaus, fordern die Steuerverweigerer ein wirksames Einspruchsrecht, eine direkte Kontrolle der Staatsausgaben durch die Bevölkerung. (37)

Aus Protest gegen die französischen Atomtests im Pazifik hatten seit 1966 einzelne Pazifisten und gewaltfreie Anarchisten 20% (das entsprach ungefähr dem Anteil der Militärausgaben im Staatshaushalt) und mehr ihrer Steuern einbehalten, um sie an Friedensorganisationen und Projekte in der Dritten Welt weiterzuleiten. Die anfänglich rein symbolische Aktion einzelner entwickelte sich bald zu einer organisierten Kampagne. Ab 1970 entstanden in Toulouse, Paris, Orléans, Lyon, Tours und Mulhouse Gruppen, die gemeinsam berieten, wie die Steuerverweigerung als Form Zivilen Ungehorsams gegen die Militarisierung der Gesellschaft ausgeweitet werden könne. Im Frühjahr 1972 einigten sie sich, den Prozentsatz der einbehaltenen Steuern auf 3% zu senken, um mehr Menschen die Teilnahme zu ermöglichen. Während sich das Risiko für den einzelnen verringerte, stieg damit die Gesamtsumme der verweigerten Steuergelder und der Verwaltungsaufwand der Behörden zur Mahnung und Eintreibung der Steuerschulden. Wie die Wehrpaß-Rücksender beschlossen die Steuerverweigerer, ihre Anstrengungen auch aus Gründen der Wirksamkeit auf das bekannte Symbol Larzac zu bündeln und die Forderung zu begrenzen. Sie würden 3% ihrer Steuern verweigern, bis die Regierung auf die Erweiterung des Larzac-Camps verzichte.

Nach einem zögernden Beginn der durch Larzac aktualisierten Kampagne (38) stieg die Zahl der Verweigerer kontinuierlich an, bis sie sich 1976 bei ca. 2 000 einpendelte. In nun 30 Gruppen organisiert, schlossen sie sich mit den Gruppen der Wehrpaß-Rücksender und anderen Kampagnen, z.B. Stromzahlungsboykott, Mietstreik, kostenloser öffentlicher Nahverkehr usw., zu einer nationalen Arbeitsgruppe "Ziviler Ungehorsam" zusammen.

Im August 1977, als die Aktion abzubröckeln drohte, rief die Bäuerin Jeanne Jonquet bei der Kundgebung innerhalb des Truppenübungsplatzes vor 60.000 Menschen erneut zur Steuerverweigerung auf, wonach die Zahl bis März 1980 weiter auf ca. 4.500 Steuerverweigerer anstieg. (39)

Die Kampagne verdankt einen Teil ihres Erfolges den sichtbaren konstruktiven Auswirkungen ihrer Erträge auf dem Larzac. Bei einer Sitzung nach den Sprengstoffanschlägen von La Cavalerie im Dezember 1971 kam die 'Association' zum Schluß, daß es mit der Distanzierung von Gewalt nicht getan sei, die Wertsteigerung der Landwirtschaft aus Eigenleistung hingegen einen konstruktiven Beitrag zur Verteidigung des Larzac darstellen könne. Ein großzügig angelegter Plan, im Weiler La Blaquière einen neuen Schafstall zu bauen, mußte aber zunächst aus Finanzierungsschwierigkeiten verschoben werden, dies war jedoch der Anlaß, den 'Verein zur Förderung der Landwirtschaft auf dem Larzac', APAL, zu gründen. Guy Tarlier gelang es schließlich, die Bauern zur Annahme eines finanziellen Hilfsangebotes durch die Steuerverweigerer zu bewegen. Damit konnte der "regionale Schild" in einer symbolischen und gleichwohl sehr konkreten Widerstandsaktion mit den auswärtigen Sympathisanten verbunden werden.

"Hätten wir nicht die Steuerverweigerung, wäre das Larzac-Problem längst bei den Akten, denn dann wären wir gezwungen gewesen wegzugehen. Es ist undenkbar, daß die Larzac-Bauern die Bedrohung durch die Prozesse, den Druck der Regierung durch Verhinderung von Strukturverbesserungen wie Telefon, Wasser, Strom oder Wegebau anders ausgehalten hätten. . ." (40)

Selbst wenn diese Beurteilung durch 'APAL'-Schatzmeister Léon Burguière übertrieben wäre, sind die beträchtlichen Geldbeträge aus der Steuerverweigerungskampagne wesentliche Hilfen für die Entwicklung der Landwirtschaft auf dem Larzac:
118 000 Francs bis zum 1.3.1976, 100 000 Francs allein 1976, 110 000 Francs 1977,
150 000 Francs 1978 (41), 186 000 Francs 1979 und schätzungsweise 200 000
Francs 1980 (42).

Auch die moralische Unterstützung durch die Spender darf nicht unterschätzt
werden, wenn z.B. ein Rentner seine kleine Militärpension an die 'APAL' schickte
oder ein Hochzeitspaar die Ehrengäste bat, anstelle von Geschenken lieber Spenden
an die 'APAL' zu überweisen. An manchen Tagen trafen bis zu 70 Briefe mit Schecks
auf dem Plateau ein.

"Darunter gibt es wundervolle Briefe. Manchmal gebe ich davon welche an meine Schwieger-
tochter, damit sie sie im 'Büro' vorliest, denn ich möchte, daß alle Bauern diese Briefe kennen und sich immer wieder klarmachen, was dies an Sympathie und Freundschaft bedeutet.
Nicht alle diese Menschen kennen uns persönlich, aber sie kennen unseren Kampf und sagen
uns:
Ihr seid Symbol für all diejenigen, die für Gerechtigkeit, Frieden, für eine Welt der Gewaltfreiheit und der Brüderlichkeit kämpfen..." (43)

3.1.   Illegal und konstruktiv: die "Kathedrale des Widerstandes"

Der mittelalterliche Weiler La Blaquière im Norden des Plateaus (wo früher ca. 100
Menschen in 20 Häusern wohnten, 1973 noch drei Familien mit ca. 15 Angehörigen)
liegt im Herzen des geplanten Erweiterungsgebietes, an seiner Stelle ist das Zielge-
biet für Schießübungen vorgesehen.

Als Dorf ist La Blaquière leichter zu verteidigen als ein Einzelhof, andererseits
bedeutet eine Aktion in dem vom Truppenübungsplatz wie in einem Schraubstock
eingezwängten Weiler eine provokatorische Herausforderung an die Armee, ein
Symbol des Lebenswillens gegen die Institution der organisierten Zerstörung.

Der Schafstall von Auguste Guiraud war einsturzgefährdet, eine Neubau-Geneh-
migung wurde vom Präfekten ausdrücklich verweigert, da die Räumung des Dorfes
in Kürze zu erwarten sei. Der Beschluß, entgegen der Anordnung einen neuen Schafstall zu bauen, bekräftigte den Willen der Bauern, auf ihrem Land zu bleiben. Will
die Armee La Blaquière in Besitz nehmen, wird sie nicht irgendeine Barrikade beseitigen müssen, sondern einen Nutzbau, den die Bauern als dauerhafte Demonstration
in Stein auffassen.

Die Ausgabe von Spendengutscheinen (bons ciment) zusammen mit der Zusage
verweigerter Steuergelder ließ die Bauern mit dem Neubau trotz großer Skepsis beginnen. Sogar im nachhinein staunen sie über das Gelingen ihres Plans: .

"Dieser Schafstall wurde mit einem lächerlich kleinen Geldbetrag gebaut, verglichen zu seinem Wert. Ein Experte versicherte ihn für 1.500.000 Francs, uns kostete er höchstens 300.000
Francs. Der Rest rührt aus der freiwilligen Arbeit derer, die ihn erbaut haben." (44)

Zur Grundsteinlegung am Pfingstsonntag, dem 10. Juni 1973, "kommen alle
Bauern und Sympathisanten aus der Umgebung mit ihren Traktoren, Anhängern
und Lastwagen beladen mit Sand, Kies, Steinen und Holz nach La Blaquière, um
die ersten Elemente dessen zu bringen, was der Schafstall der Hoffnung werden sollte. Aus drei verschiedenen Richtungen kommend sind diese langen, vielfarbigen
Züge das Symbol der bäuerlichen Solidarität... Alle Verantwortlichen der landwirt-

schaftlichen Organisationen sind da. Alle lebendigen Kräfte des Departements unterstützen uns. . ." (45)

Selbst die FDSEA unterstützte die "illegale, aber nicht bösartige Aktion". Die Teilnahme von hohen Funktionären des Berufsstandes wie Marcel Bruel, Raymond Lacombe, Raymond Bonnefous und Henry Jaudon an einer Aktion des Zivilen Ungehorsams mit konstruktivem Charakter bewies die Kraft des "regionalen Schildes". Elie Jonquet wandte sich an die 4.000 Teilnehmer:

"... Der Präfekt wollte offenbar die Verantwortung für die Bombenanschläge von Millau auf uns Larzac-Bauern fallen lassen. Er möchte uns um jeden Preis in der Öffentlichkeit als Revolutionäre und schlechte Menschen hinstellen. 'Wer seinen Hund ertränken will, erklärt ihn für tollwütig!' Herr Präfekt, wir beweisen heute erneut, daß wir aufbauen und nicht zerstören. Unsere Arbeit und unsere Revolution bestehen im Pflanzen und Aufbauen. Es wird noch viele Baustellen auf dem Larzac zu eröffnen geben! . . ." (46)

Auch die letzten der "103" Familien hatten mit dieser Aktion den Weg der unbedingten Gesetzestreue verlassen.

"Wir hatten uns geschworen, unser Land nicht aufzugeben, egal mit welchen Mitteln die Vertreibung durchgesetzt würde. Wenn eines Tages die Armee kommt und beschließt, uns zu vertreiben, so werden wir uns unweigerlich in einer illegalen Situation befinden – also können wir uns genauso gut heute selbst dafür entscheiden, wie etwa beim Bau des Schafstalls in La Blaquière." (47)

Der Bau war in mehrfacher Weise illegal. Trotz der Mißachtung des Bauverbotes wagten die Behörden nicht einzuschreiten. Zu zwei Dritteln wurde der "umgekehrte Sturm auf die Bastille" aus verweigerten Steuergeldern finanziert, bis zur Grundsteinlegung waren bereits über 20 000 Francs bei der 'APAL' eingegangen. Viele der freiwilligen Helfer waren Zivildienstverweigerer, die nun ihren selbstgewählten Friedensdienst beim Aufbau eines Schafstalles ableisteten, der es der Armee erschweren sollte, die Bauern zu vertreiben.

Neben den Steuerverweigerern beteiligten sich Tausende von Franzosen durch den Kauf von Zement-Gutscheinen an der Finanzierung des Schafstalles. Delegationen politischer und gewerkschaftlicher Gruppen sowie von Kirchengemeinden, vor allem aber viele Einzelpersonen kamen auf das Plateau, um ihren Anteil beizutragen. Manchmal waren es echte Bausteine (wie der aus der Kathedrale von Orléans), die eingemauert in die Wände des Stalles und verziert mit den Kennzeichen ihrer Spender von der vielfältigen Solidarität zeugen. So haben sich die LIP-Arbeiter, der 'Canard Enchaîné', Okzitanisten, Atomwaffengegner und manche andere Grupe verewigt.

Die Baustelle wurde zur Begegnungsstätte für Menschen unterschiedlichster sozialer, religiöser, politischer Herkunft, im Sommer waren pro Tag etwa 120 Personen anwesend, als Dauerhelfer rund 30.

"Langhaarige und Kahlköpfige; Jugendliche (die Mehrheit), aber auch Erwachsene; Arbeiter, aber auch Bauern und Intellektuelle; Soldaten im Manöver und zwei Generäle; Nonnen und wütende Anarchisten. . ." (48)

Reibereien und Probleme konnten nicht ausbleiben:

"... all diese jungen Leute aus den Universitäten, wir kannten ihre Mentalität nicht. Manche machten Musik bis drei Uhr morgens. Überall waren welche, sie zelteten, sie schliefen sogar auf den Wegen. Jeden Morgen mußte alles neu organisiert, die Ratschläge vom Vorabend noch einmal gegeben werden. Einmal machten wir eine Vollversammlung von morgens um acht bis acht Uhr abends, nur um zu beschließen, wann die Arbeit beginnen sollte, und am nächsten Tag wußte man es immer noch nicht." (49)

"Reine und harte Aktivisten weigerten sich sogar, auf das Baugerüst zu steigen, bevor nicht eine politische Plattform klar definiert worden war. ... Grund genug, schwindlig zu werden." (50)

Unter diesen Umständen ist der tadellose Bau, der ohne jeden Unfall errichtet wurde, ein kleines Wunder, auch wenn ein Fachmann aus Millau die Arbeiten überwachte und grobe Richtlinien gab.
Dies vor allem flößt den Bauern Respekt ein.

"Entscheidend für die Bauern war, daß die jungen Leute ihre Arbeit gut machten. . ." (51)

"Man muß diesen menschlichen Ameisenhaufen den ganzen Tag lang arbeiten gesehen haben, oft unter brütender Hitze. . ." (52)

"Wir haben außerordentliche Zeichen von Großzügigkeit erlebt. Manche gingen soweit, für das Arbeiten zu bezahlen! Die Welt auf den Kopf gestellt. Diese Leute stellten eine Kraft dar, denn während der gesamten Bauzeit (zweieinhalb Jahre, der Verf.) sahen wir keinen Soldaten. Die hatten Angst vor diesen schrecklichen Linksradikalen." (53)

"Wir haben uns gegenseitig respektiert, ... wir haben ihnen Dinge klargemacht, sie haben unsere Vorurteile abgebaut. Vorher z.B. fanden wir die langen Haare nicht sympathisch. Heute ist das umgekehrt: wenn ich jemanden mit Krawatte und kurzen Haaren sehe, bin ich mißtrauisch. Ich denke immer, der ist vom Verfassungsschutz. . ." (54)

Sowohl die gewagte Planung als auch die Organisation der Arbeit und der Stil des Bauwerks sind außergewöhnlich in ihrer Verbindung von Alternative auf Freiwilligenbasis und Solidarität. Außer einer Betonmischmaschine wurde keine moderne Bautechnik eingesetzt. Der Stall ist luftig und für 700 Schafe großzügig angelegt. Durch das große Tor kann ein großer Traktor zum Entmisten einfahren, die Melkanlage ist modern, wenn auch nicht übertrieben. Die Architektur paßt sich mit Natursteinen, 12 Meter breiten, sich selbst tragenden Gewölbebogen in die Landschaft ein und bewahrt dabei die traditionellen Formen. Auswärtige hatten dazu beigetragen, die regionale Bauform neu aufzuwerten, die von den Einheimischen zuvor als "veraltet" gering geschätzt worden war. Die Ästhetik der Tradition wurde mit der Zweckmäßigkeit der Neuzeit verbunden, so daß die Fachzeitschrift 'Connaissance du pays d'oc' einen mehrseitigen Artikel über den Schafstall von La Blaquière überschrieb: "Die verwirklichte Utopie".

Die politisch motivierte Aktion der gegenseitigen Selbsthilfe hatte ihre konstruktive Folge auch darin, daß die alteingesessenen Bauernfamilien Guiraud und Jonquet als unmittelbare Nutznießer beschlossen, ihre Schafherden zusammenzulegen und im Frühjahr 1974 einen GAEC zu bilden. "Ein ländliches Wunder" (55), das ohne den Larzac-Konflikt bei den individualistischen und eigentumsbewußten Bauern undenkbar gewesen wäre.

Die Einweihung des ersten Bauabschnittes am 3. Februar 1974 wurde zu einem "weiteren Vorwand für eine symbolträchtige Aktion, für die man im Larzac eine Vorliebe hat" (56). La Blaquière ist exemplarisch für viele folgende Kämpfe auf dem Larzac.

"Es wurde zu einem 'hohen Ort', zu Geschichte, einem Symbol, gewissermaßen sakralisiert, dieser Name bedeutet etwas für Tausende von Menschen. Nicht umsonst beschloß man bei der Großkundgebung 1973 einen Marsch nach La Blaquière, nicht zufällig war ebenfalls die erste ernsthafte Antwort der Mächtigen das Bombenattentat mitten in der Nacht gegen den Hof der Guirauds. . ." (57)

Nach Fertigstellung des Schafstalls in La Blaquière finanzierte die APAL weitere Aufbauprojekte vor allem mit Mitteln aus der Steuerverweigerungskampagne.

Die Koordinationstreffen der Steuerverweigerer beschlossen je nach Entwicklung des Larzac-Konfliktes neue Losungen.
Hieß es 1973 z.B.:

"Verweigert dem Staat die Zahlung von Steuern, die ihm dazu dienen, Flächen auf dem Larzac zu kaufen, um daraus einen überflüssigen Truppenübungsplatz zu machen. Gebt das Geld den Bauern zur Entwicklung der Landwirtschaft auf dem Larzac", so lag der Schwerpunkt in den Jahren 1975 und 1976 auf der Verbesserung der Kommunikation (Wege, Telefonleitungen); 1977 und 1978 bei Investitionen in besetzten Höfen und Neubauten. Nach der formalen Enteignung hieß die Parole für 1980:

> "Indem Ihr 3% Eurer Steuern verweigert und an die Larzac-Bauern überweist, haltet Ihr den Stein in Händen, der den kleinen Weiler La Blaquière wieder aufleben läßt." (58)

4.   Legaler kollektiver Landerwerb

Bevor sich die Larzac-Bauern zu einem bewußten Gesetzesbruch entschieden, prüften sie jeweils gewissenhaft, ob alle Widerstandsmöglichkeiten innerhalb des legalen Rahmens ausgeschöpft waren.

Dies galt insbesondere für den zentralen Konfliktbereich, den Besitz bzw. die Verfügung über die umstrittenen Bodenflächen.

Nach der Erklärung des "Öffentlichen Nutzens" bemühte sich die staatliche Domänenverwaltung, möglichst viel Land innerhalb der Erweiterungszone aufzukaufen, um den Anteil der zu enteignenden Flächen gering zu halten. Von den 13 688 ha geplanter Erweiterungsfläche gehörten nur etwa 4 000 ha den "103" Bauernfamilien, 3 575 ha waren in Gemeindebesitz, und der Rest verteilte sich auf zahlreiche, meist auswärtige Nicht-Landwirte, die an die Larzac-Bauern verpachtet hatten oder das Land brach liegen ließen.

Die staatlichen Landkäufer hatten gegenüber kaufwilligen Bauern erhebliche Vorteile. Mit unerschöpflichen Geldmitteln trieben sie die Bodenpreise des Plateaus weit über vergleichbare Werte in anderen Regionen. Im Schutze des militärischen wie des Geschäftsgeheimnisses konnten manche Verkäufe vollzogen werden, ohne daß Bauern vorher auch nur von der Kaufmöglichkeit erfahren hatten.

Angesichts der Waffenungleichheit ist der Erwerb von 5 300 ha Land durch die Armee bis zum 17. April 1978 (59) kein überzeugender Erfolg. Es entbehrt hingegen nicht einer gewissen Ironie, daß sich die Larzac-Bauern im Wettbewerb um den Landbesitz eines sonst nur wenig genutzten Gesetzes bedienten, wobei sie sogar noch die militärische Nutzung der von der Armee erworbenen Flächen behindern konnten.

Es lag gewiß nicht im Sinne der Erfinder des GFA-Gesetzes (60), daß mit seiner Hilfe auf dem Larzac die sowohl von der Anzahl der Teilhaber wie von der Finanzkraft bedeutendste Landerwerbs-Aktiengesellschaft (GFA) mit dem Ziel entstehen würde, ein staatliches Projekt zu verhindern.

Durch die Schirmherrschaft der Landwirtschaftskammer des Aveyron und die Beteiligung von mehreren Tausend Sympathisanten in ganz Frankreich als Teilhaber an den Larzac-GFA's ergab sich erneut eine Verbindung des 'regionalen Schildes' mit den politisch extremeren auswärtigen Unterstützern.

Die GFA als politische Waffe ist "die wichtigste legale Aktion des Larzac. Seit langem ist es auch die wirksamste Verteidigungsform..." (61)

Die auswärtigen Teilhaber sind nicht an Dividenden interessiert, sondern drücken ihre Verbundenheit mit dem Kampf der Larzac-Bauern auch materiell aus; etwaige Enteignungen würden sie gleichermaßen betreffen.

Bei einer Pressekonferenz im August 1974 erläuterte Guy Tarlier nach der Gründung von 'GFA-Larzac-I', welch ungewohnten Schritt die Teilnahme an einem GFA für die Bauern bedeute, insbesondere wenn in manchen Fällen aus Landbesitzern plötzlich Pächter wurden.

"Theoretisch, von außen gesehen, aber auch im spontanen Empfinden der Bauern bedeutet dies einen sozialen Rückschritt. In Wirklichkeit ist es jedoch ein Fortschritt. Das Land gehört nicht mehr ihnen, sondern der Gemeinschaft ... und außerdem zahlen sie noch Pachtgebühren! Das ist für den Bauern ein ungeheurer Schritt. Es mußte wirklich erst etwas wie der Kampf um den Larzac kommen, um solche Reaktionen auszulösen."

Michel Courtin: "Aber nicht alle Bauern schaffen das. Viele hätten alles mögliche hergegeben, nur kein Land. Vor allem bei älteren ist das so." (62)

Die GFAs führten "auf dem Larzac den Begriff des kollektiven Eigentums ein. Es hilft, den Boden als Produktionsmittel vom Boden als Eigentum zu unterscheiden." (63)

Michel Courtin erläuterte als Mitverwalter der GFA-Larzac-I den ambivalenten Charakter des Instrumentes GFA:

"Trotz der engen Verbindung mit dem kapitalistischen System enthält das GFA einen revolutionären Kern: Es ermöglicht uns, den sakrosankten Begriff des individuellen Eigentums in Frage zu stellen, der so tief in der bäuerlichen Mentalität verwurzelt ist und die Bauern seit Generationen in den Ruin treibt." (64)

Die Anzahl der GFA-Teilhaber wuchs kontinuierlich und damit die Möglichkeit, mehr Land aufzukaufen, bis im September 1978 der 'arrêté de cessibilité' alle Landkäufe innerhalb des Erweiterungsgebietes unterband.

Schon nach einem Jahr, Anfang 1975, zählten die Koordinatoren 901 Teilhaber (viele Unterstützer legten ihre Mittel zu 1000-Francs-Anteilen zusammen, so daß die Zahl der Unterstützer effektiv größer war als statistisch erfaßbar), die zusammen 1 498 000 Francs aufgebracht hatten. (65)

Bei der Vollversammlung der inzwischen vier Larzac-GFAs im Mai 1979 waren es bereits 6.000 Teilhaber. Seit 1974 ließen sich lediglich 90 von ihnen ihre Anteile wieder auszahlen oder übertrugen sie auf andere Unterstützer. (66)

In der Mitte des Zeitraumes, Anfang 1977, ergab eine Studie über die berufliche und soziale Zusammensetzung der Teilhaber einen starken Anteil aus dem gehobenen Mittelstand. Allein die Lehrer stellten ein Viertel, verhältnismäßig gut vertreten waren Angestellte, Beamte und Freiberufliche. Lediglich 4% der Aktien stammten von Bauern, die Landwirte des Larzac selbst nicht mitgerechnet. Nur die Arbeiter hatten einen noch geringeren Anteil an Aktien. Von Interesse ist auch die geographische Verteilung der Unterstützer. Außer Korsika waren alle Regionen Frankreichs vertreten, an der Spitze mit 23,6% die Pariser Region, gefolgt von Lyon und Umgebung mit 15,5%. Neben einem Anteil von nur 6 Prozent aus dem Aveyron war eine starke Beteiligung aus dem Loiret zu bemerken, die "durch den Einfluß der gewaltfreien Kommune von Orléans motiviert" war. (67)

Werbewirksam war die Beteiligung prominenter Sympathisanten, wie die der LIP-Arbeiter, der Redaktion von 'Le Canard Enchaîné' (68) oder des Schriftstellers Bernard Clavel. Sie symbolisierten die Präsenz vieler Larzac-Freunde aus ganz Frankreich, ihre Verbundenheit mit dem Plateau und regten andere zur Unterstützung an.

Mit dem Kauf des zuvor von J.C. Galtier gepachteten Hofes Jassenove, 60 ha, am 2. April 1974 begann eine generalstabsmäßig durchgeführte Kaufpolitik strategisch wichtiger Sperrgrundstücke. Damit wurden vor etwaigen Enteignungen der übrigen Flächen Manöver auf den verstreuten, von GFA-Land unterbrochenen Armeegrundstücken verhindert.

Die 'GFA-Larzac-I'-Gesellschaft hatte bald mit dem Ankauf von 515 ha Land ihre maximale Größe erreicht, darauf wurde im Juni 1976 'GFA-Larzac-II' gegründet. Anhand einer Entscheidung für den Kauf des 431 ha großen, von Tarlier gepachteten

Hofes Boissans im Norden oder des 76 ha großen Hofes La Tune, nahe des GFA-Hofes Costeraste bei La Cavalerie, flammte für kurze Zeit der alte Konflikt zwischen den wohlhabenderen Bauern im Norden des Plateaus und den Landwirten im Süden auf. Schließlich gelang es, sowohl am 26.10.1976 Boissans für 1.600.000 Francs und La Tune am 21.1.1977 für 650.000 Francs zu kaufen.

Im April 1978 verfügte 'GFA I' mit einem Kapital von 2.585.000 Francs über 537 ha Land, 'GFA II' mit 2.376.000 Francs über 86 ha Land. (69)

Durch die erworbenen 1.128 ha wurde der Bestand von sieben Höfen, Jassenove, Les Homs, Costeraste, Boissans, La Tune sowie die Höfe der Bauern Flottard in Pierrefiche und Mathey in St. Sauveur, gesichert und ihr Schutz entscheidend verbessert. Die ersten fünf Höfe lagen mit ihrer gesamten Fläche, die anderen teilweise innerhalb des Erweiterungsgebietes. Damit wurde rund um das alte Camp ein Cordon Sanitaire gelegt, der die Bewegungsfreiheit der Armee wirksam behinderte. Im selben Zeitraum erwarb die staatliche Domänenverwaltung die vier Höfe Le Pinel, Le Mas du Bru, Le Tournet und La Salvetat.

"Insgesamt war die Bilanz positiv. Die Pächter konnten bleiben und werden verteidigt. Sie haben langfristige Pachtverträge. Die Armee konnte ihre geplante 'Operation Käufe auf freiwilliger Basis' nicht verwirklichen, ohne auf uns zu treffen. Der bäuerliche Widerstand und das Beispiel der GFAs haben den Kampf gestärkt und belebt. Das Geld der GFAs war der Nerv des Kampfes. . ."

hieß es im Bericht zur GFA-Vollversammlung im Mai 1979 (70).

Zu diesem Zeitpunkt, als bereits alle nicht an die Armee verkauften Flächen formal enteignet waren, erfreuten sich die GFAs einer ausgeglichenen finanziellen Situation, die Steuern waren bezahlt, es konnte sogar erstmals ein bescheidenes Gehalt an den Verwalter der vier GFAs, Robert Pirault, ausgezahlt werden. Seit der vorläufigen Besitzanweisung vom September 1978 war kein Kauf mehr innerhalb des Erweiterungsgebietes möglich gewesen, eine letzte Transaktion vom Dezember 1978 war für ungültig erklärt worden.

Trotzdem wurde die Aktion mit der Gründung des 'GFA-Larzac-IV' fortgesetzt, um außerhalb der Zone, vor allem im Süden, weiteres Land aufzukaufen. Landkäufe der Armee außerhalb des offiziellen Erweiterungsgebietes von 365 ha ließen vermuten, daß die Ausdehnung nach Süden Wirklichkeit werden könne. Außerdem wollten die Larzac-Bauern sowohl das Angebot von Ausweichflächen für enteignete Höfe als auch Spekulationen von Grundstücksmaklern für den Tourismus verhindern.

Nach der Enteignung im Jahr 1979 legten die GFA-Aufsichtsräte Einspruch für die betroffenen 1.200 ha GFA-Land ein und forderten gleichzeitig symbolisch-provokatorisch vor dem Enteignungsrichter 103.000 Francs pro Hektar Entschädigung. Die Bedeutung der GFA-Waffe ist aus dem Verhältnis zwischen den 1.200 ha zu den 3.280 ha Land ersichtlich, deren Enteignung von der 'Cour de cassation' im Mai 1980 widerrufen wurde.

Wie die meisten der Aktionsformen des Larzac wurde auch die GFA-Aktion von anderen Initiativen in Frankreich übernommen, die sich gegen lebensbedrohende Vorhaben wehrten, sei es gegen die Armee, atomare oder andere umweltgefährdende Anlagen. Die legale Waffe erwies sich jedoch als unzureichend, da die Enteignungen letztlich nicht verhindert wurden. Dennoch ist der Effekt juristischer Behinderung nicht zu übersehen, die politisch umso wirksamer wird, je aktiver die Unterstützerbewegung darüber hinaus landesweit auf sie hinweist.

4.1.   Grundstücksspekulation als Antrieb der Camp-Erweiterung

Die ersten Landkäufe der 'antenne génie-domaines', der gemeinsamen Dienststelle der Armee und der staatlichen Grundstücksverwaltung, betrafen Grundstücke, die in den vorausgegangenen acht bis zehn Jahren von auswärtigen Nicht-Landwirten angekauft und nun mit hohen Gewinnen an den Staat weiterverkauft wurden. Als entsprechende Einzelheiten an die Öffentlichkeit gelangten, vermuteten die Larzac-Bauern, daß "der Ursprung für die Entscheidung zur Camp-Erweiterung ... in einer Bodenspekulation politischen Charakters" liege. (71)

Auch der Brief von acht Bauern im April 1963 mit der Bitte an die Armee, Land für das Camp aufzukaufen, auf den sich später mehrere Minister beriefen, soll auf einen Auswärtigen zurückgegangen sein. Der Belgier Jernander habe sich beim Kauf und Ausbau des Hofes Les Baumes stark verschuldet und versucht, den Verkaufspreis hochzutreiben, indem er Bauern rund um das Camp zu überreden suchte, ebenfalls Land anzubieten. (72)

Nach 1963 kam es zu mehreren Gesprächen zwischen Armeevertretern und bäuerlichen Grundbesitzern. Es mag kaum ein Zufall gewesen sein, daß ab 1965 auffallend viel Land von Nicht-Bauern aufgekauft wurde, die Beziehungen zu gutinformierten Kreisen in der Armee und den Regierungsparteien hatten. So erwarb z.B. der UDR-Abgeordnete von Paris, Christian Lunet de la Malène, am 1.10.1966 den Hof Le Baylet mit 270 ha Land für 50.000 Francs, ließ das Land brachliegen und verkaufte es 1973 an die Armee zu Hektarpreisen von 1.600 Francs für Weideland und 6.000 Francs für Ackerland, woraus sich eine Summe von etwa 500.000 Francs, also ein zehnfacher Gewinn errechnen läßt. (73)

De la Malène, Gaullist der ersten Stunde (er war bereits Sekretär der RPF), hatte gute Voraussetzungen, rechtzeitig und ausführlichst über die Camp-Planungen informiert zu werden, nicht zuletzt durch seine enge Verbindung zu Michel Debré. Für den Justizminister Debré arbeitete Malène als technischer Berater, dem Premierminister Debré diente er als Staatsekretär für Information. Debré selbst war als Armeeminister von 1969 bis 1972 im Kabinett Chaban-Delmas und von 1972 bis 1973 im Kabinett Messmer verantwortlich für die Entscheidung, das Larzac-Camp zu erweitern.

Nur zwei Tage nach dem Kauf de la Malènes kaufte ein Graf de Bernis den Besitz Montredon mit 506 ha Land für 390 000 Francs; in den folgenden Monaten die Nachbarhöfe Cavaliès, Le Sot und Les Homs, zusammen 506 ha, für 210.000 Francs. Da die Armee nicht auf seine Forderung von 4,2 Millionen Francs eingegangen sein soll, verkaufte er 1975 Les Homs an 'GFA I' für 220.000 Francs.

Zusammen mit dem Erlös aus umfangreichem Holzabschlag hatte de Bernis seine Investition bald kompensiert, nachdem er außerdem noch ein Haus in Montredon an die Larzac-Universität verkaufte. Den Rest stieß er im Frühjahr 1976 für 2,72 Millionen Francs an die Armee ab. (74)

Es ließen sich weitere Landverkäufer benennen, bei denen aus Steuergeldern Hunderttausende von Francs an Eigentümer gingen, die nie Interesse an Landwirtschaft gehabt hatten.

4.2. Infragestellung des Eigentums –
Landbesetzung gegen mißbräuchlichen Landbesitz

Wenn die Larzac-Bauern weniger ihr Eigentum als das Nutzungsrecht des Landes verteidigten, das sie lieben und bearbeiten, so ist dies gerade im Süd-Aveyron bemerkenswert, wo der Respekt vor dem Privateigentum einen wesentlichen Aspekt des bäuerlichen Konservatismus darstellte. Da aber der Staat, den die Bauern zuvor als Garanten der Eigentumsrechte angesehen hatten, die soziale Verpflichtung des Eigentums kraß mißachtete und Spekulanten mehr begünstigte als die Selbsthilfe einer strukturschwachen Landwirtschaft, zerstörte er gleichzeitig gewohnte Sicherheiten. Die Bauern sahen sich gezwungen, zumindest ansatzweise das Recht auf freie Verfügung über das Eigentum in Frage zu stellen, um ihr Recht, weiter auf ihren Höfen zu leben und zu arbeiten, verteidigen zu können.

Besonders die Großbetriebe im Norden arbeiteten zu zwei Dritteln bis drei Vierteln auf Pachtgrundlage, nachdem sie im Gegensatz zu den kleineren Höfen im Süden des Plateaus mehr in produktionssteigernde Ausrüstung als in Bodenkäufe investiert hatten.

Auch die GFA-Statuten berücksichtigten den Vorrang der Landbenutzer vor den Landbesitzern, indem die Entscheidungsbefugnis stärker den Pächtern als den Kapital-Lieferanten übertragen wurde.

Die folgenden Aktionen auf Ackerflächen im Besitz der Armee oder nicht ansässiger Grundbesitzer waren Ausdruck dieser veränderten Einstellung der Larzac-Bauern zum Eigentum.

Am frostigen Wintermorgen des 14. Dezember 1973 schritten die Bauern erstmals zur direkten Aktion gegen das Spekulantentum. Mit einer "mechanisierten Armada" von 30 Traktoren "besetzten" sie ein drei Hektar großes Feld des Herrn de la Malène, um es zu pflügen und zu eggen sowie später mit Getreide und Futterpflanzen zu bebauen. Dieses erste "pflüg-in" war der Auftakt zu einer langen Reihe von Besetzungen – bis Juni 1980 waren 115 ha brachliegendes Land von den Bauern illegal landwirtschaftlich genutzt.

Um dem Makel des Rechtsbruchs entgegenzutreten, betonte das "Invasions-Kommando" in einer Presseerklärung:

> "Diese Aktion stellt unserer Auffassung nach keinen Angriff auf das [Privat-] Eigentum dar, sondern soll unseren Willen bekunden, brachliegendes Land wieder in Wert zu setzen..." (75)

Die nächste Aktion "Labour sauvage" (wilde Feldarbeit) stand im Mittelpunkt des "Erntefestes für die Dritte Welt" im August 1974, als unter dem jubelnden Applaus von 100.000 Demonstranten ein an die Armee verkauftes Feld bei La Blaquière mit 20 Traktoren gepflügt wurde. Die Inbesitznahme dieser Parzelle hatte vor allem als Rückenstärkung der Bewohner des kleinen Weilers La Blaquière gedient, der zu einer Insel inmitten militärischem Territoriums zu werden drohte.

Aus der bei dieser Gelegenheit vom Landwirt Philippe Fauchot gehaltenen Rede klang politische Weitsicht wie eine bemerkenswerte Radikalität:

> "... Wir pflügen ein Feld, das von einem Nicht-Bauern an die Armee verkauft wurde, denn wir lieben Symbole. Eine Kanone bedeutet ein Getreidefeld mehr. Seht Euch Larzac an: Es sieht aus wie eine Riesenfaust aus 100.000 Hektaren, die sich 800 Meter hoch allen Profitstrebern, Spekulanten, Halsabschneidern und Ausbeutern entgegenstreckt.
> Aber so können wir nicht ewig stehenbleiben, die Faust nach oben gestreckt halten und 'Garderem lo Larzac' rufen. So nobel und mannhaft diese Haltung auch sein mag – auf die Dauer wirkt sie ermüdend. Jetzt bekommen wir Lust, uns zu rühren. Den Kampf populär zu machen, versuchen, den Gegner zu überzeugen und zu überwinden – all das haben wir schon

gemacht; unser Kampf, der immer gewaltfrei bleiben muß, hat nunmehr in eine offensive Phase zu treten.

Daß wir dieses Feld pflügen, ist nur ein Anfang – eines Tages werden wir den ganzen Truppenübungsplatz umpflügen! Und weshalb sollten wir nicht eines Tages die permanente Besetzung des Geländes in Angriff nehmen? Lassen wir den Militärs nichts mehr – kein verirrtes Übungsgeschoß, keine Fallschirmjägermanöver, keine Panzer, keinen Jeep – nichts, gar nichts mehr außer pazifistischen und gewaltfreien Patrouillen. . . (76)

5.   Manöverbehinderungen

Die Erfahrung der eigenen Stärke im Widerstand ließ die Larzac-Bauern bald auch die Angst vor Uniformen verlieren. Früher hatten sie es hingenommen, wenn Manöverschäden manchmal nur teilweise ersetzt wurden. Der Kampf um den Erhalt ihrer Höfe führte sie nun zur Abwehr von Übergriffen, wenn Soldaten bei Manövern das eigentliche Camp verließen und auf Bauernland übten. Im Frühjahr 1974 war es zu ersten Kontroversen vor Ort gekommen, als Soldaten versuchten, armeefeindliche Plakate in der Nähe von Höfen abzureißen. Die Spannung steigerte sich, als am 2. Mai ca. 600 Fallschirmjäger bewußt über den Höfen des nördlichen Plateaus abgesetzt werden sollten, westlich der Nationalstraße 9 "in einer Zone, in der es praktisch keine Felsen und Steine gibt, vielleicht aus Angst, sich die Knochen zu brechen". (77)

Der Kommandant der Militärregion, der als "Falke" bekannte General Bigeard (78), soll bei einem Besuch im Camp kurz zuvor das Manövermotto ausgegeben haben:

"Wir werden diesen erdverschmierten Ärschen mal zeigen, was die französischen Fallschirmjägertruppe ist. Ihr werdet in eine Krisenzone abgeworfen, in der die Einwohner gegen die Armee eingestellt sind." (79)

. Lastwagen fuhren auf Gelände des ersten GFA-Hofes, Boissans, und Soldaten begannen, Nebelkerzen als Zielmarkierung auszulegen. Als die ersten Bauern eintrafen, hatten die Rauchbomben bereits an einigen Stellen die Heide und kleine Sträucher entzündet. Jean Marie Burguière schilderte sein Eingreifen:

"Ich springe auf eine Granate, trample auf ihr herum, um den Brand zu löschen, während um uns herum die 'paras' vom Himmel fallen. Danach stürze ich mich auf noch nicht gezündete Granaten und stecke sie in die Tasche. 'Und jetzt versucht sie mir abzunehmen!' Sie haben Angst, weil ich nicht so aussehe, als wollte ich ihnen Geld leihen. Ich bringe rasch die Granaten zu meinem Wagen und sage zu den Soldaten: 'Das werde ich zur Gendarmerie bringen. Hier ist ein Privatgrundstück, und ich werde Euch anzeigen." (80)

Ohne Zielmarkierung war die Fortsetzung der Fallschirmübung unmöglich. Auf die wütende Vorwürfe eines Offiziers, dies sei ein Vergehen gegen Armee-Eigentum, antwortete Guy Tarlier gelassen: "Sie sind hier nicht zuhause. Wenn Sie die Generalstabskarte nicht zu lesen verstehen, kann ich es Ihnen beibringen!" Schließlich fuhr er die beiden Lastwagen eigenhändig von seinem Grundstück.

"Und so vertrieben drei Larzac-Bauern, das ist nicht gerade viel, 600 französische Fallschirmspringersoldaten." (81)

Um die Bevölkerung von Millau auf die zunehmenden Manöverbelästigungen hinzuweisen, bildeten am 8. Juni 1974 mehrere hundert Demonstranten auf dem Mandarous-Platz mit verschränkten Händen einen riesigen Kreis, um den Verkehr zu blockieren. Diese Absperrung diente der Vorführung einer "Ernte neuer Art". Aus einem Lastwagen mit der Aufschrift "Entminungsdienst der Larzac-Bauern" wurden größere Mengen Maschinengewehrmunition, Granatsplitter und fünf nicht explodierte

Großgeschosse ausgeladen, die auf Feldern und Weiden gesammelt worden waren. Diese Manöverrückstände gefährdeten nicht nur die Landwirte und ihr Vieh, sondern auch die Jäger und Spaziergänger aus der Stadt.

Nur zwei Tage später demonstrierte die Armee erneut die von ihr ausgehende Gefährdung, als eine 800 kg schwere R-20 Boden-Boden-Rakete über einem Campingplatz im Tarn-Tal explodierte. Nur weil die Touristensaison noch nicht begonnen hatte, verursachten die herumfliegenden Metallteile, z.B. ein 6 kg schweres Zahnrad, keine Personenschäden.

Die ständige Wachsamkeit der Landwirte gegen alle Versuche der Armee, ihre Felder in Manövergelände umzuwandeln, ohne die reguläre Erweiterung abzuwarten, führten zu so häufigen Auseinandersetzungen, daß sie bald einen Teil des bäuerlichen Alltags ausmachten und eine ständige Rubrik "Chronik der Scharmützel" in ihrer Zeitung 'Gardarem Lo Larzac' füllten.

Bald eskalierten die Bauern ihre Aktionen. Zur Überraschung der Armee gelang es ihnen meist in kurzer Zeit, eine Reihe von Nachbarn zu alarmieren und die Überzahl der Soldaten zu vertreiben. So wurden z.B. am 17. September 1975 mehrere Lastwagen, die sich auf den Hof Les Homs "verirrt" hatten, durch Entfernung der Reifenventile fahruntüchtig gemacht.

> "Der Absicht der Regierung, die Situation verfaulen zu lassen, begegnen wir Landwirte mit Aktionen im Bereich der Armee! ... Dürfen wir den Zeitvorteil der Regierung überlassen?" (82)

Immer dann, wenn die Betreiberseite ihre Gangart verschärfte, mochten die Bauern in der militärischen Nutzung ihres Landes keine verzeihlichen Fehler mehr sehen, sondern eher bewußte Provokation in einer Art Nervenkrieg. Daher eskalierten sie jeweils auch ihre Gegenmaßnahmen.

> "Wir können nicht länger die Armee als unsere Nachbarn ertragen. Weshalb geleiten wir nicht jedesmal die Militärs zurück in die Kaserne von La Cavalerie, wenn wir sie außerhalb des Camps überraschen?" (83)

Es war kaum zu erwarten, daß sich die verantwortlichen Offiziere von den Behinderungsaktionen so stark beeindrucken ließen, daß die Manöver nie mehr über das Camp hinausgriffen. Die Bauern versprachen sich aber viel von Gesprächen mit den Rekruten, an deren Gewissen und an deren Staatsbürgerbewußtsein sie appellieren wollten. Daher richteten sich die meisten Aktionen direkt an die Wehrpflichtigen, die ohne Begeisterung ins Manöver zogen.

Die Larzac-Komitees hatten die Bauern z.B. informiert, daß am 15.5.1975 Truppen von Millau nach La Cavalerie transportiert werden sollten. Am frühen Morgen sammelten sich die Larzac-Bauern mit Traktoren an strategisch günstigen Stellen, z.B. an der Nationalstraße nahe des Hofes L'Hôpital. Zwar ließen sie den ersten Transport ohne Behinderung passieren, aber die Polizei meldete "unnormale Aktivitäten" an die Offiziere der am Bahnhof von Millau wartenden Truppe. Nach zweistündiger Beratung probierten die Offiziere ein Ablenkungsmanöver und schickten fünf Jeeps auf den Weg zum Plateau über das Dourbie-Tal im Osten, während der Großteil der Truppe von Westen aus über Creissels auf die Hochebene zu fahren versuchte. Doch die Bauern waren ebenfalls mobil, und weder die ständige Beobachtung sämtlicher Zufahrtswege durch einen Armeehubschrauber und ein Aufklärungsflugzeug noch mehrere Polizeistreifen mit ständigem Funkkontakt zu den Konvois verhinderten, daß die Soldaten mehrmals durch Blockaden der Landwirte aufgehalten wurden. Einmal wurde das Kontingent drei Kilometer vor einer Traktorensperre angehalten, um den Kontakt zwischen Rekruten und antimilitaristischen Zivilisten zu vermeiden, worauf die Bauern zu Fuß entgegen kamen. Als die subversive Feindberührung durch Gespräche und Flugblätter bereits eingesetzt hatte, befahl ein Colonel seinen Soldaten, das Larzac-Plateau "im Eilmarsch einzunehmen — wie in den schönsten Zeiten der Dschebels" (84). Dies war die erste offensive Manöverbehinderung durch die Larzac-Bauern.

Daß sich trotz aller Proteste immer wieder Armeetransporte im Manöver in die Dörfer und auf Bauernland "verirrten", kann kaum den Rekruten vorgeworfen werden, die nur für kurze Zeit auf das Plateau kommen und die Eigentumsverhältnisse nicht kennen. Sie wurden von ihren Vorgesetzten bewußt "in Feindesland" geschickt, wie Marschbefehle bewiesen, die sie den zornigen Bauern zeigten. Auf erbeuteten Generalstabskarten konnten die Larzac-Verteidiger ablesen, daß ca. 800 ha Land im Nordosten der Campgrenze zwischen 1977 und 1981 von der Armee als zum Camp gehörend eingezeichnet worden waren. Solche Einschüchterungsversuche faßten die Bauern als Bürgerkriegsmanöver und Vorübung auf eine gewaltsame Räumung auf und eskalierten die Formen ihrer Zurückweisung militärischer Übergriffe.

Als z.B. im März 1979 eine Kolonne mit einem AMX-Panzer durch den Weiler Montredon fahren wollte, kreisten Bauern mit Traktoren und PKWs die Truppe ein, bevor Offiziere Befehl zum Rückzug geben konnten. Zur bleibenden Erinnerung bemalten die Armeegegner den Panzer und die Windschutzscheiben von Jeeps und Lastwagen mit Parolen wie "Armee raus!", "Nein zum Camp!", "Freies Larzac" oder "Raus mit der Besetzerarmee!". Die Androhung von Schußwaffengebrauch konnte Bauern und Kriegsdienstverweigerer nicht davon abhalten, selbst Uniformen und Gewehre mit Farbtupfern zu versehen. Für die Offiziere war dies ebenso beschämend wie die von der Gendarmerie überbrachte Aufforderung, das Bauernland sofort zu verlassen.

"Weshalb wollt Ihr unbedingt außerhalb des Camps Manöver abhalten, wo Ihr doch immer nur Ärger bekommt, anstatt auf den 3.000 ha zu bleiben, wo Euch die Bauern noch in Ruhe lassen?" (85)

Als der mit Parolen bemalte Konvoi im Armee-Hof Cavaliès ankam, landete gerade der Hubschrauber eines Generals, der zur Besichtigung kam. Ihm blieb nichts anderes übrig, als den gedemütigten Soldaten "für ihren Mut und ihre feste Haltung gegenüber der Provokation" zu gratulieren.

"In Friedenszeiten können Soldaten allein schon durch einen Aufenthalt auf dem Larzac zu Helden werden!"

mokierte sich die Bauernzeitung 'GLL' (86).

Zwei Jahre später war die Eskalation so weit vorangeschritten, daß blockierende Bauern die Luft aus den Reifen der Armeefahrzeuge ließen und Teile aus den Motoren ausbauten.

6.   Erntefest für die Dritte Welt

Die knappe Niederlage der Linksunion bei den Präsidentschaftswahlen im Mai 1974 zerstörte die Hoffnung, das Larzac-Problem könne durch den Verzicht einer neuen Regierung auf die Camp-Erweiterung gelöst werden. Der neuernannte Verteidigungsminister im Kabinett Giscard d'Estaings, Soufflet, ließ daran keinen Zweifel, als er am 26.6.1974 vor der Nationalversammlung die Anfrage des PS-Abgeordneten Andrieu beantwortete:

"Die Regierung bleibt bei ihrer Entscheidung. Larzac ist für die Armee ein unverzichtbarer Truppenübungsplatz." (87)

Die Betreiberseite vermochte ihre Position auf juristischer Ebene zu festigen, da das Verwaltungsgericht in Toulouse am 21.6.1974 den Einspruch der Larzac-Bauern gegen die "Erklärung des Öffentlichen Nutzens" verworfen hatte. Ohne Illusionen riefen die "103" den Staatsrat als letzte Rechtsinstanz an.

Nunmehr galt es mehr als denn je,

"ein günstiges Kräfteverhältnis zugunsten der Bauern zu schaffen, in einem Moment, da gewisse Gerüchte über mögliche Verhandlungen sprechen." (88)

Das Wort Verhandlungen hatte für die Bauern einen schalen Beigeschmack, seit der Vorsitzende der 'Association', Ramade, Anfang Juni im Alleingang "von der Veränderung des politischen Klimas profitieren" (89) wollte und in persönlichen Briefen an verschiedene Abgeordnete die Annahme eines der Kompromißvorschläge Tourniers vorschlug, den Larzac "als Schaufenster der Armee" zu nutzen.

Ramade sah die Bauern

"im Mittelpunkt eines politischen Spiels, das sie nicht beherrschen und das sie spalten wird. Man spürt bereits bei einigen den Überdruß, ein Schwanken und Zögern vor bestimmten Aktionen." (90)

Nach heftigen Diskussionen der "103" über Ramades Vorgehen ergab eine geheime Abstimmung, daß 98% der Bauern weiter an ihrem Eid festhalten wollten.

Weniger eindeutig war ihre Zustimmung zu einer neuen Großkundgebung, da einige Landwirte Überfremdung und eine zu weitgehende Ausdehnung der Thematik befürchteten. Einstimmig begrüßten sie jedoch das Thema Dritte Welt und Abrüstung unter dem Motto "Getreide schafft Leben, Waffen bringen Tod!". Das Werbeplakat für das 'rassemblement' setzte dies in eine Getreidegarbe um, die aus einem ausgedienten Stahlhelm wuchs.

Im Programmheft zum Erntefest, 'Spécial Tiers Monde', verglichen die Larzac-Bauern ihre eigene mit der vorwiegend agrarischen Situation der Dritten Welt:

"Die Dritte Welt wird nicht nur ökonomisch, sondern auch mit Waffen unterdrückt. Häufige Kriege, oft zwischen den ärmsten der Völker eröffneten den 'Händlern des Todes' Märkte für ihre Waffenproduktion; verhalfen den entwickelten Nationen zu noch stärkerem Einfluß auf diese Länder, die nach jedem Krieg in noch größerem Elend leben müssen. Die großen Truppenübungsplätze sind die Testflächen des schändlichen Waffenhandels. Die Erweiterung des Larzac-Camps zulassen, würde bedeuten, zur Ermordung der Dritten Welt beizutragen..."

Daher sei es ein Hauptziel des Erntefestes,

"die unwürdige Ausbeutung der Dritten Welt durch die verwöhnten Länder anzuklagen, die Plünderung der Rohstoffe, die Ausbeutung der Gastarbeiter (die in Frankreich auch aus den ehemaligen Kolonien in der Dritten Welt stammen, d.Verf.), den Waffenhandel und die Militärhilfe gegen die Befreiungsbewegungen in vielen Ländern."

Die Teilnehmer wurden aufgefordert, einen Sack Getreide bzw. den Geldwert als Solidaritätsspende für ein Entwicklungsprojekt in der Sahel-Zone mitzubringen. Der Erzbischof von Reims, Ménager, betonte im Namen der bischöflichen Kommission "Gerechtigkeit und Frieden" in einem Brief an die Bauern vor allem den moralischen Aspekt (91), der von manchen linken Gruppen als unpolitische Karitas kritisiert wurde.

Nach dem Erfolg der Demonstration im Vorjahr riefen 1974 die PS und die PCF zur Teilnahme am Erntefest auf. Nach kurzer Zeit zog sich die kommunistische Partei, wie die CGT-Gewerkschaft, "wegen der Teilnahme unkontrollierter Elemente" jedoch zurück. Die organisatorische Arbeit wurde wiederum von den Bauern und Gruppen wie den Gewaltfreien, der GOP-PLC, der CFDT usw. geleistet. Von ihrem

Vetorecht brauchten die Larzac-Bauern keinen Gebrauch zu machen.

Mitte August 1974 kamen etwa 100.000 Menschen auf das Plateau, die Bauern nannten selbstbewußt die symbolische Zahl von 103.000 Demonstranten, je Tausend für jede der bedrohten Bauernfamilien.

Während ununterbrochen weitere Larzac-Freunde ankamen und ihre Zelte aufschlugen, begannen am Freitagabend, dem 16. August, Arbeitskreise zu Themen wie Anti-Militarismus, Bauern, Gastarbeiter, Regionalismus, Fabrikarbeit, Dritte Welt usw.

An über 100 Ständen stellten Aktionsgruppen, Parteien, Bürgerinitiativen, Gewerkschaften ihre Meinungen und ihre politische Praxis in einem riesigen Meinungs- und Informationsmarkt dar.

Bemerkenswert war die Solidarität in der politischen Meinungsvielfalt. Jede Gruppierung konnte sich frei in ihrer Eigenheit ausdrücken. Es gab keine Notwendigkeit zu einer gemeinsamen, zwangsläufig verwaschenen Plattform, in der sich keine Gruppe voll wiedererkennt. Grundvoraussetzung war nur die gemeinsame Unterstützung des Widerstandes der Larzac-Bauern. Durch die Vielfalt der Meinungen war auf positive Weise die Überparteilichkeit gegeben; keine Gruppe versuchte, aus dem Larzac-Kampf einseitig politisches Kapital zu schlagen. Allein diese allseitige Toleranz ermöglichte den Bauern ihre Autonomie und damit ihre Stärke.

Zum offiziellen Beginn am Sonnabendnachmittag begrüßte der Bauer Lucien Alla im Namen der "103" die Menge:

"... Am Anfang unseres Kampfes verteidigten wir nur unsere Höfe. ... Wir wurden aber gezwungen, intensiver nachzudenken, um uns herum zu schauen. Wir entdeckten anderes Unrecht. Und alles aus dem selben Motiv: das Geld, übertriebener Stolz, Herrschsucht! Wir haben entdeckt, daß hinter der Ausweitung von Truppenübungsplätzen mehr steckt als nur die nationale Verteidigung. Es sind vor allem enorme Profite für die Waffenproduzenten, die ihre Produkte ausprobieren und ausstellen müssen, um sie besser verkaufen zu können. ... Man sagt uns, daß Frankreich keine Waffen an kriegführende Länder liefert. Indien und Pakistan sind im Krieg. Mit welchen Waffen? Waffen aus Frankreich! Zur selben Zeit wird bei uns für die Versorgung der Verletzten gesammelt! ... Wir haben ein grausames Gleichgewicht der Ökonomie auf dem Waffenhandel mit den armen Nationen aufgebaut, die keine Transportmittel haben, keine Schulen, keine Krankenhäuser. Dort herrscht Trockenheit und Hunger. Einen solchen Moment wählt man nun, um an Togo und Senegal Maschinengewehre zu verkaufen. Zaire hat keine Landwirtschaft, die gelieferten Maschinengewehre haben den Preis von 10 000 Traktoren! ... Ein Getreidefeld mehr, eine Kanone weniger! Das ganze Larzac ist eine Hoffnung auf Leben! Wir träumen von dem Tag, an dem in der ganzen Welt alle Rüstungsarbeiter Traktoren, Maschinen und Werkzeuge herstellen werden, von dem Tag, an dem alle Militärs ihre Uniformen ausziehen und sich dem Dienst an den Allerärmsten widmen, dem Tag, an dem die Truppenübungsplätze aufgelöst werden und wir Getreide säen, dem Tag, an dem die Rüstungshaushalte die leeren Bäuche füllen, dem Tag, an dem endlich alle Menschen befreit von aller Unterdrückung glücklich auf einer freien Erde leben können..." (92)

Anschließend führten drei Mähdrescher, "Panzer des Friedens", den mehr als zwei Kilometer langen Demonstrationszug zu einem GFA-Feld, das symbolisch für die Sahel-Zone abgeerntet wurde. Mit dem Verkauf von Tausenden von Ähren zu 5 Francs das Stück konnten insgesamt 60.000 Francs an Spenden gesammelt werden. (93)

Von acht Uhr abends bis in die frühen Morgen erlebte das Rajal de Guorp erneut eine Nacht des Festes und der Solidarität. Zwischen den Musikdarbietungen von Bretonen, Okzitaniern, Afrikanern und Spaniern sprachen Vertreter der CFDT-Gewerkschaft, der LIP-Arbeiter, Abgesandte von afrikanischen Befreiungsbewegungen, Bernard Lambert für die paysans-travailleurs, Bauern aus Canjuers und Avon, wo bereits Truppenübungsplätze erweitert wurden, und viele andere Vertreter von Bürgerinitiativen und "Volkskämpfen".

Nach drei Diskussionsforen am Sonntagvormittag, die von Larzac-Bauern geleitet wurden, brachen die über 100.000 Demonstranten nach La Blaquière auf, wo innerhalb von zwei Stunden 20 Traktoren ein 30 ha großes, der Armee gehörendes Feld pflügten. Michel Courtin betonte bei der anschließenden Pressekonferenz, daß es sich hierbei keinesfalls um eine symbolische Aktion, sondern um eine Landbesetzung handle, um die Einschließung des Weilers zu verhindern.

In der bunten Menge von Bauern, Kriegsdienstverweigerern, Gewerkschaftern, Feministinnen, Regionalisten, Gastarbeitern, Anarchisten, religiösen und sozialistischen Gewaltfreien, Ökologisten usw. befanden sich offenbar auch einige ungebetene Gäste, wie militaristisch auftretende Marxisten-Leninisten und eher rechte Okzitanisten. Es war allerdings nicht möglich, eindeutig festzustellen, von welcher Gruppe der einzige Zwischenfall der Großkundgebung ausging. Der Vorsitzende der Sozialistischen Partei, François Mitterand, war unangekündigt auf dem Festgelände erschienen und wurde dabei von einer Demonstrantengruppe tätlich angegriffen. Den spontan zu Hilfe eilenden "Ordnern" gelang es nur mit Mühe, den Oppositionsführer in Sicherheit zu bringen. Guy Tarlier wurden im Gedränge mehrere Rippen gebrochen. Die "103" distanzierten sich energisch von dem Vorfall und begrüßten Mitterand betont freundlich bei seinem anschließenden Besuch des Schafstalls von La Blaquière.

Für weniger wohlwollende Zeitungen war jedoch ein Aufhänger geliefert worden, durch breite Darstellungen des Zwischenfalls vom eigentlichen Inhalt und dem Charakter der Veranstaltung abzulenken.

Die Konservative 'L'Aurore' sprach z.B. von einer "Ernte des Hasses für François" und die rechte "Minute" denunzierte die Gesamtheit der Demonstranten als "Mitterands chienlit" (Pöbelherrschaft).

Der linksliberale 'Nouvel Observateur' fragte, ob Mitterand, der bei der Präsidentschaftswahl im Frühjahr 13 Millionen Wählerstimmen gesammelt hatte, dieses Abenteuer nötig gehabt hätte. (94)

Doch "im Larzac stellen die Leute von der Basis ihre Probleme selbst dar. Wir haben keine Polit-Stars eingeladen. Das Erntefest ist schließlich nicht das Fest der 'Humanité!"
Der unglückliche Vorfall sei "ein Beweis dafür, wie schwierig es ist, Larzac in den Rahmen traditioneller Politik zu zwängen, selbst wenn dies ein Mann versucht, der fast Präsident der Republik geworden wäre",

zitierte 'Le Monde' einen Larzac-Bauern. (95)

Der 'Figaro' bescheinigte dem Erntefest Erfolg, "vielleicht, weil es im Zeichen des Lebens stand". Während die 'Parisien Libéré' "als Bauern verkleidete Intellektuelle" zu erkennen glaubte, sah der 'Express' "die Sorbonne vom Mai 68 aufs Land gewandert".

Für die Regionalzeitung des südlichen Aveyron 'Le Rouergat' war unter den Teilnehmern des Erntefestes

"alles, was in Frankreich protestiert, was sich gegen die Gesellschaft und die politischen Machthaber auflehnt. Alles, was etwas anderes anstrebt. ... Diese Treffen, die Jahr für Jahr größer werden, könnten eine Art Barometer für die Politiker darstellen."

'politique-hebdo' beantwortete schließlich für sich die Frage nach dem Charakter der Demonstration:

"Pazifismus, Gewaltfreiheit? Ja natürlich. Der solide Hintergrund eines humanistischen Antimilitarismus war jederzeit spürbar, selbst wenn er von klassenkämpferischen Worten beeinflußt wird..."

7. "Der Larzac dürstet nach Wasser und Gerechtigkeit" — Illegaler Bau von Wasserleitungen

Bis in die sechziger Jahre waren tiefe Zisternen zum Auffangen von Regenwasser die einzigen Wasserquellen auf dem Larzac. Die Modernisierung der Landwirtschaft verlangte dringend den Bau von Wasserleitungen aus den benachbarten Tälern. Bereits vor den erneuerten Plänen zur Camp-Erweiterung begann der Ausbau von Wasserleitungen und Pumpstationen. Als bekannt wurde, daß die Höfe innerhalb des Erweiterungsgebietes kein Leitungswasser erhalten sollten, entwickelte sich ein neuer Schauplatz der Auseinandersetzungen.

Am 14.9.1972 hatten einige der betroffenen Bauern in Anwesenheit des Präfekten während einer Sitzung der "Interkommunalen Gesellschaft für Wasserversorgung" in Millau erklärt:

"... Wir legen Wert auf die Feststellung, daß es keinerlei Zusammenhang zwischen der Wasserleitung und dem Militär-Projekt gibt. ... Gewissen Presseberichten ist zu entnehmen, daß die Höfe innerhalb des geplanten Camps nicht an die Wasserleitung angeschlossen werden sollen. Doch weshalb diese Argumente? Das sollen uns die Herren Volksvertreter mal erklären!
Wir fordern unsererseits in der Überzeugung, daß das Erweiterungsprojekt aufgegeben wird, daß als erstes die Höfe an die Wasserleitung angeschlossen werden, die ihren Sitz innerhalb des projektierten Camp-Geländes haben. Andernfalls hat die Wasserversorgungsgesellschaft überhaupt keinen Sinn, denn ... es ist besser, Bauern ohne Wasser zu haben als Wasser ohne Bauern — und für diesen Fall fordern wir die Auflösung der Gesellschaft!
Merkt Euch eins, Ihr Herren Volksvertreter: Wir haben es 500 Jahre lang ohne Wasserleitungen ausgehalten, und wir können es gut und gerne noch weitere 500 Tage aushalten! ..." (96)

In den folgenden drei Jahren wurde einigen Höfen außerhalb der Erweiterungszone Wasser zugeführt, so auch Devez Nouvel, dem Hof von Guy Tarlier. Nachdem dieser eigenhändig eine Verbindungsleitung zwischen seinem Wohnhaus außerhalb und den Wirtschaftsgebäuden innerhalb der Erweiterungszone gelegt hatte, legalisierten dies die Wasserwerke durch Installation einer weiteren Wasseruhr.

Eine kleine Runde von Bauern in Begleitung der PS-Generalräte Coulon und Deruy sowie des Bürgermeisters von Creissels, dem Vorsitzenden des Wasserbeschaffungsverbandes ging am 4. Januar 1975 daran, in direkter Aktion die Wasserleitung in das Erweiterungsgebiet weiterzuführen, um Höfe wie die in La Blaquière und Potensac vom fließenden Wasser profitieren zu lassen.

Da die Leitung die Nationalstraße überqueren mußte, leiteten sie den Verkehr kurzerhand um und begannen, die Fahrbahn aufzureißen. Auch nach dem Erscheinen von drei Mannschaftswagen 'gardes mobiles' arbeiteten sie "in aller Ruhe und Gewaltfreiheit" (97) weiter und erklärten dem Kommandanten, daß alles ordnungsgemäß ablaufen werde, kein Zwischenfall möglich sei und man auf dem Larzac schon lange gelernt habe, "Legalität und Gerechtigkeit auseinanderzuhalten". (98)

"... Eine dreiviertel Stunde später kamen die Mobilgardisten im Laufschritt an, ausgerüstet mit Tränengas-Granaten und dem Befehl, uns wegzuschaffen. 'Kommt nicht in Frage' sagten wir, hockten uns in den Graben [die Straße war bis zur Mitte aufgerissen] und hielten die Stellung. Die Gardisten zogen uns heraus und forderten von uns, die Grube wieder zuzuschütten. Aber wir machten erstmal eine Mittagspause und vesperten unter ihrer Nase — erst als wir Lust dazu hatten, schütteten wir die Grube wieder mit Sand zu, nicht ohne vorher die Rohre zu verlegen. Bis zum Abend und selbst während der Nacht bewachten uns die Mobilgardisten aus Angst, daß wir weiterarbeiten könnten. Doch während sie Wache hielten, tanzten wir in der großen Jasse [traditioneller Schafstall mit Steingewölbe] wie es richtige Bauern tun." (99)

schilderte ein beteiligter Bauer die erste direkte Konfrontation mit der Polizei. Das Prestige der "103" schützte sie vor körperlicher Repressionsgewalt, zumal die Öffentlichkeit von ihrer gewaltfreien Haltung überzeugt war. Die Bauarbeiten auf der Straße waren jedoch abgebrochen – und stattdessen auf den angrenzenden Feldern fortgesetzt worden.

Die Ankündigung eines Raumordnungsverfahrens (100), der Vorstufe zur Enteignung, vier Tage später durch den Präfekten veranlaßte zu einer offensiveren Fortsetzung des "Grabenkrieges" um die Wasserleitung.

Diesmal riefen u.a. die Landwirtschaftskammer, die FDSEA, CFDT und FEN-Gewerkschaften und mehrere Generalräte zur Fortsetzung der Arbeiten am 25.1.1975 auf. War bereits die Unterzeichnung des Aufrufs durch angesehene regionale Organisationen bemerkenswert, so bewies die persönliche Teilnahme zahlreicher Honoratioren an der öffentlich angekündigten illegalen Aktion einen enormen Bewußtseinswandel, der die wachsende politische Kraft der "103" gegenüber der fortgesetzten Bedrohung durch die Regierung aufzeigte.

> "Aber an diesem Tag standen uns an der Baustelle mehr als zwölf Busse voll Mobilgardisten gegenüber. Wollten die etwa unsere Arbeit tun?" (101)

Vor der Kette von Ordnungshütern ließen sich die Demonstranten zum Sitzstreik auf der Nationalstraße nieder, und nach dem Eintreffen von Polizeiverstärkung wurden die Herren Generalräte, Bürgermeister, Vorsitzenden, Notare usw. in ihren feinen Anzügen ebenso über die Straße und in Schlammlöcher geschleift wie die Bauern elf Tage zuvor. Eine halbe Stunde lang schleppten die Polizisten Demonstranten ab, die sich stets ein Stück weiter neu hinsetzten und wieder weggeschleift wurden, bis das "Spiel" freiwillig abgebrochen wurde. Zum Abschied wandten sich die Demonstranten mit dem Versprechen an die Polizei:

> "Die Bauern haben einen Anspruch auf Wasser, und die Leitung wird auf jeden Fall gebaut. Wir werden zurückkommen und dann anders vorgehen..." (102)

Die abziehenden Fahrzeuge blockierten anschließend noch eine halbe Stunde lang die Nationalstraße.

Bei der folgenden Pressekonferenz wurde mit Stolz darauf hingewiesen, daß

> "zum ersten Mal seit langer Zeit das ganze Departement Aveyron so stark bei einer Larzac-Demonstration vertreten war. Persönlichkeiten verschiedenster Herkunft und Funktion waren anwesend. ... Der Beweis ist erbracht, daß die Ordnungskräfte die Verantwortlichen des Departements nicht anders als die übrigen Demonstranten behandeln, d.h. mit derselben Mißachtung." (103)

Der Vorsitzende der Landwirtschaftskammer, Henri Jaudon, fragte betroffen:

> "War es ein so großes Verbrechen, das den Einsatz von 10 Mannschaftswagen 'gardes mobiles' rechtfertigte?" (104)

Die zahlenmäßige Verstärkung der Polizei war durch die Anwesenheit der überregionalen Presse und vieler Amtsträger mit ihren demonstrativ getragenen Trikolore-Schärpen (105) ausgeglichen worden. Im Vergleich zur Härte manch anderer Polizeieinsätze in Frankreich ist das Ausbleiben von Schlagstock- und Tränengaseinsatz bemerkenswert.

Der nächste Versuch, die Leitung unter der Nationalstraße zu verlegen, endete mit einem Erfolg. Die Bauern hatten den Solidaritätsbesuch von 200 Arbeitern der Uhrenfabriken LIP, Unimel und Kelton aus Besançon genutzt, die am 15.6.1975 den Kauf einer GFA-Parzelle durch ihre CFDT-Ortsleitung auf dem Larzac feierten. Gemeinsam mit den Bauern rissen sie an diesem Tag die Fahrbahn mittels Preßlufthämmern auf. Wie zu erwarten, erschien bald wieder die Polizei, diesmal in voller Kampfausrüstung. Als jedoch der Slogan "LIP, Larzac, derselbe Kampf!" ertönte und der Kommandant der 'gardes mobiles' die LIP-Arbeiter erkannte (106), ließ er seine Truppe 30 Meter vor dem Graben anhalten und gab nach Funkgesprächen mit dem Pariser Innenministerium Befehl zum Rückzug.

In ausgelassener Stimmung wurden die Leitungsrohre innerhalb einer Stunde verlegt und mit einer Flasche Champagner eingeweiht.

Anhand dieser Erfahrungen zeigte der Landwirt Michel Courtin in einem Leitartikel von 'Gardarem Lo Larzac' den Unterschied zwischen kriminellem Gesetzesbruch und Zivilem Ungehorsam auf:

Kriminelle Handlungen müßten im Geheimen geschehen, da die Täter sich der Strafverfolgung entziehen wollen und damit ihr Schuldbewußtsein zeigen. Dagegen sei der Zivile Ungehorsam eine illegale Aktion, "bei der die Akteure bewußt und in aller Öffentlichkeit die Spielregeln der Gesellschaft radikal übertreten". Viele Beispiele würden die "Unfähigkeit der Polizei" belegen, angemessene Reaktionen zu finden.

Obwohl die Polizei im Januar 1975 erstmals bei einer illegalen Aktion der Bauern eingriff, minderte das nicht deren Erfolg.

"Abgehärtet durch die Gewöhnung an die Illegalität haben wir tatsächlich unsere Angst vor den Gendarmen verloren." (107)

8. Haus- und Hofbesetzungen

Die Bemühungen um Erhaltung bzw. Neugründung von landwirtschaftlichen Betrieben fanden, wie bereits erwähnt, ihre Grenzen durch die Immobilienkäufe der Armee. Nachdem bereits die Neuansiedlung auf längst verlassenen Larzac-Höfen gegen die Entwicklungstendenz des übrigen Departements verlaufen war, mochten sich die "103" nicht mit der Stillegung weiterer Anwesen durch die Armee abfinden.

Anläßlich des "pflüg-ins" am 18.8.1974 hatte Philippe Fauchot die Neuansiedlung von zwei 'paysans-travailleurs'-Familien angekündigt. Nach genauerer Prüfung waren jedoch diese Kandidaten nicht bereit, die schlechten Lebensbedingungen wie das Fehlen von Strom und fließendem Wasser, von Einkaufsmöglichkeiten, Telefon und geteerten Wegen auf sich zu nehmen. Zunächst fanden sich zu solchen Opfern nur Mitglieder "vagabundierender Kommunen, wie die Arche" (108) bereit.

Nach Lanza del Vastos Fastenaktion hatten die Bauern den 'Compagnon de l'Arche', Roger Moreau, gebeten, für ihr 'Büro' als Geschäftsführer zu arbeiten. Moreau nahm dies als Vertrauensbeweis an und zog nach La Cavalerie um. Zweieinhalb Jahre später "war es Zeit, daß die Gewaltfreien der Arche selbst einen Beweis für die Richtigkeit ihrer Theorie erbrachten. . ." (109)

8.1. Arche-Gemeinschaft im Hof Les Truels

Aus der Arche-Gemeinschaft erklärten sich die Familien Moreau und Voron mit vier Kindern und drei ledige Arche-Mitglieder bereit, einen Hof in Armeebesitz zu besetzen und mit neuem Leben zu erfüllen. Nach einer demonstrativen Saataktion auf dem Armeeland bei La Blaquière, das beim Erntefest gepflügt worden war, zogen sie, von zahlreichen Traktoren und Autos der Larzac-Bauern begleitet, am 5.10.1974 zum fast verfallenen Hof Les Truels am Nordrand des Plateaus, zu einer "neuen pazifistischen Gegenoffensive zur militärischen Besetzung". (110)

Der seit 20 Jahren verlassene Hof war im Dezember 1973 von der Armee gekauft worden. Als die Absicht der Besetzung durchsickerte, bezogen am Abend des 4.10.1974 Fallschirmjäger vorsorglich das am besten erhaltene Hauptgebäude. Während eine Gruppe von etwa 100 Demonstranten die Bewacher ablenkte, begannen die Besetzer, die Nebengebäude zu reinigen und bewohnbar zu machen. Der nachträgliche Versuch der 'paras', auch diese zu besetzen, scheiterte an der gewaltfreien Entschlossenheit der Zivilisten. Als ein Büchertisch mit pazifistischen Schriften aufgestellt wurde, erteilten die Offiziere den unteren Dienstgraden Sprechverbot gegenüber den Demonstranten.

"Ein Priester unter den Demonstranten beginnt, die Tugenden der Gewaltfreiheit zu rühmen. 'Utopie!', sagt der Kommandant. 'Wenn die Armee eine ungerechte Sache verteidigt, ist sie zur Niederlage verurteilt, egal wie stark sie ist', antwortete der Priester. . ." (111)

Da sie mit einer Räumung durch 'gardes mobiles' rechneten, stellten die Besetzer Nachtwachen auf, und nach fünf Tagen friedlicher Koexistenz schien es, als wolle die Armee in Les Truels überwintern. Als der Wohnraum in zwei Zimmern zu eng wurde, beschlossen die Aussiedler, ein neues Haus zu bauen; die dafür nötigen Baumaterialien lagen am 11.10.1974 bereit. Um sich nicht länger einer blamablen Situation auszusetzen, zog sich nun die Armee zurück. Die politischen Voraussetzungen einer Räumung schienen nicht gegeben zu sein.

"Das Elite-Corps der französischen Armee verschwindet nach Einbruch der Dunkelheit und nimmt wie ein Dieb die Möbel und die Fenster des Hauses mit!" (112)

Zahlreiche Solidaritätsbesuche und Materialspenden aus der Region zeigten, wie rasch die offensiv-illegale und konstruktive Aktion Sympathien gefunden hatte.

Bereits zwei Jahre nach der Besetzung waren die Neubauern stillschweigend von den Behörden legalisiert, vier der männlichen Dauerbesetzer offiziell als Landwirte ('exploitant agricole') registriert und Mitglieder in der 'Mutuelle agricole', der landwirtschaftlichen Krankenversicherung. Vor allem aber waren sie nun integraler Bestandteil der Bauerngemeinschaft.

"Gewaltfreie und Bauern — eine Solidarität ohne Schattenseiten", beschrieb die regionale Wochenzeitung SUD diese Wahlverwandtschaft. (113)

Aus der Widerstandsaktion hatte sich eine von den Bauern vollwertig anerkannte Landkommune entwickelt, die relativ gut die Anforderungen der direkten Aktionen und einer alternativen Lebensgemeinschaft miteinander zu vereinbaren wußte. (114)

Die Dauerbesetzer erhielten regelmäßig Verstärkung durch 'stagiaires', Kurzzeit-Mitarbeiter, die im Sommer zusammen mit anderen Besuchern auf dem Hof zelteten. Für die Landwirtschaft stehen 87 ha Land zur Verfügung, davon sind 10 ha bei mittelmäßiger Qualität kultivierbar, der Rest besteht aus Weiden und Wald. Die Gemeinschaft baut ihren Weizen für Brot, das selbst gebacken wird, an und versorgt sich mit Gemüse und mit Futter für das Vieh. Eine Herde von 60 Mutterschafen und 60 Lämmern liefert die Milch für die eigene Käseproduktion, die die 'Compagnons' von Les Truels auf den Märkten der Umgebung zusammen mit Kunsthandwerk verkaufen — stets eine gute Gelegenheit zu Gesprächen mit der Bevölkerung über Widerstand und Alternativen.

8.2.   Besetzung eines Armee-Hofes
für ein Kriegsdienstverweigererzentrum

Fast genau ein Jahr nach der Besetzung von Les Truels halfen die Larzac-Bauern am 4.10.1975 bei der illegalen Ansiedlung einer zweiten Gruppe auswärtiger Freunde, für die der an die Armee verkaufte Hof Le Cun (okzitanisch: der Keil) im relativ schwach verteidigten Südteil des Plateaus ausgesucht wurde. Die Besetzergruppe, ein Ehepaar aus der 'Arche', ein Pastor der reformierten Kirche, ein Maurer und ein Saisonarbeiter, waren vier Monate vorher auf das Plateau gekommen, um sich mit der Gegend und den Menschen vertraut zu machen. Sie arbeiteten in Les Truels und organisierten während des Haupturlaubsmonats August in Cavalerie einen Informations-Stand zum Thema gewaltfreie Aktion. Erst als sich die fünf Kriegsgegner innerlich bereit fühlten, stellten sie den "103" ihren Plan vor, in einem Armeehof ein Forschungs- und Aktionszentrum für gewaltfreie Aktion und Soziale Verteidigung aufzubauen. Die Landwirte stimmten dem Vorhaben nach den positiven Erfahrungen von Les Truels sofort zu.

"Wir sind sehr glücklich, diese jungen Leute in einem Haus auf dem Larzac unterbringen zu können. Denn sie bieten sich an, neue Konfliktlösungen zu suchen, anstatt das Töten zu lernen..." (115)

Die männlichen Besetzer waren anerkannte Kriegsdienstverweigerer, die den zivilen Zwangsdienst in den staatlichen Forsten verweigerten und stattdessen auf dem Larzac ihren Beitrag "zur Einrichtung eines gewaltfreien Systems der Volksverteidigung leisten" (116) wollten.

"Mit der Besetzung eines von der Armee gekauften Hofes beantworten wir auf unsere Weise den "Ruf zu den Fahnen". ... Das positive Echo, das der gewaltfreie Widerstand der Larzac-Bauern gegen den Staatsapparat in Frankreich wie in der übrigen Welt gefunden hat, machte uns die Bedeutung dieses Kampfes bewußt. Denn paradoxerweise wird immer deutlicher, daß die Larzac-Bauern das französische Volk besser auf die Verteidigung gegen eine Aggression vorbereiten als unsere Staatsmänner, die sie zugunsten einer gewissen 'Verteidigung' vertreiben wollen..." (117)

Bei einer Pressekonferenz vor dem besetzten Hof betonten die Bauern, daß diese Besetzung Teil ihres Plans zur Neubelebung des Plateaus sei.

"Im Fernsehen erklärte der Vorsitzende der Stiftung zur Forschung für die nationale Verteidigung, General Buis: 'der Gewaltfreiheit sollte ihr Platz eingeräumt werden.' Wir Larzac-Bauern antworten dem General Buis: Weshalb nicht bei uns, in diesem Landstrich Larzac, dessen Bevölkerung zur Genüge ihren Willen bewiesen hat, es dem Frieden und der Gewaltfreiheit zu widmen." (118)

8.2.1.   Exkurs:
Entwicklung des Friedenszentrums 'Le Cun'

Ein volles Jahr duldete die Armee den Aufbau des Studien- und Begegnungszentrums für Friedensarbeit auf ihrem Grund und Boden, bevor sie den besetzten Hof gewaltsam räumte.

Die Besetzer sahen neben der Beteiligung am Widerstand die Schwerpunkte ihrer Arbeit vor allem in der Forschung über gewaltfreie Verteidigungsformen, in der Weiterbildung in gewaltfreier Konfliktaustragung und in der Beherbergung auswärtiger

Larzac-Freunde. Unter anderem begannen sie mit dem Aufbau einer Bibliothek mit den Bereichen: Organisation der bewaffneten Verteidigung, Militarisierung der Gesellschaft, Friedens- und Konfliktforschung, Gewaltfreie Aktion und vor allem in- und ausländische Studien zur Sozialen Verteidigung. Dabei wurden verschiedene Aspekte wie Psychologie (Aggression, Sexualität, Psychoanalyse), Politik (Macht, politische Theorien, Fallstudien), Ökonomie (Analyse der kapitalistischen Gesellschaft, verschiedene sozialistische Vorstellungen), Philosophie, Theologie, Recht und Pädagogik berücksichtigt.

Als Grundlage der Forschung wurde ein umfangreiches Archiv und eine Dokumentation zu den genannten Themen aus Flugblättern, Rundbriefen und Zeitschriftenartikeln angelegt. Damit sollte Einzelpersonen und Gruppen die Voraussetzung für das Studium der Sozialen Verteidigung geliefert werden, "eine Sache, die in Frankreich sonst nirgends existiert". (119) Daneben wollte die Mitarbeitergruppe von Le Cun der Grundlagenforschung dienen, indem sie Materialsammlungen zusammenstellte, Übersetzungen anfertigte und selbst Untersuchungen verfaßte.

Schulungsarbeit verstand Le Cun als Möglichkeit, die Forschungsergebnisse zu verbreiten. Als Methoden wurden dazu Vorträge, Diskussionforen, Seminare, die Gründung von Studiengruppen, die Veröffentlichung von Grundlagentexten und Übersetzungen und die bestmögliche Nutzung des von sympathisierenden Journalisten eingeräumten Raumes in der Presse verwandt.

Von Anfang an galt in Le Cun für die Beherbergung der Grundsatz, daß das Zentrum weder ein umsatzorientiertes Hotel noch eine Notunterkunft sein sollte, in der die Gäste alles selbst machen müßten. Bei einer gewissen Eigenbeteiligung der Seminarteilnehmer sorgten die Mitarbeiter für die wichtigsten Notwendigkeiten, zumal deren Lebensunterhalt auch aus den Teilnehmerbeiträgen bestritten werden sollte. Daraus ergab sich, daß alle Ferienzeiten und während des restlichen Jahres vor allem die Wochenenden für Veranstaltungen genutzt wurden.

Die Ambition, "für die Gewaltfreiheit ein wenig das zu sein, was z.B. für die Armee die 'Stiftung zur Forschung für die Nationale Verteidigung' ist" (120), schloß die finanzielle Selbstträgerschaft aus; ein Spendenaufkommen von außerhalb war lebensnotwendig. Die Mitarbeiter waren zu einer gemeinschaftlichen Wohnform gezwungen, da mit der Auszahlung von ausreichenden Gehältern nicht zu rechnen war und die Teilnehmerbeiträge kein Teilnahmehindernis für Menschen mit geringen Einkommen sein sollten. Gelegentliche Hilfe auf den Bauernhöfen brachten einen kleinen Nebenverdienst, schufen darüber hinaus weitere Kontakte zu den Landwirten.

In Eigenarbeit und durch eine Investition von 30.000 Francs war der besetzte Hof einfach und zweckmäßig ausgebaut worden. (121) Im Mai 1976 begann das Veranstaltungsprogramm des 'Centre du Cun du Larzac de recherches et d'action pour une défense populaire non-violente', bevor es am 1.7.1976 durch die Veröffentlichung im 'Journal Officiel' vom Staat als Verein anerkannt wurde. Im Vorstand des Trägervereins waren die Larzac-Bauern zu zwei Dritteln vertreten. Die ersten Seminare fanden mit Kriegs- und Zivildienstverweigerern zu den Themen "Selbstverwaltete Projekte von Kriegsdienstverweigerern" und "Einführung in Soziale Verteidigung" statt. Mitte Juni 1976 tagte in Le Cun der Nationalrat der MAN-Föderation zum Thema "Kriegsdienstverweigerung in Frankreich". Zu diesem Zeitpunkt verweigerten bereits 12.000 anerkannte Kriegsdienstverweigerer den Ersatzdienst im Rahmen der ONF-Forstverwaltung.

Ein Seminar über praktische Erfahrungen mit Justiz und Strafvollzug Anfang Juli 1976 war geprägt von den Folgen einer eine Woche zuvor abgelaufenen "Kommandoaktion" in der Kaserne von La Cavalerie. (Vgl. Kap. V, 3.) Vier der 22 Inhaftierten gehörten zum Mitarbeiterteam von Le Cun.

"Alles läuft weiter, als sei nichts geschehen . . . oder fast nichts", hieß es im Rundbrief von Le Cun im August 1976 über diese Wochen, in denen Laurette Huan mit ihrem Säugling den Rest der Mitarbeitergruppe zu vertreten versuchte.

Auch ein Theater-work-shop während der Haftzeit der Mitarbeiter organisierte sich selbst, die Teilnehmer arbeiteten die aktuellen Ereignisse in ihr selbstentwickeltes Straßentheater ein, das sie u.a. während des Haftprüfungstermins in der Innenstadt von Montpellier aufführten.

Das Seminar "Bibel und Verteidigung" mußte nicht etwa ausfallen, weil der Seminarleiter Hervé Ott im Gefängnis saß, sondern weil sich zuwenig Teilnehmer angemeldet hatten.

Im August 1976 besprachen in Le Cun 30 MAN-Mitglieder das Thema "Selbstverwaltungssozialismus und gewaltfreie Aktion", danach trafen sich eine Woche lang deutsche Zivildienstleistende. Im September fand ein Koordinationstreffen der verschiedenen Gruppen statt, die Kampagnen Zivilen Ungehorsams organisierten.

In den Monaten nach der Zwangsräumung im September 1976 war ein deutlicher Spendenrückgang für Le Cun spürbar, da vielen Unterstützern vor allem die direkte Anwesenheit innerhalb des Erweiterungsgebietes wichtig war. Für den Zeitraum vom Oktober 1976 und September 1977 ergab sich ein finanzielles Defizit von 18.000 Francs, nachdem sich die Mitarbeitergruppe mit Unkosten von 5.000 Francs im Dorf La Blaquérerie neu einrichtete und vier Monate lang jeder Verdienst für die Mitarbeitergruppe ausfiel. Auch die Vorbereitungen für das Sommerprogramm 1977 wurden stark behindert, was sich auf die Teilnehmerzahlen negativ auswirkte. Dennoch gab es in diesem Sommer 1.100 Übernachtungen.

Von Anfang an war eines der größten Probleme die starke Fluktuation der Mitarbeiter, möglicherweise war dies auch ein Grund dafür, weshalb Le Cun im Gegensatz zu Les Truels von der Armee geräumt wurde. Eine der Ursachen für den häufigen Wechsel lag in der Rekrutierung der Mitarbeiter unter Zivildienstverweigerern, die ihre Mitarbeit im Zentrum als ihre Art von alternativem Friedensdienst ansahen und danach wieder weggingen. Neben den spartanischen Lebensbedingungen war wohl auch die Tatsache von Bedeutung, daß kaum ein Mitarbeiter sich so stark mit dem Zentrum als Lebensaufgabe identifizieren mochte wie der Pastor Hervé Ott, der von Anfang an dabei war und blieb.

In den ersten drei Jahren arbeiteten in Le Cun 15 Freiwillige mit Aufenthaltszeiten zwischen drei Monaten und einem Jahr. Im Dezember 1979 war Hervé Ott sogar völlig allein, bis im Februar 1977 vier Zivildienstverweigerer hinzukamen. Erst im Frühjahr 1981 ergab sich erstmals die günstige Situation, daß sich mehr langfristige Mitarbeiter bewarben als im Zentrum gebraucht wurden.

Trotz aller Schwierigkeiten fanden im Sommer 1977 in zwei Häusern des Dörfchens La Blaquérerie eine Reihe von Seminaren zu den Themen 'Ziviler Ungehorsam', 'Werkzeug für Aktive' (Plakatherstellung, Diskussionsleitung, Rollenspiele, juristische Aspekte), 'Outspan-Kampagne gegen Apartheid', 'US-Farmarbeiter', 'Politische und religiöse Aspekte des gewaltfreien Widerstandes', 'Gewerkschaften und gewaltfreie Aktion' statt.

Beim 'rassemblement' 1977 warb Le Cun in einem Prospekt für den großzügigen Neubau des Zentrums im Norden des Plateaus.

Nach langen Diskussionen hatten sich die Bauern mit den Kriegsdienstverweigerern geeinigt, ein neues Haus für die Beherbergung von 40 Personen zu bauen. Auf GFA-Land sollten nahe der Straße zwischen St. Martin und Pierrefiche, nur 50 m vom Camp entfernt, fünf Zweibettzimmer, je zwei Vier-, Fünf- und Sechsbettzimmer, vier Versammlungsräume, eine Bibliothek, eine Küche und ein Speisesaal entstehen. Die Wohnungen für die festen Mitarbeiter sollten getrennt davon in der

Nähe gebaut werden. Zu diesem Ziel gewährte die 'APAL' einen Kredit von 20.000 Francs, die restliche Finanzierung sollte durch die eigens gegründete Aktiengesellschaft 'SCI-CUN' mit Anteilen von je 200 Francs gesichert werden.

Aus ökologischen Einsichten war der Bau eines Windrads, einer Solar-Wasseraufbereitungsanlage und einer Zentralheizung mit einem Sägemehlofen geplant.

Der Neubau aus Feldsteinen begann am 28.7.1977 mit Hilfe der Bauern und 20 bis 30 auswärtigen Freunden. Die Polizei nahm am 22.9.1977 von der illegalen Baustelle offiziell Notiz, und am 27.12.1977 ordnete ein Untersuchungsrichter auf Antrag des Präfekten den Baustopp an, bis schließlich das Gericht in Millau am 2.6.1978 den Abriß anordnete und die Verantwortlichen der Bauten von Le Cun und Cavaliès zu Geldstrafen verurteilte. Die Kriegsdienstverweigerer weigerten sich zwar, die fertigen Mauern niederzureißen, an einen Weiterbau war jedoch nicht zu denken, bevor sich die Bauern eindeutig zu dieser Mißachtung des Urteils aussprechen würden.

Das Veranstaltungsprogramm 1978 lief in La Blaquèrerie weiter; als die beiden gemieteten Häuser zurückgegeben werden mußten, zogen die Mitarbeiter Ende Mai 1979 auf das Baugelände im Norden, um die Seminare zwischen Juni und September in Zelten durchzuführen. (122) Die Mitarbeiter brauchten jedoch für den Winter dringend andere Wohnmöglichkeiten, im Frühjahr 1979 hatten die Bauern die Grundsatzentscheidung für den Weiterbau in Le Cun getroffen. Der verbotene Bau sollte auf eine originelle, ökologisch eingepaßte, rasche und billige Weise erfolgen, die zudem das Gerichtsurteil unterlief. Die Mauern bestehen aus Strohballen, die zwischen einem Fachwerk aus Eichenbalken in ein Maschendrahtgitter aufgeschichtet und verputzt wurden. Wärme- und Schallisolierung sind bemerkenswert gut. Pro qm kostete das 100 qm-Haus (Bibliothek, Büro, zwei Zimmer) 350 Francs.

Ab 20.9.1979 war Großeinsatz für Bauern und andere Plateaubewohner. Nach zehn Tagen Vorbereitung reichten drei Tage Bauzeit, um die Mauern hochzuziehen und das Dach zu decken.

Der weitere Ausbau wurde unter anderem durch interne Meinungsverschiedenheiten zwischen den Larzac-Komitees, den Bauern und dem Le Cun-Trägerverein über eine etwaige gemeinsame Nutzung als 'Larzac-Haus' verzögert, in dem die Mitarbeitergruppe von Le Cun als Mieter gleiches Nutzungsrecht haben sollte wie jede andere Gruppe. 1980 zog die Gemeinschaft in freigewordene Häuser des nahegelegenen Weilers St. Martin; die Erfahrung lehrte auch, daß ein gewisser räumlicher Abstand zwischen den Teilnehmerunterkünften und den Mitarbeiterwohnungen eine zu starke Dauerbelastung der Hauptamtlichen mindern half.

Kostenlose und großflächige Werbung in linken Zeitschriften führten seit dem Sommer 1978 zu stark steigenden Teilnehmerzahlen. Eine erste Auswertung der Zusammensetzung der Benutzer von Le Cun ergab, daß 18- bis 22jährige mit 32,6% am häufigsten vertreten waren, während z.B. lediglich 6% der Seminarteilnehmer über 40 Jahre alt waren. (123) Unter den vertretenen Berufsgruppen überwogen Lehrer (25,3%), Studenten (16%) und Sozialarbeiter (12,6%). Nur 6% bezeichneten sich als Arbeiter, dennoch war ein Gewerkschaftsseminar im Sommer 1978 gut besucht, an dem auffällig viele ältere Gäste teilnahmen. Nach Organisationszugehörigkeit befragt, gaben 44% ihre Mitgliedschaft in Gewerkschaften, dagegen nur 33% gewaltfreie Gruppierungen an.

Daraus kann geschlossen werden, daß zwei Drittel der Kursteilnehmer an Themen der gewaltfreien Konfliktaustragung Interesse hatten, ohne dementsprechend organisiert zu sein, bzw., daß der Einfluß der gewaltfreien Aktion weit in andere Verbände hineinreichte. Mit 30,6% war der Anteil derer, die sich als praktizierende Christen bezeichneten, relativ hoch. Die geographische Herkunftsverteilung zeigte, daß Le Cun in ganz Frankreich und auch im Ausland bekannt war, jedoch vergleichsweise wenige Menschen aus der näheren Umgebung die Einrichtung nutzten.

Kritikern, die daraus den Schluß zogen, Le Cun sei am falschen Standort aufgebaut worden, antworteten die Verantwortlichen mit dem Argument, Le Cun sei für den Larzac-Kampf allein schon als einzige, ganzjährig besetzte Informationsstelle von Nutzen, die jährlich von mehreren hundert Personen für Tage oder Wochen genutzt wurde.

"Und wenn Le Cun anderswo als auf dem Larzac, als 'im Larzac', geschaffen worden wäre, wäre es sicher nicht, was es bisher war und gerne sein möchte: ein Ort, an dem täglich die Theorie mit der Praxis konfrontiert wird, wo man von der Praxis ausgeht, um die Theorie zu formulieren, und wo vor allem anderen ermöglicht wird, sich in dieser Lebensschule zu bilden, um sie in andere Kämpfe auszusäen.
Es wäre falsch zu glauben, daß die Hauptamtlichen von Le Cun nur Forscher oder Erwachsenenbildner seien. Denn sie sind in erster Linie politisch aktive Menschen, die sich täglich dem Larzac-Kampf zur Verfügung stellen. . ." (124)

Mitarbeiter von Le Cun halfen in der Landwirtschaft, besonders wenn Bauern verreisten oder Aktionen durchführten. Der Gewinn aus ihren viel genutzten Büchertischen floß der Kampfkasse der Bauern zu usw..

Die Gemeinschaft von Le Cun empfindet sich selbst als Teil der Widerstandsbewegung und wünscht, "als Beispiel zu dienen ohne den Anspruch, Modell zu werden". (125)

9. Konstruktive Selbsthilfe zur Steigerung der Lebensqualität

Der Zivile Ungehorsam war den Larzac-Bauern nie Selbstzweck, erst wenn alle legalen und rechtsstaatlichen Mittel erfolglos ausgeschöpft waren, brachen die Bauern öffentlich und in ruhiger Gelassenheit Gesetze oder gingen über Verordnungen hinweg.

Als kreative Gandhischüler wollten sie stets neben den subversiven Handlungen konstruktive Alternativen aufzeigen, die den Lebenswert ihrer Region steigern und diese noch verteidigenswerter machen konnten.

9.1. Eine neue Schule auf dem Larzac

Wie im übrigen Departement waren auch die Zwergschulen des Plateaus als Folge der Landflucht geschlossen worden. Im Gegensatz zu den Soldatenkindern, die in La Cavalerie in eine eigene Schule gingen, wurden die Bauernkinder täglich mit Bussen nach Millau gefahren. In ungünstigen Fällen blieben sie von 6 Uhr 30 bis 19 Uhr außer Haus.

"Debré hat gesagt, der Larzac sei eine Wüste. Wir antworteten ihm mit der Eröffnung einer neuen Schule."

Im Juni 1973 forderten die Larzac-Bauern die Neueinrichtung einer Schule innerhalb des Erweiterungsgebietes, was von der Schulbehörde und dem Stadtrat von Millau wegen des vorgeschlagenen Standortes abgelehnt wurde. Außerdem sei das ehemalige Schulhaus in St. Martin baufällig, der Ort ohne Strom- und Wasserversorgung. Bestärkt durch die Unterstützung mehrerer Lehrergewerkschaften und einer progressiven Elternvereinigung drohten die Bauern im Juli 1973, notfalls in St. Martin eine private Schule einzurichten. Anfang September genehmigte die Schulbehörde die Eröffnung einer neuen Schule in der Nähe des Hofes L'Hôpital, außerhalb der Erweiterungszone. Nachdem ein Stadtrat mit linker Mehrheit in der Pariser Region die komplette Innenausstattung der Schule gestiftet hatte, bewilligte der Stadtrat von Millau weitere Kredite. Innerhalb von zwei Wochen wurde das Schulhaus aus Fertigteilen errichtet, und am 4.10.1973 konnten dreißig Kinder die zweiklassige Schule beziehen. Dieser für französische Landregionen einzigartige Erfolg zeigte, daß die Neueinrichtung oder Aufrechterhaltung von Schulen durch die Mobilisierung der Öffentlichkeit grundsätzlich erreichbar war.

Wie in anderen Fragen zeigten die Bauern auch gegenüber der Institution Schule ein geschärftes Problembewußtsein:

"Die Erziehung unserer Kinder ist uns eine wichtige Angelegenheit. Ohne die Kompetenz der Lehrer bestreiten zu wollen, weigern wir uns, sie als Wissensspezialisten anzusehen, die allein über die Orientierung und das Wohl unserer Kinder entscheiden, ohne die konkreten Bedingungen ihres Lebens und des Kampfes, den sie mit uns zusammen führen, zu berücksichtigen..." (126)

Nachdem sie gelernt hatten, sich mit Politikern und Offizieren selbstbewußt auseinanderzusetzen, klagten die Bauern:

"Mit Lehrern kann man nicht gleichberechtigt diskutieren. ... Die Lehrer behandeln uns, als ob sie Notable wären, sie sind zu autoritär. ... Die lebten vorher in Dörfern mit rückständigen Bauern, die den Lehrer wie den Pfarrer als Honoratioren behandelten." (127)

Das Lehrerehepaar spürte deutliches Mißtrauen:

"als ich auf mehr Disziplin drängte, sagte jemand zu mir: 'Jetzt haben wir einen Debré in der Schule'! ...
Die Erfahrung ist enttäuschend, denn die Eltern haben kein Vertrauen zu uns. ... Sie sind Versammlungen und Protest gewohnt. In der Politik mag das ja in Ordnung sein, aber wo soll das in der Pädagogik hinführen?"

"In einer gewissen politischen Mythologie ist der Larzac ein privilegierter Ort für neue Ideen. Aber müssen die Bauern alles neu erfinden, einschließlich der Schule?",

schloß sich der Journalist aus der Pädagogik-Redaktion von 'Le Monde' an. (128)

Nach einem Lehrerwechsel im Jahr 1977 räumten rebellische Eltern selbstkritisch ein:

"Vielleicht sollten wir aus Rücksicht auf unsere Kinder etwas zurückhaltender sein, es belastet sie zu sehr, wenn wir Auseinandersetzungen auf ihrem Rücken austragen." (129)

Die Diskussionsbereitschaft und ein besseres Einfühlungsvermögen der neuen Lehrer führten zu einer entspannteren Atmosphäre, in der Eltern auch positive Seiten erkennen konnten.

"Eine Traumschule? Auf jeden Fall kann man sich in ihr wohlfühlen." (130)

9.2.   "Universität Larzac"

Im Frühjahr 1975 herrschte auf dem Plateau nach den großen Kundgebungen das Bedürfnis nach größerer Kontinuität in der Verbindung zu der auswärtigen Unterstützerbewegung sowie nach mehr vertiefender Information in vielen Sachfragen vor. In dieser Phase entstand die Zeitschrift der Bauern 'Gardarem Lo Larzac' und noch vor der Besetzung von Le Cun die Volkshochschule (131) 'Larzac-Université'. Durch Vermittlung des Landwirtes und PS-Gemeinderats in Millau, Jean-Louis Coulon, trafen sich einige Landwirte mit Dozenten der Universität Paris VII. Die Akademiker wünschten nach den Worten des späteren Vorsitzenden des Trägervereins von 'Larzac-Université', dem Physikprofessor Jean Loup Motchane,

"die Universität zu dezentralisieren und sich dabei auf konkrete Gegebenheiten zu stützen. Historisch und symbolisch war der Larzac dazu geeignet, diese Verbindung von Theorie und Praxis darzustellen. . ." (132)

Der Bauer Jean-Marie Burguière bestätigte später, daß es kein reines Intellekutellenunternehmen wurde:

"Die zu uns kommen, verstehen es zuzuhören und versuchen nicht nur, ihr Wissen auszubreiten. . ." (133)

Unter anderem standen dem Unternehmen Intellektuelle wie Theodor Monod, Henri Laborit, Jean-Louis Barrault und Jean-Paul Sartre Pate. Sie waren sich mit den Bauern im Bemühen einig um

"Begegnungen zwischen Bauern, Arbeitern, Angestellten, Technikern, Universitätsangehörigen ... in der frischen Luft, auf dem freien Larzac. Für uns ist Wissen keine Sache von Spezialisten, wir müssen uns gegenseitig unterrichten. Das Wort muß aus dem geschlossenen Universum der Hörsäle nach außen dringen, wo 'für uns gedacht wird'. . ." (134)

Am 19. Mai 1975 gründeten Bauern, Einwohner von Millau und auswärtige Sympathisanten einen Trägerverein (135) für die Volkshochschule, noch im selben Jahr kaufte der Verein im Weiler Montredon, einem strategisch wichtigen Ort innerhalb des Erweiterungsgebietes, für 120 000 Francs ein Anwesen. Das Veranstaltungsprogramm konnte bald in einem Haus mit Platz für 35 Gäste beginnen.

Durch Vortragsveranstaltungen in der Region, aber auch durch Seminare von drei oder auch vierzehn Tagen Dauer arbeitet die Larzac-Universität in drei Themenbereichen:
— direkte Unterstützung der Larzac-Bauern und der Region in der wirschaftlichen und kulturellen Entwicklung sowie im Widerstand gegen den Truppenübungsplatz,
— vertiefende Reflexionen und Informationen über politische Themen wie Grundbesitz, Zentralmacht und regionale Entwicklung oder die vielseitige Bedrohung der bürgerlichen Freiheiten,
— weitere Veranstaltungen ohne direkten Bezug zum Larzac.

Konkret bedeutete dies u.a. Seminare mit Tiermedizinern über Schafkrankheiten, mit Agrarökonomen über die Produktionskosten der Milcherzeugung; Veranstaltungen über alternative Energieerzeugung mit praktischen Einbauten von Solarheizungen, Windrädern und Biogasanlagen in Larzac-Bauernhöfen, Vorträge von Naturwissenschaftlern über die Schäden profitorientierter Medizin, Nahrungsmittel- und Landwirtschaftschemie usw..

Neben aktuellen und beliebten Themen wie der okzitanischen Sprache, der zentralen Raumordnungspolitik, der regionalen Wirtschaftsentwicklung und der Freinet-Pädagogik usw. fanden sich besonders viele Teilnehmer zu breit angelegten politischen und historischen Seminaren wie "Freiheiten" (136) und "Geschichte". Allein im Jahre 1976 sollen 6.000 Menschen an den Veranstaltungen teilgenommen haben, darunter auch viele Landwirtschaftsschüler und -studenten aus ganz Frankreich.

Aus der laufenden Arbeit bildeten sich auch einige ständige Arbeitsgruppen, wie z.B. über biologisch-dynamische Landwirtschaft. Insbesondere die Biogas-Experimente fanden das Interesse im Generalrat, bei Landwirten und einigen Gemeinderäten. Nicht zuletzt beteiligten sich die 'stagiaires' der Larzac-Universität an den Baustellen der Selbsthilfekampagne auf dem Larzac-Plateau.

Anmerkungen zu Teil IV

(1)   Nach 'Combat Non-Violent', Nr. 20, 5.2.1973.
(2)   BOETIE, Etienne de la: Über die freiwillige Knechtschaft des Menschen. Frankfurt, 1968, S. 35.
(3)   MAYER-TASCH, C.P.: Recht auf bürgerlichen Ungehorsam? In: AMERY / MAYER-TASCH / MEYER-ABICH: Energiepolitik ohne Basis. Frankfurt/Main, 1978, S. 43.
       Zur zunehmenden Fragwürdigkeit des "Repräsentationspositivismus" siehe auch MAYER-TASCH, C.P.: Die Bürgerinitiativbewegung. 2. Auflage, Reinbek, 1977, S. 8 ff.
(4)   THOREAU, Henry David: Über die Pflicht zum Ungehorsam gegen den Staat. Zürich, 1967, bzw.
       ders.: La désobéissance civile. Broschüre, 'Combat non-violent', Nr. 52-54, Neulise, 1974.
       "Der Titel lautete ursprünglich 'The Resistance to Civil Government', in der ersten Werkausgabe 'Civil Disobedience' und in Nachdrucken 'On the Duty of Civil Disobedience'."
       RICHARTZ, W.E.: "Über Henry David Thoreau." In: THOREAU: Über die Pflicht zum Ungehorsam gegen den Staat. a.a.O., S. 107.
       Zu Thoreaus Person siehe FLAK, Micheline: Thoreau. Paris, 1973.
       Zu seiner Bedeutung in den gewaltfreien Bewegungen der USA vgl.
       COONEY / ROBERT / MICHALOWSKI: The power of the people. Active nonviolence in the United States, Philadelphia, 1977.
       Siehe auch FLAK, Micheline: Thoreau, Paris, 1973.
(5)   Gandhi definierte zivil als "höflich, wahrheitsliebend, bescheiden, klug, hartnäckig, wohlwollend, nie verbrecherisch und haßerfüllt. . .", In:
       GANDHI, Mohandas K.: Jung Indien. Zürich, 1924, S. 421.
       Der gelegentlich im Deutschen gebrauchte Begriff "bürgerlicher Ungehorsam" ist leicht irreführend, da mit Bürger sowohl der citoyen wie der bourgeois bezeichnet werden kann.
(6)   Christian Mellon in: 'Alternatives Non-Violentes', Nr. 34, Themenheft 'La Désobéissance Civile', Juli 1979, S. 20.
(7)   Ein Ausdruck dieses Mißverständnisses ist z.B.
       (Kollektiv): Désobéissance civile et luttes autonomes. Paris, 1978.
       Vgl. auch COLLONGES, Y. / RANDAL, P.G.: Les autréductions. Paris, 1976.
(8)   'ANV', Nr. 34, Juli 1979, S. 11.
(9)   ebd., S. 14.
(10)   FORNARI, Franco: Psychanalyse de la situation atomique. Paris, 1969, S. 287.
(11)   'Le Monde', 4.6.1976.
(12)   'ANV', Nr. 34, S. 2.
(13)   Taktisch darf nicht als prinzipienlos mißverstanden werden. Oft fehlt ein griffiger und allgemein einsichtiger Ansatzpunkt für die direkte Aktion des Zivilen Ungehorsams. So sind z.B. viele Wehrpaßverweigerer oder Steuerverweigerer Gegner des Waffenhandels mit der Dritten Welt. Ihre Aktionsform bezieht sich nur indirekt auf den kritisierten Tatbestand.
(14)   O. Vial in 'ANV', Nr. 18, Juli/August 1976.
(15)   ebd., S. 15.
(16)   J.J. de Félice in 'ANV', Nr. 34, Juli 1979.
(17)   O. Vial in 'ANV', Nr. 18, Juli/August 1976.
(18)   'Larzac-Informations', Nr. 3, Februar-Mai 1973.
(19)   Elie Jonquet in: "Fünf Jahre Kampf", 'Gardarem Lo Larzac' ('GLL'), Nr. 1, Juni 1975.
(20)   Vgl. MULLER, Jean-Marie: Le défi de la non-violence. Paris, 1976, Kap. II, S. 29-61.
(21)   Vgl. RABAULT, Jean: L'antimilitarisme en France. 1810-1975, Faits et documents. Paris, 1975.
       LE ROY-LADURIE, Emmanuel: Anthropologie du Conscrit. Paris, 1966.
       Der Aufruf der 'Ligue des Objecteurs' 1934 zur Rücksendung der Einberufungsbescheide führte zur amtlichen Auflösung der antimilitaristischen Organisation. Ein Gesetz vom 8. Juli 1934 machte erstmals zu Friedenszeiten die Mobilisierungsverweigerung zu einem Straftatbestand. 1950 führte eine Welle von Prozessen gegen Wehrpaßrücksender zur Verlagerung der juristischen Zuständigkeit von zivilen auf Militärgerichte. Während des Algerienkrieges wurde die Aktionsform verstärkt, insbesondere von Mitgliedern der 'Action Civique Non-Violente', aufgegriffen. Kurze Zeit drängte das durch den Hungerstreik des Anarchisten Louis Lecoin 1963 erzwungene Kriegsdienstverweigerungsgesetz die Wehrpaßrücksendungen zurück. Die repressive Handhabung des Rechtes auf Kriegsdienstverweigerung führte jedoch zur erneuten Aufnahme der Kampagne, deren Höhepunkt der Prozeß von Orléans darstellte.
(22)   Zahlen nach 'ANV', Nr. 34, 1979.
(23)   'Le Monde', 13.11.1980.
(24)   'GLL', Nr. 22, Mai 1977.
(25)   Zitiert nach 'Bulletin de liaison et de coordination des comités Larzac', Nr. 33, 12.12.1976.
(26)   'Non-Violence politique' ('NVP'), Nr. 23, Februar 1980.
       Das Gericht verhängte eine symbolische Strafe von 3 Francs.
(27)   'Témoignage Chrétien' ('TC'), 13.4.1981.
(28)   'TC', 15.10.1979: "Wegbeschreibung eines Dissidenten".

(29) 'GLL', Nr. 46, September 1979.
(30) 'GLL', Nr. 48, November 1979.
(31) Die Bäuerin Alice Monier sprach über die Beteiligung der Frauen am Widerstand, der Bauer Pierre Burguière über seine Erfahrungen als Landwirt und Wehrpaßrücksender, der Generalrat Coulon über die Beziehungen der regionalen Politiker zur Pariser Zentralmacht, der Priester Robert Mazeran über die Haltung der Kirche zum Larzac usw.. Nach Simone de Bollardière, J.M. Muller und einer ehemaligen Résistance-Kämpferin sprach schließlich ein LIP-Arbeiter.
(32) O. Vial: "Brauchen wir noch Richter?", In: 'NVP', Nr. 23, Februar 1980.
(33) ebd.
(34) ebd.
(35) Pressemitteilung der Larzac-Bauern nach 'Centre Presse', 14.10.1979.
(36) 'Le Monde', 22.5.1980.
"Simone veille sur les papiers militaires", GLL, Nr. 55, Juli 1980.
Wortspiel: Simone (Veil) bewacht die Wehrpässe.
(37) Die Steuerverweigerung ist in Frankreich für alle steuerpflichtigen Bürger technisch möglich, weil sie entweder dreimal im Jahr oder über monatliche Pauschalen und einer jährlichen Endabrechnung selbst einzahlen. Es dürfte nur eine Frage der Zeit sein, bis auch der französische Staat die direkten Steuerabzüge von Löhnen und Gehältern einführt.
Die Reaktionen der Finanzbehörde gegen säumige Steuerzahler erfolgen vornehmlich auf dem Verwaltungsweg. Nach mehreren Mahnungen werden die fehlenden Beträge vom Konto der Betreffenden abgehoben. Der 'percepteur' ist gegenüber dem Staat persönlich für die lückenlose Steuereintreibung in seinem Amtsbereich verantwortlich. Daher drohten seit 1976 manche Finanzbeamte mit Pfändungen, die aber äußerst selten tatsächlich durchgeführt wurden. Die einbehaltenden Summen sind meist zu gering, um den Aufwand und die zu erwartenden Reaktionen der Öffentlichkeit zu rechtfertigen.
Individuelle Steuerverweigerung ist strafrechtlich nicht relevant, doch "wer durch Tatsachen, Drohungen oder verabredetes Handeln kollektive Steuerverweigerung organisiert, oder versucht hat zu organisieren, wird mit drei Monaten bis zwei Jahren Gefängnis und/oder 3 600 bis 36 000 Francs Buße bestraft". Aufforderung zur Steuerverweigerung kann mit einem bis sechs Monaten Gefängnis und 180 bis 3 600 Francs Strafe geahndet werden. Anklage kann in diesem Fall allein der Finanzminister erheben. Nach Artikel 1747 des 'Code général des impôts'.
(38) Neben ihrem eigenen Brief gaben die Larzac-Bauern am 12.1.1973 ein gemeinsames Schreiben von 113 Steuerverweigerern beim Premierminister ab.
(39) Nach Léon Burguière, in 'GLL', Nr. 53, April/Mai 1980.
Im März 1980 fand das 28. Koordinationstreffen der Steuerverweigerer seit 1971 statt.
(40) 'GLL', Nr. 53, April/Mai 1980.
(41) Zahlen nach 'NVP', Nr. 18, September 1979.
(42) nach 'GLL', Nr. 51, Februar 1980.
(43) Léon Burguière in 'GLL', Nr. 53, April/Mai 1980.
(44) ebd.
(45) Léon Burguière in 'GLL', Nr. 5, Oktober 1975.
(46) 'Larzac-Informations', Nr. 4, Juni/August 1973.
(47) HARDY, Y. / GABEY, E.: Dossier L . . . comme Larzac. Paris, 1974, S. 268.
(48) 'Connaissance du pays d'oc', Nr. 31, Mai/Juni 1978, S. 69.
(49) Jeanne Jonquet in: 'Les Temps Modernes', Nr. 371, Juni 1977, S. 2059.
(50) 'Connaissances du pays d'oc', a.a.O., S. 70.
(51) 'Les Temps modernes', a.a.O. (Jeanne Jonquet).
(52) Léon Burguière in 'GLL', Nr. 5, Oktober 1975.
(53) Robert Pirault in 'Les Temps modernes', a.a.O., S. 2059.
(54) Jeanne Jonquet in: 'Connaissances . . .', a.a.O.
(55) 'Connaissances . . ., S. 70.
(56) HARDY, Y. / GABEY, E.: Dossier L . . ., a.a.O., S. 274.
(57) 'Les Temps Modernes', Nr. 371, a.a.O., S. 2060.
(58) 'NVP', Nr. 26, Mai 1960.
Damit war der Plan gemeint, im offiziellen Denkmalschutzjahr 1980 die dem Zerfall ausgesetzten Häuser des Dörfchens — nur 5 von über einem Dutzend Gebäuden waren bewohnt — instandzusetzen und wieder bewohnbar zu machen.
(59) Nach 'Gardons le Larzac'. (Broschüre) Nr. 1, Oktober 1978.
(60) Die Landerwerbsgesellschaften "Groupement Foncier Agricole" geben Aktien à 1000 Francs aus. Mit dem so vereinigten Kapital kann Land bis zur gesetzlichen Höchstgrenze, d.h. dem fünfzehnfachen der regional unterschiedlichen Mindestbetriebsfläche, aufgekauft werden. Diese liegen im Durchschnitt bei 15 ha, auf dem Larzac bei 25 ha. Die Landwirte können anstelle von Geld einen Teil ihres vorherigen Landbesitzes in die GFA einbringen. Jeder GFA-Aktionär ist Mitbesitzer des gesamten GFA.
Mit den GFAs wird also das Modell der Aktiengesellschaft auf die Landwirtschaft übertragen, wobei jedoch keine anonymen Aktionäre zugelassen sind. Steuervorteile und eine relative Absicherung gegen inflationäre Geldentwertung ziehen Kapital an, die Landwirte erhalten durch langfristige Pachtverträge eine gewisse Sicherheit für die Entwicklung der Betriebe.

(61) 'GLL', Nr. 2, Mai 1977.
(62) Pressekonferenz am 18.8.1974, zitiert nach RADAL, Oktober 1974.
(63) 'GLL', Nr. 22, Mai 1977.
(64) "GFA Larzac I — ein kämpferisches Kapital". 'GLL', Nr. 1, Juni 1975.
(65) Oktober 1975: 1 630 Personen mit 2 Millionen FF Einlage.
     April   1976: 4 000 Personen mit 5 497 000 FF Einlage.
(66) nach 'GLL', Nr. 23, Juli/August 1977.
(67) Angaben und Zitate nach 'Centre Presse', 4.4.1977.
(68) Am 7.1.1974 kauften Journalisten der satirischen Wochenzeitung 20 ar im Erweiterungs-
     gebiet mit einer Schaftränke für ihre "Marinesektion".
(69) 'GLL', Nr. 34, Juni 1978.
(70) 'GLL', Nr. 45, Juli/August 1979
(71) Untertitel des Dossier Nr. 2 'Gardons le Larzac', Millau, 1979.
(72) ebd. Diese Behauptung ist nicht näher belegt, aber es darf vorausgesetzt werden, daß die
     Bauern die Vorgeschichte ihrer eigenen Höfe korrekt wiedergeben.
(73) nach HARDY, Y. / GABEY, E.: Dossier L . . ., a.a.O., S. 280.
     Die Autoren belegen ihre Angaben oft nicht, haben aber umfangreich bei der Armee, in
     Pariser Ministerien und der departementalen Verwaltung recherchiert. Von De la Malène
     ist nur eine globale Abwehr des Spekulationsvorwurfes bekannt, z.B. in einem Leserbrief
     in L'Express, 25.1.1974.
(74) Angaben nach 'Gardons le Larzac', Nr. 2.
     Daß sich die Bauern ihre Informationen durch einen Einbruch in das Büro des Landauf-
     käufers der Armee verschafft haben, mag erklären, weshalb sie keine genaueren Quellen
     angeben.
(75) HARDY, Y. / GABEY, E.: Dossier L . . ., a.a.O., S. 280.
(76) Philippe Fauchot nach 'Larzac-Informations', Nr. 9, Mai/Dezember 1974.
(77) 'GLL', Nr. 3, August 1975.
(78) General Marcel Bigeard wurde am 31.1.1975 zum Staatssekretär des neuernannten Ar-
     meeministers Bourges ernannt. In den vorausgegangenen Jahren waren ihm u.a. Folterun-
     gen im Algerienkrieg vorgeworfen worden.
(79) Zitat aus der Presseerklärung der "103", 'Midi Libre', 5. 5.1974.
(80) 'GLL', Nr. 3, August 1975.
(81) ebd.
(82) 'GLL', Nr. 5, Oktober 1975, Leitartikel "Besetzen wir das Gelände".
(83) ebd.
(84) Dschebels, im Algerienkrieg umkämpfte Hochebene im Atlasgebirge. 'Libération', 16. Mai
     1975.
(85) 'GLL', Nr. 43, Mai 1979.
(86) ebd. Vielleicht handelte es sich um Rache, als kurz darauf Soldaten mit einem Lastwagen
     Kies stahlen, den die Bauern zur Wegeausbesserung gelagert hatten. Bauern verfolgten sie
     bis zum 'Fort' Cavaliès und blockierten den Eingang bis zur Ankunft der Polizei drei
     Stunden lang. Während dessen ließen Offiziere bei strömendem Regen bei Scheinwerfer-
     licht den Kies abwechselnd ab- und wieder aufladen. Verantwortliche für den gesamten
     Zwischenfall wurden nie ausfindig gemacht.
(87) 'Le Monde', 28.6.1974.
(88) 'Le Monde', 15.8.1974.
(89) ebd.
(90) ebd.
(91) "Die Geste der Larzac-Bauern scheint mir mehreres zu bedeuten. Daß es unmöglich ist,
     auf eigenem Boden Getreide anzubauen, ohne an die Frauen, Männer und Kinder zu den-
     ken, denen es an Grundnahrungsmitteln fehlt. Wenn Bauern, mit meist niedrigem Ein-
     kommen, einen Teil ihrer Produktion abgeben, dann, damit sie den Völkern dient, die sie
     wirklich brauchen, und nicht zum Profit der Reichen in den armen Ländern.
     Wenn französische Landwirte einen Teil ihrer Produkte abgeben, dann weil ihnen bewußt
     ist, daß sie in der Gesellschaft schlecht angesehene Lebensmittelproduzenten sind. Viele
     von ihnen sind schlecht bezahlt für eine wesentliche Arbeit. Sie teilen, weil ihnen bewußt
     ist, daß die Situation der Bauern in der Sahel-Zone noch ungerechter ist. Ihr Bauern des
     Larzac, Ihr habt gelernt, was es bedeutet, Land in Wert zu setzen. Ihr habt ein Ergebnis
     erzielt mit dem man leben kann. Es ist durch die Ausweitung des Militärübungsplatzes
     bedroht. Ihr habt Euch zunächst erhoben, um gegen das zu protestieren, was Euch als
     Verletzung Eures Rechtes erschien, als Bauern dort zu leben, wo Ihr Eure Kräfte inve-
     stiert habt. Und dann habt Ihr erkannt, daß es um noch viel mehr geht: Soll man denn ei-
     nem Verteidigungssystem nachgeben, das auf dem unendlichen Anwachsen der Rüstung
     ruht? Die kollektive Sicherheit eines Landes ist eine wichtige Frage für jeden von uns.
     Das wißt Ihr ebenso. Ihr legt Zeugnis dafür ab, daß die Waffen, wie perfektioniert sie
     auch immer sein mögen, dazu nicht ausreichen und daß, wenn sie erscheinen soll, der Wi-
     derstand in der Seele eines Volkes liegt. Das Experiment der Gewaltfreiheit, das Ihr zu-
     nächst instinktiv praktiziert und dann systematisch entdeckt habt, öffnet einen Weg in
     diese Richtung."
     Schließlich erinnerte Bischof Ménager an das Konzilsdokument 'Gaudium et spes' zu Rü-
     stung und militärischer Abschreckung und betonte die Übereinstimmung der Konzilsaus-
     sagen mit den Meinungen der Larzac-Bauern und dem Evangelium. "Seht bitte in diesem
     freundschaftlichen Brief ein Zeichen der Solidarität im Kampf für eine gerechtere Welt."

Reims, 22.7.1974, zitiert nach 'Larzac-Informations – Spécial Tiers Monde', August 1974.

(92) Lucien Alla nach 'Larzac-Informations – Spécial Tiers Monde', a.a.O.

(93) 20 000 FF wurden einer Organisation afrikanischer Gastarbeiter in Frankreich zur Verfügung gestellt. Im Dezember 1974 brachten die Bauern Fauchot und Laval die übrigen
40 000 FF nach Ober-Volta, wo sie selbst zwei Wochen an einem Bewässerungsprojekt
mitarbeiteten.

(94) Mitterand war zum dritten Mal innerhalb von zwei Jahren auf das Plateau gekommen.

(95) 'Le Monde', 28.8.1974.
Die Tageszeitung der PCF, 'L'Humanité', veranstaltet jährlich im Sommer jahrmarktähn-
liche Pressefeste.

(96) Robert Gastal zitiert nach 'Larzac-Informations', Nr. 1, Oktober 1972.

(97) 'GLL', Nr. 3, August 1975.

(98) ebd.

(99) ebd.

(100) Am 8.1.1975 kündigte der Präfekt die "enquête parcellaire" an, einen administrativen
Abschnitt der Enteignungsprozedur, in dem die Besitzer über Umfang und Natur der zu
enteignenden Grundstücke informiert werden und diese bestätigen sollen.
"Anscheinend bestand das einzige Bedauern der Regierung ... darin, in zeitlichen Verzug
gekommen zu sein. Die Verspätung erklärt sich aus Unklarheiten im Kataster des Larzac,
man war zu Luftaufnahmen und schwierigen Recherchen gezwungen." 'Le Rouergat',
17.1.1975.

(101) Janine Burguière in 'GLL', Nr. 3, August 1975.

(102) ebd.

(103) 'GLL', Nr. 3, August 1975.

(104) 'Larzac-Informations', Nr. 10, Januar-März 1975.

(105) Amtszeichen von Bürgermeistern und anderen gewählten Amtsträgern.

(106) Der Kommandant war erst vor kurzem aus Besançon nach Millau versetzt worden und
kannte die Entschlossenheit der "Leute von Palente".

(107) 'GLL', Nr. 2, Juli 1975.

(108) Staatsanwalt beim Prozeß am 2. Juli 1976, nach einer Prozeßmitschrift im Archiv von Le
Cun du Larzac.

(109) 'RADAL', Sondernummer über das Erntefest, Millau, Oktober 1974.

(110) 'Midi Libre', 6. Oktober 1974.

(111) ebd.

(112) Claude Voron in 'GLL', Nr. 3, August 1975.

(113) "Larzac – Der Sommer der Hausbesetzer". 'SUD', Nr. 28, 26. Juni 1976.

(114) Die Arche-Mitglieder benutzen keine eigenen Maschinen, ackern mit einem Pferd, leihen
sich aber pragmatisch bei Bedarf auch Traktoren bei benachbarten Bauern aus. Kunsthandwerk wird in Les Truels nicht zum Geldverdienst betrieben, sondern auch als
praktischer Vorschlag zur Rehabilitierung der Handarbeit angesichts der schlechten Arbeitsplatzsituation der Region. Zu den wöchentlichen Nachmittagen gemeinsamen We-
bens und anderer Handarbeiten, die von Hausmusik begleitet werden, sind jeweils auch
die Nachbarn und deren Kinder eingeladen.

(115) 'Midi Libre', 6.10.1975.

(116) 'RADAL', Nr. 34, Januar/Februar 1976.

(117) 'Le Rouergat', 10.10.1975.

(118) 'La Dépêche du Midi', 5.10.1975.

(119) "Le Cun du Larzac – Recherches et rencontres pour une autre défense". Selbstdarstel-
lungs-Broschüre, Millau 1980, S. 10.

(120) "Le Cun du Larzac . . .", a.a.O., S. 13.

(121) Die Bibliothek diente als Arbeitsraum der Mitarbeiter. Seminare fanden sowohl im Haus
als auch im Freien statt. Durch Strohballen wurde die große Scheune in zusätzliche
Schlafräume aufgeteilt.

(122) Auf den 4,5 ha Land konnten bis zu 55 Personen in 30 Zelten großzügig, wenn auch
nicht komfortabel untergebracht werden. Jeder der sieben Teamer verfügte über ein eigenes Zelt, daneben gab es ein Bürozelt und ein Speisezelt für 60 Personen, in dem auch
Veranstaltungen stattfanden. Die Zisterne wurde zweimal in der Woche von einem Tank-
wagen aufgefüllt. Der an einen Traktor angeschlossene Generator erzeugte Strom für
Film- und Diavorführungen.
Im Sommer 1979 gestalteten 11 Referenten, 10 Animateure und die Hauptamtlichen Seminare mit 170 Teilnehmern, darüber hinaus wurden 100 Gäste bewirtet, die sich ihr
Programm selbst gestalteten.

(123) Altersschichtung der Teilnehmer:
4% unter 18 Jahren, 32,6% zwischen 18 und 22; 23,3% zwischen 22 und 26; 19,3% zwi-
schen 26 und 30; 14,6% zwischen 30 und 40 und 6,6% über 40 Jahre.
Verteilung der Organisationszugehörigkeit:
Gewerkschaften 44%, Parteien 9,3%, Gewaltfreie Gruppen 33%, Ökologiegruppen 25,3%,
Christliche Gruppen 30,6%, Amnesty International 8%, nicht organisiert 14%.
Geographische Verteilung der Herkunft:
vertreten waren 50 französische Departements, die BRD, die Schweiz, Dänemark und die
Antillen.
Unter 200 km Entfernung des Wohnortes zum Larzac 15,8%; unter 400 km 14,4%; unter

800 km 17,3%. Angaben aus dem Rundbrief 16 von Le Cun, September 1978.

(124) "Le Cun du Larzac . . .", a.a.O., S. 7.

(125) ebd., S. 8.

(126) 'GLL', Nr. 28, Dezember 1977.

(127) "Eine Schule im Larzac: die enttäuschte Utopie". 'Le Monde', 3.7.1976.

(128) ebd.

(129) 'GLL', Nr. 37, Oktober 1978.

(130) ebd.

(131) Vgl. BEER, Wolfgang: Lernen im Widerstand. Politisches Lernen und politische Sozialisation in Bürgerinitiativen. Hamburg, 1978.

(132) 'SUD', Nr. 85, 10.-16. Oktober 1977.

(133) ebd.

(134) 'politique-hebdo', 12.-18. Juli 1976.

(135) Nach zwei Jahren hatte der Verein 650 Mitglieder, sein Jahresbudget betrug 1979 ca. 40 000 FF. Es gibt keine hauptamtlichen Mitarbeiter, das lokale Sekretariat betreut eine Arbeiterin aus Millau. Hausmeister ist ein Zivildienstleistender, der sich als Neu-Landwirt auf dem Plateau niedergelassen hat.

(136) Das Treffen zum Thema 'Libertés' fand Pfingsten 1976 mit 1 000 Teilnehmern statt. Unterthemen waren Militarisierung der Gesellschaft, Berufsverbote, Gewalt und Gewaltlosigkeit, nationale Minderheiten (speziell Korsika), Arbeitsplätze usw..

Teil V   ESKALATION DER BETREIBERSEITE
UND WACHSENDER GEGENDRUCK

1.   Streit um den 'Öffentlichen Nutzen'

Seit dem Erntefest im Sommer 1974 reagierten die Larzac-Bauern neben legalen Maßnahmen vor allem mit Aktionsformen des Zivilen Ungehorsams auf die spürbare Eskalation der Betreiberseite. Die Offensive selbstbestimmter Aufbauarbeit entsprach jedoch nicht weniger ihrem unverrückbaren Willen, ihre Höfe nicht zugunsten des Truppenübungsplatzes aufzugeben.

1.1.   Boykott der 'enquête parcellaire'

Die amtliche Überprüfung der Eigentumsverhältnisse aller zur Enteignung in Frage kommenden Grundstücke, die 'enquête parcellaire', fand zwischen dem 12.2.1975 und dem 5.3.1975 statt. Üblicherweise hätte nach einem Monat die letzte Stufe vor der Enteignung, die 'vorläufige Besitzanweisung' ('arrêtés de cessibilité' (1)), folgen müssen. Der Präfekt in Rodez rechnete mit dem endgültigen Abschluß der Enteignung für das Frühjahr 1976. (2) Vorher sollten sich die Besitzer in Verhandlungen mit dem Enteignungsrichter über die Entschädigungssumme einigen, sonst würde dieser sie zwangsmäßig festsetzen. (3)
Die "103" riefen zum "totalen Boykott der Enquête"auf,

"eine andere Haltung könnte nur als Hinnahme oder gar Ermutigung für das Erweiterungsvorhaben angesehen werden." (4)

Die "103" hielten den Boykott nicht "total" durch. Ihr interner Kompromiß bestand darin, dem Präfekten einen Protestbrief und die vollständige Liste der Pächter zu schicken – und darüber hinaus jegliche Zusammenarbeit zu verweigern. Politisch wirksamer war die Beteiligung von 10 der 11 betroffenen Gemeindeverwaltungen (außer La Cavalerie) am Boykott.
Der Stadtrat von Millau beschloß, für die Untersuchung keine Amtsräume zur Verfügung zu stellen, ja, sie am Eröffnungstag demonstrativ zu schließen. Damit gab der Stadtrat dem Druck von etwa 300 bei der entscheidenden Sitzung anwesenden Bürgern nach, die mit der Besetzung des Rathauses gedroht hatten.
Bis zu diesem Zeitpunkt hatte die Mehrheit des Stadtrats eher das Camp begrüßt, da als Entschädigung Subventionen wie z.B. der rasche Ausbau des Flugplatzes erhofft wurden. Nur die Enttäuschung über nicht eingehaltene Versprechen vermag

den folgenden Beschluß zum Ungehorsam gegenüber der Regierungsmaßnahme erklären:

> "Seit vier Jahren wartet die Gemeinde darauf, daß die Erweiterungspläne günstige Auswirkungen für Stadt und Region nach sich zögen. Kein einziger Arbeitsplatz wurde aufgrund der Erweiterung geschaffen. ... Die gewährten Subventionen sind mit denen für jede andere mittelgroße Stadt vergleichbar. ... Diesen Tatbestand kann die Stadtverwaltung nicht hinnehmen. Deshalb hat sie die enquête parcellaire verweigert." (5)

Wegen dieser Unbotmäßigkeit ernannte der Präfekt einen pensionierten Brigadeführer der Gendarmerie anstelle des Bürgermeisters von Millau zum Leiter der Enquête.

Nachdem sie das Rathaus betreten hatten, schlossen die Verwaltungsangestellten die Türen von innen ab und ließen ein Schild mit der Aufschrift zurück: "Verweigerung der 'enquête parcellaire' – das Rathaus bleibt geschlossen".

Weil sich viele Bauern und Bürger aus Millau (und sogar drei Generalräte) entlang des Gitters um den Rathaushof versammelt hatten, ließ der Unterpräfekt gegen 10 Uhr den Untersuchungsleiter mit Hilfe von Polizeischutz in das Verwaltungsgebäude geleiten. Darauf brach das Rathauspersonal sofort aus Protest seinen Dienst ab und schloß sich den Demonstranten auf der Straße an. Von außen wurde nun das Gitter mit Ketten und Vorhängeschlössern abgeriegelt. Der Polizei gelang es nicht, die Ketten mit Eisenscheren zu öffnen, weil sich eine große Zahl von Händen auf die Kette und die Schlösser legten. Die Blockade wurde sogar noch durch sechs Traktoren verstärkt.

Am Nachmittag zogen die Demonstranten zur Unterpräfektur, um dort öffentlich aus Rathäusern entwendete Untersuchungsakten sowie Einladungen zur Enquête zu verbrennen. In den kleineren Gemeinden hatte sich die Polizei gewaltsam Zugang zu den Amtsräumen verschafft. Bis zum Ende der Frist beteiligten sich nur wenige Betroffene an der Untersuchung – ein Test des Selbstbewußtseins der alleingelassenen Beamten.

In Millau beschwerte sich Stadtrat Cadilhac, daß der Untersuchungsführer im Trauzimmer, einem der vornehmsten Räume, untergebracht wurde:

> "Wir dachten, ihm sei ein Tisch in einem diskreten Zimmer reserviert, wo er von niemandem in seiner Meditation über die verlorene Zeit gestört würde." (6)

Darauf verlegte die Verwaltung die Untersuchungsbeauftragten in ein abgelegenes Zimmerchen, wo die Akte ungenutzt in der Schublade blieb, bis sie am 20.2.1975 von Demonstranten entwendet wurde, die auch noch den Schreibtisch auf die Straße trugen. Bei einer Sitzung im Rathaus begründeten sie diesen Schritt: "Damit setzen wir nur einen Stadtratsbeschluß durch." (7)

Am nächsten Morgen suchten Bäuerinnen die Rathäuser auf und zerrissen demonstrativ alle vorgefundenen Untersuchungsakten. Dabei kam es zu sieben vorläufigen Festnahmen.

Eine weitere Kundgebung im Rathaus von Millau am 25.2.1975 verhinderte Bürgermeister Gabriac, indem er die Straßenzüge um Rathaus und Unterpräfektur durch mehrere Polizei-Hundertschaften abriegeln ließ.

Die einstündige "wilde Sitzung" fand stattdessen mit 1 000 Teilnehmern vor der Polizeikette auf der Straße statt. Ursprünglich wollten die Bürger den Stadtrat wegen seiner Haltung zum Camp befragen, stattdessen berichteten Bauern aus Canjuers über die Erfahrungen mit der dortigen Erweiterung.

Als zwei Tage später nochmals 1 500 Demonstranten vor dem Rathaus protestierten, hatte sich die Polizei in das Gebäude zurückgezogen. Für den 1. März kündigten Bauern und 'Comité Millavois' einen Auto-Korso nach La Cavalerie an, der einzigen Gemeinde, deren Verwaltung die Untersuchung unterstützte. Während starke Polizeikräfte in La Cavalerie und auf der Nationalstraße warteten, zogen die Demonstranten zum Rathaus von Millau. 600 Menschen drangen in aller Ruhe in die 'mairie' ein und führten die Untersuchungsführer auf die Straße. Dank des Überraschungseffektes konnte das Rathaus drei Stunden lang besetzt werden. Ein Spruchband vom Balkon wandelte den Slogan "Gardarem Lo Larzac" ab in "Gardarem Lo Mairie". Die Nachricht erreichte den Bürgermeister während seines Empfangs im Pariser Armeeministerium, was seine Verhandlungsposition natürlich nicht stärken konnte. Gabriac zeigte sich später vom Ergebnis der Unterredung enttäuscht, da Minister Bourges seinen Vorschlag ablehnte, die Erweiterungsfläche insgesamt nach Süden zu verschieben. Minister Bourges betonte die Unveränderbarkeit des Entschlusses, die sich nach einem Gespräch mit Staatspräsident Giscard d'Estaing und einer Prüfung durch den Premierminister ergeben habe.

Eine zweite Delegation, Bauern unter Leitung des Landwirtschaftskammerpräsidenten Jaudon, empfing Bourges am selben Tag mit der Bemerkung, daß er die Bauern nicht eingeladen habe, das Gespräch mit ihnen lediglich ein Zugeständnis an seinen Parteifreund Gabriac sei.

Neben dem Eindruck, daß der Minister sehr schlecht über die Verhältnisse des Larzac informiert sei und es der Regierung allein ums Prinzip ginge — "Wenn Larzac nicht durchzusetzen ist, wird auch kein anderes Camp mehr zu schaffen sein." (8), erkannten die Bauern, daß Stellungnahmen des Stadtrats bzw. der Einwohner von Millau insgesamt von hoher politischer Bedeutung seien.

Eine weitere Aussage von Minister Bourges deutet auf einen "Abnutzungskrieg" hin und damit auf die Notwendigkeit, die Widerstandsstrategie zu ändern.

"Die Armee hat viel Zeit, und wenn sie wollen, können Sie jedes Jahr im August auf dem Larzac Würstchen braten." (9)

Am 5.3.1975, dem letzten Tag der 'enquête parcellaire', komplimentierten Bauern in Creissels zusammen mit dem Bürgermeister und dem gesamten Gemeinderat den Untersuchungsbeauftragten aus dem Rathaus. Die Polizei sah zwar nach dem Rechten, da aber der Bürgermeister anwesend war, schritten sie nicht ein. Der Bürgermeister bot den Demonstranten Champagner und einen Ehren-Apéritif an:

"Ich danke Ihnen, daß Sie mich wieder in meine Amtsfunktion eingesetzt haben." (10)

1.2. Attentat an symbolischem Ort

In der Nacht zum 10.3.1975 zerriß eine heftige Detonation die Stille des Weilers La Blaquière. Unbekannte hatten einen Sprengstoffanschlag auf das Wohnhaus der Familie Guiraud verübt, für die der "Piraten-Schafstall" im Herzen des Erweiterungsgebietes gebaut worden war. Die drei Erwachsenen und sieben Kinder, die im Haus schliefen, kamen wie durch ein Wunder ohne Verletzungen davon, obwohl das Gebäude stark beschädigt wurde und Trümmer auf das Bett eines dreieinhalbjährigen Kindes fielen. Ein Auto wurde zerfetzt, und noch im 40 Meter entfernten Nachbarhaus zersprangen sämtliche Fensterscheiben. Obwohl die gefundenen Überreste des Sprengstoffes auf Armeeherkunft hindeuteten, endete die polizeiliche Untersuchung des Attentats ohne Ergebnis — wie zuvor mysteriöse Vergiftungen von Schafen aus der Herde derselben Familie nicht aufgeklärt wurden.

Falls Einschüchterung das Ziel dieser feigen Tat gewesen sein sollte, so zeigte die nun einsetzende Welle von Sympathie und Hilfsbereitschaft entgegengesetzte Wirkung.

Das 'Comité Départemental' erklärte u.a.:

"Während seit vier Jahren stets Gewaltfreiheit, Humor und gute Laune die vielen Demonstrationen gegen das Camp bestimmten, sind die Gründe für diesen stupiden und verbrecherischen Akt völlig unverständlich." (11)

1.3. Nationale Aktionstage

Während der 'enquête parcellaire' häuften sich Solidaritätsaktionen von Larzac-Komitees, wie z.B. ein Schafauftrieb in der Lyoner Innenstadt, eine Demonstration auf dem Kasernengelände von Albi oder die Besetzung des Vorzimmers des Präfekten von Toulouse. Um diese landesweite Unterstützung politisch wirksamer zu bündeln, wurde erstmals der 15.3.1975 zum nationalen Aktionstag für den Larzac bestimmt. Aus diesem Anlaß erinnerte 'Le Monde' an den Symbol- und Beispielswert des Larzac:

"Jeder Bauplatz für ein Atomkraftwerk kann heute ein Larzac werden. ... Larzac ist gleichbedeutend mit populärem Widerstand. . ." (12)

Auf dem Plateau begann der Tag mit einer "Aktion Bremse": die Bauern blockierten drei Stunden lang mit 450 Schafen den Verkehr auf der Nationalstraße. Am Nachmittag solidarisierte sich die Bevölkerung von Millau mit einer "Aktion Tote Stadt", bei der fast alle Läden aus Protest geschlossen blieben.

Als eine Demonstration von 2 000 Menschen und fünfzig Traktoren die Unterpräfektur erreichte, wurde spontan die Besetzung des Vorhofes beschlossen. Die sozialistische Zeitschrift RADAL berichtete von "beeindruckendem Schweigen", als ein Traktor das Eisentor eindrückte, andererseits führte dieser Schritt zu einer ungewollten Eskalation durch Tränengasgranaten der Polizei und Steinwürfen einzelner Demonstranten. Über eine Stunde lang tobte die Straßenschlacht − eine einsame Ausnahme im Larzac-Konflikt − es kam zu mehreren Verletzungen und zehn vorübergehenden Festnahmen.

Währenddessen blockierten einige Traktoren die Brücken zum Ortseingang und hielten damit für längere Zeit drei Mannschaftswagen der Polizei auf.

Obwohl die Mehrheit der Demonstranten sich ruhig und gewaltlos verhielt, diskutierten die Veranstalter später intensiv, wie sie in Zukunft den gewaltfreien Charakter von Aktionen besser absichern und riskante spontane Beschlüsse durch bessere Planung vermeiden könnten. (13)

In Paris demonstrierten am selben Tag 10 000 Menschen für das bäuerliche Larzac. Hier wie in Clermont-Ferrand kam es zu Zwischenfällen, von denen sich die Larzac-Komitees distanzierten.

Erstmals fanden gleichzeitig in ganz Frankreich Solidaritätsaktionen statt. Von den vielen Aktionsformen seien hier nur wenige Beispiele genannt: die vorübergehende Besetzung einer Eisenbahnlinie in Nizza, das Picknick auf einem Truppenübungsplatz bei Nantes oder die Besetzung der Villa des Staatssekretärs im Armeeministerium, Bigeard, in Toul durch 'paysans travailleurs' usw.

Viele der inzwischen 66 Larzac-Komitees waren seit Anfang 1975 gegründet bzw. neubelebt worden.

Nach der Erfahrung einer zu langsamen nationalen Mobilisierung im Zusammenhang mit der Besetzung des Hofes Les Truels einigten sich die Komitees auf die Herausgabe eines internen Rundbriefes im vierzehntägigen Rhythmus. Die durch die 'enquête parcellaire' wahrscheinlicher gewordene Möglichkeit, daß die Enteignungen bis zum Jahresende abgeschlossen würden, veranlaßte viele Sympathisanten zu erhöhter Aktivität. Bei ihrer ersten Vollversammlung am 30.3.1975 werteten die Larzac-Komitees den Aktionstag aus und stellten fest:

> "... Larzac ist nicht mehr allein der Kampf der Bauern zur Erhaltung ihres Landes. Die gesamte Regierungspolitik ist infrage gestellt. Larzac ist ein wichtiges Element im globalen Konflikt der arbeitenden Bevölkerung mit der Regierung. Rund um den Kampf der Larzac-Bauern und der Einwohner von Millau, die mehr denn je geschlossen sind, soll sich eine breite Solidarisierungskampagne zur Vereitelung des Regierungsprojektes entwickeln." (14)

Vertreter verschiedener politischer Gruppierungen und Unorganisierte waren in den Komitees individuelle Mitglieder auf der Grundlage des Aufrufs zum Aktionstag. Viele der Gruppen organisierten sich als eingetragene Vereine (association de la loi 1901). Alle Komitees verpflichteten sich zu einem monatlichen Mindestbeitrag von 50 Francs, um unter anderem die Arbeit eines Koordinationssekretärs zu finanzieren, für den im 'Haus der Landwirtschaft' in Millau ein Büro eingerichtet wurde. Etwa zehn Komitees übernahmen Koordinationsaufgaben für ihre jeweilige Region.

Die Larzac-Komitees stellten eine spezifische, autonome und ständige Form der Unterstützung der Bauern dar, wenn in der Zusammenarbeit auch die Konflikte nicht ausblieben. Die Aktiven verschiedenster politischer Herkunft einigte nicht nur der Kristallisationspunkt Larzac, sondern auch eine mehr oder weniger grundsätzliche Kritik an der bestehenden Gesellschaft. Außer der Ökologie und dem Antimilitarismus einigte die Larzac-Komitees der Kampf um den Erhalt von Arbeitsplätzen und Lebensqualität.

Die Komitees beeinflußten die Erweiterung der bäuerlichen Gesellschaftskritik, indem sie den Larzac-Konflikt mit Auseinandersetzungen um andere Truppenübungsplätze, um den Bau von Atomkraftwerken und Autobahnen, mit Arbeiterstreiks und Verbraucherboykotts verbanden. Die breite und langanhaltende Mobilisierung in ganz Frankreich für den Larzac läßt sich nur erklären, weil der Larzac-Konflikt sehr frühzeitig über die 'Ein-Punkt-Bewegung' hinauswuchs.

1.3.1.   'Gardarem Lo Larzac' –
Zeitung der Larzac-Bauern und der Unterstützerbewegung

Die erste Vollversammlung der Larzac-Komitees beschloß auch die Gründung einer Monatszeitschrift, die bei größtmöglicher nationaler Verbreitung über den Larzac-Konflikt und verwandte Auseinandersetzungen berichten sollte.

> "GLL will gleichermaßen Ausdruck der verschiedenen Strömungen sein, die aktiv die Larzac-Bauern unterstützen. Es geht nicht um die Herstellung eines einheitlichen Standpunktes ..., sondern um die Gegenüberstellung von Positionen durch 'freie Tribünen' und allgemeine freie Meinungsäußerung." (15)

Das 'Comité Millavois' lehnte das Vorhaben zunächst ab und befürwortete statt dessen eine Stärkung des Rundbriefes. Die Komitees sollten ansonsten versuchen, mehr Einfluß auf die jeweilige Lokalpresse zu nehmen. Demgegenüber machten sich einige Bauern für eine national verbreitete Larzac-Zeitung stark und entwickelten bis zum folgenden Koordinationstreffen am 4.5.1975 ein genaues Konzept. Als Titel wurde der okzitanische Satz 'Gardarem Lo Larzac', 'Wir werden den Larzac behalten', gewählt. Das 'lay-out' übernahmen unentgeltlich Fachleute von der satirischen Zeitschrift 'Le Canard Enchaîné', die den Landwirten auch das journalistische 'know-how' vermittelten.

Die Redaktion mit Sitz auf dem Plateau setzte sich aus Bauern und Komiteedelegierten zusammen.

Im Juni 1975 erschien die Nummer 1 von 'GLL' mit einer Auflage von 40 000, von denen 22 000 verkauft wurden. Der ursprünglich geplante Preis von 1 Franc wurde bald zugunsten von 2 und später sogar von 3 Francs aufgegeben. In der Planungskalkulation sollte eine Zahl von 5 000 Abonnenten die Zeitungsherausgabe tragfähig ermöglichen. 1980 hatte sich die Zahl mit 4 800 Abonnenten bei einer Auflage von 6 000 Exemplaren eingependelt.

Die ersten vier Ausgaben von GLL behandelten fast überwiegend Konflikte außerhalb des Plateaus. Die Gründe lagen vermutlich in der Weiterentwicklung der Bündnisse nach dem neuen Motto 'Larzac ist überall', aber auch in der Notwendigkeit für die Bauern, sich neben dem Kampf auf das neue Medium einzustellen.

1.3.2. "Larzac ist überall!"

Die Zukunft des Larzac geriet in den Monaten April und Mai 1975 in die Schlagzeilen der nationalen Presse, nachdem der 'Canard Enchaîné', der den Ruf besitzt, oft Regierungsgeheimnisse aufzudecken, am 2. April behauptete, Minister Bourges sei bereit, den Larzac-Plan fallenzulassen. Als weitere Zeitschriften, wie z.B. 'Le Point' (Schlagzeile am 12. Mai: "Giscard gibt auf"), diese Vermutung wiederholten, dementierte dies die Regierung in Paris am 13.5.1975. Doch selbst danach hielten Politiker wie Jean-Jacques Servan-Schreiber an der Version der Kapitulationsabsicht der Regierung fest. Trotz eines Mangels an Beweisen blieb der Eindruck von Meinungsverschiedenheiten in Regierungs- und Armeekreisen über den Larzac zurück.

Am 22.5.1975 beteuerte Minister Bourges vor der Nationalversammlung schließlich die Notwendigkeit der Camp-Erweiterung und die Entschlossenheit der Regierung, sie durchzuführen. Nach seiner Darstellung müßten nur 20 Höfe geräumt werden.

Ein erstes Gespräch zwischen neun Bauern und dem neuen Präfekten Vincens am 19.6.1975 bestätigte, daß sowohl die Manöverbehinderung im Mai wie die Beendigung der Wasserleitung mit Hilfe der LIP-Arbeiter als Höhepunkt der nationalen Aktionswoche vom 8. bis 15. Juni von der Regierung als Antwort der Bauern auf die fortgesetzte Bedrohung verstanden worden war.

Während der Aktionstag am 15. März das breite Bündnis der Solidaritätsbewegung aufzeigen sollte, lag der Schwerpunkt der Aktionswoche im Juni bei noch offensiveren Aktionen, um die Öffentlichkeit auf den Larzac aufmerksam zu machen.

In Paris blockierten Demonstranten Straßenkreuzungen, in Grenoble wurde ein Werbebüro der Armee besetzt, Larzac-Sympathisanten ketteten sich vor dem Sitz des Generalstabs in Lyon an, und in Nîmes wurde ebenfalls ein Armeebüro mit Sitzstreiks belagert. In Lourdes war eine Soldatenwallfahrt Anlaß für eine Demonstration, und in mehreren Städten wurden kollektiv Wehrpässe an das Ministerium zurückgesandt.

Mit zahllosen weiteren Aktionen (Fahrrad- und Autokorsos, Transparenten an markanten Punkten wie Notre Dame in Paris, Ankettungen vor dem Armeeministerium und an Rathäusern usw.) wurde die überregionale Unterstützung des Widerstandes bewiesen: "Larzac ist überall".

Nach der Lagebeurteilung der Bauern war es 1975 weniger sinnvoll, zu einem weiteren rassemblement aufzurufen, als sich vielmehr "im Lande breit zu machen", d.h. die Lebensqualität vor Ort zu verbessern und Armeeübergriffe abzuwehren und darüber hinaus verwandte Konflikte nach dem Motto "Larzac ist überall" zu unterstützen.

> "Überall, wo Macht-Technokraten einen 'Öffentlichen Nutzen' erzwingen wollen, um Truppenübungsplätze und Atomkraftwerke zu errichten, überall wo Bauern und Arbeiter ihrer Arbeitsplätze beraubt werden sollen, stehen die Larzac-Bauern und das Comité Millavois an ihrer Seite." (16)

Dies drückte sich durch die Teilnahme von Larzac-Bauern an Großkundgebungen gegen die geplanten Truppenübungsplätze Chateaulin in der Bretagne und Fontevraud bei Namur, gegen die Atommeiler-Bauvorhaben bei Braud-et-St. Louis und Port-la-Nouvelle an der Mittelmeerküste sowie das Massentourismus-Projekt in Vaumeilh in den Hochalpen aus.

Gemessen an den Teilnehmerzahlen der 'rassemblements' auf dem Larzac in den beiden Vorjahren, waren diese Demonstrationsfeste zusammengenommen ein Rückschritt, spürbar fehlte eine kraftvolle geschlossene Initiative.

Höhepunkt des Sommers auf dem Plateau waren der Besuch des Bischofs von Orléans, Guy Riobé, und die Aufführungen des Larzac-Stückes "Des moutons – pas des dragons" durch Schauspieler der 'Cartoucherie de Vincennes'. (17)

Die Verwurzelung vor Ort drückte sich u.a. durch die Neu-Ansiedlung von zwei jungen Ehepaaren (18) auf dem Hof Les Homs im Erweiterungsgebiet aus, die ein Pachtverhältnis mit der GFA Larzac I eingingen und zusammen mit dem letzten Landwirt in St. Sauveur, Jean Mauron, eine GAEC-Genossenschaft bildeten.

Die Larzac-Universität kaufte im Weiler Montredon ein geräumiges Landhaus, in dem ab September die ersten Veranstaltungen begannen.

Im Weiler St. Martin zogen mehrere junge Leute ein und schlossen sich dem Franziskaner und ehemaligen Bauleiter von La Blaquière und GFA-Verwalter Robert Pirault an.

2.1. Kompromißangebot oder Zermürbungsversuch?

Den 120 Delegierten von 80 Larzac-Komitees, die sich am 9. und 10.11.1975 auf dem Plateau trafen, fiel eine gewisse, nach mehrjährigem Kampf wenig verwunderliche Ermüdung der Larzac-Bauern auf. Den Komitees genügte weder die spürbar starke Solidarität auf nationaler Ebene noch allgemein gehaltene Voten, wie z.B. der Generalräte der Großregion Midi-Pyrénées und Languedoc gegen das Militärprojekt. Vor allem waren sie unzufrieden mit Vertröstungen durch die Bauern, wie z.B.:

> "Laßt uns noch einen Monat Zeit, dann werden wir neue Aktionsformen vorschlagen..." (19)

Daß die Regierung aus der relativen politischen Stärke der Larzac-Bauern den Schluß zog, die Camp-Erweiterung vorerst nicht frontal anzugehen, sondern gewisse Ermüdungserscheinungen der Bauern abzuwarten und durch Kompromissangebote zu nutzen, läßt sich aus der Stellungnahme des Armeeministers Bourges vom 25.11. 1975 (20) schließen: Die Regierung beabsichtige weiterhin, den Larzac-Camp auszuweiten, dies würde aber einige Jahre länger als geplant dauern, da die Interessen der Landwirte berücksichtigt werden sollten.

"Freiwillig abgetretene Parzellen — sie sind bereits zahlreich und großflächig vorhanden —
könnten von den Bauern mindestens bis zur Ernte 1977 behalten werden. ... In gewissen Fällen bin ich bereit, diesen provisorischen Zustand sogar noch länger zuzulassen, vorausgesetzt,
daß die Höfe nach einem Jahr Vorwarnung dann abgetreten werden. ... Der Truppenübungsplatz Larzac wird geschaffen, doch die Enteignung wird nur die letzte Phase sein, nach dem
Interessensausgleich und der Versöhnung. ... Mein Vorschlag ... wird alle Beteiligten einigen,
außer den berufsmäßigen Antimilitaristen und politischen Manipulierern, die dann ihr Spiel
verlieren und zeigen werden, daß die wahren Bauerninteressen für sie nicht mehr als Alibi
und Maske sind." (21)

Die '103' beeilten sich daraufhin, ihre Einheit und Geschlossenheit durch die Erneuerung ihres Eides zu dokumentieren:

"Wir unterzeichnenden, von der Erweiterung des Truppenübungsplatzes ganz oder teilweise
betroffenen Landwirte, bekräftigen unsere Gegnerschaft zu den Erweiterungsplänen, um damit allen Lügen und Unterstellungen ein Ende zu bereiten, die allein das Ziel haben, die öffentliche Meinung über unsere wahre Haltung hinwegzutäuschen. Unseres guten Rechtes sicher, erneuern wir solidarisch die Verpflichtung, jeglichen Versuch der Verführung oder Einschüchterung sowie jedes Angebot der Armee, unser Land zu kaufen, sowie jede Entschädigung zurückzuweisen. Bestärkt durch die öffentliche Unterstützung unserer Sache, verpflich-
ten wir uns, solange zu kämpfen, als auch nur einer von uns bedroht ist." (22)

In der Unterstellung des Generalstabs, nur der Terror einer Handvoll Linksradikaler hindere die wenigen noch verbliebenen Landwirte, ebenfalls ihr Land zu verkaufen, nachdem die Armee bereits 9 000 der 14 000 Hektar erworben habe, sah
ein Leitartikel von 'GLL' den Versuch, durch "Lügen und Ausstreuen falscher Gerüchte" ein Klima gegenseitigen Mißtrauens zu schaffen, das den einen oder anderen
unter ihnen verleiten solle, "insgeheim sein Schäfchen ins Trockene zu bringen".
Lediglich drei der ursprünglichen '103' hätten ihren Eid gebrochen, nicht 30 bis
40, wie die Armee behauptet hatte, und zusammen nicht mehr als ein halbes Prozent der umstrittenen Fläche an die staatliche Domänenverwaltung verkauft. (23)

"Bei diesem Rhythmus wird es acht Jahrhunderte dauern, bis der Larzac-Camp vollendet
sein wird. ... Die Erweiterung ist ein offensichtlicher und unbestreitbarer Mißerfolg für diejenigen geworden, die glaubten, eine ganze Bevölkerungsgruppe unbestraft verachten und
unterwerfen zu können.
Wir führen den Larzac-Kampf frei und am hellichten Tag, ohne irgendwelche Gewalt oder
Pressionen. Das hat unserem Kampf seine Würde und seine Kraft verliehen. Das wird uns
zum Sieg führen. (24)

Nach der Stellungnahme des Armeeministers hatten die sozialistischen Generalräte des Aveyron eine Anfrage an den neuen Präfekten Vincens gerichtet, wie sich
die veränderte Haltung der Regierung vor Ort auswirke. Am 22. 12.1975 führte der
Präfekt vor der Versammlung der Generalräte u.a. aus:

"Ich habe mich im Aveyron umgehört. Unter den umstrittenen und größeren Problemen ge-
hört Larzac zu den schwerwiegendsten. ...
— Das Larzac-Problem ist umso bedauerlicher, als in der Vergangenheit das Verhältnis zur
Armee gut war. ...
— Zwang ist untauglich als Methode, um Lösungen zu finden. ...
— Das Nebeneinander von Armee und Landwirtschaft (cohabitation) ist möglich. Die Bedro-
hung ist nunmehr beendet. ... Mir und der Regierung ist nicht daran gelegen, die Situation
'verfaulen' zu lassen. ... Es ist Zeit, und ich denke, wir haben auch die Mittel dazu, diese
Affäre abzuschließen. ... Das Irreparable ist noch nicht geschehen. ... Ich möchte jeden Zu-
sammenstoß vermeiden. ... Die Bewohner des Aveyron scheinen mir fähig zu sein, diesen
Konflikt unter sich zu regeln. . ." (25)

Um seine Gesprächsbereitschaft zu verdeutlichen, verzichtete der Präfekt vorläufig (26) darauf, die Enteignungsprozedur fortzusetzen. Umgehend forderten Bauern
in 'GLL', konsequenterweise die "Erklärung des Öffentlichen Nutzens" zu widerrufen.

Landwirtschaftskammer und FDSEA dagegen "begrüßten den Mut und die Neu-artigkeit der Vorschläge des Präfekten" (27), offenbar geschmeichelt durch die An-deutung, die Bewohner des Aveyron könnten die Affäre unter sich regeln.

Der erwähnte 'GLL'-Leitartikel vom März 1976 warnte davor, Bauernverbands-funktionäre mit betroffenen Bauern gleichzusetzen:

> "Können wir es zulassen, daß irgend jemand, und sei er auch noch so 'verantwortungsbe-wußt' und voll guter Absichten, unser Schicksal regelt oder auch nur in unserem Namen dis-kutiert? ... Sind die direkt betroffenen Bauern in fünf Jahren Kampf schon so müde gewor-den, daß sie in eine derart plumpe Falle gehen?" (28)

Der Artikel kommentierte die Aussagen des Präfekten sehr sarkastisch,

> "... Zwang ist untauglich als Methode, um Lösungen zu finden. . . Natürlich, nachdem Zwang bislang jämmerlich versagt hat! . . .",

leugnete jedoch nicht erhebliche Meinungsunterschiede zwischen den Bauern. Die Hoffnungen eines Teils der Landwirte standen in direktem Verhältnis zum Grad ihrer Verbundenheit mit den Notablen in den Bauernverbänden.

Als der Unterpräfekt Buffet zu Gesprächen einlud, mußte eine gemeinsame Grundsatzentscheidung über das Verhandlungsangebot getroffen werden. Die Mei-nungsbildung fand in Nachbarschaftsversammlungen statt, damit möglichst alle zu Wort kommen konnten. Die Abstimmungsfrage lautete:

> "Sind Sie bereit, konkrete Vorschläge der Regierungsseite bei Wahrung gewisser Garantien (Widerruf der 'DUP', Respektierung des Eides der '103') zu prüfen?"

Die Formulierung löste Verwirrung aus, da für einen Teil der Bauern der Geist ihres Eides grundsätzlich die Miniatur-Erweiterung ausschloß, die im Mittelpunkt der Verhandlungen stehen sollte. In der anschließenden Delegiertenversammlung er-gab die endgültige Abstimmung eine starke Differenz zwischen den Landwirten des nördlichen Larzacteils, welche keinerlei 'cohabitation' akzeptierten, und den übri-gen Neu-Unterzeichnern des Eides, vor allem aus La Cavalerie, die sich eher auf eine gewisse Koexistenz einlassen wollten. Auffälligerweise waren die kompromißbereit-testen Bauern diejenigen, die am wenigsten Land innerhalb der Erweiterungszone besaßen. Die Einigung bestand in einer kritischen Gesprächsbereitschaft "auf der Grundlage des Eides", niemand außer der Vollversammlung der '103' habe jedoch das Recht, die Bauerngemeinschaft gegenüber der Regierungsseite zu vertreten oder gar in ihrem Namen Entscheidungen zu treffen.

Der Widerstand erschien durch die Meinungsdifferenzen über die Verhandlungen zwischen Januar und März 1976 deutlich geschwächt. Spannungen traten nicht nur unter den '103', sondern auch zwischen den Bauern und den Larzac-Komitees auf, die forderten, "keinen Quadratzentimeter und keinen Stein an die Armee" abzuge-ben. Vor allem das 'Comité Millavois' wies darauf hin, daß die Armee trotz des Ver-handlungsangebotes weiterhin versuche, Land aufzukaufen. Die auswärtigen Larzac-Freundeskreise forderten, jedoch ohne Erfolg, daß die Verhandlungen öffentlich stattfinden sollten.

150

2.2. Endgültige Bestätigung der 'Erklärung des Öffentlichen Nutzens' ('DUP') durch den Staatsrat

Nach der Abweisung des Bauerneinspruches gegen die 'Erklärung des Öffentlichen Nutzens' durch das Verwaltungsgericht in Toulouse hatte vor allem Guy Tarlier, unterstützt vom Regionalrat der Region Midi-Pyrénées, den Klageweg fortgesetzt. Am 20.2.1976 fand die letztinstanzliche Gerichtssitzung vor dem Pariser 'Conseil d'Etat', dem französischen Verfassungsgericht, statt. Die zehn Richter (30) räumten den Vertretern der betroffenen Kläger (31), die mit zwei Rechtsanwälten erschienen waren, kein Rederecht ein, sondern behandelten sie eher wie Angeklagte. So mußten diese sich ohnmächtig und schweigend Vorwürfe (sie hätten drei Kriegerdenkmäler entehrt) und längst widerlegte Behauptungen (der Larzac sei eine wüstenartige Gegend) anhören. Der Staatskommissar bestritt dem Regionalrat jedes Einspruchsrecht, nationale Interessen hätten eindeutigen Vorrang vor noch so legitimen regionalen Bedenken.

Mit Bitterkeit kommentierte Jean-Marie Burguière später die Erfahrung mit dem höchsten Gericht:

"Der Staat muß wissen, daß Bauern nicht wie Artillerie-Teile verlegt werden können, sondern an ihrer Erde hängen: Sie ist ein Teil von ihnen, man kann uns nicht verpflanzen, ohne uns zu töten. Man hat uns mißachtet, das Trugbild von Gerechtigkeit vor dem Staatsrat macht uns entschiedener denn je. . ." (32)

Der Staatsrat bestätigte am 5.3.1976 in letzter Instanz die 'Erklärung des Öffentlichen Nutzens',

"da die Folgen der Erweiterung ... für eine gewisse Anzahl von landwirtschaftlichen Betrieben, für das Weiden der Herden, für die Käseproduktion und den Straßenverkehr angesichts der Bedeutung dieser Maßnahme für die nationale Verteidigung nicht unzumutbar schwerwiegend sind, rechtfertigen sie nicht den Widerruf der Erklärung des Öffentlichen Nutzens. . ." (33)

Die erste Reaktion der Larzac-Bauern auf die Entscheidung des Staatsrates war eine direkte Aktion offensiven Umweltschutzes. Schon seit langem fühlten sie sich durch eine Reihe von zehn Meter hohen Eisentürmen gestört, die außerhalb des Übungsgeländes, also auf Privatland, als Zielmarkierungen für Schießübungen dienten.

Am Morgen des 10.3.1976 versammelten sich Gruppen von Landwirten auf den Höfen Boissans und Costeraste sowie in La Blaquière. Für eine 'Aktion Säuberung' hatten sie Schneidbrenner, Eisensägen, Seile und Traktoren mitgebracht. In wenigen Stunden waren sechs "eiserne Furunkel" aus der Landschaft entfernt, die zerlegten Teile der Türme auf Anhänger verladen und zur Kaserne von La Cavalerie gefahren. Als die Wachsoldaten sich weigerten, das Kasernentor zu öffnen und das Eigentum der Armee, die gefällten Zieltürme, in Empfang zu nehmen, kippten die Bauern den Schrott direkt vor den Schlagbaum. Der Standortkommandant telefonierte eine Stunde lang mit seinen Vorgesetzten in Paris und dem Präfekten in Rodez, um über die geeignete Reaktion zu beraten, die bereits aufmarschierte 'Gendarmerie Mobile' erhielt schließlich aber nicht den Befehl einzuschreiten. In der Zwischenzeit ließen sich die Demonstranten in aller Ruhe vor dem Schrottberg zum Picknick nieder, eine Gewohnheit, die seit einiger Zeit zu jeder Bauernaktion gehörte. Danach verabschiedeten sich die Landwirte mit dem Versprechen, bald wiederzukommen.

2.2.1. Kompromißverhandlungen ohne Ergebnis

Am 27.3.1976 legte Unterpräfekt Buffet einer Bauerndelegation (34) seinen Kompromißvorschlag vor. Die Armee begnüge sich nunmehr mit 6 000 ha Erweiterungsfläche, über die man sich in einer Art Flurbereinigung verständigen könne. Innerhalb von sechs Wochen sollten die Landwirte von sich aus Landparzellen benennen, welche sie nicht unbedingt benötigten.

Die Vollversammlung der '103' beschloß am 15.4.1976:

"Wir sind zu weiteren Gesprächen mit dem Unterpräfekten bereit, weigern uns aber, 'die Karte mitzubringen' ",

d.h. freiwillig Parzellen anzubieten. Bei einer weiteren Abstimmung sprachen sich bei 22 Ablehnungen und 21 Enthaltungen 59 Bauern für die Fortsetzung der Verhandlungen aus, was bei den Larzac-Komitees Verbitterung auslöste.

"Wir können doch nicht jahrelang 'Nein zum Camp' geschrien haben, um jetzt zu sagen: 'Ja zum Mini-Camp'!",

hatte sich ein Arbeiter aus Millau beim Koordinationstreffen der Komitees am 22.4.1976 in L'Hospitalet empört. (35)

Tarlier erläuterte dagegen die taktische Überlegung:

"Wir können uns den Luxus nicht leisten, kategorisch Nein zu sagen. Intellektuell wäre das die einfachste Haltung. Die Regierung hat in bezug auf den Larzac so viele Fehler gemacht, daß manche sich wünschen, daß dies weiter anhält, um besser zurückschlagen zu können. Wir als direkt Betroffene können nicht in dieser Weise denken. . ." (36)

Bei einer reduzierten Erweiterung bräuchte die Armee ihr Gesicht nicht zu verlieren, und wenn dabei kein Bauer enteignet würde, bliebe auch der Eid gewahrt. Bei einer kompromißlosen Haltung wäre jedoch zu befürchten, daß die Armee das ursprüngliche Konzept ungemildert durchdrücken würde.

'Gardarem Lo Larzac' warnte in einer Situationsanalyse vor der Enttäuschung nach zu hoch gespannten Erwartungen:

"Die Bauern sind sich bewußt, daß jede Diskussion, jeder Kompromiß den 'Mythos Larzac' zu zerstören, die Utopie auf die Ebene eines gewöhnlichen Kampfes herunterzuholen droht. 1973 war Larzac wie LIP ein exemplarischer Kampf, ein Symbol, ein Denkmal. Inzwischen haben sich andere Kämpfe entwickelt (gegen Atomkraftwerke, die Armee, die Justiz. . .) und all die Arbeiterkämpfe, die mit der ökonomischen Krise verbunden sind.
Heute steigen Larzac und LIP von ihrem Sockel herunter und finden sich auf dem Niveau anderer Kämpfe wieder. Selbst Symbole werden von der allgemeinen politischen und wirtschaftlichen Situation beeinflußt.
Andererseits muß ein lokaler Kampf, will er beispielhaft sein, Nachfolger schaffen können. Ist eine Ausnahme nicht das genaue Gegenteil eines Vorbildes?
Bedeutet die Miniatur-Erweiterung einen Sieg oder eine Niederlage?
Falls die Suche nach Kompromissen für die Bauern einen Rückzug auf sich selbst bedeutet, einen Graben zu den auswärtigen Unterstützern aufreißt, wenn es bedeutet, von heute auf morgen jeden Widerstand gegen die Armee aufzugeben und egoistisch unter das eigene Strohdach zurückzukehren – ja, dann wird es eine Niederlage sein, die schlimmste, die es für den Larzac geben kann.
Wenn es dagegen weiter Kontakte zu kämpfenden Gruppen und gegenseitige Unterstützung gibt, wenn das vorläufige Ende in Form einer relativen Erweiterung mehr Freiraum bietet, weiter gegen die Militarisierung und für die Gesellschaftsveränderung zu kämpfen, dann wird es ein Sieg sein. . ." (37)

2.3. 'Kommandoaktion' zur Aufdeckung geheimer Landkäufe der Armee

Die Verhandlungen der Bauern mit dem Unterpräfekten gerieten ab Mai 1976 ins Stocken und erreichten einen toten Punkt, als sich die Hinweise mehrten, daß die Armee unter strengster Geheimhaltung weiterhin Landkäufe tätigte. Die Larzac-Verteidiger fragten sich, ob die Verhandlungen lediglich Ablenkungsmanöver in einem Spiel mit verteilten Rollen zwischen der Armee und den zivilen Behörden waren. Letztlich könnte nur der Besitz eindeutiger Beweise über solche geheimen Landverkäufe den bereits spürbaren Aufweichungsprozeß innerhalb der Bauerngemeinschaft aufhalten.

Am Abend des 27. Juni 1976 trafen sich zwei Dutzend Angehörige des "harten Kernes" bei Léon Maillé in Potensac, um letzte Vorbereitungen für eine Aktion zu treffen, die sie seit Monaten erwogen hatten. Kurz vor dem Besuch des Innenministers Poniatowski im Departement Aveyron galt es, ein deutliches Zeichen zu setzen.

Im Gegensatz zu den sonst auf dem Larzac geltenden Grundsätzen wurde in kleinstem Kreis beschlossen, in die Kaserne von La Cavalerie einzudringen, um die benötigten Beweise zu beschaffen. Während sonst Aktionen nur nach intensiven Meinungsbildungsprozessen zwischen allen '103' Bauernfamilien durchgeführt wurden, war hier die Gefahr der Repression zu groß, um die Aktion vorher allzu breit bekannt zu machen. (38) Wegen des Überraschungscharakters wurde die Aktion später "le commando" genannt.

Am Mittag des 28.6.1976 fuhr ein Viehtransporter unbehelligt durch das Tor der Kaserne von La Cavalerie bis zur Bürobaracke, von der aus der Capitaine Delcamps die Grundstückskäufe der Armee leitete. Dem "trojanischen Pferd" entstiegen 22 Larzac-Bewohner und drängten ohne Gewalt die drei wachhabenden Soldaten zur Seite. Um durch die Aufdeckung geheimer Landkäufe den Abbruch weiterer Transaktionen verhindern zu können, begannen sie, in Schubladen und Schränken nach entsprechenden Unterlagen zu suchen, die wichtigsten zu fotografieren und andere nach dem Durchlesen zu vernichten.

Währenddessen demonstrierte eine andere Gruppe vor dem Kasernentor gegen die Armee. Plötzlich erschienen Gegendemonstranten und beschimpften die Bauern und Kriegsgegner:

"Ihr seid alle Homosexuelle! Ihr habt nichts in der Hose!"

Die Besitzerin des Restaurants 'Le Cevenol', dem Versammlungsort der Camp-Befürworter, Mme Gal, rief außer sich vor Wut:

"Wir, wir sind keine Gewaltfreien. Hier leben 55 Kaufleute, die für ihre Lizenz bezahlen, 40 Camp-Angestellte und 82 Beamte – alles glühende Anhänger der Erweiterung. Wir sind in der Überzahl, wir machen das Gesetz im Dorf!" (39)

Erstmals zeigten sich hier die Mitglieder der 'Bewegung für Ordnung und Freiheit auf dem Larzac' (MPOL) persönlich und nicht nur als anonyme Urheber von Leserbriefen und Mauerinschriften.

Erst nach zwei Stunden ergebnisloser Verhandlungen schritt die 'Gendarmerie Mobile' ein und schoß Tränengasgranaten durch die Fenster, die 22 Besetzer mußten hustend die Baracke verlassen und wurden draußen verhaftet.

Die Gasgranaten lösten im Büro einen Brand aus, der einen Großteil der Akten vernichtete. Nach Schätzungen der Staatsanwaltschaft war ein Sachschaden von 28 000 Francs entstanden, ca. 500 Akten wurden dabei "gelöscht", da die Löscharbeiten die Aktenvernichtung durch den Brand noch verstärkten. Außerdem waren

Generalstabskarten und Flugaufnahmen des Larzac verbrannt sowie ein Teil der Büroeinrichtung beschädigt worden.

Bei vielen vorausgegangenen illegalen Aktionen hatten die Larzac-Bauern von einer relativen Narrenfreiheit profitiert, in diesem extremen Fall sah sich der Staat zu scharfen Gegenmaßnahmen gezwungen.

> "Als ob die Regierung zuvor gezögert hätte, sich ihnen entgegenzustellen, beeindruckt vom riesigen Sympathiepotential dieser 'Robin Hoods der Gewaltfreiheit', verwirrt durch ihre mutigen, mit ruhiger Hand geführten Schläge. Doch dieses Mal ist es vorbei, Gesetz und Ordnung schlagen auf sie nieder." (40)

Die 22 Inhaftierten wurden als gemeine Verbrecher nach dem berüchtigten "anti-casseur"-Gesetz angeklagt und am Tag nach der Aktion unter starker Polizeibewachung dem Untersuchungsrichter in Millau vorgeführt. Den 'gardes mobiles' gelang es, 300 Demonstranten abzudrängen, nicht aber zu verhindern, daß sich 30 Traktoren vor dem Gerichtsgebäude aufstellten. Vier der Angeklagten wurden schließlich "aus familiären Gründen" vorläufig freigelassen (41), die übrigen Gefangenen, nach Frauen und Männern getrennt, in die Gefängnisse von Montpellier und Rodez überführt. Traktoren begleiteten demonstrativ die Gefangenentransporte bis zur Stadtgrenze, und am Abend demonstrierten in Rodez 300 Bürger vor dem Gefängnis für die Freilassung der inhaftierten Larzac-Bewohner.

Während in den folgenden Tagen weitere Demonstrationen stattfanden, schwiegen sich die Massenmedien zunächst aus, und selbst 'Le Monde' druckte nur die Version des Kommandanten der 44. Militärdivision, des Generals Dufour, ab:

> "Diese Aktion wurde von einer Gruppe Larzac-Fremder durchgeführt. Von den 22 Personen wohnen nur 6 auf dem Plateau." (42)

Erst eine Woche später veröffentlichte die ansonsten sympathisierende Zeitung einen Leserbrief der "22", in dem es u.a. heißt:

> "Es ist interessant festzustellen, daß die Armee in der Absicht, die Landwirte anzuschwärzen, sie nicht als solche zu bezeichnen wagt, sondern im ersten Satz als 'Gewaltfreie' und erst im letzten Satz als 'Bewohner des Plateaus'."

Am Prozeßtag, dem 2.7.1976, versammelten sich über 1 000 Menschen vor dem Gericht in Millau, darunter Delegationen von 18 Larzac-Komitees, AKW-Gegner aus Braud et Saint-Louis, Winzer aus dem Languedoc, 'paysans-travailleurs' aus dem Departement Loire-Atlantique usw.. Die lokalen Gewerkschaften organisierten Arbeitsniederlegungen, und die Kleinhändler schlossen aus Solidarität ihre Läden. Die Straßen zum Gericht waren von Traktoren abgeriegelt.

Der vorsitzende Richter Yvernes bemühte sich vergeblich, unter den 22 Angeklagten Rädelsführer herauszufinden. Die durchgängige Antwort, alle seien verantwortlich und niemand habe Befehle gegeben, wies er als 'stupid' zurück. Dabei wollten die Angeklagten keineswegs ihre Verantwortung hinter der Gruppe verstecken, sie sagten überraschend freiwillig und ausführlich aus, welche Schubladen sie geöffnet, welchen Schrank sie aufgebrochen und wieviele Akten sie zerrissen hätten. Die Begründungen waren nicht weniger offen:

> "Nicht alle Landbesitzer sind Bauern, deshalb habe ich Dokumente an mich genommen. Ich spekuliere nicht mit meinem Land, ich bebaue es. Ich möchte, daß die Öffentlichkeit von der Spekulation erfährt, denn sie ist dagegen. ... Wir sind nicht gegen die Verkäufer, sondern gegen den Staat, der ankauft." (43)

> "Die von den 'domaines' begünstigte Spekulation ruiniert die Landwirte. In drei Jahren stiegen die Bodenpreise um das Zehnfache. Doch der Staat ist kein Immobilienhändler, sein Vorgehen ist unerträglich." (44)

Auf die Frage, was er von den staatlich begünstigten Spekulationsgewinnen halte, nannte sie Richter Yvernes "ein gutes Geschäft", und bei der Vernehmung eines Bauern, der nicht an der Vorbereitung der Aktion teilgenommen hatte, ließ er seine Meinung über echte Bauern erkennen:

> "Sie sind ein echter Bauer. Sie haben Angst. Bauern haben Angst." (45)

Als dann auch noch der Staatsanwalt in dieselbe Kerbe hieb:

> "Einige Bauern werden von Fremden auf Abwege gebracht, welche einen dialektischen Geist und zweifelhafte Gewissens- und Moralvorstellungen haben. . ." (46),

erwiderte der Landwirt Michel Courtin:

> "Wir haben doch diese jungen Leute auf Abwege gebracht, und nicht umgekehrt! Es kommt nicht in Frage, sie zu Sündenböcken zu machen." (47)

Das Strafmaß schien sich nach der Dauer des Aufenthaltes der Angeklagten auf dem Plateau zu richten. Je kürzer sie war, desto länger die Haftstrafe. Die Angeklagten aus den "vagabundierenden Gemeinschaften" in Les Truels, Le Cun und St.Martin erhielten die längste Strafe von sechs Monaten Haft, davon drei Monate auf Bewährung. Pierre-Yves de Boissieu, als "halber Bauer", wurde ebenfalls mit sechs Monaten Haft, davon aber vier auf Bewährung, bestraft. Die als 'Rädelsführer' angesehenen Bauern P. Burguière, Ph. Fauchot, L. Maillé und Guy Tarlier erhielten fünf Monate, davon vier auf Bewährung; Frau Tarlier fünf Monate, davon viereinhalb auf Bewährung und die restlichen fünf Bauern fünf Monate Haft auf Bewährung.

Nach der Urteilsverkündung besetzten Demonstranten spontan die Treppen des Gerichtsgebäudes. Ein starker Ordnerdienst der Bauern konnte nicht verhindern, daß beim anschließenden Protestzug durch die Stadt vereinzelt Flaschen und Steine auf Polizisten geworfen wurden. Bei der gewaltsamen Auflösung einer Kundgebung auf dem 'Mandarous'-Platz schoß die Polizei Tränengasgranaten in die Menge, wobei drei Menschen schwer verletzt wurden und ein Mann ein Auge verlor. Eine Besetzung der Schienen auf dem Bahnhof von Millau hielt eine Stunde lang den Zug nach Paris auf. Augenzeugen berichteten, daß sich die meisten Fahrgäste mit der Aktion solidarisierten. Erst nach Mitternacht kam Millau allmählich wieder zur Ruhe.

Der Rechtsanwalt J.J. de Félice legte im Namen der Bauern Berufung gegen das Urteil ein — und erreichte für sieben "echte Bauern" Strafaufschub, der vom Gericht mit der extremen Trockenheit des Sommers 1976 begründet wurde — eine nur aus politischer Opportunität zu erklärende Erscheinung.

Mit Verspätung (48) meldete sich am 5.7.1976 die FDSEA mit der Forderung nach Freilassung der Gefangenen und der Drohung zu Wort, auf Departementsebene Demonstrationen zu organisieren, falls die Angeklagten nicht binnen einer Woche freigelassen wären. (49)

> "Die Unterstützung der FDSEA ist sehr wichtig, selbst wenn sie eine kapitalistische Organisation ist. In einem gewaltfreien Kampf braucht man auch Verbündete, die politisch weniger nah stehen, aber im konkreten Kampf Verbündete sind. Obwohl die FDSEA die Kommando-Aktion kritisiert, muß sie doch gerade wegen der Aktion Stellung beziehen. Hier sieht man, daß die Strategie der gewaltfreien Aktion momentan grandios funktioniert: Die Regierung ließ die Bauern frei, weil es politisch schädlich war, Bauern im Gefängnis zu lassen, die FDSEA mußte sich rühren, weil unter den Gefangenen auch FDSEA-Verantwortliche waren. . ." (50)

Beim Haftprüfungstermin am 20.7.1976 in Montpellier fand sich schließlich die gesamte Führungsspitze der FDSEA im Zuschauerraum des Gerichtes ein.

> "Daß eine Organisation mit guten Beziehungen zur Regierung acht Gewaltfreie verteidigt, von denen fünf Zivildienstverweigerer sind und drei armee-eigene Häuser besetzen, ist eine Leistung, deren Geheimnis allein die Steinhäuser des Causse kennen." (51)

Während der Verhandlung sperrte die Polizei die Innenstadt hermetisch ab, nur wer dringende Gründe nachweisen konnte, durfte die Zone betreten. Die Polizeiketten boten eine realistische Kulisse zur Aufführung eines Straßentheater-Stückes, das in Le Cun während eines work-shops erarbeitet worden war. Mit starkem Beifall begrüßte die Menge die Freilassung der letzten acht Gefangenen des Kommandos. Auch die Berufungsverhandlung zwischen dem 24.11. und dem 15.12.1976 endete mit einem relativen Sieg, der Vereinheitlichung der Strafen für alle Teilnehmer auf fünf Monate Gefängnis auf Bewährung. Angleichung und Minderung der Strafen deuten eine indirekte Anerkennung des politischen Charakters der Aktion an, was jedoch vom Gericht bestritten wurde. Der Richter soll bemerkt haben:

"Solange ich Richter bin, verleugne ich meine Eigenschaft als Staatsbürger. . .",

bestärkt vom Staatsanwalt:

"Wenn die Politik in den Gerichtssaal einzieht, geht die Gerechtigkeit hinaus." (52)

3. Rückeroberung besetzter Höfe durch die Armee

Während die Larzac-Gemeinschaft mit der Kampagne zur Freilassung der Gefangenen und der Auswertung der in der Kaserne gefundenen Informationen beschäftigt war, unternahm die Armee erste Schritte gegen die ihr lästigen Hofbesetzungen. Am 1.7.1976 beantragte sie beim Gericht in Millau Räumungsverfügungen für Les Truels, Le Cun und ein Haus in Montredon. (53)

"... In Anbetracht der Tatsache, daß seit 1974 jedes Gebäude, das die Armee erwirbt, von Bürgern unter Mißachtung der elementarsten gesetzlichen Bestimmungen besetzt wurde . . ." (54),

müsse nun dem Recht zur Wirkung verholfen werden.

Dies erfuhren die "squatters" am 17.7.1976 durch den Gerichtsvollzieher, der sie zur freiwilligen Räumung aufforderte. Die Rechtsanwälte der Besetzer forderten am 2.8.1976 das "Gericht für Einstweilige Verfügungen" in Millau auf, sich selbst als nicht zuständig zu erklären — erstaunlicherweise folgte das Gericht am 20.8.1976 diesem Antrag.

Die Armee bewies jedoch schon am 17.7.1976, daß sie nicht allein auf die Bestätigung durch Gerichte warten wollte. Bei einer nächtlichen "Übung" zerstörten Sprengstoffspezialisten einer Pioniereinheit aus Castelsarrin unter dem Schutz der 'Gendarmerie Mobile' alle lebenswichtigen Einrichtungen des Hofes Cap d'Ase zwischen Potensac und Les Truels. Zwei Zisternen, ein tragendes Gewölbe, Fenster und Türen, die samt Rahmen herausgerissen wurden. Einzig erkennbares Ziel dieses Vorgehens, das die Bauern als

"Vandalismus zurückgebliebener Kinder, die sich als Verteidiger des Vaterlandes verkleiden" (55)

anklagten, war die Verhinderung einer neuen Besetzung.

Sowohl die gerichtlichen Schritte als auch die Zerstörung von Cap d'Ase zwangen die Bauern und Hofbesetzer zu erhöhter Wachsamkeit und zum Setzen neuer Zeichen ihres ungebrochenen Widerstandswillens. Am 25.7.1976 war das erste Etappenziel eines an symbolischen und direkten Aktionen reichen Demonstrationstages das Land um Montredon, das Graf de Bernis am 26.5.1976 während der Verhandlungen an die Armee verkauft hatte, eine Tatsache, die erst durch die Kommando-Aktion nachgewiesen werden konnte.

Zehn Traktoren pflügten am Dorfrand von Montredon zwei Hektar Armeeland, die Demonstranten halfen bei der Beseitigung von Tonnen von Felsbrocken und Steinen.

Nach einer langen Kundgebung, die von den meisten auch als Gelegenheit zum Picknick genutzt wurde, schritt die 3000köpfige Menge zur "wilden Ernte" eines Roggenfeldes, welches de Bernis auch noch nach dem Verkauf bestellen ließ. Die Drohung mit Diebstahlsanzeigen gegen die Bauern, die mit Mähdreschern ernten würden, ließen die Demonstranten ins Leere laufen, indem sie in Handarbeit in aller Ruhe und Sorgfalt das Feld abernteten. Die Ähren wurden zu den nächsten Demonstrationsetappen mitgeführt. Beim Hof Cap d'Ase symbolisierte das Pflanzen eines Baumes und das Einsetzen von Fensterrahmen die Absicht, den Hof bald wieder mit Leben zu erfüllen, etwa als Vereinsheim für die Jäger der Region.

Nach einer Kundgebung in Millau wurden die Ährengaben von Montredon vor dem Tor der Galtier-Fabrik niedergelegt, um damit auszudrücken, daß der vom Staat an de Bernis gegebene Spekulationsgewinn ausgereicht hätte, um die bei Galtier bedrohten 130 Arbeitsplätze zu erhalten.

Mit solchen Aktionsformen einfach zu verstehender Symbolik vermittelten die Larzac-Bauern eindringlicher gesellschaftliche Zusammenhänge, als es durch theoretische und verbale Analysen möglich wäre.

3.1.   Besetzung und Räumung des Hofes Cavaliès

Die Aufdeckung der geheimgehaltenen Landkäufe der Armee durch die Kommando-Aktion sensibilisierte die Bauerngemeinschaft neu, ließ sie Schwachpunkte der Betreiberseite deutlicher erkennen und gezielter in ihrem Sinne nutzen.

Da die Steuerzahler empfindlich auf die Aufdeckung staatlicher Spekulationsförderung reagierten, hieß es, die Öffentlichkeit von diesem Punkt ausgehend weiter zu intensivieren.

Bei der öffentlich geführten Diskussion um eine neue Kampagne von Hofbesetzungen ging es vor allem um die Nutzungspläne neuer 'Kandidaten'. Die bisherigen Besetzer waren aus der gewaltfreien Bewegung gekommen und hatten dank starker publizistischer und materieller Rückendeckung von außen die Repressionsgefahr relativ gut abwehren können. Dabei war der Unterschied in der Behandlung der Landkommune Les Truels und des Kriegsdienstverweigererzentrums Le Cun nicht zu übersehen.

Die Eskalation seit der 'Kommandoaktion' vom 28.6.1976 und die Erfahrungen aus dem darauf folgenden Prozeß ließen es als ratsam erscheinen, einer neuen Hofbesetzung erkennbar einen deutlichen landwirtschaftlichen Charakter zu geben.

Als neues Ziel boten sich der von Graf de Bernis an die Armee verkaufte Hof Cavaliès (57) und als Neusiedlerfreiwillige der Schäfer François Giaccobbi und der ehemalige Mitbesetzer von Le Cun, Christian Rouqueyrol, an.

Obwohl noch keine ausreichend gemeinsame Überzeugung vorherrschte, daß der gewählte Zeitpunkt für eine neue Hofbesetzung durch Nicht-'Eingeborene' politisch günstig war, halfen am 26.10.1976 (58) ca. 100 Larzac-Aktive bei der Besetzung des Hofes Cavaliès. Die Landwirte stellten leihweise 30 Mutterschafe zur Verfügung, deren Lämmer die Grundlage der neuen Herde bilden sollten.

Detailliert ausgearbeitete Alarmpläne für den Fall einer Räumung deuteten darauf hin, daß die Wahrscheinlichkeit von Gegenmaßnahmen größer war als in den vorausgegangenen Hofbesetzungen. Bereits in der Nacht vom 4. zum 5. Oktober erschien die Polizei und führte die zehn Anwesenden zum mehrstündigen Verhör in die Kaserne nach La Cavalerie. Der Räumungsbefehl soll direkt vom Armeeministerium gekommen sein, der Präfekt behauptete allerdings, nicht informiert worden zu sein.

Während am folgenden Tag 130 Soldaten die Polizei ablösten und den Hof mit Stacheldraht einzäunten, schlugen die vertriebenen Besetzer ihre Zelte auf dem Grundstück eines Bauern aus Pierrefiche auf, das unmittelbar neben der von nun an ununterbrochen bewachten Festung liegt. Die Belagerer hatten in den folgenden Nächten unter Überfällen von Soldaten zu leiden, denen Mitglieder der 'MPOL' größere Mengen Wein gestiftet hatten. Es wurden Zelte zerrissen, niedergetrampelt und verbrannt, Pierre Burguière trug einen Rippenbruch davon, als er zusammengeschlagen wurde. (59)

Ein Appell der Bauern an die regionale Solidarität zeigte bald Folgen. Am 10.10. 1976 besuchten vier Generalräte, Vertreter der FDSEA (darunter ihr Vorsitzender Lacombe), der CDJA, der SAFER, der Landwirtschaftskammer, der PSU und PCF sowie der CGT und CFDT die vertriebenen Besetzer und nahmen am Pflügen des Armeelandes um Cavaliès teil. Die Armee war in der Lage, Gebäudebesitz zu verteidigen, nicht aber offenes Gelände. Der Neubau einer provisorischen Unterkunft direkt neben dem Stacheldraht konnte bereits am 23.10.1976 eingeweiht werden, ihm folgte die Errichtung eines großen Schafstalles. (60)

Neben der Festung Cavaliès mochte sich keine beschauliche Schäferidylle einstellen, da die Übergriffe von Soldaten auf die Neusiedler nicht abbrachen. So verbrannten Wachmannschaften u.a. 800 Strohballen, was die Landwirte im besonders trockenen Jahr 1976 als empörende Verschwendung empfanden, das Auto des Schäfers ging am 14.11.1976 in Flammen auf, Soldaten trampelten durch Getreidefelder oder fuhren mehrmals hintereinander mit schweren Lastwagen hindurch usw. – ein gewisses Maß solch blindwütiger Zerstörung durch Armeeangehörige gehörte von nun an zum Alltag der beiden so unterschiedlichen Besetzergruppen.

"Der große Bauernhof in der Talmulde ist mit Stacheldraht umzäunt. Wachen drehen Tag und Nacht mit geschultertem Gewehr die Runde. Von einem Wachtturm beobachten sie das Dickicht, aus dem der Gegner kommen könnte.
Täglich von einem Konvoi mit Lebensmitteln und Wasser versorgt, in ständigem Funkkontakt mit ihrer Befehlszentrale, halten hier 60 Männer Garnison. . .
Das Bild eines Militärpostens in Feindesland. Und dennoch sind wir in Frankreich. ... Die Situation dieses französischen 'Fort Alamo' ist so grotesk, daß in manchen Nächten Rekruten über die Mauer steigen, um ihre Belagerer um eine Tasse Tee zu bitten, wobei diese ebenso ärmlich eingerichtet sind wie sie selbst. Die Soldaten vergessen die Empfehlungen ihrer Offiziere: 'Nehmt keine Zigaretten an, die sind mit Drogen präpariert. Faßt keine Bäuerinnen an, die haben alle Syphillis'. Manche haben einfach nur Lust, junge Leute in ihrem Alter zu treffen, um über ernsthafte Dinge zu reden, statt Cowboy und Indianer zu spielen, wie große, etwas debile Kinder. . ." (61)

Durch unermüdliche Gesprächsbemühungen der pazifistischen Nachbarn verlor die psychologische Einstimmung der schlecht informierten Rekruten durch ihre Vorgesetzten bald an Wirkung. Die Wachmannschaften wurden nach einer oder höchstens zwei Wochen ausgewechselt, um Fraternisierung mit den Zivilisten zu verhindern.

Die Armee setzte die Reihe vorbeugender Hofbesetzungen fort und baute am 14.10. den Hof Les Tournets und wenige Tage darauf den Hof La Salvetat zu Festungen mit Wachtürmen und Stacheldrahtumzäunungen aus.

3.2.   Eine gestörte Parade und die Räumung des Hofes Le Cun

Als Demonstration der Stärke ordnete der Camp-Kommandant an, am 24.10.1976 nach 15 Jahren erstmals wieder in Millau eine Manöverabschlußparade durchführen zu lassen. Bauern und andere Larzac-Verteidiger empfanden dies als Provokation. Kaum hatte die Parade durch die Straßen von Millau begonnen, liefen 60 bis 100 Demonstranten vor den Zug und übertönten die Marschmusik mit Sprechchören "Gardarem Lo Larzac". Am Mandarous-Platz war die Gruppe genügend angewachsen, um die Fahrbahn blockieren zu können. Völlig aus der Fassung gebracht versuchten die Soldaten, ihren Weg auf den Gehwegen fortzusetzen, bis wütende Offiziere persönlich einen schmalen Weg auf der Straße freikämpften. Während es dem Regiment gelang, bis zum Kriegerdenkmal vorzudringen, behinderten Demonstranten den Unterpräfekten, sich der Abschlußzeremonie anzuschließen.

Die Bauern werteten die Parade als Versuch,

> "die Gefühle der Einwohner von Millau zu testen. Diese boykottierten jedoch den Umzug. Die Zuschauer setzten sich fast ausschließlich aus Larzac-Verteidigern zusammen, die spontan, ohne einen öffentlichen Aufruf kamen, um ihren Mißmut nicht gegen die Armee schlechthin, sondern gegen eine solche Einschüchterungsmethode auszudrücken..." (62)

Es war kaum Zufall, daß kurz nach der Störung der Parade am frühen Morgen des 26.10.1976 Polizei-Einheiten das gewaltfreie Zentrum von Le Cun umzingelten, die Besetzer festnahmen und mit dem Ausbau des Hofes zu einer militärischen Festung begannen. Aufgrund der Unzuständigkeitserklärung des Gerichtes in Millau vom 20.8.1976 konnte kein ordnungsgemäßer Räumungsbefehl vorgelegt werden, was die Räumung zu einem Akt von Selbstjustiz der Armee machte, zumal die eingesetzten Polizeikräfte der Armee unterstellt waren.

Das Bedauern über den Verlust von Le Cun, das nun zur "schönsten Kaserne Frankreichs" wurde, hinderte die Besetzermannschaft nicht daran, neue Wege zur Fortsetzung ihrer Arbeit zu finden; bald gingen die geplanten Seminare in einem gemieteten Haus im nahegelegenen Dorf La Blaquérerie weiter.

In einer Art Bilanz vermerkten die Larzac-Bauern:

> "Die Armee hat erstmals das Camp verlassen und eine bedeutende Erweiterung im Nordosten (Cap d'Ase, Cavaliès, Les Tournets) und im Süden (Le Cun, La Salvetat) verwirklicht."

Die Armee habe die Bauernlektion begriffen, daß der Kauf eines Hofes nicht genüge, um dessen legitimen Besitz nachzuweisen. Nur durch die Besetzung von Gebäuden könne die bäuerliche Nutzung verhindert werden, die kurzfristig mühelosere Zerstörung habe sich als psychologisch schädlich erwiesen. (63)

3.3.   Großkundgebung im August 1977: "Im Lande leben, arbeiten und über das eigene Schicksal entscheiden"

Im Herbst 1977 äußerten die Larzac-Komitees gegenüber den Bauern ihre Sorge, daß durch das Ausbleiben von Großkundgebungen in den Sommern 1975 und 1976 in der Öffentlichkeit der Eindruck entstünde, der Widerstand sei aus Resignation und politischer Schwäche aufgegeben worden. Für den Hauptferienmonat August 1977 forderten sie eine neue Initiative und nannten dabei die Zahl von mindestens

120 000 Teilnehmern, "um nicht das Gesicht zu verlieren". (64) Die Larzac-Bauern stimmten dem Aufruf zu einer neuerlichen Großkundgebung bald zu.

> "In den letzten Jahren, nach den Großkundgebungen von 1973 und 1974 ist der Larzac gleichsam ins eigene Schneckenhaus zurückgekrochen, und die Aktionen vor Ort haben meist den Vorrang vor Öffentlichkeitsarbeit erhalten. Dieser Mangel an Publizität entspricht nicht einer bedeutenden Schwächung des Widerstands, begünstigt aber in der Öffentlichkeit ein wenig die Vorstellung, daß Larzac "passé ist". Gab es anderswo schon so lang andauernde Kämpfe, die nicht auseinandergefallen wären?
> Auf Dauer wird Schweigen zur Waffe der Mächtigen, daher erscheint es uns nötig, dieses Schweigen zu brechen, indem wir in diesem Sommer eine Mobilisierung auf dem Larzac und all der Menschen unterstützen, die wie wir dafür kämpfen, im Lande leben und arbeiten zu können..." (65)

Bei der Wahl zwischen einem vorgeschlagenen "Marsch durch das Frankreich der Kämpfe" mit dem Endpunkt Larzac und einer Großkundgebung mit dem alleinigen Schwerpunkt Larzac entschieden sich die '103' in ihrer Vollversammlung vom 15.2. 1977 für ein möglichst 'offensives rassemblement', das die solidarische Verbindung zwischen den Bürgern und Demonstranten in Naussac, Malville, Larzac u.a. verdeutlichen sollte.

> "Was muß getan werden, um offensiv zu sein? Den Truppenübungsplatz besetzen? Utopisch! Die 'Forts' einnehmen? Das wäre einfach, oft sogar ohne eine große Menschenmenge möglich – angesichts der Moral der Truppe. Aber was nützt es, wenn wir sie nicht halten können? Die Militärs wären dankbar, Krieg spielen zu können, deshalb lassen wir sie lieber hinter ihren lächerlichen Verschanzungen hocken. Also werden wir 'nur' marschieren und uns auf dem Militärgelände versammeln. ... Es wird nichts kaputtzuschlagen geben. ... Liebhaber starker Sensationen werden enttäuscht werden. Wenn manche Zweifel am 'offensiven Charakter' des Marsches haben, sollten sie am besten die Militärs zu diesem Thema befragen..." (66)

Drei Jahre vorher war der Vorschlag von Philippe Fauchot, eines Tages das ganze Camp zu besetzen, als reine Utopie verstanden worden, selbst ein kurzfristiges Eindringen in einer Massendemonstration wäre damals als nicht durchführbar angesehen worden. 1977 gab es auswärtige Larzac-Sympathisanten, denen selbst ein solcher Schritt nicht radikal genug erschien. Ihnen galt es bereits als Beweis der wirkungslosen Harmlosigkeit eines solchen Vorhabens, daß der Präfekt des Aveyron die Großkundgebung trotz des geplanten Marsches in das Camp nicht verbot,

> "da die Verantwortlichen den friedlichen und folglich gewaltlosen Charakter der Veranstaltung betonen..." (67)

Auf dem Larzac war nie eine behördliche Genehmigung von Demonstrationen eingeholt worden, selbst wenn 100 000 Menschen erwartet wurden. Dennoch war im Sommer 1977 ein Demonstrationsverbot, wie bei der Großkundgebung von Creys-Malville zwei Wochen vor dem Termin in Larzac, nicht ausgeschlossen. Bei der versuchten Besetzung des Bauplatzes für den Schnellen Brüter 'Super-Phénix' war es zu gewalttätigen Auseinandersetzungen mit der Folge eines getöteten Demonstranten und mehrerer Schwerverletzter gekommen. Auch die Larzac-Bauern fürchteten, daß eventuell die Tradition der Gewaltfreiheit auf dem Plateau beendet werden könnte. (68)

Um schon im Vorwege falsche Erwartungen zu zerstreuen, wandte sich Guy Tarlier zu Beginn der Kundgebung an die zahlreicher als in den Vorjahren gekommenen Journalisten:

> "... Aber wenn einige nur gekommen sein sollten, um 'Blut auf der Titelseite zu haben', werden sie nach den Ereignissen der letzten Wochen kein Glück haben. Wir werden wie immer alles uns Mögliche tun, damit auf dem Larzac kein Blut fließt! ..."

Es gab Gerüchte, nach denen nicht nur die traditionellen Ehrengäste wie Lanza del Vasto, General de la Bollardière usw., sondern auch andere prominente Persönlichkeiten an der Großkundgebung teilnehmen wollten, wie der in Frankreich um Asyl suchende deutsche Rechtsanwalt Klaus Croissant, dessen Verteidiger Jean-Jaques de Félice, Daniel Cohn-Bendit und der ausgebürgerte russische Dissident Léonid Pliouschtsch.

Auch in dieser Hinsicht dämpfte Guy Tarlier die Sensationsgier mancher Journalisten:

> "Wir haben niemanden persönlich eingeladen. Sollten einige 'Stars' da sein, dann behandeln wir sie wie alle anderen Teilnehmer. Wir wollen auf dem Larzac keinen Personenkult, sondern geben denen das Wort, die es sonst nie erhalten..." (69)

Wie gewohnt war auch diese vierundzwanzigstündige Großkundgebung perfekt durchorganisiert, von der Verkehrslenkung über die Essens- und Wasserversorgung, den sanitären Anlagen bis hin zum dichten Netz von Funksprechanlagen des Ordner- und Organisationsdienstes. Alle besetzten oder sonst exponierten Höfe standen über Funk in ständiger Verbindung mit der Organisationszentrale auf dem Festplatz, damit die Armee nicht überraschend einen rächenden Übergriff vornehmen könnte. Drei freie Radiosender konnten dank großer Mobilität und Geschicklichkeit trotz intensiver Störversuche durch Post und Polizei mehrere Sendungen ausstrahlen.

Bei den teach-ins und Informationsständen zahlreicher politischer Gruppen (70) nahmen am 14.8.1977 etwa 40 000 Menschen teil. Im Vergleich zu den Vorjahren war es stärker ein Arbeitstreffen, wenn auch Musik und Tanz nicht zu kurz kamen.

Mittags schlossen sich, aus Richtung Millau kommend, 47 Traktoren den vierzig bereits beim Kundgebungsgelände wartenden an. Gemeinsam führten sie die inzwischen 60 000 Menschen an, die sich hinter einem riesigen Spruchband in okzitanischer Sprache sammelten: 'Wir haben, wir behalten und wir werden Larzac behalten!'. Tausend Ordner säumten den Demonstrationszug in den Truppenübungsplatz beidseitig ein, um unnötiges Zertrampeln von Gras, aber auch Verletzungen durch herumliegende und eventuell noch explodierende Munitionsreste zu verhindern. Dieser Teil des Camps war zu bestimmten Zeiten zum Weiden der Schafe freigegeben, nirgends hinderten Zäune, lediglich Warnschilder wiesen auf die Lebensgefahr während der Manöver hin.

Auf den Traktoren fuhren u.a. auch 20 mit Gesichtsmasken unkenntlich gemachte und damit vor Strafverfolgung geschützte Soldaten mit. Im Namen des Soldatenkomitees Perpignan solidarisierten sie sich bei der Kundgebung mit den Larzac-Bauern.

Zur Kundgebung bildeten die Traktoren einen großen Kreis vor dem Hof Les Agastous inmitten des Camps, der 1912 enteignet und seither durch Manöver fast völlig zerstört worden war. Im Namen der '103' sprach die Bäuerin Jeanne Jonquet, deren Großeltern noch auf diesem Hof gelebt hatten:

> "Wir wollen Euch zeigen, was aus einem Hof geworden ist, den die Armee sich geholt hat. Um Euch herum seht Ihr Ruinen. Dazu ist die Armee fähig: zu zerstören! ... Hier wohnten früher zwei Familien, es gab Herden und Felder. Die Bäume sind verschwunden, die Häuser auch – alles diente als Zielscheibe. Es gibt hier nichts mehr zu zerstören – es ist bereits alles zerstört. Durch die Erweiterung möchte die Armee ... auch aus unseren Häusern einen Haufen Ruinen machen!"

Ihre Ansprache endete mit einem Aufruf zur Steuerverweigerung:

> "Nehmt nicht mehr hin, daß Euer Geld sinnlos für tödliche Zerstörungen verschleudert wird! Wir werden dieses Geld besser einsetzen als das Militär. Und wer weiß, vielleicht laden wir Euch eines Tages ein, Les Agastous wiederaufzubauen – um zu beweisen, daß das Leben immer stärker ist als der Tod. Nein, die Armee wird unser Land, wird unsere Kinder nicht kriegen!" (71)

Die Resonanz in den Medien war geringer als in den Vorjahren, fiel jedoch überwiegend positiv aus. So schrieb etwa die regionale Tageszeitung 'La Dépêche du Midi':

> "Eine bunte und friedliche Invasion. Larzac wurde erneut Brennpunkt der 'contestation', zum privilegierten Ort, den vielfältigen Zorn auszudrücken. Es blieb seinem Image treu, das es seit 1970 hat: ein friedlicher Widerstand, der sich auf eine breite Strömung in der Bevölkerung stützen kann."

Roger Moreau registrierte in einer Rückschau in 'GLL' im Vergleich zu den Vorjahren:

> "weniger hochgestochene Slogans, mehr Einigkeit. ... Die Beharrlichkeit, mit der manche Zeitungen versuchen, den 'zusammengewürfelten Charakter' und das sogenannte 'Themengemisch' unserer Kundgebung zu denunzieren, ist bezeichnend. Unabhängig von seiner direkten Rolle im Larzac-Kampf ist diese Art von 'rassemblement' an sich subversiv, es hat eine Existenzberechtigung für sich. . ." (72)

Armeeminister Bourges beurteilte am 11.9.1977 das 'rassemblement':

> "Ich glaube nicht, daß die Kundgebung die Bedeutung der Demonstration von 1974 hatte, an der Herr Mitterand teilnahm. . ."

Genau in der Erntesaison, die er früher als die letzte auf dem Larzac bezeichnet hatte, deutete Bourges an, die Vollendung des Erweiterungsprojektes könne sich noch auf unabsehbare Zeit hinauszögern:

> "Die Armee verzichtet nicht auf das Projekt. Wie die Kirche hat sie viel Zeit vor sich. . ." (73)

Bauern wie Larzac-Komitees zeigten sich trotz einiger Detailkritik mit der Veranstaltung zufrieden:

> "Sommer 1977: Marsch im Osten gegen die Militarisierung, Malville, Naussac, Flamanville, Larzac, Corte. ... Ob Herr Bourges es zugeben mag oder nicht, die Gesamtheit der Kundgebungen in diesem Jahr stellt einen bedeutenden politischen Faktor dar. ... Wir haben Punkte gesetzt. Aber nun muß eine neue Etappe im Kampf all derer beginnen, die mit uns gegen Militarisierung, Atomkraftwerke, ... die Ausbeutung unserer Arbeit, die wirtschaftliche und menschliche Liquidation ganzer Regionen streiten, um diese populäre Strömung, die sich punktuell gesammelt hat, in eine dauerhafte und tiefergehende Kraft zu verwandeln. . ." (74)

4. Mythos und Wirklichkeit der Einheit der '103'

> "Am Anfang gab es zwei Gruppen, die 1971 die Entscheidung Debrés traf: einheimische 'echte' Bauern, wie die Herrschenden zu sagen pflegen, und Landwirte des 'Pionier'-Typus, die sich vor 15 Jahren entschlossen, sich in dieser verlassenen Region niederzulassen. ... Im Laufe der Jahre ließ sich eine dritte Gruppe auf dem Plateau nieder, um sich mit den schon länger hier Lebenden gegen das Camp zu wehren. ... Landwirte, Gewaltfreie, Künstler und Handwerker, Kriegsdienstverweigerer. ...
> Die einen wurden in den Larzac-Kampf hineingeworfen, die anderen haben sich selbst für ihn entschieden. Diese kleine Gruppe aus drei Komponenten ist also sehr zusammengewürfelt. Ihre jeweilige Vergangenheit, ihre Art zu arbeiten, der soziale Status, Lebensstandard und Lebensweise, die Art zu wohnen, die Kultur – alles ist unterschiedlich! An anderen Orten begegnen sich derart heterogene Milieus kaum. . ." (75)

Die Larzac-Bauern waren, wie bereits erwähnt, keine homogene soziale Gruppe. Auch nach dem Eid 1972 blieben die Unterschiede zwischen den "Pionieren" und den traditioneller wirtschaftenden Alteingesessenen weiter spürbar, selbst wenn die Fortschritte der neuen Großbauern keineswegs auf Kosten der Kleinbauern erfolgten. Die allein von seiten der Armee drohende Vertreibung überlagerte teilweise die sozialen und Mentalitätsunterschiede, welche zwar allerseits bewußt waren, nie aber gemeinsam und öffentlich diskutiert wurden. Dieselben Gründe erklären die Vermeidung von Konflikten zwischen Bauern und Landarbeitern, wobei letztere allerdings auf dem Plateau zahlenmäßig keine große Bedeutung haben. Einige Landarbeiter bildeten sogar mit ihren früheren Arbeitgebern Genossenschaften, andere machten sich auf besetzten Höfen selbständig.

Auch manche Intensitätsunterschiede bei der Beteiligung am Widerstand haben soziale Ursachen. So klagten manche Kleinbauern, aufgrund mangelnder Modernisierung weniger Zeit zu haben als die Großbauern.

Die innere Dynamik des Kampfes sowie der Einfluß des in den Larzac-Komitees vereinigten linken Spektrums erzeugten die unübersehbare Radikalisierung der Bauerngemeinschaft, die jedoch, wie die Einheit selbst, nie ein für alle mal gegeben war, sondern stets neu errungen werden mußte. Um ihre nationale Popularität zu erhalten, konnten die Larzac-Bauern ebensowenig auf die Larzac-Komitees verzichten wie auf den regionalen Schild, d.h. die Zusammenarbeit auch mit konservativen Notablen. Dies erforderte geschicktes Vorgehen, wenn aus den widersprüchlichen Allianzen und Einflüssen keine ernsten Hindernisse erwachsen sollten.

Seit 1973 bestand eine, nach außen nie zugegebene Kluft innerhalb der '103', nachdem sich einige Bauern aus La Cavalerie unter dem Druck der Camp-Befürworter im Dorf und bei relativ geringerer Betroffenheit durch die Erweiterung zurückgezogen hatten, da die politische Radikalisierung und die damit verbundenen Aktionsformen zu stark ihren traditionellen Vorstellungen von Politik widersprachen. Die Radikalisierung bedrohte die Möglichkeit der von ihnen bevorzugten Kompromiß-Lösungen.

Es erwies sich als Schwäche für die Bauerngemeinschaft, die Spannungen solange unbehandelt zu lassen, bis sie 1977 durch Bekanntwerden von Eidbrüchen schlagartig öffentlich sichtbar wurden. Unmittelbar vorliegende Probleme, wie etwa die Art jeweils notwendiger Aktionsformen, diskutierten die Bauern ohne Zurückhaltung; Ursachen und Charakter wesentlicher Differenzen mochten sie dagegen nicht ansprechen, zumal nicht in der Öffentlichkeit. Bisweilen gab es in Rundbriefen oder in 'GLL' gewisse Andeutungen, sehr selten aber genauere Informationen und Stellungnahmen.

So hielten sie über einen langen Zeitraum sorgsam nach außen den Mythos der Einstimmigkeit aufrecht, neben der es die reale Einheit aufgrund der gemeinsamen Bedrohung gibt, also eine negativ-politische, aber nicht soziale Einheit.

Verstärkte sich die Bedrohung von außen, konnten stets auch die wegen der inneren Differenzen brachliegenden Gemeinschaftskräfte wiederbelebt werden.

Aufmerksam beobachtende Sympathisanten störten sich an dieser Mythospflege. Trotz gelegentlicher Einwände im internen Kreis lieferten jedoch auch die Larzac-Komitees der Öffentlichkeit weiterhin ein relativ heiles, problemloses Bild von der Bauern-Einheit.

"Es trafen drei Bedürfnisse aufeinander:
das völlig verrückte und unangemessene der Armee,
unser konkretes und realistisches Bedürfnis, "Gardarem Lo Larzac",
ein drittes, unerwartetes, das aus allen Ecken Frankreichs kam und unser Wollen verstärkte,
ihm eine Öffnung zur Welt verschaffte, eine universelle Dimension. ...
Der Mythos ist hier entstanden, aber wir sind nicht seine Urheber, wir haben ihn nicht geplant. Er entstand aus den tiefen Bedürfnissen verschiedenster politisch Handelnder: Ökologisten und Gewaltfreie, Sozialisten, Antimilitaristen, Anarchisten und Feministen. Er wurde auf ihrem Wunsch erbaut, ihre verlorene Heimaterde, ihre wunderbare Kindheit, die nicht vergewaltigte Natur über einen "Erlöser-Bauern" wiederzufinden, der dem "guten Wilden", dem Proletarier, dem Entkolonialisierten der Dritten Welt folgte.

Aber wir wollen den Mythos nicht wie einen Traum abschütteln, wir wollen ihn nicht zerstören, sondern lediglich seine Ambivalenz enthüllen. Denn er ist gleichzeitig ein S c h u t z : gegen seine symbolische Macht vermag die Verwaltungsmacht nichts. Die geheiligte Larzac-Erde bleibt gegenüber der Armee unverletzbar. Aber auch eine Mystifizierung. Um sich zu bilden, um vermittelbar und wirksam zu sein, reinigt, einigt er unsere Unterschiede, verringert und zensiert er unsere Widersprüche.
Unter seinen schützenden Flügeln, in seinem ganzheitlichen Anspruch leben wir unsere Unterschiede ... in Stillschweigen." (76)

Gegen den angeblich 'mythischen' Charakter der Einheit und damit gegen das Leugnen ihrer tatsächlichen Existenz wehrten sich vor allem die Neubauern aus der Arche. Unter der Überschrift "Die Einheit ist kein Mythos" schreiben sie, daß die Einheit auf dem Grundstein des Eides der 103 nach wie vor der eigentliche "Vertrag" des Widerstandes sei, als einzige von allen Bauern akzeptierte Basis.

"Die Einheit bedeutet sicher nicht Uniformität oder Gleichheit politischer und anderer Meinungen und auch nicht eine gezielt aufrechterhaltene Fassade zur Wahrung des Markenzeichens. Paradoxerweise besteht sie für die Teilnehmer einer Versammlung nicht einmal darin, alle einer Meinung über bestimmte zu unternehmende Aktionen zu sein. Sie muß stets neu aufgebaut werden, ... sie ist immer unvollkommen und geht von der äußerst selten vom völligen Einstimmigkeit bis zu Entscheidungen, die mit mehr oder wenig begeisterter, mehr oder weniger reservierter Übereinkunft getroffen werden. ...
Die Kraft der Einheit mißt sich nicht unbedingt an quantitativen Mehrheiten, sondern an der Qualität der Beziehungen innerhalb der Gruppe, unabhängig von allen Unterschieden. . ." (77)

Der Mythos der Einstimmigkeit ging nicht, wie vermutet werden könnte, von den Großbauern allein aus, um soziale Unterschiede zu überdecken; alle Bauern hüteten ihn. Die Differenzen waren auch nicht nur sozialer Art, da z.B. die Bauern von Cavalerie den Vergleich zum Norden in bezug auf die Hofgrößen nicht zu scheuen brauchten. Das Bedürfnis, nach außen Geschlossenheit zu demonstrieren, entstand zum selben Zeitpunkt, in dem die politische Radikalisierung begann. Nur durch die Beschwörung der Einheit schienen Autonomie und Standfestigkeit gegenüber den gegensätzlichen Verbündeten sowie gegen die Bedrohung durch das Regierungsprojekt gewahrt werden zu können. Auch später mußte der Mythos aufrechterhalten werden, um der Gegenseite keine Ansatzpunkte zu Spaltungsversuchen zu bieten.

Die internen Widersprüche gerieten den Bauern am ehesten bei den "weichen Wegen" der Gegenseite zur Gefahr, d.h. bei Versuchen, Kompromißlösungen auf dem Verhandlungswege zu erreichen. Doch auch dann gelang es meist, trotz heftiger Diskussionen, die Einheit zu erhalten.

Die durch die Eidbrüchigen aufgedeckten Meinungsunterschiede schienen zunächst stark zu belasten, bald zeigten sich aber die Vorteile klarerer Fronten. Bei entkrampfterer Sichtweise erwiesen sich die inneren Widersprüche als weit weniger schwerwiegend als die Folgen des Schweigens, mit dem sie verdeckt werden sollten.

4.1. Umgang mit Eidbrüchigen

Seit März 1977 wußten die Bauern, daß einer der ursprünglichen '103', Charles Py, mit dem Verkauf seines Hofes Le Pinel (78) an die Armee den Eid gebrochen hatte. Danach hatte Py auch den Schwur nicht erneuert, sondern wechselte das Lager so gründlich, daß er sogar die Verstorbenen seiner Familie, die in St. Martin begraben waren, exhumieren und nach La Cavalerie überführen ließ. Doch erst als die Armee den Hof am 12.10.1977 besetzte und zu einer Festung ausbaute, alarmierten die

Bauern die Öffentlichkeit und veröffentlichten einen 'Offenen Brief' an Py, der als Warnung an eventuelle weitere Abtrünnige verstanden werden konnte:

"Du hast Dein Eigeninteresse dem Deiner Verwandten und Freunde vorgezogen und Verrat begangen, weshalb? Dabei haben wir keinen Druck auf Dich ausgeübt. Du hast an den ersten Aktionen ... teilgenommen, kamst zu unseren Treffen, warst einer von uns.
Aber dann begann Deine Romanze mit der Armee. Sie kam, um Dich zu verlocken, Dir zu schmeicheln, Dir ein neues Haus und einige andere Vorteile zu versprechen. Du hast den Kopf verloren, nicht wahr? Du hast Dich prostituiert, Dein Haus an die verkauft, die seine Zerstörung vorbereiten. Wolltest Du von nun an Deine Felder und Wiesen schweigend unter Panzerketten leiden lassen? Weshalb? Dort, wo Du Weizen und Viehfutter gesät hast, will das Militär den Tod säen. Wenn man sie nicht daran hindert, werden sie neue Kriegerfriedhöfe vorbereiten, vielleicht für Deine Kinder. Bist Du damit wirklich einverstanden?
Du bist in das andere Lager übergewechselt, wurdest zum Komplizen derer, die Bauern verrecken lassen und sie verjagen wollen.
Aber wir glauben nicht, daß Du allein dafür verantwortlich bist. Du hast Dich übertölpeln lassen. Du solltest wissen, daß Le Pinel für uns ein zur Landwirtschaft bestimmtes Gebiet bleibt. Hier wie überall auf dem Larzac wird die Ernte von 1977 nicht die letzte sein, entgegen der falschen Vorhersage von Herrn Bourges. Da wo Du aufgegeben hast, werden wir weitermachen und Le Pinel landwirtschaftlich nutzen." (79)

Ihr Versprechen lösten die Bauern am 17.12.1977 durch das Pflügen von ca. 20 ha des Armeelandes bei Le Pinel mit neun Traktoren ein. Während der Aktion wurde der Hof von Soldaten mit aufgepflanzten Bajonetten bewacht. Bei der folgenden Saataktion am 22.4.1978 beobachteten nur wenige Gendarmen die 25 Traktoren und mehrere Hunderte von Demonstranten. François Giaccobi, Neuansiedler in Cavaliès, wies dabei, wie ein Arbeiter der seit drei Monaten besetzten Henfer-Fabrik in Millau, auf die Zusammenhänge zwischen der Bauernvertreibung auf dem Larzac und der Arbeitsplatzvernichtung in der Industrie von Millau hin. Folgerichtig sollte der Ertrag der 'wilden' Ernte von Le Pinel in die Streikkasse der Arbeiter fließen.

Viele der 1 000 Teilnehmer bei der ersten 'wilden Ernte' von Le Pinel am 26.8. 1978 waren daher auch CFDT-Mitglieder und Arbeiter aus den Fabriken Henfer und Manucentre in Millau. Durch die Ernte von 25 Tonnen Gerste durch vier Mähdrescher von Armeeland zugunsten von Arbeitskämpfen sah Roger Moreau drei wesentliche Formen von Freiheit verwirklicht:

"– Die Bedeutung des Geldes überwinden:
  Das Land gehört denjenigen, die es bearbeiten, und nicht dem, der es gekauft hat,
– Das Produkt der Arbeit gemäß eigener Entscheidung verwenden, es zu geben, wem man will. Nicht für eine beliebige Verwendung und zum Profit anderer arbeiten.
– Die Zusammenarbeit und die direkte Organisation der Arbeit. . ." (80)

Die nächste Aktion wilden Pflügens von zusammen 40 ha Armeeland bei Le Pinel, Les Tournets und Montredon am 8.10.1978 durch 151 Traktoren (81) mit einer Demonstration von 5 000 Sympathisanten war bereits eine Antwort auf den Beginn der Enteignungen.

Da die Stärke und die Symbolkraft der Aktion eindeutig die These von der absterbenden Landwirtschaft widerlegte, griff der Präfekt zu einer anderen Deutung:

"Die Doktrin des Antimilitarismus hat die Oberhand über die Verteidigung der Landwirtsinteressen gewonnen. . ." (82)

Damit spielte der Präfekt darauf an, daß ein Teil des Ernteertrages zur Finanzierung von Aktionen gegen Waffenhandel und Rüstungswettlauf verwendet werden sollte.

Hatte der Eidbruch durch den Kauf von Le Pinel gezeigt, daß die 'mythische Einheit der 103' wie jede andere menschliche Großgruppe unter starkem Druck im Laufe der Zeit vom Abbröckeln bedroht war, wurde die Gemeinschaft zutiefst aufgewühlt, als im Herbst 1977 bekannt wurde, daß gleich acht Landwirte aus La Cavalerie die Buchstaben des Eides verraten hatten, daß kein Hektar an die Armee abgegeben werden solle. Rein quantitativ handelte es sich um einen unbedeutenden Vorgang, nicht einmal um einen Verkauf, sondern um den Tausch von insgesamt 15 ha versprengter Parzellen, die, von Armeeland umgeben, den Landwirten keinen Nutzen mehr brachten. Die Emotionen entzündeten sich mehr an dem Verrat und der Tatsache, daß ein seit Jahren schwelender Konflikt an die Öffentlichkeit gelangt war und von der Gegenseite genutzt wurde.

> "Das Drama – und es handelt sich um ein Drama – besteht schon lange, aber es fiel schwer, den Abszeß abzuschneiden. ... Das wirkliche Problem ... besteht im Bruch der Einheit und dem stillschweigenden Verrat, der schon vor drei Jahren, bei manchen vor fünf Jahren begonnen hat. Das ärgerliche ist: wenn die Einheit bewahrt worden wäre, hätte niemand es nötig gehabt, den Eid zu brechen, um eine Flurbereinigung, den Entwicklungsplan und den Frieden in La Cavalerie zu erreichen. Wir hätten dies alles bekommen, gemeinsam, für alle, vielleicht sogar schneller. . .",

kommentierte bitter 'GLL'. (83)

Zu den acht 'Verrätern' gehörten besonders aktive Bauern der ersten Widerstandsjahre wie Louis Massebiau, Sprecher der '103' bis Ende 1973 (84), Etienne Paloc, früher Vizepräsident der "Association de Sauvegarde', und Xavier Cadilhac, Gründungsmitglied der ersten Larzac-GFAs.

> "Eine Traumgelegenheit für Bürgermeister Lapeyre, eine Revanche zu nehmen: 'Ich lach mich kaputt! Wenn ich mir vorstelle, daß ausgerechnet die zuerst aufgeben, die mit dem Traktor nach Paris fuhren!' " (85)

Die acht Bauern versuchten, ihr Verhalten zu rechtfertigen, und verwiesen auf die unerträglich gewordenen Spannungen im Dorf. Alte Freunde waren zu Todfeinden geworden, der Streit ging mitten durch die Familien, Geschäfte wurden von der jeweiligen Gegenseite boykottiert, Häuserwände mit feindseligen Parolen beschmiert, selbst in der Schule kam es des öfteren zu Zwischenfällen.

> "Diese erstickende Atmosphäre beeinflußte unsere Entscheidung", erklärte E. Paloc. "Diese 15 ha zu verweigern, die mitten im Militärland liegen, wäre unredlich. Durch die Entscheidung für die 'concertation' bewiesen wir unsere Klugheit. Die im Norden täten besser daran, uns auf diesem Wege zu folgen. Wenn sie alles verweigern, werden sie es eines Tages bereuen." (86)

Darüber hinaus habe der Bürgermeister Lapeyre ohne Befragung der Dorfbewohner 850 ha Gemeindeland an die Armee verkauft und damit die Bauern eingeengt, die diese Weiden zuvor für jeweils vier Monate im Jahr pachten konnten. Eine seit Jahren blockierte Flurbereinigung wurde unmittelbar nach dem Landtausch vom Gemeinderat genehmigt und mehrere langfristige Kredite endlich freigegeben. Zu diesen Formen ökonomischer Erpressung paßte der Eifer des Unterpräfekten Buffet, der die Miniatur-Erweiterung des Camps bei La Cavalerie in 36 Einzelgesprächen erreicht und dabei die Differenzen zwischen den Bauern in La Cavalerie und den übrigen Larzac-Bauern, vor allem im nördlichen Teil, geschickt ausgenutzt hatte.

Eine gemeinsame Erklärung aller Landwirte von La Cavalerie, d.h. der acht umstrittenen Bauern gemeinsam mit den übrigen 19 Eidunterzeichnern, die weder Land verkauft noch getauscht hatten, versuchte die gestörte Einheit wieder herzustellen:

> "Wenn wir aus verschiedenen Motiven an gewissen Aktionen auf dem Larzac nicht teilgenommen haben, so bleiben wir im Grundsatz doch nicht weniger solidarisch, sind gegen jede Erweiterung des Camps und ganz besonders gegen die Vertreibung auch nur eines einzigen Landwirts. ... In jedem Fall möchten wir betonen, daß für uns bei unseren Gesprächen mit dem Unterpräfekten niemals das Verschwinden anderer Landwirte in Frage kam. . ." (87)

Noch am 23.10.1977 hatte der Unterpräfekt um die Fortsetzung der Konzertation gebeten, die nach seinem Wunsch im kleinen Kreis der 'quartiers' zwischen dem 29.11. und 10.12.1977 stattfanden. Nur wenige Bauern lehnten das Gespräch generell ab. Die meisten erwarteten konkrete Vorschläge, doch der Unterpräfekt hatte keinerlei Entscheidungsbefugnis. Bald fanden die Bauern heraus, daß der Unterpräfekt jeweils unterschiedliche Auskünfte gab. Jedes 'quartier' sollte durch Versprechen relativer Schonung und auf Kosten der anderen zu Zugeständnissen bewegt werden. Daraufhin beendeten die Landwirte ihrerseits die Verhandlungen, die als Test der Kampfbereitschaft und Einheit kurz vor dem Ablaufen der normalen Frist der "Erklärung des Öffentlichen Nutzens" angesehen werden müssen. Die 'DUP' wurde Ende 1977 um weitere fünf Jahre verlängert. Nach den legalen Möglichkeiten ist eine zweite Verlängerung 1982 ausgeschlossen.

Seit dem Herbst 1977 wollten die Gerüchte über den Verkauf eines weiteren Hofes im Norden, Le Mas de Bru mit 316 ha, davon 125 innerhalb der Erweiterungszone, nicht verstummen, nachdem der Besitzer sich geweigert hatte, den Eid der '103' zu erneuern, Verkaufsabsichten zwar bestritt, einen Hofwechsel jedoch nicht ausschloß. Der Verkauf des Hofes am 5.9.1977 fiel nicht sofort auf, da die Armee die Weiternutzung vorerst gestattete.

Als der Verkauf im Frühjahr 1978 nicht mehr zu verheimlichen war, verwirklichte der 'Compagnon' der Arche, Claude Voron aus Les Truels, seine Warnung, im Falle des vom Bauern Gérard Maillé zuvor abgestrittenen Verkaufes drei Tage lang vor seinem Hof zu fasten.

> "Da sie wie ich selbst fromme Leute sind, ist meine einzige Parole der Satz aus der Jakobus-Epistel: 'Es sei Euer Ja ein Ja und Euer Nein ein Nein, auf daß Ihr nicht unter das Gericht fallet'." (88)

Der Landwirt Gérard Maillé reagierte äußerst wütend auf die Ein-Mann-Mahnwache vor seinem Hoftor, worauf sich Voron in seinen Wagen zurückzog, den er mit Matratzen als einfache Unterkunft ausgebaut hatte. Als es später doch zu ruhigeren Gesprächen kam, stellte sich heraus, daß manche Bauern am Rande der Gemeinschaft relativ stark von den Argumenten der Gegenseite beeinflußt waren. Sie hielten es für möglich, daß der Widerstand ihrer Kollegen nur zum Schein geführt werde, um die Entschädigungssummen in die Höhe zu treiben.

Durch das Fasten konnte der Verkauf zwar nicht rückgängig gemacht werden, es diente aber anderen eventuell noch in ihrer Entscheidung schwankenden Bauern als Mahnung. Die im Widerstand Aktiven mußten selbstkritisch zugeben, daß sie sich zuwenig mit solchen Nachbarn beschäftigt hatten, zu denen der Kontakt schwach war. Durch mehr Einbeziehung in Gespräche hätten eventuell einige von ihnen von individuellen Arrangements mit der Armee abgehalten werden können.

Gegen die Fastenaktion meldete ein katholischer Priester schwere Bedenken an, da das Fasten eine religiöse Handlung sei, mit der man kein Schindluder treiben dürfe. In seiner laisierten Form, dem Hungerstreik, sei das Fasten ein absurdes und verachtenswertes Vorgehen.

> "Wir wagen es auch nicht, für den Fall eines Wahlsieges der Linken ein Fasten vorzuschlagen, was uns sonst sicher als Leichtfertigkeit angerechnet werden würde." (89)

Im April 1978 wurde bekannt, daß auch der Bauer Valette seinen Erbhof in La Resse bei Pierrefiche für 110 000 Francs an die Armee verkaufte, ohne selbst seinen Vater und seine Geschwister, energische Gegner der Camp-Erweiterung, vorher zu informieren. Mehrere Bauern aus Pierrefiche stellten ihren Kollegen zur Rede und "versprachen" ihm, das an die Armee verkaufte Land (30 ha) selbst weiter zu nutzen.

4.2.   Konfrontation im Gerichtssaal und im Gelände

Seit Ende 1976 hatten sich vor allem im Nordosten des Plateaus Blockaden von Militärtransporten und Manöverbehinderungen gehäuft, da die Hofbesetzer und Neusiedler in Montredon, Les Homs, Les Marres, La Resse, Cavaliès und St. Sauveur die Benutzung von Privatland und von öffentlichen Straßen durch Manövereinheiten als Affront empfanden. Häufig hatte die Gendarmerie die peinliche Aufgabe, Armeekolonnen aus Traktorenblockaden zu befreien.

Als im Herbst 1977 das überregionale Manöver 'Cormoran' zeitlich mit dem ersten Prozeß gegen manöverbehindernde Larzac-Bewohner zusammenfiel, trugen die Bauern ihren Protest in einer direkten Aktion buchstäblich vor den Richter. Am 21.10.1977 sollten sich neun Plateau-Bewohner vor dem Gericht in Millau unter anderem wegen einer Straßenblockade gegen Militärfahrzeuge verantworten, bei der ein Kriegsdienstverweigerer zudem die Ehre der Armee mit dem Ruf "Militär gleich Mörder!" verletzt hätte.

Während des ganzen Tages blockierten 30 Traktoren die Avenue vor dem Justizgebäude, an dessen Fenster die Bauern ein riesiges Transparent "Larzac Insoumis" (90) befestigten. Dreißig in einem Viehtransporter mitgebrachte Schafe und eine Ziege sollten eigentlich nur eine Protestrunde durch die Innenstadt drehen, als jedoch die Bauern draußen erfuhren, daß Richter Yvernes politische Zeugenaussage ablehnte (91), entschlossen sie sich spontan, die Tiere vor Gericht erscheinen zu lassen. Noch bevor Polizisten die Türen schließen konnten, trippelten die Vierbeiner bereits die Treppen zum Gerichtsgebäude und in den ersten Stock hinauf, die Ziege den Schafen voran. Sie verteilten sich über den Flur, drängten in den Zuschauerraum, umringten die Anklagebank, und ein Schaf bestieg sogar das Richterpodest. Richter und Staatsanwalt zogen sich eilig mit flatternden Roben zurück, konnten sich dabei jedoch ein Grinsen nicht ganz verkneifen.

Da die Sitzung unterbrochen werden mußte, trieben die Bauern ihre Herde wieder ins Freie, wo die Demonstranten auf der blockierten Fahrbahn zu Mittag aßen. Nach der Säuberung des Gerichtsgebäudes von den Hinterlassenschaften der Vierbeiner wurde der Prozeß am Nachmittag fortgesetzt. Nun durften die Zeugen auch politisch argumentieren.

In einer Presse-Erklärung erläuterten die Bauern ihre Mißachtung der Justiz-Etikette:

"Angesichts der wiederholten Weigerung, unsere Zeugen anzuhören, machten wir von der einzigen Möglichkeit Gebrauch, die uns übrigblieb, der symbolischen Aktion.
Mit den Schafen, die wir in den Gerichtssaal führten, drückte der gesamte Larzac seinen tiefen Überdruß angesichts einer Justiz aus, die sich weigert, das Ausmaß des zugrundeliegenden Problems anzuerkennen und stur an Einzelfakten klebenbleibt." (92)

In der folgenden Zeit fürchtete die Justiz Schaf-Invasionen bei weiteren Prozessen.

"Gestern war Markttag. Wieder sollten einige von uns vor Gericht erscheinen. Seit die Schafe – eigentlich mehr zufällig – vor Gericht auftraten, ist die Gendarmerie sehr mißtrauisch. Dabei wußte der Staatsschutz diesmal, informiert von Janine Burguière, daß nichts passieren würde. Aber sie trauen nicht mehr dem Wort von jemandem aus dem Larzac. Also fahren wir runter nach Millau zum Markt. Polizisten oben, Polizisten in der Mitte, Polizisten auf allen Schleichwegen, Polizisten an jeder Kreuzung, mal im Kleinbus, mal im Mannschaftswagen, mal in schwarzen Personenwagen. Alle Antennen ausgefahren. Feind in Sicht: Ein Bauer fährt zum Markt, zwei, drei. . .
Vor dem Gerichtsgebäude umzingeln die 'flics' die 'Angeklagten'. ... Jetzt wissen die Staatsschützer, daß unsere Schafe nicht zum Gericht gehen, wenn sie dort erwartet werden." (93)

Bei einem der nächsten Prozesse am 13.1.1978 fehlten vor Gericht nicht nur die

Schafe, sondern auch die Angeklagten, die sich dort wegen illegaler Bauten, der Behinderung von Armeejeeps und wegen Zivildienstverweigerung verantworten sollten. Die Absperrung der Straßen rund um das Gerichtsgebäude mit Metallgittern wirkte ebenso martialisch nutzlos wie die polizeiliche Bewachung der Traktoren in der Reparaturwerkstatt beim 'Haus der Landwirtschaft' von Millau.

Statt dem Gericht Aufmerksamkeit zu schenken, zogen es die Angeklagten und deren Freunde aus Millau und dem Plateau vor, durch eine mehrfunktionale Demonstration zu beweisen, daß sie sich durch die Repression nicht von Verteidigungsaktionen vor Ort abhalten ließen.

Im Schneetreiben des Januartages richteten die Demonstranten auf der Straße von St. Martin eine 'mobile Baustelle' zur Ausbesserung von Schlaglöchern ein (94), die zwar zivile, nicht aber militärische Fahrzeuge durchließ. Bald zeigten sich Auswirkungen auf das Manöver des 57. Infanterieregiments, als sich auf beiden Seiten der Baustelle Armeelastwagen stauten. Die Bauern ließen sich auch nicht durch Drohungen davon abhalten, ihre Arbeit im Schneckentempo (sieben Stunden zur Ausbesserung von 50 Metern Weg) fortzusetzen. Viele Rekruten waren zu Gesprächen bereit, mittags wärmten Demonstranten sogar ihre Raviolidosen auf und brachten ihnen Kaffee. Eine ausgiebige Schneeballschlacht vertrieb letzte, eventuell verbliebene Aggressionen.

Diese Aktion zeigte mustergültig die Fähigkeit der Larzac-Bewohner, die Kraft gewaltfreier Aktion durch Überraschungsmomente und Humor einzusetzen.

Sie bestimmten selbst Art und Ort der Auseinandersetzungen, während der schwerfällige Hierarchieapparat sich auf Demonstrationen mit Schafen und Traktoren eingestellt hatte, wiederholten die Angeklagten weit ab vom Gericht die ihnen vorgeworfenen Delikte. Die Abwehrmaßnahmen in der Stadt blieben dennoch aufrechterhalten, weil die Polizei noch Stunden später an ein Ablenkungsmanöver glaubte. Die Erfahrung hatte gezeigt, daß die Polizei frühestens eine halbe bis eine ganze Stunde auf Überraschungsaktionen zu reagieren vermochte und darüber hinaus fast jede Aktion durch geschickte Verwirrungstaktik auf mehrere Stunden Länge hingezogen werden konnte. Die Popularität der Larzac-Bauern, aber auch ihr Ideenreichtum für häufig neue Aktionsformen ließ selten ein rasches Durchgreifen der Ordnungshüter zu. Je nach Bedeutung der Aktion stiegen die Nachfragen um neue Order die Befehlsleiter bis in das Innen- bzw. Armeeministerium hoch. Wenn die Anweisungen dann bei der Polizei vor Ort ankamen, waren sie meist durch Veränderung der Aktionsform hinfällig geworden.

Die Aktion vom 13.1.1978 hatte mehrere Funktionen:
- Sie reagierte u.a. auf den seit Monaten spürbaren härteren Kurs der Armee durch verstärkte Manöver, den der Camp-Kommandant Gros tags zuvor formuliert hatte:

> "Jetzt muß eine Phase des Zwangs beginnen, sonst brauchen wir bei diesem Rhythmus noch 100 Jahre zur Erweiterung des Camps! ... Die Truppe muß sich auf dem Larzac wie zu Hause fühlen können." (95)

- Durch die mobile Baustelle wurde ein Manöver behindert und damit gleichzeitig gegen den Prozeß in Millau demonstriert wie gegen den militärischen Mißbrauch der Straße von St. Martin protestiert. Die häufige Benutzung der Gemeindestraße durch Militärtransporte zog nicht nur die Fahrbahn in Mitleidenschaft, häufig rücksichtslose Fahrweise bei überhöhten Geschwindigkeiten gefährdeten auch Leben und Gesundheit der Bauernkinder auf dem Schulweg.
- Schließlich war die Aktion noch der Auftakt zu einer neuen nationalen Aktionswoche, mit der während des Wahlkampfes zu den Parlamentswahlen die Bedeutung außerparlamentarischen Widerstandes unterstrichen werden sollte.

Die spät eintreffenden Gendarmen vermochten die Blockade nicht zu beseitigen, erstatteten jedoch Anzeigen wegen Verkehrsbehinderung, unerlaubten Arbeiten auf öffentlichen Straßen und Nachahmung amtlicher Verkehrszeichen (z.B. 'Achtung Baustelle').

Nur wenige Tage später bestätigte ein Unfall, bei dem ein auf der linken Fahrspur rasender Armeelastwagen einen zivilen Autofahrer aus Millau schwer verletzte, die Klagen der Landwirte. Am 17.2.1978 versprachen Vertreter des Stadtrates von Millau, beim Camp-Kommandanten vorstellig zu werden.

Wiederholte Zwischenfälle auf der Straße, nächtliche Überfälle und versuchte Militärübungen in Dörfern zeigten jedoch, daß der Kommandant weiter an seiner Überzeugung festhielt, die Zivilbevölkerung durch eine Phase des Zwanges einschüchtern zu können. (96)

Schließlich sperrten im Mai Bäuerinnen mehrere Tage lang während der Zeiten des Schulweges ihrer Kinder die Straße nach St. Martin.

"Wir haben es wirklich satt. ... Wir haben keinerlei Sicherheit mehr. Sogar die Herden können die Straße nicht mehr überqueren, ohne von eiligen Fahrern angerempelt zu werden. ... Noch ernsthafter wird das Problem, wenn wir an unsere Kinder denken, die morgens und abends diesen Weg zur Schule benutzen."

Am ersten Morgen stellten sie einen Traktor mit angehängter Egge quer über die Fahrbahn.

"Viele Frauen waren anwesend. Die Reaktion des ersten Fahrzeuges war überraschend, der Fahrer bekam Angst und kehrte um. Zwecklos! Zwei Traktoren versperrten ihm den Weg bei der Kreuzung nach Le Pinel und La Blaquière."

Im Gegensatz dazu raste am nächsten Morgen ein Jeep auf die Kette von Frauen zu, die gerade noch vor dem Zusammenstoß zur Seite springen konnten. Zwei weitere Lastwagen ließen sich durch einen Sitzstreik aufhalten, bis der Schulbus passiert war, am Nachmittag blockierten die Frauen gleich vier GMC-Lastwagen.

Der Kommentar eines Offiziers,

"Beruhigen Sie sich doch, für eventuelle Unfälle haben wir ausgezeichnete Militärärzte..." (97),

bestärkte die Frauen, ihre Aktion fortzusetzen, da sie verständlicherweise lieber vorbeugen als heilen wollten.

Ende Mai ordnete der Stadtrat von Millau im Bereich der Gemeindestraße eine Geschwindigkeitsbegrenzung von 30 km/Stunde für Lastwagen und 45 km/Stunde für andere Fahrzeuge an. Das Parken von Kettenfahrzeugen und Lastwagen wurde ganz verboten. Ergänzend verfügte der Kommandant, daß nur noch Offiziersfahrzeuge, Ambulanzen und Verpflegungslastwagen die Gemeindestraße benutzen dürften, während für die Soldaten nur die Wege innerhalb des Truppenübungsplatzes zur Verfügung ständen — wann immer der witterungsbedingte Straßenzustand dies erlaube.

Schon am 8.6.1978 sahen sich die Landwirte gezwungen, mit ihren Traktoren nahe von St. Martin fünf Schützenpanzer zu blockieren, bis die Gendarmerie den Verstoß gegen die Anordnungen zu Protokoll genommen hatte.

4.3. Schritte zur Erweiterung des Truppenübungsplatzes

Nach dem neuerlichen Sieg der Regierungskoalition bei den Parlamentswahlen im März 1978 gaben die Betreiber ihre vorübergehende Zurückhaltung auf, die Erweiterung des Truppenübungsplatzes offen voranzubringen. Die Ernennung des als "Falken" bekannten Generals Marcel Bigeard zum Vorsitzenden des Verteidigungsausschusses der Nationalversammlung deutete auf eine allgemeine Verschärfung im militärischen Bereich hin.

In der Debatte über die Verteidigungsausgaben im Rahmen des Staatshaushaltes 1978 wiesen gaullistische Abgeordnete auf die Notwendigkeit der Erweiterung und intensiveren Nutzung bestehender Truppenübungsplätze hin und setzten zu diesem Zweck ein großangelegtes Programm durch, für das 895 Millionen Francs für die operationelle Infrastruktur und die Stationierung sowie 29 Millionen für Immobilienkäufe bewilligt wurden. (98)

Als Berichterstatter der 'Kommission für Verteidigung und auswärtige Angelegenheiten' erläuterte der Senator Chaumont (RPR), daß

"die Kredite für die Infrastruktur der Truppenübungsplätze 1978 verdoppelt (würden), um die Fertigstellung des Camps von Canjuers, die Erneuerung der Camps von Mourmelon, Suippes und Mailly (Biwakzone) sowie die Ausstattung des Larzac-Camps zu gewährleisten. Ich betone dies, um gewisse Befürchtungen von vornehereim zu beantworten. . ." (99)

Da Chaumont die Art der angedeuteten Befürchtungen nicht näher erläuterte, blieb offen, ob er die der Camp-Gegner meinte oder die der Befürworter, denen die Investitionen zu gering erscheinen könnten.

14,8 Millionen Francs für das Larzac-Camp sollten vor allem dem Ausbau der Bahnlinie zwischen Tournemire (100) und L'Hospitalet an der Grenze des bestehenden Camps mit 18 km Bahntrasse, davon vier Kilometer Tunnel und 60 Meter Viadukt, dienen. (101)

"Diese Bahnlinie wird die Transporte der Infanterietruppen bis vor die Tore des Camps erleichtern. Die Ausbauten unterstreichen die zukünftige Bedeutung, welche die Basis Larzac für den südlichen Teil des Verteidigungssystems haben soll",

erfuhren die Bauern am 14.4.1978 aus der Tageszeitung 'Midi Libre' unter der Überschrift "Der kleine Zug wird bald auf dem Larzac pfeifen".

Die verschiedenen Ausbaumaßnahmen stellten in fließendem Übergang auch Vorbereitungen auf die Camp-Erweiterung dar; einige Schritte wiesen auf den Willen der Regierung hin, die Larzac-Affäre rasch in ihrem Sinn zu beenden.

Dazu gehörte die Reservierung von über 100 Wohnungen auf dem privaten Markt und von mindestens 80 geplanten HLM-Wohnungen des sozialen Wohnungsbaus. (102)

In der Konkurrenz der Armee zu zivilen Wohnungssuchenden rund um das Plateau erblickte das 'Comité Millavois' Gefahren allgemeiner Wohnraumverknappung und Mietpreissteigerung, die insbesondere zu Lasten jüngerer und arbeitsloser Bewohner der Region fallen müsse.

Besondere Empörung verursachte das Nachgeben der HLM-Verantwortlichen gegenüber dem Druck von Politikern und Militärs, das auch nicht durch einen Hinweis auf die schlechte Auftragslage der Bauwirtschaft gerechtfertigt werden könne. Aus Protest besetzten Mitglieder des Comités am 21.7.1978 das HLM-Büro in Millau.

Darüber hinaus wurde eine Verschlechterung der Lebensbedingungen für die Zivilbevölkerung durch die Konkurrenz zwischen billigen Militärläden und dem örtlichen Handel sowie die Arbeitsplatzverknappung befürchtet, wenn Familienangehörige der Soldaten auf Stellungssuche gingen.

4.3.1.   Gerichtliche Schritte gegen illegale Bauten

Die regionale Verwaltung signalisierte durch Drohungen mit der Vertreibung der
Hofbesetzer, dem Abriß der illegalen Bauten und der Fortsetzung der Enteignungsprozedur ebenfalls eine Verschärfung der Gesamtsituation. Durch verstärkte Manöver und weitere Prozesse trugen Armee und Justiz ihren Teil dazu bei. Am 12.5.1978
standen z.B. die Verantwortlichen der illegalen Bauten von Cavaliès und Le Cun (103)
vor Gericht, wobei die Auswahl der Objekte erneut die Absicht verdeutlichte, "echte Bauern" von "auswärtigen Agitatoren" zu trennen (104), da kein Landwirt, der
schon vor dem Konflikt auf dem Plateau lebte, wegen desselben Verstoßes geahndet
wurde.

Das Gericht verurteilte die Angeklagten zum Abriß der illegalen Bauten innerhalb von acht Monaten und zu je 500 Francs Geldstrafe. Da jedoch keine weiteren
Strafen für den Unterlassungsfall angedroht wurden, entschlossen sich die Verurteilten zur Mißachtung der Abrißanordnung. Der Staat verzichtete in der Folge auf die
Möglichkeit, die Bauten auf Kosten der Betroffenen abreißen zu lassen.

Nach dem Prozeß empfing der Unterpräfekt eine Bauerndelegation, die ihm
Rechnungen für verschiedene von Soldaten verursachte Schäden vorlegte, z.B. für
zerschnittene Autoreifen in Les Truels und Cavaliès oder einen getöteten Schafbock
in Les Homs. Der Verwaltungsbeamte erklärte sich für nicht zuständig, drohte aber,
daß in Hinblick auf die illegalen Bauten nun die "laschen Zeiten" zu Ende seien.
Das Ansehen der Verwaltung habe bereits durch den Schafstall in La Blaquière
Schaden gelitten.

In einem 'GLL'-Leitartikel, "Larzac 78 — einer Kraftprobe entgegen?", reagierten die Bauern auf die Offensive der Camp-Betreiber auf den verschiedenen Ebenen:

> "Wenn die Regierung unseren Widerstand testen will, soll sie wissen, daß sie nicht enttäuscht
> werden wird. Demonstrationen — manchmal hart, aber immer innerhalb unseres selbstge-
> steckten Rahmens — können in Larzac, aber auch in ganz Frankreich starten. Falls der Ge-
> neralstab entschlossen ist, den Larzac-Kampf wieder anzuheizen, soll er dies tun, sich aber
> nicht anschließend wundern, wenn er sich die Finger verbrennt. . ." (105)

4.3.2.   Schützenhilfe der Presse für die Armee

Die Verschärfung der Situation war auch an einigen Pressestimmen abzulesen, so
wurde in einem ganzseitigen Artikel in 'Le Figaro du Dimanche' vom 27./28.6.1978
behauptet, "die Bauernkämpfe sind endgültig in den Hintergrund getreten", nur
noch "die wenigen Bauern, die sich weigern zu verkaufen", seien aktiv und

> "die harten Aktivisten (militants de choc), die in diesem Sommer eine permanente linksradi-
> kale Ausbildung auf verschiedenen Themengebieten organisieren: Aktionen gegen Atomkraft-
> werke, Kriegsdienstverweigerung und andere Kampffronten. . ." (106)

Dazu wird der Abgeordnete Godfrain zitiert:

> "Feuer und Wasser haben sich vereinigt, die revolutionäre Ideologie und bäuerliche Pfennig-
> fuchserei."

Der 'Figaro' sah auf dem Larzac

> "auch ein halbes Dutzend wirklich betroffener Eigentümer, die zuerst wütend waren, wie
> Indianer behandelt zu werden, dann von einer Protestflut weggeschwemmt wurden, in der

nacheinander die Gewaltfreien um Lanza del Vasto oder Extremisten von der Sorte "Gardarem Lo Larzac" (!) auftrauchten. Operettenbauern, die Ländereien der SAFER besetzten, die für Umsiedler reserviert waren, Linkskatholiken und weniger katholische Linksradikale."

Schließlich ließ die konservative Zeitung noch den Kommandanten Gros zu Wort kommen, für den die Erweiterung eines auf die Kavallerie zugeschnittenen Camps im Zeitalter der Panzer zerstörenden Geschosse als unverzichtbar galt und "die Enteignung ein einfaches Verwaltungsproblem (darstellte), das nicht mehr als 10 Eigentümer betrifft — weit weniger als für den Bau einer Autobahn, eines Staudammes oder eines Atomkraftwerkes. . ."

Die GFAs bezeichnete Gros als "mächtige Kriegsmaschine, die gegen die Armee gerichtet ist", ihr allein sei die Bodenspekulation zuzuschreiben.

Einen Monat später veröffentlichte die Zeitung auszugsweise Leserbriefe von Guy Tarlier und Léon Burguière, in denen u.a. erwidert wurde, daß die Bauernkämpfe nicht in den Hintergrund getreten seien, wohl aber das Verteidigungssystem über den Larzac hinaus in Frage gestellt wäre. Die Zahlenverhältnisse zwischen verkaufswilligen und widerstandsbereiten Landwirten wurden zurechtgerückt sowie der "Rassismus gegen Bauern" zurückgewiesen. Seit acht Jahren hätten die Bauern bewiesen, daß es ihnen nicht ums Geld ginge und daß daher die erwähnte "Pfennigfuchserei" eine Beleidigung darstelle. Auch die Kriegsdienstverweigerer von Le Cun nahmen die Bauern gegen den Vorwurf blinden Antimilitarismus in Schutz, sie bemühten sich ernsthaft um Wege zur Kriegsverhinderung.

Die Figaro-Redaktion sprach in einer Erwiderung weiter vom

"Larzac, das seit mehreren Jahren zum Übungsfeld extremistischer Gruppen geworden ist. ... Es ist erlaubt, nicht daran zu glauben, daß der Zivile Ungehorsam ein Mittel ist, einen neuen Krieg in Europa zu verhindern. Und sogar anzunehmen, daß die Zerstörung des staatsbürgerlichen Geistes in der Jugend eher dazu geeignet ist, diese Gefahr zu vergrößern." (107)

Wenn noch am 20.7.1978 der sozialistische 'Matin' in einem Artikel behauptete, "die letzten Bauern, die sich noch an den Causse klammern, werden hier ihren letzten Sommer verbringen", und diese schlechte Situation "wird nicht die ökologischen Bewegungen mobilisieren, die sich früher für sie (die Bauern, d. Verf.) geschlagen haben", mag das auch ein Mißverständnis des Verzichts der Bauern auf eine weitere Großkundgebung gewesen sein. Die Schwerpunkte des Sommer 1978 lagen, neben dem 'Tag des offenen Larzac' am 18. Juni und der Ernte in Le Pinel am 26. August, im Widerstand vor Ort gegen Armee-Übergriffe, in weiteren Verbesserungen des Lebensraumes und der Diskussion über die Abwehr des Ernstfalles.

4.3.3. "Freie Kommune" Pierrefiche

Trotz seiner Randlage am nordöstlichen Abhang des Plateaus war das Dorf Pierrefiche durch die Landflucht nicht ausgeblutet, sondern besaß eine relativ junge, wirtschaftlich dynamische Bevölkerung. Durch die Erweiterung verlöre der Ort 1 139 von 2 200 ha seiner Landwirtschaftsfläche, was seinen Viehbestand und damit die wirtschaftliche Lage stark beeinträchtigen müßte.

"Es ist zu befürchten, daß durch die Einengung aufgrund teilweiser Enteignung Betriebe wie der der Familie Flottard in ihrer Über-Lebensfähigkeit bedroht und damit der gesamte nördliche Rand des Causse, also auch der nichtenteignete Teil, zu Ödland wird. Die Fläche des Camps erstreckt sich real also auch auf nicht mehr lebensfähige, weil nicht mehr zugängliche oder nicht mehr rentable Flächen. Das bedeutet in letzter Konsequenz das Verschwinden von Pierrefiche." (108)

Obwohl die Bauern von Pierrefiche von Anfang an zu den '103' gehörten, hielten sie sich lange Zeit sehr im Hintergrund. Zur Erkenntnis, daß niemand ihre Interessen besser vertreten kann als sie selbst, trug die besondere Situation der politischen Gemeinde La Roque-Ste. Marguerite bei (109), in deren Gemeinderat die Meinung der 35 Wahlberechtigten von Pierrefiche oft überstimmt wurden. Wegen dieser Notwendigkeit, das Schicksal oft auch gegen den Gemeinderat selbst in die Hand zu nehmen, versammelten sich die Bewohner immer häufiger, um gemeinsam und autonom Probleme wie z.B. die Aufteilung von Armeeflächen zu "wilder" landwirtschaftlicher Nutzung, den Bau eines gemeinschaftlichen Wasch- und Badehauses oder die Mithilfe bei illegalen Hofbesetzungen zu beraten und zu entscheiden.

"Der bestehenden Staatsmacht (Regierung, Armee, Präfekt, Unterpräfekt, Bürgermeister), setzen wir unsere Selbstverwaltung entgegen. Keine isolierte Selbstverwaltung, sondern als Teil des Larzac-Kampfes. ... Und die Idee, eine freie Kommune Pierrefiche du Larzac zu schaffen, spukt in unseren Köpfen." (110)

Diese in einer Selbstdarstellung des Dorfes in 'GLL' ausgedrückte Besinnung auf die eigenen Kräfte hatte sich vor allem aus der Auseinandersetzung um den "Weg von la Resse" (111) entwickelt, der ohne Teerdecke durch Witterungseinflüsse stark beeinträchtigt und durch starke Armeebenutzung oft fast unpassierbar war. Die Anwohner bemühten sich seit Jahren um seine Ausbesserung, doch die Behörden weigerten sich, da er zu zwei Dritteln innerhalb des geplanten Erweiterungsgebietes liegt. Bereits 1975 hatte die APAL die Kosten der Wegausbesserung innerhalb der Erweiterungszone übernommen, und noch 1977 organisierten die Bauern vier gemeinsame Arbeitstage zur Instandsetzung. Im Frühjahr 1978 gab die Gemeinde jedoch ihren Plan bekannt, einen neuen 6,50 Meter breiten Weg durch die Felsen am Rande des Abhanges schlagen zu lassen. Mit 340 000 Francs hätte die Neuanlegung dreimal soviel gekostet als die Teerung des alten Weges, und dabei wäre der Zugang zu den Äckern und Flächen innerhalb des Erweiterungsgebietes sowie nach Cavaliès, La Borie, Les Marres, La Resse und Montredon aufgegeben worden. Die Schärfe der Auseinandersetzung erklärt sich aus dieser offensichtlichen Anerkennung des Armeeprojektes auf Kosten der Landwirte.

Als am 20.4.1978 der erste Bulldozer auf Gemeinderatsbeschluß beginnen wollte, den neuen Weg anzulegen, wurde er von den Bewohnern Pierrefiche's gestoppt und zurückgeschickt. Auch als das Baufahrzeug fünf Tage später auf Schleichwegen in dichtem Morgennebel in Begleitung von vier Gendarmen und einem Polizeihund zurückkam, versammelten sich wieder 40 Anwohner und stemmten sich mit ihren Körpern gegen die Maschine. Drei Stunden lang stritten die Bauern mit dem Gendarmeriekommandanten, dem Bürgermeister und einem Gerichtsdiener über den Fortgang der Arbeit. Als dann mehrere Journalisten und Generalräte dazukamen, zogen die Staatsvertreter samt Bulldozer unverrichteter Dinge ab. Am 20.5.1978 begann die Selbsthilfe der Bauern, um den Weg innerhalb des Erweiterungsgebietes zu teeren.

Erst in Folge der Proteste fand zwischen dem 22.5. und dem 7.6.1978 eine Untersuchung über den "Öffentlichen Nutzen" des Weges statt. Die ständige Bewachung des Rathauses von La Roque-Ste. Marguerite durch Gendarmerie lief ins Leere, denn erst am letzten Tag erschien die Larzac-Gemeinschaft, um geschlossen ihre Einwände in das ausgelegte Register einzutragen.

In Anwesenheit des Unterpräfekten gab später der Untersuchungsführer bekannt, daß der "Öffentliche Nutzen" nicht eindeutig festzustellen sei. Da die Einwohner aber auch keine andere Trasse haben wollten, verzichteten die Behörden auf jeden

Alternativvorschlag, weigerten sich aber gleichzeitig, den Teil der Straße außerhalb des Erweiterungsgebietes zu teeren.

Das traditionelle Dorffest von Pierrefiche am 26. und 27. 8.1978 wurde in einem nie gekannten Gemeinschaftsgeist gefeiert, der Erlös des Festes galt der Finanzierung des Weges.

"Es war nötig, daß die Mächtigen den Bau des Militärweges versuchten, damit das Dorf aktiv wurde." (112)

Am 15.10.1978 konnte die für 100 000 Francs geteerte Strecke von drei Kilometern innerhalb des Erweiterungsgebietes eingeweiht werden. Ein als Präfekt verkleideter Bauer durchschnitt ein Band in den rot-gelben Farben Okzitaniens, und eine lange Autokolonne fuhr nach La Resse, ein Weiler, der zu diesem Zeitpunkt bereits enteignet war.

Schon im Oktober 1977 hatte sich das aus Pierrefiche stammende Landarbeiterpaar Foulquié im nahegelegenen Hof Les Mayou, der der SAFALT (113) gehörte, illegal eingerichtet, nachdem der Regierungsvertreter in der halbstaatlichen Organisation sein Veto gegen einen Pachtvertrag eingelegt hatte.

Ein weiterer SAFALT-Hof außerhalb des Erweiterungsgebietes, Benefire, wurde am 16.5.1978 von zwei Familien aus Nant besetzt, die sich ebenfalls vergeblich um einen Pachtvertrag bemüht hatten. Benefire war wie sechs weitere Höfe für umsiedlungswillige Larzac-Bauern reserviert. Nach fünf Jahren hatte sich jedoch noch keiner von diesen interessiert gezeigt. Daher halfen Bauernverbandsvertreter aus den umliegenden Orten bei der Besetzung, weil sie das Veto des Regierungsvertreters nicht mehr länger hinnehmen wollten. Nach der Besetzung erklärte die SAFALT ihre Bereitschaft, doch zu verkaufen.

5. Diskussion über Hungerstreik als letztes und extremstes Mittel im gewaltfreien Arsenal

Während die Larzac-Bauern meist kurzfristig den jeweiligen Anlässen angemessene Aktionsformen fanden, entwickelten sie nie eine lang- oder auch nur mittelfristige Widerstandsstrategie, nur selten Vorstellungen über eine gezielte Gegenoffensive oder Aktionspläne für voraussehbare Eventualsituationen. Ab 1975 stand jedoch im Mittelpunkt der Diskussionen der Bauerngemeinschaft wie der Larzac-Komitees die Suche nach einer "Wunderwaffe", die für zwei mögliche Endphasen bereitstehen sollte, um der Regierung die Sympathien der Bevölkerung und damit ihre Legitimationsbasis zu entziehen.

Eines Tages würden die Enteignungen durchgeführt werden und die Räumung von Höfen bevorstehen. Die großen 'rassemblements' hatten gezeigt, daß prinzipiell 50- bis 100 000 Menschen bereit wären, im Bedarfsfall auf das Plateau zu kommen. Der riesige organisatorische Aufwand ließ es jedoch als unwahrscheinlich erscheinen, daß genügend Sympathisanten rechtzeitig zur Verhinderung einer kurzfristig angesetzten Räumung anreisen könnten.

Die lange Dauer und ständige Anstrengung des Widerstandes drohte die Bauerngemeinschaft zu ermüden; Resignation und Abbröckeln der Widerstandsgemeinschaft könnten nur durch eine letzte, entscheidende Kraftprobe verhindert werden, mit der die Larzac-Verteidiger der Regierung eine Entscheidung aufzwingen würden.

In dieser Diskussion um wirksame Druckmittel in einer eskalierenden Endphase des Konfliktes formulierten Teile der Larzac-Komitees mehr denn je Zweifel, ob die Gewaltfreiheit nicht am Ende ihrer Möglichkeiten angelangt sei. Das wichtigste (Gegen-)Argument für das Festhalten an der Gewaltfreiheit war, daß allein sie die unersetzliche Unterstützung durch die Öffentliche Meinung erhalten könne. Die Vertreter gewaltfreier Gruppen, insbesondere aus der MAN-Föderation bemühten sich, die Möglichkeiten des Zivilen Ungehorsams besser auszuschöpfen, indem sie die Kampagnen der Wehrpaßrücksendung und der Steuerverweigerung durch überregionale Koordinationsarbeit verstärkten.

> "Das Symbol Larzac war gleichzeitig Symbol für gewaltfreien Kampf überhaupt geworden. ... In der Öffentlichkeit galt Larzac als Beispiel für aktive Gewaltfreiheit. ... Wegen des Symbolwertes erschien es uns möglich, viele Menschen für eine Entscheidung zu mobilisieren, doch dazu reichen punktuelle Aktionen nicht aus, da die nötige Mobilisierung der Öffentlichkeit nur möglich ist über eine sehr starke gewaltfreie Aktion, die als Katalysator für alle Kräfte des Volkes wirkt, die bereit sind, den Larzac-Kampf zu führen.
> Man muß zugeben, daß wir nicht gerade viel Ideen dafür hatten. ... Wir dachten vor allem an einen (unbegrenzten, d. Verf.) Hungerstreik, falls die Bedingungen dafür gegeben wären."

Manche Vertreter gewaltfreier Gruppen reizte es, den Kreis zu schließen zwischen dem Fasten Lanza del Vastos, das den Widerstand der Bauern bekräftigte, wenn nicht gar auslöste, und einem unbegrenzten Hungerstreik, der ebenfalls von Gewaltfreien angeregt war und eventuell den Konflikt siegreich beenden könnte.

Schon im Frühjahr 1975 versuchte Jean-Marie Muller bei einem einwöchigen Aufenthalt auf dem Plateau die Haltung der Bauern zu diesem Vorschlag zu erkunden, den ersten individuellen Gesprächen folgte zwei Wochen später ein Treffen zwischen dem Koordinationsausschuß der MAN mit dem 'Büro' der Larzac-Bauern, ohne deren Beteiligung oder zumindest eindeutiger Billigung ein Hungerstreik wenig sinnvoll erschien.

> "Ich muß sagen, daß die Bauern nicht gerade begeistert waren von dieser Idee, es gab nicht wenige Bedenken."

Auch Guy Tarlier, der selbst die "Geheimwaffe" eindeutig unterstützte, gab zu bedenken, daß die Mehrheit der '103' noch nicht genügend überzeugt sei.

Zu diesem Zeitpunkt hätten sich etwa 10 Personen bereitgefunden, neben 3 bis 4 Bauern vor allem "gewaltfreie Prominente" wie General de la Bollardière, Jean-Marie Muller, der Priester Pierre Bonnefous und der designierte Nachfolger Lanza del Vastos als Patriarch der 'Arche', der Arzt Pierre Parodi.

> "Für uns war klar, daß der Hungerstreik erst im letzten Moment des Kampfes kommen dürfte, ein unbegrenzter Hungerstreik ist fehl am Platz, solange es noch andere Aktionsformen gibt. . ." (114)

Daher wurde ein Plan für den Ernstfall ausgearbeitet, der unter anderem ein Ultimatum mit einmonatiger Frist vor der Aktion an die Regierung vorsah sowie eine zeitlich gestaffelte Steigerung der Teilnehmerzahl.

> "Für diejenigen, die einen unbegrenzten (d.h. bis zum endgülten Verzicht der Regierung auf die Erweiterung, d. Verf.) Hungerstreik ins Auge faßten, hätte dieser nur Sinn und Wirkung in Verbindung mit einer ungeheuren Anstrengung für eine Mobilisierung der Bevölkerung in ganz Frankreich",

betonte die Broschüre der MAN-Föderation "Larzac — ein populärer gewaltfreier Kampf", eine politische Analyse des Larzac-Konfliktes vom gewaltfreien Standpunkt, die mit dem dringenden Vorschlag eines Hungerstreiks als der "entscheidenden Aktion" endet.

Nach Meinung der MAN-Autoren könne "nur das Leben einiger Bauern und einiger der sie Unterstützenden" das politische Gewicht erzeugen, das die Regierung zum Nachgeben zwinge. (115)

Ein ähnlich dringliches Plädoyer für den unbegrenzten Hungerstreik fand sich in der MAN-Zeitschrift 'non-violence politique' im Sommer 1978 (116):

> "Angesichts der entscheidenden Kraftprobe erscheint mir der unbegrenzte Hungerstreik und nicht nur das Protestfasten als angemessene Antwort, die in Einklang mit der ursprünglichen Entscheidung für Gewaltfreiheit steht. . ."

Larzac sei mehr als nur Symbol, denn

> "der Sieg in einem populären Kampf wird die Möglichkeit aufzeigen, an einem präzisen Punkt die Kräfte zu bremsen, die oft für unbesiegbar gehalten werden. . ."

Wenn Fasten oder gar der unbegrenzte Hungerstreik unwillkürlich Nachdenken über den Tod auslöst und

> "oft die irrationalsten Leidenschaften (entfesselt) sowie politische Gegebenheiten in Frage stellt, die als unverrückbar gegolten haben" (117)

sind Zweifel von betroffenen Bauern verständlich, die sich herausgefordert fühlen, eventuell teilzunehmen:

> "Der Gegenseite bedeutet ein Menschenleben weniger als ein Gewehr."

> "Was auch immer passieren wird, die Regierung ist dafür verantwortlich. Wenn aber jemand beim Hungerstreik sterben sollte, fühle ich mich verantwortlich. . ." (118)

Oft formulierten gerade diejenigen die stärksten Einwände, die für sich selbst die Teilnahme ausschlossen, und versuchten, eventuell Freiwillige umzustimmen.

Unter dem Eindruck des Massenhungerstreiks mit über 1 300 Teilnehmern in Bolivien im Januar 1978 (120) und der drohenden Gefahr der zwangsweisen Vertreibung der Larzac-Bauern einigten sich die Larzac-Komitees Pfingsten 1978, Hungerstreiks in vielen Orten Frankreichs mit größtmöglicher Beteiligung vorzubereiten.

> "Wir hoffen, dafür etwa 1 000 Personen zu finden, darunter nicht wenige Prominente. Ein Hungerstreik mit massenhafter Beteiligung wäre in Frankreich eine völlig neue Aktionsform." (120)

Nach der Sammlung der ersten 500 Bereitschaftserklärungen sollte die Regierung informiert werden, um sie möglichst schon durch die Ankündigung von möglichen Kraftakten abzuhalten. Dem Beschluß fehlte jedoch jede Festlegung auf die Dauer der Aktion.

Anmerkungen zu Teil V:

(1) Von diesem Zeitpunkt an darf das Land nur noch an die Domänenverwaltung verkauft werden. Die Anordnung erfolgte erst im September 1978 und wurde auf Grund von Formfehlern im Mai 1980 durch ein Berufungsgericht teilweise wieder aufgehoben.
(2) Nach 'Le Rouergat', 17.1.1975.
(3) Neben individuellen Entschädigungen versprachen Regierungsstellen Investitionen für die Region im Werte von 50 Millionen Francs, unter anderem für die Wasserleitung, den Flugplatz, Dorfverschönerungen, ein technisches Gymnasium und Sportanlagen in Millau. Wie frappierend ähnliche Maßnahmen in Brokdorf, Gorleben oder Ahaus belegen, hoffen Planer unpopulärer Großprojekte, die Proteste durch Geschenke an die Bevölkerung zu übertönen.
(4) 'Centre Presse', 11.2.1975.
(5) 'La Dépêche du Midi', 3.3.1975, Erklärung des Stadtrates anläßlich einer Unterredung mit Armeeminister Bourges.
(6) 'Centre Presse', 18.2.1975.
(7) 'Centre Presse', 22.2.1975.

(8) 'La Dépêche du Midi', 3.3.1975.
(9) 'Centre Presse', 15./16.3.1975.
(10) 'Centre Presse', 6.3.1975.
(11) 'Centre Presse', 14.3.1975.
(12) 'Le Monde', 15.3.1975. Einen Monat zuvor war der Bauplatz für das geplante Atomkraftwerk im badischen Wyhl besetzt worden.
(13) Einen Monat nach der Straßenschlacht um die Unterpräfektur organisierten die Bauern eine "humorvolle Sühneaktion", indem sie das Amtsgebäude mit Stacheldraht umgaben und mit Spielzeugtraktoren symbolisch versuchten, die Gitter einzudrücken.
(14) 'Bulletin de liaison et de coordination des comités Larzac', Nr. 5, 3.4.1975.
(15) 'Gardarem Lo Larzac' (GLL), Nr. 1, Juni 1975.
(16) ebd.
(17) Schafe statt Drachen. Der Drachen symbolisiert in diesem politischen Stück die Staatsmacht, gegen die sich in der Geschichte Okzitaniens oft der Widerstand der Bevölkerung richtete.
(18) François Matthey und Pierre-Yves de Boissieu, Neffe des Generalstabschefs de Boissieu, seinerseits Schwager von General de Gaulle und Großkanzler der Ehrenlegion.
(19) Nach 'RADAL', Nr. 33, Dezember 1975.
(20) Beantwortung der Anfrage des Senators Boscary-Monsservin in der Nationalversammlung. Bereits am 30. September hatte der Abgeordnete Robert Fabre Staatspräsident Giscard daran erinnert, daß das Larzac-Problem weiterhin ungelöst sei.
(21) Zitiert nach 'GLL', Nr. 7, Januar 1976, S. 7:
      'GLL' kommentiert spöttisch den Minister: "103 000 Berufs-Antimilitaristen, 150 Komitees für politische Manipulation, gar nicht zu reden vom internationalen Komplott, das sicher hinter allem steht. . ."
(22) Zitiert nach 'GLL', Nr. 6, November-Dezember 1975, S. 1.
(23) Fünf der ursprünglichen '103' hätten das Plateau verlassen oder den Beruf gewechselt, sechs seien in den Ruhestand getreten und hätten ihren Hof anderen weitergegeben, einer sei gestorben, aber seine Witwe und seine Kinder kämpften weiter gegen die Erweiterung. Sieben Familien weigerten sich, den Eid zu erneuern und warteten resigniert den Ausgang des Konfliktes ab.
(24) 'GLL', Nr. 6, S. 8.
(25) Der Begriff 'cohabitation' war erstmals drei Jahre zuvor vom reformatorischen Senator und Bürgermeister von Rodez, Boscary-Monsservin, während der Haushaltsdebatte in der Nationalversammlung am 4.12.1972 eingeführt worden:
      "Weshalb sollte man sich nicht vorstellen, daß Armee und Landwirtschaft nebeneinander leben?"
(26) Der PS-Generalrat Gérard Deruy zitiert einen Ausruf des Präfekten kurz nach dessen Amtsantritt:
      "Wir müssen aus dieser Affäre herauskommen, es muß Schluß sein mit diesem Bürgerkrieg! Ich habe die Unterstützung von (Innenminister) Poniatowski und (Premierminister) Chirac, nur die Armee ist gegen uns. Ich bin hier, um die Dinge zu bereinigen. Ich werde das décret de cessibilité nicht aussprechen."
      Als Zeichen seines guten Willens habe er den zu harten Unterpräfekten ablösen lassen. Nach 'L'Unité', Nr. 229, 10.-16.12.1976.
(27) Nach dem FDSEA-Organ 'La volonté paysanne'. Rodez, Januar 1976.
(28) 'GLL', Nr. 8, Februar 1976. 'GLL'-Leitartikel drücken nicht unbedingt die Meinung aller, sicher aber der aktivsten und entschiedensten Larzac-Bauern aus.
(29) Nach 'GLL', Nr. 9, März 1976.
(30) Ihre staatstreue Haltung war u.a. daran abzulesen, daß sie alle die Rosetten der Ehrenlegion zur Schau trugen.
(31) E. Jonquet, R. Laval, J.M. Burguière und R. Moreau für die '103', H. Ramade für die 'Association' und P. Laur für die Roquefort-Fabrikanten.
(32) 'GLL', Nr. 9, März 1976, S. 1.
(33) 'GLL', Nr. 10, April 1976, S. 1.
(34) Je zwei Bauern pro "quartier", mehrere FDSEA-Vertreter, vier Generalräte und Ramade.
(35) 'SUD', Nr. 14, 19.-12. April 1976.
(36) ebd.
(37) "Larzac – exception ou exemple?", in: 'GLL', Nr. 12, Juni 1976, S. 1.
(38) Anläßlich der Kommando-Aktion bemerkte Guy Tarlier zur Entscheidungsfindung:
      "... Oft möchten Leute von außerhalb die Bewegung vorantreiben, obwohl die Situation noch nicht dazu reif ist. Die Aktion in der Kaserne haben wir drei Monate lang immer wieder besprochen, aber die Bauern waren innerlich noch nicht dazu bereit. Schließlich reifte die Entscheidung auf natürliche Art. Erst brachten wir die abgeräumten Zieltürme in die Kaserne, und daran reifte der Geist der Leute, der härtere Eingriff in die Kaserne war dann eine logische Fortsetzung. Auf diese Weise sind uns Aktionen gelungen, ohne daß es zu größerem Mißklang gekommen wäre. Doch wenn etwas erzwungen ist, dann läuft gar nichts mehr. Es muß dem Bedürfnis der Leute entsprechen, und weil wir untereinander in ständigem Kontakt stehen, spüren wir, ob im entscheidenden Moment die einzelnen bereit sind. Dann wird auch jeder dazu stehen.
      Es macht gerade unsere Kraft aus, daß wir unsere Beschlüsse immer selbst gefällt haben und uns immer weigerten, uns manipulieren zu lassen. ... Man muß schon ein wenig drän-

gen, aber nicht zuviel, denn wenn man Leute mitschleift, die nicht voll überzeugt sind, wird es eine Katastrophe. ... Natürlich ist so eine gewaltfreie und demokratische Vorgehensweise viel schwieriger ..., letzten Endes aber auch viel wirksamer als autoritäre Methoden. Eine kleine, aber entschlossene Gruppe erreicht viel mehr als eine große, aber unentschlossene Menge. . ."

Tonbandinterview des Verfassers, 26.7.1976.

(39) 'SUD', Nr. 25, 5.-11.7.1976.
(40) ebd.
(41) Robert Calazel, Jean Mauron, Gabriel Flottard, Auguste Valette.
(42) 'Le Monde', 30.6.1976.
(43) Michel Courtin vor Gericht, zitiert nach einer Prozeßmitschrift, eingesehen im Archiv von Le Cun du Larzac.
(44) Guy Tarlier, ebd.
(45) ebd.
(46) 'GLL', Nr. 13, Sondernummer, Juli 1976.
(47) 'SUD', Nr. 28, 26.7.1976.
(48) Die FDSEA hatte z.B. nicht zur Demonstration am 2.7.1976 aufgerufen, obwohl alle Landwirte unter den 22 FDSEA-Mitglieder waren, zwei davon kommunale, einer sogar kantonaler Vertrauensmann war.
(49) Tatsächlich fanden im Aveyron einige Demonstrationen statt, wenn auch nicht von der FDSEA organisiert. Ein Autokorso führte am 5.7.1976 nach Rodez, wo ein Prozeß gegen zwei Wehrpaßverweigerer stattfand. Der Staatsanwalt verhinderte, daß Hervé Ott – zu der Zeit noch im Gefängnis von Rodez – als Zeuge auftreten durfte, da damit die "Öffentliche Ordnung" gestört würde. Die nationale Mobilisierung wuchs, wenn auch langsamer als bei früheren Anlässen – eine Folge des "Waffenstillstandes" und der Kompromißverhandlungen in den vorausgegangenen Monaten.
(50) J.M. Muller (MAN), zitiert nach dem Tonbandinterview des Verfassers vom 23.7.1976.
(51) 'SUD', Nr. 28, 28.7.1976. Im Zuhörer-Raum des 'Cour d'Appel' fanden sich die Spitzenmänner der FDSEA, wie ihr Vorsitzender Raymond Lacombe, ein. Henri Lacombe, der Vizepräsident der Landwirtschaftskammer, trat als 'temoin de moralité' (Leumundszeuge) für die Angeklagten auf.
(52) Nach 'GLL', Nr. 17, Dezember 1976.
(53) Am 20.3.1976 hatte der Zivildienstverweigerer Jose Bové mit seiner Frau ein Haus in Montredon besetzt, wo sie von Ziegenzucht leben und als "Hausmeister" die 'Larzac-Universität' betreuen.
(54) Zitiert nach Rundbrief Nr. 6 von Le Cun, Juli 1976.
(55) 'GLL', Nr. 13, Sondernummer, Juli 1976.
(56) 'GLL', Nr. 14, September 1976, "Das Terrain besetzen".
(57) 150 ha, davon 30 ha Ackerland, liegt nahe am alten Camp unweit von Montredon im Nordosten des Plateaus.
(58) Zwei Jahre nach der Besetzung von Les Truels und ein Jahr nach Le Cun war es beinahe ein Gebot der Tradition, einen weiteren Hof zu besetzen.
(59) Burguière zeigte einen Capitaine wegen Körperverletzung an und belegte mit einem ärztlichen Gutachten seine 20tägige Arbeitsunfähigkeit. Nach einem Monat untersuchte ihn ein Armeearzt, der nur einen Tag Arbeitsunfähigkeit feststellte! Im Gegenzug klagte die Armee die Brüder Burguière, Léon Maillé, Michel Courtin und Christian Rouqueyrol wegen "Beamtenbeleidigung, Aufforderung zum Ungehorsam und Verletzung des Militärbereiches" an.
(60) Die Neusiedler von Cavaliès planten eine Vergrößerung ihrer Herde auf 150 bis 200 Schafe, wofür sie einen Stall von 200 qm brauchten. Die 'APAL' gewährte 1976 für die Bauarbeiten 13 500 Francs und 1977 für die Erweiterung der Herde 35 000 Francs. Biologischdynamischer Anbau, neue veterinär-medizinische Methoden, Alternativ-Energiegewinnung und größtmögliche Unabhängigkeit vom 'Crédit Agricole' gehörten zu den weiteren Zielen. Die Zustellung eines Steuerbescheides im September 1977 betrachteten die Jungbauern als faktische Anerkennung ihres Betriebes durch die Behörden.
(61) Marc Ambroise-Rendu: "Die ökologische Guerilla", 'Le Monde', 12.7.1977.
(62) Pressemitteilung der '103', des 'Comité Millavois' und von vier Generalräten, nach 'Midi Libre', 25.10.1975.
(63) Vgl. "Kampf ohne Gnade", in: 'GLL', Nr. 17, Dezember 1976.
(64) 'Bulletin de coordination et de liaison des Comités Larzac', Nr. 34, 20.1.1977.
(65) 'GLL', Nr. 22, Mai 1977.
Das Motto wurde im Aufrufplakat durch einen bäuerlichen Holzschuh verdeutlicht, der Wurzeln schlägt.
Vgl.: L. Quéré / W. Dressler-Holohan: "Vivre au pays – génealogie d'un slogan". In: 'autrement', Juni 1978.
(66) 'GLL', Nr. 24, August 1977.
(67) Erklärung des Präfekten nach 'Le Monde', 13.8.1977.
Auch wenn während des 'rassemblement' wie üblich kein Polizist zu sehen war, wurden umfangreiche Sicherheitsmaßnahmen getroffen. Durch Abhören von Funksprüchen erfuhren die Bauern, daß im Camp 14 Gendarmerie-Einheiten und in Millau CRS-Schwadronen stationiert waren, die Soldaten im Camp strenges Ausgehverbot erhielten, das von Fremdenlegionären überwacht wurde. Einige Tage vor der Kundgebung sahen sich Demonstranten besonderer Art – langhaarig, bärtig, in abgenutzten Jeans – in den Metall-

179

warengeschäften von Millau um und zeigten schließlich Polizeiausweise. Sie forderten die Ladenbesitzer auf, Spaten, Beile und andere "potentielle Tatwaffen" aus den Schaufenstern zu nehmen.
(68) Vgl. Anmerkung (54) im Schlußteil.
(69) Beide Zitate von Guy Tarlier nach 'Centre Presse' vom 16.8.1977.
(70) Die KPF weigerte sich erneut, am 'rassemblement' teilzunehmen, angeblich um "Provokationen zu vermeiden". Im Frühjahr 1977 war die Ortszelle Millau streng "gereinigt" worden, der Sekretär der Ortsleitung der CGT-Gewerkschaft und 15 weitere Mitglieder waren wegen zu Larzac-freundlicher Haltung aus der Partei ausgeschlossen worden (nach Libération, 12.8.1977). Die CGT begründete ihre Weigerung mit den schlechten Arbeitsbedingungen der Landarbeiter auf dem Larzac, sie könne sich nicht für die Larzac-Bauern als Unternehmer einsetzen. Trotz gewisser Spannungen mit den Bauern distanzierten sich danach die Landarbeiter, die sich in der Gruppe 'La Lauze" zusammengeschlossen hatten, von der CGT und riefen ihrerseits zur Kundgebung auf.
(71) Nach 'GLL', Nr. 25, September 1977.
(72) Roger Moreau, in: 'GLL', Nr. 25, September 1977.
(73) In einer Rede in Castelnadaury am 11.9.1977, nach 'Le Monde' vom 13.9.1977. Indirekt wertete Bourges damit das Treffen von 1974 auf, das er noch im März 1975 als "Ansammlung von Würstchengrillern" abgewertet hatte.
(74) 'GLL', Nr. 26, Oktober 1977.
(75) Elisabeth Baillon, in: 'Sorcières', Nr. 120, S. 147.
(76) ebd.
(77) Susana und Roger Moreau, "Samenkorn der Gewaltfreiheit", in: 'Les cahiers de la réconciliation', Nr. 7/8, Juli-August 1980, S. 33-34.
(78) Le Pinel, 150 ha, davon ca. 35 ha Ackerland, liegt nahe des Hofes Les Truels zwischen Potensac und St. Martin.
(79) Nach 'GLL', Nr. 27, November 1977.
Die militärisch nutzlose, gegen Bauernangriffe ausgebaute Festung Le Pinel erhielt mehrmals hohen Besuch, so im November 1977 von General Roux aus Bordeaux und im Dezember von General O'Maony aus Paris. Die Bauern fragten sich, ob die Moral der soldatischen Besetzer so schlecht sei, daß sie von Mehr-Sterne-Generalen persönlich gehoben werden müsse.
(80) "Drei wesentliche Formen der Einheit, die von den Arbeitern der Felder und der Städte errungen werden müssen. Was wir da getan haben, hat noch einen symbolischen und Ausnahmecharakter ..., aber wenn ihre Bedeutung breiter verstanden wird, kann sie auch die übrigen Bauern und Arbeiter anstecken ... und ihre Wirksamkeit wird den (nicht unbeträchtlichen) Marktwert dieser Ernte tausendfach übersteigen. . .", Roger Moreau: "Eine Ernte für die Arbeiterkämpfe", 'GLL', Nr. 35, Juli-August 1978.
(81) Doppelt soviel wie beim rassemblement 1977, die größte Anzahl von Traktoren aller Pflügdemonstrationen.
(82) 'Le Monde', 10.10.1978.
(83) 'GLL', Nr. 29, Januar 1978.
(84) Bei der Wahl des lokalen FDSEA-Verantwortlichen wurde Massebiau 1979 erstmals deutlich abgelehnt.
(85) 'SUD', Nr. 94, 12.-18.12.1978.
(86) ebd.
(87) nach 'GLL', Nr. 31, März 1978.
(88) Claude Voron, in: 'GLL', Nr. 33, Mai 1978.
(89) Dieser Satz deutet, ebenso wie der Beifall der MPOL, auf den politischen Standort des Abbé Pierre Vivier hin.
Zitiert aus seinem Leserbrief in 'Le Journal de Millau', 3.-18.4.1978.
(90) "Larzac verweigert den Gehorsam". 'Insoumis' ist auch eine Sammelbezeichnung für verschiedene Formen von Kriegsdienstverweigerung.
(91) Yvernes verriet selbst mehrmals seine Einstellung:
"In der Armee braucht es keine Intelligenz, da wird nur Disziplin und Gehorsam verlangt. ... Ich komme selbst aus der (Militär-)Schule von St. Cyr." Zum Zeugen General de Bollardière sagte er: "Mein General, antworten Sie auf meine Fragen. Für einmal, daß ich einem General Befehle erteilen kann!" Doch Bollardière mochte nicht seine politische Meinung zurückhalten und antwortete: "Sie haben kein Glück, ich bin ein kriegsdienstverweigernder General und gehorche nicht auf alle Befehle." Nach 'SUD', Nr. 88, November 1977.
(92) 'Midi Libre', 22.10.1977.
(93) Léon Maillé: "Keine Schafe vor Gericht — ein verpaßtes Rendez-Vous", 'GLL', Nr. 28, Dezember 1977.
(94) Straße von St. Martin — ein geteerter Gemeindeweg auf dem Gebiet der Stadt Millau, die von der Nationalstraße 9 über Potensac und St. Martin bis Pierrefiche führt. Seit Oktober war sie ununterbrochen von Militärfahrzeugen benutzt und ihr Zustand stark verschlechtert worden.
(95) 'Le Monde', 13.1.1978.
(96) Ein nächtlicher Überfall am 30.1.1978 könnte als Rache für die Blockade vom 13.1. interpretiert werden. Spuren im frischgefallenen Schnee bewiesen, daß die Urheber von 11 zerschnittenen Autoreifen, einem zerstörten Automotor und einer Barrikade aus Baumstämmen vor dem Hof Les Truels von der nahen Festung Le Pinel gekommen waren.

180

(97) Die drei Zitate nach 'GLL', Nr. 34, Juni 1978.
(98) Die hohen Summen relativieren sich angesichts des Gesamtanteils der Verteidigungsaus-
       gaben im Staatshaushalt von 67,654 Milliarden, d.h. 17% für 1978.
(99) 'GLL', Nr. 33, Mai 1978.
(100) Anschluß an die Fernstrecke Béziers-Clermont-Ferrand-Paris.
(101) Nach 'T.A.M.' (Terre-Air-Mer, Armeezeitschrift), Juli 1979.
(102) HLM = 'Habitation de loyer Modéré', d.h. sozialer Wohnungsbau..
(103) Für Cavaliès Chr. Rouqueyrol und Fr. Giaccobbi, für Le Cun Hervé Ott, R. Pirault (da
       der Bauplatz der GFA gehört) und P. Bonnefous, Vorsitzender des Trägervereins SCI-CUN.
(104) Bei Le Cun bot sich dieser Versuch als nicht-landwirtschaftliches Projekt am ehesten an.
       Cavaliès war ein Grenzfall angesichts der Verbundenheit der Landwirte mit den 'Aussied-
       lern'. Die Armee störte sich jedoch zu sehr an der ständigen "Infiltrationsgefahr" der Re-
       kruten durch die antimilitaristischen Nachbarn. Vor dem Prozeß war die direkte Ein-
       schüchterung durch nächtliche Überfälle verstärkt worden: erneutes Durchstechen von
       Reifen, Beschädigung des Traktormotors usw..
(105) 'GLL', Nr. 34, Juni 1978.
(106) 'Le Figaro du Dimanche', 27./28. Mai 1978. Titel: "Auf dem Larzac findet in diesem
       Sommer eine 'Kriegsschule' gegen die Armee statt". Aufhänger war das in vielen linken
       Zeitschriften verbreitete Sommerprogramm von Le Cun.
(107) 'Le Figaro du Dimanche', 24./25. Juni 1978. Leserbriefe von direkt genannten Nicht-
       Bauern wurden nicht veröffentlicht.
(108) Didier Jourdan / Francois Feral: "Etude économique des conséquences de l'extension du
       Camp du Larzac". Studie von 2 CNRS-Forschern aus Montpellier, zitiert nach 'GLL', Nr.
       45, Juli-August 1979.
(109) Pierrefiche ist einer von drei Ortsteilen der Gemeinde La Roque-Ste. Marguerite (Haupt-
       ort im Dourbietal, außerdem gehört noch der Ort St. Veran auf dem gegenüberliegenden
       Causse Noir dazu) und besteht neben dem eigentlichen Dorf mit 30 Dauerbewohnern
       (neben 35 auswärts Arbeitenden) noch aus den Höfen und Weilern La Resse (9 ständige
       Bewohner), Les Privat (2), Les Marres (6), La Borie (1), Cavaliès (3) und Montredon (7).
(110) 'GLL', Nr. 34, Juni 1978.
(111) Dieser Weg verbindet Pierrefiche mit der Nationalstraße N 99, parallel zur etwa 10 km
       entfernten N 9, und verläuft zu zwei Dritteln innerhalb des Erweiterungsgebietes.
(112) 'GLL', Nr. 36, September 1978.
(113) 'Société d'amenagement foncier de l'Aveyron, de la Lozère et du Tarn'. Regionale Unter-
       organisation der SAFER.
(114) Drei Zitate aus dem Tonbandinterview mit Jean Marie Muller durch den Verfasser am
       23.7.1976.
(115) 'Larzac — une lutte populaire et non-violente', Beiheft zu 'ANV', Nr. 12, 1975.
(116) Jean Desbois: "Das eigene Leben riskieren?", in: 'NVP', Nr. 6, Juli-August 1979.
(117) Hervé Ott: "Der Hungerstreik. Vom Dialog mit dem Tod und den Lebenden", in: 'ANV',
       Nr. 34, Juli 1979.
(118) J.P. Souyris und G. Flottard, Bauern aus Pierrefiche, zitiert nach 'La Gueule Ouverte',
       Nr. 241, 20.12.1978.
(119) Vgl. Pierre Croissant: "Bolivie 1978: la grève de la faim contre la dictature", in: 'ANV',
       Nr. 39, Dezember 1980.
       bzw.: 'Le Monde diplomatique', Juli 1978.
       oder: MANSILLAT, Jorge: Huelga de Hambre, Lima, 1978.
(120) Brief der Larzac-Komitees an die Larzac-Bauern im Juni 1978.

Teil VI: LEBEN AUF ENTEIGNETEN HÖFEN

1.   "Vorläufige Besitzeinweisung", Vorstufe zur Enteignung

Der Sieg der Regierungsparteien bei den Wahlen zur Nationalversammlung im März 1978 ließ erwarten, daß die Zeit politischer Rücksichten vorüber war und Regierung wie Armee nun die Larzac-Affäre beschleunigt zu Ende bringen würde.

Am 12.6.1978 forderten die Vorsitzenden der Landwirtschaftskammer, der FDSEA und der CDJA als Vertreter der Landwirtschaft im Departement Aveyron in einem gemeinsamen Brief an Premierminister Raymond Barre, er solle sich für eine rasche Lösung des Konfliktes auf dem Verhandlungsweg einsetzen.

Barre antwortete, er habe die Unterlagen aufmerksam geprüft und den Armeeminister gebeten, die Sachlage "im Geiste der Aufgeschlossenheit" und in Zusammenarbeit mit dem Präfekten sowie den Repräsentanten der Region erneut zu prüfen.

> "Ich denke, daß es so möglich sein wird, noch vor Ende des Jahres über einen konstruktiven Dialog zu einer für alle Seiten vernünftigen Lösung zu kommen." (1)

Die Bauernverbandsfunktionäre glaubten noch an die Möglichkeit neuer Kompromißverhandlungen, als sie von Landwirtschaftsminister Pierre Méhaignerie für den 28.8.1978 nach Paris geladen wurden. Stattdessen teilte ihnen der Minister mit, daß die Regierung das Erweiterungsprojekt uneingeschränkt durchführen wolle und der Präfekt in Rodez zwei Tage zuvor die 'arrêtés cessibilité', d.h. die vorläufigen Besitzeinweisungen (2), für die betroffenen Höfe in den Gemeinden La Cavalerie und La Rocue Ste. Marguerite unterschrieben habe.

Aus Protest weigerten sich die Delegierten, mit dem Minister über "einen Preis für den Larzac", ein Angebot umfangreicher Entschädigungsmaßnahmen, zu verhandeln.

In einer Pressekonferenz am 29.9.1978 gab der Präfekt den Erlaß offiziell bekannt, wobei er die "bisherige großzügige Haltung der Regierung" unterstrich:

> "Diese gutwillige Vorgehensweise führte zu langen Verzögerungen, die allen Landwirten die Möglichkeit zum Landtausch offenhielten. Der Erlaß ist ... keine außerordentliche Maßnahme, es handelt sich darum, nun Enteignungen zu verwirklichen, die bereits vor Jahren, insbesondere durch die 'Erklärung des Öffentlichen Nutzens' getroffen worden sind. Der 'arrêté de cessibilité' ist keine Räumungsanordnung, sondern eine ... Phase der Prozedur, die von nun an die Justizautorität unter Wahrung der Privatrechte durchführen wird. Gütliche Einigung kann diese Verfahren jederzeit unterbrechen..." (3)

> "Der Erlaß für die beiden Gemeinden bedeutet weder Räumung noch Beendigung des Dialoges. Die Möglichkeit zur Einigung bleibt offen. Das Ziel ist es, daß die Armee der Nation auf dem Larzac-Plateau friedlich mit den Bauern und der lokalen Bevölkerung zusammenlebt, wie in der Vergangenheit seit Beginn des Jahrhunderts..." (4)

Die Vorauswahl der zwei Dörfer erklärte sich aus ihrer unmittelbaren Nachbarschaft zum bestehenden Camp, aber auch aus der Annahme, daß nach dem Tauschhandel von La Cavalerie und der deutlich gewachsenen Widerstandsbereitschaft in Pierrefiche kein weiterer Landverkauf zu erwarten sei. Vermutlich sollte auf die übrigen Dörfer Druck ausgeübt werden.

Am Abend des 29.9.1978 demonstrierten 400 Menschen vor der Unterpräfektur in Millau gegen die Enteignung, während eine Delegation von zwölf (5) Bauern aus allen Larzac-'quartiers' in Rodez ein viertägiges Fasten begann.

1.1.   Protestfasten in der Kathedrale von Rodez

Als der Bischof von Rodez die Fastengruppe empfing und in die bequemere Sakristei einlud, herrschte unter den Landwirten eine nervöse Stimmung vor. In einer derart dramatischen Situation hätte es ihrem Naturell eigentlich mehr entsprochen, sich mit Lautstärke an die Außenwelt zu wenden, statt sich zum Fasten und Nachdenken zurückzuziehen und andere zu sich kommen zu lassen.

Bald waren die Zweifel durch die starke Reaktion auf das Fasten beseitigt, die regionale wie die nationale Presse berichteten ausführlich über das Ereignis. Hunderte von Besuchern, darunter auch Generalräte, Bürgermeister und Bauernverbandsvertreter, bekundeten die überwiegende Ablehnung der Regierungsmaßnahme durch die Bevölkerung des Departements. (6)

In den meisten Kirchen des Bistums wurde eine Stellungnahme von Bischof Bourrat vorgelesen, in der er seine Sympathie mit den Bauern ausdrückte:

"... Wenn Menschen eine derartige Aktion beginnen, wollen sie auf etwas sehr wichtiges, für sie schwerwiegendes hinweisen. ... Ich stelle fest, daß diese Frauen und Männer trotz der Geldsummen, die ihnen geboten wurden, auf ihrem Land bleiben wollen. Ein solcher Widerstand gegen das Goldene Kalb ist nicht sehr häufig anzutreffen. Ich weiß, daß sie ihrer Geste auch die Bedeutung eines Friedenszeugnisses geben. Sie fordern die Erforschung einer Verteidigung mit gewaltfreien Mitteln, welche nicht im Widerspruch zum verfolgten Ziel, dem Frieden, stünde. . ." (7)

Die Fastenden empfanden die vier Tage der Gemeinschaft in der Kathedrale als wichtige persönliche Erfahrung:

"Wir haben uns selbst getestet, und nun wissen wir von uns, ob wir zu einer solchen Aktion geeignet sind, falls eines Tages ein Hungerstreik nötig sein wird. . ." (8)

Besonders beeindruckte sie die Unterstützung durch ihre Familien, die Hilfe von Freunden und Kriegsdienstverweigerern auf den Höfen, durch die die Aktion erst möglich wurde. Kein Landwirt kann seinen Betrieb für mehrere Tage verlassen, ohne daß andere seine Arbeit übernehmen.

"Auch wenn wir fasten, brauchen unsere Tiere was zu fressen." (8)

1.2. Protestwelle im Departement Aveyron und in ganz Frankreich

Mitglieder von Larzac-Komitees versuchten, durch ein Anschluß-Fasten im Rathaus von Millau eine neue und eindeutigere Stellungnahme des Stadtrates zum Larzac-Problem zu erzwingen. Dieser erinnerte schließlich an frühere Erklärungen und beschloß, beim Staatsrat Berufung gegen die 'arrêtés de cessibilité' einzulegen. Aus über hundert Briefen und Telegrammen pro Tag erfuhren die fastenden Bauern und Unterstützer von weiteren Fastenaktionen in mindestens 35 Orten, u.a. auch in Rom und Köln, an denen jeweils 10 bis 40 Personen teilnahmen. In Béziers fasteten auch der Bürgermeister, seine beiden Stellvertreter und vier Stadträte aus Protest gegen die Enteignungsvorbereitungen.

Bei der Pressekonferenz am 29.9.1978 hatte der Präfekt mehrmals Pariser Journalisten aus dem Sitzungssaal drängen lassen, da es sich "um eine lokale Angelegenheit" handele. Das Ausmaß der Proteste und Solidaritätsbekundungen im Departement und darüber hinaus erwies sich als größer denn je zuvor. Die Larzac-Bauern waren insbesondere dankbar für die Rückenstärkung aus dem eigenen Berufsstand:

"Es gab Zeiten, in denen unsere Beziehungen zu den landwirtschaftlichen Organisationen des Departements recht kühl waren. Damals herrschte ein falsches Bild vom Larzac vor: man sah nur Hippies und Menschen, die sich zu wehren schienen, um sich bereichern zu können. Aber dann merkte die Öffentlichkeit, daß dies völlig falsch gesehen war. Wir können sagen, daß das Verhalten der Standesvertreter tadellos ist. Sie unterstützen uns im übrigen schon lange. Aber bis jetzt dachten sie, daß die Mächtigen nicht so verrückt sind, eine solche Entscheidung zu fällen. Nun, da es sich bestätigt hat, haben sie reagiert." (9)

Bereits vier Tage nach Bekanntwerden der 'arrêtés' trafen sich die Larzac-Bauern mit 120 Vertretern von 22 Larzac-Komitees zu einer Krisensitzung, bei der sie unter anderem die Fertigstellung des Weges nach La Resse, das Pflügen von Militärland am 8.10.1978 und einen nationalen Aktionstag für den 28.10.1978 beschlossen. Die Bauern riefen alle Sympathisanten zu einer überregionalen Solidaritätskampagne auf:

"Der Schlag der Regierung eröffnet eine neue Phase unseres Kampfes. Unsere Antwort ist klar: Wir behalten den Larzac! (10) Unsere genaue Forderung lautet: Verzicht auf die Erweiterung des Truppenübungsplatzes! Zu diesem Zweck bitten wir alle, die sich in unserem Kampf erkennen, neuen Schwung zu entwickeln und alle Formen von Unterstützungsaktionen zu unternehmen. Insbesondere durch Verstärkung der Steuerverweigerung, die Rücksendung von Wehrpässen, Briefe an den Präfekten des Aveyron sowie an den Staatspräsidenten, durch Mitarbeit in den Larzac-Komitees usw. . ." (11)

Drei Landwirte und zwei Arbeiter der Henfer-Fabrik aus Millau fuhren am 5. Oktober zu einer Pressekonferenz nach Paris, sie nutzten die Reise auch zu einem Gespräch mit dem Vorstandsmitglied der Sozialistischen Partei, Bérégovoy, der in der Nationalversammlung eine mündliche Anfrage zum Thema Larzac gestellt hatte. Die sozialistische Parlamentsfraktion forderte von der Regierung,

"daß nun endlich die legitimen Wünsche der Bauern sowie der gesamten Bevölkerung in der Region Larzac ernstgenommen werden, deren Lebens- und Arbeitsgrundlagen bedroht sind. . ." (12)

Die anhaltenden Proteste veranlaßten den Präfekten, nochmals Verhandlungsbereitschaft zu signalisieren:

"Die verantwortlichen Stellen sind bereit, weiterhin auf eine vertrauensvolle, mutige und realistische Einigung hinzuarbeiten. . ." (13)

Die Bauern wiesen diese Geste umgehend zurück:

"Mit unserem bäuerlichen Verstand vermögen wir nicht zu begreifen, wie Sie gleichzeitig die

Enteignung.einleiten und von Einigung reden können. ... Sie schlagen uns doch lediglich eine Diskussion über die Art vor, wie wir unser Land verlassen sollen. ... Das ist unannehmbar!" (14)

Währenddessen verstärkte die Armee sichtbar ihre Präsenz auf dem Plateau sowohl durch umfangreichere Manöver als auch durch vermehrte Werbe- und Selbstdarstellungsmaßnahmen. Am 11.11.1978 führte sie erneut in Millau eine Parade durch, an fast allen gesellschaftlich bedeutenden Ereignissen der Region nahmen demonstrativ Offiziere teil, erstmals fand sogar ein Tag der Offenen Tür in der Kaserne von La Cavalerie statt.

Mehr denn je zuvor patrouillierten Gendarmeriefahrzeuge auf dem Plateau und in Millau, Ausweis- und Fahrzeugkontrollen nahmen sichtlich zu. In zwei Ferienkolonien wurden CRS-Hundertschaften einquartiert.

Trotz dieser Machtdemonstrationen unterbrachen im Oktober 1978 erneut Einwohner von La Courvertoirade Manöver auf dem Gebiet ihrer Gemeinde.

Die von der vorläufigen Besitzeinweisung betroffenen Eigentümer waren am 30.9. 1978 durch Einschreibebriefe benachrichtigt worden. Die Zahl von vier Briefen für die vier GFAs zeigte, daß sich die Behörden nicht mit 5 000 GFA-Miteigentümern auseinandersetzen, sondern den schnellsten Weg zur Enteigung beschreiten wollten. Aus den Unterlagen ergab sich, daß nach der Enteignung nur noch 1,5 ha Weideland für die 400 Schafe des GFA-Hofes Costeraste und nur 1,5 ha Waldfläche für die Herde von Le Tune übrigbleiben sollten.

Ende Oktober sprach der Oberrichter beim 'Tribunal de Grande Instance' in Rodez die ersten Enteignungsverfügungen aus. (15) Armeeminister Bourges kommentierte diesen Schritt am 6.11.1978 in einer Nachrichtensendung des staatlich kontrollierten Fernsehens:

"Larzac entspricht einer militärischen Notwendigkeit, dies bedeutet keine böswillige Verwüstung oder Verhinderung jeglicher wirtschaftlicher Aktivität. ... Für mich ist das einzige Problem, welcher Art die Erschütterung sein wird, welche die Erweiterung für die Bevölkerung der Region mit sich bringt." (16)

Der Beginn der eigentlichen Enteignungen löste auf dem Plateau keine stärkeren Reaktionen aus als zuvor die vorläufigen Besitzeinweisungen.

"Im Grunde ist es auch nicht viel schlimmer. Die Regierung will zum Ende kommen. Wir auch!" (17)

Weitere Besitzeinweisungen und Enteignungsverfügungen standen bevor, bei den Landwirten herrschte die Einschätzung vor, daß nun alles sehr rasch vor sich gehen würde und daher starke und konzentrierte Abwehrreaktionen nötig seien.

1.3. Fastenaktion von Larzac-Bauern in Paris

Am Mittag des 25.10.1978 fuhr ein Viehtransporter auf das Gelände des Pariser Landwirtschaftsministeriums. Eine größere Gruppe von Larzac-Bauern, Mitglieder von Larzac-Komitees und drei sozialistische Abgeordnete der Nationalversammlung versammelten sich zu einer spontanen Demonstration und ließen dabei sechs Schafe auf dem Innenhof des Ministeriums weiden.

Die symbolische Demonstration diente den Landwirten (18) vor allem als Mittel, um die Öffentlichkeit auf das dreitägige Protestfasten hinzuweisen, das in der Kirche St. Severin inmitten einer Gegend mit zahllosen Speiserestaurants stattfinden sollte.

Die Fastenaktion in der Hauptstadt löste eine Flut von Solidaritätsbekundungen unterschiedlichster Organisationen und Besuche von zum Teil sehr prominenten Unterstützern aus. So trug sich François Mitterand in das "Goldene Buch" der Faster ein wie auch sein damaliger parteiinterner Rivale um die Präsidentschaftskandidatur, Michel Rocard.

Der 'Neue Philosoph' André Glucksmann unterhielt sich lange mit den Fastenden, und Jean-Paul Sartre schrieb ihnen:

> "Ich begrüße Euren Kampf für Gerechtigkeit, Frieden und Freiheit, den schönsten Kampf unseres 20. Jahrhunderts. ... Ihr wolltet ihn ohne Gewalt führen. Wäre er gewalttätig gewesen, wärt Ihr Gefahr gelaufen, ihn zu verlieren, Regierung und Armee wären zu stark für Euch. Ihr habt Euch entschlossen, keine andere Waffe zu benutzen als den Willen zum Frieden. Ihr habt nicht verloren, vielleicht werdet Ihr gewinnen. Ich wünsche es Euch, wie es Hunderttausende von Frauen und Männern mit mir wünschen. Es beweist die Torheit und den Zynismus unserer Regierenden, wenn sie mitten im Frieden aus dem Larzac einen Übungsort für den präventiven Weltkrieg machen..." (19)

In einem Offenen Brief an Staatspräsident Giscard d'Estaing wies die Fastengruppe darauf hin, daß die Erweiterung des Truppenübungsplatzes Larzac im Gegensatz zum erklärten Ziel der Regierung stehe, die lokale Demokratie und eine hochtechnisierte Landwirtschaft auf der Basis von Familienbetrieben zu fördern. Bei der Abschluß-Pressekonferenz der fastenden Larzac-Bauern am 28.10.1978 wurde bekanntgegeben, daß ein Fußmarsch von 710 km vom Larzac nach Paris organisiert würde, an dessen Ende die Larzac-Bauern von Giscard d'Estaing persönlich den Verzicht auf das Armeeprojekt verlangen wollten.

1.3.1.   Nationaler Aktionstag 28. Oktober 1978

Durch koordinierte Aktionen unterschiedlichster Art an mindestens 110 Orten gelang es der Larzac-Bewegung am 28.10.1978, die Bevölkerung Frankreichs direkt zu informieren und damit die Mauer des Schweigens in den staatlichen Rundfunk- und Fernsehanstalten zu umgehen.

Wieder fasteten insgesamt ca. 400 Larzac-Sympathisanten in ganz Frankreich. In Roanne ließ der linke Stadtrat zu diesem Zweck Zelte auf dem Rathausplatz aufstellen. Der Stadtrat von Lorient ließ in der Fußgängerzone große Spruchbänder mit der Aufschrift "Der Larzac gehört den Bauern" aufhängen.

Häufig riefen politische und gewerkschaftliche Gruppen zu Demonstrationen auf, bei denen Bürgermeister und Generalräte Ansprachen hielten und dabei Verbindungen zwischen dem Larzac-Konflikt und lokalen Problemen aufzeigten.

Bei einer Kundgebung in Lyon verlas z.B. ein CDJA-Funktionär aus dem Departement Isère seinen Rücktrittsbrief an die staatliche Kommission "Armee und Jugend"; darin hieß es, er habe erkannt, daß die "militärisch-industrielle Gesellschaft nicht mit der Landwirtschaft vereinbar" sei. Neben Larzac-Bauern sprachen bei der Veranstaltung auch Arbeiter, die in einer Chemiefabrik Opfer einer Akreolin-Vergiftung geworden waren. In Nantes demonstrierten 10 000 Menschen unter dem Motto "Gardarem lo Pellerin (Standort für ein geplantes AKW, d. Verf.) – Gardarem lo Larzac" usw.

Bis auf einen kleineren Zwischenfall durch fünfzig maskierte und gewalttätige Demonstranten vor dem Pariser 'Centre Pompidou' und die gewaltsame Auflösung einer Demonstration durch die Polizei in Nizza verlief der nationale Aktionstag friedlich. Meistens verhielt sich die massiv auftretende Polizei relativ zurückhaltend.

Fastenaktionen und andere Solidaritätsdemonstrationen wurden auch aus Belgien, Schweden, der Bundesrepublik Deutschland, Österreich, Italien, Spanien und aus der Schweiz gemeldet.

Im Departement Aveyron konzentrierte sich das Geschehen auf Rodez und einen Protestmarsch von Roquefort nach Tournemire. Die Umwandlung des Dorfes im Soulzon-Tal in einen Garnisonsort mit einem Verladebahnhof für Armeetransporte auf das Plateau würde unter anderem auch die benachbarte Roquefort-Industrie beeinträchtigen. 2 000 Demonstranten, darunter auch Bürgermeister und Generalräte, blockierten zehn Minuten lang einen Güterzug, der mit Militärfahrzeugen beladen war. Nachdem dieser mit armeefeindlichen Parolen bemalt wurde, konnte der Zug weiterfahren.

2. Staatspräsident Giscard d'Estaing als Adressat der Forderung nach Verzicht auf die Erweiterung

Die 'arrêtés de cessibilité' wurden zu einem Zeitpunkt vermehrter Spannungen zwischen der gaullistischen Partei RPR und dem Wahlverein für Giscard d'Estaing, UDF, angeordnet. Staatspräsident Giscard d'Estaing schien zu Zugeständnissen an die interne Opposition in der Regierungskoalition gezwungen zu sein, zumindest könnte die Entscheidung für den Bau eines sechsten atomaren Unterseebootes, die Verhärtung im Lohnkonflikt mit den Bahn- und Postbediensteten und den Stahlarbeitern und die Entscheidung in der Larzac-Frage in diesem Sinne interpretiert werden. Um seine Machtstellung gegenüber seinem Gegenspieler Jacques Chirac zu sichern, war Giscard offenbar bereit, sein liberales Image aufzugeben, das ihm zum Wahlsieg verholfen hatte.

Dennoch ließ das taktierende Vorgehen vermuten, daß die Regierung die geschlossene Opposition des Aveyron-Departements fürchtete:
— durch Präfekt und Unterpräfekt gab sie den lokalen und regionalen Politikern zu verstehen, daß sie nur unwillig dem Druck des Generalstabes nachgäbe,
— die Bauern versuchte sie zu beschwichtigen, daß die Entscheidung für Enteignungen noch nicht endgültig sei, daß in Verhandlungen Kompromisse gefunden werden könnten und vor allem umfangreiche Entschädigungen vorgesehen seien.

Die Landwirte begriffen dies als Spaltungsversuche, auf die es geschlossen zu reagieren galt.

"Wir diskutieren nicht, solange uns das Messer an die Kehle gehalten wird. . ." (20)

In ihren Augen handelte es sich um eine rein politische Entscheidung, die auf höchster Ebene getroffen und auch nur dort widerrufen werden könne.

"Wenn es einen Bereich gibt, in dem der Larzac enthüllend wirken kann, dann in der Wahl, die der Staatspräsident zu treffen hat:
— sich entweder der Größe mancher seiner Erklärungen (z.B. im Mai zum Thema Abrüstung) zu stellen, unseren Rechten Raum zu geben und sich damit, zumindestens symbolisch, für eine gewisse Liberalität zu entscheiden,
— oder im Gegenteil ... bewußt den Weg der Verhärtung einzuschlagen, der schwachen Regierungen eigen ist. Man denke an Napoleon III., der mit einem sozialen Anspruch antrat und seine Herrschaft als Tyrann beendete." (21)

Die überraschende Absage eines für den 20. Oktober vorgesehenen Besuches Giscards in Rodez wenige Tage vor den 'vorläufigen Besitzeinweisungen' empfanden viele Bürger im Departement als Ausweichen des Staatspräsidenten.

Die Bauern hingen wohl kaum der Illusion an, daß sie in Paris von Giscard d'Estaing persönlich empfangen werden würden. Dennoch blieb er der eigentliche Adressat ihrer Forderungen und das Ziel ihres 'langen Marsches' in die französische Hauptstadt.

"Wir wenden uns nicht nur an den Staatschef, sondern auch an denjenigen, der gesagt hat:
 – 'Wir wollen keine Landwirtschaft ohne Landwirte und ohne ländliches Leben.' (in Ambert am 23.10.1978),
 – 'Jahrhunderte der Zentralisierung lasten auf uns.' (in: Démocratie Française),
 – 'Die Abrüstung muß Sache aller Nationen werden.' (vor der UNO am 25. Mai 1978).
Wir meinen, daß der Staatschef mit einer Geste der Vernunft in Hinblick auf den Larzac seinen guten Willen zeigen kann, dem Wort auch Taten folgen zu lassen.
Es ist möglich, daß der Präsident der Republik sich vor allem um die Wahrung der staatlichen Autorität sorgt.
Entschiede er aber unglücklicherweise aus diesem falschen Beweggrund, eine Bevölkerung zu unterdrücken, die ihre Würde seit acht Jahren bewiesen hat, verteidigte er in der Tat einen Zentralismus und eine autoritäre Haltung, die er an anderer Stelle beklagt. . ." (22)

'Le Monde' berichtete von der Entschlossenheit der Larzac-Bauern, "bis zum Ende zu gehen":

" 'Wir haben es satt, uns verarschen zu lassen! Wir werden unser Land nie hergeben, bis zum bitteren Ende nicht!'
Jean-Marie Burguière hat Tränen in den Augen, als er dies bei der Pressekonferenz hinausschreit. Wut, Emotion, Müdigkeit nach vier Tagen Fasten ..., vor allem aber ein Schrei aus tiefster Seele. Denn dieser muskulöse, rundliche, von acht Jahren gewaltfreier Guerilla trainierte Jean-Marie ist kein Schwächling. Wenn ihm solche starken Worte herausrutschen, dann weil er sie wirklich nicht mehr zurückhalten kann. ...
Nur noch Giscard d'Estaing kann von nun an den Konflikt lösen. Die Entschlossenheit auf beiden Seiten ist deutlich: alles kann geschehen. Dieser lange Marsch ist die letzte 'ruhige' Demonstration von Menschen, die sich geschworen haben, bis zum Ende zu gehen. . ." (23)

2.1. Der lange Fußmarsch der Larzac-Bauern nach Paris

Paris war durch die Wahl des Adressaten der Bauernforderungen als Zielpunkt der massiven und langanhaltenden Aktion festgelegt, die die Bauern nun nach den Protestwellen in Departement und Nation selbst durchführen wollten.

Da eine reine Wiederholung des Traktorenmarsches von 1973 keine Steigerung ausdrücken konnte, erschien ein Fußmarsch geeigneter, die moralische Stärke und Entschiedenheit der Bauern durch freiwilliges Leiden zu dokumentieren. In einer von Hektik und Rationalisierung bestimmten Zeit ist es ein ungewöhnlich starkes Symbol, wenn Menschen solche Strapazen auf sich nehmen, um über einen längeren Zeitraum auf ihr Schicksal aufmerksam zu machen. Eine Handvoll Bauern, die nicht bereit sind, der staatlichen Übermacht mit all ihren Gewaltmitteln zu weichen.

Die Entscheidung, Hof und Familie vier Wochen lang zu verlassen, um 700 km über die Landstraßen zu marschieren, fiel allen Beteiligten schwer. Vielen Berufskollegen unterwegs erschien es als unglaubwürdig, daß Landwirte eine solche Aktion auf sich nehmen könnten.

Zweifel bestimmten in den Wochen vor dem Marsch auch die Menschen auf dem Plateau. Glich es nicht einem Exodus, die Heimat zu verlassen und auf so ärmliche Weise zu den Regierenden zu ziehen? War es nicht ein wahnwitziges Unternehmen, so weit zu Fuß zu gehen, wo doch die meisten Bauern noch nie in ihrem Leben in Paris gewesen waren?

Manche zweifelten daran, ob sie die ganze Strecke durchhalten könnten.

"Ich sagte mir, ich geh erst einmal los, dann werden wir weitersehen. Eine Woche vor dem Aufbruch waren wir erst sechs oder sieben Entschlossene. Und dann waren es 23, die den Marsch ganz mitmachten." (24)

Auch Guy Tarlier, der ansonsten Spaziergänge haßte, kostete die Entscheidung viel Überwindung. Um sich zu trainieren, lief er vor dem Marsch täglich zu Fuß zu seinem acht Kilometer entfernten Nachbarn zum Kaffeetrinken. Auch der Bauer Auguste Valette wunderte sich später über seine Leistung:

"Ich empfand den Marsch nicht als schlimm, obwohl ich in Algerien (bei seinem Militärdienst) vom Marschieren befreit war."

Der Aufbruch am Morgen des 8.11.1978 vor dem Schafstall in La Blaquière glich einem Familientreffen. Die Kinder aus der Larzac-Schule gingen voran, Freunde und Verwandte begleiteten die 23 Männer und Frauen nach Millau, die aufbrachen, um in 24 Etappen bis zu 40 km pro Tag die 710 km bis Paris zurückzulegen. (25) Auf dem Mandarous-Platz überreichte Léon Burguière Gewerkschaftsvertretern einen Scheck von 10 000 Francs aus dem Ertrag der Ernte von Le Pinel. und nach einem gemeinsamen Picknick zogen 300 Menschen weiter bis Aguessac. Die Herbstsonne verstärkte während der ersten Tage den freundlichen bis enthusiastischen Empfang der Marschgruppe im heimatlichen Aveyron.

In den ersten Tagen wurde sie auch von Reportern z.B. von 'Le Monde', 'Le Figaro' oder 'Le Matin' begleitet — allein der Vertreter der linken Zeitung 'Libération' blieb während des gesamten Marsches bei der Protestgruppe.

Jeweils an den Wochenenden vergrößerte sich die Marschkolonne durch Larzac-Bewohner und Sympathisanten aus den Städten, die sich für eine Tagesstrecke anschlossen.

Die Sechzig-Jahresfeier des Waffenstillstandes im Ersten Weltkrieg (26) am 11.11.1978 gestalteten die Larzac-Bauern auf ihre eigene Weise. In Rodez, wo die Marschgruppe von 2 000 Menschen empfangen wurde, legten sie, wie zur selben Zeit ihre Kollegen in Millau, am Kriegerdenkmal Kränze aus wilden Rosen, Disteln und anderen Pflanzen vom Plateau mit der Widmung "Die Larzac-Bauern auf dem Marsch für den Frieden" nieder.

"Für uns ist die Bedeutung dieser Geste ganz eindeutig. Die Menschen, derer wir hier gedenken, sind nicht gestorben, damit heute ihre Kinder von dem Land vertrieben werden, das sie verteidigt haben. Welchen Sinn hätten all ihre Leiden, wenn unsere Region heute der Verödung gewidmet wird? Unser Andenken und unser Dank drückt sich im Kampf aus, den wir führen, damit dieses Land dem Leben vorbehalten bleibt." (27)

Im Gegensatz zum Aveyron spürten die Marschierer bereits 150 km von ihrer Heimat entfernt einen weit kühleren Empfang, so mußte die FDSEA im Departement Cantal erheblichen Druck auf ihre Mitglieder ausüben, um die Beherbergung zu sichern. Wie eine halbe Distanzierung klang die Erklärung:

"Die Landwirte der durchquerten Kantone fühlen sich solidarisch, weigern sich jedoch, ihren Namen für irgendwelche Aktionen politischen Charakters herzugeben, die von Elementen außerhalb des Berufsstandes ausgehen. . ." (28)

Bei abendlichen Gesprächsrunden in den Bauernhöfen, auf die die Marschierer zur Übernachtung aufgeteilt wurden, äußerten oft selbst die Gastgeber Zweifel, ob die Kerngruppe der Larzac-Bauern den ganzen Weg tatsächlich zu Fuß zurücklege oder ob sie sich nicht häufig ablösen würden.

"Mit unseren Berufskollegen war es oft am schwersten", erzählt Jean-Marie Burguière, "manche verstehen nicht, weshalb wir das uns angebotene Geld ablehnen, weshalb wir umso mehr mit dem Causse verbunden sind, je schwerer es zu bearbeiten ist. Andere sagen uns: 'Nehmt doch die Gewehre!' Die Gewaltfreiheit ist schwer zu erklären." (29)

Diese Gespräche verdeutlichten den Larzac-Bauern erneut ihre eigene politische Entwicklung und den Abbau ihrer Vorurteile gegenüber Städtern, Linken und Jugendlichen.

In den Augen konservativer Landwirte unterwegs hatten sie sich auch äußerlich durch Bärte und längere Haare den "Hippies und Linksradikalen" zum Verwechseln angeglichen.

Eine vorausreisende, anonym handelnde Gegnergruppe verstärkte bestehende Vorurteile, indem sie auf Straßen und Häuserwänden Parolen malte wie: 'Es lebe die Armee!', 'Dreht um und geht nach Hause!', 'Pfaffen raus!', 'Hippies raus!' usw.

> "Aber bei jeder Etappenankunft erkannten unsere Gastgeber angesichts unserer Müdigkeit konkreter unsere Entschlossenheit. ... Genau die Mühe, die wir hatten, unsere Familien und Höfe zu verlassen, um zu marschieren, bewegte alle, die uns sahen. Weder Presse noch Fernsehen oder alle Reden konnten die einfache Tatsache ersetzen, bei jeder Etappe die Marschierer zu sehen. ... Die Aufgabe des Marsches, möglichst viele Menschen zu sensibilisieren, wurde bestmöglich erfüllt." (30)

Viele Bauern humpelten bald mit Blasen an ihren Füßen, andere nahmen mehrere Kilos ab, manche hatten in den vergangenen Wochen bis zu sieben Tage gefastet, alle schliefen zu wenig. Journalisten fanden immer neue Formeln für den "Kreuzzug": "Opfermarsch", "Marsch der Hoffnung", "Ethischer Marsch", "Marsch der Würde" usw. Neben der Monotonie der Bewegung, Schritt für Schritt auf der Landstraße, wurden täglich wiederkehrende Aufgaben zur Routine: offizielle Empfänge durch Bürgermeister, Gewerkschafter, Landvolk, Kundgebungen, Ansprachen, Interviews. . .

Jeden Abend wurden bei Veranstaltungen zwei mitgeführte Filme über die gewaltfreien Aktionen zur Verteidigung des Larzac gezeigt. Alle Marschteilnehmer, auch die ängstlicheren und öffentliche Reden ungewohnten, waren gefordert. Die Belastung durch den Marsch ließ die Bauern noch näher zusammenrücken, sich besser kennen- und schätzenlernen.

Unterwegs trafen Nachrichten über die weitere Entwicklung des Konfliktes ein, als z.B. der Präfekt vor der Vollversammlung der Bürgermeister des Aveyron am 18.11.1978 die 'arrêtés de cessibilité' für die übrigen Gemeinden bekanntgab und daraufhin die Bürgermeister sich erneut mit den Landwirten solidarisierten.

Auf halbem Wege, in Moulins, erfuhren die Marschierer Giscard d'Estaings Weigerung,

> "oberster Schiedsrichter in dieser Angelegenheit zu sein. ... Diese Art von Problemen muß innerhalb der zuständigen Institutionen geprüft werden und dort ihre Lösung finden..." (31)

Auch Premierminister Raymond Barre bekräftigte bei einem Empfang der Parlamentarier aus dem Aveyron (32) am 22.11.1978 die Absicht der Regierung, die Enteignungen zu vollenden.

Mit Hinweis auf die "Gefährdung der Öffentlichen Ordnung" verbot der Pariser Polizeipräfekt am 24.11.1978 die Abschlußdemonstration, die für den 2.12. auf der Route zwischen der Porte d'Orléans und der Place de la Concorde beantragt worden war.

Bei einer Pressekonferenz im Pariser Sitz der Liga für Menschenrechte am 27.11. unterstrichen drei Larzac-Bauern die feste Absicht, den Marsch wie geplant zu Ende zu führen:

> "Es ist unannehmbar, daß uns nach acht Jahren Kampf und nach 700 km Marsch das Betreten von Paris verboten werden soll. Die Regierung möchte eine Angstpsychose erzeugen. Wir sind immer gewaltfrei gewesen und werden es bleiben. Deshalb rufen wir zu einer Massenkundgebung auf, bei der wir mit unseren Frauen und Kindern an der Spitze gehen werden. Ein starker Ordnerdienst wird die Demonstration einrahmen, die schweigend und ernsthaft

sein wird." (33)

Zahlreiche Organisationen, u.a. die Gewerkschaften CFDT, FEN, die Parteien PS, MRG, PSU oder die Liga für Menschenrechte, riefen ihre Mitglieder auf, die Bauern trotz des Verbotes zu empfangen.

Die öffentliche Solidarität wuchs je mehr sich der Marsch der Hauptstadt näherte, am 24.11. erschien z.B. eine ganzseitige Anzeige von 200 Persönlichkeiten in 'Le Monde' – darunter R. Garaudy, J.P. Sartre, S. de Beauvoir, G. Casalis, R. Dumont, A. Glucksman, Y. Montand, S. Signoret, Cl. Chabrol . . . mit der Überschrift: "Wir unterstützen acht Jahre Kampf ohne Waffen für die Verteidigung des Lebens." Stellvertretend für die zahllosen Stellungnahmen nach dem Verbot sei ein gemeinsamer Offener Brief der Kommission 'Justice et Paix' der katholischen Kirche und der sozialen Kommission der Protestantischen Föderation Frankreichs erwähnt, in dem es hieß:

"... Wie Ihr empfinden wir die Ausrichtung des wirtschaftlichen Lebens auf die Verbreitung von Todesinstrumenten als Skandal. ... Die Lösung, die Ihr vorschlagt, eine Infragestellung des Erweiterungsprojektes – könnte ein Symbol werden. ... Es würde den wirksamen politischen Willen ausdrücken, den Rüstungswettlauf zu bremsen." (34)

Aufgrund des öffentlichen Drucks nahmen die Behörden das Demonstrationsverbot teilweise zurück und genehmigten eine Route auf der Umgehungsstraße zwischen der Porte d'Orléans und der Porte d'Italie. Obwohl damit das Ziel aufgegeben werden mußte, mitten durch die Metropole bis zum Regierungsviertel zu ziehen, akzeptierten die Bauern den Kompromiß. Schon das Verbot drückte in ihren Augen eine gewisse Schwäche der Regierung aus, ein weiteres Beharren auf dem ursprünglichen Demonstrationsweg könnte hingegen eine Eskalation auslösen, die die Larzac-Bauern unbedingt vermeiden wollten.

Während der letzten drei Tage bewegte sich der Marsch zwischen endlosen Fabrikmauern, trostlosen Schlafstädten und den ärmsten Vierteln der Pariser Vorstädte.

"Mein Gott, wie traurig sind die Vorstädte für einen Schäfer des Causse! In Sichtweite der Hauptstadt fühlen sich die Bauern wie in einer anderen Welt, die sie erstaunt, bedrückt und empört. 'Wie können hier Menschen leben!', meinten sie angesichts der Wohnblocks und Hochhäuser. Der Verkehr erscheint ihnen 'infernalisch', die Benzindämpfe beißen in die Nase, und plötzlich packt sie das Heimweh. . ." (35)

Die Bauern wurden innerhalb von zwei Tagen in etwa 20 "roten Rathäusern" der Arbeiterviertel, aber auch von Arbeitern empfangen, die ihre Fabriken – darunter auch der Rüstungsbetrieb SNECMA – demonstrativ verließen. (36)

2.1.1. Abschlußkundgebung in der Hauptstadt

Am Morgen des 2.12.1978 trafen in über 150 Reisebussen 60 weitere Larzac-Bauern und zahlreiche Demonstranten aus ganz Frankreich vor dem Rathaus von Ivry ein, um die Marschgruppe auf ihrer letzten Wegstrecke in die Hauptstadt zu begleiten. Bei der Ankunft an der 'Porte d'Orléans' gegen 15 Uhr wurde der Zug von 8 000 Demonstranten von mindestens 20 000 weiteren Menschen empfangen. Die 22 Dauermarschierer nahmen mit ihrem vom langen Weg verblaßten Transparent 'Marche Larzac Paris 710 km" die Spitze des Demonstrationszuges ein. .

Ihren Gesichtern war die starke Emotion abzulesen, in der sich neben der Erschöpfung und der Freude über das erreichte Ziel auch Angst mischte. Malville, der

Alptraum der gewaltfreien Bewegung, ließ sich nicht völlig aus den Köpfen vertreiben. Unübersehbar war der umfangreiche Ordnerdienst, der sich aus Mitgliedern verschiedener linker Gruppen zusammensetzte und entschlossen war, den Willen der Bauern zum friedlichen Verlauf der Demonstration durchzusetzen.

"Sieben Jahre Lehre und Praxis der Gewaltfreiheit dürfen nicht in einer allgemeinen Schlägerei vor den Toren Lutetias enden!" (37)

Nach Schätzungen waren mindestens 10 000 Polizeibeamte im Einsatz, und einer neueren Taktik entsprechend stellte sich eine CRS-Abteilung vor dem Demonstrationszug auf, die vorausmarschierte und damit dessen Geschwindigkeit bestimmte.

Wie befürchtet faßte eine Gruppe "Autonomer" die Anwesenheit der Polizei als Provokation und Aufforderung auf, sich einzumischen. Schon skandierten sie Sprechchöre wie "Auf nach Paris!", da ihnen die vorgeschriebene Kurzroute unannehmbar zu sein schien. Etwa einhundert Personen mit Helmen und Gesichtstüchern drängten sich vor die ersten Reihen des Demonstrationszuges, um die CRS-Polizisten mit Steinen und Molotow-Cocktails anzugreifen, worauf diese mit Tränengasgranaten antworteten.

Obwohl die inzwischen 40 000 bis 60 000 Demonstranten sofort nach Beginn der Zwischenfälle stehengeblieben waren, wurden sie bald von Chlorgasschwaden eingehüllt. Nach wenigen Minuten der Verwirrung beschlossen die Bauern, ohne Panik langsam weiterzumarschieren. Unter dem Protest der Menge griffen 400 bis 500 "Autonome" erneut die Polizeikräfte an, es fiel ungeheuer schwer, dennoch ruhig zu bleiben, zumal viele Demonstranten unter Atemnot litten.

"Nach zwei Angriffen, die ein mutiger gewaltfreier Ordner-Cordon von der Menge der Demonstranten abhalten konnte, verschwinden die Autonomen. In der Demonstration beenden Akkordeon und Trompeten ein Schweigen, das an der vordersten Front allzu drückend geworden war. . ." (38)

Behauptungen, es handle sich bei den Autonomen insgesamt um 'agents provocateurs', sind sicher übertrieben und unhaltbar, eine Reihe von Beobachtern berichteten jedoch über merkwürdige Vorkommnisse am Rande (39). So soll ein etwa vierzigjähriger Mann mit Bart, Lederjacke, Stiefeln und Tätowierungen Dutzende leerer Flaschen auf die Polizisten geworfen haben, um anschließend ungehindert die CRS-Reihen zu durchqueren.

Wenn solche spektakulären Zwischenfälle sich auch besser für Schlagzeilen eignen als ein geordneter Verlauf, vermochten sie doch nicht völlig den Charakter der Demonstration zu bestimmen. Das Bild des drei Stunden marschierenden Zuges war sehr bunt: rote Fahnen neben violetten der Frauenbewegung, Fahnen der bretonischen, okzitanischen und katalonischen Regionalisten — letztere brachten eine Blaskapelle mit, die selbst in den Tränengasschwaden die heitere Grundstimmung aufrecht zu erhalten half.

Am Abend fand in der Fakultät von Vincennes ein sechsstündiges Informationsfest mit Musik, Tanz, Theater- und Filmvorführungen statt. Währenddessen empfing PS-Vorsitzender François Mitterand einige Bauern und sprach ihnen Mut zu:

"Wir haben nicht die politischen Mittel, um den Staat zum Nachgeben zu zwingen, aber Ihr verfügt über einen mächtigen Hebel: die öffentliche Meinung.
Die Regierenden sind nicht Meister über das, was im Innern eines Volkes geschieht. Wir werden in diesem Konflikt mit Euren Aktionen solidarisch sein. Von unserer Seite braucht ihr keinen Vereinnahmungsversuch zu befürchten. Ihr seid es, die den Kampf führen." (40)

2.1.2.   Auswertung und Folgen des Marsches

Den Versuch einer symbolischen letzten und mit 300 Metern kürzesten Etappe des Bauernmarsches unterbanden am Morgen des 3.12. CRS-Einheiten. Nur 11 Bauern wurden zum Verteidigungsministerium vorgelassen, wo sie Kabinettsdirektor Paul Masson (41) zu einem dreistündigen Gespräch empfing.

Anschließend gaben sich die Bauern gegenüber Pressevertretern sehr zurückhaltend. Ihre eigene Einschätzung wollten sie erst nach Rücksprache mit der Vollversammlung der '103' äußern, daher gaben sie vorwiegend die Aussagen Massons wieder:

Die Regierung wolle die Enteignung auf juristischer Ebene rasch abschließen und danach durch eine Art Flurbereinigung versuchen, das Idealziel zu erreichen, daß kein Landwirt seine Umgebung zu verlassen brauche. Gewisse Flächen könnten nach der Enteignung zurückgegeben werden bzw. während eines Teil des Jahres landwirtschaftlich genutzt werden.

Auch wenn die Presse überwiegend von einem Sieg der Larzac-Bauern sprach (42), war doch der Regierung kein wesentliches Zugeständnis abgerungen worden.

"Vor Ort waren wir stärker als im Pariser Ministerialbüro..." (43),

gab Elie Jonquet selbstkritisch zu bedenken. Die Bilanz der ersten Bauernvollversammlung nach der Rückkehr sah den Erfolg des Marsches in der breiten nationalen Mobilisierung. Auch die Abschlußkundgebung habe bewiesen, daß die Unterstützerbewegung noch immer einen bedeutenden politischen Faktor darstelle und weiterhin die Grundsätze der Larzac-Bauern beachte.

Damit sei zwar Giscard gezwungen worden, "eine Tür zu öffnen", doch schon die neue Erklärung von Armeeminister Bourges am 7.12.1978, das Projekt werde wie geplant durchgeführt und nur zehn Höfe seien betroffen, für die sieben Ersatzhöfe zur Verfügung stünden, habe gezeigt, daß diese Tür ins Nichts führe. Daher müsse der Kampf fortgesetzt werden.

Während einer Kundgebung von 1 100 Teilnehmern auf dem Plateau erneuerten die Bauern am 9.12.1978 ihren Eid:

"Kein Bauer darf gegen seinen Willen vertrieben werden!"

Diese Formel machten sich erstmals auch die Bauernverbände FDSEA und CDJA sowie die Landwirtschaftskammer des Aveyron zu eigen, nachdem die Resonanz des Marsches auch den Verantwortlichen auf nationaler Ebene die Bedeutung des Larzac-Konfliktes verdeutlicht hatte (45). Damit wurde nach Meinung von Hervé Ott

"... eine enorme Schlacht gewonnen. ... Man muß wissen, daß die Regierung ohne die Unterstützung dieser Verbände keine Konfliktlösung finden wird. Denn diese Unterstützung kommt von Wählern ... Giscards!" (46)

Die Sympathie konservativer Kräfte war für die Bauern mindestens so wertvoll wie das Bündnis mit linken Kräften. Die Stimmung in Millau wie im gesamten Departement hatte sich spürbar zu ihren Gunsten verändert. Nachdem der Stadtrat von Millau am 23.11.1978 seine Ablehnung des Erweiterungsprojektes mit dem Beschluß einer Volksbefragung konkretisiert hatte, waren allein aus Millau acht große Omnibusse zur Kundgebung nach Paris gefahren.

Die Mehrheit der 'élus', d.h. der Parlamentarier auf kommunaler, kantonaler, departementaler und vereinzelt sogar nationaler Ebene, des Aveyron entwickelten eine rege Aktivität gegen die Enteignungen. Die Vollversammlung der Bürgermeister verabschiedete am 18.11.1978 eine entsprechende Resolution wie auch der Generalrat am 18.12.1978.

2.2.   Referendum über die Camp-Erweiterung

Von Wahlen hatten die Larzac-Bauern nie ausschlaggebende Entscheidungen für ihren Kampf erwartet, was sie nicht daran hinderte, die Wahlkämpfe zu nutzen und die Volksvertreter auf ihre "Sache" einzuschwören. Spätestens nach Beginn der Enteignungsprozedur galt es jedoch zu beweisen, daß Wahlergebnisse nicht die Haltung der regionalen Bevölkerung zum Larzac-Konflikt ausdrückten. Der Entscheidung des Stadtrates von Millau, eine Volksbefragung zu organisieren, schlossen sich bald die Gemeinden Creissels und La Courvertoirade an. Per Briefwahl sollten sich die Bürger vom 5. bis 9.2.1979 zur Frage "Ja oder Nein zum Camp?" äußern.

Der Präfekt versuchte, Rechtmäßigkeit und Aussagekraft des Referendums zu bestreiten, in mehreren Pressemitteilungen und im Regionalfernsehen warnte er:

> "Eine solche Volksbefragung ist rechtlich nicht haltbar, ... ihre Ergebnisse können folglich keinen offiziellen Wert besitzen. Es handelt sich höchstens um eine Gegenüberstellung persönlicher Meinungen. . ." (47)

Gaullisten wie die Camp-Befürworter der 'MPOL' riefen zur Stimmenthaltung auf, wahrscheinlich sahen sie keine Chance für eine Mehrheit von Ja-Stimmen.

Unabhängig vom Ergebnis hatte das Referendum Bedeutung durch die massive Informationskampagne, für die sich ein breites Bündnis in einem 'Comité de liaison' zusammenschloß, das u.a. aus der Mehrheit der Stadträte, dem 'Comité Millavois', den '103' und der 'Fédération des Grandes Causses', einem Verbund von 17 Naturschutz- und Freizeitgruppen, bestand.

Den Kern der vierwöchigen Kampagne bildeten acht Abendveranstaltungen zu verschiedenen Aspekten der Larzac-Verteidigung, bei denen z.B. ein Senator aus dem Departement Var über die Landschaftszerstörungen durch den Truppenübungsplatz Canjuers sprach oder der Admiral Antoine Sanguinetti die militärische Rechtfertigung der Erweiterung in Frage stellte.

Eine Ausstellung im Trauzimmer des Rathauses von Millau zog viele Bürger an, und die Stadtverwaltung ließ an den Stadtausfahrten vier riesige Transparente mit der Aufschrift "Nein zur Erweiterung des Camps" aufhängen.

Beteiligung und Ergebnisse des Referendums überraschten selbst die optimistischsten Camp-Gegner:

In Millau gaben 68% der Wahlberechtigten — kaum weniger als bei den Legislativwahlen im März 1978 — ihre Stimme ab, davon lehnten 88,43% die Erweiterung ab und 11,55% befürworteten das Camp. Die Ergebnisse in Creissels und La Courvertoirade waren sogar noch eindeutiger, bei einer Teilnahme von 78 bzw. 94% wandten sich 92,66 bzw. 94% gegen das Armeeprojekt.

> "Damit ist eine weitere Stufe im Werben um das öffentliche Bewußtsein erreicht. Ausgegangen von einer Handvoll Bauern hatte es bereits den bewußtesten Teil der Nation gewonnen, dank des Marsches hat es bäuerliche Bevölkerungsteile angesteckt, mit dem Referendum wurde die schweigende Mehrheit selbst erreicht ... einschließlich der RPR-Bastion, da sich (nach Eingeständnis der Ortsgruppe Millau dieser Partei) manche Mitglieder fragen, ob das Erweiterungsprojekt noch opportun sei." (48)

Nach dem Referendum ließ der Stadtrat von Millau (49) Gemeindeland auf dem Plateau wiederaufforsten, und am 24.2.1979 trafen sich auf Initiative von Bürgermeister Diaz 20 weitere Bürgermeister aus dem Süd-Aveyron zur Gründung eines 'Vereins der Parlamentarier gegen die Erweiterung des Truppenübungsplatzes Larzac'. Das 'Comité de liaison' arbeitete auch nach dem erfolgreichen Referendum weiter.

Obwohl die Enteignungsordonnanzen für die Gemeinden Millau und Nant bereits am 2.2.1979 unterzeichnet waren, wurden sie erst am 2.4.1979 verschickt, offensichtlich sollten Referendum und Kantonalwahlen abgewartet werden. Als Zeichen des Protestes blieb das Rathaus von Millau am 3.4.1979 geschlossen. Am 6.4. folgte Millau dem Vorschlag einer "Aktion Tote Stadt", gemäß dem Aufruf der Handelskammer blieben die meisten Geschäfte der Stadt bis 14 Uhr geschlossen, die Lehrer schickten die Schulkinder nach Hause, und in den meisten Betrieben kam es zu einstündigen Arbeitsniederlegungen, in einigen Fällen wurden Betriebe den ganzen Tag bestreikt. (50)

Während des ganzen Vormittags blockierten 30 Traktoren und 2 000 Demonstranten die Nationalstraße 9 an der Brücke über den Tarn, um mittags unter dem Heulen von Alarmsirenen und Glockengeläut zum Mandarous-Platz zu ziehen.

In Anbetracht der geringen Vorbereitungszeit konnte die 'Aktion Tote Stadt' als voller Erfolg gewertet werden.

2.2.1. Patenschaften von Großstädten für Höfe und Weiler auf dem Larzac

Die außergewöhnliche Popularität der Larzac-Bauern wird u.a. durch die Übernahme von Patenschaften für einzelne Höfe und Weiler des Larzac durch französische Großstädte deutlich. Die öffentliche Solidarisierung von Stadtratsgremien, meist mit Mehrheiten der Linksparteien, bedeutete einen beträchtlichen politischen Gewinn für die Kraft des Widerstandes.

Die Larzac-Komitees hatten es als Mangel empfunden, nicht genügend Kontakt zu den einzelnen Landwirten zu haben. Da eine enge Bekanntschaft zwischen allen Komitee-Mitgliedern und allen Bauern nicht realisierbar war, entschieden sich 1975 die ersten der Gruppen, Patenschaften für Höfe zu übernehmen, die im Losverfahren verteilt wurden. Der direkte Kontakt war für die Städter wichtig, um das Wesen des Widerstandes auch emotional und sinnlich sehr nah kennenzulernen, den Bauern die anhaltende Solidarität zu beweisen und ihnen auch andere Inhalte nahezubringen.

Bei Herannahen der Enteignungen bemühten sich die Komitees, diese Patenschaften zu verstärken, indem sie in ihren Heimatorten Gemeindeparlamente zur Übernahme offizieller Patenschaften zu bewegen suchten. Im Januar 1979 forderten sie in einem einheitlichen Brief die französischen Kommunen zu Resolutionen zugunsten des bäuerlichen Larzac, zu Spenden für die APAL, zur Übernahme von GFA-Anteilen und anderen Solidaritätsbekundungen auf. In den folgenden Monaten verabschiedeten mindestens 24 Kommunen außerhalb des Aveyron entsprechende Beschlüsse. Die Stadt Montpellier wählte so z.B. die Weiler Montredon, Les Homs und St. Sauveur als Partnergemeinden. Eine Delegation des Stadtrates, der Bürgermeister Frêche (PS) und zwei Stadträte (PS und PSU), besuchten am 2.6.1979 das Plateau und überbrachten eine Spende von 5 000 Francs für die Larzac-Universität. Den Seniorenclubs empfahl der Stadtrat den Larzac als Urlaubsziel, Schulen ermutigte er, 'classes vertes' (Landschulheimaufenthalte) auf dem Plateau zu organisieren. Im Herbst 1979 wurden Larzac-Bauern zu einem offiziellen Empfang nach Montpellier eingeladen.

Der Stadtrat von Grenoble 'verschwisterte' sich mit dem Hof Cavaliès, Alençon übernahm die Patenschaft für das Dorf La Courvertoirade, Macon für L'Hospitalet, Sète für Pierrefiche und Roanne für den GFA-Hof Costeraste.

Die gegenseitigen Besuche von Stadträten und Landwirten dienten dem Erfahrungsaustausch zwischen Kommunalpolitikern und der öffentlichen Unterstützung der Bauernsache. Die enge Verbindung von so ungleichen Partnern wie z.B. der Großstadt Grenoble mit dem kleinen Hof Cavaliès, geschah von seiten des 'größeren Bruders' gewiß nicht aus dem Motiv eines radikalen Antimilitarismus, sondern zunächst aus Empörung über die Willkür des Staates und aus Sympathie mit dem sichtbaren Aufbauwillen der Larzac-Bewohner.

Das Motto "vivre et travailler au pays" hatte sich auf kommunaler Ebene in ganz Frankreich stark verbreitet.

3.1. Enteignungen "im Namen des Volkes"

Im Zeitraum von Februar bis Mai 1979 ließ das Enteignungsgericht von Millau allen Besitzern von Land innerhalb der Erweiterungszone die amtlichen Enteignungsbescheide (ordonnances d'expropriation) mit der Aufforderung zustellen, Vorschläge über die Höhe der Entschädigungssummen zu machen.

Die einleitende Formel der amtlichen Schreiben "Im Namen des französischen Volkes" veranlaßte den Leitartikler von 'Gardarem Lo Larzac' zu fragen:

"Gibt es zwei französische Völker? Eines, das sich durch seine regionalen Vertreter und direkt über Abstimmungen und Aktionen ausgedrückt hat — und eines in Paris, das durch Gendarmen, Richter, Unterpräfekten und Präfekten alles bestimmen will? Nein! Es gibt nur ein französisches Volk, das nah an der Wirklichkeit lebt und allein fähig ist, über seine eigene Zukunft zu entscheiden! . . ." (51)

Die Bemühungen des Enteignungsrichters Jean Grenet, die Entschädigungssummen im Einverständnis mit den Eigentümern festzulegen, scheiterten bereits bei den ersten Ortsterminen am 24. und 25. 4. 1979 in La Cavalerie, da die Pächter und die 4 500 Mitbesitzer der GFA-Höfe Costeraste und La Tune Preisverhandlungen ablehnten. Schon am Vortag war der Richter über die Presse gewarnt worden, "daß seine Anwesenheit auf dem Plateau unangebracht" sei und die Bauern sie daher nicht zulassen wollten. Auf seinen "Empfang" bereiteten sich neben Bauern auch Mitglieder von sieben Larzac-Komitees und Politiker wie der Generalrat Deruy (52) oder eine Stadträtin aus Montpellier vor.

Erst nach drei Anläufen gelang es Richter Grenet, bis nach La Cavalerie vorzudringen, zweimal kehrte er unterwegs um, nachdem ihm die Gendarmerie warnte, daß ihn Straßensperren erwarten würden. Angesichts einer 'picket-line' vor dem Rathaus suchte der Richter Zuflucht in der Gendarmeriestation und versäumte dadurch den für 10 Uhr angesetzten Termin mit GFA-Verwalter Pirault und dessen Anwalt Roux. Auch die zweite Verabredung um 14 Uhr vermochte Grenet nicht wahrzunehmen, da etwa 100 Demonstranten den Eingang zur Polizeistation durch einen Sitzstreik blockierten und das Eisentor mit Ketten und Vorhängeschlössern verriegelt hatten.

Daraufhin stellten sich die Besatzungen von acht Mannschaftswagen der 'Gendarmerie Mobile' im Innenhof auf, um das Tor zu stürmen. Die davor Sitzenden wurden mit heftigen Gewehrkolbenschlägen vertrieben. Eine Abteilung der Polizei besetzte umgehend alle Ortsausfahrten. Als der Richter jedoch das Rathaus nach 15 Uhr erreichte, waren die GFA-Vertreter längst wieder weggegangen.

Noch mochte der Richter nicht aufgeben, in Begleitung einer Schwadron der Gendarmerie und einer Abteilung Territorial-Soldaten ließ er sich in Richtung des Hofes Costeraste fahren, doch trotz eines Hagelschauers blockierten Demonstranten und eine Schafherde auch diesen Konvoi. Der Richter fuhr querfeldein weiter, um von einem nahen Hügel den Wert des Hofes und des dazugehörigen Landes zu schätzen. Erst nachdem Demonstranten, die die Luft aus Polizeifahrzeugen entweichen ließen, mit Schlagstockeinsatz vertrieben waren, brach Richter Grenet seine Mission ab.

Auch am folgenden Tag blieben ihm die GFA-Höfe versperrt, dagegen willigten ca. 20 Bauern aus La Cavalerie zu Verhandlungen über zusammen 25 ha Privatland ein. Die ersten Visiten des Enteignungsrichters auf dem Plateau nahmen die Arbeiterinnen der seit 18 Monaten bestreikten Textilfabrik Manufrance zum Anlaß, am 24.4.1979 ihre Arbeitsplätze zu besetzen und nach dem Vorbild von LIP mit der Weiterarbeit in eigener Regie zu beginnen. (53)

Zur ersten öffentlichen Verhandlung über die Höhe der Entschädigungssummen im Bereich der Kommune La Cavalerie am 3.5.1979 in Rodez erschienen weder Bauern noch Demonstranten, wodurch ein großes Polizeiaufgebot rund um das Gerichtsgebäude erneut ins Leere lief. Die Bauern erklärten gegenüber der Presse:

"Unser Kampf findet nicht im Gerichtssaal, sondern vor Ort statt."

Rechtsanwalt Roux erläuterte in Rodez, daß die Bauern die Enteignungen nicht hinnähmen, wie hoch auch immer das Entschädigungsangebot sei:

"Wir haben Ihnen, Herr Richter, einen Ausweg angeboten, indem wir für jeden Hektar GFA-Land die Summe von 103 000 Francs nannten, eine symbolische Summe, die an den Eid der '103' erinnert. Sie hätten sagen können, daß der Wert dieses Landes unschätzbar ist und eine andere Qualität besitzt als nur Wechselgeld." (54)

Stattdessen bereiteten die Landwirte mit 60 Traktoren und 150 Helfern am 3.5.1979 fünfzig Hektar Ackerland in Armeebesitz rund um die Festungen Le Pinel, Les Tournets, Le Sot und nahe Montredon zur Aussaat vor. Damit reagierten sie auch auf eine Werbeaktion der Armee, die am selben Tag ein Dutzend Journalisten großer Zeitungen mit einem Sonderflugzeug aus Paris einfliegen ließ. Bei der Besichtigung des Plateaus durch Armeehubschrauber wurde sorgsam das Überfliegen all jener Plätze vermieden, an denen die Bauern illegal Armeeland pflügten.

Nicht nur dem Militär-Experten von 'Le Monde' fiel auf, daß während der public-relations-Veranstaltung für das Camp de la Cavalerie (55) kaum militärische Begründungen für die Erweiterung geliefert wurden.

"Merkwürdigerweise rechtfertigt sich die Armee, wenn sie dazu Gelegenheit hat, mehr mit wirtschaftlichen als mit rein militärischen Gründen..." (56)

Durch den Ausbau des Camps würden 46 hochqualifizierte Arbeitsplätze neu geschaffen und von den 2,3 Millionen Francs, die bis 1984 investiert werden sollten, würden der regionalen Wirtschaft allein durch die Kaufkraft der Berufssoldaten und deren Familien mindestens 120 000 Francs jährlich zufließen. Für die Instandsetzung der 6 km Eisenbahnlinie müßten 110 000 cbm Erdreich aufgeschüttet werden. Daneben plane die Armee die Neuanlage von 4,5 km Kanalisation und den Bau von 6 km Straßen. (57)

Bei ihrer Pressekonferenz am folgenden Tag legten die Bauern eine wissenschaftliche Untersuchung vor, die im Auftrag mehrerer Gemeindeverwaltungen erstellt worden war und deren Ergebnisse die angeblichen wirtschaftlichen Vorteile durch das Armeeprojekt in Frage stellten. Durch die Erweiterung würde das wirtschaftliche Leben der angrenzenden Gemeinden um 70% verringert, die Dörfer La Blaquèrerie, La Blaquière und Les Liquisses müßten ganz geräumt werden usw.

Stolz wiesen die Bauern hingegen auf die Bilanz ihrer Eigenleistungen seit der Ankündigung des Projektes hin. 13 landwirtschaftliche Betriebe seien neu eingerichtet, sechs Schafställe, 11 andere Gebäude, ein Windgenerator, Wasserleitungen und

5 Telefonleitungen gelegt, der Viehbestand um 26%, die Milchproduktion um 43% und die Flächen des Ackerlandes um 29% vergrößert worden.

3.1.1. Bau eines Kulturzentrums auf der Trasse der Armee-Eisenbahn

Nach der erwähnten Studie zweier Geographen des 'CNRS'-Wissenschaftszentrums Montpellier gehörte das Dorf L'Hospitalet an der Nationalstraße 9, wenige Kilometer südlich von La Cavalerie, zu den Gemeinden, deren wirtschaftliches Überleben durch die Camp-Erweiterung extrem gefährdet wäre.

Zwischen 1971 und 1979 hatten bereits zehn von fünfzehn Landwirten ihre Betriebe aufgegeben. Die Durchschnittsfläche der verbleibenden Höfe war mit 85 ha sehr beschränkt, ihr Überleben wäre nur durch Flächenvergrößerung möglich gewesen. Die Gemeindefläche würde durch die Erweiterung des Truppenübungsplatzes durch den Verlust von 514 ha um 43% amputiert. Damit wäre gleichzeitig die Zukunftshoffnung des Dorfes auf Zweitwohnsitze und Seniorenwohnungen bedroht.

"Der Bevölkerungsschwund der Gemeinde wird seinerseits auch die Aufrechterhaltung der Dienstleistungen im Dorf problematisch werden lassen."

Der Lärm der Schießübungen und Panzerfahrten würde den Tourismus verunmöglichen, dem Exodus der Landwirtschaft würde der Wegzug der übrigen Bevölkerung folgen.

"Die Mode des 'grünen Tourismus', entstanden aus der Verstädterung, setzt Ruhe voraus und unterscheidet sich wesentlich vom Tourismus an den Küsten. Eine natürliche Umwelt, eine 'Rückkehr zur Natur' sind seine Grundlagen..." (58)

Die Einwohner von L'Hospitalet wußten seit längerer Zeit vom Beginn der Bauarbeiten auf der Bahnlinie Tournemire – L'Hospitalet (59), doch erst als Soldaten im März 1979 den Bahnhof im Dorf mit Stacheldraht einzäunten und größere Mengen Baumaterial lagerten, wurde ihnen schlagartig bewußt, daß hier ein Verladebahnhof für Panzer, Munition und Nachschub entstehen sollte. Eine Welle der Empörung führte am 30.3.1979 zum Beschluß des Gemeinderates, kein Gemeindeland an die Armee zu verkaufen, und zur Forderung, die Bauarbeiten abzubrechen. (60)

Der Enteignungsrichter bekam die neu erwachte Widerstandsbereitschaft der Dorfbevölkerung bei seinen Ortsterminen in L'Hospitalet am 16. und 19. Mai 1979 deutlich zu spüren. Als er am ersten Tag über die Entschädigungssummen für die Flächen der Gemeinden und der GFAs verhandeln wollte, war das mit zahlreichen Protestplakaten beklebte Rathaus von 200 bis 300 friedlichen Demonstranten belagert, worauf Richter Grenet im Konvoi der Gendarmeriefahrzeuge unverrichteter Dinge nach La Cavalerie zurückfuhr. Am Nachmittag schickte er, am Dorfrand wartend, den Kommandanten der Gendarmerie als Kurier zu den GFA-Vertretern – der Bürgermeister hatte sich entschuldigen lassen.

Angesichts der nicht möglichen Einigung fuhr der Richter mit seiner Eskorte zu den umstrittenen Äckern und Weiden, mit Traktoren folgende Landwirte wurden von den Ordnungshütern abgedrängt. Einen gewissen Schutz gegen allzu harte Übergriffe bildete die Anwesenheit von Pressefotografen.

Am folgenden Tag erschienen nur drei von 35 Besitzern zum Termin mit dem Richter im Rathaus, darunter ein offenbar ortsunkundiger Erbe und nur ein einziger Dorfbewohner, wieder demonstrierten viele Einwohner vor dem Rathaus.

"L'Hospitalet reiht sich in die vorderste Linie ein – Neuer Mißerfolg für Richter Grenet", berichtete stolz 'Gardarem Lo Larzac' (61).

Bei einer ersten Bürgerversammlung am 19.5.1979 beschlossen die Camp-Gegner, d.h. die Mehrheit des Dorfes, sich parallel zur gewählten Gemeindevertretung selbst zu organisieren, und wählten zu ihrem Sprecher den Landwirt August Valette.

Der Gemeinderat hatte am 11.4.1979 eine erste Planstudie für den riesigen Militärbahnhof erhalten. Anfang Juli 1979 forderten die Behörden eine Stellungnahme zu drei verschiedenen Ausführungsmodellen, das Dorfparlament beschloß am 17.7.1979, alle drei Pläne abzulehnen. 96% der Dorfbewohner unterschrieben eine Protestresolution gegen den Armeebahnhof, die Liste wurde dem Unterpräfekten am 25.7.1979 übergeben. Inzwischen neigte der Bürgermeister auch dazu, sich gegen die Auswirkungen des Projektes, zumindest auf seine Gemeinde, einzusetzen.

Die jahrelange Widerstandpraxis des Larzac ließ bald auch in L'Hospitalet einen geeigneten Ansatzpunkt zur Behinderung der Militärpläne finden. Die Bahnstrecke östlich der Nationalstraße war vor Jahren von der Gemeinde erworben und zu einer Teerstraße ausgebaut worden. Das Grundstück grenzte an den alten Truppenübungsplatz und bot sich damit als strategisch günstige Stelle an, um mitten auf der geplanten Militärtrasse ein Kulturzentrum für die Larzac-Gemeinden zu errichten!

Am 26.7.1979 zog die Dorfbevölkerung von L'Hospitalet in einem Demonstrationszug zur Baustelle, wo Gemeinderatsmitglieder in Anwesenheit des Bürgermeisters Privat einen Findling als Grundstein legten. Vertreter anderer Gemeinden, wie der stellvertretende Bürgermeister von Millau, Rimlinger, als Sprecher der 'association des élus', oder die Bürgermeister von La Courvertoirade und St. Jean-de-Bruel, drückten in Ansprachen die Verbundenheit mit dem Gemeinschaftsprojekt und dem Widerstand gegen den Truppenübungsplatz aus.

Von den äußeren Maßen abgesehen – das Kulturzentrum ist 20 mal 7 Meter groß groß – bietet sich der Vergleich mit der "Kathedrale des Widerstandes" in La Blaquière an. Es handelt sich um dieselbe Mischung aus Behinderung und Aufbauwillen, mit dem notfalls illegale materielle Tatsachen geschaffen werden, um sich "im Lande" zu behaupten.

Ein Demonstrant fragte, "Wann kommt der nächste Zug?" und ein Bauer neben ihm fragte zurück: "Um wieviel Uhr oder in welchem Jahrhundert?"

Wiederholte Versuche des Präfekten, den Gemeinderat und insbesondere den Bürgermeister unter Druck zu setzen, zeigten zunächst keine Wirkung. Täglich kontrollierten Gendarmen die Personalien der am illegalen Bau beteiligten Dorfbewohner und auswärtigen Freiwilligen.

Die vom Präfekten Ende August 1979 verfügte Einstellungsanordnung blieb unberücksichtigt, am 2.9.1979 wurde das Richtfest gefeiert, und im Frühsommer 1980 begannen im Kulturzentrum die ersten Veranstaltungen. Indessen sah sich die Armee gezwungen, die Schienenlegung zwei Kilometer vor dem alten Bahnhof abzubrechen. Der Präfekt und der Bürgermeister schlugen nun eine neue Trassenführung für die restliche Strecke vor, die das Dorf umgehen würde und den Bahnhof innerhalb des alten Camps vorsah. Für diesen Plan benötigte die Armee jedoch erneut Flächen, die sie gegen Armeeland tauschen wollte. Trotz einer eigenmächtigen Zustimmung des Bürgermeisters lehnte die zuständige SAFALT-Kommission den Landtausch ab. Am 22.8.1980 demonstrierten 500 Personen gegen die fortgesetzten Versuche, das Bahnhofsprojekt gegen die Bevölkerung durchzusetzen, und stellten auf den Schienen symbolisch und reell einen Prellbock aus Beton mit der Aufschrift "Sackgasse" auf.

3.2.   Unterbrechung der Enteignungsmaßnahmen

Der ehemalige Armeeminister und Premierminister Pierre Mesmer lehnte am 11.4. 1979 die von der PS-Fraktion in der Nationalversammlung geforderte 'Kommission zur Untersuchung der Rechtfertigungsgründe der Camp-Erweiterung sowie deren ökonomischer Folgen für die Region' im Namen der Gesetzeskommission mit der Begründung ab, das Parlament sei stets ausreichend über den Sachverhalt informiert worden, es gäbe keine Geheimakten und die gesamte Prozedur sei völlig normal verlaufen.

"Ja, mehr noch, die Bedingungen, unter denen das Erweiterungsprojekt der Öffentlichkeit und den Betroffenen bekanntgegeben wurde, sind in dieser Hinsicht vorbildlich gewesen..."

In Verhandlungen würden die

"Voraussetzungen geprüft, wie der Truppenübungsplatz in das lokale Leben eingegliedert werden kann. Man kann also nicht von einer 'willkürlichen' Entscheidung der Regierung sprechen."

Die an den Volksbefragungen abzulesende überwiegend ablehnende Haltung der regionalen Bevölkerung wurde ebensowenig berücksichtigt wie die mehrmalige Widerlegung der erneut erhobenen Behauptung von der

"geringe(n) Anzahl von Betrieben in der betroffenen Zone. . ." oder der "schlechten landwirtschaftlichen Qualität der Böden. . ." (62)

Den Primat der Politik betonte auch der Generalstabschef des Heeres, General Lagarde, bei einer militärischen Zeremonie Ende Mai 1979 in Montpellier:

"... Armee und Exekutive dürfen nicht verwechselt werden. Wir übernehmen nur dann Land, wenn es uns die Exekutive zur Verfügung stellt. Der Verteidigungsminister gehört dem politischen und exekutiven Bereich an. Die Armee handelt nur auf Befehl der Öffentlichen Macht, der sie untersteht. Wir werden also ein Gelände nur nutzen, wenn es uns durch verwaltungsmäßige und juristische Maßnahmen zur Verfügung gestellt wird, und haben keinerlei Handhabe, diese Prozeduren zu beeinflussen. ... Noch sind Probleme zu regeln, aber das ist keine französische Besonderheit. Dieselben Probleme stellen sich in jedem demokratischen Land. Der Unterschied ist nur, daß sie bei uns schnell politisiert werden. . ." (63)

In seiner defensiven Tendenz (z.B. fiel kein einziges Mal das Wort Erweiterung) paßte der Kommentar des Generals zur zeitweiligen Unterbrechung der Enteignungsprozedur, die sich aus Verhandlungen der Bauern mit der Regierungsseite ergeben hatte.

Trotz der skeptischen Beurteilung ihres Empfanges durch Paul Masson am 3.12. 1978 im Armeeministerium gaben die Bauernvertreter ihre Hoffnung nicht auf, durch Verhandlungen zu einer positiven Entscheidung auf höchster politischer Ebene zu gelangen. Bei der nächsten Zusammenkunft am 17.1.1979 in der Präfektur von Rodez hatte der technische Berater von Armeeminster Bourges, Schmidt, als Ziel der Verhandlungen formuliert:

"Bedingungen für Organisation und Verlauf eines weiteren Dialogs über die landwirtschaftlichen Probleme zu schaffen."

Von den altbekannten Ausmaßen der Erweiterung ausgehend, sollten die Landwirte sich auf Veränderungsvorschläge einigen, die er dann "von der technischen Seite prüfen" wolle, ob sie mit einer rationellen Nutzung durch die Armee vereinbar seien. Eine so einseitige Mitwirkung lehnten die Bauernvertreter (64) ab, sie wollten grundsätzlicher nach dem Motto verhandeln, daß kein Landwirt seinen Hof aufgeben müsse.

Die Vereinbarung, die Öffentlichkeit erst am Ende der Gespräche in einem gemeinsamen Kommuniqué zu informieren, bewirkte, daß über diese Verhandlungen ebenso wenig Aussagen gemacht werden können wie von einem weiteren Gespräch am 10.4.1979, zu dem auf behördlicher Seite zusätzlich ein Vier-Sterne-General sowie Vertreter des Verbindungsbüros "Armée-Domaines" und der departementalen Landwirtschaftsverwaltung DDA hinzugezogen wurden. Die Atmosphäre soll sehr gespannt gewesen sein, zumal die Bauern auf der Teilnahme eines nichtlandwirtschaftlichen Plateaubewohners und zweier Mitglieder des 'Comité Millavois' bestanden.

Beim Empfang der bäuerlichen Delegation am 15.5.1979 im Pariser Verteidigungsministerium teilte Paul Masson mit, daß er für diese Verhandlung erstmals von der Regierung mit Entscheidungsbefugnissen ausgestattet worden sei. (65)

Auch der Verlauf dieses Gespräches wurde nicht veröffentlicht, doch die Bauern stimmten dem gemeinsamen Schlußkommuniqué zu, da sie das Ergebnis als Erfolg ansehen konnten:

Die Enteignungsprozedur wurde vorläufig für zwei Monate unterbrochen, d.h. es ergingen keine neuen Enteignungsbescheide und Richter Grenet durfte nur die zuvor erlassenen Bescheide weiterbearbeiten.

Nach einer Vorbereitungsphase bis zum 15.5.1979 gingen die Verhandlungen in eine kontrovers diskutierte Bestandsaufnahme des Zustandes der Landwirtschaft auf dem Larzac sowie der Landbesitzverhältnisse zwischen Armee und Bauern über. Die Unterbrechung der Enteignungsprozedur war die Vorbedingung, um in gemischten Kommissionen die individuellen Situationen aller betroffenen Höfe zu prüfen.

Die Vollversammlung der '103' begrüßte am 17.5.1979 einstimmig das Schlußkommuniqué und damit die Haltung der Verhandlungsdelegation. Starke Zweifel und kritische Fragen aus den Larzac-Komitees führten jedoch zu monatelangen Spannungen, die durch Behauptungen im staatlichen Rundfunk, daß die Bauern sich von ihrer Unterstützerbewegung getrennt hätten, weiter verschärft wurden.

Diese Diskussion bestimmte die erste Vollversammlung aller Komponenten der Larzac-Bewegung am 26. und 27.5.1979 in La Salvage (66), wo Befürchtungen geäußert wurden, die Bauern könnten durch geschickte Manöver der Regierungsseite sowie den Druck konservativer Bauernverbände zu gefährlichen Zugeständnissen getrieben werden. Die Einengung des Problems auf rein landwirtschaftliche Fragen ließe keine ausreichende Interessenvertretung der übrigen Bevölkerung zu und klammere die weitgehenden politischen Argumente der Unterstützerbewegung aus. Die Nichtöffentlichkeit der Verhandlungen vergrößere die Spaltungsgefahr und könne zu einer Entmobilisierung der gesamten Protestbewegung führen.

Viele der Befürchtungen wiesen die Larzac-Bauern als unbegründet zurück oder erklärten sie als Folgen von Mißverständnissen. Sie erinnerten daran, daß ihre Gesprächsbereitschaft wie bereits 1972 und 1976 nicht zum Verrat an ihren Eidesversprechen geführt hätten und nur so die Ansichten der Gegenseite kennengelernt werden könnten. Die Behinderung des Enteignungsrichters am Tag nach den Pariser Verhandlungen habe den Willen und die Fähigkeit der Bauern bewiesen, sich weiterhin vor Ort mit direkten Aktionen zu wehren.

Die Weigerung der Regierung, über andere als rein landwirtschaftliche Aspekte zu verhandeln (67) oder Vertreter der nicht-bäuerlichen Bevölkerung zuzulassen, blieben noch zu lösende Probleme.

"Wir, die Landwirte, haben diese Gespräche gemeinsam mit unseren Berufsverbänden in Gang gebracht. Weshalb wir? Weil wir im Gegensatz zu den Nicht-Landwirten auf dem Plateau 1.) in einem beruflichen Interessenverband organisiert sind und es eine gemeinsame Haltung der Larzac-Bauern mit ihren Berufsverbänden gibt. . .

2.) die Bauernverbände in unserem Departement ein wichtiges politisches Gewicht haben und auf nationaler Ebene FNSEA und CNJA die Haltung der departementalen Organisationen im Aveyron verteidigen,

3.) wir unabhängig von jeder gewerkschaftlichen Einstellung durch unsere Anwesenheit und unseren Beruf über eine gewisse Kontrolle des Bodenbesitzes verfügen.

Die Besetzung des Bodens durch landwirtschaftliche Nutzung stellt den Schlüssel zum Larzac-Problem dar. Aus diesem Grunde kommt uns eine zentrale Rolle in diesem Kampf zu. ... Auf jeden Fall wird die Entscheidung über eine echte Lösung des Problems niemals allein von einer Handvoll Delegierter in einem Präfekten- oder Ministeriumsbüro getroffen werden, sondern von allen direkt betroffenen Menschen auf dem Plateau und all den anderen in der Region und anderswo, die mit uns gekämpft haben. . ." (68)

Verhandlungen bedeuteten für die Bauern keinesfalls Kapitulation, die Alternative hieß jedoch, entweder einen totalen Konfrontationskurs zu verfolgen – mit dem Risiko einer gewaltsamen Beendigung des Konfliktes durch den Staat – oder eine letztlich von allen Seiten akzeptierbare Lösung zu erstreiten. Nach den Erfahrungen, gerade auch aus dem Frühjahr 1979, war der gewaltsame Enteignungsvollzug durch eine Zwangsräumung der Höfe wenig wahrscheinlich, wenn auch nicht völlig ausgeschlossen. Realistischer erschien die Strategie des Aushungerns, um die Bauern zum freiwilligen Abzug zu bewegen. Die Hinterlegung der Entschädigungssummen auf Sperrkonten der 'Caisse de dépôts et consignations' könnte sich neben der bisherigen ökonomischen Blockade und den Übergriffen bei Manövern als weiteres Instrument im Nervenkrieg erweisen. Falls die Bauern dieses Kapital nicht innerhalb einer bestimmten Frist abriefen – und damit indirekt der Enteignung zustimmten –, würde es verfallen und im Extremfalle verlören die Bauern sowohl Höfe und Ländereien als auch die Ersatzmittel für eine neue Existenzgründung.

3.2.1. Positive Wirtschaftsbilanz der nicht enteignungsbereiten Landwirte

Die Vertreter aller von der Erweiterung betroffenen Höfe fanden sich, in sieben Quartiers-Untergruppen aufgeteilt, vom 31.5. bis 12.6.1979 zur Bestandsaufnahme in der Unterpräfektur ein. Dort hatten sie folgende Fragen zu beantworten:

"– Sind sie mit den Zahlenangaben der departementalen Landwirtschaftsverwaltung (DDA) einverstanden, soweit sie Ihren eigenen Betrieb betreffen?
– Wieviel Land benötigen Sie, um Ihren Hof weiter bewirtschaften zu können?
– Sind Sie bereit, sich an anderer Stelle einen Hofplatz zuweisen zu lassen?" (69)

Mit Genugtuung beobachteten die Bauern die wachsende Unsicherheit des Unterpräfekten, der als Ziel formuliert hatte, "die bestehenden landwirtschaftlichen Aktivitäten aufrechtzuerhalten und zu entwickeln", bis er die letzte Sitzung mit dem nördlichen 'quartier' kommentierte:

"Die Bedingungen für eine Einigung sind wohl noch nicht gegeben. ... Die enteignende Autorität kann, ich sage nicht muß, das Land in Besitz nehmen." (70)

"... Starke Momente waren die kurzen, nüchternen aber entschlossenen Antworten von Bauern, die bisher oft sehr am Rande des aktiven Kampfes standen. So sehr, daß selbst die nächsten Nachbarn nicht wissen konnten, was sie ... antworten würden. Und jedesmal hörten wir ein: 'Ich will nicht weggehen' ..., dessen Entschiedenheit keinen Zweifel übrigließ. ... Wenn die Regierung ehrlich gespielt hat, muß sie jetzt nachgeben, wenn sie Hintergedanken hatte, muß sie ebenfalls nachgeben." (71)

Das offizielle Ergebnis der Bestandsaufnahme bestätigte im wesentlichen die seit langem von den Bauern vorgetragenen Angaben: Von den umstrittenen 13 700 ha wurden mindestens 9 183 ha landwirtschaftlich genutzt, dazu kamen die Gemeindeflächen und die Grundstücke der SAFALT. Die 9 183 ha verteilten sich auf 83 Betriebe, d.h. 106 Betriebsleiter. Für 39 von 83 Betrieben war das Problem durch Verkauf, Tausch oder zeitweilige Nutzungsverträge mit der Armee bzw. durch Einigung mit dem Enteignungsrichter gelöst. Das Zahlenverhältnis von 39 zu 83 Betrieben drückte nicht die Flächenverhältnisse aus, da die 39 Betriebe nur 16% der landwirtschaftlich nutzbaren bzw. 10% der gesamten für die Erweiterung vorgesehenen Fläche darstellten.

Die übrigen 44 Betriebe weigerten sich umzusiedeln, zu verkaufen oder zu tauschen, sie verfügten über 84% des landwirtschaftlich genutzten Geländes. Nach Ansicht des Unterpräfekten müßten von ihnen die Höfe Costeraste, La Tune, Beaumescure, Les Homs, Montredon, Cavaliès, Les Beaumes-Jassenove, Potensac und La Blaquière ihren Betrieb völlig einstellen.

Umstritten blieben darüber hinaus 35% der Erweiterungsfläche, die kollektiv mit Pachtverträgen genutzten Gemeindeflächen und der Besitz der SAFALT.

An die Skeptiker in den Larzac-Komitees gewandt, zogen die Bauern eine positive Bilanz der Verhandlungsphase:

"Im Rückblick erscheint die zeitweilige Unterbrechung der Enteignungsprozedur als ein Waffenstillstand, der in keiner Weise die Kampfkraft der Bauern, die Einheit in der Aktion und die Haltung gegenüber der Regierung geschwächt hat. ...
Ist erst die Lebenskraft der Landwirtschaft, die Ernsthaftigkeit der Neusiedler, die tödliche Gefahr der Camperweiterung für das gesamte wirtschaftliche und soziale Leben des Süd-Aveyron anerkannt, dann bleiben noch viele Fragen zu untersuchen, ... angefangen mit der Existenzberechtigung des Erweiterungsprojektes. Natürlich wird die Lösung des Problemes radikaler je tiefer man den Dingen auf den Grund geht. ...
Wir glauben weiterhin, daß die Aktionen, die wir mit vielen anderen auf allen Ebenen weiterführen werden, von primärer Bedeutung sind,
daß die Bereitschaft zu Gesprächen mit der Regierung in keiner Weise der Bereitschaft zu Aktionen schadet,
daß, solange die Gesamtheit der Bauern auf ihren Höfen bleibt und solange die auswärtigen Unterstützer mobilisiert bleiben, für die Regierung das Problem in seiner ganzen Breite weiterbestehen wird. ...
Vielleicht wird sie zu den letzten gehören, die diese Tatsache begreifen, das liegt in der Natur der Sache. Debré hat einmal gesagt: 'Das Volk ist im tiefsten seines Wesens weiser als seine Prinzen. . .'" (72)

3.2.2. 'Baustelle Larzac' — längste aller Großkundgebungen

Nach den Großkundgebungen der Jahre 1973 und 1974, dem Sommer 1975 mit dem Motto "Larzac ist überall" und dem offensiveren 'rassemblement' 1977 verlangte die Herausforderung der Enteignungen im Sommer 1979 eine angemessene Antwort. Den Bauern erschien ein 'Larzac-Plan' offensiver Aufbauarbeit geeignet, um der Regierung wie der öffentlichen Meinung den unveränderten Willen der Larzac-Bewohner zu zeigen, in ihrer Heimat zu bleiben und ihre Lebensqualität durch eigene Anstrengungen zu verbessern.

"Die Maschinerie der Verwaltung und der Justiz wird sich noch eine Zeitlang drehen, aber sie wird sich im Leerlauf drehen. Die Entscheidungen ... dürfen keine Auswirkungen auf das reale Leben haben. . ." (73)

"Nicht mehr Eigentümer zu sein, im eigenen Hof nicht mehr zu Hause zu sein, ist manchmal schwer zu verkraften. ... Wir mußten darüber hinwegkommen, daß Eigentumstitel nicht das Wichtigste sind. Was viel mehr zählt, ist die Tatsache, hier zu leben, vor allem hier zu arbeiten. ... Den Willen zu behaupten, hier zu bleiben, ohne von den moralischen Wirkungen der Enteignung ins Wanken gebracht zu werden, das ist der Schlüssel zum Larzac, sagte ein Bauer aus St. Sauveur." (74)

Dieses Ziel zu verwirklichen halfen ca. 1 000 Freiwillige, darunter auch etwa 100 Deutsche, die auf den verschiedenen Baustellen des Sommers 1979 arbeiteten und damit zeigten, daß sich die auswärtige Unterstützung nicht auf sporadische Wochenenddemonstrationen beschränkte.

"Noch nie war die Unterstützung von außen so nahe am Alltagsleben der Bauern. ... In den kommenden Monaten wird das bessere gegenseitige Verständnis eine größere Fähigkeit zum gemeinsamen Kampf mit sich bringen..." (75)

Der 'Startschuß' für den 'Sommer der Baustellen' war am 24.3.1979, als Bauern und Helfer aus den Larzac-Komitees Millau und Montpellier 700 Meter Rohre verlegten, um dem Weiler Potensac (vier Familien und eine große Schafherde) Wasser zuzuleiten. Die Pressemitteilung verwies auf die Kontinuität der Aufbauleistung:

"Was uns die Verwaltung verweigert, machen wir für uns selber. Nach zwanzig Ställen, Scheunen und Melksälen, wobei 6 Ställe ohne Baugenehmigung im Erweiterungsgebiet gebaut wurden, also insgesamt 5 645 qm umbauter Fläche, nach 13 km Wegen, nach Telefonleitungen zwischen 5 Höfen, der Wasserleitung für 2 Familien und dem Windgenerator für 2 Familien ist heute die Wasserleitung für Potensac an der Reihe..." (76)

Für den Sommer 1979 wurde der Bau zweier weiterer Scheunen und eines Stalles angekündigt, wofür die 'APAL' das Material stellte.

Ab Ende Juni besprachen die Freiwilligen regelmäßig in der Koordinationsstelle St. Martin mit den Einheimischen die organisatorischen Probleme der über zehn Baustellen. Die Planung wurde durch die unvorhersehbare Anzahl der Freiwilligen erschwert. Während im Juli die Baustellen nur knapp besetzt werden konnten, mußten im August täglich etwa 130 Menschen eingeteilt werden. Daraus ergaben sich Verteilungsprobleme für Werkzeug und Material, spontan wurden neue Baustellen eingerichtet.

Die sechs Stunden pro Tag arbeitenden auswärtigen Helfer organisierten sich selbst, ihnen wurden lediglich Zeltplätze mit Wasserversorgung zur Verfügung gestellt. Dennoch blieb ihnen Zeit zu Filmvorführungen oder Diskussionen mit den Bauern, z.B. in der 'Grande Jasse', einem Schafstall an der Nationalstraße, der als Informationszentrum ausgebaut worden war.

Im Larzac-Plan nahm die Verbesserung der Kommunikationsmittel, insbesondere der Ausbau des Wegenetzes, großen Raum ein. Es galt, Steine zu zerkleinern, sie auf den von Militärfahrzeugen aufgewühlten Wegen zu verteilen und mit Sand oder Teer einzuebnen.

An 31 Kreuzungen wurden 131 Wegweiser und Hinweisschilder aufgestellt; neben der Orientierungshilfe für Auswärtige sollte damit auf die Existenz von Höfen hingewiesen werden, die von offiziellen Karten bereits gestrichen worden waren. Findlinge wiesen auf Orte hin, deren Überlebenswille besonders betont werden sollte, z.B. La Blaquière, Montredon, Les Truels, Cavaliès, aber auch die Neubaustelle von Le Cun.

Ab Mitte Juli wurde auch das illegale Telefonnetz auf 26 Höfe ausgeweitet (77), zu diesem Zweck verlegten Freiwillige 15 km Draht zum Teil über Masten, die früher die Post aufgestellt hatte. Das Telefonnetz ersparte den Bauern viele Kilometer Fahrt, Zeit und Benzin. Einige Höfe außerhalb des Erweiterungsgebietes sind gleichzeitig an das offizielle Postnetz wie an das illegale Larzac-Telefonnetz angeschlossen.

Unter den vielen Baustellen-Vorhaben entstand auch ein Windrad aus wiederverwendetem Material zur Stromversorgung des Weilers St. Martin. Der alte Schafstall in La Blaquière, dessen drohender Zusammenbruch Anlaß zum Bau des illegalen Großstalles war, wurde von über hundert Helfern neu errichtet.

Bei Cavalès wurde eine neue 'lavogne', die traditionelle Form der Viehtränken, ovale mit Steinen ausgebaute Bodenvertiefungen zum Sammeln des Regenwassers, gebaut, da die soldatischen Besetzer die Zisternen des Hofes unbrauchbar gemacht hatten.

Ein Großteil der Finanzierung stammte aus dem Verkauf von Informationsmaterial an etwa 30 000 Besucher der Informationszentren während des Sommers.

Auffällig war die neuerliche Konzentration der Baustellen auf den Norden des Plateaus, selbst der von der Larzac-Universität herausgegebene Wanderführer "Promenades sur le Larzac" (78) beschränkte sich auf die wohlhabendere und im Widerstand aktivere nördliche Plateauhälfte.

Am Ende des Sommers waren die meisten Vorhaben des 'Larzac-Plans' verwirklicht, der Rest ließ sich nicht auf eine Jahreszeit oder einzelne Baustellen beschränken. So sollte gemeinsam weiteres Brachland kultiviert werden, dessen Ernteerlös in die Larzac-Kampfkasse flösse. Geplant waren außerdem ein kooperativer Veterinärmedizin-Dienst, eine mobile Mechanikergruppe für die Reparatur von Landmaschinen, Lieferwagen für Lebensmittellieferungen und die Kreation einer neuen Larzac-Käsesorte. Weitere Neusiedler sollten gesucht werden, die fähig wären, sich in die Gemeinschaft einzugliedern, ihren Lebensunterhalt selbständig zu verdienen und die Weiterführung des Larzac-Aufbauplans zu unterstützen. Die Gründung einer eigenen Larzac-Bank nahm allmählich konkrete Formen an.

3.2.3.   Radio 'Freies Larzac'

Seit beim 'rassemblement' im Sommer 1977 mehrere "freie" Radiosender (79) auch auf dem Larzac subversive Inhalte ausgestrahlt hatten, planten die Bauern, auf diese Weise das Wort selbst zu ergreifen. Auswärtige Spezialisten halfen, im August 1979 drei Sendungen durchzuführen, Plakate kündigten im voraus Sendezeiten und Empfangsfrequenzen an.

Kurz vor der ersten Sendung am 3.8.1979 fuhren nahe des Hofes L'Hôpital mehrere Polizeifahrzeuge vor, offenbar wurde die Senderquelle bei den Burguières vermutet.

"Zu dieser Zeit ernteten Pierre und Jean-Marie in der Nähe ein Kornfeld ab. ... Pierre springt in sein Auto und erwischt die Polizisten kurz vor seinem Hof. ... 'Sie sind hier auf meinem Privatweg, fahren Sie wieder zurück!' Die Gendarmen weigern sich. 'Dann laß ich die Luft aus Ihren Reifen raus.' In diesem Moment kommen zwei Autos mit Freunden an und blockieren den Gendarmen den Weg. Obwohl der Fahrer sieht, daß er eingezwängt ist, versucht er, rückwärts zu entkommen – und stößt auf das Auto hinter ihm. 'Da müssen wir im Protokoll aufnehmen.' ... Die Gendarmes Mobiles sind aber nicht für Verkehrsunfälle zuständig. Nach einer halben Stunde kommen zwei Motorradstreifen an, um festzustellen, daß fast kein Schaden entstanden war.
Es ist acht Uhr. Die Sendung ist vorüber. Vielleicht ist sie vom Hof L'Hôpital ausgestrahlt worden. . ." (80)

Zur gleichen Zeit verjagte Jean-Marie Burguière mit seinem Mähdrescher ein weiteres Polizeifahrzeug vom Hofgelände. Eine darauf eintreffende Verstärkung der 'gardes mobiles' befreite ihre Kollegen aus der unangenehmen Situation.

Während der nächsten Sendung am 6.8.1979 unterblieben Versuche, die Sende-anlage zu beschlagnahmen, statt dessen leistete ein Störsender effektive Arbeit. Bei der letzten Sendung am 17.8.1979 wechselte Radio "Freies Larzac" mehrfach die Frequenz.

Die drei Programme enthielten eine Mischung aus Musik, Informationen und humorvollen Kommentaren des Larzac-Kampfes. Besonderes Interesse fand eine Podiumsdiskussion zwischen Politikern der Region, die sich in der Gegnerschaft zum Camp einig waren.

3.3. Ende des Waffenstillstandes

Als Anfang Juli 1979 in der Nähe von Montredon und Cavaliès 150 Hektar Busch- und Weideland abbrannten und dadurch zwei Betriebe die Hälfte ihrer Weideflächen verloren, sprachen die Landwirte von einer 'Politik der verbrannten Erde', da die äußeren Umstände und die Häufung der Brände den Verdacht von Brandstiftung nahelegten (81). Der Brandherd lag unweit des 'Forts' Les Tournets, wo unmittelbar zuvor Manöverübungen mit automatischen Feuerwaffen stattgefunden hatten.

Die Militärs benutzten nicht ihre Funkausstattung, um die Feuerwehr herbeizurufen. Anwohner und Freiwillige von den Baustellen, die zur Selbsthilfe greifen wollten − das Feuer näherte sich bereits bedrohlich den Häusern von Montredon −, wurden von der Mobilgendarmerie in Kampfausrüstung zur Personenkontrolle festgehalten.

Als einzelne Soldaten dem sich ausbreitenden Feuer nicht länger untätig zusehen mochten, erhielten sie Befehl, die Brandbekämpfung einzustellen, da Zusammenarbeit mit Zivilisten nicht gestattet sei.

Die Brandursache wurde amtlicherseits nie geklärt, es kam lediglich zu Beschuldigungen, daß Freiwillige von der Baustelle in Montredon den Brand verursacht hätten.

Mit dem Ende der Urlaubzeit setzte verstärkt eine neue Welle von Zwischenfällen ein, die mit der nächtlichen Zerstörung von mindestens 15 Hinweisschildern um La Blaquière und Cavaliès begann. Ein Hakenkreuz auf dem Findling vor dem Neubau von Le Cun deutete auf den Geist der anonymen Täter hin. Das Beschmieren eines Autos in Cavaliès mag ein Racheakt an den Besetzern gewesen sein, die mehrmals von ihnen blockierte Armeefahrzeuge mit Parolen bemalt hatten.

Für die Bauern und die Regionalpresse bedeuteten diese Zwischenfälle und insbesondere das massive Auftreten von Manövereinheiten außerhalb des Camps das "Ende des Waffenstillstandes".

Die Bewohner des Weilers La Blaquière empfanden sich als Objekte einer Übung in erobertem Feindesland, als sie am 15.9.1979 gegen halb drei Uhr morgens von dröhnenden Lastwagenmotoren geweckt wurden.

Die Soldaten behaupteten, sich verfahren zu haben, als ihr Fahrzeug von einem Traktor und einem Personenwagen blockiert wurde. In kürzester Zeit fanden sich 20 Landwirte ein, die forderten, die Polizei über Funk herbeizurufen, damit diese den unrechtmäßigen Aufenthalt der Militärs auf zivilem Gelände protokollarisch festhielten. Statt dessen rückten etwa fünfzig Fallschirmjäger an, die drohend Knüppel schwangen und die blockierenden Fahrzeuge beiseite räumten. Den Angehörigen der Elitetruppe, die sich ständig für Interventionen in Übersee bereithält, schien es unerträglich, von Zivilisten aufgehalten zu werden, und eigneten sich ihnen nicht zustehende Polizeibefugnisse an.

Marie-Rose Guiraud, eine ältere Bäuerin, versuchte, sich vor einen Lastwagen zu setzen, doch ein Offizier der Fallschirmjäger stieß sie brutal zur Seite. Später erzählte ihr Bruder, Auguste Guiraud:

> "Da packte ich den Kerl, der das gemacht hatte, und sagte zu ihm: 'Sieh Dir an, was Du angestellt hast!' Er brüllte zurück: 'Halts Maul!' Ihr könnt mir glauben, daß es in diesem Augenblick in meinem Kopf brodelte. Aber ich habe nichts gemacht. Das wollten die doch nur, eine Schlägerei. Und das hätte bös geendet!" (82)

Der freigekämpfte Lastwagen raste aus dem Dorf und rammte dabei ein niedriges Mäuerchen und mehrere Autos. Die Gendarmen trafen erst eine halbe Stunde später ein. . .

Der Unterpräfekt, dem eine Delegation von Bauern und Generalräten am nächsten Tag ihren Protest vortrug, versprach Maßnahmen, um die Armee zur Einhaltung der Vorschriften zu zwingen. Doch schon einen Tag später übten die 'paras' erneut bei Montredon außerhalb des Truppenübungsplatzes, nach der Weigerung der Offiziere abzuziehen, umringten Bauern die Mannschaftswagen mit Traktoren und 20 Personenwagen. Die Gendarmerie erschien, als die Fallschirmjäger sich anschickten, gegen die Zivilisten vorzugehen.

Anzeigen der Armee gegen die Bauern wegen "Verkehrsbehinderung", einer angeblichen Verletzung von zwei Soldaten in Montredon sowie eines "nächtlichen Überfalls auf die Wache von Cavaliès" wiesen die Landwirte als "Zynismus des Aggressors" zurück:

> "... der versucht, sich als Angegriffener darzustellen, und dabei nicht zögert, 'Verletzte zu fabrizieren'. ... Reicht es dem Regiment nicht, sich über die Verwaltung, die Gendarmerie und die Larzac-Bauern lustig zu machen, ist nun auch noch die öffentliche Meinung an der Reihe?" (83)

Die Bauern empfanden es als systematische Mißachtung ihrer Beschwerden, daß bei keinem der vielen Zwischenfälle im Laufe der Jahre Verantwortliche zur Rechenschaft gezogen wurden. Soldaten, die Provokationen ausführten, beriefen sich stets auf Befehle, ebenso wie ihre vorgesetzten Offiziere. Auch der Kommandant des Truppenübungsplatzes, der die Manöverpläne ausarbeitete und entsprechende Landkarten austeilte, übernahm keine Verantwortung gegenüber der Zivilbevölkerung. Doch die übergeordneten Befehlshaber der fünften Militärregion Bordeaux oder im Generalstab des Heeres waren für die betroffenen Larzac-Bewohner unerreichbar. Präfekt wie Unterpräfekt bewiesen immer wieder ihre Ohnmacht über die Truppen, falls ihnen wirklich an der Verhinderung der Vorfälle gelegen war.

> "... Sollen sie glauben, daß niemand an höchster Stelle soviel Verantwortungsbewußtsein hat, die Entscheidung zu treffen, die sich aufdrängt?
> Falls dem so ist, müssen wir von einer Krise sprechen. Eine Krise der Institutionen. Schlimmer als das 'mal français', der Titel des Buches von Alain Pierrefitte, der sich nur gegen die Mißstände in der Verwaltung richtet, enthüllt das 'Übel des Larzac' wesentlich mehr. ...
> Ja, Herr Justizminister (Pierrefitte, d. Verf.), es gibt mehr als nur den Machtmißbrauch von Technokraten, mehr als die Trägheit der Verwaltung: es gibt eine gepeinigte Armee, die nach drei Niederlagen, nachdem sie 1940 Frankreich, dann Indochina und Algerien verloren hat, nun wenigstens den Larzac erobern möchte. . .
> Aber wurde denn Frankreich durch den Verzicht auf Indochina und Algerien entehrt? ... Hat die militärische Niederlage in Vietnam die USA entehrt? Nein! Es gibt militärische Niederlagen, die Siege für alle betroffenen Seiten sind. Es gibt Fälle, wo Ehrverletzung nicht im Nachgeben, sondern im Weitermachen besteht. Die Niederlage des Menschen liegt nicht in den Verträgen von Hanoi und Evian, sondern in den Millionen von Männern, Frauen und Kindern, die für nichts gefoltert und getötet wurden, ... außer für die "Ehre der Nation".
> Natürlich läßt sich das schlecht mit dem Larzac vergleichen. ... Kein Holocaust, keine Folter, sondern nur ein paar mittelgroße Vandalentaten, Haß, ein feiges Attentat, zerschnittene Reifen, ein paar Fausthiebe. Nichts, was mit echten Kriegen verglichen werden könnte. Aber gerade deshalb! Uns ist bewußt, daß der Krieg wie viele Dinge ganz klein anfängt. . ." (84)

3.3.1. Ablehnung des Kompromißangebotes der Regierung

Nachdem sich die Unterbrechung der Enteignungsprozedur von zwei auf fünf Monate ausgedehnt hatte, konnte von dem Gespräch am 11.10.1979, zu dem der neue Kabinettsdirektor Buchet eine Larzac-Delegation in das Armeeministerium geladen hatte, eine Klärung erwartet werden, wie die Regierung die Interessen des Generalstabs mit denen der Larzac-Bauern in Einklang zu bringen gedachte.

Nach Buchets Angaben könnten 67 der betroffenen 83 Höfe lebensfähig erhalten werden. Von den übrigen 16 hätten bereits 3 ihrer Verlegung zugestimmt, zwei würden aus Altersgründen aufgegeben werden (85), sieben seien erst nach der Erklärung der 'DUP' eingerichtet worden (86) und hätten daher keinen Anspruch, aufrechterhalten zu werden.

Somit behauptete die Armee, daß der Schaden für die regionale Landwirtschaft sich auf den Verlust von nur vier "echten" und lebensfähigen Höfen reduziere: die Betriebe von Léon Maillé in Potensac, von Auguste Guiraud in La Blaquière, von Jules Mazeran in La Tune (GFA-Besitz) und Philippe Fauchot sowie Jean-Claude Galtier ('GAEC des Baumes').

Dem Weiler Potensac wurde eine Gnadenfrist von 10 bis 20 Jahren eingeräumt und zum Ausgleich 280 ha angeboten — die dem Hof L'Hôpital der Brüder Burguière abgenommen werden müßten! Die Diskussion um La Blaquière verlief besonders leidenschaftlich, zumal ein General vorschlug, den Weiler in ähnlicher Weise zu pflegen wie das Dorf Brovès innerhalb des Truppenübungsplatzes Canjuers. Da die Bauern aus eigener Anschauung von der Verwahrlosung und schleichenden Zerstörung dieses menschenleeren Dorfes wußten, empfanden sie dieses Angebot als Zumutung.

Selbst nach Meinung der Armee wären die verbleibenden 67 Höfe in ihrem Gleichgewicht stark bedroht, zum Ausgleich wollte sie 270 ha Ackerland aus der enteigneten Fläche zurückgeben und sieben Monate pro Jahr weitere 2 300 ha Weideland zur Verfügung stellen. Darüber hinaus bot sie 350 ha Land außerhalb der Erweiterungszone an, von denen etwa 30 anbaufähig seien.

Noch im Pariser Armeeministerium errechnete die Bauerndelegation einen Verlust von 673 ha Ackerland (87) und 4 483 ha Weideland und erklärten das Angebot für unannehmbar. Die 67 Höfe repräsentierten lediglich 57% der landwirtschaftlich genutzten Fläche bzw. 39% des Erweiterungsgebietes. Dagegen standen die zum Sterben verurteilten Betriebe für mindestens 33% der Landwirtschafts- und 23% der Erweiterungsfläche. Die vorübergehende Aufrechterhaltung von La Blaquière und Potensac müsse auf Grund der stark zunehmenden Manöver als verlangsamte Vertreibung angesehen werden.

Zum Ärger der Armee-Verantwortlichen veröffentlichte 'Gardarem Lo Larzac' eine geheime Armee-Karte, "Dritte Version des Erweiterungsprojektes" (88), die aufzeigte, daß auch die Weiler Les Liquisses und La Salvage dem wirtschaftlichen Tod geweiht wären und selbst die verhandlungsbereiten Bauern aus La Cavalerie nachträglich um zwei Drittel ihrer Weideflächen beraubt werden sollten. . .

Die Runde der Quartiersversammlungen bestätigte Anfang November das spontane Urteil der Bauerndelegation am 11. Oktober im Armeeministerium:

"Der Vorschlag der Behörden zur Rettung der 67 Betriebe ist somit illusorisch. . ."

Kabinettsdirektor Buchet schlug weitere Gespräche in der Präfektur von Rodez vor, da er aber nur wenige Sätze zuvor die Rückkehr des Enteignungsrichters Grenet angekündigt hatte, lehnten die Bauern kategorisch ab.

"Larzac ist wohl eine zu einfache Affäre, als daß sie von unseren Regierenden verstanden

worden wäre", das hätte neulich einer unserer Delegierten nach dem Gespräch im Ministerium sagen können. Hektarzahlen . . . Schußwinkel – und weiter nichts?
Nicht ohne Grund wurden seit neun Jahren Menschenmengen mobilisiert, verweigerten Bürger den Gehorsam, solidarisierten sich viele politisch Aktive mit den paar 'erdverschmierten
Ärschen' in einer gottverlassenen Gegend. ...
Eine für Grundstücksangelegenheiten verantwortliche Dame aus dem Generalstab stellte fest,
daß wir uns kaum für die, ihr bedeutsam erscheinenden Zugeständnisse der Armee interessierten, und flüsterte ihrem Nachbarn zu: 'Aber was sollen wir denen denn noch alles geben?'
Frieden, Madame! Das ist alles, was wir wollen, in allen Bedeutungen des Wortes. Solange
wir den nicht bekommen, werden Sie ihn auch nicht haben! ...
Von unserem 'Causse' aus verbreitet sich der Virus des Friedens überallhin, infiltriert das Bewußtsein, verändert die Menschen. Und währenddessen kauen die Regierenden noch immer
auf Hektarzahlen herum, auf Grenzlinien und Zahlen. Sie 'treten die Pedale neben dem
Fahrrad'. Das Traurige für sie ist nur, daß sie es noch nicht bemerkt haben." (89)

3.3.2. Empfang des Staatspräsidenten Giscard im Departement Aveyron

Fast genau ein Jahr, nachdem die Larzac-Bauern auf ihrem Fußmarsch nach Paris in
der Hauptstadt ihres Heimatdepartements Halt gemacht hatten, kam Staatspräsident Giscard d'Estaing auf einer offiziellen Reise durch Südwestfrankreich auch
nach Rodez. Im Vorjahr hatte sich Giscard geweigert, die Bauern im Elyséepalast zu
empfangen; unmittelbar vor der Wiederaufnahme der Enteignungsprozedur wollten
die Larzac-Verteidiger dem Präsidenten außerhalb der geplanten Zeremonien und
Empfänge einen Eindruck von der Stimmung der Bevölkerung vermitteln. Hierzu,
und um auf das reale Ausmaß der Enteignungsfolgen hinzuweisen, bereiteten die
Bauern erneut ein sechstägiges Protestfasten in Rodez vor.
Am Montag, dem 12.11.1979, betrat eine Delegation von 13 Larzac-Bauern (90)
das 'Haus der Landwirtschaft' in Rodez. Léon Burguière konnte als Verwaltungs-
ratsmitglied dieses Haus ohne Schwierigkeiten einen Schlüssel zu einem Sitzungs-
raum beschaffen, in dem die Gruppe angeblich ein Dossier für die Überreichung an
Giscard vorbereiten wollte. Die Büroangestellten waren etwas verwundert über die
Art der Unterlagen, welche die Gruppe zur Erstellung der Dokumentation mitbrachten: Matratzen, Bettdecken, Koffer, Bücher, Kisten mit Mineralwasserflaschen. . .
Der Verzicht auf die ersten Mahlzeiten wurde im Wirbel der Vorbereitungen bei
der Ausgestaltung des Fastenraumes, den ersten Pressemitteilungen, dem Anferti-
gen von Plakaten usw. kaum gespürt. In den Chefetagen der FDSEA herrschte helle
Aufregung, zumal der Präfekt drohte, den Empfang der Bauernverbände mit Giscard platzen zu lassen, falls die Fastengruppe weiter im 'Haus der Landwirtschaft'
bliebe. Vorübergehend gaben die Funktionäre diesem Druck nach und forderten die
Larzac-Bauern auf, das Haus zu verlassen. Doch da die Ausweichmöglichkeit im
'Haus der Jugend' aus politischen Gründen ebenfalls verweigert wurde, entschied
sich die Gruppe zu bleiben. Die Bauernverbandsvertreter beklagten gegenüber der
Presse, vor vollendete Tatsachen gestellt worden zu sein, letztlich durften die Fastenden jedoch bleiben. Sehr verärgert zeigten sich diese über Teile der Presseerklärung
der FDSEA, wie z.B.

"... die Bauernverbände haben stets die Bedürfnisse der Armee berücksichtigt. . ." oder
"Der laufende Dialog hat erstmals die Möglichkeit zur Erhaltung nahezu aller Betriebe eröffnet. . ." (91)

Die Angestellten des Bürohauses waren sehr freundlich und hilfsbereit gegenüber den Fastenden, die zahllose Briefe und Telegramme aus ganz Frankreich, Besuch von Verwandten, Journalisten sowie von Persönlichkeiten aus Politik, Kirche und Gewerkschaften aus dem Departement erhielten.

Die Fastenaktion erwies sich als eine äußerst wirksame Möglichkeit zur Öffentlichkeitsarbeit, z.B. berichtete das regionale Fernsehen zweimal darüber. Daneben konnten die Beteiligten sich gegenseitig noch besser kennenlernen und ihre eigene Motivation und Entschlossenheit erneut überprüfen:

> "Kein Zweifel, daß wir bereit wären, erneut mit einem Fasten zu beginnen, falls dies nötig wäre. . ." (92)

Am 14.11.1979 schlossen sich der Fastengruppe zwei weitere Larzac-Bewohner an: Janine Pagès, die zuvor zwei Tage in La Cavalerie gefastet hatte, und Robert Gastal, ebenfalls aus La Cavalerie, der als Delegierter beim departementalen Schafzüchterverein an dessen Mitgliederversammlung in Rodez teilgenommen hatte und sein Fasten während des Abschlußbanketts begann, um seine Kollegen auf die Fastenaktion aufmerksam zu machen.

Der unruhigste Tag der Fastenwoche war naturgemäß der 16.11.1979, als der Hubschrauber des Staatspräsidenten kaum hundert Meter vom 'Haus der Landwirtschaft' entfernt landete. Rodez empfing den Präsidenten ziemlich kühl, das Publikum setzte sich zu zwei Dritteln aus Gegendemonstranten und Polizisten in Zivil zusammen (93). Gleich zu Anfang unterbrachen 'Gardarem Lo Larzac'-Rufe die Schweigeminute zum Gedenken der Kriegstoten.

Giscard fiel es auf dem Weg zur Präfektur schwer, die vielen Plakate mit der Aufschrift "Und was ist mit dem Larzac, Herr Präsident?" zu übersehen, und die Ordnungskräfte konnten nicht verhindern, daß ihm schließlich ein Exemplar in die Hand gedrückt wurde. Statt des üblichen "Bades in der Menge" fand Giscard eine gemeinsame Demonstration von Larzac-Bauern und Gewerkschaften vor (94), worauf er sich auf Umwegen zum Gala-Essen bringen ließ, das er für 350 Persönlichkeiten aus dem Departement geben wollte. Nachdem bereits bei der Begegnung Giscards mit dem Generalrat und dem Empfang der Bauernverbände das Thema Larzac angesprochen worden war, wurde auch bei diesem festlichen Höhepunkt das heile Bild eines problemlosen Departements mit dankbaren Bürgern und blind loyalen Amtsträgern getrübt:

Aus Protest drehten mindestens zehn Bürgermeister und Generalräte ihre Teller um und schlossen sich damit symbolisch den fastenden Larzac-Bauern an.

Die protestierenden Volksvertreter waren eigens für diese spektakuläre Geste (eine neue Form gewaltfreier Aktion, dem "grève de l'assiette", d.h. 'Tellerstreik') angereist und suchten anschließend die Fastengruppe im 'Haus der Landwirtschaft' auf. In einer Pressemitteilung erklärten die 'élus', es handle sich

> "nicht um einen Mangel an Höflichkeit gegenüber dem Staatspräsidenten, sondern um eine Solidaritätsbezeugung gegenüber denjenigen, die draußen für das Recht auf Arbeit ... und gegen soziale Ungerechtigkeit demonstrieren, Solidarität mit den Larzac-Bauern. Aber der leere Teller ist auch eine Gelegenheit, über den Hunger in der Welt, den Völkermord in Kambodscha und den Waffenhandel nachzudenken. Insgesamt also eine bescheidene Geste, ... ein Protest gegen die Verschwendung durch diese Art von Bankett und gegen die Hohlheit von Reden vor Wahlen." (95)

Giscard konnte in Rodez das Thema Larzac nicht völlig übergehen, bei mehreren Gelegenheiten improvisierte er, abweichend von den zuvor an die Presse verteilten Redetexten, z.B.:

> "Den von den Verantwortlichen der Berufsverbände zu formulierenden Vorschlägen wird Rechnung getragen werden." (96)

Diese Bauernverbände forderten von Giscard die Ernennung eines allerseits anerkannten Vermittlers, um die einseitige Verhandlungsführung zugunsten der Armee zu beenden. Giscard widersprach dem nicht, doch am Tag darauf kündigte Richter Grenet weitere Visiten zur Festlegung von Entschädigungssummen an.

4.1. Wiederaufnahme der Enteignungsprozedur

Mit der Verschickung der Vorladungen an die zu enteignenden Landbesitzer signalisierte der Enteignungsrichter das endgültige Ende des Waffenstillstandes.

Üblicherweise finden die gesetzlich vorgeschriebenen Verhandlungen in den Rathäusern der betroffenen Gemeinden statt, doch die Bürgermeister der nach La Cavalerie und L'Hospitalet verbliebenen Gemeinden teilten dem Richter mit, daß sie ihre Amtsräume nicht zur Verfügung stellen würden. Grenet versuchte jedoch, unter starkem Polizeischutz in die Dörfer zu gelangen.

Die ersten beiden Termine waren für die Gemeinde La Courvertoirade für 10 und 14 Uhr am 6.12.1979 im Dorf La Blaquérerie angesetzt. Den ganzen Tag über kontrollierten Gendarmeriekräfte die Umgebung in einem Radius von 25 Kilometern, an jeder Kreuzung wartete zumindest ein Kleinbus der Polizei, meist aber mehrere Mannschaftswagen.

'Rebellische' Ortschaften beobachteten die Gesetzeshüter besonders mißtrauisch. Jean-Marie Burguière wurde z.B. noch auf seinem Hof von mehreren Gendarmeriefahrzeugen festgehalten, als er mit seinem Traktor nach La Blaquérerie aufbrechen wollte. Nach einer Stunde höflicher, aber ergebnisloser Verhandlungen zerrten mehrere Polizisten den Bauern vom Traktor und drängten ihn mit Schlägen in einen 'Salatkorb', d.h. ein vergittertes Dienstfahrzeug.

Währenddessen überflog ununterbrochen ein Gendarmerie-Hubschrauber den kleinen Ort im Süden des Plateaus, dessen Zufahrten am frühen Morgen mit Barrikaden aus Baumstämmen, Felsbrocken und brennenden Autoreifen gesperrt worden waren.

Hinter der Hauptsperre erwartete eine Menschenmenge von ca. 300 Personen (die Hälfte vom Plateau, 30 Arche-Mitglieder und der Rest aus verschiedenen Larzac-Komitees) und einige Traktoren den Enteignungsrichter. Dieser kam in einem Konvoi von drei Hundertschaften Mobilgardisten an, die sich der Straßensperre in Kampfausrüstung mit Helmen und Schilden aus Plexiglas, Schlagstöcken, Tränengasgranaten und mehreren Schäferhunden in einer "Schildkröten-Formation" näherten.

Dieses martialische Vorgehen sollte abschreckend wirken, erinnerte aber in seiner vergeblichen Machtdemonstration eher an die römischen Legionäre aus den Asterix-Comics-Heften (97):

Die ersten hundert Gendarmen stellten sich in einem exakten Rechteck auf, teilte sich in zwei Gruppen, die auf den Feldern auf beiden Seiten der Sperre Stellung bezogen. Die zweite Hundertschaft marschierte frontal auf die Sperre zu, um 50 Meter davor eine Gasse für die dritte Abteilung zu bilden, in deren Mitte neben einem Dutzend höherer Dienstgrade drei Zivilisten zu erkennen waren: Richter Grenet, eine Gerichtsvollzieherin und der Armee-Anwalt Larguier aus Millau.

Der Kommandant der territorialen Gendarmerie des Departements, Colonel-Lieutenant Bloy, forderte die Demonstranten auf, die Straße freizumachen, was von deren Sprecher, Bürgermeister Dupont aus La Courvertoirade (98), im Interesse seiner

Bürger abgelehnt wurde. Dupont, ein Lehrer mit weicher Stimme, verlangte den Richter zu sprechen, und erklärte ihm, daß keiner der Besitzer zum Gespräch bereit sei und kein Land zu kaufen oder auf andere Weise zu erwerben sei.

Nach zwei weiteren Aufforderungen und erneuten Weigerungen des Bürgermeisters protokollierte der Gendarmeriechef "Behinderung des Verkehrs auf öffentlichen Straßen" und gab Befehl zum Rückzug, der genau wie der Vormarsch, nur in umgekehrter Reihenfolge geschah. Beifallklatschen brach das vorher vereinbarte Schweigen der Demonstranten, in gelöster Spannung gratulierten sie dem Bürgermeister zu seiner "Kaltblütigkeit".

Nach einem gemeinsamen Picknick warteten die Demonstranten weiter an der Straßensperre, und wie erwartet erschien der Richter samt Polizeischutz um 14 Uhr erneut, diesmal rief er die betroffenen 43 Besitzer namentlich auf. Drei Nicht-Bauern waren bereit, ihm ihre wenigen Hektar zu zeigen. Zuvor reagierten Polizisten ihre Aggressionen an einem Traktor ab, indem sie den Keilriemen zerschnitten, den Ölfilter und den Kraftstoffanzeiger zerschlugen (99).

Die Bürger von Pierrefiche waren sich mit denen von La Blaquérerie einig, die unerwünschten Besuche des Enteignungsrichters als Generalprobe für die Zwangsräumung anzusehen, und bereiteten sich in mehreren Treffen, deren humorvollen Ablauf sie betonten, auf die Konfrontation vor.

Vorsorglich richteten sie Nachtwachen ein, und am frühen Morgen des 7.12.1979 wurden auf den Zufahrtsstraßen zum Treffpunkt Graniès, zwischen Cavaliès und La Resse, fünfzehn Straßensperren gebaut.

Um 9 Uhr versammelten sich 300 Bürger vor einer eindrucksvollen Traktorenreihe in der Ebene von Le Sot. Späher an besonders übersichtlichen Stellen machten bald den Militärkonvoi aus, der den Truppenübungsplatz verließ. Die Barrikaden verzögerten seine Ankunft um eine volle Stunde, mehrere hundert Meter vor der letzten Sperre hielten die Lastwagen an. Wie am Vortag formierten sich die Hundertschaften, marschierten durch ein Kornfeld und über einen Abhang auf die wartenden Bauern, Dorfbewohner und auswärtigen Freunde zu. Der stellvertretende Bürgermeister von La Roque-Ste.Marguerite, die Generalräte Deruy und Bloy, machten den Richter auf die Unverhältnismäßigkeit von Anzahl und Ausrüstung der Gendarmen aufmerksam. Der lokale FDSEA-Delegierte André Souyris erklärte im Namen der Landwirte ihre Weigerung, über Entschädigungssummen zu verhandeln.

Die Gendarmen glaubten, ihren Rückzug mit Tränengas-Granatwerfern im Anschlag sichern zu müssen, doch kaum hatten die letzten Gendarmenstiefel den Acker verlassen, begann ein Traktor die ersten Furchen zu pflügen — als gelte es, eine Besudelung des Bodens wegzuwischen.

"Der Strich ist gezogen, die Seite umgeblättert, das landwirtschaftliche Leben geht weiter. Der Rest des von der Armee gekauften Feldes wird an diesem Tag zu Ende gepflügt..." (100)

Am Nachmittag näherte sich der Konvoi auf einem anderen Weg. Völliges Schweigen der anwesenden Bevölkerung zwang den Richter erneut zum Abbruch der Verhandlungsversuche. Diesmal zog sich die Truppe im Rückwärtsgang zurück, um die Bauern bis zum letzten Augenblick beobachten zu können. Vorher beglückwünschte Colonel Bloy die Demonstranten zu ihrem "würdigen Verhalten".

Am 13.12.1979 erschien Richter Grenet ohne Eskorte im Bereich der Gemeinde Nant, da der Bürgermeister und Genralrat Julien keine Demonstrationen wünschte. Wie gewohnt äußerte die betont kleine Delegation ihre Verhandlungsverweigerung, worauf der Richter die weiteren Termine in diesem Bereich absagte.

Zu hartem Polizeieinsatz kam es jedoch bei der Richtervisite am 17.12.1979 auf dem Gemeindegebiet von Millau. Schon vor dem eigentlich vorgesehenen Treffpunkt an der Kreuzung nach La Blaquière stieß der Richter auf eine Straßensperre, vor der Bürgermeister Diaz und eine Stadtratsdelegation an der Spitze von 300 Demonstranten dem Konvoi die Durchfahrt verwehrten. Von den namentlich aufgerufenen Landbesitzern meldeten sich demonstrativ nur die LIP-Arbeiter, allerdings nicht um zu verhandeln, sondern um auf ihre Anwesenheit und Solidarität hinzuweisen. Vor dem Rückzug versicherte Richter Grenet, am Nachmittag nicht wiederzukommen, doch auch nach der Abfahrt der Stadtratsdelegation und zahlreicher Journalisten verharrten einige Demonstranten an der Barrikade bei Potensac.

Der Polizeikonvoi fuhr indes einen Umweg von 20 km, um eine Stunde später von der entgegengesetzten Seite her zu versuchen, nach La Blaquière zu gelangen. An einer Straßensperre bei St. Martin setzten sich 30 Demonstranten schweigend auf die Straße, in der Hoffnung auf baldige Verstärkung.

Colonel Bloy, der zehn Tage vorher noch die würdige Haltung der gewaltlosen Demonstranten gelobt hatte, zeigte sich nun von seiner wütenden Seite, die 'Gendarmerie Mobile' schoß eine neuartige Sorte Tränengas in die Menge, dessen besonders unangenehme Folgen durch den auf dem Plateau üblichen Wind leicht abgeschwächt wurden. Nach dem Kommando "Knüppel frei" ging Bloy mit schlechtem Beispiel voran, indem er einem am Boden liegenden Bauern mit seinen Stiefeln ins Gesicht trat.

Die Räumung der Sitzreihen vor den Lastwagen durch Gewehrkolbenschläge verlief schleppend, weil sich Demonstranten immer neu auf die Fahrbahn setzten und die Beamten ihren Auftrag sichtlich ohne Überzeugung durchführten. Offiziere versuchten mit Gebrüll und rhythmischem Trillerpfeifen zu härterem Durchgreifen und Schlagen im Takt anzutreiben.

Als nach einer Stunde und einem Vorrücken von nur 150 Metern der Befehl zum Rückzug gegeben wurde, war Richter Grenet seinem Ziel nicht näher gekommen.

In der Zwischenzeit hatte Generalrat Deruy seinen Kollegen Coulon telefonisch aus einer Sitzung in Rodez holen lassen, der darauf in Anwesenheit des Präfekten dem Generalratsgremium von den neuerlichen Vorfällen berichtete. Der Präfekt rechtfertigte sich, daß seine Anordnungen falsch interpretiert worden seien, und ordnete über Funk den Abbruch des Unternehmens an. Einige frustrierte Gendarmen rächten sich wiederum an 15 Demonstrantenfahrzeugen, öffneten die Reifenventile eines Traktors und nahmen dessen Zündschlüssel mit.

Bei einer abendlichen Demonstration von 1 500 Menschen in Millau (101) würdigte Bürgermeister Diaz in seiner Ansprache "die Reife der von den Larzac-Bauern animierten Bewegung". Léon Maillé versicherte der Armee, daß sie "eventuell Besitzer des Larzac, niemals aber dessen Herr" sein würde. (102)

Die Presse kritisierte vor allem das massive Repressionsaufgebot:

"Eine kleine Armee, um einen Richter zu schützen. ... Wie weit wird die Repression noch gehen?" (103)

"Von Gewalt und Ungerechtigkeit schockierte Generalräte − und ein Präfekt, der von Dialog redet. . ." (104)

Richter Grenet versuchte sich zu rechtfertigen, daß er zwar darauf verzichtet habe, die Grundbesitzer zu sprechen, nicht aber die von ihm einzuschätzenden Flächen zu besichtigen. Damit erklärte er allerdings nicht, wer die Verantwortung für die Eskalation gegen die Demonstranten trug, da er das Gebiet, wie an den anderen Tagen auch, mit dem Hubschrauber hatte überfliegen können. FDSEA-Vorsitzender Raymond Lacombe fragte in 'La Volonté Paysanne':

"Wer waren die Gewalttäter am Montag? Wer hat heute Interesse daran, den Vermittlungsprozeß zu blockieren? Weder die Bauern des Larzac noch die des Aveyron, die solidarisch hinter ihnen stehen. ... Seit zehn Jahren wird der gute Wille des Larzac mit Füßen getreten.

Es ist ein Kennzeichen gutwilliger Menschen, nicht vorschnell den Mut zu verlieren. Aber es ist höchste Zeit, ihre Vernichtung aufzuhalten!" (105)

Zum letzten Termin am 21.12.1979 erschien der Richter wieder ohne Eskorte. Am Treffpunkt Beaumescure erklärten ihm die Bürgermeister der Gemeinden Creissels, Lapanouse-de-Cernon und Labastide-de-Cernon erneut, keinesfalls zu Verhandlungen bereit zu sein. 'GLL' schilderte einen Dialog zwischen dem Richter und dem ebenfalls anwesenden Generalrat Gérard Deruy (PS):

"Richter Grenet entschuldigt sich für die Vorfälle bei St. Martin: 'Ich habe die Zeitungen gelesen, ich fürchte, da gab es ein Mißverständnis. Ich habe mein Wort nicht gebrochen. . .'. Deruy: 'Hatten Sie die Absicht, die Sperren zu durchbrechen? Es erscheint eher, daß Sie einen unangebrachten Eifer an den Tag gelegt haben.' Grenet: 'Ich muß doch die Arbeit tun, die mir angeordnet wurde.' Deruy: 'Auch wenn Sie über Leichen gehen müssen?' Grenet: 'Das Gesetz hat diesen Fall nicht vorgesehen. . .'" (106)

Anschließend versuchte Grenet erneut, vom Hubschrauber der Gendarmerie aus den Wert der Grundstücke zu schätzen, obwohl mindestens 5 Zentimeter Schnee auf der Fläche lagen und selbst erfahrene Schäfer und Bauern aus dieser Perspektive Weideland von Ackerflächen nicht hätten unterscheiden können.

Die Ereignisse in den sechs Dezembertagen deckten die beträchtliche moralische Niederlage der Betreiberkräfte des Erweiterungsprojektes, d.h. der Armee, Justiz, Regierung und Verwaltung, auf. Im Bestreben, sowohl die Enteignung als auch eine Verhandlungslösung in den Griff zu bekommen, mußten beide verlangsamt werden – und nahmen beide Schaden.

Die Unterbrechung der juristischen Enteignungsphase nach den Zwischenfällen von La Cavalerie und L'Hospitalet brachte den Bauern den Vorteil einer erstmals relativ realistischen Bestandsaufnahme der ökonomischen Konsequenzen der Enteignung zumindest im Bereich der Landwirtschaft.

"Die mächtige technokratische Staatsmaschinerie brauchte ganze neun Jahre, um auf 83 Betriebe zu zählen!" (107)

Bis zum Jahresende hatte die Regierung keine Konfliktlösung erreichen können. Schwerer als die materiellen Kosten (108) wog der politische Schaden durch die vergeblichen Machtdemonstrationen. Die gewaltlose Entschlossenheit der schweigenden Demonstranten zwang den Richter immer wieder, samt seiner martialischen Begleitung unverrichteter Dinge abzuziehen. Schutz oder Drohung durch Gasgranatwerfer-Gewehre u.a. wurden angesichts ihrer Wirkungslosigkeit und des vorenthaltenen Benutzungsanlasses zur Groteske.

Die gewaltfreien Entgegnungen auf die Herausforderungen demonstrierter Staatsgewalt gelangen mustergültig ohne jede, auch nur verbale Entgleisung. Das Schweigen war nach den Erfahrungen im Frühjahr beschlossen und konsequent durchgehalten worden. Die 'quartiers' hatten sich dezentral auf den Widerstand "vor der Haustür" vorbereitet, jede Konfrontation wurde ausgewertet und zur Vorbereitung der folgenden genutzt. Wirksamer als ein Ordnerdienst war für den Ablauf der Demonstrationen die Tatsache, daß sich die Teilnehmer untereinander aus früheren Aktionen und dem Widerstand im Alltag gut kannten.

Im Kontrast zur Rigidität der Betreiberseite bewunderte die Regionalpresse in ihren Berichten die entschiedene, gut organisierte und in aller Ruhe handelnde Gegnerschaft der lokalen Bevölkerung, deren Ernsthaftigkeit einhellig anerkannt wurde.

Auf dem Plateau überwog an dieser Jahreswende – und dem Beginn des zweiten Widerstandsjahrzehnts – unabhängig von sonstigen, auch unterschiedlichen Analysen die Entschlossenheit, weiter vor Ort zu leben, zu bauen, Landwirtschaft zu betreiben und zu investieren.

"Das scheint nach nichts auszusehen, ist weniger spektakulär als viele Aktionen, ist aber ein Schlüssel zum Widerstand." (109)

4.2.   Erfolgreiche rechtliche Einsprüche gegen die Enteignung

Die vorläufigen Besitzeinweisungen waren zwischen dem 27.9. und 18.12.1978 erfolgt, Richter Grenet sprach die Enteignungsverfügungen für dieselben Flächen zwischen dem 26.10.1978 und dem 31.1.1979 aus. Ein großer Teil der Besitzer legte Widerspruch gegen die 'arrêtés' beim Verwaltungsgericht ('cour d'appel') in Toulouse ein und klagten im Juni 1979 bei der letztinstanzlichen 'cour de cassation' in Paris auf Aufhebung der Enteignungen.

Der 'Canard Enchaîné' behauptete, von nicht genannten Informationen erfahren zu haben, daß das Berufungsgericht bereits im Oktober 1979 zu einem Urteil gekommen sei (110), es aber aus politischen Gründen bzw. nach Intervention des Obersten Staatsanwaltes zurückgehalten habe, da die staatlichen Stellen hofften, weitere Besitzer würden freiwillig aufgeben. Dies traf zwischen Juni und Oktober 1979 in zwei Fällen zu, danach jedoch nicht mehr.

Am 7.5.1980 verkündete die Dritte Zivilkammer des 'Cour de cassation', daß 66 von 70 Berufungsklagen stattgegeben würde. Zwei Klagen waren nicht fristgerecht eingereicht, eine nicht von der rechtlich befugten Person unterschrieben worden.

Damit wurde die Enteignung von 3 280 ha Land, davon 1 200 ha in GFA-Besitz, widerrufen. Die Flächen verteilten sich über die gesamte Erweiterungszone, wodurch auch der Rest nicht zu einer verkleinerten Erweiterung genutzt werden konnte.

Der 'Cour de cassation', der nur die formale Richtigkeit der Verfahrens, nicht die inhaltliche Seite zu prüfen hatte, erkannte zwei gravierende Formfehler als Aufhebungsgründe an:

Zwei Besitzer, aus Creissels und La Courvertoirade, waren im März 1975 nicht zur 'enquête parcellaire' geladen worden, und vor allem hatte die Untersuchungskommission ihren Bericht nicht dem Unterpräfekten zur Stellungnahme (111) vorgelegt, sondern sie unmittelbar an den Präfekten nach Rodez weitergeleitet. Letzterer hätte allerdings dreieinhalb Jahre Zeit gehabt, die fehlenden Unterschriften einzuholen, da er erst nach dieser Zeit die vorläufigen Besitzeinweisungen aussprach und die Akten an den Enteignungsrichter weitergab. Dieser wiederum hätte sich auch wegen der Formfehler weigern müssen, die Enteignungsverfügungen zu erteilen.

Mit dem Richterspruch hatten die Larzac-Bauern zum erstenmal seit Beginn der Affäre einen Erfolg auf juristischer Ebene erzielt, dies wurde vielen auf dem Larzac erst bewußt, als von überall Glückwünsche eintrafen. Erst dann flogen die Champagnerkorken. . . Viele Zeitungen sprachen von einem Sieg der Landwirte.

"Larzac – Neuanfang vom Nullpunkt an" (112)
"Sieg der Entrechteten" (113)

'Le Monde' zog es vor, von "ein(em) zerbrechlich(en) Sieg der Bauern" zu sprechen, da vorhersehbar war, daß die Enteignung weitergeführt und die Regierung die Gerichtsentscheidung kaum als Anlaß zu einem ehrenhaften Verzicht wahrnehmen würde.

"Zum raschen Handeln gezwungen werden die Behörden wohl nicht zögern, die Widerstände beiseite zu schieben. Die sich abzeichnende Kraftprobe droht die laufenden Verhandlungen über den Haufen zu werfen. Die Bauern waren nach Jahren Kampfes von den Notablen unterstützt und in guter Position, der Armee Konzessionen abzutrotzen. Wird die Gerichtsentscheidung nur ein Scheinsieg für die Bauern sein? ..." (114)

Die Enteignung war nicht insgesamt aufgehoben worden, weil die Berufungsklagen nur individuell berücksichtigt wurden und einige Landbesitzer die Möglichkeit zur Klage nicht genutzt hatten. Ihre Anwälte hielten die Berufung nicht für erfolgversprechend, was zu Vermutungen von Eigennutz Anlaß gab, da die Rechtsanwälte Anspruch auf 10% der Entschädigungssumme haben. Der Rechtsanwalt François Roux, der die meisten der 66 Kläger vertrat, mußte jedenfalls auf Betreiben mißgünstiger Kollegen ein Ehrengerichtsverfahren bei der Anwaltskammer in Montpellier über sich ergehen lassen, weil er sich zu sehr (!) für seine Klienten eingesetzt hatte. Mit Hilfe seines Verteidigers J.J. De Félice konnte Roux diesen absurden Vorwurf von sich weisen.

Nachdem der Unterpräfekt die fehlenden Unterschriften in die Unterlagen der 'enquête parcellaire' nachgetragen hatte, wurden die 66 Fälle an den Enteignungsrichter von Toulouse weitergeleitet. Am 1.8.1980 teilten die 66 Besitzer der Armee und den zivilen Behörden mit, daß sie sich nunmehr wieder als vollgültige Eigentümer der enteigneten Flächen betrachteten. Danach war die Gegenseite gezwungen, innerhalb der folgenden vier Monate die Enteignungsprozedur neu aufzunehmen. Die im Dezember 1972 ausgesprochenen vom Staatsrat 1976 in letzter Instanz bekräftigte und 1977 vom Präfekten in Rodez verlängerte 'Erklärung des Öffentlichen Nutzens' würde 1982 ihre Rechtskraft verlieren und könnte danach nicht verlängert werden.

4.3.   Zweite Runde der Enteignungen

Anfang 1980 hatte die Landwirtschaftskammer in Absprache mit den gewählten Volksvertretern, den Bauernverbänden und den Larzac-Bauern eine Kommission eingesetzt, die schätzen sollte, wieviel Land die 68 von der Armee als erhaltungsfähig bezeichneten Höfe benötigen würden, um überleben zu können.

Dagegen schien die Larzac-Kommission des Generalrates sich mit dem Versprechen zu begnügen, daß die 68 Höfe weiter existieren könnten. Darauf erklärten die 22 Bauern, deren Höfe schwer beeinträchtigt würden, daß sie sich jeder Einigung verweigern würden, solange keine Zusage erfolge, daß für die 15 zur Aufgabe erzwungenen Höfe und insbesondere für La Blaquière eine Überlebenslösung gefunden sei.

Das wichtigste Ergebnis des Sommers 1980 war die Fortsetzung der 'Larzac-Baustellen'. Vom 6.7. bis zum 15.9. und sogar darüber hinaus setzten sich über 800 Freiwillige, davon neben Franzosen, Schweizern, Belgiern usw. allein mindestens 410 aus der Bundesrepublik Deutschland, für das Aufbauprogramm des 'Larzac-Plans' ein. So wurden in La Blaquière im 'Jahr des Denkmalschutzes' sowohl die Lebensbedingungen der Bewohner verbessert als auch die Aufgabe des Denkmalschutzes in konstruktiver Weise ohne staatliche Hilfe ernstgenommen. Die übrigen Arbeiten verteilten sich auf den Bau von Wasserleitungen, Zisternen, Wegen, die Ausbesserung von Dächern, die Erntehilfe und den Ausbau des Kulturzentrums in L'Hospitalet.

Vor der Larzac-Kommission des Generalrates kündigte der Präfekt des Aveyron am 19.9.1980 an, daß die 'enquête parcellaire' vom 20.10. bis 5.11.1980 wiederholt würde und die Enteignung bis zum 15.11.1980 zu erwarten sei.

216

Zum 2.10.1980 lud der Präfekt Bernard eine Delegation von Larzac-Bauern zu neuen Gesprächen nach Rodez ein. Er verhielt sich dabei, vermutlich wegen der Präsidentschaftswahlen im folgenden Jahr, sehr widersprüchlich. Er spielte die Bedeutung der Neuauflage der 'enquête parcellaire' herunter, es ginge dabei lediglich um die Beseitigung von Formfehlern, ansonsten sei mehr denn je ein Weg zum Kompromiß offen. Die Larzac-Bauern vermuteten, daß die offensichtliche Eile noch viel mehr Fehlerquellen mit sich bringen würde, und mochten angesichts der letztlich als Konsequenz neuer Enteignungen drohender Hofräumungen nicht weiterdiskutieren. Die Dekrete des Enteignungsrichters seien schließlich spätestens am 2.12. zu erwarten. Statt dessen forderten sie eine offizielle und präzise Stellungnahme der offiziellen Stellen vor dem Beginn der Neuaufnahme der 'enquête parcellaire'.

Der soeben neu ernannte Armeeminister Joel Le Theule ließ am 14.10.1980 ein Kommuniqué veröffentlichen, in dem er die Vorschläge der Parlamentarier, Generalräte, Bürgermeister und Berufsverbände des Aveyron sowie der Larzac-Bauern zur Kenntnis nahm. Er erkenne deren Willen, "zu einer globalen Übereinkunft zur Lösung des Larzac-Problems zu kommen".

"Das Ziel bleibt, ein für die Armee nutzbares Camp zu verwirklichen und dabei die größtmögliche Zahl landwirtschaftlicher Betriebe zu erhalten, in Harmonie mit dem lokalen Leben."

Die Angaben der Landwirtschaftskammer würden berücksichtigt, und die

"Vorschläge werden Gegenstand einer Einigungsverhandlung bei einem Treffen sein, das im Laufe des Monats Dezember 1980 im Armeeministerium stattfinden wird." (115)

Die Bauern antworteten auf die Stellungnahme des Armeeministers, in der nicht mehr von 14 000 ha Erweiterungsfläche gesprochen wurde, sondern von einem "für die Armee nutzbaren Camp", in der erstmals das Widerstandssymbol La Blaquière anerkannt und die Daten der Landwirtschaftskammer zumindest erwähnt wurden,

"wir stellen fest, daß zum erstenmal in einer Ministererklärung offiziell die Richtlinien für eine globale Lösung des Larzac-Problems definiert werden",

und fanden darin die Genugtuung, endlich eine kompetente politische Antwort zu erhalten. Dennoch sahen sie eine Reihe von Unklarheiten, z.B. wie die angestrebte Lösung mit dem Tourismus oder dem Erholungsbedürfnis der Bevölkerung von Millau zu vereinbaren sei. Vor allem aber sahen sie weiterhin ungeklärt, was die Erhaltung einer "größtmöglichen Zahl landwirtschaftlicher Betriebe" konkret bedeute. Wie könne der Weiler La Blaquière erhalten bleiben, wenn es dort keinen Hof mehr gäbe?

"Schließlich, weshalb wurden zehn Jahre lang die 'élus', die Verantwortlichen des Aveyron und die lokale Bevölkerung mißachtet, wenn nun vier Tage vor der Wiederaufnahme der Enteignungsprozedur diese Richtlinien für eine globale Lösung ... formuliert werden?" (116)

Letztlich konnten sie in der Äußerung des Ministers nur die Absicht sehen, die Opposition gegen die 'enquête parcellaire' und die Enteignungen zu schwächen und zu spalten.

Der neueingesetzte Armeeminister hatte angesichts der Zeitnot aus juristischen und politischen Gründen — die Präsidentschaftswahlen im Frühjahr 1981 sollten von Protesten gegen Obrigkeitswillkür freigehalten werden — keine Chance, sich ein eigenes Urteil zu bilden, sondern mußte sich auf die Beratung durch seine Vorgänger und die Verwaltungsspitze des Departements verlassen. Auch dem Präfekten in Rodez konnte es nicht gelingen, ein günstiges Gleichgewicht zwischen dem neuen Dialogansatz und der beschleunigten Enteignung zu erzielen.

Die 'enquête parcellaire' wurde durch mehrere Hundertschaften CRS und 'gardes mobiles' überwacht, die sich an den 'heißen Punkten' der Region aufstellten.

Am 20.10.1980 waren 6 Rathäuser der betroffenen 9 Gemeinden geöffnet, nachdem die Versammlung der Bürgermeister am 17.10. von der 'letzten Chance zur Einigung' gesprochen hatte und alle Beteiligten baten, die Enquête möge ohne Gewalt und ohne Druck verlaufen. Das Rathaus von Nant sollte nach dem Willen des Bürgermeisters geöffnet werden, war aber von Unbekannten so verschlossen worden, daß die Tür von der Polizei mit Brechstangen ebenso geöffnet werden mußte wie in La Courvertoirade und in La Rocque Ste. Marguerite, wo sich die Bürgermeister weigerten, die Untersuchung im Amtshaus stattfinden zu lassen.

Der Stadtrat von Millau hatte mit 12 zu 6 Stimmen ebenfalls beschlossen, das Rathaus zu schließen, Bürgermeister Diaz ließ aber eigenhändig am frühen Morgen den Untersuchungsführer in ein Nebengebäude ein. Nach einem Handgemenge besetzte eine empörte Menge das Rathaus von Millau und erreichte schließlich, daß im 'Büro für militärische Angelegenheiten' ein Register für die 'öffentliche Nutzlosigkeit' ausgelegt wurde, in das sich die Bewohner von Millau eintragen konnten. Auf Grund dieser Entwicklung trat Bürgermeister Diaz am 24.10.1980 von seinem Amt zurück, um allerdings am 18.11.1980 vom Stadtrat wiedergewählt zu werden.

In La Courvertoirade unterstützte am 22.10.1980 eine Delegation des Larzac-Komitees Nîmes, der Patenstadt des Dorfes, eine Demonstration der Einwohner gegen den staatlichen Mißbrauch ihres Rathauses. In der historischen 'ländlichen Herberge' richteten sie ein neues 'Rathaus Larzac' zur 'Untersuchung des Schadens für die Öffentlichkeit' ein.

Wie in La Courvertoirade wurde auch das Rathaus von La Rocque Ste. Marguerite während der Untersuchung von drei Mannschaftswagen CRS bewacht, die jeden Besucher mit Maschinengewehren im Anschlag in die Amtsräume begleiteten. Am 27.10.1980 setzte der geschlossene Gemeinderat, unterstützt von den Bürgermeistern des Kantons, den Generalräten Coulon und Bloy sowie den Delegierten des Stadtrates und des Larzac-Komitees der Patenstadt Sète den Bürgermeister demonstrativ neu in sein Amt ein und öffnete ein Amtszimmer für die 'Untersuchung der Unvereinbarkeit' (des Erweiterungsprojektes mit dem landwirtschaftlichen und touristischen Leben des Larzac). Bei dieser Gelegenheit nahm Jean-Marie Burguière sogar einen Film aus einer Polizeikamera. Drei Tage lang persiflierten Bauern die CRS-Bewachung mit Papp-Gewehren und Helmen aus Kochtöpfen vor dem Rathaus. Ein Polizist sagte dazu:

"Die wissen, weshalb sie hier stehen, aber wir. . ." (117)

Die offiziellen Register der Enquête blieben außer einigen Anmerkungen über formale Fehler weitgehend leer, dagegen fanden sich in den Protestlisten über 300 Eintragungen Betroffener. Am 31.10.1980 fuhren 25 Traktoren eine Stunde lang rund um die Unterpräfektur in Millau. Die Haltung der Larzac-Bauern kennzeichnete ein Satz von Léon Burguière:

"Wir können auf dem Papier enteignet werden, aber solange wir das Terrain behalten, bleiben wir dessen Meister." (118)

Ende November überschlugen sich die Ereignisse. Am 26.11. verzichtete der Armeeminister nach Gesprächen mit den Abgeordneten des Departements und insbesondere auf Betreiben von Jacques Godrain, RPR, auf 115 ha der ursprünglichen Fläche, die vier Höfen am Rande des Camps zugute kommen sollten: Devez-Nouvel (Tarlier), Potensac (Maillé) und zwei Bauern in La Resse beim Dorf Pierrefiche. Die Larzac-Bauern wiesen darauf hin, daß 115 ha nur 0,8 % der Erweiterungsfläche seien und sie folglich nur zu 0,8 % zufriedengestellt sein könnten.

Ebenfalls am 26.11.1980 erließ der Präfekt Bernard die neuerlichen 'vorläufigen

Besitzeinweisungen', wonach der Enteignungsrichter in Toulouse am 27.11. in einem beeindruckenden Tempo innerhalb von 10 Stunden 182 Enteignungsbescheide unterschrieb! Sie wurden den Besitzern erst am 19.12., d.h. einen Tag nach dem letztlich nicht zustandegekommenen Kompromißgespräch mit dem Armeeminister zugestellt.

. Fünf Larzac-Bauern hielten am Abend des 26.11. zusammen mit Vertretern von 18 Patenstädten in Paris eine Pressekonferenz ab.

Ein starkes Polizeiaufgebot in Millau deutete darauf hin, daß die Behörden eine größere Demonstration von Bauern und Larzac-Sympathisanten erwarteten. Währenddessen brachen siebzig Larzac-Bewohner heimlich zu einer neuen spektakulären Aktion nach Paris auf. Die Geheimhaltung war so vollständig, daß selbst der Busfahrer an einen Ausflug glaubte, lediglich das Gepäck war etwas umfangreicher. Am Morgen des 27.11.1980 baute die Reisegruppe in Rekordzeit ein Zeltdorf auf dem Märzfeld zwischen der Militärakademie und dem Eiffelturm auf. Das 'GFA-Larzac-V' sollte die 15 Höfe symbolisieren, die durch die Camp-Erweiterung gänzlich vernichtet würden (neben 22 stark und 46 mehr oder weniger beeinträchtigten Betrieben). Die Aktion war zusammen mit dem Pariser Larzac-Komitee vierzehn Tage lang vorbereitet worden, und alle Beteiligten rechneten damit, nicht länger als 20 Minuten unter dem Eiffelturm bleiben zu können.

Die Besetzer erklärten gegenüber der Presse:

"Wir bleiben solange, bis die Regierung die Enteignungsprozedur gestoppt hat. Wir sind bereit, uns mit den Bauernverbänden und den gewählten Politikern des Aveyron sowie mit dem Armeeminister zu treffen, um zu einer globalen und endgültigen Lösung zu kommen." (119)

Unmittelbar nach Beginn der Aktion trafen die ersten Solidaritätstelegramme und Besucher ein, u.a. die Präsidentschaftskandidaten Roger Garaudy und Brice Lalonde (Ökologisten). Die Post richtete sich rasch auf einen ständigen Kurierdienst an die Adresse 'Larzac-Bauernhof auf dem Märzfeld' ein.

Von vielen Seiten trafen Hilfsmittel ein, die Patenstadt des Hofes Costeraste, die Pariser Vorortgemeinde Conflans-Ste. Honorine, schickte z.B. ein großes Schulzelt mit allen Unterrichtsutensilien und einer freiwilligen Lehrerin für die 32 Larzac-Kinder, darüber hinaus ein großes Versammlungszelt, Decken, Matratzen usw.. Bauern aus dem Loire-Tal schafften Strohballen, Feuerholz, warme Kleidung und einen Generator zur Stromversorgung heran.

Erstaunlich war die Solidarität der Bewohner im Pariser Nobelviertel mit den campierenden Bauern, allein 40 Zimmer wurden für eventuell erkrankende Aktionsteilnehmer angeboten. Die Bauern lernten die besteingerichteten Badezimmer Frankreichs kennen. Eine Buchhandlung räumte einen großen Raum für die Kinderbetreuung, und das Theater in der 'Cartoucherie' von Vincennes (geleitet von der berühmten Ariane Mnouchkine) bot eine Sondervorstellung für die 'Besucher' aus der Provinz.

Um sich beim Adressaten ihrer Proteste unmißverständlich bemerkbar zu machen, luden mehrere Bauern am 29.11.1980 vor dem Armeeministerium Munitions- und Manöverschrott ab, wobei es zu vorübergehenden Festnahmen kam. Mit öffentlichen Veranstaltungen und Informationsständen wandten sich die Larzac-Aussiedler an die Pariser Bevölkerung. Am 30.11.1980 strahlte der Piratensender "Radio Eiffelturm" erstmals authentische Berichte über das Larzac-Dorf in Paris aus. Die Vorbereitungen waren getroffen, für Stadtkinder einen kleinen 'Hof' mit Schafen, Enten und Hühnern aufzubauen.

Die Räumung des illegalen Dorfes erfolgte erst, als sämtliche Vorkehrungen für eine langanhaltende Besetzung getroffen bzw. zugesagt waren. Die staatlichen Elektrizitätswerke waren bereit, eine Stromleitung zu legen, die Post wollte für einen Telefonanschluß sorgen, bald würde ein weiteres Großzelt mit Platz für 600 Personen aufgestellt. Die wachsende Sympathie aus der Bevölkerung für die 'Bauern im Exil' schien der Regierung zu stark zu werden. Schnee, Regen und Temperaturen bis zu 4 Grad minus hatten die Bauern nicht vertrieben, statt dessen nur die Unterstützung und die Neugier von Öffentlichkeit und Massenmedien verstärkt.

Am Nachmittag des 1.12.1980 umzingelte ein größeres Polizeikontingent das Zeltdorf und schloß es mit Metallgittern ein. Der Polizeipräfekt begründete die Räumung mit mangelnden Hygienevorkehrungen (es standen ausreichend chemische Toiletten zur Verfügung) und der Gesundheitsgefährdung für die anwesenden Kinder. Die Besetzer wurden mit Bussen in ein Obdachlosenasyl transportiert, ihr Gepäck in ein Polizeidepot am Stadtrand. Die Bauern zogen es vor, sich selbst eine Unterkunft zu suchen und übernachteten in einer protestantischen Ferienkolonie.

Die Regierung schien sich im negativen Sinne an die Parole 'Larzac — Plogoff, derselbe Kampf!' zu halten, am Tag der Räumung auf dem Märzfeld wurde das umstrittene Atomkraftwerksprojekt in der Bretagne als "von öffentlichem Nutzen" erklärt.

Bei der Vollversammlung mit den Larzac-Komitees am 2.12.1980 beschlossen die Larzac-Bauern, weiter in Paris zu bleiben, da ihre Forderungen nicht erfüllt, aber die Aufmerksamkeit der Öffentlichkeit für ihr Anliegen im Augenblick sehr groß war. Die Stadtverwaltung von Conflans-Ste. Honorine, unter dem Bürgermeister Michel Rocard (PS), hatte einen großen Schleppkahn die Seine hinaufgeschickt, der am Quai d'Orsay, nahe der Nationalversammlung, anlegte. Die Bauern schlugen ihre Zelte auf dem Oberdeck der 'Stadt Conflans-Ste. Honorine' auf.

Am 4.12.1980 besetzten Bürger aus Plogoff ein Büro der Elektrizitätsgesellschaft EDF im Pariser Vorort Clamart und wurden kurz darauf von der Polizei aus dem Bürogebäude vertrieben. Die Sicherheitsbeamten wollten den Bus aus der Bretagne zum Stadtrand begleiten, zu ihrer Überraschung fuhr der aber nicht nach Westen, sondern in Richtung Quai d'Orsay. Die Fischer aus Plogoff trafen sich auf dem Seinekahn mit den Larzac-Bauern, um über gemeinsame Aktionen zu beraten.

Am Wochenende demonstrierten Larzac-Bauern in kleinen Gruppen durch die Straßen der Hauptstadt, unter anderem quer durch das Kulturzentrum Beaubourg, und verteilten in wenigen Stunden 40 000 Flugblätter. Währenddessen waren die Zufahrtsstraßen zum Elysée-Palast hermetisch durch Polizei abgeriegelt. Schließlich funktionierten die Larzac-Botschafter einen Ausflugsdampfer zum Vehikel für eine Demonstration von der 'île de la cité' bis zum Eiffelturm um.

Nach elf Tagen Dauerdemonstration machten sie sich dann wieder auf den Heimweg. Das Ziel, die Regierung zur Kapitulation zu bewegen, war nicht erreicht, aber der Nation erneut bewiesen worden, daß die Larzac-Affäre noch längst nicht bereinigt war. Die Verhandlungen mit dem Verteidigungsminister konnten nicht stattfinden, da Minister Le Theule vier Tage vor dem Termin am 14.12.1980 starb. Vom Interims-Minister Robert Galley war kaum Nachgiebigkeit zu erwarten, er war bereits früher Armeeminister und den Bauern bekannt.

Gleichzeitig war wegen der Präsidentschaftswahlen im Frühjahr nahezu sicher, daß die nach der Enteignung logischerweise folgende Räumung der Höfe keinesfalls vor Mai 1981 erfolgen würde. Außerdem legten die enteigneten Landwirte erneut Rechtseinspruch auf Grund zahlreicher neuer Formfehler ein.

4.3.1. Zur Kunst der Selbstverteidigung

Mit dem Zeltdorf unter dem Eiffelturm hatten die Larzac-Bauern erneut gezeigt, wie sie mit Variationen und Steigerungen auf akute Bedrohungen in einer Form reagierten, daß die politischen Folgen eher auf die Angreifer zurückfielen.

Viermal waren sie in Momenten großer Gefahr nach Paris gezogen, jedesmal in einer dramatischeren Form. Als die Untersuchung des 'Öffentlichen Nutzens' im Oktober 1972 begann, ließen sie 60 Schafe unter dem Eiffelturm weiden und erreichten endgültig landesweit Beachtung in der Öffentlichkeit. Nach der Erklärung des 'Öffentlichen Nutzens' fuhren sie im Januar 1973 mit 25 Traktoren sechs Tage lang bis nach Paris. Nach den ersten Enteignungsanordnungen marschierten sie die 710 km sogar zu Fuß, um in Paris von 40 000 Freunden empfangen zu werden. Die Dramatisierung der Reaktionen bestand darin, einmal Schafe unter dem Eiffelturm weiden zu lassen und nun persönlich auf dem Märzfeld zu zelten, einmal den Weg mit Traktoren und dann zu Fuß zurückzulegen.

So können fast alle Aktionen der Larzac-Bauern als Gegenmaßnahmen auf Angriffe der Betreiberseite verstanden werden.

"Der Kampf war öfter defensiv als offensiv, doch das ist in Wirklichkeit unsere Stärke, da die öffentliche Meinung sensibler für die Reaktion derer ist, die sich verteidigen, als gegenüber denen, die angreifen." (120)

Hervé Ott verglich die Konstante im Kampf der Bauern, Offensiven der Regierung zu ihren eigenen Gunsten zu nutzen, mit dem Selbstverteidigungssport des Aikido,

"... dessen zwei Hauptprinzipien die Nächstenliebe und die Ausnutzung der Angriffskraft des Gegners sind, um ihn aus dem Gleichgewicht zu bringen. Einerseits soll der Gegner nie physisch oder moralisch verletzt werden, andererseits besteht der Grundsatz geschickten Ausweichens darin, die Schläge des Aggressors nicht mit Gegenkraft zu blockieren. Es geht im Gegenteil darum, diese Kraft zu nutzen; indem sie verlängert wird, kann ihre dynamische Trägheit den Punkt maximaler Unwirksamkeit erreichen und so das Gleichgewicht des Schlagenden ins Wanken bringen. Dem Gegner soll damit gezeigt werden, daß sein Angriff nicht nur unnütz ist, sondern ihm selbst schadet. (Im Larzac) ... ist der Hauptgegner die Verwaltung, denn sie gibt der Aggression die legale Form. Es gibt aber kaum eine dynamischere Trägheit als gerade in der Verwaltung, die den Rückwärtsgang nicht mehr findet, wenn sie sich erstmal in Gang gesetzt hat. ... Hier kann ... der Hauptunterschied zwischen einer militärischen Aktion und der gewaltfreien Aktion gesehen werden. Jede militärische Struktur, und die Verwaltungsstruktur ist eine getreue Kopie davon, funktioniert sehr langsam, von oben nach unten. Deshalb kann sie sich so schwer auf horizontale und spontane Entscheidungen der Aktiven vor Ort einstellen. . ." (121)

5. 'Globale Übereinkunft' ohne die Larzac-Bauern

Anfang des Jahres 1981 schien es, als habe das elftägige 'Exil' der Larzac-Aktiven in Paris zwar die französische Öffentlichkeit beeindruckt, gleichzeitig aber den Verwaltungsbeamten vor Ort freien Raum gegeben, eine Lösung des Problems voranzutreiben, ohne die Betroffenen daran zu beteiligen. Neben Präfekt und Unterpräfekt als Staatsbeamte beteiligten sich maßgeblich die Bürgermeister Diaz, Millau, und Julien, Nant, an einer Kampagne, um die gewählten Volksvertreter zur Zustimmung einer 'globalen Übereinkunft' zu bewegen, die schon als Grundlage des Treffens beim Verteidigungsminister hätte dienen sollen.

Es gelang, mit ganz wenigen Ausnahmen, z.B. dem Bürgermeister von La Courvertoirade, alle 'élus' zu überzeugen, daß der 'accord global' die einzige für alle Seiten ehrenhafte Lösung sei. Auf der Grundlage der 'DUP' und der Enteignungen bliebe die Armee Besitzer der insgesamt 17 000 ha Land, lediglich die 115 ha würden aus der Erweiterungszone herausgenommen. Für Panzerübungen ergibt sich innerhalb der Erweiterungszone eine natürliche Grenze, der "Gratlinie" zwischen St. Martin und Montredon. Die Armee war bereit, etwa 3 000 ha hinter dieser Linie, ein landwirtschaftlich wenig genutztes Gebiet entlang des Abhanges zur Dourbie-Schlucht, ca. 300 Tage pro Jahr nicht zu nutzen. Dieses Angebot entsprach den Wünschen von Naturfreunden aus Millau (Bürgermeister Diaz setzte sich stark dafür ein), half aber kaum den Landwirten. Sie sollten ihre Häuser, mit Ausnahme einiger Schafställe, hinter die Linie verlegen, argumentierten aber, daß eine landwirtschaftliche Nutzung nur durch die Aufrechterhaltung ihrer Höfe an der alten Stelle gewährleistet werden könne.

Im 'accord global' war keine Rede mehr von 68 aufrechtzuerhaltenden Höfen, insgesamt fiel der 'accord' hinter die letzten Angebote aus dem Armeeministerium zurück.

Nachdem der Präfekt hintereinander die Volksvertreter und Bauernverbandsfunktionäre für den 'accord' gewonnen hatte, wurden die Larzac-Bauern am 19.2.1981 von ihren Berufsverbänden bei einer Versammlung in Millau informiert, daß diese bereit seien, die Übereinkunft am 24.2.1981 im Pariser Verteidigungsministerium zu unterschreiben. Eine Abstimmung ergab, daß die Mehrheit, d.h. 31 von 40 anwesenden Bauern, nicht damit einverstanden war. Allerdings hatten sich in der Zwischenzeit einige der mit weniger als 36% ihrer Betriebsfläche Betroffenen mit der Armee arrangiert und waren nicht zur Besprechung erschienen.

Am 23.2.1981 erklärten 'die Larzac-Bauern' in einer Pressemitteilung, daß sie sich entschieden gegen das Protokoll wendeten, von dessen Ausarbeitung sie systematisch ferngehalten worden seien. Die vorgeschlagenen Nutzungsabmachungen zwischen Armee und Landwirten seien von vorneherein fragwürdig, nachdem sich in den 80 vergangenen Jahren Nachbarschaft von Armee und Landwirtschaft die Militärs noch nie an Vereinbarungen gehalten hätten.

Der 'accord global' konnte am 24.2.1981 bei Abwesenheit der Betroffenen im Sinne des Präfekten unterzeichnet werden. Diesen Schritt begrüßte drei Tage später der Generalrat des Aveyron einstimmig, also auch mit den Stimmen der sieben PS-Generalräte. Gérard Deruy und Jean-Louis Coulon, Generalräte für die beiden Wahlkreise von Millau, begründeten dies gegenüber den Larzac-Bauern aus der Sicht "realistischer Politiker". Es gäbe noch gar keine 'globale Übereinkunft', der Text böte aber zum erstenmal einen genauen Diskussionsrahmen für die Diskussion über eine globale Einigung. Dennoch war die Vollversammlung der Larzac-Komitees am 11.4. 1981 geprägt von Ratlosigkeit und Resignation.

> "Wir sind nicht mehr in der Situation 'Wir werden den Larzac behalten!', sondern jetzt muß es heißen 'Erobern wir den Larzac zurück!' " (122)

Nachträglich wurde herbe Kritik an der Bereitschaft zu Verhandlungen geübt, die sich für die Landwirte nur nachteilig ausgewirkt hätte.

Nach dem Leitartikel von 'GLL' zu urteilen, schien der Schock über den Alleingang der 'élus' letztlich zu neuer Einigkeit unter den Bauern zu führen.

> "Ein anderer Vorteil ... der Unterschrift der Volksvertreter unter den Text war, daß wir uns noch einmal uns selbst gegenüber stellten, und wir sind wieder einig. ... Die Larzac-Bauern haben und ihre Verantwortung in aller Unabhängigkeit und in der Gewissensfreiheit für jeden einzelnen übernehmen. ... Murmelt man nicht in Millau: 'Die Volksvertreter haben eine Schlacht verloren, die Bauern werden den Krieg gewinnen'?" (123)

Es könnte auf eine nachträgliche Meinungsänderung hindeuten, daß die Volksvertreter sich weigerten, am 21.3.1981 mit dem Unterpräfekten über weitere Einzelheiten zu verhandeln, solange die Larzac-Bauern nicht mit am Tisch säßen.

5.1. Mitterand-Regierung verzichtet auf Camp-Erweiterung

Der Erfolg des Präfekten, die Larzac-Bauern in einer wesentlichen Frage in Widerspruch zu den gewählten Volksvertretern und den Bauernverbandsfunktionären zu bringen, war zweifellos ein Zeichen der Schwäche der Basisbewegung. Sollte nun in einer gewissen Ironie des Schicksals der Erfolg einer parteiunabhängigen und außerparlamentarischen Bewegung vom Ausgang der Präsidentschaftswahlen abhängen? Falls Giscard d'Estaing (oder auch Jacques Chirac) die Wahlen am 26.4. und 10.5. 1981 gewinnen würden, wäre die gewaltsame Entfernung der standhaft bleibenden Bauern von ihren Höfen nur noch eine Frage der Zeit.

Die Larzac-Bauern schickten an alle Präsidentschaftskandidaten einen Fragebogen, in dem es u.a. hieß:

"1. Setzen Sie sich, falls Sie gewählt werden, dafür ein, das Erweiterungsprojekt für den Truppenübungsplatz Larzac aufzugeben und der Landwirtschaft die bereits von der Armee erworbenen Ländereien zurückzugeben?

2. Werden Sie sich soweit engagieren, im Fall der Räumungsgefahr persönlich zu unserer Unterstützung zu kommen? . . ." (124)

Neben zwei Kandidaten unbedeutender Splittergruppen wie der PC-ML antworteten die drei Kandidaten, für die wohl am ehesten Sympathien auf dem Larzac bzw. in der Unterstützerbewegung zu erwarten waren: der Ökologist Brice Lalonde, die PSU-Kandidatin Huguette Bouchardeau und François Mitterand. Über den PS-Kandidaten schrieb 'GLL' zwischen den beiden Wahlgängen:

"... es ist für niemanden ein Geheimnis, daß sein persönliches Engagement und seine sehr klaren und wiederholten Stellungnahmen über seinen Willen, 'das Land den Bauern zurückzugeben' für uns eine ernsthafte Hoffnung darstellen, früher mit einem Kampf aufhören zu können, den wir in jedem Fall bis zu Ende führen werden." (125)

François Mitterand antwortete auf die beiden Fragen:

"1. Sie wissen, daß ich seit zehn Jahren mit den lokalen Abgeordneten und Organisationen der Sozialistischen Partei meine Solidarität mit Ihnen bekräftigt und konkret Ihren Kampf unterstützt habe. Persönlich habe ich öffentliche Veranstaltungen im Aveyron abgehalten. Bei verschiedenen Gelegenheiten ... habe ich zugesagt, mich gegen das Erweiterungsprojekt des Truppenübungsplatzes zu wenden. Wenn ich gewählt werde, benutze ich meine Autorität und meine Macht, um das Land den Bauern in diesem Teil Frankreichs zurückzugeben, in dem es so wichtig ist für die regionale Aktivität.

2. Ich bin bereits mehrmals auf den Larzac gekommen, um direkt an Ihrer Verteidigung teilzunehmen. Beim Erntefest war ich unter Ihnen! Ich werde auch morgen wieder dort sein, um Ihnen im Notfall zu helfen, aber es ist eindeutig, daß die momentane Regierung nicht vor den Wahlen zur Räumung greifen wird. . ."

Dennoch erwartete auf dem Larzac kaum jemand Wunder von F. Mitterand. Guy Tarlier äußerte gegenüber der Vertreterin des 'Larzac-Freundeskreises Hamburg', Heidi Burmester, seine Meinung über die Folgen eines Wahlsieges des PS-Kandidaten:

"Was die Camp-Erweiterung betrifft, so hat er gesagt, daß er das Land an uns Bauern zurückgeben werde, wenn er Präsident wird; aber er hat nicht gesagt, daß es keine Camp-Erweiterung geben werde. ... Ich habe neulich in einem Interview zu einem Journalisten des 'Matin' gesagt – einer Zeitung, die der Partei Mitterands sehr nahe steht: 'Wenn Giscard gewählt wird, werde ich viel kämpfen, und das wird schwierig sein. Aber wenn Mitterand gewählt wird, werde ich noch mehr kämpfen, denn ich will ja nicht nur den Larzac gewinnen, sondern ich will durchsetzen, was den Larzac ausmacht: Weg mit dem Waffenhandel – Frieden – Abrüstung. ... Wenn er gewinnt, dann muß man noch mehr kämpfen. ... Von Mitterand verlange ich, daß er sein Teil tut, um die Dinge voranzutreiben, was die Kriegsdienstverweigerung betrifft, die Meinungsfreiheit gegenüber der Armee, also das Recht auf Wehrpaßrücksendung, die Meinungsfreiheit überhaupt.' " (126)

Nach dem Sieg der Sozialistischen Partei beim zweiten Wahlgang am 10.5.1981 blieb auf dem Plateau eine gewisse Skepsis spürbar. Erst als Premierminister Mauroy am 3.6.1981 offiziell den Verzicht der Regierung auf die Erweiterung des Truppenübungsplatzes bekanntgab, erschien der Sieg gesichert. Als dann in der Nacht vom 6. zum 7. Juni die fünf Jahre von der Armee besetzten Höfe Le Cun, La Salvetat, Les Tournets, Cavaliès und Le Pinel in aller Eile geräumt wurden, war dies ein handfester Grund für die neue Siegesfeier der Larzac-Bewegung, die sich über Pfingsten auf dem Plateau getroffen hatte.

Noch am Tag zuvor protestierten enttäuschte Camp-Befürworter beim Besuch von Planungsminister Ricard in Millau, der ansonsten von der Bevölkerung mit Jubel begrüßt wurde. Die Lobby der Armee und der um ihre Gewinne betrogenen Händler und Handwerker versuchte in der Presse eine Kampagne gegen die Regierungsentscheidung zu entfachen. Sie berief sich dabei auf die bereits getätigten oder noch geplanten Investitionen zum Ausbau des Truppenübungsplatzes. 50 Millionen Francs waren bereits verbaut, z.B. für 16 ha Erdarbeiten für einen Hubschrauberlandeplatz oder die Bahnlinie, die nach zwanzig Kilometern Neubaustrecke nur 1 200 Meter vor dem Ziel an einem Prellbock der Larzac-Bauern endete. Der Bürgermeister von La Cavalerie forderte von der Regierung Entschädigungszahlungen, da nun keine weiteren Geschenke, wie eine Müllverbrennungsanlage oder eine Kläranlage, zu erwarten waren, welche die Armee versprochen hatte. Unverbesserliche Marketender forderten mit dem RPR-Abgeordneten Godfrain gar weiterhin eine "kleine Erweiterung", d.h. den Anschluß der vom Staat erworbenen Bodenflächen an den alten Truppenübungsplatz. Verteidigungsminister Hernu sprach in diesem Zusammenhang von 3 500 ha, angeblich landwirtschaftlich genutztem Land als "Niemandsland". Da diese Flächen aber verstreut und nicht zusammenhängend sind, ist die kleine Erweiterung nicht sehr wahrscheinlich. Dennoch fühlten sich die Larzac-Bauern gedrängt, weiterhin auf der Hut zu sein, zumal die Armee-Interessen weiterhin umstritten sind. (127)

Durch den Wahlsieg Mitterands überwogen die politischen Gesichtspunkte über die militärischen und juristischen. Entscheidend war in der unklaren Situation der Widerruf der "Erklärung des Öffentlichen Nutzens" vom Dezember 1972 und der "vorläufigen Besitzeinweisungen" vom November 1980 durch den Präfekten des Aveyron am 24. August 1981.

Damit erhielten die ehemaligen Besitzer von Land, das die Armee gekauft oder enteignet hatte, das Recht zum Wiedererwerb (oder zu Pachtverträgen) ihrer ehemaligen Bodenflächen. Es war vorauszusehen, daß nur ein kleiner Teil dieser ehemaligen Grundbesitzer, die sich mit dem Staat arrangiert hatten, Interesse am Wiedererwerb hätten, in jedem Falle würde der Staat einen Teil der Bodenflächen weiterhin besitzen. In rund 200 Fällen hatte das Berufungsgericht über Einsprüche gegen die Enteignung zu entscheiden, da für insgesamt 4 300 ha Flächen die Annahme der Entschädigungen verweigert worden war. Doch selbst wenn die Enteignungen als rechtmäßig bezeichnet würden, hätten die früheren Besitzer Anspruch auf Wiedererwerb. Die Landwirtschaftsministerin Cresson und der Planungsminister Rocard gaben bei der departementalen Landwirtschaftsbehörde einen Gesamtentwicklungsplan für die Region Millau in Auftrag, der bis Jahresende 1981 erarbeitet sein sollte. Außerdem gewährte das Landwirtschaftsministerium für dringendste Infrastrukturmaßnahmen auf dem Plateau Sonderkredite von einer Million Francs. Die Larzac-Bauern bemühten sich seit den Wahlen der Regierung, ihr vorrangiges Ziel zu verdeutlichen, die Erhaltung oder Neugewinnung der gesamten Fläche für die Landwirtschaft. Vor dem Hof Le Pinel lautet die Inschrift eines Schildes: "Respektiert diesen Hof, der von der Armee willkürlich aufgegeben wurde. Von nun an gehört er . . .". Bis dahin sind die Buchstaben rund und schwarz ausgemalt, danach geht der Text als Bleistiftskizze weiter: "der kantonalen Bodenverwaltung". Dieses Amt existierte im Sommer 1981 nur als Plan innerhalb des sozialistischen Wahlkampfprogrammes, dem 'projet socialiste'. Aus ihrer eigenen Widerstandserfahrung fordern die Larzac-Bauern, daß die Kontrolle über den Boden nicht bei dem liegen sollte, der ihn besitzt, sondern der ihn bearbeitet. Deshalb wollen sie die neue Regierung in die Pflicht nehmen und bieten ihre Region als Versuchsfeld an, vorausgesetzt, die Regierung ist bereit, ihren Teil zur Verwirklichung ihrer eigenen Pläne beizutragen. Gleichzeitig deuten sie mit der Gründung eines weiteren GFA an, daß sie willens sind, ihre Geschicke weiterhin in die eigene Hand zu nehmen, um den militärischen Mißbrauch ebenso zu verhindern wie Spekulationskäufe. Die kantonale Bodenverwaltung soll das vom Staat erworbene Land im Interesse der Landwirtschaft verwalten und es den sieben seit 1971 neuangesiedelten Bauern und dreizehn weiteren Neusiedlern langfristig verpachten.

Am 13.10.1981 gab eine gemischte "lokale Kommission zur Bodenneuordnung" bekannt, welche Kandidaten sie zur Übernahme der fünf Armeehöfe ausgewählt hatte. (128) Zuvor hatte der Staat die SAFALT beauftragt, auf diesen Höfen die dringendsten Instandsetzungsarbeiten wie die Reparatur der Dächer, Fenster und Türen, vorzunehmen.

Die Forderung nach einer Bodenneuordnung durch die kantonale Bodenverwaltung und nach Neuansiedlungen waren die wesentlichsten Punkte eines 'Larzac-Planes', dessen Grundzüge von den Larzac-Bauern bereits wenige Tage nach der Wahl Mitterands veröffentlicht wurden. In diesem Plan drückten sie die während des langjährigen Widerstandes gemeinsam entwickelten Grundsätze aus, die nun zur Gestaltung der Zukunft in konkrete Vorschläge umgesetzt wurden. Nach ihrem eigenen Verständnis enthielt der 'Larzac-Plan' Anknüpfungspunkte an das Regierungsprogramm, insbesondere in den Bereichen Bodenreform, Landwirtschaft, Energie und Kultur.

"Alle Chancen sind versammelt, für einen menschlichen, sozialen und wirtschaftlichen Versuch, das 'Larzac-Danach' nicht nur gegen einen gemeinsamen Gegner, sondern auch für eine etwas andere Gesellschaft zum Erfolg zu bringen." (129)

Eine Vielzahl von Arbeitstreffen zur Konkretisierung des Larzac-Planes zeigte, welch enormes Potential an Ideen und Tatendrang freigesetzt wurde, seit der Druck der Bedrohung von außen genommen war.

Unter dem Stichwort (land-)wirtschaftliche Entwicklung wurde unter anderem überlegt, wie die einseitige Ausrichtung auf den Monopolabnehmer Roquefort durch eine Diversifizierung der Produkte abgebaut werden könne, z.B. durch Schafzucht zur Fleischproduktion, selbständige Herstellung und Verkauf anderer Käsesorten, Anbau von Heilpflanzen, Bienenzucht, Ansiedlung von Handwerks- und Dienstleistungsbetrieben. Zu den nicht-landwirtschaftlichen Projekten sollte auch ein Beherbergungs- und Begegnungsprogramm zwischen Stadt- und Landbevölkerung gehören, der Ausbau der Patenschaften, die Förderung eines 'sozialen Tourismus', Seminare zur Naturbeobachtung, künstlerische und handwerkliche Werkkurse. An die

Einrichtung eines archäologischen wie eines ökologischen Museums wurde ebenso gedacht wie an die Umwandlung des Plateaus in eine "Pilot-Zone" zur praktischen Erprobung von Alternativ-Energien und ökologisch sinnvoller Architektur.

"Wir werden spüren, daß es noch viel schwieriger ist, Vorbild zu sein, wenn es darum geht, etwas Positives aufzubauen." (130)

Durch die "Internationale Begegnung für den Frieden" vom 18. bis 23. August 1981 auf dem Hof Le Pinel bewiesen die Larzac-Bauern, daß sie auch nach dem Sieg in eigener Sache weiterhin gegen Kriegsursachen kämpfen, sich aber auch mit den Opfern von Unterdrückung und Ausbeutung in aller Welt solidarisieren wollten. In über 80 Arbeitsgruppen beschäftigten sich die 3 000 bis 5 000 Teilnehmer mit den Schwerpunktthemen: Rüstungswettlauf und Militarisierung der Gesellschaft, Hunger in der Welt, Einschränkungen von Freiheit und Demokratie. Die Delegationen u.a. aus Japan, San Salvador, Peru, Guatemala, Brasilien, Chile, Afghanistan, dem Iran, der Türkei usw. repräsentierten politische Komitees und Befreiungsbewegungen, aber auch besonders viele Bauerngruppen. Die Gruppe der Land-Solidarität hatte nicht aus Polen ausreisen dürfen. Die Bauern aus aller Welt waren sich einig, daß sie sich gegen eine Entwicklungsform zu wehren hätten, die einen Teil der Welt dem Hunger aussetzt und gleichzeitig landwirtschaftliche Flächen veröden läßt. Sie verlangten eine neue internationale Arbeitsteilung, mit dem Ziel größtmöglicher Selbstversorgung in allen Ländern.

Der wichtigste Impuls des internationalen Treffens war ein "Appell des Larzac zum Widerstand gegen die Atomrüstung", in dem nach einer Beschreibung der Friedensbewegung in der Bundesrepublik, in Holland und Großbritannien eine Kritik an der Abrüstungspolitik der neuen französischen Regierung folgte.

"In Frankreich drückten die Wahlen im Mai die Hoffnung auf eine neue Politik in Hinblick auf die nationale Verteidigung und die militärischen Bündnisse aus. Die neue Regierung hat aber immer noch nicht mit der Ausrichtung gebrochen, die die frühere Mehrheit eingeschlagen hatte."

Diese Kritik wurde konkretisiert anhand der Entscheidungen für neue atomare Unterseeboote, der Stationierung neuer Raketen auf dem Plateau d'Albion, den Plänen für Plutonraketen mit noch größerer Sprengkraft, für die Neutronenbombe und die strategische SX-Rakete. Mitterand habe sogar den Nato-Doppelbeschluß zur Stationierung von Mittelstreckenraketen in Westeuropa unterstützt und die Atomwaffentests im Pazifik fortsetzen lassen.

"Eine authentische Politik der Linken, die den innersten Wünschen der Völker entspricht, muß klare Stellung gegen die Strategie der militärischen Blöcke und Bündnisse einnehmen und so zum Stop des weltweiten Rüstungswettlaufes beitragen. Deshalb rufen wir zur Bildung einer breiten Bewegung in Frankreich gegen den Krieg und die atomare Bewaffnung auf, die ihren Platz in der europäischen Strömung einnimmt und mit ihr kraftvoll gegen die Weiterverbreitung von Atomwaffen im Westen wie im Osten kämpft.
Der Widerstand des Larzac konnte die Erweiterung eines Truppenübungsplatzes aufhalten. Dem solidarischen Widerstand der Völker Europas sollte es gelingen, die Erweiterung der atomaren Gefahr aufzuhalten." (131)

Anmerkungen zu Teil VI:

(1) Zitiert nach 'Midi Libre', 30.9.1978.
(2) Mit der "vorläufigen Besitzeinweisung" schließt sich der juristische Teil an den administrativen Abschnitt der Enteignung an. Das Land gehört zwar noch den Vorbesitzern,

darf aber an keinen anderen mehr als an die Armee bzw. die staatliche Domänenverwaltung verkauft werden. In den folgenden sechs Monaten muß der Präfekt den Enteignungsrichter mit der Prüfung der Unterlagen beauftragen, der dann die eigentlichen Enteignungserlasse ausspricht. Die von der Armee vorgeschlagenen Entschädigungssummen werden vom Enteignungsrichter geprüft — durch Gespräche mit den Besitzern und Ortstermine —, bevor er sie endgültig festlegt.

Die letztinstanzliche Berufung vor dem 'Conseil d'Etat' hat keine aufschiebende Wirkung, die Armee hätte die Möglichkeit, in einem Dringlichkeitsverfahren bereits zehn Tage nach Verkündigung der 'arrêtés de cessibilité' die Flächen mit Ausnahme der Gebäude und dem engsten Umkreis zu besetzen.

(3) 'Midi Libre', 30.9.1978.
(4) 'La Dépêche du Midi', 2.10.1978.
(5) Auguste Valette (42 Jahre) aus Mas Trinquier bei L'Hospitalet, Jean André (30) und Robert Gastal (40) aus La Cavalerie, Osla Maillé (32) aus Potensac, Léon und Jean-Marie Burguière (68 und 40), L'Hôpital, Lucien Alla (58), Guy Tarlier (46), Jeanne Jonquet (57) aus La Blaquière, Claude Voron (40) aus Les Truels, Josette de Boissieu (28) aus Les Homs, Alice Monier (24) aus Montredon, Christian Rouqueyrol (24), Cavaliès, und außerdem der Arzt Pierre Parodi von der Arche.
(6) Der Abgeordnete und Bürgermeister von Villefranche, Robert Fabre, drückte seine Unterstützung durch einen Besuch ebenso aus wie der nationale Vorsitzende der Landwirtschafts-Krankenkasse (Mutuelle Agricole) und Generalrat André Laur, der nie zuvor Kontakt zu den Larzac-Bauern gehabt hatte.
(7) 'La Croix', 4.10.1978.
(8) Alice Monier, in 'GLL', Nr. 38, November 1978.
(9) 'Centre Presse', 2.10.1978.
(10) 'Gardons le Larzac' (Präsens- und Imperativform als Steigerung der gewohnten Futurformel 'Gardarem Lo Larzac').
(11) Nach 'GLL', Nr. 38, November 1979.
(12) 'Le Monde', 7.10.1978.
(13) 'Le Monde', 10.10.1978.
(14) 'Midi Libre', 12.10.1978.
(15) Für La Tune, Costeraste (Gemeinde La Cavalerie) und Montredon, Cavaliès, Les Marres und La Borie (La Rocque Ste. Marguerite. Damit wären fünf Betriebe (6 Betriebsleiter) mit 11 Arbeitsplätzen betroffen, d.h. insgesamt 27 Personen ihrer Existenzgrundlage beraubt.
(16) Nach 'La Croix', 8.11.1978.
(17) Zitat eines Bauern nach 'SUD', Nr. 138, 11.-17.11.1978.
(18) Am Pariser Fasten nahmen teil: Janine und Jean-Marie Burguière, Jeanne Jonquet und Suzanna Moreau. Ihnen schlossen sich die prominenten Vertreter der gewaltfreien Bewegung Jean Toulat, Lanza del Vasto, Jean-Marie Muller, Jean Goss und General Jacques de Bollardière an.
(19) 'Le Monde', 31.10.1978.
(20) 'Midi Libre', 17.10.1978.
(21) Editorial von 'GLL', Nr. 38, November 1978.
(22) ebd.
(23) 'Le Monde', 8.11.1978.
(24) Michel Alla nach 'Gardons le Larzac', Nr. 3: "Marche Larzac - Paris 710 km du 8 novembre au 2 décembre 1978", Januar 1979.
(25) Fünf Fahrzeuge begleiteten die Marschgruppe, zum Transport des Gepäcks, ein Sanitätswagen (vor allem waren wunde Füße und Erkältungen zu heilen), ein Küchenwagen (warme Getränke), ein Büro zur Herstellung von aktuellen Flugblättern, Pressemitteilungen und zur Erledigung wichtiger Korrespondenz.
(26) Gedenktag an den Waffenstillstand vom 11.11.1918.
(27) 'Le Monde', 14.11.1978.
(28) 'Le Monde', 17.11.1978.
(29) 'Ecologie', Nr. 303, 7. bis 20.12.1978.
(30) 'Gardons Le Larzac', Nr. 3, a.a.O., Broschüre über den Marsch.
Bei jeder Etappe des Marsches war die enorme Vorbereitungsarbeit vieler Helfer aus der Unterstützerbewegung zu spüren, die Bauern hatten zwar eine eigene kleine Organisationsgruppe vorausgeschickt, auf sich allein gestellt hätte sie jedoch resignieren müssen und nicht die zahllosen Solidaritätsbezeugungen von konservativen Bürgermeistern in ländlichen Departements wie die Empfänge in den Rathäusern der "roten" Pariser Vorstädte arrangieren können.
(31) Pressekonferenz vom 21.11.1978, nach 'Centre Presse', 23.11.1978.
(32) Die Senatoren Boscary-Monsservin und Sirgue (Unabhängige Republikaner), die Abgeordneten Fabre (MRG), Briane (UDF), Godfrain (RPR) sowie der Präsident des Generalrats Aveyron, Puech (PR).
(33) Pierre Burguière, nach 'Le Monde', 28.11.1978.
(34) 'Le Monde', 28.11.1978.
(35) 'Le Monde', 3./4.12.1978.
(36) Die LIP-Arbeiter hatten bereits an zwei Marsch-Etappen teilgenommen, und auch die CFDT trug ihren Teil zum Gelingen des Marsches bei. In Nemours legten die Arbeitnehmer der Sovirel-Fabrik für zwei Stunden die Arbeit nieder, während der letzten Marsch-

woche verstärkten Arbeitslose, vor allem aus der Fabrik Henfer, Millau, die Marschgruppe; das Personal des Flughafens Orly lud die Bauern zu einer Informationsveranstaltung ein usw.

(37) 'La Gueule Ouverte', Nr. 238, 6.12.1978.
(38) ebd.
(39) Ordner verhandelten z.B. mit dem verantwortlichen Polizeioffizier, als sich ein Mann mit anarchistischen Abzeichen auf seinem Parka näherte. Der Polizist verriet sich unfreiwillig, als er dem "Anarchisten" sagte, er würde im Wagen erwartet. Daraufhin stieg dieser in ein Auto der 'Renseignements Généraux', dem französischen Staatsschutz, das wenige Meter entfernt parkte. Nach 'Ecologie', Nr. 303, 7.-20.12.1978. Ähnliche Berichte finden sich auch in anderen Zeitschriften: 'Le Matin', L'Humanité usw.
(40) 'Le Monde', 5.12.1978.
(41) Kabinettsdirektor Paul Masson war bereits unter Minister Debré Gesprächspartner der Larzac-Bauern. Giscard d'Estaing schien seine Qualitäten als "Botschafter des Charmes" zu schätzen (nach 'La Gueule Ouverte', Nr. 241, 20.12.1978).
(42) Für 'Le Monde' z.B. hatte sich "der Ton verändert. ... Vor 48 Stunden schien sich die Larzac-Affäre zu einer Kraftprobe zu wenden. Durch den Willen der einen und der anderen Seite ist die Angelegenheit heute wahrscheinlich aus der Sackgasse heraus." 'Le Monde', 5.12.1978.
(43) Elie Jonquet in: 'La Gueule Ouverte', Nr. 240, 13.12.1978.
(44) Die Bauern hatten gedroht, Paris nicht eher zu verlassen, bis sie von einem Regierungsvertreter empfangen würden.
(45) Die 'Confédération Nationale des Jeunes Agriculteurs' (CNJA) erhielt von 18 ihrer departementalen Untergliederungen (CDJA) Solidaritätserklärungen für die Larzac-Bauern.
(46) 'NVP', Nr. 11, Januar 1979.
(47) 'Le Journal de Millau', 27.1.1979.
(48) 'GLL', Nr. 41, Februar/März 1979
       Das eindeutige Ergebnis war ein Denkzettel für den Präfekten, dessen Warnungen nichts an der politischen Aussage der Bevölkerung zum Camp hatte mindern können. Ende März besiegte der PS-Kandidat Deruy bei den Kantonalwahlen den eher opportunistischen Bürgermeister Diaz und wurde mit 4053 zu 1852 Stimmen Generalrat. "Der Präfekt muß zugeben, ... Diese Wahlergebnis erhärtet das Referendum der Einwohner von Millau. . .", 'GLL', Nr. 42, April 1979.
(49) Am 31. März, dem Tag des Baumes, schmückten Bürger die Unterpräfektur mit verbrannten und zerschossenen Bäumen vom Plateau, und am 1. April wurden auf Gemeindeland 420 Bäume angepflanzt.
(50) Gegen zwei Finanzbeamte wurden später Disziplinarmaßnahmen wegen Gehorsamsverweigerung und Aufruf zum Ungehorsam ergriffen.
(51) 'GLL', Nr. 43, Mai 1979.
(52) "Als Volksvertreter bin ich auf der Seite des Volkes", zitiert nach 'La Gueule Ouverte', Nr. 259, 3.5.1979.
(53) Bei Manufrance waren u.a. Militärmützen hergestellt worden, bis die Armee die Abnahme kündigte. Die Arbeiterinnen waren empört, daß sie für bessere Bezahlung und Arbeitsbedingungen kämpfen mußten, während für die Vertreibung der Bauern für ein nicht begründbares militärisches Ziel Millionen ausgegeben werden sollten. Um die Arbeitslosenzahlen nicht weiter steigen zu lassen, begannen sie mit der Herstellung von Mützen mit Aufschriften wie 'Larzac', 'Manufrance', 'CFDT', die sie mit großen Erfolg auf den Wochenmärkten verkaufen konnten. Auf die Anzeige des Fabrikbesitzers wegen Materialdiebstahl reagierte zwar nicht die Polizei, der Stadtrat von Millau ließ jedoch die Stromlieferung für die besetzte Fabrik einstellen.
(54) Nach 'GLL', Nr. 44, Juni 1979.
(55) Seit einiger Zeit mied die Armee die Bezeichnung 'Camp du Larzac'.
(56) Jacques Isnard, in 'Le Monde', 5.5.1979.
(57) Das Mittagessen der Journalisten fand im Salonwagen auf dem Bahnhof Tournemire statt, von dem aus kurz zuvor die Wiederherstellung der Bahnlinie hinauf auf das Plateau begonnen hatte.
(58) Zitate aus der Analyse der CNRS-Studie, in 'GLL', Nr. 45, Juli/August 1979.
(59) Die Bahnlinie zwischen Tournemire und Vigan, die das Plateau im rechten Winkel zur Nationalstraße 9 überquert, war wegen der Landflucht in den Fünfzigerjahren stillgelegt worden, und damit auch der Bahnhof in L'Hospitalet.
(60) Dies hinderte den Bürgermeister Privat, einen Mann mit guten Beziehungen zu Regierungskreisen, nicht, für den 3.4.1979 einige Offiziere zu Verhandlungen in das Rathaus zu bitten. Da sich aber die Mehrzahl der Einwohner mit Trauerflor vor dem Rathaus einfand, zogen es die Militärs vor, ins Camp zurückzukehren.
       Privat, ehemaliger Bahnhofsvorsteher von Paris-Austerlitz, war dem Erweiterungsprojekt gegenüber positiv eingestellt. Als der Gemeinderat bei der 'Untersuchung über den öffentlichen Nutzen' 1975 einstimmig die Schließung des Rathauses beschloß, öffnete Bürgermeister Privat dem Untersuchungsführer persönlich die Tür zur 'mairie'.
       Einige Tage später ging Privat zum Gespräch in die Kaserne, um er hätte gerne einen Tauschhandel vorgeschlagen: falls eine Umgehungsstraße um den Ort gebaut würde, wollte er an die Armee Gemeindeland abtreten. Da der Gemeinderat diesen Verkauf ablehnte und die Umgehungsstraße bereits zugesagt worden war, konnte der Bürgermeister nur sein Bedauern ausdrücken, daß ihm die Hände gebunden waren.

228

(61) 'GLL', Nr. 44, Juni 1979.
(62) Zitate nach 'Midi Libre', 13.4.1979.
(63) Nach 'Midi Libre', 28.5.1979.
(64) Sieben Larzac-Bauern, Vertreter von FDSEA und der Landwirtschaftskammer.
(65) Neben einem Vertreter des Generalrates und dem Präfekten einerseits nahmen auf der Bauernseite u.a. auch die Neusiedler François Giaccobbi und Alice Monier teil. Letztere Besetzerin aus Montredon war kurz zuvor einstimmig zur Vizepräsidentin des CDJA Aveyron gewählt worden. Damit war der Beweis erbracht, daß die Besetzer und Neusiedler auf dem Plateau als gleichberechtigte Landwirte anerkannt waren, daß auch in den Bauernverbänden die Unterschiede im Ansehen zwischen Hofbesitzern, Pächtern und Besetzern von Armeeland überwunden werden konnten.
(66) Der Bürgermeister von L'Hospitalet hatte jegliche Demonstration auf dem Gebiet seiner Gemeinde und damit auch die Vollversammlung im Gemeindehaus verboten.
Die 423 Teilnehmer aus ca. 50 Larzac-Komitees trafen sich in Plenum und Arbeitsgruppen: Steuerverweigerung, Wehrpaßrücksendung, GFA, Larzac-Universität, Le Cun, Aufbauprojekte der APAL, GLL usw. Wichtigstes Ergebnis war ein "Larzac-Plan", mit dessen Verwirklichung im Sommer begonnen wurde.
(67) Parallel fanden Verhandlungen mit den "élus" der Region statt.
(68) 'GLL', Nr. 45, Juli-August 1979.
(69) Nach 'Centre Presse', 2.7.1979.
(70) Zitiert nach 'Bulletin de coordination et de liaison des comités Larzac', Nr. 67, 20.6.1979.
(71) 'GLL', Nr. 45, Juli-August 1979.
(72) ebd.
(73) Aus einem Vorbereitungspapier des "Larzac-Plans", März 1979.
(74) Jean Chesneaux, in 'La Gueule Ouverte', 10.10.1979.
(75) 'GLL', Nr. 46, September 1979.
(76) 'Le Rouergat', 23.3.1979.
(77) Neben der Automatisierung des bestehenden Netzes Potensac - St. Martin wurden drei weitere Netze angelegt: La Resse - Cavaliès, Montredon - St. Sauveur, Devez-Nouvel - La Biossière. Marisette Tarlier betreut die Hofverbindung der vier Telefonnetze.
(78) "Promenades sur le Larzac". Herausgegeben von Larzac-Université, Millau, 1979. Ähnlich liebevoll aufgemacht wie der Reiseführer "Zwischen Himmelsziege und Steppenhexe", Emigranten-Gruppe Hamburg der Bürgerinitiative Lüchow-Dannenberg, 1979.
(79) Seit der Gründung von 'Radio Verte Fessenheim' wurden die politischen "Piratensender" in Frankreich zu einem bedeutenden illegalen Kommunikations- und Aufklärungsmittel, dessen sich selbst Parteien (PS und PCF) und Gewerkschaften, z.B. bei den lothringischen Stahlarbeiterstreiks in Longwy, bedienten.
(80) 'GGL', Nr. 49, September 1979.
(81) 1977 waren bei St. Sauveur 150 ha, 1978 südlich von Montredon 200 ha und im Frühjahr 1979 nördlich von Montredon ca. 100 ha abgebrannt.
(82) 'GLL', Nr. 47, Oktober 1979.
(83) Pressemitteilung, zitiert nach 'Midi Libre', 19.10.1979.
(84) Editorial in 'GLL', Nr. 47, Oktober 1979.
(85) Elie Jonquet und Marie-Rose Guiraud, La Blaquière.
Die Bauern wußten jedoch, daß die Hof-Weiterführung gesichert war.
(86) Moreau/Voron in Les Truels, Giaccobbi/Rouqueyrol in Cavaliès, Bové/Monier in Montredon, Foulquié in Las Mayou, de Boissieu in Les Homs und Jannet in L'Hospitalet.
Diesen Angriff wiesen die Bauern scharf zurück, da nicht die 'DUP'-Erklärung, sondern die 'arrêtés de cessibilité' als legale Grenze gelten, was Léon Maillé in einem Prozeß gegen die Post — wegen deren Weigerung, ihm Telefonanschluß zu gewähren — bestätigt worden war.
(87) 673 ha wurden enteignet, 300 ha als Ausgleich für die 67 Höfe angeboten. Ein großer Teil der angebotenen Flächen besteht aus Wald und eignet sich daher nicht für das Weiden der Schafe.
(88) 'GLL', Nr. 48, November 1979.
(89) Kolumne von 'Leontou' (Léon Maillé), in 'GLL', Nr. 48, November 1979.
(90) Vertreter aller 'quartiers': Janine und Jean-Marie Burguière, Osla und Léon Maillé, Josette de Boissieu, Jose Bové, Robert Calazel, Cecile Evésque, Pierre Jaussaud, François Montes, Suzanne Moreau, Marisette und Guy Tarlier.
(91) 'Centre Presse', 15.11.1979.
(92) 'GLL', Nr. 49, Dezember 1979.
(93) Sie waren an den einheitlichen Regenmänteln und Stecknadeln mit weißen Knöpfen an den Revers erkennbar.
(94) Mit 6022 lag die Arbeitslosenzahl am 31.10.1979 im Aveyron um 300 höher als im Vorjahr. (nach 'Midi Libre', 3./4.11.1979). Neben anderen Problemen im Departement machten die Demonstranten auf den Widerstand gegen den Uranabbau aufmerksam.
(95) 'Midi Libre', 17./18.11.1979.
(96) ebd.
(97) Wegen seines beharrlichen Diensteifers erhielt Richter Grenet den Spitznamen 'Idéfix' (idée fixe = fixe Idee).
(98) Durch die Enteignung würde die Gemeinde La Courvertoirade 2000 von 6000 ha verlieren, La Blaquérerie von der Nationalstraße abgeschnitten und sieben Höfe schwer bedroht.

(99) Nach 'GLL', Nr. 50, Januar 1980.
(100) ebd.
(101) Vor der Unterpräfektur wurde ein abgebrannter Nadelbaum mit Tränengasgranaten und Übungsmunition geschmückt und als 'Weihnachtsbaum' aufgestellt.
(102) 'Midi Libre', 19.12.1979.
(103) 'La Dépêche du Midi', 19.12.1979.
(104) 'Le Rouergat', 20.12.1979.
Während der Richtervisiten drehte zufällig ein Team einer englischen Fernsehanstalt auf dem Plateau eine Reportage. Zu Beginn ihrer Recherchen hatte der Kommandant des Camps erklärt, die französische Armee sei gewaltlos (!). Als sie sich selbst ein Bild machen wollten, wurden sie beim Hof Le Pinel mit Holzknüppeln empfangen. ('GLL', Nr. 50, Januar 1980). Am 17. Dezember sagte Richter Grenet an der Straßensperre bei Potensac den Reportern: "Ich werde mit Sicherheit nicht die Hilfe der 'Gardes Mobiles' in Anspruch nehmen." Da Zweifel an der Unabhängigkeit des Richters bestanden, der sich stets von der zur Armee gehörigen Gendarmerie begleiten ließ, deren Hubschrauber benutzte und in kritischen Momenten offenbar dem Colonel das Kommando überließ, blieben ihm die Journalisten an diesem Tag auf den Fersen. Nach den Gewaltszenen von St. Martin befragten sie erneut Richter Grenet: ".., Haben Sie ein ruhiges Gewissen nach dem, was Sie getan haben?" Grenets Antwort sprach für sich: "Auf diese Frage kann ich nicht antworten." (nach 'GLL', Nr. 50, Januar 1980).
(105) 'La Volonté Paysanne', zitiert nach 'GLL', Nr. 50, Januar 1980.
(106) 'GLL', Nr. 51, Januar 1980.
(107) Roger Moreau: "Der Preis eines unbezahlbaren Bodens." 'Non-Violence politique', Nr. 23, Februar 1980.
(108) Die Kosten des Polizeieinsatzes, bei dem in 14 Tagen etwa 1000 Gendarmen mobilisiert waren, wurden auf mehrere Millionen Francs geschätzt.
(109) 'Non-Violence Politique', Nr. 23, Februar 1980.
(110) 'GLL', Nr. 54, Juni 1980.
(111) Nach Artikel R 11-26 des 'code de l'expropriation' muß der Unterpräfekt jede einzelne Akte prüfen und unterschreiben.
(112) 'Centre Presse', 9.5.1980.
(113) 'Le Matin de Paris', 8.5.1980.
(114) 'Le Monde', 9.5.1980.
(115) 'La Dépêche du Midi', 16.10.1980.
(116) 'Midi Libre', 17.10.1980.
(117) 'GLL', Nr. 59, Dezember 1980.
(118) 'TC', 10.11.1980
(119) 'Le Monde', 2.12.1980.
(120) Hervé Ott: "Eine tiefe Furche", 'Cahiers de la réconciliation', Nr. 7/8, Juli-August 1980, S. 94.
(121) ebd.
(122) 'Bulletin de liaison et de coordination des comités Larzac', Nr. 89, 4.5.1981.
(123) 'GLL', Nr. 62, März-April 1981.
(124) 'GLL', Nr. 61, Februar 1981.
Weitere Fragen betrafen die Kriegsdienstverweigerung, die Militärpolitik, den Waffenhandel und die Atomstreitmacht Frankreichs sowie die Haltung gegenüber den Ländern der Dritten Welt.
(125) 'GLL', Nr. 63, Mai 1981.
(126) 'Tageszeitung', 7.5.1981.
(127) Falls das alte Camp um einige tausend Hektar vergrößert würde, könnte es bestenfalls als Übungsfeld für ein oder zwei Panzer-Regimenter dienen, nicht aber, wie geplant, für ganze Divisionen und noch weniger für Artillerie-Schießübungen, mit Reichweiten bis zu 25 km. Damit entstünde nach den früheren Angaben ein Engpaß, da Schießsimulatoren reale Übungsschütze ergänzen (ein realer Abschuß einer Hot-Rakete kostet z.B. 80 000 FF), aber nicht ganz ersetzen können.
(128) Pierre Garric (Le Pinel), Gilbert Fenestraz (Les Tournets), François Giaccobbi (Cavaliès), Mario Digirolamo, Yves Dembrun (Le Cun), Alain Desjardin (La Salvetat).
(129) 'GLL', Nr. 65, Juli 1981.
(130) Alice Monier, 'Libération', 22./23.1981.
(131) 'NVP', Nr. 40, September 1981.

Teil VII: SCHLUSS

1. Politische Bewußtseinsentwicklung der Larzac-Bauern

Verbindliche Aussagen über die politischen Standpunkte aller Larzac-Bauern können nur ansatzweise gemacht werden, da keine repräsentativen Umfrageergebnisse
vorliegen. Aus den Veränderungen der Verhaltensweisen, den Aktionen und vielen
Stellungnahmen einzelner sowie des Kollektivs der '103', insbesondere in ihrer Zeitschrift 'Gardarem Lo Larzac', lassen sich jedoch Trends ablesen, die die Meinungen
der Mehrheit der Betroffenen repräsentieren.

1.1. Ernüchterung über die herrschenden gesellschaftlichen Verhältnisse

Aus schmerzhafter Erfahrung mußten die Larzac-Bauern bald erkennen, daß ihr
Ziel, die Erhaltung ihres Lebens- und Arbeitsrahmens, nicht ohne Infragestellung
wesentlicher politischer Regeln und Machtverhältnisse erreicht werden konnte, die
sie zuvor kritiklos bis überzeugt anerkannt hatten. Die üblichen Wege politischer
Willensbildung, die geltenden Gesetze oder zumindestens deren Anwendung durch
die Herrschenden begünstigten die Rechtfertigung und Durchführung des Erweiterungsprojektes. Neu und ungewohnt war für die Bauern eine kritische und respekt-
lose Sicht zentraler staatlicher Institutionen wie Armee, Justiz oder Verwaltung,
nachdem sie erkannten, daß diese Grundpfeiler des Staates ihnen nicht mehr die-
nend oder zumindest neutral, sondern feindlich gegenüber standen.

Anfangs weigerten sich die Larzac-Bewohner, an der Gutwilligkeit von Regierung
und Verwaltung zu zweifeln. Sie nahmen zu deren Gunsten eher an, daß das Erweiterungsvorhaben nur auf Unkenntnis der ökonomischen und sozialen Wirklichkeit
des Larzac sowie auf wahrheitswidrige Zweckbehauptungen der UDR-Politiker zurückzuführen sei. Als jedoch auch nach Vorlage des Weißbuches über den Stand der
Landwirtschaft und trotz wachsender Proteste die Betreiber weiter von der Steppe
Larzac sprachen und die Eigenleistungen der Bauern leugneten, begriffen diese, daß
willkürliche Beschneidungen des Selbstbestimmungsrechtes zum Wesen zentralisti-
scher Politik gehören.

Auch das Vertrauen in eine unabhängige Justiz schwand, nachdem Gerichte regelmäßig die Anfechtungsklagen der Bauern gegen demokratisch und sachlich an-
fechtbare Entscheidungen abwiesen und sich nach der Staatsraison richteten.

Obwohl es völlig den Gewohnheiten und administrativen Gesetzen entspricht, daß so zentrale Funktionsträger wie Präfekt und Unterpräfekt nicht vom Volk gewählt, sondern vom Pariser Innenministerium ernannt (und ausgewechselt) werden, wurde dies den Bauern erst voll bewußt, als diese Beamten ihnen als ausführende Organe der Betreiber und als Polizeibefehlshaber zum Schutz der Durchführung der Maßnahme entgegentraten.

Der "regionale Schild", die institutionelle Unterstützung der Bauerninteressen durch die departementalen Honoratioren aus Berufsverbänden, Kirche und regionaler Politik, war zu keinem Zeitpunkt entbehrlich, jedoch auch nie ausreichend, um durch Stellvertreterpolitik allein das Ziel zu erreichen. Gegen die Gefahr von Opportunismus und vorschnellen Kompromissen vermochten allein die direkte Aktion und die Selbstorganisation der betroffenen Larzac-Bewohner die notwendige Kraft und Eindeutigkeit der Forderungen zu schaffen und zu bewahren. (1)

Besonders radikal veränderte sich die Einstellung der Landwirte gegenüber der Armee. Traditionell hatten sie den "Dienst unter den Fahnen" als moralische Pflicht und patriotische Ehre angesehen und seine durch Gehorsam und Unterwerfung geprägte Erfüllung auf sich genommen. Aus der Sicht der Armee war vermutlich noch 1970 die 100 Jahre vorher geschriebene Charakterisierung gültig:

> "Der französische Soldat ist Bauer. Der Bauer ist der beste Soldat. Die natürlichen und ursprünglichen Tugenden sind den militärischen Tugenden eng verwandt. Der Bauer ist gehorsam, robust, schon mit wenig zufrieden, er leidet schweigend. Unter der rauhen Schale des Bauern findet man den Soldaten, es gibt nichts Bewundernswerteres. . ." (2)

Die vorausgegangenen Beschreibungen von Aktionsformen gegen die Armee und deren Begründungen zeigen überdeutlich die grundsätzliche Wandlung der Haltung der Landwirte gegenüber der Armee:

> "Was nicht mehr rückgängig zu machen ist, das ist unsere Bewußtseinsentwicklung und unser Antimilitarismus." (3)

Gelegentlich finden sich jedoch auch Nuancen, z.B. im Gebrauch des Begriffes 'Antimilitarismus'.

> "Wir sind keine Antimilitaristen. Wir wollen unser Land verteidigen wie jeder andere auch, aber nicht durch Töten von Menschen. Wenn man den Frieden will, muß man den Frieden vorbereiten. . ." (4)

Dieser scheinbar krasse Widerspruch geht auf einen unterschiedlichen Wortgebrauch zurück, es gibt keine bekannte Meinung eines der '103' Bauern, die nicht die gemeinsame Kritik an der bewaffneten Verteidigung und die Suche nach Alternativen teilen würde.

> "Wenn ich ein Feld bestelle und Weizen säe, werde ich nicht Hafer ernten. Und mit dem Krieg ist es genauso. Waffen werden hergestellt, um sie zu benutzen, nicht um sie verrosten zu lassen. . ." (5)

Durch ihren Widerstand näherten sich die Landwirte auch den Ideen der verschiedenen Gruppen an, die offen und grundsätzlich gegen Rüstung und bewaffnete Verteidigung arbeiten: Gewaltfreie, Antimilitaristen unterschiedlicher Schattierungen und Pazifisten.

1.2.   Lernen von Verbündeten

Bei Vortragsreisen und Demonstrationen außerhalb des Departements öffneten sich die Larzac-Bauern sehr bald den Problemen der Menschen, die sie für ihre eigene Sache gewinnen wollten. Desgleichen nahmen sie viele Impulse von den auswärtigen Freunden auf, die das Plateau besuchten. Allmählich wurde die Hochebene zum Treffpunkt von Bürgerinitiativen und kämpfenden Minderheiten, bald begannen die Bauern, aktiv an der Verknüpfung von Inhalten und Widerstandsfronten mitzuarbeiten, indem sie bei den großen Demonstrationen der Sommer 1973, 1974, 1977, aber auch kontinuierlich durch die Zeitschrift 'Gardarem Lo Larzac' den Austausch von Informationen und Meinungen förderten.

Die Unterstützung von über hunderttausend Menschen in ganz Frankreich wurde ermöglicht, weil die Bauern ihren Bewußtseinshorizont, ausgehend vom eigenen Konflikt mit Armee und Regierung, stark ausweiteten und eine differenzierte Sicht der gesellschaftlichen Probleme entwickelten.

Unfreiwillig und unsanft in die Auseinandersetzung hineingestoßen, fanden sie originelle Lösungen, neue Formen von Selbstorganisation und direkter Aktion, gewannen einen solchen Bekanntheitsgrad, daß ihr Kampf zum hoffnungsspendenden Symbol für andere Widerstandsgruppen mit weniger Prestige wurde.

In den Larzac-Komitees fanden neben anderen auch viele Vertreter linker und extrem linker Gruppierungen zusammen, die sich aus der Revolte des Mai 1968 entwickelt hatten. Den verschiedenen Ausprägungen und Nachfolgegruppen der Kulturrevolution war die Ablehnung der parlamentarischen Strategie der Linksunion, aber auch die Gegnerschaft zu Militarismus, Kapitalismus, Bürokratie und Technokratie gemeinsam. Der Larzac-Kampf erschien ihnen in all diesen Punkten exemplarisch und wurde in originaler Form zum Kristallisationspunkt dieser teilweise noch diffusen Strömungen. (6)

Das Bündnis der Larzac-Bauern mit linksradikalen und kulturrevolutionären Strömungen entstand weder rein zufällig, noch ging es auf rein taktisch begründete Entscheidungen zurück. In den antikapitalistischen, antistaatlichen, ökologischen, antimilitaristischen Protestideologien entdeckten die Landwirte eigene Ziele und Hoffnungen, die teilweise bereits Bauernbewegungen vergangener Jahrhunderte geprägt hatten.

Die neuformulierten Ideologien übersetzten, jede auf ihre Weise, Bedürfnisse der Landwirte nach Abwehr von Fremdbestimmung und nach Veränderung des sozialen und gesellschaftlichen Lebens, die sie im Laufe ihres Widerstandes artikulierten und zu politischen Forderungen umformten.

Die Annahme der Unterstützung durch diese Gruppierungen unter strikter Wahrung der bäuerlichen Autonomie ermöglichte den Landwirten, aus jeder von ihnen Elemente ihrer eigenen Befreiung und Argumente für ihren Widerstand zu schöpfen.

Wenn z.B. Ökologisten und Okzitanisten die bäuerliche Arbeits- und Lebensweise (manchmal bis ins Schwärmerische) hoch einschätzten, war dies eine Art Wiedergutmachung bzw. eine Art Revanche der Landleute an der oft überheblichen Stadtbevölkerung. Angesichts der schweren Krise der urbanen Kultur, Zivilisation und sozialen Organisationsform verloren die früheren Minderwertigkeitsgefühle jeglichen Sinn. Bis dahin hatten die Bauern nur die Alternative zwischen Verweigerung und Konservativismus gegenüber der vorherrschenden ökonomischen und sozialen Entwicklung und der passiv erlebten Anpassung an die städtische Kultur gesehen. Die in allen ökologischen Abhandlungen beschriebene Krise der urbanen Gesellschaft und ihrer Wertehierarchie verhalf den Bauern zu einer gemeinsamen Abrechnung mit der

Vergangenheit, in den Utopien der Ökologisten fanden sie Stoff für neuen Stolz auf ihre Bauernidentität.

"Ländliches Brauchtum enthielt schon immer konservative Verstocktheit als wesentliches Element, aber es enthielt zumeist auch eine antikapitalistische Stadtfeindschaft. ...
Aufgrund ihrer widersprüchlichen sozialen Lage werden sie (die Bauern, d. Verf.) allzuleicht Verbündete des konzentrierten Kapitals, das sich anschickt, ihnen als Klasse ökonomisch wie kulturell den Garaus zu machen. Die Bauern, sofern sie keine Großgrundbesitzer oder Landarbeiter sind, vereinigen in sich Eigenschaften, die in der kapitalistischen Gesellschaft ansonsten entgegengesetzten sozialen Klassen zukommen: sie sind Unternehmer und zugleich ihre eigenen Angestellten. ... Ihre schwankende Klassenzugehörigkeit überträgt sich auf ihre politischen Einstellungen und Aktionen; sie können nach links tendieren, wie in Teilen Frankreichs und Italiens, oder nach rechts, wie fast immer in Deutschland. . ." (7)

Die Larzac-Bauern schärften ihr Bewußtsein sicher auch in ökologischer Hinsicht, zumindest verbündeten sie sich häufig mit Atomkraftgegnern (Malville, Braud et St. Louis, Plogoff). Sie bauten allerdings ihre Höfe nicht zu ökologischen Musterbetrieben aus, praktische Versuche mit alternativer Energiegewinnung finden sich vor allem auf den meist illegal eingerichteten Höfen der Neusiedler nach Beginn des Konfliktes.

Zu einem sehr frühen Zeitpunkt argumentierten sie aus ökologischer Sicht gegen den Ausbau des Truppenübungsplatzes:

"Wir müssen dem Boden chemischen Dünger, vor allem aber Dung aus unseren Schafställen geben. Der organische Dünger hilft, das Austrocknen des Bodens zu verhindern.
Im Süden des Larzac gibt es Höfe, die seit langem Schafmist verkauften. Dort ist der Boden ausgetrocknet. Es gibt dort praktisch kein Gras mehr, und man fragt sich, wo wohl früher Felder gewesen sein mögen. Die Erosion schreitet weiter voran, und der Wind des Südens nimmt die Erde buchstäblich mit. Mit Sicherheit bleiben die Felder nicht, was sie heute sind, wenn es hier keine Schafe mehr gibt. Aber wenn man uns die Weiden wegnimmt, wird es uns unmöglich sein, die Herden aufrechtzuerhalten." (8)

Zum neuen Selbstbewußtsein trug auch die positive Wertschätzung der okzitanischen Sprache durch die Okzitanisten bei. Der bäuerliche 'patois' (9) war nun nicht länger Merkmal von Rückständigkeit und mangelnder Bildung und damit Anlaß zu Minderwertigkeitsgefühlen, sondern stolz und bewußt gebrauchter Ausdruck kultureller Identität.

Die Bedeutung der Kontakte mit der Okzitanienbewegung lag für die Larzac-Bauern weniger in einflußreichen Bündnissen, als in der Hilfe, alte diskriminierte Ausdrucksformen zu befreien und neue, von den wiederentdeckten Traditionen ausgehende Formen zu finden.

Die rote Fahne mit dem gelben Okzitanienkreuz wehte bereits über der Demonstration vom 9. Mai 1971 von Millau nach La Cavalerie — eine der ersten Gelegenheiten öffentlicher Darstellung der Okzitanienbewegung überhaupt. Die Bauern blieben damals noch verwunderte Zuschauer, da es ihnen nicht begreiflich war, weshalb jugendliche Städter sich für ihr Anliegen engagierten, und sie noch keinen Zusammenhang zwischen den Thesen vom "inneren Kolonialismus" und ihrer eigenen Lage sahen.

In Ermangelung einer starken, gut organisierten Arbeiterklasse sah die junge okzitanische Bewegung in der größten und ursprünglichsten Bevölkerungsgruppe Südfrankreichs, den Bauern, das "revolutionäre Subjekt" für die nationalitäre (10) Befreiung von der Pariser Zentralmacht. Arbeitslosigkeit und Landflucht, Umweltzerstörung und kulturelle Entfremdung sahen sie als Folgen einer rücksichtslosen Politik der Metropole, die Okzitanien durch Militäranlagen und Massentourismus wie eine Region der Dritten Welt auf eigenem Territorium behandle. (11)

Die Beteiligung an einer bedeutenden sozialen Bewegung wie der im Larzac, war für die Okzitanisten eine ideale Gelegenheit, sich als politische Kraft gegen bürgerliche Regionalisierungsvorstellungen zu profilieren. Das Symbol Larzac sollte einen hohen Anteil an der Verbreitung okzitanistischer Gedanken in ganz Frankreich haben, obwohl dies nicht das zentrale Anliegen der Larzac-Bauern war. Diese hätten sich nie mit den nationalistischen und vergangenheitsorientierten Phrasen der Altokzitanisten angefreundet. Den Begriff 'Entkolonialisierung' deuteten sie im Sinne allgemeiner Selbstorganisation mit dem Ziel einer dezentralen, freiheitlich-sozialistischen Gesellschaft. Auch nachdem sie ihrer eigenen Zeitschrift den okzitanischen Titel 'Gardarem Lo Larzac' gegeben hatten, ließ sich die Bauernbewegung von den Okzitanisten ebensowenig vereinnahmen wie von allen anderen sie unterstützenden Gruppierungen.

Die okzitanistisch-regionalistischen Ideen blieben nur ein Element unter vielen für die Politisierung und Radikalisierung der Bauern und wurden, zumindest teilweise, in ihr reifendes gewaltfrei-ökologisch-linkssozialistisches Bewußtsein eingeschmolzen.

In ihrem Selbstverständnis sind die Larzac-Bauern okzitanische Landwirte und Franzosen, nicht aber bäuerliche Okzitanisten. Die Verbreitung des auch im Larzac häufig verwendeten Slogans "Vivre, travailler et décider au pays" (In der Heimat leben, arbeiten und entscheiden) (12) verdeutlicht den wachsenden Anteil regionalistischer Forderungen in den französischen Sozial- und Protestbewegungen, die tiefe Sehnsucht nach Selbstbestimmung im Produktions- und Lebensbereich, den weitverbreiteten Protest gegen den zentralistischen Staat. Auch in dieser Hinsicht wirkte der Larzac-Widerstand als Katalysator — stärker als anregendes Symbol denn als bewußt organisierende Zentrale für eine national wirkende Idee.

"In der Heimat leben" ist als Kurzformel auch das Bindeglied zwischen Regionalismus und Selbstverwaltungssozialismus. Nach 1968 wurden bei Arbeitskonflikten immer häufiger die Lohnforderungen durch Forderungen nach Verbesserung der allgemeinen Lebensqualität ergänzt: Arbeit in der Nähe des Wohnortes, Erhaltung der Arbeitsplätze, Verbesserung der Arbeitsbedingungen (Verlangsamung der Bandgeschwindigkeiten, Unfallschutz, Umweltschutz, Umwandlung der Arbeitsplätze zu Stätten kreativer Entfaltung). Die Ernsthaftigkeit solcher Forderungen wurden häufig durch Fabrikbesetzungen unterstrichen. LIP steht stellvertretend für mehrere hundert Beispiele. In ihrem intelligent wie konsequent geführten Arbeitskampf bewiesen die LIP-Arbeiter ihre Befähigung zur Selbstverwaltung und sogar zur Kommerzialisierung ihrer Produkte. Die Bekanntheit und der Signalcharakter der Konflikte von LIP und Larzac ergänzte und verstärkte sich gegenseitig, während sich die Autonomie im Larzac vom bäuerlichen Milieu ausgehend im Konzept des 'pays' ausdrückte, organisierten sich die Arbeiter von LIP auf Betriebsbasis. Die zahlreichen Bündnisse mit Fabrikarbeitern bildeten für die Larzac-Bauern ein bedeutendes politisches Gewicht für ihren Widerstand sowie einen der wesentlichen Einflüsse auf ihr politisches Bewußtsein.

2.   Verhältnis der Bauern zur Gewaltfreiheit

"Niemand hätte sich wohl am 19. März 1972, als Lanza del Vasto das vierzehntägige Fasten begann, vorstellen können, daß der Larzac zum ersten Experimentierfeld der gandhianischen Ideen im Westen werden würde. . ." (13)

Die Dauer des Larzac-Konfliktes, sein großer Sympathieerfolg und die breite Palette der angewandten gewaltfreien Aktionsformen ließen Larzac in der französischen Öffentlichkeit zum Synonym für gewaltfreien Widerstand werden.

"Seit einigen Jahren beginnt die gewaltfreie Bewegung, in Frankreich Fuß zu fassen. Vor fünf Jahren wußte ich nicht, was gewaltfreie Aktion bedeutet. ... Die meisten Leute stellen sich noch den harmlosen Spinner vor, der sich auf die Straße setzt. ... Aber gewaltfreier Kampf ist viel mehr als das. Es ist das, was wir auf dem Larzac seit fünf Jahren tun. . ." (14)

Die starke Wirkungskraft des Larzac-Konfliktes für die Verbreitung gewaltfreier Aktionsformen in Frankreich soll Anlaß für eine ausführlichere Untersuchung des Gewaltfreiheitsverständnisses der Larzac-Bauern und dessen Entwicklung sein. Dieses Verständnis ist sicherlich ebenso differenziert zu sehen, wie sich hinter dem Mythos "Einheit der 103" auch zu anderen Themen Meinungsunterschiede finden lassen. Dennoch bleibt eine genügend große gemeinsame Grundüberzeugung, um die Ansicht von Yves Hardy übertrieben erscheinen zu lassen:

"Man kann sagen, daß jeder Bauer seine eigene Version von Gewaltfreiheit hat. . ."

Nicht bestritten wird auch von Kritikern der auslösende Einfluß der Fastenaktion Lanza del Vastos auf die Entscheidung der Larzac-Bauern für die konsequent gewaltfreie Strategie.

"Die gewaltfreie Ideologie erlaubte einen gewissen Mangel zu ersetzen. Damals war die Association von den Notablen gelähmt, die keine politische Initiative zu ergreifen vermochten. Da brauchte man einen Super-Notablen von der Art Lanza del Vastos, verstärkt durch den religiösen Aspekt. Nur ein Patriarch konnte die Situation entblockieren. . ." (15)

Unabhängig von der Frage, wie autoritätsfixiert die Larzac-Bauern im Frühjahr 1972 gewesen sind, bleibt festzuhalten, daß Lanza del Vasto zum richtigen Zeitpunkt passende Impulse vermittelte, mit deren Hilfe die Bauern aus ihren traditionellen Wertvorstellungen und aus eigener Kraft, Erfahrungen zu verwerten, zu eigenständigem gemeinsamen Handeln fanden.

"Jedesmal freute ich mich, eine Aktion mitzumachen, die mit meinen Überzeugungen übereinstimmte und in mir selbst Frieden stiftete: das machte mich stärker, und es gelang mir immer besser!!!" (16)

Hervé Ott widersprach der These von der Verführung durch gewaltfreie Kader:

"Die gewaltfreien Ideologen sind nicht im nachhinein gekommen, um dem Larzac-Konflikt ihre eigene Sicht aufzukleben. Richtig ist, daß Vertreter der gewaltfreien Bewegung (auch nicht mehr Ideologen als andere) von Anfang an auf das Plateau gekommen sind – die Maoisten waren noch nicht da –, um den Bauern zu sagen: 'Ihr habt die Möglichkeit, mit dieser Kampftechnik Widerstand zu leisten. Sie läßt Euch nicht in die Falle der Gewalt laufen, die Euch die Armee gestellt hat. . .' " (17)

Ihr "gesunder Menschenverstand", d.h. die Mischung aus Beharren auf traditionellen Werten und die "bauernschlaue" Einsicht in die Mechanismen der Öffentlichkeitswirkung und der Sympathiewerbung ließ die Bauern alle Vorschläge zu gewaltsamem Widerstand zurückweisen.

Die Wut mancher Linker über den Einfluß der 'Gewaltfreien' auf die Larzac-Bauern rührte aus dem Mißverständnis, daß Gewaltfreiheit gleichbedeutend sei mit

Verzicht auf wirksamen Widerstand. Indes war die Annahme der Maoisten irreal, daß die Bauern zu bewaffnetem Widerstand bereit seien. Sie verdrängten alle Argumente der Landwirte, daß gewaltsame Aktionen unweigerlich die entscheidende Konfrontation herbeiführen müßten, welche zur Isolation von allen denkbaren Sympathisanten in der Bevölkerung führen und somit zugunsten der Armee ausgehen würde.

Die Taktik frontaler und gewaltsamer Zusammenstöße, selbst wenn sie im Schutz der Anonymität angewandt worden wäre, hätte die Einheit im Widerstand gespalten bzw. nicht entstehen lassen. Dagegen sollte sich zeigen, daß eine Gemeinschaft sogar sehr weit in den Bereich der Illegalität hineingehen kann, wenn ihr diese selbst legitim erscheint und der Öffentlichkeit als legitim zu vermitteln ist.

Das Erweiterungsprojekt hatte die relative Sicherheit ihrer Lebens- und Arbeitsbedingungen erschüttert. Um die Belastung des Widerstandes zu ertragen, um sich selbst und untereinander ehrlich zu bleiben, war es für die Bauern wesentlich, ihre moralische Wertordnung, ihren gemeinsamen gedanklichen Hintergrund zu bewahren oder nur gemeinsam weiterzuentwickeln.

Die christlichen Bauern spürten, daß Gewaltanwendung nicht mit ihren Moralvorstellungen zu vereinbaren war, offene Fragen und das Verharren in der Ablehnung vermochten sie nicht zu befriedigen.

"Etwas Solides mußte her. Die Entscheidung für die Gewaltfreiheit kam langsam, Stück für Stück. Es war mehr ein Glaubensakt als positive Gewißheit. Aber immerhin Gewißheit, wenn auch von anderer Art, ein wenig verrückt und trotzdem reiflich überlegt. So stellten plötzlich, und als ob das gar nichts wäre, eine handvoll Bauern ganze Regale der Theologie vom gerechten Krieg in Frage." (18)

Die gewaltfreie Aktion bot einen moralischen Rahmen, innerhalb dessen die Revolte erlaubt, ja gefordert wurde und in dem dennoch die Person des Gegners respektiert wurde. Durch Lanza del Vastos Fasten erkannten die Bauern eine Möglichkeit, ihre ungeschriebenen und im Alltag für sie geltenden Werte, wie die Achtung der menschlichen Arbeit, die Verbundenheit mit dem Boden, der heimatlichen Landwirtschaft, der Region usw., stolz nach außen zu wenden und zu verteidigen. Erst als sie sich als Gemeinschaft erkannten, konnten sie sich nach außen als solche darstellen.

"Frage: Was hat bislang Deiner Meinung nach den Erfolg für den Larzac gebracht?
Robert Calazel: Die Einheit! Es kam zur Einheit, weil es die Gewaltfreiheit gab. ... Dies war die einzige Möglichkeit, diese Einheit zu bewahren. . ." (19)

Aus dem Ergebnis mag sich erklären, weshalb bisweilen Lanza del Vastos auslösender Beitrag zum beinahe magischen Einfluß hochstilisiert wird:

"Was ihre (der Bauern, d. Verf.) Kraft ausmacht, ist, daß ihre Verweigerung auf einer Ideologie, beinahe einem Glauben beruht. Sie wurden buchstäblich zur Gewaltfreiheit (und damit zum Zivilen Ungehorsam) bekehrt durch Lanza del Vasto. . ." (20)

Beobachter bestätigten den Bauern jedoch auch eine aktive und selbständige Weiterentwicklung:

"Sie fühlten sich durch den Selbstverwaltungssozialismus der LIP-Arbeiter angezogen, interessierten sich für die okzitanischen Forderungen. Von dort ausgehend entstand ein im ländlichen Bereich völlig neues Phänomen, die radikale Kritik unseres nationalen Verteidigungssystems, des Waffenhandels mit der Dritten Welt, Kritik an der industrialisierten, technokratischen und zentralisierten Gesellschaft. . ." (21)

Gewaltfreiheit und Wille zur eigenständigen Führung ihres Widerstandes lehrten den Bauern die Kunst, scheinbar Unversöhnliches zu verbinden, indem sie nahezu alle Strömungen der Unterstützerbewegung tolerierten und bereit waren, jeweils das ihnen positiv erscheinende zu übernehmen, ohne sich jemals vereinnahmen zu lassen. Der Intoleranz mancher Gruppen stellten sie eine sehr christliche Toleranz entgegen, welche die Freiheit der Meinungsäußerung gewährleistete – ein wesentlicher Grund, weshalb soviele Bürgerinitiativen und linke Gruppen Larzac zu ihrer geistigen Heimat und zum Ort ihrer Selbstdarstellung machten.

Zur Einschätzung der Rolle des Christlichen Landvolks schrieb dessen geistlicher Leiter in der Larzac-Region, Pierre Bonnefous:

"Christen, die in ihrem Glauben hin und hergeschüttelt wurden. ... 'Wir sahen das Evangelium anders ... wir waren getränkt von einer gewissen Tradition ... wir hatten gewisse Phrasen und sonst ... nichts.' Mir erscheint es wichtig, hier die Rolle zu beleuchten, welche die CMR spielte: Es ist ein notwendiges 'Instrument', um im Lichte Christi zu beleuchten, was wir getan haben und tun: Wir haben hier auf dem Plateau viele Versammlungen, um Aktionen und Demonstrationen zu organisieren. Aber die "Freiräume", um unsere Überzeugungen und unsere Ziele zu vertiefen, sind viel seltener. Hier wiederum bringt die CMR ihren Teil bei, bleibt aber ein Mittel; sie erlaubt Freiwilligen, sich im Namen ihres Glaubens an Christus zu begegnen. Versammlungen, Feiern, Gebete, Messen. ... Wir entdecken in ganz kleinen Schritten voneinander neu, daß unser Glauben nicht auf Phrasen beruht, sondern auf jemand Lebendigem, der uns heute lebendig macht." (22)

"Welcher Zusammenhang besteht zwischen Eurem Glauben und der Gewaltfreiheit?
Jeanne (Jonquet): Jedenfalls hat Christus nicht Gewalt gepredigt. Was mich aufrecht gehalten hat, war der Glaube. Das Gebet hilft, das richtet wieder auf. Und Christus hat nicht gepredigt, das Böse mit Bösem zu vergelten, scheint mir! ... Vor dem Larzac waren wir uns schon bewußt, daß Christus nicht gewalttätig war. . ." (23)

Es wirkte sich positiv aus, daß die Gewaltfreiheit per se keine homogene Doktrin darstellt, die alle ihre Befürworter auf ein klar umrissenes politisches Weltbild festlegt. Das Verständnis der Arche von Gewaltfreiheit wäre auf Dauer zu eng für die Bauern und ihre auswärtigen Freunde gewesen, weil es zu individuell, religiös geprägt und a-politisch ist und damit eine zu wenig scharfe Waffe, um den Anforderungen des Larzac-Widerstandes zu genügen. Dies mindert keineswegs seine Bedeutung als Schlüsselfunktion, die mithalf, die Bauern im Willen zum Widerstand zu einigen. Das Selbstverständnis der Arche war mit der christlichen Moral vereinbar und verlieh der Revolte eine Ehrenhaftigkeit im Bewußtsein der Bauern und der regionalen Bevölkerung, wie es keine andere politische Ideologie vermocht hätte.

Auch wenn die Gewaltfreiheit im Eid der '103', mit dem sie ihre Einheit beschworen, nicht ausdrücklich erwähnt war, half sie doch, die Spaltung und Zersplitterung zu vermeiden, da sie dazu beitrug, die sozialen, kulturellen und Generationsunterschiede zu überbrücken. Sie wurde als gemeinsame Strategie akzeptiert, da sie die Beteiligung aller ermöglichte.

"Die Gewaltfreiheit ist zunächst das, was die Einheit der von der Erweiterung des Truppenübungsplatzes betroffenen Bauern geschaffen hat. Der "Schwur der 103" bekräftigt die Einheit im selben Maße wie er das Kampfziel bestimmt: Kein Landwirt darf vertrieben werden. Anfangs bedeutete die Gewaltfreiheit für uns, Aktionen zu suchen, die die physischen Personen respektieren. Es ging einfach darum, keine Gewalt gegen andere auszuüben. Gleichzeitig wollten wir kein Risiko eingehen, selbst Gewalt zu erleiden. Bald danach haben wir aufgrund verschiedener Kontakte und dank der gelebten Erfahrungen unseres Kampfes Aktionen Zivilen Ungehorsams akzeptiert, nach ihnen gesucht und dabei das Risiko der Illegalität auf uns genommen. ... Sehr bald haben wir gemerkt, daß wir gar keine andere Möglichkeit hatten, als die Gewaltfreiheit, um uns gegen die Armee zu wehren. Anderenfalls wäre die Repression gegen uns sofort und sehr hart gekommen. . ." (24)

Die Einheit konnte aufgrund des dialektischen Charakters der Gewaltfreiheit zwischen Resignation und Gegengewalt geschaffen werden, der auch Zögernden Möglichkeiten zum Engagement bot.

"Die Einheit, wie wir sie verstehen, unterscheidet sich im Prinzip und im Gegensatz von der 'Einheit, die Kraft bedeutet', denn letzterer Ausdruck bezeichnet lediglich eine Koalition gegen einen gemeinsamen Feind. ...

Hingegen, je mehr die Einheit der Gruppe sich der Einheit für den Aufbau von irgendetwas nähert, unabhängig von jeder Koalition, desto mehr ist sie solide und im Angriffsfall effektiv. In diesem Fall rührt die Effektivität nicht nur aus den Aktionen, die sie erlaubt, sondern aus sich selbst ... in einem Maße, das wir die 'Kraft der Wahrheit' (Gandhi) oder die 'Kraft zum Lieben' (Martin-Luther Kind), also die Gewaltfreiheit, auch die 'Kraft der Einheit' nennen könnten." (25)

Weil die Regierung jede Fehlreaktion der Bauern zu ihren Gunsten auszuschlachten verstanden hätte, ergab sich für alle Bauern der Zwang zu moralisch jederzeit gerechtfertigtem Handeln gegenüber der Öffentlichkeit.

Disziplin, Ordnung, Organisation verlangten starke Selbstdisziplin, die dem bäuerlichen Charakter und insbesondere dem der Causse-Bewohner nahekommen. Dennoch erwuchs die gewaltfreie Haltung nicht problemlos aus der Natur der Landwirte.

"In der Zeit, als Lanza uns dieses Fasten vorschlug, redeten wir nur von Gewehren, davon, den Bürgermeister abzuknallen!!! Am Anfang wollten wir alles kleinschlagen. ... Im Mai 1968 hatten wir unsere geladenen Gewehre im Schrank. ... Wir waren auf der Seite der Polizei. . ."

Im Rückblick schienen sich die Versammelten bei einer CMR-Versammlung zum Thema Gewaltfreiheit ihrer früheren Einstellung zu schämen:

"Mit einigem Abstand sehen wir, daß wir große Fehler gemacht haben. . . (Schweigen)
In den ersten Demonstrationen griffen wir Personen an, wenn wir keine Steine mitgebracht hätten, hätten wir viel freiere Hand gehabt. (Bezugnahme auf die Demonstration vor dem Haus des Bürgermeisters von La Cavalerie am 23.9.1971, d. Verf.). . ."

"Ich glaube, daß die ersten Demonstrationen in La Cavalerie ein Fehler waren: wir griffen Personen an. ... Niemand hatte uns aufgeklärt: wir waren blind, sahen nur das. ... Wenn uns jemand etwas anderes gesagt hätte, hätten wir nicht zugehört. . ." (26)

"Im übrigen bin ich nicht von Natur aus gewaltfrei. Ich habe mich hier zusammenschlagen lassen, und die Typen hätten nicht schwergewogen, wenn ich es ihnen mit gleicher Münze zurückgezahlt hätte. Aber was hätte es gebracht?
Um gewaltfrei zu sein, muß man von Natur aus aggressiv sein. . . (Pierre Burguière)

"... Um gewaltfrei zu sein, muß man erst einmal die eigene Angst verjagen, aus den gewohnten Verhaltensmustern herausgehen, sich auf ein anderes Terrain begeben als das des Gegners. Ein kleines Beispiel: Wenn Du keine Angst mehr hast vor dem Polizisten, macht das den ganz schön unsicher. Und mit dem Gefängnis ist es dasselbe. Man steckt Dich ins Gefängnis, um Dich zum Schweigen zu bringen, aber wenn Du keine Angst mehr hast, wirft man Dich bald wieder hinaus, weil Du dann drinnen viel störender bist als draußen. . ." (Léon Maillé) (27)

"Gewaltfreiheit ist kanalisierte Aggression. . ." (28)

"Stell Dir mal vor, daß wir bereits Tote haben könnten, ... das ärgert sie am meisten auf der Gegenseite, daß sie nicht zuschlagen können. . .
... und an Lust dazu fehlt es weiß Gott nicht. Sie haben das Gesetz und die Macht auf ihrer Seite und doch strampeln sie sich ab, ohne vorwärts zu kommen!" (29)

Pierre Bonnefous faßte die zögernde Anfangsphase in der Entscheidung zur Gewaltfreiheit zusammen:

"Leute von außerhalb glauben, daß alle Larzac-Bauern Gewaltfreie sind. Das ist in der Gesamtheit richtig, sie wollen in diese Richtung gehen; aber sie wissen von sich, daß sie von weit her kommen und daß sie noch nicht angekommen sind! Nachdenkend bemerken die Bauern, daß sie nicht im Sinne der Gewaltfreiheit "erzogen" worden waren: ihnen wurde sogar das Gegenteil beigebracht, seit jeher und überall! Wer ist 'man'? Die Schule, das ganze Land und oft sogar die Kirche! Wie soll es dann verwunderlich sein, wenn sie nur an Gewehre dachten – zumindestens am Anfang – und sogar später, falls die Gewaltfreiheit nicht funktionieren würde? Ist es verwunderlich, wenn andere zögerten, ihnen zu folgen, oder sie sogar für Verrückte hielten? Denn überall sonst wird im entgegengesetzten Sinn gehandelt. Die Welt ist auf institutionalisierter und legalisierter Gewalt aufgebaut und organisiert. . .
Unschuldige glaubten, daß es unmöglich zu machen sei, daher haben sie es versucht. . ." (30)

Neben einem Zeichen der Einheit nach außen war der Eid auch eine gegenseitige

Versicherung der Solidarität im Widerstand, jedoch kein Gelübde zu prinzipieller Gewaltlosigkeit. Für manche Landwirte war die Gewaltfreiheit vom Zeitpunkt des Fastens und des Eides an eine grundsätzliche Haltung, bei anderen wuchs diese Haltung langsam aus einer mehr taktischen Einstellung heraus, und eine vermutlich kleinere Gruppe behielt sich stets das Recht vor, im Extremfall zur Gewalt zu greifen, weil sie es ablehnte, sich dogmatisch festzulegen.

"Es gibt in der Gewaltfreiheit verschiedene Nuancen. Da gibt es die Gewaltfreien aus Prinzip, aber auch Leute, die an den taktischen Vorteil der Gewaltlosigkeit glauben – wie die meisten Bauern auf dem Larzac. Wir sind nicht alle gewaltfrei, manche werden es langsam. Man kann die Taktik der Gewaltfreiheit anwenden, ohne selbst völlig gewaltfrei zu sein. Man muß immer über die Mittel nachdenken. Der überzeugte Gewaltfreie handelt automatisch danach. Wir müssen bei jeder Aktion überlegen, was sie bringt, welche Auswirkungen sie hat, erst dann können wir sie wirklich machen. . ." (31)

Selbst prinzipielle Anhänger der Gewaltfreiheit unter den Bauern erinnerten gelegentlich an den Satz Gandhis, daß gewaltsamer Widerstand moralisch eher zu rechtfertigen sei als passive Duldung von Gewalt – vorausgesetzt, alle gewaltfreien Widerstandsmethoden seien erfolglos ausgeschöpft worden. (32)

Für die Mehrheit der Bauern blieb die Gewaltfreiheit kein nur äußerer Einfluß, sie integrierten sie in ihr Denken und Handeln.

"Mehr als eine Technik ist die Gewaltfreiheit eine komplette Geisteshaltung. . ." (33)

Aber auch diejenigen, die Gewaltfreiheit nicht zu ihrer Lebensphilosophie wählten, wollten sich aus taktischen Gründen an die Übereinkunft halten, zumindest solange, als diese Strategie sich als wirksam erweise und Gegengewalt als politisch schädlich betrachtet wurde.

"Wir werden erst am Ende sehen, ob die gewaltfreie Aktion wirksam gewesen sein wird. . ." (34)

"Ich bin Landwirt, aber kein 'Gewaltfreier'. Durch die Teilnahme an gewaltfreien Aktionen habe ich jedoch festgestellt, daß sie selbst ohne eine tiefe Überzeugung effektiv sind. Sie haben uns nicht nur kein Terrain verlieren lassen, die Bilanz ist sogar positiv. . ." (35)

Neben den Bindungen innerhalb der Gruppe der '103', unterschiedlichen Grundsatzeinstellungen und der Bemühung, in der Öffentlichkeit ein positives Bild zu erhalten, wurde die gewaltfreie Methode also auch wegen ihrer erwiesenen Wirksamkeit beibehalten.

"GLL: 'Glauben Sie, daß Gewaltanwendung schneller zu einem positiven Ende gebracht hätte?'

Lucien Alla: 'Nein, das glaube ich nicht, im Gegenteil, in dem Fall hätte die Regierung ihre Möglichkeiten ausgeschöpft und gesagt: 'Jetzt müssen wir sie zur Ruhe zwingen!' Ich glaube, daß unser Prinzip richtig war. Im übrigen bin ich gegen jede Gewalt, gegen jeden Krieg. Unser Widerstandssystem ist besser als Gewalt, denn wenn man anfängt, sich gegenseitig umzubringen, wird sich nie was ändern. . .'

'Mme Alla: 'Der gewaltfreie Charakter des Widerstandes ist wichtig, weil es der Gegenseite Schwierigkeiten macht. Sie hätten Lust, auf uns einzuschlagen, können es aber nicht, weil wir nicht zurückschlagen!' . . .

Lucien Alla: 'Wenn jemand auf Dich einschlägt, ist es schwer stillzuhalten. Aber wir haben uns vorgenommen, nicht zurückzuschlagen, das haben wir uns in den Kopf gesetzt. . .' (36)

Die Philosophie der gewaltfreien Aktion betont den Dialog gerade auch mit dem politischen Gegner:

"Man muß dazu kommen, die anderen in ihren Uniformen als Menschen zu akzeptieren. Man kann gegen ihre Gedanken sein, aber sie als Menschen abzulehnen, dazu haben wir kein Recht. Das ist in etwa die Grundlage unserer Aktionen. . ." (38)

Anstelle der Gewalt benutzten die Bauern häufig Symbole aus ihrer Arbeitswelt oder aus den Bauernkriegen, wie z.B. die Heugabeln auf den Traktoren beim ersten Treck nach Paris oder Feuer und Alarmglocken bei der Aktion "son et lumière". Dem Zerstörungspotential der Armee stellten sie immer neu ihre Arbeit auf den Feldern als Friedenszeichen entgegen, und in Abwandlung der sonst üblichen Friedenstaube benutzten sie das Schaf als Symbol, aber oft auch als reales Hindernis gegen die Armee. Die Gewinnung der Öffentlichkeit durch sympathisch wirkende Aktionen erschien den Bauern als wirksamste Möglichkeit, den Handlungsspielraum der Regierung einzuschränken:

"Wenn wir heute eine populäre Unterstützung vorfinden, dann vor allem, weil wir eine gewaltfreie Haltung gewählt haben, ein Verhalten, das die Personen respektiert. ... Das war unsere Ausgangssituation. Sehr bald mußten wir eine gewaltfreie Strategie erarbeiten. Diese hat uns erlaubt, die öffentliche Meinung zu gewinnen. . ." (39)

Humor, Phantasie, Gewaltfreiheit und selbstbestimmtes Handeln — mit diesen Mitteln erreichten die Bauern die breite Öffentlichkeitswirkung, welche die üblichen Wege politischer Vertretung ersetzte bzw. ergänzte.

"Den Larzac-Bauern fehlte es nie an Phantasie bei der Demonstration ihrer Verweigerung. Dabei sind sie nicht einmal in einem Verein organisiert, haben kein Programm, keine Strategie, keinen Führer. ... Vielleicht haben sie deshalb nie aufgehört, das klassische Spiel von Macht und Gegenmacht durcheinanderzubringen. Noch heute erstaunen sie ihre Sympathisanten und bringen ihre Gegner aus der Fassung. ... Unzählig sind ihre gelungenen Streiche. Und immer ziehen sie die Lacher auf ihre Seite. ... Lektionen für die berufsmäßigen Taktiker auf der Gegenseite. Der Aspekt des Lächerlichmachens und des Fallenstellens (l'aspect de farces et attrapes) in der Guerilla des Larzac muß für die Militärs demoralisierend wirken. . ." (40)

"Der gewaltfreie Kampf ist eng mit der sympathiewerbenden Öffentlichkeitsarbeit verbunden. Eine gewisse Sympathie muß vorhanden sein für die Leute, die sich gegen eine Bedrohung von außen wehren. Dies gelang auf dem Larzac wie bei LIP, und das ist sicher der Aspekt, der den Mächtigen die meisten Sorgen bereitete. . .
Bei gewerkschaftlichen Konflikten hat man oft den Eindruck von zwei aufeinandertreffenden Machtblöcken. Die Sympathie für den Larzac war da viel breiter, sie schloß eine Menge Leute mit ein, die auf gewerkschaftlichem oder politischem Feld nicht genau einzuordnen sind, eine Art Volkssympathie. (Raymond Martin)

"... Heute gibt es im Aveyron keine politische Gruppe mehr, die offen für die Erweiterung des Truppenübungsplatzes eintritt. Durch die Art des Widerstandes der Larzac-Bauern fühlen sich Leute aller Richtungen betroffen. Selbstverständlich brauchen wir auch die Unterstützung von Organisationen und politischen Kräften. Glücklicherweise haben wir aber auch die Hilfe und die Sympathie von Leuten, die nirgendwo Mitglied sind. . ." (Pierre Burguière) (41)

2.1. Taktisches Geschick und bruchstückhafte Strategie

Das Ziel aller Aktionen und strategischen Überlegungen war stets die Schaffung eines für die Bauern möglichst günstigen Kräfteverhältnisses gegenüber der Regierung. Hierfür erwies es sich als besonders nützlich, die Wahl der "Waffen", des Zeitpunktes, der Orte und politischen Ebenen für Konfrontationen selbst zu bestimmen, statt sich von der Gegenseite vorschreiben zu lassen.

"... Die Regierungsseite verfügt über gewaltsame Repressionsmittel. Wollten wir gewaltsame Verteidigungsmittel anwenden, müßten wir stärker sein als sie. ... Sonst wird man geschlagen. Also ist es vernünftiger, die gewaltfreie Aktion zu benutzen. Sie wird oft mit Passivität verwechselt, was aber falsch ist. Im Gegenteil ist Gewaltfreiheit etwas sehr Aggressives: eine eigenständige Taktik und eine ziemlich neue Grundhaltung. (L. Maillé)

Darüber hinaus ist die Gewaltfreiheit eine Strategie der permanenten Suche. Das Eindringen in die Kaserne in diesem Sommer schadete niemandem, außer der Eigenliebe der Armee. Das war eine typisch gewaltfreie Aktion, deren Ziel es war, die Menschen zum Nachdenken zu bringen. Um dorthin zu kommen, hatten wir nur die Wahl zwischen der Illegalität (für die wir uns entschieden haben) oder der Gewalt. ... Letztere verhindert die Reflexionsmöglichkeit auf der Seite des Gegners. (P. Burguière)

Wir handeln offen illegal. Damit riskieren wir die Repression (Geldstrafen, Gefängnis usw.). Das nehmen wir aber auf uns und nutzen die Repression, um den Skandal zum Platzen zu bringen, den wir anprangern. (Léon Maillé)

Diese Illegalität ist legitim; sie erlaubt, der Öffentlichkeit die wahren Hintergründe aufzudekken. . . (P. Burguière) . . ." (42)

Das taktische Geschick der Larzac-Verteidiger erwies sich in der ständig erneuerten Notwendigkeit, auf Schritte der Gegenseite zu reagieren, aber auch durch die Entlarvung scheinbar friedlicher Situationen als gefährliche Ermüdungs- oder Erosionserscheinungen durch dramatische Aktionen. Die Stärke der Bauern lag in den kurzfristig durchgeführten Aktionen, was nicht ausschließt, daß die Gesamtsituation gründlich analysiert und das Endziel regelmäßig in Erinnerung gerufen wurde. Wiewohl der Widerstand über die kurzatmige nur taktische Reaktion hinausging, fehlten doch meist wesentliche Schritte, um tatsächlich von einer Strategie sprechen zu können: die aufeinander aufbauenden Eskalationsschritte, die vorbereiteten Antworten auf alle wichtigen und voraussehbaren Situationen und anderes mehr.

"Sicherlich haben sich alle gewaltfreien Aktionen bezahlt gemacht, die die Bauern durchführten. Das einzige, was ich bedaure, ist das Fehlen einer Gesamtstrategie auf lange Sicht. Denn die phantasievollen Aktionen haben die Pläne der Militärs verzögert, sie schafften es jedoch nicht, sie völlig zu stoppen. ... Es gab einige Momente im Kampf, wo eine besser ausgearbeitete und durchgeführte Strategie von unserer Seite aus hätte zum Sieg führen können. . ." (43)

Vor der Übernahme der militärischen Begriffe Strategie und Taktik bei der Beurteilung des Larzac-Widerstandes warnte Hervé Ott:

"Strategie kommt von zwei griechischen Worten, die zusammen 'Krieg führen' bedeuten. In Athen war der 'strategos' der Verteidigungsminister. Es ist also schwer vorstellbar, daß ein gewaltfreier Widerstand von einer Strategie aus organisiert würde, welche einen oder mehrere Führer voraussetzt. Die Taktik kommt ebenfalls aus dem Militärbereich, denn es ist die Kunst, alle militärischen Mittel in Funktion zum Gelände, zum Kampf innerhalb einer vorher festgelegten Strategie zu kombinieren. Daher ist verständlich, weshalb der Larzac-Kampf nicht nach einer präzisen Strategie geführt werden kann. Gandhi machte es dennoch, aber ... der gesamte Widerstand der Inder hing von ihm ab, und als er ermordet wurde, hörte der gewaltfreie Kampf auf. Zweifellos begriff Gandhi diesen Kampf noch zu sehr als militärische Kampagne ..., die von einem Führer, und sei es ein spiritueller, abhängt.
Pläne in einer Strategie setzen eine totale Möglichkeit zur 'Manipulation' von Menschen und Strukturen, eine absolute Meisterschaft über die Kontroll- und Befehlsmittel voraus. Kurz alles, wogegen die Larzac-Bewegung sich hier wehrt. . ." (44)

Dem widersprach das Mitglied der MAN-Föderation, Christian Brunet, mit dem Hinweis, daß es auf dem Larzac doch mehrere führende Köpfe gäbe und sich die Disziplin der Larzac-Bewohner bei "harten Aktionen" des öfteren erfolgreich erwiesen hätte.

"Der Kampf funktionierte jedoch im Gegensatz zur militärischen Organisation auf der freiwilligen Treue seiner Akteure zu ihren kollektiv gewählten Zielen und Methoden. Schließlich wurde die Taktik in den letzten Jahren immer weniger von Fall-zu-Fall-Entscheidungen bestimmt. Die Aggression der Herrschenden wird erwartet, und die Bauern berechnen im voraus ihre Aktionen dagegen. ... Liegt in dieser neueren Entwicklung nicht doch der Grundstein einer gewaltfreien Strategie?" (45)

Unbeschadet solcher unterschiedlicher Einschätzungen und Begriffsverwendungen bestand "zweifellos, ohne daß sie sich dessen selber bewußt waren", eine der

erfolgreichsten Vorgehensweisen der Bauern in ihrer Einkreisung des bestehenden Camps, "die zum Ersticken des Militärprojektes führte" (46). Verfolgen wir auf einer Landkarte die fortlaufende Usurpation von Armee-Eigentum durch die Larzac-Bauern, wird die Bedeutung der Landbesetzungspolitik im Erweiterungsgebiet deutlich.
— Auf legale Weise hatten die Bauern mit Hilfe der GFA-Genossenschaften die Höfe Jassenove, Les Homs, Costeraste, La Tune, Boissans sowie einen Hof in Pierrefiche und Land in L'Hospitalet erworben.
— Seit 1974 instandbesetzten sie die Höfe Les Truels, Les Mares, Le Cun, Cavaliès und Häuser in Montredon — nutzten sie illegal.
— Ländereien bei La Blaquière, Les Truels, Montredon, Cavaliès, Le Pinel, Le Tournet, Le Sot, Le Cun und La Terradouyre.
— Zahllose Manöverbehinderungen und die Aufdeckung der Bodenspekulation trugen zum Einkreisungseffekt bei.

> * "... Nachdem sie die Nabelschnur, die sie mit der Armee verband (die Wehrpässe), durchgeschnitten hatten, eigneten sich die Bauern Schritt für Schritt das Gelände um das Camp, d.h. ... in der Erweiterungszone, an und kultivierten brachliegendes Land. . ." (47)

Die Eindämmung erfolgte in kleinen Dosierungen, um möglichst knapp unter der Repressionsschwelle zu bleiben. Sie geschah jeweils aus taktischen Überlegungen, welche Bodenfläche, welcher Hof in der momentanen Situation zu besetzen und auf längere Dauer zu halten war. Insgesamt ist eine Systematik und eine Beharrlichkeit zu erkennen, die kaum zu besseren Erfolgen geführt hätte, wenn sie Ergebnis einer vorher ausgearbeiteten Strategie gewesen wäre.

> "Vor der Entscheidung für die Camp-Erweiterung hielt die Armee auf 50 000 ha Manöver ab, jetzt ist sie praktisch auf die ursprünglichen 3 000 ha zurückgeworfen, auch wenn sie in rechtlicher Hinsicht durch Kauf und Enteignung Besitzer von zusätzlichen 10 000 ha geworden ist.
> Wenn ein solches Projekt nur noch ein Papiertiger ist, braucht dieses Papier nur noch zerknüllt zu werden, um nicht mehr vom Projekt sprechen zu müssen. . ." (48)

Dabei muß den Bauern zugute gehalten werden, daß sie weder Berufspolitiker mit entsprechenden Mitarbeitern und Ressourcen sind noch Militärs, die generalstabsmäßig planen können, sondern beruflich voll ausgelastete Bürger.

> "Welche Parteien 1978 auch an die Regierung kommen werden, Larzac wird das 'schlechte Beispiel' bleiben, das aufzeigt, daß ein mächtiger, moderner Staat nicht viel gegen eine handvoll entschiedener, geschickter und gewaltfreier Bürger auszurichten vermag. Eine schwindelerregende und zweifellos nicht zu duldende Lektion. . ." (49)

2.2. Gewaltfreiheit und politische Einstellungen

Vor Beginn der Auseinandersetzungen gehörten die Larzac-Bauern zur "schweigenden Mehrheit", ihre politischen Meinungen waren zumeist eher der konservativen Mitte bis Rechten zuzuordnen.

> "Ich schäme mich nicht zuzugeben, daß ich früher ein Rechter war. Und wenn ich heute ein Linker bin, dann weil ich eine Analyse der politischen Situation machen mußte ..., weil ich im Widerstand eine Menge Dinge entdeckt habe. . ." (50)

Durch äußere Umstände in die politische Auseinandersetzung gezwungen, war eine gemeinsame gesamtgesellschaftliche Sicht am Anfang ausgeschlossen. Die einzige politische Stoßrichtung, die von allen akzeptiert werden konnte, war die Sensibilisierung der Öffentlichkeit durch gewaltfreie Aktionen. Das jeden einzelnen der Gemeinschaft betreffende Ziel stand also im Vordergrund, zusammen mit der Wahl der Mittel, und nicht eine gemeinsame Utopie. Der politische Charakter ihres Kampfes wurde wesentlich durch die Gewaltfreiheit enthüllt. Dabei nutzten die Bauern äußere Einflüsse, um über ihr eigenes Problem hinauszugehen. Nach der Entdeckung der praktischen wie philosophischen Dimension der Gewaltfreiheit mit Hilfe der Arche half die stärker politisch gefärbte Gewaltfreiheit der Kriegsdienstverweigerer und Aktionsgruppen, einen wesentlich radikaleren und offensiveren Standpunkt zu entwickeln. Die Praxis der Illegalität und des Zivilen Ungehorsams war sowohl Ausdruck als auch Auslöser weiterer politischer Radikalisierung.

Die Bauern akzeptierten nahzu jede Unterstützung von außen, sahen weniger auf die Ideologien ihrer Verbündeten als auf den Nutzen, den die jeweilige Hilfe ihnen bringen könnte.

"Alles, was gegen die Armee ist, ist auch gut für den Larzac." (51)

Ihre einzige Bedingung war die Anerkennung ihrer Wahl der Aktionsformen, hierin lag das Wesen ihrer Kontrolle über die Bewegung.

"Die Bauern machen keine Politik. Sie haben die Beine fest auf dem Boden und lassen sich von keiner Partei vereinnahmen. . ." (52)

So übernahmen die Landwirte die Gedanken der Maoisten und der 'paysans-travailleurs' nur indirekt, es blieb bei kurzen, episodenhaften Kontakten, die jedoch gewisse dauerhafte Spuren hinterließen. Prägender war der Einfluß gewaltfreier Gruppierungen, einer wichtigen Strömung in den Larzac-Komitees.

Für den Willen, unabhängige Entscheidungen zu treffen, wurde die gewaltfreie Aktion den '103' nützlich, da keine Partei, keine Gewerkschaft und keine größere Organisation genügend Erfahrungen mit dieser Methode besaß, um den Bauern "Lektionen erteilen" zu können. Als Endecker von in Frankreich neuartigen Kampfformen konnten sie diese weiterentwickeln und ihren Widerstand besser führen als irgendjemand sonst an ihrer Stelle.

"Wir erhalten viel Hilfe, aber wir haben den Schlüssel zum Kampf in der Hand. ... Wir wollen vermeiden, daß äußere Einflüsse uns von der Gewaltfreiheit abbringen. Im Zweifelsfall ist es besser, wenn sich solche Leute enthalten würden. . ." (53)

Die Bedeutung einer von den Bündnispartnern anerkannten Kerngruppe wurde im Vergleich des Larzac-Konfliktes mit den Ereignissen um Malville deutlich, wo es im Sommer 1977 genau zwei Wochen vor dem Larzac-Rassemblement zu blutigen Auseinandersetzungen mit einem Todesopfer und zahlreichen Verletzten auf Seiten der Demonstranten wie der Polizei gekommen war.

"Man kann unmöglich eine gewaltfreie Aktion am Vorabend einer Großkundgebung beschließen oder zehn Tage vorher. In Malville gab es keine ausreichende Vorbereitung. Es gab auch nicht wie im Larzac eine Gruppe, die als Leitung dient. Die Entscheidungen der Larzac-Bauern werden ohne Probleme akzeptiert: sie stellen die Autorität der Demonstration dar. Wir führen unseren Kampf selbst. Niemand macht das an unserer Stelle. . ." (54)

3. Auswirkungen des Widerstandes auf das zwischenmenschliche Verhalten

Intensive politische Auseinandersetzungen lassen die beteiligten Menschen und sozialen Gruppen in ihrem Verhalten selten unberührt. Wenn zusätzlich, wie im Larzac, die Entsprechung von Zielen und Mitteln angestrebt wird, stellt sich die Frage, ob die starken Veränderungen im politischen Verhalten auch Änderungen im zwischenmenschlichen Bereich entsprechen.

> "Für die Gesamtheit der kämpfenden Bauern ist die Gewaltfreiheit eine Überzeugung, wenn auch für jeden auf seine Art. Für mich hat die Gewalt natürlich zunächst den physischen Aspekt, aber es gibt auch die verbale Gewalt, die moralische Gewaltanwendung. Ich weiß nicht, ob alle diese Entdeckung gemacht haben, daß man seinen Nachbarn durch verletzende Äußerungen Gewalt antun kann. ... Die Gewaltfreiheit muß auch im Alltagsleben vorhanden sein, in der Familie, mit den Nachbarn, in der Kindererziehung und sogar in den wirtschaftlichen Entscheidungen. Sie muß zur Solidarität führen, um die Probleme besser lösen zu können. Das stellt den Wettbewerb, die Rentabilität in Frage. . ." (Robert Gastal) (55)

Zahlreiche Auswirkungen des Widerstandes auf die Larzac-Bauern wurden in den vorausgegangenen Kapiteln dargestellt, so z.B. die veränderte Einstellung zum Eigentum, die Tendenz zur freiwilligen Zusammenarbeit anstelle der Konkurrenz, die Offenheit für vielfältige soziale und politische Problemfelder, die Solidarität mit Unterprivilegierten und Randgruppen, der Abbau von Vorurteilen und manches mehr.

In einigen Jahren wird sich zeigen, wie sich eine Erziehung zum Frieden unter Bedingungen des anhaltenden Konfliktes mit der Armee auf die heutigen Bauernkinder auswirkt.

> "Was wünscht Ihr Euch für Eure Kinder?
> – Ich möchte gern, daß sie die Waffen verabscheuen und alles, was tötet, und wenn sie groß sind und aufgefordert würden, in den Krieg zu ziehen, daß sie dann in der Lage sind, sich zu weigern. Und daß sie schon von klein auf lernen, daß man sich von den Gütern der Erde lösen muß, um sich den vielen Dingen zuzuwenden, die wertvoll und schön sind." (56)

Der Zusammenhang zwischen politischer und persönlicher Veränderung wurde auf dem Larzac vor allem an der Frage geprüft, ob die Widerstandserfahrung die Rollenverhalten zwischen den Geschlechtern beeinflußt habe. Mehrere Journalistinnen beobachteten Situation und Rolle der Frauen auf dem Larzac. (57)

Beim Treck nach Paris im Januar 1973 hatte Simone Evesque als einzige Frau einen Traktor gelenkt. Als dieser unterwegs wegen Motorschaden ausfiel, wurde Frau Evesque deprimiert und krank:

> "Wenn ein Mann eine Panne hat, ist das ein banaler Zwischenfall. Passiert das einer Frau, so ist das ein Mißerfolg, der sie als Frau voll trifft.",

hieß es in einem Artikel unter der Überschrift "Ein Traktor für 103 Frauen", der auf die übliche Gleichsetzung von 103 landwirtschaftlichen Betrieben und 103 Bauern anspielte.

> "Aber die '103', das ist ein allgemeiner Ausdruck. Die Bauern, das sind doch auch ihre Frauen. Bei allen Aktionen sind auch Frauen dabei, und als wir einen Graben über die Nationalstraße gezogen haben und uns von den Gendarmen wegschleifen ließen, wurden Männer und Frauen gleichermaßen durcheinandergeschüttelt. . ." (58)

widersprach eine Bäuerin im selben Artikel.

> "(Es gibt) nur eine Form der (offiziellen) Repräsentation: die der Betriebsleiter, die aber andere ausschließt: die Frauen, die Alten im Ruhestand, die Landarbeiter und die nicht-landwirtschaftlichen Einwohner. Wir finden also im Kampf dieselben Rollen, dieselben Aufgaben wie innerhalb des Familienbetriebes und des Hauses. (Wir Frauen, d. Verf., sind) eher auf

der Seite des Sockels, als auf der der Statue! ... Im Kampf wie zuhause übernehmen wir die Verwaltung, die Beherbergung der Helfer von außerhalb, das Sekretariat. Diese Aufgabenverteilung, die nicht spezifisch für das ländliche Leben ist, wird durch die Tatsache verstärkt, daß die landwirtschaftliche Arbeit große körperliche Kraft verlangt, um effektiv zu sein. Außer beim Hüten der Herde. Aber das ist eine unterbewertete Arbeit im Vergleich zum Traktorfahren. Oft ist zu hören: Arbeit für die Frau oder Arbeit für den Großvater! ...
Dennoch nehmen wir an allen Aktionen teil, selbst den härtesten, sprechen bei allen Versammlungen. Aber sobald es darum geht, das Kräfteverhältnis gegenüber den Herrschenden zu analysieren, die Erfolgschancen einer Aktion einzuschätzen, eine Unterredung mit dem Präfekten oder den Landvolk-Verantwortlichen zu veranlassen, kurz, sobald ein Gegenschlag vor Ort geführt werden muß, dann schweigen wir (außer einer oder zweien, die selbst Betriebsleiter bzw. Landvolkfunktionärin sind und auf dem Hof auf derselben Stufe arbeiten wie die Männer). ...
Wir fühlen sehr wohl einen grundlegenden Unterschied zu den Männern, sobald es um das Verstehen der Machtmechanismen geht. Geht es darum, das Territorium zu verteidigen, Mittel zur Blockade des militärischen Gegners zu finden, dann nehmen wir das nicht so gut wahr, und das hat sicher auch Gründe.
"Ist es unsere soziale und politische Unerfahrenheit oder etwas anderes tiefsitzenderes, eine andere Beziehung unseres Körpers zum Raum, zur Mutter Erde? ..." (59)

Auffällig oft finden sich in Selbstdarstellungen und Interviews von Larzac-Frauen Klagen über die beschränkte Sichtweise und Beurteilung ihrer Lebenssituation durch Journalisten und Feministinnen aus den Städten:

"Wenn Journalisten, oft Feministinnen, unseren spezifischen Platz im Kampf eingrenzen wollten, fragten sie uns ausschließlich über das alltägliche Leben auf dem Larzac aus. Viele unter uns empfanden das als eine Verstümmelung. Denn dieser Kampf gibt unserem Leben eine außergewöhnliche Dimension. ... Weil wir Frauen sind, fragt man uns automatisch über die täglichen Kleinigkeiten aus, die für uns ohne Bedeutung sind. Wir erleben ein Epos, wir verteidigen ein Ideal, und man fragt uns nach der Zeiteinteilung auf dem Hof oder danach, wie wir die Schweine schlachten! ...
Werden wir damit nicht erneut in ein Haus eingeschlossen, in das Private, Gefühlsmäßige, wo doch gerade der Kampf uns erlaubt hatte, daraus zu entfliehen?
Wenn nun Bücher, Sendungen, Artikel, Filme über die Larzac-Frauen stets eine Quelle von Mißverständnissen, von Ärgernissen waren, dann hängt das wohl mit der Tatsache zusammen, daß Journalisten, Filmemacher, Soziologen in der Stadt leben, schreiben, ihren Film in der Stadt zeigen. In der Stadt wird das ländliche Leben analysiert und zwar immer in Bezug auf in der Stadt erarbeitete Kriterien. In einem ganz anderen Raum- und Zeitgefühl. Die feministischen und ökologischen Bewegungen sind ebenfalls in der Stadt entstanden. Und dann braucht es eben viel Zeit, um unser Leben als Landmenschen zu begreifen. Dazu gehört es, alle Jahreszeiten zu erleben. .." (60)

"Sehr oft kamen Journalistinnen zu uns, den Frauen des Larzac. Nie war das, was sie danach schrieben, ein echtes Bild dessen, was wir sind, weil diese Frauen meist so stark wünschten, wir wären ein Widerschein ihres Denkens, daß sie uns gar nicht verstanden haben. .."
(Marisette Tarlier) (61)

"Am Anfang gab es im Larzac-Kampf oft das Problem, daß manche Frauen unbedingt einen getrennten Kampf sehen wollten. Tja! Am Anfang ist das oft so. Sie kommen auf das Plateau und verstehen nicht, daß wir auf der Seite unserer Männer kämpfen, während sie lieber spezifisch weibliche Aktionen gesehen hätten. .." (Jeanne Jonquet)

"In den Interviews kommt meist durch, was die Journalistinnen denken, und nicht so sehr, was wir denken." (Janine Burguière)

... "Sie stellen uns als Frauen dar, die prinzipiell ihren Männern unterworfen sind. .."
(Marie-Rose Guiraud) (62)

"Prinzipientreue" und Gleichberechtigung scheinen sich oft auch in scheinbar nebensächlichen Situationen zu reiben:

"Wie oft wurde ich kritisiert, als ich eine Geschirrspülmaschine bekam, die mir eine sehr geschätzte Person, nämlich meine Mutter, schenkte. Sie hatte es satt, mich lange Zeit am Spülbecken zu sehen, während eine interessante und spannende Diskussion stattfand, an der ich nicht teilnehmen konnte. ... Wir hatten oft Gäste zu Tisch, wir wollten vom Larzac sprechen, aber nur selten schlug jemand mir vor, den Tisch abzuräumen, und vor allem dieser verdammte

Abwasch. . . Aber als dieselben Personen — Männer wie Frauen — meine Maschine bemerkten. . . 'Oh Graus! Atomstrom usw.', sie dachten, das kann keine echte Bäuerin sein. ... Wie oft mußte ich mich rechtfertigen, versuchen, verstanden zu werden. . ." (Marisette Tarlier) (63)

Trotz dieser Abwehr von äußerer Bevormundung verfolgten die Larzac-Frauen durchaus die feministische Diskussion, erkannten aber gleichzeitig positive Veränderungen ihrer Situation als Frauen.

Noch 1975 schien E. le Garrec mit einem Zitat belegen zu können, daß die Larzac-Bäuerinnen die "natürliche Überlegenheit" ihrer Männer bei Verhandlungen und Entscheidungen akzeptierten.

"Ich glaube, daß es am männlichen Charakter liegt, der aggressiver ist und schlüssiger argumentiert. ... Auf der strategischen Ebene hat der Mann einen systematischeren Verstand, wenn es gilt, Pläne zu machen. . ."

Die Journalistin schloß daraus,

"... sie weigern sich, die Arbeitsteilung zu kritisieren, weil sie ihr keine wertende Unterscheidung einräumen. ... Für sie ist das Privatleben, das die LIP-Frauen zum kollektiven Problem gemacht haben, privat geblieben. . ." (64)

Tatsächlich können die Bedingungen von Arbeiterinnen und Bäuerinnen nicht gleichgesetzt werden, da Bäuerinnen meist weniger landwirtschaftliche Produzentinnen als vielmehr Frauen von Bauern sind, d.h. innerhalb der Arbeitsteilung auch dann mehr Hausfrauen, wenn sie gewisse Arbeiten auf dem Hof übernehmen. Im Laufe des Larzac-Konfliktes und der parallel voranschreitenden Modernisierung konnte die traditionell unveränderbar erscheinende Rollenverteilung partiell aufgeweicht werden, dennoch weigern sich die Larzac-Bäuerinnen, Emanzipation z.B. darin zu sehen, daß sie alle Männerarbeiten übernähmen und z.B. ganze Tage lang mit dem Traktor auf die Felder führen. Die Veränderungen im Alltagsleben und in den Ansichten fiel ihnen besonders im Vergleich mit den Lebensbedingungen ihrer Mütter und Großmütter auf.

Die großen Entfernungen zwischen den Höfen verhindern jedoch den ständigen Kontakt zwischen den Frauen, der eine Voraussetzung für kollektive Reflexion wäre. Dadurch ist unter anderem keine abwechselnde Kleinkinderbetreuung möglich, was die Frauen stärker an das Haus bindet. In den Interviews der italienischen Politikerin, Schriftstellerin und Wissenschaftlerin Maria-Antonietta Macciochi 1978 zeigten die befragten Bäuerinnen ein deutlich gewachsenes Selbstbewußtsein:

"Was haltet ihr von der Befreiung der Frau?
– Ich finde, daß ich befreit bin. Früher hatten wir nicht das Recht, auf den Versammlungen zu reden, wie wir es heute tun, oder unsere Meinung zu sagen; jetzt bittet man uns sogar darum. Heute geht mein Mann sogar einkaufen; früher wäre das undenkbar gewesen. Klar, der Haushalt ist Sache der Frau, auch die Küche und die Kinder, aber der Mann arbeitet ja auf dem Feld.
– Seit wir politisches Bewußtsein gewonnen haben, werden alle wichtigen Käufe zwischen Mann und Frau besprochen. In der patriarchalischen Auffassung der Vergangenheit war der Mann der Chef. Er war die Autorität, innerhalb und außerhalb der Familie.
– Aber wie in ganz Frankreich bekommt die Bäuerin keinen Lohn, auch wenn sie arbeitet, weder Krankenurlaub noch bezahlten Urlaub. Die Gesellschaft beutet euch aus, da sie den Frauen, die im Haus und sogar auf dem Feld arbeiten, nichts bezahlt.
– Der Mann kann unmöglich seiner Frau einen Lohn zahlen, damit sie auch eine Altersversicherung hat; trotzdem bezahlen wir die Beiträge dafür. Der Mann verwaltet die Arbeitskraft des Hauses. Geändert hat sich nur, daß das Familienbudget jetzt gemeinsam besprochen wird und daß man gemeinsam darüber verfügt." (65)

Als erste der Bäuerinnen ergriff Marie-Rose Guiraud beim Abschied des Traktorenmarsches nach Paris im Januar 1973 auf dem Mandarous-Platz in Millau öffentlich das Wort — allerdings noch aus dem Inneren des Lautsprecherwagens, weil sie sich unsicher fühlte und nicht gesehen werden wollte. Doch bereits im August des selben Jahres sprach sie von der Tribüne bei der Großkundgebung im Rajal de Guorp. In wachsendem Maße nahmen die Frauen gleichberechtigt an allen Aktionen und Demonstrationen teil.

" 'Das einzige Mal, wo ich mich wirklich frustriert gefühlt habe, war, als die Männer ihre Wehrpässe zurückschickten. Wir hatten Lust, auch etwas zu tun, und schrieben ein paar Sätze in die Pässe.'
Diesen Zusatz empfanden sie jedoch nicht als ausreichend. Im Februar 1975 gingen sie in die zwölf Rathäuser, um die Unterlagen der 'enquête parcellaire' zu zerreißen. ... Eine offensive und illegale Aktion, auf die sie stolz sind. Aber Anlaß für eine weitere Frustration: weder zurückgehalten noch verurteilt worden zu sein. 'Was müssen wir denn tun? Immerhin sind wir in die Rathäuser gegangen, haben die Papiere zerrissen, in große Stücke und kleine Fetzen, und meinten, jetzt springen sie auf uns los. Und dann sind wir ganz ruhig hinausgegangen.'
Als ob so eine Sache im Grunde nicht zählt, wenn sie von Frauen gemacht wird." (66)

Vor allem Polizisten und Richtern scheint es schwer zu fallen, die Befreiung der Frau im allgemeinen und der Larzac-Bäuerinnen im besonderen zu verstehen und zu akzeptieren:

"Als ich ins Gefängnis ging, mußte ich meine Strafe vollständig abbüßen: vierzehn Tage. Dagegen wurden die Männer, welche als BAUERN 'anerkannt' wurden, sofort freigelassen, trotz Gefängnisstrafen von einem Monat. Ihrer Arbeit im Betrieb wurde eine 'absolute Notwendigkeit' zuerkannt. Dann bin ich also nur eine Lückenbüßerin. ... Der Richter wollte meiner Arbeit keinen Wert beimessen, der der Arbeit meines Mannes gleich käme ... und so bin ich im Loch geblieben! ...
Dazu muß gesagt werden, daß bei dieser Aktion, die uns ins Gefängnis brachte, Männer und Frauen genau dasselbe getan, dieselben Delikte begangen haben. ... Dennoch war die Haftstrafe verschieden. Besonders in meinem Fall wollte der Richter von mir die Aussage, daß mich mein Mann in dieses Abenteuer hineingezogen hat. In seinen Augen konnte eine Frau nicht aus freien Stücken, aus eigener Überlegung eine solche Aktion ausführen. Obwohl ich mich wehrte, gelang es mir nicht, ihn zu überzeugen, und meine Strafe fiel weniger schwer aus." (67)

Der Anteil der Frauen am Widerstand wurde in der Öffentlichkeit durchaus beachtet, so etwa die Straßenblockaden gegen Militärfahrzeuge auf den Schulwegen der Kinder oder die starke Beteiligung an den Fastenaktionen im Herbst 1978. Letzteres könnte die These bekräftigen, daß die sanfte und spirituelle Kraft der gewaltfreien Aktion besonders den Larzac-Frauen zu verdanken ist.

"Welches war eurer Meinung nach die Rolle der Frau im Kampf des Larzac?
– Ich weiß nicht genau. Aber ich frage mich, ob es nicht an den Frauen hier lag, daß man eher gewaltlos vorgegangen ist. Weil die Frauen im allgemeinen nicht für Gewalt sind. Sie leiden unter allem, was gewalttätig ist und töten kann; im allgemeinen haben sie Angst davor.
Was habt ihr für die Gewaltlosigkeit unternommen?
– Unsere erste Aktion war, daß wir Fichten angepflanzt haben. Und dank den Frauen ist die Sache gut ausgegangen. Natürlich waren bei jeder Aktion Männer beteiligt. Jede von uns hat ihren Mann gefragt: warum sollen wir uns prügeln? Das war am Anfang. Und dann haben auch sie sich in diese Richtung entwickelt." . . . (68)

Im allgemeinen überwiegt die Gelassenheit und die Betonung der erreichten positiven Verhältnisse.

"Nicht alle Frauen reagieren in gleicher Weise auf ihr Engagement im Konflikt, ich persönlich finde meine volle Entfaltung in der alltäglichen Arbeit.
(Ich fahre keinen Traktor, ich bin nicht jedesmal beim Melken dabei, aber wenn ich zur Hand gehen muß, tue ich dies freiwillig. Aber ich bin auch froh, wenn ich es nicht tun muß, ich habe mich nicht für ein Leben in Schwerarbeit entschieden.) ...
Ich spüre keine Rollentrennung zwischen Männern und Frauen. Ich empfinde unsere Rolle nicht als untergeordnet, sie ist schwer, aber ergänzend (komplementär).
In meiner Sicht engagiert sich das Ehepaar im Kampf, selbst wenn ich nicht an allen Versammlungen teilnehme, selbst wenn ich nicht zu Fuß bis Paris marschiert bin, weil wir drei

Kinder haben.

Meine Rolle ist unentbehrlich im Kampf und für die Kinder, denn ihr Verständnis und ihre Bejahung unserer Lebenseinstellung ist ein zusätzlicher Erfolg unseres Kampfes. ...

Was wäre aus dem Larzac geworden, wenn die Frauen nicht am Kampf teilnähmen? (69)

Die in diesem Zusammenhang häufig anzutreffende Argumentation erinnert stark an Aussagen der "Gorleben-Frauen":

"Die Frauen, die so nahe am Leben sind, die Mütter, die das Leben schenken; bringen sie ihre Kinder auf die Welt, damit eine willkürliche Macht sie ihnen wegnimmt? Und wozu? Um ihnen das Töten beizubringen! Um andere umzubringen, die wie wir das Bedürfnis haben zu leben.

Die Frauen sollten nachdenken, sich bewußt machen, daß sie ein absolutes Bollwerk gegen den Krieg sein könnten, wenn sie ihre Söhne nicht an die Armee geben würden. . ." (70)

4. Wesenszüge des Larzac-Widerstandes

Der Widerstand entstand in einem klassischen bäuerlich-konservativen Milieu, wobei Teile der katholischen Kirche und ihnen nahestehende Gewaltfreie zum Widerstand ermutigten. Teilweise hatten schon zuvor die Neuinterpretation der christlichen Botschaft und die Bildungsarbeit des katholischen Landvolkes zum Abbau der bäuerlichen Minderwertigkeitsgefühle und zur Bildung von freiwilligen Produktionsgemeinschaften beigetragen. (71)

Angebote stellvertretenden Handelns durch kompromißbereite Honoratioren und gewaltbefürwortende Maoisten mochten die Bauern nicht annehmen. Ihre neugewonnene Einheit ermöglichte jedoch eine ununterbrochene, wenn auch nicht spannungsfreie Zusammenarbeit mit den politisch, ökonomisch, berufsständisch bestimmenden Kräften des Departements wie mit Strömungen der Neuen Linken in ganz Frankreich. Das durch eigene Aktionen erworbene Ansehen verhalf den Bauern zu einer starken Autonomie gegenüber diesen sich widersprechenden Bündnispartnern; sie bestimmten jederzeit Inhalt und Formen ihres Widerstandes selbst.

Dieses Ansehen entwickelte sich aus der phantasievollen und flexiblen Anwendung des gewaltfreien Aktionsarsenals, ihrem Humor und ihrem Sinn für Symbole und nicht zuletzt aus der Direktheit ihrer Aktionen.

Larzac war bald weit mehr als der Verteidigungskampf dynamischer Bauern um ihre eigene Existenz. Ihr Kampf ist unter anderem Widerstand gegen die Militarisierung des Raumes und der Wirtschaft, gegen den Zentralismus, der den Regionen von außen Entscheidungen aufzwängen will, gegen "technische Sachzwänge", die Vorrang vor der Bewahrung der Lebensqualität beanspruchen.

4.1. Beispielgebende Basisbewegung

Die Larzac-Bauern schufen sich ihre eigene Organisationsform, sie bewahrten ihre Autonomie selbst in kritischen Situationen, wie etwa nach dem Attentat auf einen Bauernhof.

Wie im LIP-Konflikt wurde auch auf dem Larzac die Möglichkeit aufgezeigt, eine gewisse Macht über Arbeitsplätze und das soziale Leben zu erringen. In diesem Sinne bereiten diese Kämpfe im kleinen Maßstab eine Gesellschaft vor, in der die Macht wesentlich dezentralisierter ist und in der Arbeiter und Bewohner die sie betreffenden Entscheidungen weitgehend selbst treffen.

Larzac wurde zum Symbol für intensiven, in der Bevölkerung verwurzelten Widerstand ('Larzac ist überall', Plogoff — ein neues Larzac usw.). Den Larzac-Kampf zu verlieren, hieße all diejenigen zu enttäuschen, die ähnliche Widerstandskampagnen begonnen haben, der Schwung vieler Basisinitiativen würde gedämpft werden. In diesem Sinne muß auch die Äußerung von Armeeminister Bourges vom 1.3.1975 über die Problematik der Truppenübungsplätze hinaus verstanden werden:

> "Wenn wir das Larzac-Camp nicht schaffen, werden wir nirgendwo anders mehr Camps errichten können."

4.2. Verteidigung des Produktionsmittels Boden

Die Voraussetzungen für die Erweiterungsentscheidung gingen auf die Verhältnisse zwischen 1950 und 1970 zurück. Die Meinung der Betroffenen wurde völlig übergangen, ähnlich abgehobene Entscheidungen ohne vorherige Befragung und Mitbestimmung der ortsansässigen Bevölkerung finden sich auch im Bereich der "zivilen" wie militärischen Nutzung der Atomkraft.

Die Bündnisse mit Arbeitergruppen, welche sich gegen den Verlust ihrer Arbeitsplätze wehren, beweisen, daß die Larzac-Bauern sich nicht nur aus sentimentaler Verbundenheit mit dem Boden (72) gegen die willkürliche Vertreibung von ihren Höfen verteidigten.

Mehr als etwa beim Bau von Autobahnen oder Atomkraftwerken war im Larzac-Konflikt die Fläche des umstrittenen Bodens von Bedeutung. Standorte für Atomkraftwerke sind meist nicht an sich wichtig, sondern gewinnen für die Ökologiebewegung einen Stellenwert, um hier punktuell dem Gesamtziel der Verhinderung von Atomkraftwerken näherzukommen. Die überregionale oder gar internationale Widerstandsbewegung stützt sich auf den mehr oder weniger entwickelten lokalen Widerstand. Und auch vor Ort geht es selten um die wenigen Hektar Baugrund, die Landwirte verlieren (meist sind die Grundstücksverkäufe bereits abgeschlossen, wenn die Auseinandersetzung voll entbrennt), sondern um die befürchteten Gefahren der Atomenergieanlage. Diese Widerstandsbewegungen sind selten spezifisch oder primär bäuerlich, da meist die Existenz der Anwohner nicht durch den Verlust der Bodenflächen bedroht wird.

> "Im Gegensatz dazu ist der Larzac-Kampf anfänglich nicht die lokale Anwendung eines allgemeineren Konfliktes gewesen. Die Fläche, die die Regierung den Bauern entziehen will, ist ihre Produktionsfläche ..., das Werkzeug für ihre Arbeit. . ." (73)

4.3. Aufwertung des Lebensraumes

Das von Anfang an wesentliche Anliegen der Landwirte, die Erhaltung ihres Lebens- und Arbeitsraumes, behinderte keineswegs ihre Öffnung gegenüber anderen Widerstandsgruppen und die Einordnung ihres Konfliktes in größere Zusammenhänge. Die intensive Bemühung der Bauern, über ihre gewohnte Berufsarbeit hinaus "das Terrain zu halten", wurde zu einem wesentlichen Merkmal ihres Widerstandes. Die

Erhaltung des Lebensraumes gegen die Bedrohung war nur sinnvoll, wenn Leben und Arbeit auf dem Plateau weiterhin möglich und deren Bedingungen weiter verbessert würden.

Der Widerstand richtete sich stets auch gegen die ökonomischen Erstickungsversuche (Verweigerung langfristiger Kredite, der Wasserzuführung, der Telefonanlagen, der Baugenehmigungen usw.) der Behörden wie gegen Belästigungen durch die Armee (neben den Landkäufen: Manöver auf Bauerngelände, starke Abnutzung der Straßen und Wege, Überfälle durch "Unbekannte" usw.).

Diesen verschiedenen Zermürbungsversuchen erteilten die Larzac-Bauern konstruktive Antworten. Auch zu diesem Zweck mußten sie sich auf schlagfertige und demokratische Weise organisieren.

4.4. Den räumlichen Voraussetzungen angepaßte Demokratie

Die ständige Bereitschaft zur "Besetzung" des Geländes durch Verhinderung von Militärübergriffen und konstruktive Arbeit erforderte eine hohe Mobilisierungsfähigkeit und Verfügbarkeit neben den beruflichen Arbeiten. Daneben aber auch individuelles Verantwortungsbewußtsein und Erfindungskraft, durch die wirklich demokratische Organisationsformen erst möglich werden. Die innere Demokratie der Bauern sollte direkt sein, gleichzeitig aber die Weite der Hochebene berücksichtigen. Für Vollversammlungen ergaben sich stets für einige Bauern Anfahrtswege von 20 bis 40 km, selbst wenn der Versammlungsort regelmäßig gewechselt wurde. Tägliche Vollversammlungen, wie etwa in der besetzten LIP-Fabrik, waren daher nicht machbar, die Hauptarbeit wurde in den 'quartiers' geleistet. Nur besonders wichtige und strittige Punkte gelangten auf die Tagesordnung der gelegentlichen Vollversammlungen.

Der Larzac-Widerstand kannte keinen gewählten Vorstand, aber auch keine eigentlichen Führer. Wie in jedem Konflikt gab es eine kleine Gruppe von Menschen, die starken individuellen Einfluß ausübten, nie aber eine (unkontrollierte) Macht. Dazu fehlte ein "Apparat", der Transmissionsriemen, der der Basis hätte Entscheidungen aufzwingen können.

Das jahrelange Funktionieren der Gemeinschaft ohne feste Organisationsformen wäre nicht möglich gewesen, wenn einige 'Chefs' Befehle erteilt und die Mehrheit diese ausgeführt hätte.

> "Wir sind dreißig, die sich ernsthaft um die Bewegung kümmern, mal die einen, mal mehr die anderen, abwechselnd. . .
> Ein Älterer: 'Ich akzeptiere und bewundere die Jüngeren, die den Widerstand leiten – und das immer in einer gewaltfreien Art. . .' " (74)

Gewisse Führungsfunktionen lagen dennoch bei den Aktiven der ersten Stunde (Tarlier, die Burguières, Massebiau . . .), die bei fast allen Anlässen beteiligt waren, ob bei Aktionen, Verhandlungskommissionen oder Pressekonferenzen. Ihr direkter Kontakt zu den Honoratioren des Departements lieferte ihnen einen Informationsvorsprung, und aus diesen Gründen galt ihre Meinung viel bei den übrigen Landwirten. Der Widerstand entwickelte aber auch eine Eigendynamik, beeinflußte die Initiatoren, die sich entweder mit allen anderen radikalisierten oder sich zurückziehen mußten.

5. Allgemeine Schlußfolgerungen

Die Bedrohung der materiellen Existenzgrundlagen und des hart erarbeiteten Lebensraumes vermag konsequenteren Widerstand auslösen und aufrechterhalten, als theoretisches Wissen um die Zerstörungspotentiale moderner Rüstung und um die Gefährdung von Mensch und Umwelt durch ungezügeltes industrielles Wachstum.

Obwohl die Overkill-Kapazitäten des atomaren "Gleichgewichts des Schreckens" alle Bevölkerungsteile gleichermaßen bedrohen, wehren sich überwiegend Intellektuelle, Jugendliche und Linke gegen die Kriegsgefahr. Noch weniger scheint es zu gelingen, die 'Nord-Süd'-Problematik größeren Bevölkerungsgruppen sinnlich erfahrbar zu machen und die Notwendigkeit zur aktiven Solidarität zwischen den industriell entwickelten Nationen und den zu lange ausgebeuteten Völkern der Dritten Welt angesichts der Gefahr zu vermitteln, daß sich anderenfalls die Gefahr von Kriegen um die knapper werdenden Ressourcen steigern wird.

Langanhaltender und radikaler Widerstand ganzer Bevölkerungsteile entwickelte sich meist nur dort, wo Menschen in ihrem gemeinsamen Lebensbereich bedroht oder beeinträchtigt wurden. Während das Wissen um die mögliche Menschheitsvernichtung selbst die Jahrgänge nicht vollständig und anhaltend zum Widerstand zu mobilisieren vermochte, die den Zweiten Weltkrieg miterlebt hatten, löste die bevorstehende Vertreibung, die Gefahr materieller Einbußen und der drohende Arbeitsplatzverlust Volksbewegungen wie im alemannischen Dreiecksland oder auf dem Larzac aus. Da in vielen anderen Fällen Landwirte ohne nennenswerten Protest gegen Enteignungen finanzielle Entschädigungen annehmen, Arbeiter die Schließung ihrer Fabriken dulden, ganze Ortschaften verschwinden, um Staudämmen, Straßen oder Industrieanlagen Platz zu machen, handelt es sich nicht um einen zwingenden Auslöser von Widerstand, sondern um eine wesentliche Bedingung, neben anderen Faktoren. In Malville, Brokdorf, Wyhl und Gorleben konnten die Baugelände von den Betreibern ohne Enteignung von Landwirten erworben werden. In den beiden letzten Fällen war jedoch die zu erwartende Qualitätsschädigung und Rufminderung der Agrarprodukte Auslöser für umfassendere Kritik und Ablehnung nicht nur des jeweiligen Bauvorhabens, sondern des gesamten Atomprogrammes.

Bei genügender 'sozialer Dichte' können auch zahlenmäßig kleinere Bevölkerungsgruppen mehr politische Kraft und Durchsetzungsvermögen entwickeln, als quantitativ bedeutendere Bürgerinitiativen, die sich aber über den "Kopf und nicht über den Bauch" zusammengefunden haben und deren Mitglieder über größere Flächen verstreut leben und mit ihren Nachbarn nicht durch gleich intensiv wahrgenommene Interessen verbunden sind.

Unter sozialer Dichte sei die räumliche Nähe, die gemeinsame Bedrohung der Betroffenen von außen, die gemeinsam vollzogenen Bewußtseins- und Lernprozesse und die Möglichkeit verstanden, in direkter Demokratie kollektiven Willen zu bilden. Schließen sich Studenten, Intellektuelle oder politische Randgruppen ohne die Voraussetzung dichterer sozialer Kontakte zusammen, wird das gemeinsame Problem meist gedanklich intensiver durchdrungen, werden komplexere Analysen und schlüssigere Argumente entwickelt. Manchmal führt dies auch zu spektakulären und prophetischen Aktionen, die Öffentlichkeit honoriert dies jedoch selten mit dem selben politischen Erfolg wie Aktivitäten geschlossener und 'gestandener' Gruppen, deren Bewußtsein mehr 'aus den Eingeweiden', aus der abrupten Infragestellung ihrer gewohnten und positiv empfundenen Lebensumstände erwuchs.

Es ist bezeichnend, daß bei allen bedeutenden gewaltfreien Widerstandsbewegungen ein hohes Maß an Identifizierung der Akteure mit ihrer Leidensgemeinschaft vorhanden war, selbst wenn diese Gemeinschaft erst durch die Bedrohung von außen bewußt wurde. Der indischen Befreiungsbewegung gelang es, die Kolonialmacht England abzuschütteln, die von Gandhi geplante soziale Emanzipation ist dagegen bis heute nicht gelungen.

Die Bürgerrechtsbewegung der Schwarzen und die Farmarbeitergewerkschaft der Mexico-Amerikaner bezogen ihre Kraft zu gewaltfreiem Widerstand neben religiösen Einflüssen vor allem aus den kulturellen und sozialen Gemeinsamkeiten als benachteiligte Minderheiten innerhalb der nordamerikanischen Gesellschaft.

Keine Form von Delegation, weder die übliche Art der Repräsentation durch Politiker und Berufsverbände noch die Stellvertreterpolitik selbsternannter Avantgarden, vermag die Forderungen der Betroffenen eindeutiger auszudrücken und politisch durchzusetzen, als die Selbstorganisation und die direkten Aktionen von Menschen, die sich selbst vertreten. Ohne die Selbsthilfe der Betroffenen könnten sie kaum Bündnispartner finden und noch weniger über Ziele und Formen ihres Kampfes bestimmen.

"Der wertvollste Beitrag der Larzac-Affäre für eine grundsätzliche Reflexion ist aus meiner Sicht das Infragestellen der traditionellen Spielregeln der Politik. ... Anfangs erschien der bäuerlichen Bevölkerung, die mehrheitlich eine herkömmliche christliche Sozialisation hinter sich hat, die Gewaltfreiheit nur als eine Notwendigkeit. ... Danach machten die Bauern in ihrem eigenen Kampf die Erfahrung, ... daß Gewalt nicht gleich bedeutend ist mit Kraft und es noch größere Kräfte gibt, als die der Waffen. . .
Diese Erfahrung bewahrte sie vor der Unterwerfung gegenüber politischen Gruppierungen. ... Sie wurden sich bewußt, daß ... die echte Politik nicht über Delegation und Entfremdung der Macht in den Händen von Parlamentariern und Parteiführern gemacht werden kann. Sie entdeckten also die fundamentale Dimension der Politik: die Aktion 'von unten', d.h. die Aktion, die als Grundlage die Autonomie und die Verantwortung jedes einzelnen hat, sein eigenes Schicksal in die Hand zu nehmen. . ." (75)

Das Beispiel Larzac zeigt, daß existenzielle Herausforderung neben dem Einsatz für die Interessen der eigenen Gruppe auch zu umfassender Gesellschaftskritik und gegenseitiger Solidarität mit fernen Beleidigten und Erniedrigten führen kann, falls die Bereitschaft zum Mitleiden und Lernen gegeben ist und die unterstützenden politischen und weltanschaulichen Gruppen nicht in erster Linie eigennützig handeln, sondern die Alltagserfahrungen und traditionellen Wertvorstellungen der betroffenen Bürger respektieren.

"Wir wünschen uns, daß eines Tages, wenn der Kampf beendet sein wird und wir ihn gewonnen haben, Larzac nicht zu Ende sein wird und auf dem Plateau andere Aktionsformen mit der Perspektive einer neuen Gesellschaft entstehen werden. . ." (76)

Anmerkungen zu Teil VII:

(1) Die wachsende Autonomie der Landwirte beeinflußte z.B. 1973 spürbar das Kräfteverhältnis. Da die Unnachgiebigkeit der Regierung eskalierende Reaktionen provozierte, setzten die Bauern mehr und mehr auf das Bündnis mit den "alliances populaires" (wie sich die linken Basisinitiativen selbstbewußt nannten) und lockerten die Bindungen zu den Honoratioren der Region.
– etwa durch den vorübergehenden Bruch mit der FNSEA und der Annährung an die 'paysans travailleurs' während des Trecks nach Paris,
– die Annährung zumindest eines Teils der Bauern an die Sozialistische Partei bei den Legislativwahlen und noch deutlicher bei den Kantonalwahlen,
– die Verbrüderung mit Arbeitern, z.B. beim rassemblement mit Delegationen von LIP, Péchiney, Noguères, Romans und die
– Zustimmung, Vertreter der Linken aus Millau und aus den Nachfolgebewegungen des Pariser Mai an der Vorbereitung des Erntefestes für die Dritte Welt im Sommer 1974 teil-

nehmen zu lassen.

(2) 'Paris Journal', 18.7.1870, zitiert nach A. Dupuy: La Guerre, la Commune et la Presse. Paris, 1959, S. 59.

(3) Jean-Claude Galtier, in Témoignage Chrétien', 6.7.1972.

(4) Léon Burguière, in 'GLL', Nr. 53, April/Mai 1980.

(5) Elie Jonquet, in: G. Guerin / M. Vantses: Paysannes. Paris, 1979, S. 68.

(6) Eine auch nur ansatzweise vollständige Übersicht dieser Strömungen und Ideenbewegungen müßte den gegebenen Rahmen sprengen. Es sei an dieser Stelle auf die entsprechenden Kapitel in dieser Arbeit verwiesen (Gewaltfreie Bewegung, Antimilitarismus, Okzitanisten, Linke Christen, Selbstverwaltungssozialisten).
Eine kleine Auswahl von Literatur zur Vertiefung:
– Antimilitarismus:
'Alternatives Non-Violentes', Nr. 29/30, 3. Trimester 1978: Objection de conscience.
BROSSAT, A. / POTEL, Jean Yves: Antimilitarisme et Révolution – anthologie de l'antimilitarisme révolutionnaire. 2 Bände, Paris, 1976.
CATTELAIN, Jean-Pierre: L'objection de conscience. 2. Auflage, Paris, 1975.
PELLETIER, Robert / RAVET, Serge: Le mouvement des soldats. Paris, 1976.
RABAUT, Jean-Pierre: L'antimilitarisme en France 1810-1975. Paris, 1976.
TOULAT, Jean: Les grévistes de la guerre. Paris, 1972.
– Ökologisten:
LEGGEWIE, Claus / DE MILLER, Roland: Der Wahlfisch. Ökologiebewegungen in Frankreich. Berlin, 1978.
Hertle, Wolfgang: "Skizze der französischen Ökologiebewegung". 'Gewaltfreie Aktion', Nr. 26/27, 4. Quartal 1975 / 1. Quartal 1976.
Claude Fischler, Philippe Irabarne, France de Nicolay: "Dossier Mouvement écologique". In: 'Preuves', Heft 19, Paris, 1974.
VADROT, Claude: Histoire d'une subversion: l'écologie. Paris, 1978.

(7) Gerhard Vinnai: Landleben und gesellschaftlicher Fortschritt. In: BROCKMANN, Anna Dorothea (Hrsg.): Landleben. Reinbek, 1977, S. 234.

(8) Nous garderons le Larzac. Les paysans parlent. In: 'Que faire', Nr. 8/9, Mai 1971.

(9) Mit 'patois' wird mit abschätziger Wertung die regionale, meist ländliche Sprachform bezeichnet, die entweder einen Dialekt darstellt oder auch die Mischform des Französischen mit eigenständigen, nicht offiziell anerkannten Sprachen, wie dem Okzitanischen oder Katalanischen. Die eigenständige romanische Sprache Okzitanisch wurde 1539 als Verwaltungssprache verboten. In der Revolution von 1789 wurde die Sprache der 'Ile de France' zum Ausdruck der nationalen Einheit, die Regionaldialekte und -sprachen wurden systematisch in den Schulen unterdrückt. Unwissenheit, Rückständigkeit wurden mit dem 'patois' gleichgesetzt, seine Verdrängung galt als zivilisatorische Leistung.

(10) Nationalität: Soziale Gruppen mit eigener Sprache, Literatur, eigener Geschichte, die die Anerkennung ihrer Eigenart, wenn nicht die Erreichung einer eigenen Nation verlangen. Dieser Begriff wird heute in Abgrenzung zu rechten nationalistischen Bestrebungen verwendet.

(11) Vgl. LAFONT, Robert: Décoloniser la France. Paris, 1971.
ders.: La révolution régionaliste. Paris, 1967.
ders.: Sur la France. Paris, 1968.
ders.: Renaissance du Sud. Paris, 1970.
ders.: Clefs pour l'Occitanie. Paris, 1971.
ders.: La révendication occitane. Paris, 1974.
ders.: Autonomie. De la region à l'autogestion. Paris, 1976.
ARMENGAUD, André / LAFONT, Robert: Histoire d'Occitanie. Paris, 1979.
BLASCHKE, Jochen (Hrsg.): Handbuch der europäischen Regionalbewegungen. Frankfurt, 1980.
LE BRIS, Michel: Volem Viure! / Occitanie. Paris, 1974.
DULONG, Renaud: Les regions, l'état et la société locale. Paris, 1978.
MONDNER, Katarina / BARLET, Olivier: Südfrankreich / Okzitanien? München, 1978.
MARTI, Claude: Homme d'Oc. Paris, 1975.
Yves Person (Hrsg.): Minorités nationales en France. Les Temps modernes, August/September 1973.
GRAS, Christian / LIVET, Georges (Hrsg.): Régions et régionalisme en France. Paris, 1977.
Verein zur Förderung der deutsch-okzitanischen Freundschaft: Das Faß ist voll. Eine Region wehrt sich. Neu-Isenburg, 1977.

(12) "Im Lande leben! Diese Sehnsucht wurde zum konstantesten Slogan der Volksproteste in den letzten drei Jahren. Ein solches Phänomen wäre vor nur 15 Jahren undenkbar gewesen."
QUÉRÉ, Louis / DRESSLER-HOLOHAN, Wanda: " 'Vivre au pays'. Généalogie d'un slogan." In: 'autrement', Nr. 14, Paris, Juni 1978.
Die neuere okzitanische Bewegung rekrutierte sich vorwiegend in der intellektuellen Jugend, die ihre eigene Identität suchte. Am Anfang stand eine Mobilisierung gegen die Unterdrückung kulturellen Ausdrucks in Form von Liedern, Tänzen, Theaterstücken und Sprachkursen. Der Freilegung der kreativen Kräfte folgten politische Äußerungen.
Claude Marti, einer der ersten Künstler der Erneuerungsbewegung, zog seit 1969 mit Lie-

dern durch das 'pays d'oc', von denen das bekannteste den Titel trug: "Un Pais qui vol viure" (ein Land, das leben will). Schon beim Bergarbeiterstreik 1961/62 gegen die Schließung der Gruben von Décazeville war der Slogan "Wir wollen im Lande leben", damals noch auf französisch, aufgetaucht. Er drückt den ökonomischen Kern regionalistischer Forderungen aus: Wir weigern uns, wegen der Arbeitslosigkeit unsere Heimat zu verlassen. Dies ist für uns ein Kampf ums Überleben in der uns vertrauten Umgebung. Das okzitanische 'pais' bezeichnet sowohl den Geburtsort, den Wohn- und Arbeitsort als auch "das kleine Vaterland Okzitanien". Trotz oder wegen dieser mehr gefühlsmäßigen als präzisen Bedeutung wurde es leicht in das französische 'pays' übertragen und in dieser Weise auch von Regionalisten in der Bretagne, im französischen Baskenland und in Katalonien verwendet. Seit 1971 wurde "volem viure al pais" zum programmatischen Slogan der politischen Organisation 'Lutte occitane'. Sowohl die Winzerproteste des Languedoc als auch der Larzac-Konflikt dienten der okzitanischen Bewegung als Resonanzboden; da sich der Slogan auch auf Spruchbändern der Larzac-Bauern wiederfand, trugen diese die Formel, z.B. beim Traktorenmarsch nach Paris, in den Blickwinkel der nationalen Öffentlichkeit. Zur Unterstützung der Präsidentschaftskandidatur Robert Lafonts gründeten sich 1974 Komitees mit dem Namen 'Volem viure al pais' (VVAP), die sich später zu einer Bewegung gleichen Namens zusammenschlossen. Mehr und mehr übernahmen, wie z.B. in der Bretagne, Arbeiterkämpfe und regionale Bewegungen die Parole. Schließlich gelangte sie in den Wortschatz von Gewerkschaften (zuerst in der CFDT) und linken Parteien, die den Slogan ausweiteten: 'Im Lande leben und arbeiten'. Seit 1975 beherrschten okzitanische Fahnen und vor allem dieser erweiterte Slogan alle linken Kundgebungen in Südfrankreich, 1977 veranstaltete sogar die Kommunistische Jugend Korsikas einen Kongress unter dem Motto "Vivre au pays". Als das Sommerrassemblement 1977 auf dem Larzac unter das Thema "Vivre et travailler au pays" gestellt wurde, hatte der Slogan weitgehend seinen nationalitären Impuls verloren.

(13) 'SUD', Nr. 28, 26.7.1976.
(14) Léon Maillé in Tonbandinterview mit dem Verfasser, 23.7.1976.
(15) Yves Hardy, in: 'Radal', September 1974, S. 20.
(16) Ein Larzac-Bauer bei einer CMR-Sitzung, zitiert nach dem Themenheft "Larzac — welche Gewaltfreiheit?" von 'Cahiers de la réconciliation', Nr. 7/8, Juli/August 1980, S. 25. Diese Broschüre wird in der Folge mit 'Cahiers . . .', a.a.O., abgekürzt.
(17) Hervé Ott in: 'ANV', Nr. 27, Februar/April 1978.
(18) Der CMR-Geistliche Pierre Bonnefous in: 'Cahiers . . .', a.a.O., S. 29.
(19) Der Bauer Robert Calazel in: 'Cahiers . . .', a.a.O., S. 21.
(20) M. Ambroise-Rendu: "Die ökologische Guerilla", 'Le Monde', 12.7.1977.
(21) ebd.
(22) P. Bonnefous in: 'Cahiers . . .', a.a.O., S. 29.
(23) Jeanne Jonquet in: 'Cahiers . . .', a.a.O., S. 17.
(24) Pierre Burguière im Rundgespräch "Welche Gewaltfreiheit auf dem Larzac?" in: 'ANV', Nr. 27, Februar/April 1978.
(25) Roger und Susanna Moreau: "Samenkorn der Gewaltfreiheit" in: 'Cahiers . . .', a.a.O., S. 35.
(26) "Einige Gedanken notiert bei einer CMR-Sitzung", in: 'Cahiers . . .', a.a.O., S. 24.
(27) Pierre Burguière und Léon Maillé im Interview mit 'SUD', Nr. 80, 5.-11.9.1977. Überschrift "Die Kraft der Gewaltfreiheit".
(28) Léon Maillé im Tonband-Interview mit dem Verfasser, 23.7.1976.
(29) "Einige Gedanken . . .", 'Cahiers . . .', a.a.O., S. 26.
(30) ebd., S. 27.
(31) L. Maillé im Tonband-Interview mit dem Verfasser, 23.7.1976.
(32) Z.B. Burguière beim Aktionstag 28.10.1978 in Tournemire: "Wir bitten Euch, weiterhin gewaltfrei zu kämpfen. Aber die Mächtigen sollen wissen, daß wir bis zum Blutvergießen gehen werden, wenn sie uns in die Verzweiflung stoßen und uns nur noch die Wahl zwischen Feigheit und Gewalt bleiben sollte. . ." nach 'Midi Libre', 31.10.1978.
(33) Bel / Belin / Kockman: Les paysans du Larzac et la non-violence. 'Combat Non-Violent', Nr. 49-51, Neulise, 1974, S. 31.
(34) ebd.
(35) François Mathey, in: 'ANV', Nr. 27, Februar/April 1978.
(36) Interview mit der Familie Alla aus St. Michel du Larzac, in: 'GLL', Nr. 15, Oktober 1976.
(37) Bel / Belin / Kockman: Les paysans du Larzac et la non-violence. a.a.O., S. 32.
(38) ebd.
(39) Pierre Burguière im Interview mit 'SUD', Nr. 80, 5.-11.9.1977.
(40) 'Le Monde', 12.7.1977.
(41) Raymond Martin, Pierre Burguière, im Rundgespräch "Welche Gewaltfreiheit auf dem Larzac?", in: 'ANV', Nr. 27, Februar/April 1978.
(42) Léon Maillé und Pierre Burguière im Interview mit 'SUD', Nr. 80, 5.-11.9.1977.
(43) Raymond Martin im Rundgespräch, in: 'ANV', Nr. 27, Februar/April 1978. Einer der wenigen Versuche (soweit sie dem Verfasser bekannt wurden), zu einer längerfristigen Straegie zu gelangen, wurde von Larzac-Bauern und General de la Bollardière sowie J.M. Muller bei deren Plateaubesuch am 2.3.1975 unternommen. 'Midi Libre', 3.3.1975.
(44) Hervé Ott: "Eine tiefe Furche", in: 'Cahiers . . .', a.a.O., S. 51-52.

(45) 'NVP', Nr. 26, April 1981.
(46) H. Ott: "Eine tiefe Furche. . .", a.a.O., S. 52.
(47) ebd., S. 53.
(48) ebd., S. 53-54.
(49) M. Ambroise-Rendu: "Die ökologische Guerilla", 'Le Monde', 12.7.1977.
(50) P. Burguière, in 'ANV', Nr. 27, Februar/April 1978.
(51) BEL / BELIN / KOCKMAN: Les paysans du Larzac et la non-violence. a.a.O., S. 36.
(52) ebd., S. 36.
(53) ebd., S. 37.
(54) Pierre Burguière in 'SUD', Nr. 80, 5.-11.9.1977.
Eine Woche nach den Ereignissen von Malville verhinderte eine Delegation von Larzac-Bauern im benachbarten Naussac — wo sich Bauern gegen den Bau eines Staudammes wehren — mehr durch ihr Prestige als durch ihre zahlenmäßige Kraft eine drohende Konfrontation zwischen Demonstranten und CRS-Polizisten. Trotz dieses günstigen Vorzeichens fürchteten viele Beobachter um den kontrollierten, gewaltfreien Ablauf des 'rassemblements' auf dem Plateau. Die linke Zeitschrift 'Libération' wandte sich gegen solche Zweifel:
"Vom ersten Tag an war der Widerstand gewaltfrei. Er wird es zweifellos auch diesmal sein. Für viele ist der Larzac wie eine Pilgerfahrt zu den Quellen. Man kommt hierher, wie in den Jahren zuvor, um sich wieder zu treffen, im Sonnenschein sich die Beweggründe vor Augen zu führen, weshalb man nicht die Arme sinken lassen darf. Denn auf dem Larzac ist die Gewaltfreiheit der Bauern phantasievoll. Sie haben sich stets gegen alle Angriffe gewehrt. Ob weich, ob hart, ihre Antworten waren stets dem Anlaß angemessen, ihre Einfälle ließen den Gegner abblitzen. Nach Malville dachten viele zu schnell, daß nun weitere solche Sonntage folgen würden. ... Aber der Widerstand vom Larzac hat seine eigene Tradition. Die 103 Bauern haben aus der langen Dauer ihres Kampfes ein Denkmal gesetzt, das nach Fortsetzung ruft." 'Libération', 12.8.1977.
Zur Kritik der Vorbereitungen für die Malville-Demonstration vgl.
DEUBNER, Christian / HERTLE, Wolfgang: "Vive l'atome", in: MEZ, Lutz: Der Atomkonflikt, Berlin, 1979, S. 145.
(55) Robert Gastal im Interview des Verfassers, 25.5.1978.
(56) MACCIOCHI, Maria-Antonietta: Der französische Maulwurf. Berlin, 1979, S. 329.
(57) "Résistance du Larzac", in: 'Les Temps Modernes', Nr. 371, Juni 1977.
Evelyn le Garrec: "Ein Traktor für 103 Frauen", 'politique-hebdo', Nr. 175, 22.-28.5.1975.
GUERIN, Gerard / VANTSES, Martine: Paysannes — Paroles des femmes du Larzac. Paris, 1979.
Dieses Buch basiert auf dem gleichnamigen Film der Autoren, der preisgekrönt und trotz seiner mehr als zwei Stunden Länge im staatlichen Fernsehen Frankreichs gezeigt wurde, allerdings zu einer sehr ungünstigen Sendezeit.
"La nature assassinée", in: 'Sorcières — Les femmes parlent', Nr. 120, 1980.
(58) E. le Garrec: "Ein Traktor . . .", a.a.O.
(59) Elisabeth Baillon, in: 'Sorcières', Nr. 120, S. 147-150.
(60) Ohne Namen, wahrscheinlich E. Baillon, ebd. S. 143-145.
(61) Marisette Tarlier, in: 'Les Temps Modernes', a.a.O., S. 2041.
(62) M. Tarlier, J. Jonquet, M.R. Guiraud, in: GUERIN, Gerard / VANTSES, Martine: Paysannes. a.a.O., S. 328.
(63) M. Tarlier, in: 'Sorcières', a.a.O., S. 144/145.
(64) E. le Garrec: 'Ein Traktor für 103 Frauen', a.a.O.
(65) A.M. Macciochi: Der französische Maulwurf, a.a.O., S. 328.
(66) E. le Garrec: 'Ein Traktor für 103 Frauen', a.a.O.
(67) Tarlier, in: 'Sorcière', a.a.O., S. 148.
(68) M.A. Macciochi: Der französische Maulwurf. a.a.O., S. 324.
(69) Chr. Burguière, in: 'Sorcières', a.a.O., S. 146.
(70) Jonquet am 14.8.1977 bei der Kundgebung auf dem Truppenübungsplatz. 'GLL', Nr. 25, September 1977.
(71) Die Gruppen der christlichen Landvolkes waren stets privilegierter Diskussionsort. Die Gewaltfreiheit auf dem Larzac ist weniger politisch organisiert, sondern sucht ihre "Referenz" in religiöser Reflexion. Die spirituelle Dimension schließt Nichtgläubige keineswegs aus, aber
"wenn die Reflexion sehr weit vorangeht, gibt es immer eine Rückbesinnung auf das Evangelium. . ." Robert Gastal, in 'NVP', Nr. 26, Mai 1980.
(72) "Für mich ist die Erde ein Teil meiner Familie. Wir haben sie von unseren Eltern bekommen, ... es ist ein Vermächtnis. Nicht im Sinn von Reichtum, aber es liegt uns am Herzen, wie etwas, das mit uns ist, was uns gehört. Nicht wie Geld, sondern als Teil von uns ... von unserem Lebensrahmen. Natürlich ist es ein Werkzeug, wir könnten anderswohin gehen ..., aber es wäre nicht dasselbe, weil hier unsere Eltern gelebt und gearbeitet haben. . ."
Jeanne Jonquet, zitiert nach Gerard Guerin / Martine Vantses: Paysannes. a.a.O., S. 107/108.
"Jeder Stein des Larzac hat einen enormen Wert, denn er steht für Tote, Blut, zerschlagene Arbeitskämpfe. Und schon deshalb können wir hier nicht weggehen. ... Kein Hektar geht an die Armee!" Ein Landwirt bei der Kundgebung im August 1975, nach 'Alternatives Non-Violentes', Nr. 12, 1975, S. 28.
(73) 'espaces et luttes', Nr. 2, Paris 1979, S. 45.

256

(74)   Bel / Belin / Kockman: Les paysans du Larzac et la non-violence. a.a.O., S. 33.
(75)   Roger Garaudy, 'TC', 2.12.1978.
(76)   Pierre Burguière, 'SUD', Nr. 80, 5.-11.9.1977.

SCHRIFTTUMSNACHWEIS

1. Rundbriefe und Zeitschriften der Larzac-Bewegung

'Larzac-Informations', Rodez, unregelmäßig erschienen zwischen Oktober 1972 und Mai 1975, d.h. bis zur Gründung der Zeitschrift 'Gardarem Lo Larzac'.
'Bulletin de Liaison des comités Larzac', Millau, vierzehntägig, ausgewertet von Nr. 1, 3. Februar 1975, bis Nr. 87, 23. Februar 1981.
Rundbriefe von 'Le Cun du Larzac', "Steuerverweigerung 3% Larzac", 'GFA', Wehrpaß-Rücksendungskoordination, alle unregelmäßig erschienen und nicht vollständig gesammelt.
Flugblätter und Plakate der Larzac-Bauern, der 'Larzac-Komitees' und anderer unterstützender Gruppen. Erscheinen je nach Anlaß. An keiner Stelle vollständig archiviert.
'Gardarem Lo Larzac', Nr. 1 (Juni 1975) bis Nr. 63 (Mai 1981).

2. Broschüren und Dokumentationen

(Kollektiv:) 'Quelques paysans du Larzac'. Millau 1970
Association Pour la Sauvegarde du Larzac et de son Environnement: 'Les problèmes posés par l'extension du camp militaire'. Rodez, Mai 1971
(Kollektiv:) 'Le Larzac aux paysans, les paysans veulent vivre'. Toulouse, 1972
Mouvement pour la Paix et l'Ordre sur le Larzac (MPOL): 'Larzac en question'. Millau/Paris, 1972
(Kollektiv:) Larzac − Terre inconnue. Paris, 1973
Comité Départementale de Sauvegarde du Larzac: 'Le Larzac'. Rodez, 1974
Comités Larzac: 'Larzac − un enjeu national'. Millau, 1977
(Kollektiv:) 'Le Larzac, l'armée, la violence . . . et les chrétiens'. Millau, 1978
(Kollektiv:) 'Gardons le Larzac − Dossier (1) etablie à l'occasion de la signature des arrêtés de cessibilité sur les communes de La Rocque Sainte Marguerite et de la Cavalerie. Potensac, November 1978
(Kollektiv:) 'Gardons Le Larzac − Dossier Nr. 2. Une spéculation foncière à charactère politique est à l'origine de la décision d'extension du camp. Ses justifications militaires sont fallacieuses. Potensac, Dezember 1978
(Kollektiv:) 'Gardons le Larzac − Dossier Nr. 3. Marche Larzac - Paris − 710 km − du 8 novembre au 2 décembre 1978. Potensac, Januar 1979
Larzac-Université: Promenades sur le Larzac'. Millau, 1979
Association pour la Promotion de l'Agriculture sur le Larzac (APAL): 'La Blaquière − village du Larzac'. Millau, 1980
Robert Pirault: 'St. Martin du Larzac et ses environs'. Millau, 1980
(Kollektiv:) 'Le Cun du Larzac − Recherches et recontres pour autre défense'. Millau, 1980
Larzac-Université: 'Montredon du Larzac et son quartier'. Millau, 1980

3. Tonband-Befragungen von Larzac-Bauern durch den Verfasser

Léon Maillé, Potensac − 23. Juli 1976
Guy Tarlier, Devez-Nouvel − am 24. Juli 1976

Daneben sind verarbeitet, jedoch nicht zitiert, zahlreiche Gespräche mit Larzac-Bauern, Einwohnern von Millau, Vertretern verschiedener Gruppen in der Unterstützerbewegung im Zeitraum Sommer 1971 bis Frühjahr 1981.

4. Selbstdarstellungen von Larzac-Bewohnern
Zusammengestellt durch auswärtige Journalisten und Wissenschaftler

BEL,Francois / BELIN, Jacques / KOCKMAN, Francois: 'Les paysans du Larzac et la non-violence'. Neulise, 1974. Sondernummer 49-51 von 'Combat Non-Violent'.
'Cahiers de la réconciliation': 'Larzac — quelle non-violence?' Nr. 7/8, Lunel, Juli-August 1980
GUERIN, Gerard / VANTSES, Martine: Paysannes. Paroles des femmes du Larzac. Paris, 1978
'Les Temps Modernes': 'Résistance du Larzac (1971 - 1977)'. Nr. 371, Paris, Juni 1977, 32. Jahrgang, S. 1971 - 2088.
'Sorcières': La nature assassinée. Nr. 20, Paris, 1980

5. Broschüren, Zeitschriftenaufsätze von Nicht-Larzac-Bewohnern (Auswahl)

BAIER, Lothar: "LARZAC — Bericht über den Kampf französischer Bauern gegen den 'Kolonialismus nach innen' ". In: 'Ästhetik und Kommunikation', Nr. 17, Frankfurt/Main, Oktober 1974
BAUMGÄRTNER, Ulf Michael: "Nie mehr werden die Bauern auf der Seite der Versailler stehen". In: BROCKMANN, Anna Dorothea (Hrsg.): Landleben. Reinbek, 1977
GARAUDY, Roger: Aufruf an die Lebenden. Darmstadt und Neuwied, 1981
HERTLE, Wolfgang: 'LARZAC: Beispielhafte gewaltfreie Widerstandsbewegung in Europa oder unnachahmbare Ausnahme?'. In: Jahrbuch für Friedens- und Konfliktforschung. Band VII. Waldkirch, 1979
HOLOHAN-DRESSLER, Wanda: 'Jacquerie sur la forteresse, le mouvement des paysans du Larzac (octobre 1970 - août 1973)'. In: FABRE, D. / LACROIX, J.: Communautés du Sud. Band 2, Paris, 1975
KULIGOWSKI, Eddi et al.: Le Larzac veut vivre. Paris, 1973
'Le Larzac au tribunal'. 'Cahiers de la réconcilation', Nr. 5, Massy, Mai 1973
'Le Larzac — L'armée et les non-violents'. 'Cahiers de la réconcilation', Nr. 6-7, Lunel, Juli 1976
'Les cahiers du forum-histoire' Nr. 5: 'L'histoire à quoi faire?'. Paris, Januar 1977
Mouvement pour une Alternative Non-Violente: 'Larzac — une lutte populaire non-violente'. Lyon, 1975
'LIP — Larzac, Pour l'Unité Populaire: Deux interventions politiques dans le mouvement des masses.' 'Cahiers pour le communisme', Nr. 1, Paris, 1974
'Une nouvelle politique de l'espace?'. 'espaces et luttes', Nr. 2, Paris, 1979
RAWLINSON, Roger: 'The Batfle of Larzac'. New Malden, Surrey, 1975
TOULAT, Jean: Le Larzac et la paix, Sondernummer von 'Carillons de Millau', Millau, 1972
Verein zur Förderung der deutsch-okzitanischen Freundschaft (Hrsg.): 'Das Faß ist voll'. Occitania — Eine Region wehrt sich. Neu-Isenburg, Januar 1977

6. Zeitschriften und Periodika

a) lokale und regionale Zeitschriften, unregelmäßig ausgewertet:

'Centre Presse', Rodez
'Dépêche du Midi', Toulouse
'Le Rouergat', Rodez
'Midi Libre', Marseille; erscheinen alle als Tageszeitung

'L'Avenir', Millau
'Le Journal de Millau', Millau
'La Semaine Religieuse', Rodez
'La Volonté Paysanne' (FDSEA-Aveyron), Rodez
'SUD', Montpellier; Wochenzeitungen

'Lutte Occitane', Toulouse
'RADAL', Millau; erscheinen unregelmäßig.

b) **überregionale Zeitschriften**
(R) = regelmäßig ausgewertet. (U) = unregelmäßig ausgewertet

'Armées aujourd'hui', Paris (U)
'Alternatives Non-Violentes', Lyon (ca. zweimonatlich) (R)
'Combat Non-Violent', Neulise/La Clayette (bis zur Fusion mit 'La Gueule Ouverte', (monatli-
    ches bis wöchentliches Erscheinen, 1970-1977) (R)
'Défense National', Paris (U)
'La Gueule Ouverte', Paris/La Clayette (monatlich/wöchentlich) (1972-1978) (R)
'Le Canard Enchaîné', Paris (wöchentlich) (U)
'L'Express', Paris (wöchentlich) (U)
'Le Monde', Paris (täglich) (R)
'Le Nouvel Observateur', Paris (wöchentlich) (U)
'Libération', Paris (täglich) (U)
'Non-Violence Politique', Montargis (monatlich, ab Februar 1978) (R)
'Objection', Toulouse (monatlich) (R)
'Témoignage Chrétien', Paris (wöchentlich) (R)
'Terre-Air-Mer (TAM)', Paris (U)
'Union Pacifiste', Paris (R)

7.   Sekundärliteratur

AILLERET, Colonel Charles ("Vater der frz. Bombe"): L'aventure atomique. Paris, 1968
ANGER, Didier: Chronique d'une lutte. Le combat anti-nucleaire à Flamanville et dans La
    Hague. Paris, 1977
ARRIVE, Dominique / LAFFRANQUE, Marie / VANDEWIELE, Bernard: L'état de défense.
    Economie, sociéte et repression. Paris, 1970
ARMENGAUD, André: LAFONT, Robert: Histoire d'Occitanie. Paris, 1979
AVRIL, R.P. u.a.: Le Bataillon de la Paix. Paris, 1974 (2. Auflage)
BAHR, Hans Eckehard: Politisierung des Alltags. Gesellschaftliche Bedingungen des Friedens.
    Darmstadt und Neuwied, 1972
BAHR, Hans Eckehard / SEIPPEL, Albrecht-Sigbert: Soziales Lernen. Stuttgart, 1975
BATELLE-INSTITUT: Bürgerinitiativen im Bereich von Kernkraftwerken. Bericht für das Bun-
    desministerium für Forschung und Technologie. Bonn, Februar 1975
BEER, Wolfgang: Lernen im Widerstand. Politisches Lernen und politische Sozialisation in Bür-
    gerinitiativen. Hamburg, 1978
BETEILLE, Roger: Paysans du Rouergue avant 1914. Paris, 1973
BIGELOW, Albert: The Voyage of the Golden Rule. New York, 1959
BLASCHKE, Jochen (Hrsg.): Handbuch der westeuropäischen Regionalbewegungen. Frankfurt,
    1980
BOETIE, Etienne de la: Discours de la Servitude Volontaire. In: ders., Oeuvres Politiques. Paris,
    1971, bzw.:
ders.:   Von der freiwilligen Knechtschaft. Frankfurt, 1979
BOLLARDIERE, Jacques Paris de: Bataille d'Alger. Bataille de l'homme (3. Auflage), Paris, 1972
BRIS, Michel le: Volem Viure! (Nous voulons vivre!). Paris, 1974
ders.:   Les fous du Larzac. Paris, 1975
BROCKMANN, Anna Dorothea (Hrsg.): Landleben. Ein Lesebuch von Land und Leuten. Argu-
    mente und Reportagen. Reinbek, 1977
BROSSAT, Alain / POTEL, Jean-Yves: Antimilitarisme et révolution. Band I, Paris, 1975. Band
    II, Paris, 1976
BURNIER, Michel-Antoine: Histoire du socialisme 1830-1978. Paris, 1977
BUSCHE, Ernst (Hrsg.): Rettet die Garlstedter Heide!. Fischerhude, 1977
CARTER, April: Direkte Aktion. Leitfaden für den gewaltfreien Widerstand. Berlin, 1978
CATTELAIN, Jean-Pierre: L'objection de conscience. 2. Auflage, Paris, 1975
CHABANOL, Daniel: Le paysan, prolétaire ou PDG. Paris, 1969
CHEVENEMENT, Jean-Pierre / MESSMER, Pierre: Le service militaire. Paris, 1977
COLLONGES, Yann / RANDAL, Pierre-Georges: Les autoréductions. Grèves d'usagers et luttes
    de classes en France et en Italie 1972-1976. Paris, 1976
COLOMBEL, Jeanette: Les murs de l'école. Paris, 1975
DEBRE, Michel: Les princes, qui nous gouvernent. 2. Auflage, Paris, 1975
DEGEN, Hans-Jürgen / AHRENS, Helmut: Widerstand in Spanien. Wandlungen in den Aktions-
    formen 1931-1975. Wetzlar, 1977
DESCAMPS, Eugène: La CFDT. Paris, 1971
DETRAZ, Albert / KRUMNOW, Alfred / MAIRE, Edmond: La CFDT et l'autogestion. Paris, 1975
DRIVER, Christopher: The Disarmers. A Study in Public Protest. London, 1964
DULONG, Renaud: Les régions, l'état et la société locale. Paris, 1978
DUMONT, Paul / LAROND, Jean-Paul: Anthropologie du conscrit. Paris, 1972

DUMONT, René: Seule une écologie socialiste ... Paris, 1977
ders.: L'utopie ou la mort. Paris, 1977
ders.: Paysans écrasés, terres massacrées. Paris, 1978
EBERT, Theodor: Gewaltfreier Aufstand. Alternative zum Bürgerkrieg. Frankfurt/Main, 1970,
     ergänzte Neuauflage, Waldkirch, 1978
ders. (Hrsg.): Ziviler Widerstand. Düsseldorf, 1970
EBERT, Theodor / STERNSTEIN, Wolfgang / VOGT, Roland: Ökologiebewegung und ziviler
     Widerstand. Wyhler Erfahrungen. Gewaltfreie Aktion, Heft 33/34, 1977
ECKSTEIN, Sabine: Bürgerinitiative zwischen Anpassung und Widerstand. Der Kampf gegen
     den Nato-Truppenübungsplatz. Frankfurt am Main, 1974
ELSENHANS, Hartmut: Frankreichs Algerienkrieg 1954-1962. Entkolonialisierung einer kapi-
     talistischen Metropole. Zum Zusammenbruch der Kolonialreiche. München, 1974
DREYER, Günter / VINKE, Hans: Absolute Sicherheit oder verbrannte Erde. Der Kampf gegen
     das Atommüllzentrum im Emsland. Hamburg, 1977
FABRE, R.: Paysans sans terre. Paris, 1978
FOURNIER, Pierre: Y'en a plus pour longtemps. Paris, 1976
GARAUDY, Roger: Le projet Espérance. Paris, 1976
ders.: Pour un dialogue des civilisations. Paris, 1977
ders.: Appel aux vivants. Paris, 1979
GERDES, Dirk: Aufstand der Provinz. Regionalismus in Westeuropa. Frankfurt, 1980
GIESECKE, Hermann (Hrsg.): Politische Aktion und politisches Lernen. München, 1971
GLADITZ, Nina (Hrsg.): Lieber aktiv als radioaktiv. Wyhler Bauern erzählen. Berlin, 1976
GOGUEL, Francois / GROSSER, Alfred: La politique en France. 8. Auflage, Paris 1980
GRAS, Christian / LIVET, Georges: Régions et régionalisme en France. Paris, 1977
Gruppe Kollektiver Gewaltfreier Widerstand gegen Kriegs- und Ersatzdienste: Dokumentation
     zum Widerstand gegen die Wehrpflicht. Köln, 1978
HABERMAS, Jürgen: Legitimationskrise im Spätkapitalismus. Frankfurt am Main, 1973
HALBACH, Dieter / PANZER, Gerd: Zwischen Gorleben und Stadtleben. Erfahrungen aus drei
     Jahren Widerstand im Wendland und in dezentralen Aktionen. Berlin, 1980
HÄNSCH, Klaus: Frankreich. Eine politische Landeskunde. Berlin, 1976
HAENSCH, Günther / LORY, Alain: Frankreich. Band I: Staat und Verwaltung. München, 1976
HARDY, Yves / GADEY, Emmanuel: Dossier L ... comme Larzac. Paris, 1974
HORNUNG, Volker: Wirtschaftlicher Boykott als gewaltfreies Kampfmittel in Bürgerrechtsbe-
     wegungen. Zwei Fallstudien zur amerikanischen Bürgerrechts- und Landarbeiterbewe-
     gung. Frankfurt am Main, 1979
HORSKY, Vladimir: Prag 1968 — Systemveränderung und Systemverteidigung. München, 1975
ILIEN, Albert / JEGGLE, Utz: Leben auf dem Dorf. Zur Sozialgeschichte des Dorfes und zur
     Sozialpsychologie seiner Bewohner. Opladen, 1978
JÄNICKE, Martin (Hrsg.): Herrschaft und Krise. Opladen, 1973
JOCHHEIM, Gernot: Zur Geschichte und Theorie der europäischen antimilitaristischen Bewe-
     gung 1900 bis 1940. In: Friedensanalysen Nr. 4, Frankfurt, 1977
ders.: Antimilitaristische Aktionstheorie, Soziale Revolution und Soziale Verteidigung.
     Frankfurt am Main, 1977
KEMPF, Udo: Das politische System Frankreichs. Zweite erweiterte Auflage. Opladen, 1980
KLATZMANN, Joseph: L'agriculture francaise. Paris, 1978
KNIRSCH, Hans-Peter / NICKOLMANN, Friedrich: Die Chance der Bürgerinitiativen. Wupper-
     tal, 1976
LEBRUN, François und andere: Histoire des catholiques en France. Paris, 1980
KRUMNOW, Frédo: Der Glaube oder das Feuer des Lebens. Zeugnis eines aktiven Katholiken
     und CFDT-Gewerkschafters, Kaiserslautern, 1978
LAMBERT, Bernard: Les paysans dans la lutte des classes. Paris, 1970
bzw.: Bauern im Klassenkampf. Anregungen für die vergessene Analyse einer Ausbeutung.
     Berlin, 1971
LAFONT, Robert: La révolution regionaliste. Paris, 1967
ders.: Sur la France. Paris, 1968
ders.: Renaissance du Sud. Paris, 1970
ders.: Décoloniser la France. Paris, 1971
ders.: Clefs pour l'Occitanie. Paris, 1971
ders.: La revendication occitane. Paris, 1974
ders.: autonomie. de la région a l'autogestion. Paris, 1976
LECOIN, Louis: Le cours d'une Vie. Paris, 1965
LEGGEWIE, Klaus / MILLER, Roland de: Der Wahlfisch. Ökologie-Bewegungen in Frankreich.
     Berlin, 1978
LE ROY LADURIE, Emmanuel: Les paysans du Languedoc. Paris, 1978
LIVET, Roger, Les nouveaux visages de l'agriculture française. Paris, 1980
MACCIOCHI, Maria-Antonietta: De la France. Paris, 1978
bzw.: Der französische Maulwurf. Berlin, 1979
MARTINET, Gilles: Sept syndicalismes. Paris 1979
MALBASC, François: Civils, si vous saviez . . . Paris, 1977 (Soldatenkomitees)
MARTI, Claude: Homme d'oc. Paris, 1975
MATTHÖFER, Hans (Hrsg.): Bürgerbeteiligung und Bürgerinitiativen. Legitimation und Partizi-
     pation in der Demokratie angesichts gesellschaftlicher Konfliktsituationen. Band 3
     der Reihe: Argumente in der Energiediskussion, Villingen, 1977
MAYER-TASCH, Peter-Cornelius: Die Bürgerinitiativbewegung. Reinbek, 1977

MENAHEM, Georges: La science et le militaire. Paris, 1976
MEZ, Lutz (Hrsg.): Der Atomkonflikt. Atomindustrie, Atompolitik und Anti-Atom-Bewegung im internationalen Vergleich. Berlin, 1979
ders.: Ziviler Widerstand in Norwegen. Untersuchung zu Organisation und Form der sozialen Bewegung in Norwegen unter besonderer Berücksichtigung von Konzeptionen Sozialer Verteidigung. Frankfurt am Main, 1977
MORAWE, Bodo: Aktiver Streik in Frankreich oder Klassenkampf bei LIP. Reinbek 1974
MOUVEMENT POUR UNE ALTERNATIVE NON-VIOLENTE: Pour le socialisme autogestionnaire — une non-violence politique. Montargis, 1976
bzw.: HUMBURG, Martin (Hrsg.): Gewaltfreier Kampf und Selbstverwaltung — ein politisches Konzept. Herford, 1980
MOUVEMENT POUR UNE ALTERNATIVE NON-VIOLENTE: Vers une défense populaire non-violente: une objection politique. Montargis, 1980
MULLER, Jean-Marie: L'évangile de la non-violence. Paris, 1969
bzw.: Gewaltlos — Ein Appell. Luzern/München, 1971
ders.: Stratégie de l'action non-violente. Paris, 1972
ders.: Le défi de la non-violence. Paris, 1976
NÖSSLER, Bernd / DE WITT, Margret (Hrsg.): Wyhl — Kein Kernkraftwerk in Wyhl und auch sonst nirgends. Betroffene Bürger berichten. Freiburg, 1976
OFFE, Claus: Strukturprobleme des kapitalistischen Staates. Frankfurt am Main, 1972
PELLETIER, Robert / RAVET, Serge: Le mouvement des soldats. Les comités de soldats et l'antimilitarisme révolutionnaire. Paris, 1976
PITON, Monique: Vivre autrement. Besançon, 1974
bzw.: Anders leben. Chronik eines Arbeitskampfes: Lip, Besançon. Frankfurt am Main, 1976
PONIATOWSKI, Michel: Les cartes sur table. Paris, 1972
POPPINGA, Onno (Hrsg.): Produktion und Lebensverhältnisse auf dem Land. Opladen, 1979
PORTELLI, Hugues: Radicalisme ou socialdémocratie? Paris, 1980
RABAUT, Jean: L'anti-militarisme en France 1810-1975. Faits et documents. Paris, 1976
REMY, Bernard: L'armée contre le mouvement populaire. Paris, 1975
RIOBE, Guy-Marie: La passion de l'évangile. 2 Bände. Paris, 1978
ders.: Projet d'église — une église libre et qui ose. Paris, 1980
ROSANVALLON, Pierre: L'âge de l'autogestion. Paris, 1975
RUCHT, Dieter: Von Wyhl nach Gorleben. München, 1980
SCHROEREN, Michael: Zum Beispiel Kaiseraugst. Der gewaltfreie Widerstand gegen das Kernkraftwerk: Vom legalen Protest zum zivilen Ungehorsam. Zürich, 1977
ders.: Gewaltfreie direkte Aktion — eine ausgewählte Bibliographie zur Theorie der gewaltfreien Konfliktaustragung. Berlin, 1978
SEELEY, Bob: To study war no more: a bibliography on war, peace and conscience. Philadelphia, 1976
SEDE, Gérard de: Le sang des cathares. L'occitanie rebelle du Moyen Age. 2. Aufl., Paris, 1976
SEIFFERT, Johannes-Ernst: Pädagogik der Sensitivierung. Lampertheim, 1974
SHARP, Gene: The Politics of Non-Violent Action. An Encyclopedia of Method and Action. Philadelphia, 1970
SIRJACQUES: Françoise: Frankreich und die Nato. Frankfurt am Main, 1977
dies.: Determinanten der französischen Rüstungspolitik. Ein Beitrag zur Analyse von Rüstungsdynamik. Frankfurt am Main, 1977
SOREL, Georges: Réflexions sur la violence. Paris, 1925
SOYEUR, Jean-Claude: Non-violence. Bruxelles, 1969
STERNSTEIN, Wolfgang: Überall ist Wyhl. Bürgerinitiativen gegen Atomanlagen — Aus der Arbeit eines Aktionsforschers. Frankfurt am Main, 1978
MC TAGGERT, David: La croisière nucléaire. Paris, 1975
TOULAT, Jean: La Bombe ou la Vie. Paris, 1969
ders.: Objectif Mururoa. Paris, 1974
ders.: Les grévistes de la guerre. Paris, 1972
TOULAT, Pierre (Hrsg.): Des évêques face au problème des armes.
VADROT, Claude-Michel: Histoire d'une subversion: l'écologie. Paris, 1978
VARENNE, Jean-Michel: Lanza del Vasto, le précurseur.
VASTO, Lanza del: Technique de la non-violence. Paris, 1973
ders.: L'arche avait pour voilure une vigne. Paris, 1978
VIRANQUE, Jean: En parcourant le Larzac sur les chemins de l'histoire. St. Affrique, 1973
VIRILIO, Paul: L'insécurité du territoire. Une analyse de la militarisation du territoire et de l'état. Paris, 1976
WALTER, Gérard: Histoire des paysans de France. Paris, 1963

ERLÄUTERNDES ABKÜRZUNGSVERZEICHNIS

ANV	Alternatives Non-Violentes, Theorie-Magazin der gewaltfreien Bewegung.
APAL	Association pour la Promotion de l'Agriculture sur le Larzac. (Verein zur Förderung der Landwirtschaft auf dem Larzac), Gemeinsame Kasse zur koordinierten Verwendung von verweigerten Steuergeldern und Spenden für das konstruktive Programm.
CFDT	Confédération Française Démocratique du Travail. 1964 aus der christlichen Gewerkschaft CFTC hervorgegangene Gewerkschaft, die spätestens seit 1968 linkssozialistische Züge trägt.
CGT	Confédération Générale du Travail, älteste französische Arbeitergewerkschaft, zumindest innerhalb des Funktionärsapparats enge Verbindungen zur PCF.
CNJA/CDJA	Conseil National de la Jeunesse Agricole / Conseil Départementale de la Jeunesse Agricole, Nationaler bzw. regionaler Verband der Jung-Landwirte.
CMR	Chrétiens au Milieu Rural, Christliches Landvolk
CRS	Compagnie Républicaine de Sécurite. Kasernierte Bereitschaftspolizei
CNRS	Centre National de Recherches Scientifiques, Staatliches Forschungsinstitut
CNV	Combat Non-Violent, Populäre Zeitschrift der "gewaltfreien Bewegung" bis zur Fusion mit 'La Gueule Ouverte' (GO)
DDA	Regionale Landwirtschaftsbehörde
FNSEA/FDSEA	Fédération Nationale des Syndicats d'Exploitants Agricoles / Fédération Départementale des Syndicats d'Exploitants Agricoles, Nationaler bzw. regionaler Bauernverband
GAEC	Groupement Agricole d'Exploitation en Commun, Landwirtschaftskooperative zur gemeinsamen Bewirtschaftung
GFA	Groupement Foncier Agricole, Landwirtschaftliche Bodenerwerbsgenossenschaft
GLL	'Gardarem Lo Larzac', Monatszeitschrift der Larzac-Bauern und der Larzac-Komitees
GO	'La Gueule Ouverte', Ökologische Zeitschrift, inzwischen eingestellt
GOP	Gauche Ouvrière-Paysanne, Maoistische Organisation mit dem relativ größten Einfluß auf Bauern und Nebenerwerbsbauern
HLM	Habitations à Loyers Modérés, Wohnungen im sozialen Wohnungsbau
JAC	Jeunesse Agricole Chrétienne, Christliche Landjugend
MCCA/MDPL	'Mouvement contre l'armement atomique' (Bewegung gegen atomare Rüstung), heute umbenannt in 'Mouvement pour le désarmement, la paix et la liberté' (Bewegung für Abrüstung, Frieden und Freiheit)
MAN	'Mouvement Pour une Alternative Non-Violente' (Bewegung für eine gewaltfreie Alternative)
MPOL	'Mouvement pour la Paix et l'Ordre sur le Larzac (Bewegung für Frieden und Ordnung auf dem Larzac); anonym agitierende "Bürgerinitiative" für die Erweiterung des Truppenübungsplatzes
NVP	'Non-Violence Politique' (Politische Gewaltfreiheit), monatlich erscheinendes Organ der MAN
PCF	Parti Communiste Français, Kommunistische Partei Frankreichs
PS	Parti Socialiste, Sozialistische Partei Frankreichs
PSU	Parti Socialiste Unifié (Sozialistische Einheitspartei), kleine links-sozialistische Partei
RPR	Rassemblement Pour la République (Sammlungsbewegung für die Republik). seit 1976 Bezeichnung der gaullistischen Partei, vorher:
UDR	Union des Démocrates Pour la République
SAFER	Société d'Aménagement Foncier et d'Etablissement Rurale, Paritätisch besetzter Verband auf nationaler Ebene für Flurbereinigung
SAFALT	Société d'Aménagement Foncier de l'Aveyron, de la Lozère et du Tarn, Regionale SAFER-Untergliederung für die Departements Aveyron, Lozère und Tarn
TC	Témoignage Chrétien (Christliches Zeugnis); während der 'Résistance' gegründete linkskatholische Wochenzeitschrift

CHRONOLOGIE

vor 1970:	Seit 1951 bestehen Pläne, den um 1900 eingerichteten Truppenübungsplatz Larzac zu erweitern. Noch 1965 bitten einige ärmere Bauern die Regierung, ihr Land aufzukaufen. Gleichzeitig ungewöhnlicher Aufschwung der Landwirtschaft vor allem im Norden des Plateaus durch Neuansiedlung junger Landwirte und Einsatz modernster Agrartechnik.
12.10.1970	Erste Bekanntgabe des Erweiterungsprojektes durch den Staatssekretär im Verteidigungsministerium, Fanton, beim regionalen Parteitag der Gaullisten.

1971

21.1.1971	Gründung der "Association Pour la Sauvegarde du Larzac et de son Environnement".
April bis Mai	Kampagne des 'Secours Rouge' in Millau gegen Camp-Erweiterung und Arbeitslosigkeit.
Mai 1971	Erscheinen des "Weißbuches" der Association über die Situation der Landwirtschaft auf dem Plateau. Gründung des 'Comité de Défense du Larzac' in Millau.
9.5.1971	Linkssozialisten, Pazifisten und Okzitanisten organisieren die erste Demonstration, jedoch ohne Beteiligung der betroffenen Bauern. 1500 marschieren von Millau nach La Cavalerie.
Sommer 1971	Viele linke Jugendliche versuchen, bei Bauern zu arbeiten.
23.9.1971	Erste Demonstration der Larzac-Bauern gegen den Camp-Befürworter und Bürgermeister von La Cavalerie.
28.10.1971	Verteidigungsminister Michel Debré kündigt offiziell den Plan an, das Camp um 13600 ha zu vergrößern.
5.11.1971	Roquefort-Fabrikanten finanzieren ganzseitige Anzeige in 'Le Monde' gegen das Erweiterungsprojekt.
6.11.1971	6000 Menschen folgen dem Demonstrationsaufruf der departementalen Bauernorganisation FDSEA in Millau.
7.11.1971	In den meisten katholischen Kirchen des Bistums Aveyron wird ein Hirtenbrief verlesen, in dem sich der Klerus mit den Larzac-Bauern solidarisiert. Vertreter der "Association" und verschiedener Berufsorganisationen werden von Minister Debré zu einem (ergebnislosen) Gespräch über das Larzac-Problem eingeladen. Von November 1971 bis April 1972 fünf Sitzungen einer gemischten Kommission.
6.12.1971	Der Generalrat des Aveyron spricht sich gegen das Erweiterungsprojekt aus.
15.12.1971	Das 'Comité de Coordination Pour la Sauvegarde du Larzac', dem 250 Gruppen und Verbände angeschlossen sind, hält in Paris eine Pressekonferenz ab.
18.12.1971	Bombenanschlag auf einen Hubschrauber am Kasernentor von La Cavalerie.

1972

Januar 1972	Mehrere kleinere Aktionen, z.B. Störung der Rallye von Monte Carlo. Start einer Unterschriftenaktion gegen das Camp, in zwei Jahren werden über 300000 Unterschriften gesammelt.
5.2.1972	Gründung eines 'Comité Départementale de Sauvegarde du Larzac et de son Environnement'. Vorsitzender: Dr. Raymond Bonnefous, Präsident des Generalrates.

8.2.1972	Gleichzeitige Pressekonferenzen in Paris (Minister M. Debré und Generalstabschef de Boissieu) und Rodez (Präfekt des Aveyron) über Gründe und Auswirkungen der Camp-Erweiterung.
Februar 1972	Beginn der Mission der Regierungsbeauftragten Michel Tournier.
12.2.1972	"Son et Lumière" auf den Felsen oberhalb von Millau: erste gemeinsame Aktion von Larzac-Bauern und Einwohnern von Millau.
18.2.1972	Besuch einer Larzac-Delegation im Truppenübungsplatz Canjuers (Var), bei dessen Erweiterung auf 35 000 ha keines der vorausgegangenen Versprechen an die Bevölkerung eingehalten worden war.
1.3.1972	Vortrag von Lanza del Vasto über gewaltfreie Aktion in Millau.
9.3.1972	Vortrag von Jean Toulat über "Larzac und der Frieden" in Millau.
11.3.1972	Erste bewußte gewaltfreie Aktion von Larzac-Bauern: Ankettung beim jährlichen Offiziersball im Casino von La Cavalerie.
18.3.1972	Die Vollversammlung der Bürgermeister des Aveyron spricht sich bei einer Gegenstimme gegen die Erweiterung aus.
19.3.1972	Beginn des vierzehntägigen Fastens von Lanza del Vasto, das sowohl die Einheit der Larzac-Bauern als auch ihre Entscheidung für gewaltfreien Widerstand bewirkt.
21.3.1972	Sprengstoffanschlag gegen die Präfektur von Rodez.
24.3.1972	Beginn des Streiks der Arbeiterinnen in der Hosenfabrik SAMEX.
28.3.1972	Die Bischöfe von Montpellier und Rodez beteiligen sich für 24 Stunden an Lanzas Fastenaktion, was dieser große Öffentlichkeitswirkung verschafft. Bekanntgabe des Eides der 103 von 107 betroffenen Landwirte, unter keinen Umständen freiwillig der Armee zu weichen.
1.4.1972	Ende der Fastenaktion, Eintreffen zahlreicher "Friedensmarschierer", Beginn einer dreitägigen Aktion "Offene Höfe".
6.4.1972	Eine Gruppe von Bauern nimmt Kontakt zu den streikenden SAMEX-Arbeiterinnen auf. Demonstration der Fließbandarbeit, am nächsten Tag Lebensmittelspenden der Bauern für die Streikenden.
9.4.1972	Erfolgreiches Ende des zweiwöchigen Streiks und der Fabrikbesetzung bei SAMEX. Traktoren vom Larzac führen die Siegesdemonstration an: erste öffentliche gemeinsame Aktion von Bauern und Arbeitern.
10.4.1972	Abbruch der Verhandlungen durch die Bauern.
15.4.1972	Erste Vollversammlung der "103".
2.5.1972	Minister Debré kritisiert die kirchliche Unterstützung für die Larzac-Bauern.
13.5.1972	Debré bekräftigt die Erweiterungsentscheidung.
18.5.1972	2 000 Menschen bei Larzac-Kundgebung im Sportpalast von Toulouse.
20.5.1972	5 000 Menschen in der Pariser 'Mutualité'.
6.6.1972	A. Sanguinetti droht vor dem gaullistischen Regionalparteitag in Toulouse mit notfalls gewaltsamer Räumung.
14.7.1972	72 Traktoren fahren zur Demonstration von Millau nach Rodez, an der 15 000 Menschen aus ganz Frankreich teilnehmen. Ankündigung der Larzac-Bauern, notfalls per Traktor bis Paris zu fahren.
18.7.1972	Der Regierungsbeauftragte Tournier wird von den Bauern zur Rede gestellt.
Sommer 1972	'Opération Sourire' und andere Formen von Öffentlichkeitsarbeit.
14.8.1972	Weigerung der Larzac-Bauern bei einer Sitzung beim Unterpräfekten, Wasserleitungen als Gegenleistung zur Camp-Erweiterung anzunehmen.
18.9.1972	'Le Nouvel Observateur' veröffentlicht Teile der "vertraulichen Berichte" Tourniers an Präfekt und Regierung.
11.10.1972	Der Präfekt des Aveyron verkündet, daß eine "Untersuchung über den öffent-

lichen Nutzen" zwischen 15. und 30.10.1972 stattfindet. 2 000 Schafe vor dem Rathaus in La Cavalerie.

18.10.1972	Die "103" tragen einen gemeinsamen Text in das Untersuchungsregister ein.
25.10.1972	Larzac-Bauern lassen 60 Schafe unter dem Eiffelturm in Paris weiden.
28.10.1972	Symbolische Pflanzung von 103 Bäumen entlang der Nationalstraße 9 auf dem Plateau.
10.11.1972	Präfekt erhält von der Kommission das Ergebnis der Untersuchung: uneingeschränkte Zustimmung des 'Öffentlichen Nutzens'.
17.11.1972	General de Bollardière spricht vor 1 000 Personen in Millau: "Die Erweiterung ist antidemokratisch, inkohärent und gefährlich."
26.12.1972	Der Präfekt nutzt die Phase der Lämmergeburten zur Verkündung des 'Öffentlichen Nutzens'.

1973

7. bis 14.1.1973	Traktorenmarsch der Larzac-Bauern nach Paris: 700 km über Rodez, St. Flour, Nevers, Orléans. In Orléans wird die Fortsetzung nach Paris verboten. Erste Zusammenarbeit der Bauern mit den 'paysans-travailleurs'.
13.1.1973	Der Marsch wird zu Fuß fortgesetzt. In Paris Kundgebung in der 'Bourse de Travail' und der Fakultät von Jussieu. Übergabe einer Petition an die Regierung. Gleichzeitig Demonstration in Millau, Bordeaux, La Rochelle, Nantes, Poitiers, Limoges, Roanne usw., London.
März 1973	Die gaullistische UDR verliert bei den Legislativwahlen in der Region 6 000 Stimmen.
5.4.1973	Robert Galley wird neuer Verteidigungsminister.
17.4.1973	Eine Gruppe "Résistance Larzac" plündert das Büro von Tournier, der bald darauf abreist.
28.4.1973	60 Larzac-Bauern senden aus Protest ihre Wehrpässe an das Armeeministerium zurück.
10.6.1973	3 000 Personen bei der Grundsteinlegung zum illegalen Gemeinschaftsschafstall von La Blaquière.
26.7.1973	Delegation streikender LIP-Arbeiter auf dem Plateau.
12.8.1973	Gegenbesuch von Larzac-Bauern bei LIP in Besançon.
14.8.1973	Larzac-Bauern sperren die Nationalstraße aus Solidarität mit den von der Polizei aus der Fabrik vertriebenen LIP-Arbeitern.
25.-26.8.1973	Großkundgebung auf dem Plateau, mit Hilfe der 'paysans-travailleurs' vorbereitet. 80 000 Teilnehmer.
4.10.1973	Neue Schule auf dem Larzac eröffnet.
7.12.1973	Gründung von GFA-Larzac-I.
14.12.1973	"Pflüg-in" auf dem an die Armee verkauften Brachland des UDR-Abgeordneten de la Malène.

1974

7.1.1974	'Le Canard Enchaîné' eröffnet auf dem Larzac 800 qm große 'Marinesektion'.
16.2.1974	Einweihung des illegal erbauten Schaftstalles von La Blaquière.
23.-26.4.1974	Nationale Aktionswoche für den Larzac.
Ende April 1974	Vollversammlung der '103' spricht sich für Wahl des sozialistischen Präsidentschaftskandidaten Mitterand aus.
2.5.1974	Manöver von Fallschirmjägern auf Privatland wird von Bauern unterbrochen.
15.5.1974	Erstaufführung des ersten längeren Films über den Larzac.
19.5.1974	Giscard d'Estaing gewinnt die Präsidentschaftswahlen.

28.5.1974	Jacques Soufflet wird neuer Verteidigungsminister.
6.6.1974	Bauern führen bei einer Spontandemonstration "Ernte neuer Art" vor: fünf nicht explodierte Geschosse und zahlreiche Granatsplitter, die sie auf ihren Feldern fanden.
10.6.1974	Ein unbemanntes Aufklärungsflugzeug explodiert über einem Campingplatz.
21.6.1974	Das Verwaltungsgericht von Toulouse verwirft die Klage der Bauern gegen die "Erklärung des Öffentlichen Nutzens".
26.6.1974	Verteidigungsminister Soufflet in der Nationalversammlung auf die schriftliche Anfrage des sozialistischen Abgeordneten Andrieu: "Die Regierung wird bei ihrer Entscheidung bleiben. . . Larzac ist ein unverzichtbares Trainingscamp für die Armee. . ."
16.-18.8.1974	103 000 Teilnehmer am "Erntefest für die Dritte Welt".
5.10.1974	100 Bauern und Helfer besetzen den Hof Les Truels. Nach einer Woche geben die Fallschirmjäger die Belagerung auf. Seither wohnen und arbeiten mehrere Familien der Arche-Gemeinschaft in Les Truels.

1975

4.1.1975	Der erste Versuch, für die Wasserleitung die Fahrbahn der Nationalstraße RN9 aufzureißen, wird von 'gardes mobiles' verhindert.
9.1.1975	Präfekt kündigt die 'enquête parcellaire' an.
17.1.1975	Bei der Explosion eines Geschosses im Camp wird ein Soldat getötet.
25.1.1975	Honoratioren unterstützen den zweiten Versuch, die Wasserleitung quer über die N 9 zu verlegen. Sie werden von der Polizei wie 400 andere Demonstranten durch den Schlamm geschleift.
31.1.1975	Yvon Bourges wird neuer Armee-Verteidigungsminister.
9.2.1975	Demonstration auf dem Larzac-Flugplatz, Solidaritätsbesuch von Winzern.
12.2.1975	Beginn der 'enquête parcellaire'. 10 von 11 Rathäusern bleiben geschlossen. Demonstration vor dem Rathaus in Millau. 'gardes mobiles' erzwingen die Öffnung. Am Nachmittag holen Demonstranten die Untersuchungsakten aus dem Büro und verbrennen sie auf der Straße.
20.2.1975	Der Schreibtisch des Untersuchungsleiters wird von Demonstranten auf die Straße gestellt.
21.2.1975	Am Vormittag dringen je zwei Bäuerinnen in die 10 Rathäuser ein und zerreissen vor den Beamten die Akten. Kurzfristige Festnahme von 7 Personen.
25.2.1975	'Gardes mobiles' sperren die Umgebung des Rathauses in Millau ab.
1.3.1975	Während die Polizei nach La Cavalerie gelockt wird, besetzen 300 Personen das Rathaus von Millau und drängen den Untersuchungsleiter hinaus. Am selben Tag empfängt Minister Bourges in Paris den Bürgermeister von Millau, Gabriac.
10.3.1975	Nächtliches Attentat gegen die Familie Guiraud in La Blaquière.
15.3.1975	Nationaler Aktionstag für Larzac. Straßenschlacht in Millau.
30.3.1975	Vollversammlung der 66 seit Anfang des Jahres gegründeten Larzac-Komitees.
5.4.1975	Vollversammlung der Steuerverweigerer: bereits 110 000 Francs für Larzac-Aufbauprojekte verweigert.
23.4.1975	Einstündige Besetzung des Büros des Kabinettchefs in der Präfektur von Rodez.
4.5.1975	Zweites Koordinationstreffen der inzwischen 120 Larzac-Komitees. Beschluß, eine eigene monatliche Zeitschrift zu gründen: 'Gardarem Lo Larzac'.
15.5.1975	Erste Behinderung eines Militärkonvois mit Traktoren.
19.5.1975	Gründung von 'Larzac-Université.
22.5.1975	Auf Anfrage des Bürgermeisters und UDR-Abgeordneten Gabriac bekräftigt Minister Bourges in der Nationalversammlung und im Fernsehen die Aufrechterhaltung des Projekts.

8. - 15.6.1975	Nationale Aktionswoche für den Larzac.
15.6.1975	LIP-Arbeiter weihen eine eigene Parzelle auf dem Larzac ein und helfen beim dritten und erfolgreichen Anlauf, die Wasserleitung unter der RN9 zu verlegen.
19.6.1975	Der neue Präfekt Julien Vincens empfängt neun Larzac-Bauern.
Sommer 1975	Keine Großkundgebung, statt dessen nach dem Motto 'Larzac ist überall!" Unterstützung vieler Kundgebungen in ganz Frankreich gegen die Armee, gegen Arbeitslosigkeit, Atomkraftwerke usw.
8.9.1975	Bischof Riobé aus Orléans besucht die Larzac-Bauern.
4.10.1975	Kriegsdienstverweigerer besetzen den Armeehof Le Cun und beginnen mit dem Aufbau eines Friedenszentrums.
25.11.1975	Armeeminister Bourges bei der Haushaltsdebatte im Parlament: "Der Truppenübungsplatz wird ausgeweitet!" Bis zur Ernte 1977 sollen die Grundstücksangelegenheiten abgeschlossen sein. Kurz darauf erneuern 102 von 103 Bauern den Eid vom 28.3.1972.
14.12.1975	11 Bäuerinnen und Bauern verteilen in Paris illegal Flugblätter an Rekruten.
19.12.1975	Larzac-Bauern unterbrechen Schießübungen auf Privatland.
22.12.1975	Präfekt Vincens schlägt neue Taktik ein: keine Enteignungen, statt dessen friedliches Nebeneinander von Armee und Landwirtschaft durch eine Mini-Erweiterung auf freiwilliger Basis. Zwei Tendenzen unter den Bauern: keinerlei Verhandlungen oder Zugeständnis von 2-3 000 ha.

1976

20.2.1976	Staatsrat beginnt Revisionsprüfung über den "Öffentlichen Nutzen".
5.3.1976	Staatsrat erklärt in letzter Instanz die Erklärung des "Öffentlichen Nutzens" der Camp-Erweiterung vom 26.12.1972 für rechtmäßig.
10.3.1976	Bauern entfernen fünf Zieltürme der Armee und laden den Schrott vor dem Kasernentor ab.
15.3.1976	Die '103' unterstützen öffentlich die Wahl des PS-Kandidaten zum Generalrat, J.L. Coulon, bei den Kantonalwahlen.
27.3.1976	Unterpräfekt Buffet lädt zu Verhandlungen über die Mini-Erweiterung am 16.4. und 23.4. Bauern und Notable ein.
10./11.4.1976	Vollversammlung der Larzac-Komitees ist nicht gegen jegliche Verhandlung, die Bauern sollen aber nicht von sich aus Land anbieten.
15.4.1976	Vollversammlung der '103': Nehmen das Verhandlungsangebot an, schlagen aber von sich aus keine Parzellen vor.
11.5.1976	Geheime Abstimmung bei VV der '103' über die Fortsetzung der Verhandlungen: 59 ja, 22 nein, 21 Enthaltungen.
6./7.6.1976	Pfingstveranstaltung der Larzac-Universität zum Thema "Freiheiten". U.a. diskutieren Winzer aus dem Languedoc, Regionalisten aus der Bretagne und Korsika über Gewalt und Gewaltfreiheit.
28.6.1976	J.P. Sartre unterstützt den Gründungsaufruf für GFA-II. Ein 'harter Kern' von Larzac-Bauern dringt bei einer Kommandoaktion in die Kaserne ein und verschafft sich Einsicht in die Kaufunterlagen der Armee, bringt einen Teil in Sicherheit und vernichtet einen anderen Teil. Gegendemonstration der Camp-Befürworter. Nach einer Stunde werden die 14 Landwirte und 8 Kriegsdienstverweigerer unter Einsatz von Tränengas verhaftet.
29.6.1976	Demonstration für die Freilassung der Inhaftierten mit 300 Personen und 30 Traktoren wird von CRS-Einheiten aufgelöst. Vier Landwirte werden vom Gericht wegen familiärer Gründe vorläufig freigelassen, die übrigen nach Montpellier bzw. Rodez überführt.
30.6.1976	Demonstranten blockieren in Millau zwei Stunden lang den Verkehr.
2.7.1976	Beim Prozeß in Rodez werden die Teilnehmer der "Kommandoaktion" zu Gefängnisstrafen von 5 bis 6 Monaten (3 bis 4 Monate auf Bewährung) verurteilt.

15.7.1976	Soldaten sprengen nachts Teile des Hofes 'Cap d'Ase'.
17.7.1976	Vorläufige Freilassung der Inhaftierten.
25.7.1976	5 000 Menschen beteiligen sich am Aktionstag: "Pflüg-in" und Getreideernte in Montredon, symbolischer Beginn des Wiederaufbaus in Montredon und Demonstration in Millau.
2.8.1976	Verteidigungsministerium beantragt beim Gericht in Millau einstweilige Räumungsanordnung der besetzten Höfe Le Cun, Les Truels, Montredon.
12.8.1976	Grundsteinlegung des überraschend genehmigten Schafstalls in St. Sauveur.
15.8.1976	Richter in Millau erklärt sich für Räumungsanordnungen nicht zuständig.
2.10.1976	Armeehof Cavaliès wird von zwei Schäfern besetzt.
5.10.1976	Gendarmen räumen Cavaliès, Soldaten bauen den Hof zur Festung aus, Besetzer und Bauern beginnen unmittelbar daneben Neubau eines Schafstalls und einer Baracke.
23.10.1976	Einweihung des Neubaus in Cavaliès.
24.10.1976	Störung einer Militärparade in Millau.
25.10.1976	Räumung des besetzten Hofes Le Cun, der wie zwei weitere Höfe (Les Tournets und La Salvetat) unter ständige militärische Bewachung gestellt wird.
27.10.1976	GFA-II kauft Boissans (432 ha).
15.11.1976	Ein fehlgelenktes Geschoß schlägt in die Mauer des Pfarrhauses von La Cavalerie.
24.11.1976	Berufungsverhandlungen wegen des "Kommandos" in Montpellier.
29.11.1976 bis 10.12.1976	Unterpräfekt verhandelt mit Bauern.
5.12.1976	Teilgemeinderatswahlen in Millau, dabei wird Léon Maillé gewählt.
15.12.1976	Gericht in Montpellier reduziert die Strafen auf fünf Monate mit Bewährung für alle Beteiligten.

1977

21.1.1977	Erster Prozeß gegen Wehrpaßrücksender in Millau.
20.2.1977	Zusammenstöße von Bauern mit Soldaten im Manöver in Montredon.
20.3.1977	Gemeindewahlen, Manuel Diaz (MRG) wird Bürgermeister von Millau, Linksliste geschlagen.
4.4.1977	GFA-II kauft La Tune (77 ha).
6.4.1977	Bauern blockieren Armeefahrzeug in St. Sauveur.
8.4.1977	Soldaten bedrohen nachts die Neusiedler von Cavaliès.
25.4.1977	Paul Bernard wird Präfekt des Aveyron — fünfter Wechsel seit Beginn des Konfliktes.
13.5.1977	Fünf Wehrpaßrücksender in Millau zu 500 Francs,
18.5.1977	vier Priester in Rodez zu 700 - 1 000 Francs verurteilt.
18.5.1977	Stadtrat von Millau spricht sich gegen Erweiterung aus.
26.5.1977	Präfekt Bernard empfängt Larzac-Bauern.
29.5.1977	Vollversammlung von GFA-I und -II.
1.6.1977	2 Wehrpaßverweigerer werden in Béziers freigesprochen.
23.7.1977	Bauern und Kriegsdienstverweigerer beginnen mit dem Neubau von Le Cun zwischen St. Martin und Pierrefiche.
13./14.8.1977	Über 50 000 beim 'rassemblement'. Marsch innerhalb des bestehenden Camps.
3.9.1977	Armeeminister Bourges in Castelnadaury: Armee verzichtet nicht auf die Erweiterung, hat aber wie die Kirche viel Zeit.

12.10.1977	Armee besetzt den Hof Le Pinel.
20.10.1977	Präfekt verlängert die Erklärung des "Öffentlichen Nutzens" um weitere fünf Jahre.
21.10.1977	40 Schafe im Gerichtssaal in Millau.
19.11.1977	Mitterand in St.-Affrique: Verzicht auf Camp falls die Linke die Wahlen im März 1978 gewinnt.
20.11.1977	Acht Bauern in La Cavalerie treten 15 ha an Armee ab.
23.11.1977	Störung eines Manövers der 'gardes mobiles' durch Bauern.
17.12.1977	"Pflüg-in" des Armeelandes um Le Pinel.
27.12.1977	Vorladung von Hervé Ott, Le Cun, und Léon Maillé vor Gericht wegen illegaler Bauten.

1978

13.1.1978	Während des Gerichtstermins wegen Zivildienstverweigerung und Behinderung des Straßenverkehrs ganztägige "Baustellen-Demonstration" auf dem Plateau.
20.1.1978	Besetzung der Henfer-Fabrik in Millau.
30.1.1978	Nächtlicher Überfall von Soldaten auf Les Truels.
21.2.1978	Gründung von GFA-III.
19.3.1978	Jacques Godfrain, RPR, zum Abgeordneten des Süd-Aveyron gewählt, Vereinigte Linke verliert knapp auf nationaler Ebene.
23.-25.3.1978	Fasten von Claude Voron vor dem Hof Mas de Bru.
20. u. 25.4.1978	Bulldozer werden von Bewohnern von Pierrefiche aufgehalten.
12.5.1978	Prozesse in Millau gegen illegale Bauten von Le Cun und Cavaliès: Abriß angeordnet, Geldstrafen verhängt.
Mai 1978	Bäuerinnen blockieren eine Woche lang während der Schulwegzeiten die Straße nach St. Martin, danach Fahrverbot für Militärfahrzeuge durch Stadtrat von Millau.
20.5.1978	Beginn der Ausbesserungsarbeiten des Weges nach La Resse.
22.5.-7.6.1978	Untersuchung über den "Öffentlichen Nutzen" dieses Weges, erst am letzten Tag kommen die Bewohner von Pierrefiche geschlossen, um ihn abzulehnen.
3.6.1978	"Pflüg-in" von Le Sot, 10 ha waren von de Bernis verkauft.
18.6.1978	Tag des "Offenen Larzac".
21.7.1978	'Comité Millavois' besetzt HLM-Büro.
26.8.1978	1 000 Personen bei der Ernte der Felder von Le Pinel.
26./27.8.1978	Dorffest der "freien Kommune" Pierrefiche.
28.9.1978	Bekanntgabe der "arrêtés de cessibilité", d.h. der vorläufigen Enteignung in den ersten beiden Gemeinden, starke Polizeieinsätze auf dem Plateau.
29.9.1978	Beginn des viertägigen Fastens in der Kathedrale von Rodez.
1.10.1978	Krisensitzung von 22 Larzac-Komitees mit den Bauern sowie Gewerkschaftern und Bauernverbänden.
5.10.1978	Pressekonferenz in Paris von 3 Bauern und 2 Henfer-Arbeitern.
8.10.1978	5 000 Menschen und 151 Traktoren bei der Ernte von Le Pinel.
15.10.1978	Einweihung von 3 km geteerten Weges nach La Resse. Brief der Bauern an den Papst.
23.10.1978	9 Personen (Bauern und prominente Gewaltfreie) beginnen Fasten in einer Pariser Kirche.
26.10.1978	Mitterand, Rocard und andere bei den Fastenden.
28.10.1978	Umfangreichster nationaler Aktionstag (110 Orte, davon in 50 Fastenaktionen),

2 000 marschieren von Roquefort nach Tournemire.

8.11.1978	Beginn des Fußmarsches Larzac — Paris, 710 km in 24 Etappen.
11.11.1978	Ehrung der Kriegstoten in Millau und Rodez.
18.11.1978	Präfekt verkündet vor den Bürgermeistern des Aveyron die Fortsetzung der Enteignungen.
21.11.1978	Staatspräsident Giscard weigert sich, "oberster Schiedsrichter" über den Larzac zu sein.
22.11.1978	Premierminister Barre empfängt die Parlamentarier des Aveyron und schließt sich Giscard und dem Präfekten an.
23.11.1978	Stadtrat von Millau spricht sich erneut gegen Camp aus.
24.11.1978	Pariser Polizeipräfekt verbietet Abschlußdemonstration des Marsches in der Hauptstadt.
27.11.1978	Pressekonferenz von Bauern in Paris: Fortsetzung des Marsches wie geplant. Abend der "drei Generale" in Montargis: Sanguinetti, Bécam, Bollardière.
29.11.1978	Auf anhaltende und breite Proteste Genehmigung einer kurzen Marschroute zwischen Porte d'Orléans und Porte d'Italie.
2.12.1978	Ruhige Demonstration mit 50 000 Teilnehmern trotz Provokationsversuchen.
3.12.1978	Empfang einer Bauerndelegation im Armeeministerium.
7.12.1978	Minister Bourges betont erneut Entschlossenheit, den Truppenübungsplatz auszubauen.
9.12.1978	Erneuerung des Bauern-Eides bei einer Demonstration auf dem Plateau.
18.12.1978	Generalrat des Aveyron bekräftigt seine Ablehnung des Camps.
21.12.1978	Öffentliche Stadtratssitzung in Millau, Resolutionen gegen die Erweiterung, Ankündigung einer Volksbefragung.
23.12.1978	Bei einer Demonstration von 200 Menschen werden die am Rathaus ausgehängten "arrêtés de cessibilité" öffentlich verbrannt.

1979

12.1.1979	Bekanntgabe, daß die Volksbefragung vom 5. bis 9. Februar durch Briefwahl stattfindet. RPR und MPOL rufen zur Stimmenthaltung auf.
13.1.1979	Gründung eines 'Verbindungsbüros' zwischen der 'Fédération des Grandes Causses', des Stadtrates von Millau, den Larzac-Bauern und dem 'Comité Millavois'.
17.1.1979	Treffen einer Bauerndelegation mit dem technischen Berater von Minister Bourges in Rodez.
19.1.-5.2.1979	Vier Wochen intensiven "Wahlkampfes" für das Referendum.
11.2.1979	Einweihung der Melkhalle von Costeraste (GFA).
17.2.1979	Bekanntgabe des Referendum-Ergebnisses. Überwältigende Mehrheit gegen das Camp in Millau, Creissels und La Courvertoirade.
27.2.1979	Gerichtliche Auflösung der 'Föderation der Kriegsdienstverweigerer' (FEDO).
24.3.1979	Wasserleitung nach Potensac gelegt. Auftakt einer "Saison der Baustellen".
28.3.1979	Erster Prozeß gegen einen Larzac-Bauern wegen Wehrpaßverweigerung: Michel Courtin, der das Plateau verlassen hatte.
30.3.1979	Lebhafte Gemeinderatssitzung in L'Hospitalet gegen den Bau des Militärbahnhofs.
31.3.1979	Schmuck der Unterpräfektur in Millau mit verbrannten und zerschossenen Bäumen aus dem Camp am "Tag des Baumes".
1.4.1979	Pflanzung von 420 Bäumen auf dem Gemeindeland Millaus auf dem Plateau.
2.4.1979	Letzte Enteignungsanordnung für die Gemeinden Millau und Nant bekanntgegeben.

3.4.1979	Aus Protest bleibt das Rathaus von Millau geschlossen.
6.4.1979	"Aktion Tote Stadt" in Millau.
7.4.1979	Versammlung der Volksvertreter gegen das Camp.
10.4.1979	Soldaten stehlen zwei Lastwagenladungen Kies. Neue Verhandlungen von Bauern mit Vertretern des Armeeministeriums.
11.4.1979	Pierre Mesmer lehnt eine parlamentarische Untersuchungskommission über den Larzac ab.
16.4.1979	Roger Garaudy spricht in Millau, nachdem er aus Protest sein 'Croix de Guerre' und seine 'Médaille de déportation' (drei Jahre Lagerhaft) zurückgegeben hatte.
24. u. 25.4.1979	Enteignungsrichter Grenet stößt bei seinen ersten Visiten in La Cavalerie trotz Polizeischutz auf massiven Widerstand.
3.5.1979	Boykott der öffentlichen Verhandlung über die Entschädigungssummen in Rodez. Armee veranstaltet Publicity-Aktion für Journalisten, währenddessen säen die Bauern auf 50 ha Armeeland (Le Pinel, Le Sot, Les Tournets).
4.5.1979	Alternative Pressekonferenz der Larzac-Bauern.
15.5.1979	6 Bauern zur Verhandlung im Pariser Armeeministerium: Zwei Monate Unterbrechung der Enteignungsprozedur.
16./17.5.1979	Richter Grenet scheitert auch in L'Hospitalet; nur sechs von 35 Besitzern sind bereit, mit ihm zu sprechen.
25.5.1979	Armeelastwagen drei Stunden in Montredon blockiert und mit Farbe bemalt.
26./27.5.1979	Erste Vollversammlung aller Komponenten der Larzac-Unterstützer in La Salvetat.
31.5. bis 12.7.1979	Gesprächsrunde des Unterpräfekten in allen "quartiers".
26.6.1979	Abschlußsitzung in Rodez.
7. - 9.7.1979	Waldbrände auf dem Plateau.
12.7.1979	Festlegung der Entschädigungssummen durch Richter Grenet für die Gemeinden La Cavalerie und L'Hospitalet.
26.7.1979	Grundsteinlegung des illegalen Baus eines interkommunalen Kulturzentrums auf der Bahnstrecke Tournemire — L'Hospitalet. Den ganzen Sommer über zahlreiche Baustellen mit ca. 1 000 Freiwilligen. 30 000 Besucher in drei Informationszentren.
2./6./17.8.1979	Sendungen des "Radio Freies Larzac".
25.8.1979	Ernte in Le Sot und Le Pinel (Armeeland).
14./15.9.1979	Nächtlicher Zwischenfall mit Fallschirmjägern in La Blaquière.
16.9.1979	Zusammenstoß von Bauern und Soldaten bei Montredon.
20.9.1979	Neubeginn des Baus von Le Cun (Strohhäuser).
4.10.1979	Stadtrat von Millau beschließt, Entschädigungsverhandlungen für Gemeindeland abzulehnen.
11.10.1979	Bauerndelegation im Pariser Armeeministerium: Ende des Waffenstillstandes, 68 von 83 Höfen sollen "geschont" werden.
12.10.1979	Erster Prozeß wegen Anstiftung zu Wehrpaßverweigerung in Bonneville. 1 000 Wehrpässe werden bei der UNO in Genf (Frau Waldheim) abgegeben.
12.-16.11.1979	Fasten von 14 Larzac-Bewohnern im Haus der Landwirtschaft von Rodez anläßlich des Besuches des Staatspräsidenten Giscard d'Estaing.
16.11.1979	Frostiger Empfang für Giscard in der Hauptstadt des Departement, "Tellerstreik" einiger gewählter Volksvertreter.

17.11.1979	Anstatt eines neutralen Vermittlers nimmt Enteignungsrichter seine Arbeit wieder auf:
6.12.1979	mit drei Hundertschaften Gendarmes Mobiles vor einer Barrikade in La Blaquérerie. Bürgermeister verweigert Betreten der Ortschaft,
7.12.1979	Pierrefiche (Gemeinde La Rocque Ste. Marguerite),
13.12.1979	Nant,
17.12.1979	Millau: schwere Ausschreitungen der Polizei gegen gewaltfreie Demonstranten, Protestdemonstration mit 1500 Personen.
21.12.1979	Creissels.

1980

9.1.1980	Der Generalrat des Departements Aveyron ernennt drei Experten für ein Gegengutachten über den Wert der enteigneten Flächen.
2.-3.2.1980	Zweite Vollversammlung der Larzac-Unterstützerbewegung.
14.3.1980	Beim Prozeß gegen drei Wehrpaßverweigerer in Millau demonstrieren die Zuschauer mit je zwei den Bauern anvertrauten Wehrpässen.
22.-23.3.1980	Patenschaftsbesuche von L'Hospitalet in Macon und Jassenove in Roanne.
9.-10.4.1980	Delegation aus Plogoff/Bretagne (Widerstand gegen ein AKW) im Larzac.
7.5.1980	Erster juristischer Teilsieg der Larzac-Bauern: "Cour de cassation" in Paris hebt in 66 Fällen (zusammen 3 280 ha Land) die Enteignungsbescheide wegen Formfehlern auf.
16.5.1980	Unterbrechung einer Kanonenschießübung durch Demonstranten an derselben Stelle wie am 19.12.1975.
20.5.1980	Übergabe von 1 030 Wehrpässen an die Präsidentin des Europaparlaments Simone Veil in Straßburg.
24.-25.5.1980	Übergabe von 60 Larzac-Schafen bei der Großkundgebung in Plogoff (ca. 100 000 Personen).
31.5.1980	Wildes Umpflügen von Armeeland im Süden des Plateaus bei Le Cun und Terradouyre. Damit sind insgesamt 115 ha Armeeland illegal landwirtschaftlich genutzt.
19.6.1980	Blockade eines Militärtransportes während des Schulweges auf der Straße von St. Martin.
21.-22.6.1980	Patenschaftsbesuch einer Delegation des Stadtrates und des Larzac-Komitees von Sète auf dem Plateau.
6.7.-15.9.1980	Ein Dutzend work-camps auf dem Plateau unter starker Beteiligung deutscher Freiwilliger.
1.8.1980	Die vom Urteil des Cassationsgerichtes betroffenen Landwirte melden offiziell ihre Besitzrechte am enteigneten Land an.
22.8.1980	Demonstration auf der geplanten Militärtrasse von L'Hospitalet.
23.8.1980	Dorffest in Pierrefiche mit "wilder Ernte" in der Ebene von Le Sot.
28.8.1980	Solidaritätsbesuch der Larzac-Bauern bei den Fischern von Sète (Patenschaft für Pierrefiche), deren Hafenblockade von der nationalen Marine auf Anordnung des Transportministers Joël Le Theule gewaltsam abgebrochen wurde, der kurz darauf zum neuen Armeeminister ernannt wurde. Empfang von 14 Larzac-Bauern im Rathaus von Sète.
2.9.1980	Übernahme der Patenschaft für den Hof 'L'Hôpital' durch die Stadt Chambéry (Savoien).
29.9.1980	Präfekt von Aveyron gibt bekannt, daß die neue 'enquête parcellaire' vom 20.10. bis 5.11. stattfinden wird. Abends Demonstration in Millau, Stillegung eines Armeelastwagens.
2.10.1980	Gespräch einer Bauerndelegation mit dem Präfekten von Rodez.

14.10.1980	Erstmalig offizielles Kommuniqué eines Armeeministers an die Bauern, Ankündigung eines Treffens im Dezember.
18./19.10.1980	Vollversammlung aller Komponenten des Larzac-Widerstandes in Millau.
20.10.1980	Eröffnung der "enquête parcellaire". Zwei Rathäuser bleiben geschlossen: La Racque Ste. Marguerite und La Courvertoirade. Bürgermeister Diaz in Millau erklärt seinen Rücktritt, weil in der Frage der Rathausschließung kein Vertrauen im Stadtrat für ihn blieb. Sitzstreik mehrerer Hunderter Demonstranten vor dem Rathaus von Millau. Mehrstündige Besetzung, Eröffnung einer "Untersuchung der Öffentlichen Nutzlosigkeit". In Creissels werden die offiziellen Akten verbrannt.
22.10.1980	Demonstration in La Courvertoirade, nachdem Polizei den Zugang zum Rathaus durch Aufbrechen von Türen erzwungen hat. Ebenfalls "Untersuchung des Öffentlichen Schadens".
27.10.1980	Drei Mannschaftswagen 'gardes mobiles' bewachen das Rathaus von La Rocque Ste. Marguerite, das der Präfekt gegen den Willen des Bürgermeisters öffnen ließ. Die Bauern von Pierrefiche setzen zusammen mit dem Gemeinderat, der Mehrzahl der Bürgermeister im Kanton, den Generalräten Coulon und Bloy den Bürgermeister von La Rocque symbolisch wieder in sein Amt ein und besetzen einen Raum des Rathauses. Drei Tage lang persiflieren Bauern die Polizei-Bewachung.
31.10.1980	25 Traktoren fahren aus Protest eine Stunde lang rund um die Unterpräfektur.
8.11.1980	Die Stadt Albi übernimmt die Patenschaft für La Blaquière ("Von Kathedrale zu Kathedrale").
14.11.1980	60 weitere Larzac-Schafe, von Steuerverweigerern bezahlt, werden den Atomkraftgegnern von Plogoff als Solidaritätsgeschenk überbracht.
15./16.11.1980	"Tage der offenen Tür" in Montredon.
18.11.1980	Der Stadtrat von Millau wählt erneut Manuel Diaz zum Bürgermeister.
26.11.1980	Pressekonferenz von Vertretern der 18 Städte, die Patenschaften für den Larzac übernommen haben, zusammen mit fünf Larzac-Bauern in Paris. Am Vorabend der offiziellen Bekanntgabe der "arrêtés de cessibilité" brechen 70 Larzac-Bewohner unter strenger Geheimhaltung zur Aktion nach Paris auf.
27.11.1980	Präfekt Bernard gibt die erneuten "arrêtés de cessibilité" bekannt. Um 10 Uhr 45 besetzen die 75 Larzac-Bewohner das Märzfeld zwischen Eiffelturm und der Militärhochschule. In Rekordzeit entsteht ein Zeltdorf, das die 18 Höfe symbolisiert.
28.11.1980	Drei Larzac-Bauern legen vor dem Armeeministerium Munitionsschrott ab und werden vorübergehend festgenommen. Abends öffentliche Informationsveranstaltung.
29.11.1980	Zeitungen veröffentlichen die Falschmeldung, die Regierung wolle auf die Enteignung verzichten. Besuch einer LIP-Delegation im Zeltdorf auf dem Märzfeld.
30.11.1980	"Radio Tour Eiffel" der Bauern geht erstmals auf Sendung. Zahlreiche Besucher, die Geschenke und Feuerholz mitbringen, auch eine Delegation aus Plogoff. Roger Garaudy und Brice Lalonde gehören zu den prominenten Gästen. Daneben aber auch Oppositionspolitiker, Gewerkschafter und 100 Gastarbeiter, die am 19.11.80 aus ihren Sozialwohnungen in St. Denis vertrieben wurden.
1.12.1980	Die Solidarisierung der Bevölkerung mit dem illegalen Exildorf wird den politisch Verantwortlichen zu stark: Um 15 Uhr umzingeln Polizisten das Demonstrationsdorf, treiben die Bauernfamilien in Busse und bringen sie in ein Obdachlosenasyl am Stadtrand. Offizieller Grund der Räumung: "Mangelhafte sanitäre Einrichtungen und Krankheitsgefahr für die 32 anwesenden Kinder". Am selben Tag wird das AKW Plogoff für "öffentlich nützlich" erklärt.
2.12.1980	Die Vollversammlung der Larzac-Demonstranten beschließt, die Demonstration in Paris fortzusetzen.
6.12.1980	Vollversammlung der Larzac-Komitees auf dem Schiff.
7.12.1980	Demonstrationsfahrt mit einem Ausflugsdampfer von der 'Ile de la cité" bis

zum Eiffelturm.
In Montpellier baut das Larzac-Komitee auf einem zentralen Platz mit Zustimmung der Bevölkerung ein Zeltdorf auf.
Nach 11 Tagen fahren die Larzac-Bewohner nach Hause.

9.12.1980	Auf der Straße nach St. Martin blockieren Bauern Armeelastwagen, bemalen sie mit antimilitaristischen Parolen und bauen Teile aus den Motoren aus.
14.12.1980	Armeeminister Le Theule stirbt, die von ihm diktierte Verhandlung am 18.12.1980 mit den Larzac-Bauern wird abgesagt.

1981

Januar 1981	Präfekt erreicht Zustimmung der lokalen Politiker und der Bauernverbände zu einer 'globalen Übereinkunft'.
19.2.1981	Mehrheit der Bauern lehnt Abkommen ab.
24.2.1981	In Abwesenheit der Bauern wird der 'accord global' im Armeeministerium unterzeichnet.
11.4.1981	Resignation und Ratlosigkeit bei der Vollversammlung der Larzac-Komitees.
10.5.1981	François Mitterand, der im Wahlkampf versprochen hatte, den Bauern das Land zurückzugeben, wird zum Staatspräsidenten gewählt.
3.6.1981	Die neue Regierung Mauroy bestätigt offiziell ihren Verzicht auf das Erweiterungsprojekt.
6.-7.6.1981	Vollversammlung der GFAs, der APAL und anderer Larzac-Projekte, Gründung von GFA-Larzac IV, Fest der Siegesfreude in Montredon, nachts räumt die Armee die fünf von ihr besetzten Höfe.
18.-23.8.1981	"Internationale Begegnungen für den Frieden" auf dem Hof Le Pinel, "Larzac-Aufruf zum Widerstand gegen Atomwaffen".
23.8.1981	"Fest der Freundschaft" als Dank an die Larzac-Bewegung für die Unterstützung des Widerstandes.
24.8.1981	Präfekt des Aveyron setzt "Erklärung des Öffentlichen Nutzens" vom Dezember 1972 und "einstweilige Besitzeinweisungen" vom November 1980 außer Kraft.
4.-6.9.1981	Treffen zur Entmilitarisierung der Wissenschaften.
26.-27.9.1981	Vertreterversammlung der Patenstädte auf dem Plateau.
10.10.1981	Larzac-Bauer Pierre-Yves de Boissieu spricht auf der Friedensdemonstration in Bonn.
13.10.1981	'Lokale Kommission zur Bodenerneuerung' gibt die Kandidatenauswahl der Neusiedler auf den Armeehöfen bekannt.
21.-22.11.1981	Vollversammlung der APAL.

"Zwischen Gorleben&Stadtleben -
Erfahrungen aus drei Jahren im
Wendland..." von Halbach/Panzer
ist der Bericht einer intensiven
Begegnung mit "Gorleben".

"Trotz vieler neuer Brennpunkte
ist Gorleben noch immer Ort der
Hoffnung, einen Einbruch in die
Atompolitik zu erzielen".

I m B u c h h a n d e l

ISBN 3-8136-0021-1

200 Seiten
Kartoniert
16,- DM
Mit Fotos

+ AHDE—Verlag GmbH, Postfach 129, D—1000 Berlin 61 +

Weber, Zucht & Co.
Versandbuchhandlung
& Verlag GmbH

Wir haben es uns zur Aufgabe gemacht, möglichst umfassend Literatur zur gewaltlosen Gesellschaftsveränderung anzubieten. Dies betrifft vor allem die Fragen der Grundlagen und Zielsetzung einer neuen Gesellschaftsordnung und die der Mobilisierung und Aktionstechniken. Darüberhinaus vertreiben wir Literatur, die direkt und indirekt damit in Zusammenhang steht und Einzelnen und Gruppen in ihrer Arbeit nützlich sein kann. Unser Kartalog faßt ungefähr 1500 Titel und ist in über 50 Sachgebiete geordnet. Bitte Katalog anfordern.

Unser Katalog enthält folgende Bereiche:

Gewaltlosigkeit/Pazifismus
christliche Gewaltlosigkeit
Soziale Verteidigung
Antimilitarismus/Militär
Rüstung/Abrüstung
Kriegsdienstverweigerung/Zivildienst
Frauen und Militär
Friedenspädagogik
Friedensforschung
Gewalt/Aggression
Antimilitaristische Romane & Gedichte
Anarchismus/Selbstverwaltung/Syndikalismus
D Anarchismus/Marxismus
Christentum & Gesellschaftsveränderung
Utopien
Ökologie
Technologiekritik
Atomenergie & Energiepolitik
Stadt & Verkehr
Bürgerinitiativen & Aktion
Gemeinwesenarbeit
Gesellschaftliche & technische Alternativen
Gesundes Leben & Ernährung
Gartenbau
Liederbücher
Alternative/libertäre Pädagogik
Gruppen- & Freizeitpädagogik
Faschismus/Neofaschismus

Dieses Buch ist das Ergebnis eines Wettbewerbs, den wir
im Winter 1978/79 veranstaltet haben. Wir wollten die
verstreute künstlerische Produktion der antimilitaristischen Bewegung sammeln und einem breiteren Publikum zugänglich machen. Eingesandt wurden die hier abgedruck-
ten Graphiken, Plakate, Comics und Karikaturen. Eine
inhaltliche oder ästhetische Auswahl haben wir nicht getroffen. So dokumentiert diese Sammlung die breite the-
matische, politische und technische Vielfalt antimilitaristischer Graphik in der Bundesrepublik und in den
Niederlanden.

61 Seiten
6,-DM

Jügelstr.1  6000 Frankfurt/Main 1

Antimilitaristischer Buchversand & Verlag

graswurzel revolution

Zeitschrift für eine gewaltfreie herrschaftslose Gesellschaft

Graswurzelrevolution bezeichnet eine tiefgreifende gesellschaftliche Umwandlung im Kampf gegen alle Formen der Gewalt, in der durch Macht von der Basis her Gewalt und Herrschaft abgeschafft werden.

Anstelle zentralisierter Verwaltungen und Überwachung durch einen mit Gewaltmitteln ausgestatteten Staatsapparat sollen Selbstbestimmung und freiwillige Hilfe treten. Anstelle ungezügelten wirtschaftlichen Wachstums, das sich allein nach Profiten richtet und die Umwelt wie den Menschen zerstört, sollen energiesparende und umweltfreundliche Produktionsweisen treten, die den Bedürfnissen des Menschen dienen und in der Arbeit Befriedigung verschaffen.

Nicht menschengefährdende Rüstung und militärischer Gehorsam, sondern soziale Gerechtigkeit, radikale Demokratie in allen Bereichen, gewaltlose Widerstands- und Verteidigungsformen und die Solidarität zwischen den reichen und den ausgebeuteten Völkern werden den Frieden dauerhaft sichern, die Freiheit erhalten und erweitern.

Um diesen Zwecken zu dienen, berichtet die „graswurzelrevolution" seit 1972 über gewaltbekämpfende und lebensschützende Aktionen aus der ganzen Welt und über den Aufbau von Alternativen. Sie bemüht sich, Theorie und Praxis der gewaltlosen Revolution zu entwickeln und zu verbreiten.

„graswurzelrevolution" ist eine assoziierte Zeitschrift der „War Resisters' International" (Internationale der Kriegsdienstgegner), in der sich auf Grundlage der Gewaltlosigkeit seit 1921 weltweite Friedensorganisationen und Zeitschriften zusammenschließen. Eine ausführliche Darstellung unseres Selsbtverständnisses und der Entwicklung seit 1972 ist in der Flugschrift „Graswurzelrevolution in der BRD" enthalten.

Das Abonnement kostet DM 25.00 für 10 Nummern, in der Regel ein Jahr. Bestellungen bitte an den Verlag Weber, Zucht & Co., Steinbruchweg 14, 3500 Kassel-Bettenhausen richten.

Gruppe Kollektiver Gewaltfreier Widerstand
gegen Militarismus (Hrsg.)

widerstand gegen
die wehrpflicht
Texte und Materialien